Xpert.press

Christine Wolfinger

Keine Angst vor Linux/Unix

Ein Lehrbuch für Linux- und
Unix-Anwender

11., vollständig überarbeitete Auflage

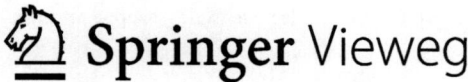

Christine Wolfinger
München, Deutschland

ISSN 1439-5428
ISBN 978-3-642-32078-1   ISBN 978-3-642-32079-8 (eBook)
DOI 10.1007/978-3-642-32079-8

Die Deutsche Nationalbibliothek verzeichnet diese Publikation in der Deutschen Nationalbibliografie; detaillierte bibliografische Daten sind im Internet über http://dnb.d-nb.de abrufbar.

Springer Vieweg

Springer Vieweg ist eine Marke von Springer DE. Springer DE ist Teil der Fachverlagsgruppe Springer Science+Business Media
www.springer-vieweg.de

Vorwort

Wir haben uns daran gewöhnt, sehr viel Technik in unserem Leben wie selbstverständlich zu verwenden – dazu zählen z.B. Fernseher, Küchenmaschinen und Autos. Bei allen haben wir mehr oder weniger lange die Bedienung erlernen müssen. Der Lernaufwand ist um so größer, je komplexer die Technik und je jünger die Technologie ist. Nun dringt auch der Computer mit seiner Technologie sehr massiv – freiwillig oder unfreiwillig – in das Leben vieler Menschen. Die Technik ist noch relativ jung, gemessen an der Komplexität, den an sie gestellten Ansprüchen und an der Entwicklungszeit. Entsprechend ist der heute notwendige Aufwand, um die Bedienung eines Rechners zu erlernen, etwas höher – jedoch wie beim Erlernen des Autofahrens mit etwas Schwung, gutem Willen und Selbstvertrauen durchaus möglich. Wie beim Autofahren hilft es, wenn man technisches Verständnis hat – dies ist jedoch keine absolute Voraussetzung.

Unix ist eines der Systeme, das auf vielen der neuen Rechnern, die sich in der Technik, im kommerziellen Bereich und im Büro ausbreiten, läuft. Bei vielen Rechnern wird der Benutzer dabei recht wenig vom Betriebssystem und Unix zu sehen bekommen; die Kenntnisse von Unix, seinen Prinzipien und seiner Arbeitsweise können jedoch das Verständnis für das Rechnersystem und seine Arbeitsweise erleichtern sowie seine Bedienung und effiziente Nutzung einfacher gestalten. Der Vorteil von Unix liegt darin, dass es auf sehr vielen Rechnern läuft, d.h., hat man einmal gelernt es zu bedienen, so hilft dies wahrscheinlich auch beim Rechner der anderen Abteilung oder der nächsten Generation.

Wie viel Sie wirklich von dem System lernen müssen, hängt sehr stark davon ab, wie oft und wie intensiv Sie mit einem Unix-Rechner arbeiten müssen, welche Aufgaben Sie damit erledigen wollen und wie viel Spaß Ihnen der Umgang und die Beherrschung dieser Technik macht.

Das vorliegende Buch jedenfalls soll Ihnen den Einstieg dazu ermöglichen, den Umgang mit einem solchen System erleichtern und Ihnen aus dem Spektrum der Möglichkeiten einen Ausschnitt zeigen. Haben Sie also keine Angst vor Unix und zähmen Sie den Drachen – möge er Ihnen Glück bringen!

Dezember 1986, 2002 und erneut Januar 2013   Jürgen Gulbins

Geleitwort

Ein neues UNIX-Lehrbuch vorzulegen, ist ein großes Unterfangen – vor allem, wenn man es mit dem Anliegen tut, diesen komplexen Stoff so aufzubereiten, dass auch der Laie ihn versteht. Ich muss Frau Wolfinger das Kompliment machen, dass ihr das ausgezeichnet gelungen ist: Zweifellos wird sie mit ihrem Buch eine gewichtige Lücke in der UNIX-Literatur schließen.

Unix ist ein großes, umfassendes Betriebssystem, vergleichbar mit Großrechnersystemen wie MVS oder BS2000. Dem Versuch, UNIX ohne intensive Vorbereitung zu benutzen, folgt unweigerlich Frustration und Resignation. Um die zu befürchtende Unzufriedenheit bei einer stark steigenden Zahl von neuen UNIX-Anwendern zu vermeiden, muss der Zugang zu diesem umfangreichen Stoff erleichtert werden.

Frau Wolfinger hat es mit diesem Buch unternommen, sozusagen einen »Do it yourself«-Kurs zu gestalten – mit wirklich beachtlichem Erfolg, und selbst der hohe Anspruch »auch für den Laien« scheint mir hervorragend erfüllt. Frau Wolfinger konnte auf ihre langjährige Erfahrung als Seminarleiterin der Firma PCS und Referentin zahlreicher UNIX-Kurse zurückgreifen – weit mehr als 1000 Kursteilnehmer sind von ihr in die UNIX-Geheimnisse eingeweiht worden. Man merkt dem Buch an, dass sie dabei ihrerseits gelernt hat, welche Fragen besondere Schwierigkeiten bereiten und welche gedanklichen Stolpersteine zu überwinden sind. Seine auf umfangreicher praktischer Lehr-Erfahrung basierende, gute didaktische Gestaltung ist die besondere Stärke dieses Buches.

UNIX befindet sich auf dem besten Weg, das Standard-Betriebssystem für immer mehr Anwendergebiete und für zukünftige Rechnergenerationen zu werden – vielleicht gehören UNIX-Kenntnisse schon in wenigen Jahren ebenso zum Grundwissen von Ingenieuren und Informatikern wie heute die höheren Programmiersprachen. Frau Wolfinger hat mit ihrem Buch eine wichtige Vorleistung erbracht.

Als Leser haben Sie mit diesem Buch eine gute Wahl getroffen. Ich wünsche Ihnen eine angenehme, erfolgreiche Lektüre und – keine Angst vor UNIX!

Januar 1987

Prof. Dr. Georg Färber
Lehrstuhl für Prozeßrechner
TU München

Hinweis zur 11. Auflage

Dank der vielen Nachfragen für das Buch »Keine Angst vor Unix«, das zwischenzeitlich nur noch gebraucht zu bekommen war, habe ich mich entschlossen, dieses Lehrbuch in einer Neuauflage zu aktualisieren. Da Linux nicht nur bei Studenten, sondern auch bei Firmen und Privatpersonen mehr und mehr eingesetzt wird, heißt der Titel nun: »Keine Angst vor **Linux**/Unix«. Zwar hatte ich ab der 9. Auflage bereits Linux mit aufgenommen, doch ist sowohl durch neue Versionen und Distributionen als auch durch den rasanten Fortschritt in der Hardware-Technologie die Überarbeitung einiger Kapitel notwendig geworden. Neu hinzugekommen ist das Kapitel »**Etwas Linux-Systemverwaltung**«, da speziell Linux-Anwender meist ihren eigenen Rechner erst auf Linux umrüsten. Auch für den »**awk**«, der oft in bestehenden Shell-Prozeduren zu finden ist, gibt es nun eine Kurzeinweisung.

Vielen Dank an all jene, die mir bei diesem Buch geholfen haben – und das sind eine ganze Reihe: ehemalige Kolleginnen und Kollegen von PCS, hier ist besonders zu erwähnen Jürgen Gulbins, der mir bei meinen ersten Schritten mit Unix (1983) und vor allem bei der Entstehung der ersten Auflage sehr geholfen hat und auch all die Jahre hindurch immer wieder mit Rat und Tat zur Seite stand, ebenso Michael Uhlenberg. Ganz besonderer Dank geht auch an Carsten Hammer, der viele Hinweise zu aktuellen Problemlösungen einbrachte, und an meinen Cousin Peter Bratkus, der durch rege Diskussionen über Linux manchen Tipp zu diesem Buch gab.

Dieses Lehrbuch zeigt Linux/Unix in seiner ursprünglichen Form mit Befehlseingaben, wie sie auch unter den heutigen Versionen noch Gültigkeit haben. Die Befehlseingaben, die unter der Shell/Bash eingegeben werden, sind unter Unix und unter Linux in etwa gleich. Deshalb werden Sie mit diesem Buch sowohl Linux als auch Unix lernen (auf etwaige Unterschiede wird jeweils hingewiesen).

Auch auf die grafischen Benutzeroberflächen unter Unix (CDE) und der gebräuchlichsten unter Linux (KDE) wird kurz eingegangen, so dass Sie unabhängig von eventuellen Änderungen der Symbole die generelle Vorgehensweise lernen.

Januar 2013   Christine Wolfinger

Keine Angst vor Linux/Unix

Ein Lehrbuch für Ein- und Umsteiger in Linux/Unix

Inhaltsverzeichnis

Einleitung

Sie haben sich ein Linux/Unix-Buch ausgesucht, das keine EDV-Kenntnisse voraussetzt. Ein Lehrbuch, mit dem Sie Ihr eigenes Seminar gestalten können. In diesem Buch habe ich viele Erfahrungen aus meinen Seminaren einfließen lassen, um Ihnen das Lernen zu erleichtern.

In einem Seminar können die einzelnen Themen jeweils dem Wissensstand der Teilnehmer angepasst werden. Haben sie etwas nicht verstanden, so können sie sofort fragen. In diesem Buch bemühe ich mich deshalb, viele der eventuell auftretenden Fragen zu beantworten. Aus diesem Grund mag zuweilen ein Thema eher zu ausführlich als zu knapp behandelt sein. Alle erstmals auftretenden Fachausdrücke werden kurz erklärt.

Soweit es klar verständlich bleibt, habe ich deutsche Ausdrücke verwendet. Wo aber die Verbindung zu Unix-spezifischen Kommandos besteht oder wo ein englischer Ausdruck fester Bestandteil der deutschen Fachsprache geworden ist, wird dieser Ausdruck beibehalten. Bei englischen Fachausdrücken steht die deutsche Übersetzung dabei, und wenn nötig eine kurze Erläuterung in Klammern, wenn sie das erste Mal verwendet werden. Im Glossar sind die in diesem Buch verwendeten Fachausdrücke und englischen Begriffe zusammengefasst.

Dieses Buch soll Ihnen eine Einführung in Linux bzw. Unix geben, d.h., Ihnen das Wichtigste davon vermitteln. Deshalb werden nicht alle Kommandos (Befehle, Programmaufrufe) und deren Optionen *(zusätzliche Angaben, die eine unterschiedliche Ausführung des Programms bewirken)* behandelt, sondern es sind nur die wichtigsten ausgewählt, die Sie zu Beginn benötigen und die Ihnen die typische Vorgehensweise näherbringt. Mit weitergehender Literatur, z.B. der jeweiligen Dokumentation von Linux oder Unix (OpenSUSE, Redhat, Ubuntu u.a. oder Unix-Derivate wie HP_UX, AIX, OpenSolaris), können Sie dann selbst nach und nach in die Geheimnisse und Mächtigkeit von Linux/Unix vordringen.

Was erwartet Sie, wenn Sie Linux bzw. Unix lernen? Linux/Unix kann in etwa mit der englischen Sprache verglichen werden. Mit etwas Grammatik und einigen Wörtern können Sie sich bereits verständigen. Um gut Englisch zu sprechen, bleibt Ihnen nichts anderes übrig, als die Sprache zu lernen und sie ständig in der Praxis anzuwenden (zu üben), allein um all die Idiome und differenzierten Wörter richtig einzusetzen. Bei Unix/Linux ist es ähnlich. Doch erschrecken Sie nicht! Unix hat nur 3200 Kommandos für Anwender, Administratoren und Entwickler, die englische Sprache hat dagegen mehr als 500 000 Wörter. Von den ca. 3200 benötigen Sie als Anwender auch nur einige. Mit der grafischen Oberfläche (KDE oder GNOME, unter Unix meist CDE) werden Sie schnell zurechtkommen und sollten Sie bereits Erfahrung mit Windows haben, ist Ihnen die Arbeitsumgebung und die Art, damit umzugehen, geläufig.

Also: **Keine Angst vor Linux oder Unix!**

Wie nutzen Sie dieses Lehrbuch am besten? Jeder von uns hat seine eigene Lernmethode. Doch wir alle werden kaum vom einmaligen Hören oder Lesen neue Begriffe oder Funktionen aufnehmen können. Eine sichere Methode ist (wie der Titel eines sehr interessanten Buches von *Frederik Vester* über die verschiedenen Lernmethoden aussagt):

Denken,	**Lernen,**	**Vergessen**
Mitdenken, an nichts anderes denken, sich auf das Gelesene konzentrieren.	Visuell – das Wichtigste unterstreichen, sich Notizen machen, wirken lassen, wiederholen, am Rechner üben.	Darüber schlafen, eine Entspannungspause einlegen, umsetzen.

In diesem Lehrbuch finden Sie den Lehrstoff für folgende Kurse:

	Je nach Auswahl der Einzelthemen
Unix/Linux-Einführung	ca. 3 Tage
Shell-Programmierung und awk	ca. 3 Tage
Unix-Aufbau-Kurs	ca. 3 Tage
Einstieg in die Systemverwaltung	ca. 3 Tage

Nutzen Sie die Übungen, auch dann, wenn Sie glauben, den Stoff gut verstanden zu haben. Was sonst in Vortrag, Fragen und Antworten vermittelt wird, ist für Sie in diesem Buch konserviert. Je nach Lust, Aufnahmefähigkeit und Zeit können Sie den Stoff in einzelne Portionen aufteilen.

Ich wünsche Ihnen Spaß beim Lernen und viel Erfolg mit Linux/Unix.

Christine Wolfinger

Übrigens, zusätzliche Übungen und Lösungsvorschläge finden Sie auf meiner Webseite unter www.christinewolfinger.de/Computer/UebungenLinuxUnix.pdf und www.christinewolfinger.de/Computer/LoesungenLinuxUnix.pdf.

1 Allgemeine Einführung

Dieses Kapitel gibt Ihnen einen allgemeinen Überblick über Rechner, Dateien und Programme und zeigt Ihnen die wesentlichen Merkmale von Linux/Unix auf. Wenn Ihnen Grundbegriffe der Datenverarbeitung bereits geläufig sind, können Sie die Abschnitte 1.1 bis 1.4 überspringen.

Die einzelnen Themen:

C. Wolfinger, *Keine Angst vor Linux/Unix*, Xpert.press,
DOI 10.1007/978-3-642-32079-8_1, © Springer-Verlag Berlin Heidelberg 2013

1.1 Hardware/Software, Rechner und Betriebssystem

Was ist ein Rechner, und welche Funktionen hat ein Betriebssystem? Unter »Rechner« sollen hier alle Geräte und Komponenten verstanden sein, die einen funktionstüchtigen Computer ausmachen. Was gehört alles zu einem Rechner? Was muss in Gang gesetzt, verwaltet, koordiniert, kontrolliert werden? Sehen Sie sich die schematische Darstellung eines Rechners an:

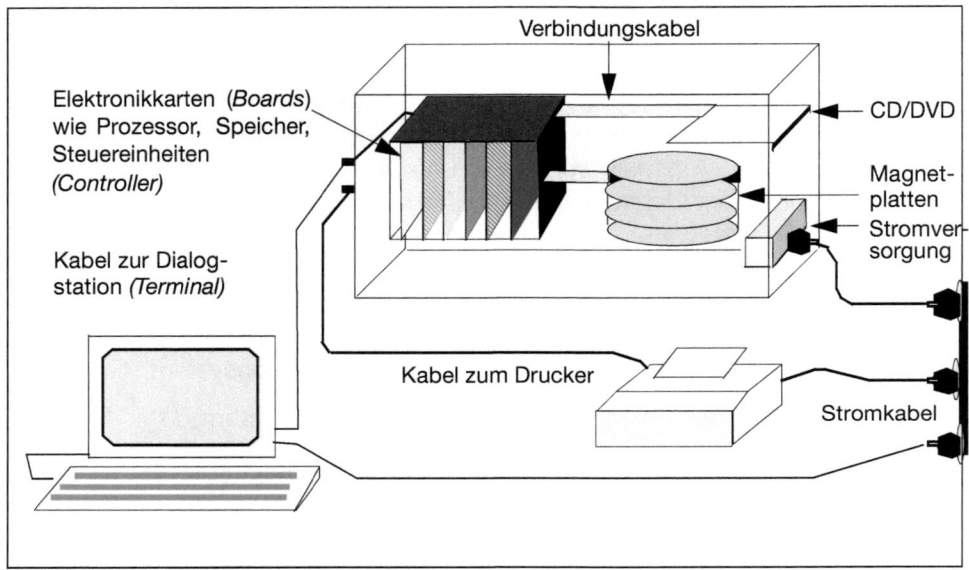

Abb. 1.1 *Schematische Darstellung eines Rechners*

Die in Abb. 1.1 gezeigten Hauptbestandteile eines Rechners sind:

❏ **Elektronikkarten,** auch *Boards* genannt. Zu ihnen gehören Speicher *(memory),* der Prozessor *(*oder die *CPU – Central Processing Unit)* und Steuereinheiten *(Controller),* die dafür sorgen, dass die einzelnen Geräte gesteuert werden.

❏ **Magnetplatten, CD/DVD.** Sie sehen ähnlich aus wie Schallplatten, doch werden auf ihnen Daten gespeichert. Sie sind in etwa vergleichbar mit der Ablage in einem Büro, wo man jederzeit geschriebene Briefe, Formulare, Notizen und Ähnliches nach einem bestimmten System wiederfinden kann (soll).

❏ **Stromversorgung.** Da Rechner intern nicht mit 220 Volt arbeiten, wird hier die Spannung über eine Stromversorgung *(power supply)* geregelt.

❏ **Kabel.** Sie stellen die Verbindung zu Ein- und Ausgabegeräten her, wie beispielsweise zu Terminal und Drucker, und dienen zur Übertragung von Dateninformationen und Steuerungssignalen.

Alle aufgeführten Teile werden als Hardware *(harte Ware)* bezeichnet. Sie können sie sehen und anfassen, und wenn sie herunterfallen, klappert und klirrt es.

Nur mit der Hardware allein werden Sie nicht viel Freude an Ihrem Rechner haben. Er kann nämlich fast gar nichts. Einige Techniker behaupten, dass *gegenüber dem menschlichen Gehirn ein Rechner ein Vollidiot mit Spezialbegabung ist.* Und die Spezialbegabung erhält er durch die Software *(weiche Ware).* Diese »sagt« der Hardware, was sie tun soll. Unter »Software« versteht man die Menge von Programmen, die zum Betrieb eines Rechners notwendig sind.

Wenn Sie einen Rechner starten *(hochfahren)* wollen, so wird bei den meisten Rechnern über ein fest eingebautes Programm eine *Mini-Betriebssoftware* geladen, die den Rechner befähigt, von der Platte und der Systemkonsole *(Terminal, das für die Systemnachrichten ausgewählt wurde)* zu lesen und auf diese zu schreiben. Erst dann wird das eigentliche Betriebssystem *(Programm)* von der Platte in den Speicher geladen. Ein Rechner benötigt also immer ein Programm, in dem genau beschrieben ist, was und wie er etwas zu tun hat. Programme können in verschiedenen Programmiersprachen geschrieben werden und müssen dann so übersetzt werden, dass der Rechner sie lesen und ausführen kann. Das Umsetzen und Erkennen von Befehlen erfolgt durch den Prozessor, auch CPU genannt.

Im Abb. 1.2 sehen Sie das Innenleben eines Rechners mit einem Prozessorboard. Bei den vielen kleinen, meist bunten Zylindern handelt es sich um Kondensatoren und Widerstände. Die kleinen viereckigen Kästchen sind Mikroprozessoren, Speicherbausteine und sonstige Chips. Generell sind Chips kleine Bausteine, auf denen viele elektronische Komponenten dicht gepackt *(in Kunststoff oder Keramik verpackt)* untergebracht sind.

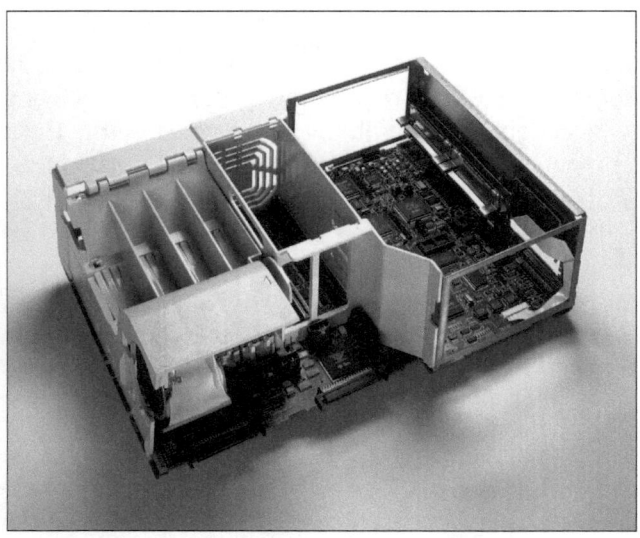

Abb. 1.2 *Innenleben eines Rechners*

Welche Aufgaben hat ein Betriebssystem zu erfüllen?

Die Aufgabe eines Betriebssystems ist die Organisation für den Betrieb eines Rechnersystems. Mit Rechnersystem ist die Summe der wesentlichen Bestandteile eines Rechners gemeint. Hierzu zählen:

❑ die eigentliche Verarbeitungszentrale,
 die man CPU (Central Processing Unit) nennt;

❑ ein daran angeschlossener schneller Speicherbereich,
 den man **Hauptspeicher (Arbeitsspeicher)** oder englisch Main Memory
 nennt;

❑ Speichergeräte wie **Festplatten**, CDs *(Compact Disc)*, DVDs *(Digital Versatile Disc, digitale vielseitige Scheibe)*, USB-Sticks und externe USB-Platten *(Universal Serial Bus, einheitliche, schnelle serielle Verbindung zu unterschiedlichen Geräten)*;

❑ und Einheiten, die Daten transportieren *(Interface, Controller)*.

Mit »Daten transportieren« ist gemeint, dass Daten, die Sie verarbeiten möchten, von »*außen*« in den Hauptspeicher gelangen, und Ergebnisse nach außen geschafft werden. Mit »*außen*« sind hier entweder Bildschirme oder Drucker gemeint oder Geräte, auf denen größere Datenmengen gespeichert werden. Die Speicherung erfolgt in einer Form, die es dem Rechner erlaubt, einfach und schnell darauf zurückzugreifen. Dies sind für recht schnelle Zugriffe Magnetplatten, USB-Platten oder USB-Sticks. All diese Geräte werden nicht direkt an den Hauptspeicher angeschlossen, sondern sie werden über ein sog. **Interface** *(oder auch Controller genannt)* mit dem Rechner verbunden.

Ein Betriebssystem kann mit den Aufgaben einer Stadtverwaltung verglichen werden. Die Aufgabe einer Stadtverwaltung ist es, die Dienste und Einrichtungen einer Stadt (wie Bürgermeisteramt, Einwohnermeldeamt, Polizei, Feuerwehr, Sportplätze,...) zu verwalten und zu betreiben. Die Funktion eines Rechner-Betriebssystems besteht darin, die oben aufgeführten Einheiten zu verwalten und zu betreiben. Hierzu gehört z.B., die Benutzung eines Druckers so zu regeln, dass die unterschiedlichen Ausgaben mehrerer Benutzer nicht wild durcheinander gedruckt werden, oder zu verhindern, dass Benutzer sich »*nicht rechtmäßig*« verhalten *(z.B. Daten anderer Benutzer löschen, wenn diese solches nicht erlauben)*.

Eine Stadtverwaltung stellt dem Einwohner eine Reihe von Diensten zur Verfügung (oder sollte sie zur Verfügung stellen). Viele dieser Dienste sehen nach außen einfach aus, z.B. das Anmelden einer Geburt, erfordern jedoch intern viele einzelne Schritte und viel Koordination: Bei der Geburt wird der Name in das Melderegister eingetragen, das Statistische Amt verständigt, der zuständige Pfarrer informiert, das Gesundheitsamt benachrichtigt usw.

Ähnlich bietet auch das Betriebssystem dem Benutzer eine Reihe von Diensten an, die intern viele einzelne Verarbeitungsschritte erfordern und komplexe Abläufe anstoßen. Ein wesentlicher Dienst besteht z. B. darin, dem Benutzer die Verwendung der unterschiedlichen Geräte in einer weitgehend einheitlichen Art anzubieten.

Diese Geräte haben jedoch recht unterschiedliche Eigenschaften. So kann ein Benutzer dem System in gleicher Art sagen: »*Gib das Rechenergebnis auf dem Drucker aus*« oder »*Gib das Rechenergebnis auf dem Terminal (Dialogstation) aus*«. Das Betriebssystem versteckt in diesem Fall die Unterschiede der einzelnen Geräte vor dem Benutzer und stellt stattdessen den Dienst »*Gib aus auf Gerät...*« zur Verfügung.

Bei der Verwaltung bzw. der Regierung eines Landes gibt es eine Reihe unterschiedlicher Regierungsformen (z. B. Demokratie, Diktatur, Monarchie), die festlegen, wie regiert wird und nach welchen Kriterien die vorhandenen Mittel vergeben werden. Für die einzelnen Bereiche haben dabei die verschiedenen Formen Vor- und Nachteile.

Ebenso gibt es **verschiedene Arten von Betriebssystemen**, die sich in der Art der Zuteilung der vorhandenen Betriebsmittel eines Rechners unterscheiden. Eines der wesentlichen Betriebsmittel eines Rechners ist die eigentliche Verarbeitungseinheit *(die CPU)* und der Hauptspeicher.

Gibt man jedem Programm eine permanente Priorität *(analog zum Privileg in einem autoritären System)* und vergibt die wichtigen Betriebsmittel immer so lange an das Programm mit der höchsten Priorität, bis das Programm sie nicht mehr benötigt, so nennt man dies ein Realzeitsystem. Ein solches System mag etwas ungerecht erscheinen, erlaubt aber, dass wichtige Aufgaben vorrangig durchgeführt werden. Beispielsweise wird das Abschalten einer Maschine in kritischen Situationen vorrangig durchgeführt, während z. B. die Berechnung von einer Statistik, wie viele Mitarbeiter in diesem Monat krank waren, zurückgestellt wird.

Bei einer anderen Betriebssystemform werden die Betriebsmittel gleichmäßig auf alle Programme oder alle Benutzer verteilt – d. h., jedem steht die CPU eine kurze Zeit zur Verfügung, dieser wird dann unterbrochen, und der nächste Benutzer wird bearbeitet usw., bis jeder einmal dran war. Dann wird wieder von vorne begonnen. Dies geschieht wegen der hohen Arbeitsgeschwindigkeit der heutigen Rechner jedoch in der Regel so schnell, dass der Benutzer den Eindruck hat, ihm stände der Rechner alleine zur Verfügung. Solche Systeme nennt man Time-Sharing-Systeme, da sie die Rechnerzeit zwischen den einzelnen Benutzern bzw. den einzelnen Programmen weitgehend gerecht aufteilen. Das Betriebssystem Linux/Unix ist ein solches *Time-Sharing-System*.

In der Vergangenheit war es so, dass jeder Hersteller für seine Maschine ein eigenes Betriebssystem erstellt hat, das die Eigenschaften seiner Maschine optimal zu nutzen versuchte. Auf diese Weise entstanden recht viele verschiedene Betriebssysteme. Hatte ein Hersteller dabei mehrere im Aufbau unterschiedliche Maschinen, so besaß sogar der gleiche Hersteller unterschiedliche Betriebssysteme. Weitere Betriebssystemvarianten kamen einfach durch die lange Jahre

7

laufende Weiterentwicklung hinzu. Auf diese Weise entstand eine große Anzahl sehr unterschiedlicher und **untereinander nicht austauschbarer Betriebssysteme**. Will ein Benutzer in dieser Situation von einem System auf ein anderes wechseln, so muss er auch zumindest die Grundbedienung des neuen Systems erlernen. In der Regel müssen auch die Programme, die er für seine Anwendung benutzt hat, mit großem Aufwand auf das neue Betriebssystem umgestellt werden.

Der Einsatz von unterschiedlichen Betriebssystemen war trotz des Umlernens und des dabei oft notwendigen Umschreibens eingesetzter Programme so lange sinnvoll, wie damit die bestmögliche Ausnutzung der Maschine und somit eine Senkung der CPU-Kosten erreicht wurde.

Dies hat sich inzwischen aus folgenden Gründen geändert:

❑   Heute verwenden viele Hersteller die gleichen CPU-Komponenten.

❑   Die CPU-Leistung ist sehr viel billiger geworden.

❑   Die Rechnergenerationen wechseln heute aufgrund des technischen Fortschritts in sehr kurzer Zeit, so dass auch große Hersteller es sich nicht mehr leisten können, jedes Mal ein neues Betriebssystem zu entwickeln.

❑   Die Benutzer möchten sich nicht mehr so fest wie früher an einen Hersteller und sein System binden und möchten bei der Umstellung auf ein neues Rechnersystem möglichst wenig neu erlernen müssen.

All dies verlangt nach einem Betriebssystem, das sowohl auf den verschiedenen Rechnern eines Herstellers als auch auf den unterschiedlichen Rechnern der verschiedenen Hersteller in gleicher Weise läuft. Es gibt heute mehrere solcher Betriebssysteme.

Linux/Unix ist eines der wenigen Systeme, das auf unterschiedlichen Rechnern mit sehr verschiedenen CPU-Typen läuft. Es bietet damit für eine Reihe der oben genannten Probleme eine annähernd ideale Lösung und ist somit in der Lage, viele andere Betriebssysteme zu ersetzen. Allerdings kann es nicht alle Betriebssysteme ablösen, denn es gibt immer noch unterschiedliche Anforderungen bzw. Einsatzgebiete (z.B. die Realzeitverarbeitung, die eben doch in vielen Punkten von der eines Time-Sharing-Systems abweicht). Es gibt auch bei Betriebssystemen noch kein »eierlegendes Woll-Milch-Schwein«.

Zusammenfassung
der wesentlichen Aufgaben eines Betriebssystems

Wenn Sie über ein Terminal *(Tastatur und Bildschirm)* einen Auftrag, einen Befehl *(Anweisung)* eingeben, so muss das Betriebssystem:

①   Ihre Eingabe erkennen und weiterleiten;

②   das Programm für diesen Befehl, Ihre Eingabe und evtl. weitere Daten in den Speicher laden;

③   das Programm starten, den ordnungsgemäßen Ablauf kontrollieren und es beenden;

④   Systemzeiten festhalten, die Zeit zuordnen, kontrollieren;

⑤   falls Sie als Ausgabe Informationen auf die Platte schreiben wollen, so muss dort eine Datei angelegt werden, die auch jederzeit wiedergefunden werden soll;

⑥   die zum Ablauf erforderlichen Betriebsmittel zur Verfügung stellen.

In Abb. 1.3 werden wesentliche Aufgaben eines Betriebssystems dargestellt:

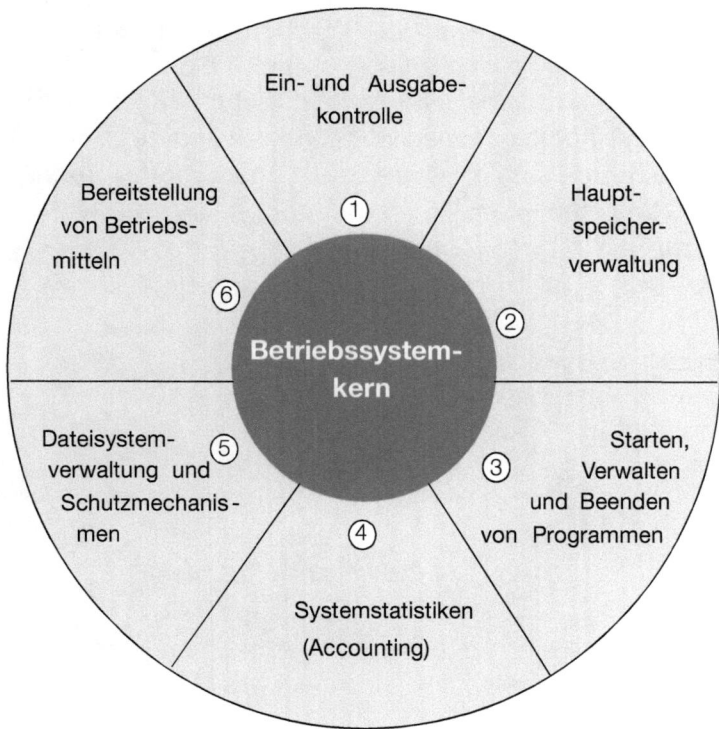

Abb. 1.3 *Hauptaufgaben eines Betriebssystems*

Wenn Sie sich ein Betriebssystem als *das Gehirn eines Rechners* vorstellen, so mögen Ihnen nachstehende Impressionen in Abb. 1.4 zeigen, was in so einem Kopf vorgehen könnte:

Anforderungselement, best fit, Buchhaltungsaktion, capability, close, Dateiverwaltung, Ersetzungsstrategie, FIFO, frame, Geräteverwaltung, Implementierung, I/O-Control, Informationsfluss, Kachel, Kanal, Lesen, Leser-/Schreiber-Problem, Lücke, Modul, multi user, multi level, feed back, Nichtblockierung, open, operation, paging, Parameterblock, Peripherie, peripheres Gerät, Plattenspeicher, Priorität, prompt, Prozedur, Prozess, read, remote procedure call, Satz, Schedule, Segment, Seite, Sektorkanal, Semaphor, Sicherheit, Spezifikation, Steuereinheit, supervisor call swapping, splitting, Synchronisation, TeilProzess, Transport, Treiber, Unterbrechung, Vektor, Warteschlange, write, Verklemmung, Zugriffsliste

Abb. 1.4 Gehirn eines Rechners

Damit müssen aber nicht wir unseren Kopf belasten, denn diese Aufgaben nimmt uns das Betriebssystem ab, zumindest was Linux/Unix betrifft.

1.2 Unterschied zwischen Datei und Dateisystem

Bisher haben wir uns mit den allgemeinen Abläufen eines Betriebssystems beschäftigt. Das Wesentliche für den Anwender ist, dass der Rechner Aufgaben für ihn durchführt. Die Informationen, die der Rechner dafür benötigt, können diesem z.B. über ein Terminal mitgeteilt werden. Sollen Informationen *(in der DV-Welt nennt man dies auch Daten)* gespeichert *(aufbewahrt)* werden, so werden sie als logische Einheit auf Platte, USB-Stick oder einem anderen Medium abgelegt. Diese logische Einheit wird als **Datei** bezeichnet. Die Information kann aus einer Folge von Ziffern, Buchstaben und Sonderzeichen bestehen. Der Inhalt einer Datei kann z.B. Ihre Adresse mit Telefonnummer oder der Text dieses Kapitels sein.

Je nachdem, wie die Informationen aufgezeichnet sind, unterscheidet man z.B. Dateien,

❏ die für uns lesbar sind, z.B. unter Linux/Unix sind Texte im ASCII-Code[*] gespeichert *(American Standard Code for Information Interchange – Amerikanischer Standardcode für Informationsaustausch),*

❏ oder binäre Dateien, z.B. die ausführbaren Programme, die im Binärformat gespeichert sind *(binär – aus 2 Einheiten bestehend: 0 und 1).*

Darstellung von Zahlen in Binärform[°]:

$$1 = 00001, \qquad 2 = 00010, \qquad 3 = 00011, \qquad 4 = 00100 \qquad usw.$$

Um eine Datei ansprechen zu können, erhält sie einen Namen und eine Art Adresse, aus der hervorgeht, wo auf der Platte oder USB-Stick die Datei abgelegt wurde. Uns braucht zunächst nur der Name zu interessieren. Sie können sich eine Datei anschaulich wie ein Dokument oder einen Artikel vorstellen. Ein solches Dokument bildet eine Einheit. Es kann z.B. zusammengeheftet und abgelegt werden. Es besteht in sich aus Sätzen, diese sind aus Wörtern zusammengesetzt und die Wörter aus Zeichen. Analog spricht man beim Inhalt einer Datei von Sätzen, Satzelementen oder Feldern (statt Wörter) und Zeichen.

Ein Dateisystem ist eine nach bestimmten Regeln angeordnete Menge von Dateien, eine Art Ablagesystem der Dateien, damit sie jederzeit schnell und sicher wiedergefunden werden können. Bildlich können Sie sich ein Ablagesystem wie einen großen Schrank mit vielen Schuhschachteln vorstellen. Sie können kleinere in größere Schachteln packen – doch die Anzahl der Schachteln ist auf die Größe des Schranks begrenzt. In einem Rechner können Sie Dateien unter einem *Directory (ähnlich einer Schachtel)* ablegen, unter diesem Directory weitere Directories anlegen und so fort. So können viele Directories *ineinanderge-*

---

[*] Unter Windows werden Texte dagegen im ANSI-Code *(American National Standard Code)* abgelegt. Hier sind die Umlaute ä, ü, ö, ß anders gekennzeichnet, was zur Folge hat, dass diese Zeichen in einigen Programmen falsch dargestellt und nicht umgewandelt wurden.

[°] Umrechnung und Anleitung findet man u.a. unter *www.arndt-bruenner.de/mathe/scripts/Zahlensysteme.*

schachtelt werden. Man spricht hierbei auch von einem hierarchischen Dateisystem. Diese immer weitergehende Verzweigung finden Sie auch in der Natur, z.B. bei einem Baum: Wurzel – Stamm – Äste – Zweige – Blätter.

Das Linux/Unix-Dateisystem beginnt mit einer Wurzel und verzweigt sich wie ein Baum. Deshalb wird auch von einer Baumstruktur gesprochen. Die Dateien werden bestimmten Zweigen zugeordnet. Die Knotenpunkte dieser Zweige werden als Directories, Ordner oder Verzeichnis bezeichnet. Da einige Kommandos abgeleitet werden von dem Namen *Directory* verwende ich in dem Buch diesen Begriff. Die Directories sind mehr oder weniger ein Inhaltsverzeichnis der Dateien und weiterer Unterverzeichnissen, die sich unter diesem Zweig befinden.

Jede Datei erhält einen Namen, ebenso die Directories (also Ordner oder Verzeichnisse). Der Weg von der Wurzel des Baumes bis hin zu der Datei wird als Pfad bezeichnet. Mit dem Pfad und dem Namen der Datei kann eindeutig die jeweilige Datei wiedergefunden werden. Der Name des ersten Directories ist der Schrägstrich »/« und wird als »root« (Wurzel) bezeichnet (s. Abb. 1.5).

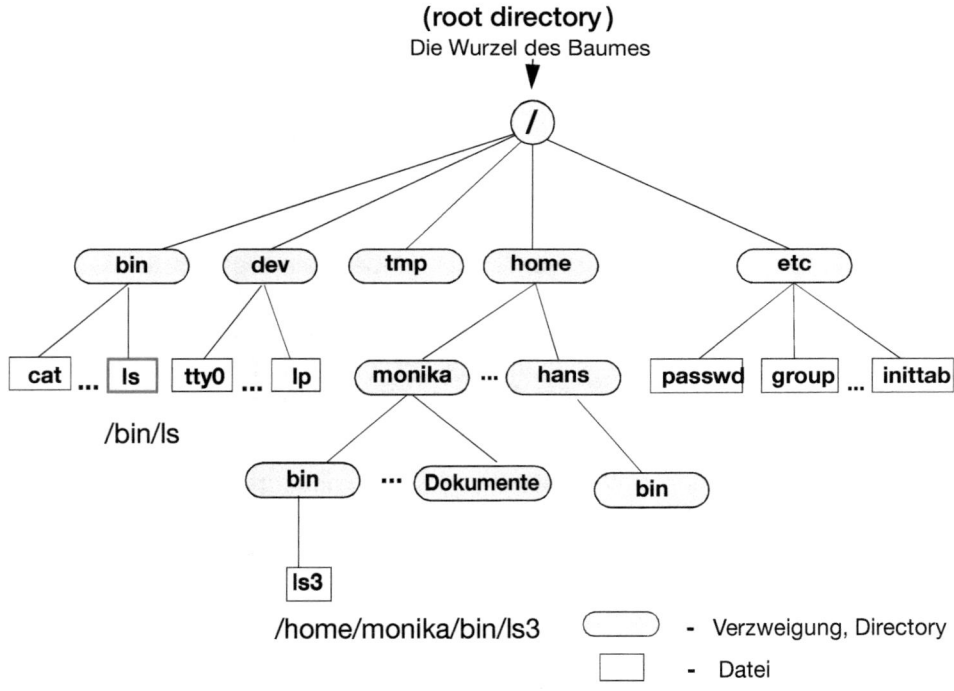

Abb. 1.5 *Ausschnitt eines Dateisystems unter Linux/Unix*

Die Programmdatei **ls** ist eindeutig definiert mit **/bin/ls**. Der erste Schrägstrich bezeichnet das 1. Directory: die root. Die weiteren Schrägstriche kennzeichnen die Trennung zum nächsten Directory bzw. zur Datei.

1.3 Geschichtlicher Überblick von Unix und Linux

Unix kommt aus Amerika von »Ma Bell«, wie die Bell Laboratories von Insidern mit dem Kosenamen genannt wurden. Der korrekte Name ist **Bell Laboratories**[*] der Firma AT&T *(American Telephone and Telegraph)*.

Und wer waren die Väter von Unix? Eine Gruppe von Programmierern, deren eigentliche Aufgabe darin bestand, große Softwareprojekte zu entwickeln. Um bessere Voraussetzungen hierfür zu schaffen, entwarfen Ken Thompson und Dennis Ritchie ein eigenes Betriebssystem, mit dem sie interaktiv, im Dialog, arbeiten konnten. Ferner wirkten mit: S. Bourne *(nach dem die gleichnamige Shell benannt wurde)*, S. Johnson, B. Kernighan, D. Mc Ilroy, J. Ossana, um nur einige zu nennen, die zusätzliche Hilfsprogramme *(Utilities und Tools = Werkzeuge)* entwickelten, um immer wiederkehrende Teilaufgaben schnell und einheitlich zu lösen.

Linux wurde als freies Betriebssystem entwickelt. Der Name Linux wurde abgeleitet von Linus Benedict Torvalds, Helsinki, der 1991 ein eigenes Betriebssystem, aufbauend auf dem Unix-Modell, für den Intel 386-Prozessor entwickelte. Er schrieb den sog. Kernel, das Herzstück von Linux, neu und nutzte die Unix-Utilities von GNU *(General Public License s.a. Free Software Foundation: http//www.fsf.org)*. Eine grobe Übersicht der Entwicklungsgeschichte von Unix und Linux finden Sie im Bild 1.6 auf Seite 14 als grafische Darstellung.

Über die ganze Welt verteilt helfen Entwickler per E-Mail, Newsgroups und über WWW *(World Wide Web)* mit, Linux ständig weiterzuentwickeln. 1992 stellte Linus Torvalds und seine Mitautoren Linux unter die GNU/GPL *(General Public License)*. Linus Torvalds koordiniert und kontrolliert nach wie vor die Weiterentwicklung des Kernels.

Eine Liste der gängisten Linux-Distributionen finden Sie im Abb. 1.7 auf Seite 15.

---

[*] Bell Laboratories sind nun Teil der Forschungs- und Entwicklungsabteilung von Alcatel-Luchent.

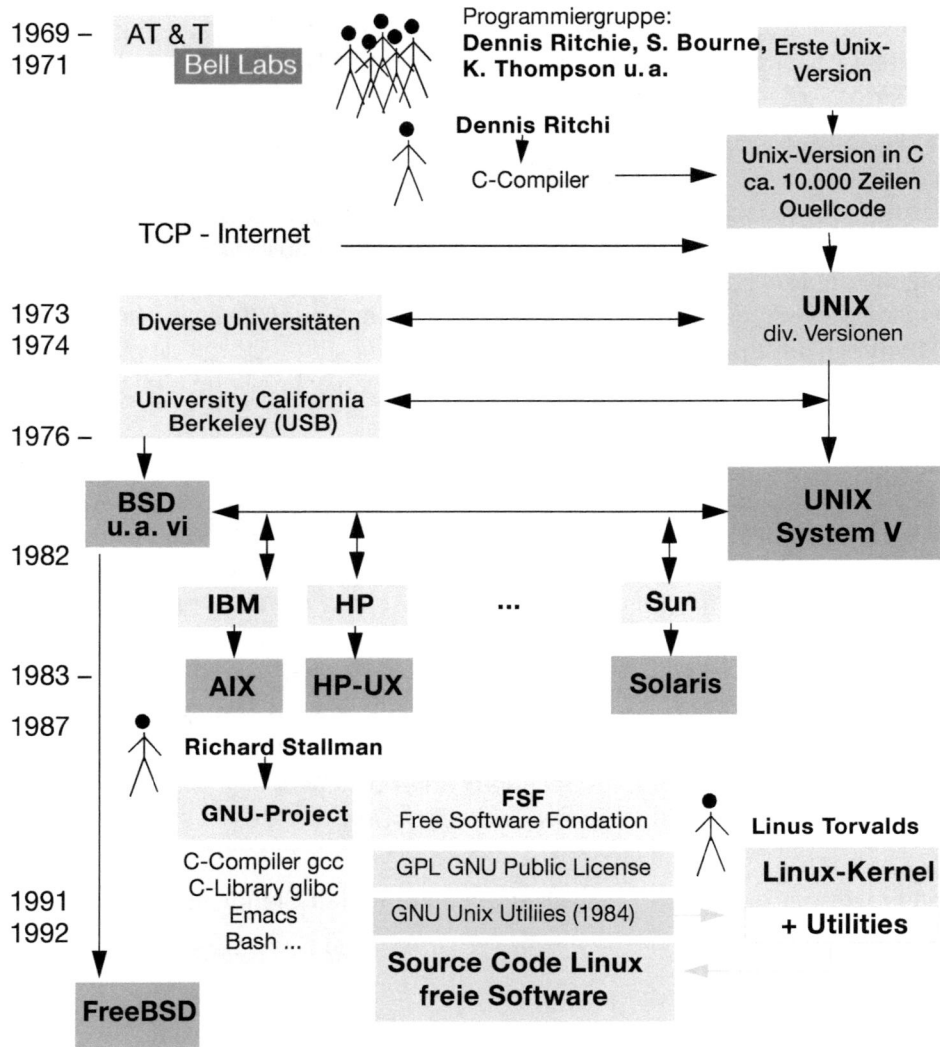

Abb. 1.6 *Geschichtlicher Überblick von Unix und Linux*

1.4 Einige Linux-Distributionen

Linux hat sich so stark ausgebreitet, dass es 2012 bereits über 300 Linux-Distributionen gab. Wer sich die Entwicklungen der einzelnen Versionen ansehen möchte, sollte unter *de.wikipedia.org/wiki/LinuxDistribution* bzw. die entsprechende Grafik der GNU/Linux Distribution Timeline ansehen: *upload.wikimedia.org/wikipedia/commons/8/8c/Gldt.swg.*

Ein Distribution enthält meist neben dem Linux-Kernel freie Programme wie KDE oder GNOME für die grafische Oberfläche, Programme wie Firefox, LibreOffice oder OpenOffice, Adobe Reader und spezielle Tools des Distributors, wie bei OpenSUSE der YaST (*yet another setup tool*) und andere Tools sowie zusätzlich Handbücher, Support und Onlinehilfe.

Meist gibt es eine kommerzielle kostenpflichtige Distribution für Firmen mit Support und eine kostenfreie für Privatnutzer. In Abb. 1.7 sind die kostenfreien Distributionen mit * gekennzeichnet.

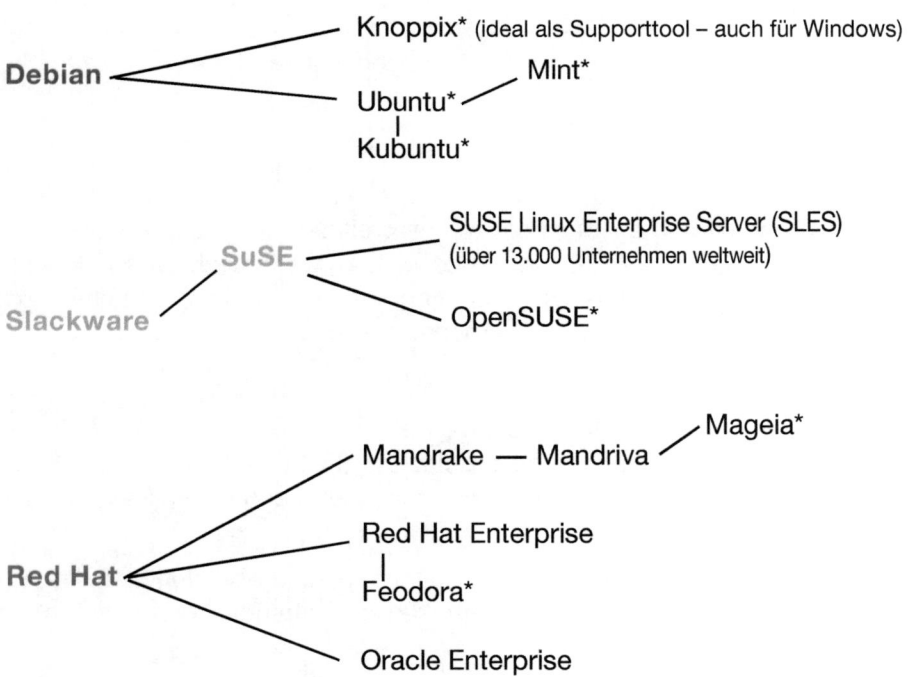

***Abb. 1.7** Auswahl einiger Linux-Distributionen*

Übrigens, auch einige Smartphones, z. B. mit dem Betriebssystem Android, bauen auf einem Linux-Kernel auf. Auf dem Mobile World Congress 2012 wurde zum ersten Mal auch eine Ubuntu-Version für ein Smartphone vorgestellt.

1.5 Unix-Portierungen verschiedener Firmen

Unix gibt es unter verschiedenen Namen. In der nachstehenden Aufstellung in Tab. 1.1 sind nur einige Linux/Unix-Portierungen aufgeführt. Im Internet finden Sie unter den angegebenen Adressen, dort meist unter Produkte - Software - Betriebssysteme *(OS Operating Systems)*, Informationen zur aktuellen Version und Angaben, auf welchen Rechnern/Prozessoren die Unix-Derivate laufen.

Unix-Derivat	Hersteller, Systemhaus	Adresse im Web http://www.
AIX	IBM	ibm.de
BSD/OS FreeBSD	Berkeley Software Design University of California, Berkeley	bsd.com
HP-UX	Hewlett Packard	hp.com
IRIX	Silicon Graphics SGI	sgi.com
OpenSolaris	Oracle (ehemals Sun Microsystems)	oracle.com

Tab. 1.1 Unix-Portierungen einiger Firmen

1.6 Eigenschaften von Linux/Unix

Eine der wesentlichen und hervorstechenden Eigenschaften von Linux/Unix ist die Portierbarkeit, die es zu einem weitverbreiteten, rechnerunabhängigen Betriebssystem werden ließ. Für uns ist es wichtig, wenn wir bereits mit einem Linux/Unix-Rechner arbeiten, dass wir Programmablauffolgen und Quelltextprogramme ohne großen Aufwand übernehmen können.

Weitere wichtige Eigenschaften von Linux/Unix sind:

❏ **Multi-User-Betrieb** (Mehrbenutzerbetrieb)
Mehrere Benutzer können gleichzeitig am System arbeiten. Jeder Benutzer meldet sich mit einer eigenen Namenskennung und einem Passwort an.

❏ **Multi-Tasking**
Jeder Benutzer kann mehrere Programme parallel ablaufen lassen, z. B. editieren und gleichzeitig Texte ausdrucken und nebenbei noch eine Suchaktion starten.

❏ **Time-Sharing**
Wenn mehrere Prozesse quasi gleichzeitig laufen, wird der Platz im Hauptspeicher oder im Prozessor abwechselnd den einzelnen Prozessen nach einem Prioritätsschema zugewiesen.

❏ **Dialogverarbeitung**
Jeder Benutzer kann von seinem Terminal *(Tastatur und Bildschirm)* dialogorientierte Programme aufrufen, sowie Daten eingeben und erhält die Ergeb-

nisse am Bildschirm angezeigt. Er muss also nicht die Anweisungen erst in eine Datei schreiben.

❏ **Individuelle Zugriffsrechte für Dateien**
Über Zugriffsrechte wird festgelegt, wer die Dateien, Geräte oder Directories ansehen (lesen – *read*), verändern (schreiben – *write*) und ausführen *(execute)* darf. Hierbei unterscheidet man nach dem Benutzer *(user)*, der die Datei angelegt hat, der gleichen Gruppe *(group)* und den anderen *(others)*.

❏ **Shell – Benutzerschnittstelle und Kommandointerpreter**
Die Shell interpretiert und kontrolliert in einer alphanumerischen Umgebung die vom Benutzer eingegebenen Kommandos. Über die Shell-Steuersprache, die ähnliche Funktionalität wie eine höhere Programmiersprache hat, kann der Ablauf von Programmen gesteuert werden. Sie enthält Vergleiche, Verzweigungen, bedingte Ausführungen, Schleifen, Zuweisung von Parametern und Variablen. Es gibt unterschiedliche Shell-Programme, auf die im Buch hingewiesen wird (u.a. die ursprüngliche Bourne-Shell, Posix[*]-Shell, Korn-Shell, Bash *(Born again Shell)*, C-Shell) und die je nach Bedarf eingesetzt werden können.

❏ **Verfügbarkeit zahlreicher Sprachen**
Welche Programmiersprachen auf Ihrem Rechner zur Verfügung stehen, hängt von der jeweiligen Portierung der Compiler ab. Fragen Sie Ihren Systemanbieter, welche Compiler verfügbar sind. Unter Linux/Unix laufen C, C++, Fortan, Java, Lisp, Pascal, Perl, Python u.v.a. mehr.

❏ **Eine Vielzahl von Dienstprogrammen (Softwaretools)**
Zwischen 300 und 3500 Kommandos stehen dem Linux/Unix-Anwender bereits mit der Grundsoftware zur Verfügung.

❏ **Netzwerkfähigkeit – Kommunikation**
Im Client-Server-Umfeld hat sich Linux/Unix deshalb so bewährt, weil es hierfür ausgezeichnete Voraussetzungen bietet. Sowohl für LAN als auch für WAN gibt es entsprechende Hard- und Software. (LAN: Local Area Network, d.h. Rechner, die in der Regel auf einem Grundstück miteinander verbunden sind. WAN: *Wide Area Network,* Rechner oder Netze, die über öffentliche Vermittlungssysteme wie Telefon, DatexP u.a. kommunizieren.) An Software gibt es z.B.:

uucp *(unix to unix copy).* Die einfachste (und billigste) Verbindung zwischen Linux/Unix-Rechnern. Es war u.a. ursprünglich die Grundlage von mail.

TCP/IP *(Transmission Control Protocol-Internet Protocol).* Die bedeutendste Protokollfamilie, mit der die meisten Anbindungen zwischen Linux/Unix-Rechnern und zahlreichen anderen Systemen in einem LAN oder z.B. über

---

[*] *Portable Operating System Interface* ist eine standardisierte Schnittstellenbeschreibung von IEEE *(Institut of Electrical and Electronics Engineers – weltweiter Berufsverband für Ingenieure)* und Open Group *(Zusammenschluss von Open Software Foundation und X/Open)*, die unabhängig von AT&T Industriestandards für das Betriebssystem Unix entwickelten.

Internet verbunden sind. Auf diesem Protokoll basieren eine Reihe von Diensten, wie mail, telnet und rlogin, und die Konfiguration von Netzwerkgeräten und Netzwerkdiensten.

❏   **Grafische Benutzeroberfläche** – GUI *(Graphical User Interface)*
    Auf den meisten Unix-Systemen wird CDE (**C**ommon **D**esktop **E**nvironment) eingesetzt. Unter Linux-Anwendungen wird meist GNOME oder KDE als grafische Oberfläche verwendet. Je nachdem, welche Benutzeroberflächen man bei der Installation der Software ausgewählt hat, kann der Benutzer dann beim Anmelden unter Sitzungsart die KDE, GNOME oder andere auswählen. Zudem lassen sich die einzelnen Oberflächen entsprechend anpassen.

1.7 Wer setzt Linux/Unix ein?

Aus der Historie von Unix geht hervor, dass Unix ursprünglich zur Bearbeitung von Softwareprojekten konzipiert und in der ersten Zeit auch hauptsächlich von Universitäten in Forschung und Lehre eingesetzt wurde.

Heute wird Linux/Unix in fast allen Bereichen eingesetzt. In einem meiner Kurse hatte ich Teilnehmer aus den unterschiedlichsten Branchen (s. Abb. 1.8):

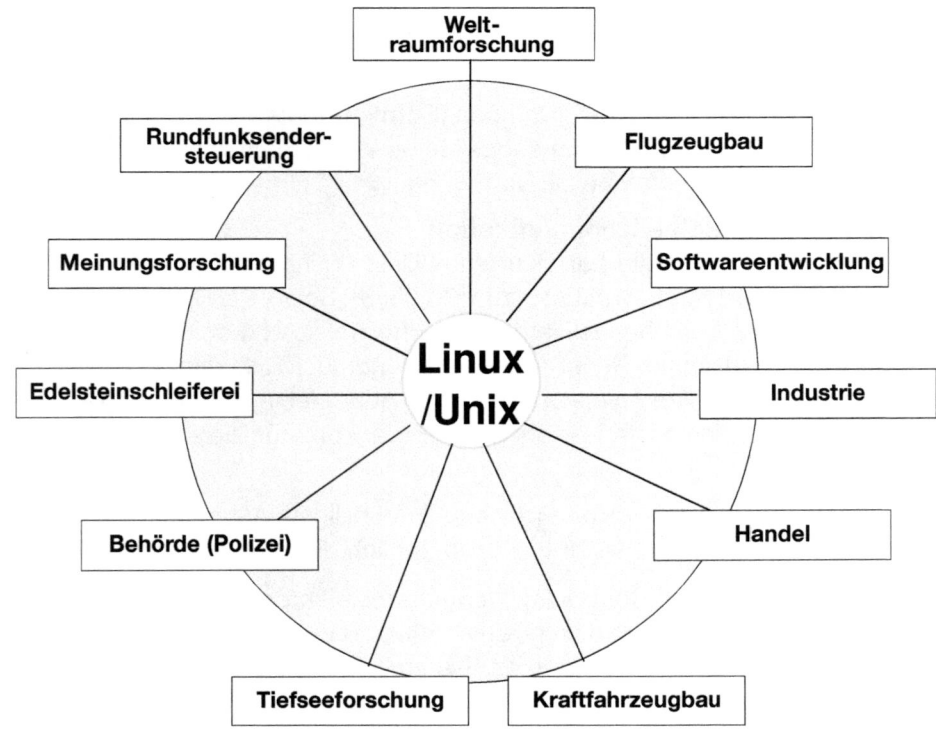

Abb. 1.8 *Linux/Unix-Anwender aus unterschiedlichen Branchen*

1.8 Freie Software unter Linux

Welche freie Software im Vergleich zu Windows unter Linux verfügbar ist, zeigt nachstehende Auswahl in Tab. 1.2:

Tab. 1.2: Freie Software unter Linux im Vergleich zu Windows

Wofür	Programme unter Windows	Alternative unter Linux
Office/System		
Textverarbeitung	MS Word (.doc)	OpenOffice/LibreOffice Textdokument/Writer (.odw)
Tabellenkalkulation	Excel (.xls)	OpenOffice/LibreOffice Tabellendokument Calc (.odc)
Präsentation/ Zeichnung	PowerPoint (.ppt)	OpenOffice/LibreOffice Präsentation/Impress (odp) nur Zeichnung (.odg)
Bildverarbeitung	Adobe Photoshop (.psd) – und alle gängigen Formate	GIMP (.xcf) – und alle gängigen Formate
Scannen	Nero, OnCD u.a.	XSane, Scanlite, Brasero
Adressbuch, Kalender	Outlook	Evolution, KOrganizer, Kontact
Desktop-Datenbank	Access	OpenOffice/LibreOffice Base (.odb)
Textdateien bearbeiten	Ultraedit/Note Tab, WordPad	kate, nedit, KWrite
Dateien verwalten	Explorer, Norton Commander	Konqueror, Dolphin
Internet		
Surfen	Internet Explorer, Mozilla Firefox, Opera,	Konqueror, Mozilla Firefox, Opera
E-Mails lesen, versenden	Outlook (Express), Mozilla Mail Thunderbird, Eudora	KMail, Mozilla Mail Thunderbird, Evolution
Dateien transferieren	ftp, WSFTP, PSFtp	sftp, Konqueror, FTP/Downloader X
Grafik		
Bilder betrachten	Photoshop, Paint Shop Pro	GIMP, Gwenview, Eye of GNOME
Digicam-Bilder lesen/bearbeiten, verwalten	Fotofix	digikam, F-Spot Fotoverwaltung, showFoto
Bilder betrachten	IrfanView, XnView	GwenView

Wofür	Programme unter Windows	Alternative unter Linux
Video		
Video abspielen	Windows Media Player	flashplayer, Totem, Xine, VLC
DVD abspielen	PowerDVD, WindDVD	Amarok, Banshee, mplyer, Xine, VLC
DVD umwandeln	DVDy	dvdxrip, Drip
Video konvertieren	VirtualDub, TMPGEnc	kavi2svcd, Mencoder
Videoschnitt	Adobe Premiere, Studio, MainActor	MainActor, Kino
Audio		
Audio, MP3 abspielen	WinAmp, Windows Media Player	XMMS, Zinf
CD-Grabber	CDex, Exact Audio Copy	Grip
Audio aufnehmen/ bearbeiten	SoundForge, Cool Edit	Rezound, Sweep
CD/DVD brennen	WinOnCD, Nero Burning Rom	K3b, GCombust, Xcdroast
CD-Wiedergabe	Windows Media-Player	KsCD, Amarok

Unter Windows sind viele dieser Programme zusätzlich zu erwerben. Die meisten aufgeführten Programme unter Linux sind kostenlos und z.B. in der OpenSUSE Linux-Distribution enthalten. Mit jeder Version kommen auch neue Produkte hinzu.

2 Konventionen und Begriffe zu diesem Buch

Dieses Kapitel gibt Ihnen einige Hinweise, wie das Lehrbuch aufbereitet ist, was die einzelnen Darstellungen aussagen und was Sie vorab wissen sollten, um mit Linux/Unix zu arbeiten.

Die einzelnen Themen:

C. Wolfinger, *Keine Angst vor Linux/Unix*, Xpert.press,
DOI 10.1007/978-3-642-32079-8_2, © Springer-Verlag Berlin Heidelberg 2013

2.1 Hinweise zum besseren Verständnis

Vorab einige Erläuterungen zu den einzelnen Darstellungen in diesem Lehrbuch, und welche Konventionen *(Vereinbarungen, Regeln)* benutzt werden:

Alle neuen Kommandos *(Befehle)*, die für diesen Kurs ausgesucht wurden, sind das erste Mal in einem Kästchen hervorgehoben (s. Abb. 2.1). Hier wird dargestellt, wie und nach welchen Regeln das Kommando aufgerufen wird *(Syntax)*:

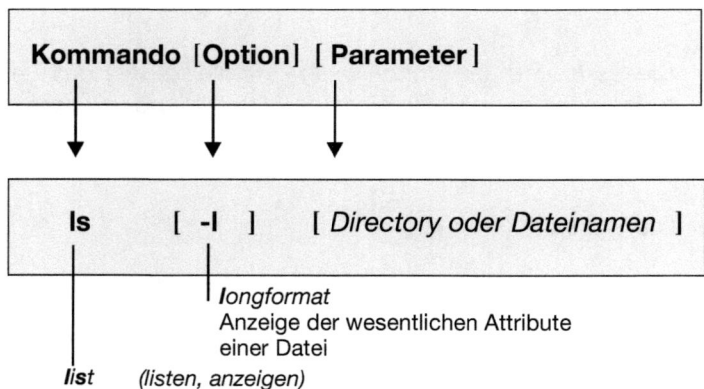

Abb. 2.1 *Syntax der Kommandos*

In dieser Darstellung ist das **Kommando** und die möglichen **Optionen** in **Fettschrift** dargestellt, zusätzliche Angaben *(Parameter)*, die durch einen anderen Namen ersetzt werden müssen, in *Kursivschrift*. In dem obigen Beispiel würde das Kommando ls *(listen von Dateinamen und Directories)* z.B. von einem Directory mit dem Namen »/home« wie folgt aufgerufen werden können:

ls -l /home

In diesem Lehrbuch werden nur die am häufigsten verwendeten Optionen der einzelnen Kommandos aufgeführt, also nicht alle unter Linux/Unix verfügbaren. Sind Parameter optional, d.h., sie dürfen weggelassen werden, so sind sie in eckige Klammern **[ ]** gesetzt. Unterhalb der Kommandozeile werden die meist von englischen Begriffen abgeleiteten Kurznamen erläutert, die gewählt wurden, um die Mnemonik *(die Hilfe zum Einprägen)* zu nutzen.

Die Klammern **[ ]** dienen nur als Hinweis, dass das Kommando mit oder ohne Optionen und/oder weitere Parameter aufgerufen werden kann. Wenn Sie das Kommando eingeben, wird diese Klammer nicht geschrieben. Das oben angegebene Kommando könnte also aufgerufen werden mit:

ls oder **ls -l** oder **ls /home** oder **ls -l /home**

So wie Sie eine Sprache nur durch Sprechen erlernen, so ist es notwendig, auch an einem Linux/Unix-Rechner zu arbeiten, um mit Linux/Unix umgehen zu können. Versuchen Sie deshalb, die Beispiele an einem Linux/Unix-Rechner nach-zuvollziehen. Hierbei sind rechnerbedingt Abweichungen möglich. Sämtliche in diesem Buch aufgeführten Beispiele und Übungen wurden ursprünglich auf ei-nem CADMUS-Rechnersystem (Munix System V) der Firma PCS getestet. Für die weiteren Auflagen wurden die Übungen u.a. auf Rechnern von IBM mit AIX, von HP mit HP-UX, auf verschiedenen Workstations von Sun mit Solaris und un-ter verschiedenen Linux-Versionen von OpenSUSE, Red Hat und Kubuntu ge-testet. In dieser Auflage sind die Übungen für Linux unter OpenSUSE 12.2 durchgeführt worden.

Beispiele von Dialogen mit dem Rechner erkennen Sie an einem symbolisierten Bildschirm. Die **Eingabe** des Benutzers ist durch **Fettdruck** hervorgehoben, **Nachrichten** *(Ausgaben)* des Rechners werden *kursiv* dargestellt und **Erläute-rungen** *(meist außerhalb des Bildschirms oder in weißen Kästchen hervorgeho-ben)* sind in Normalschrift gesetzt. Abb. 2.2 hierzu ein Beispiel:

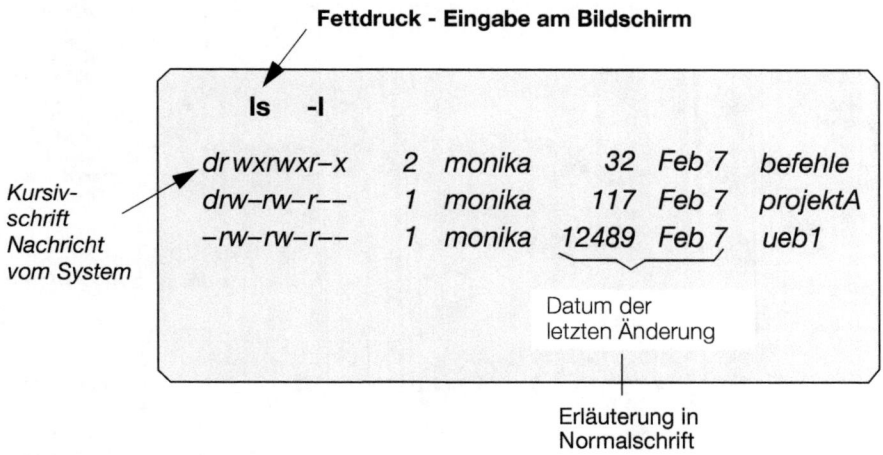

Abb. 2.2 Beispiel eines Dialoges mit dem Rechner

Die unterschiedlichen Schriftarten dienen dabei nur der Verdeutlichung zwi-schen der Eingabe des Benutzers und Ausgabe des Rechners. Bei der wirkli-chen Eingabe des Kommandos »ls -l« erscheinen dabei Eingabe und Ausgabe auf dem Bildschirm in der gleichen Schriftart. Im fortlaufenden Text sind Kom-mandos und Dateinamen in Kursivschrift dargestellt.

▷ Auf besondere Hinweise macht Sie dieses Symbol aufmerksam.

2.2 Eingabe an der Tastatur

Wenn Sie mit einem Linux/Unix-Rechner arbeiten, geben Sie an einem Terminal *(Dialogstation)* über die Tastatur die Kommandos ein. Am Bildschirm erhalten Sie dann eine Ausgabe vom Rechner als Ergebnis. Die Tastaturen der Terminals richten sich meist nach der Sprache.

So gibt es Zeichensätze, die mit »United States«, »United Kingdom«, »Spanish«, »French« oder »German« benannt werden. Sie entsprechen den jeweiligen Normen der in diesen Ländern verwendeten Schreibmaschinen. Am häufigsten finden Sie englisch/amerikanische und deutsche Tastaturen. Für Administratoren kann es u.U. notwendig werden, dass im Boot-Modus (vor dem eigentlichen Hochfahren eines Systems) nur der englisch/amerikanische Zeichensatz zugeordnet wird. Deshalb zeigt Abb. 2.3 die unterschiedlichen Zeichenzuordnungen auf der Tastatur.

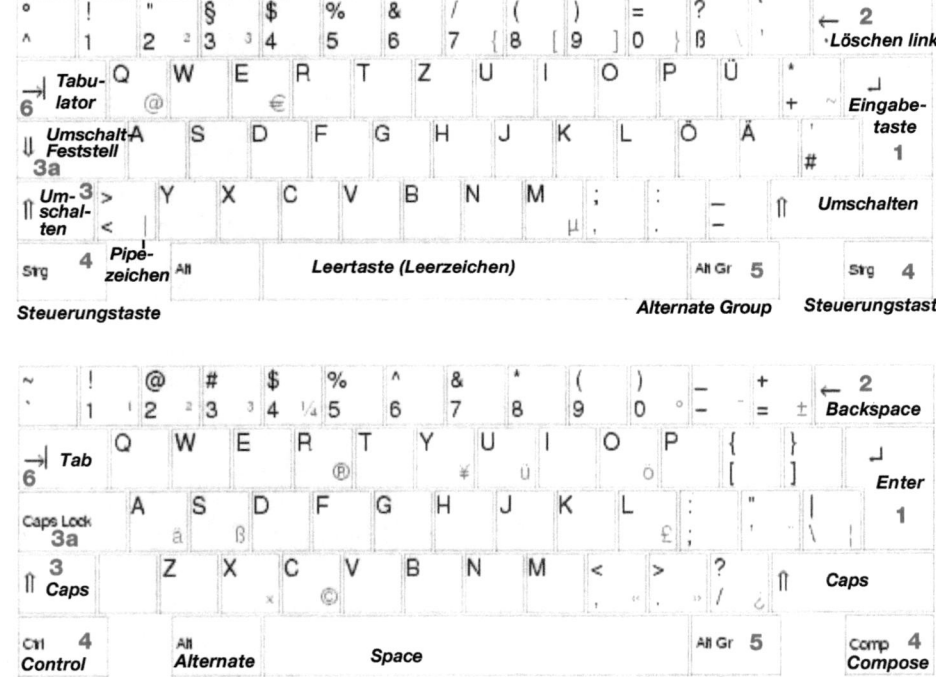

Die wichtigsten Tasten – hier zusätzlich beschriftet:
1 Eingabetaste oder Enter für Zeilenumbruch oder als Bestätigung eines Befehls
   (Von der Schreibmaschine abgeleitet wurde diese Taste früher auch als
   Carrige Return, im Deutschen als Wagenrücklauf-Taste bezeichnet)
2 Löschtaste nach links oder Backspace – zum Löschen von Zeichen
3 Umschalten auf Großbuchstaben und (3a) Umschalt-Feststell-Taste (Caps, Caps Lock)
4 Für Kombinationen die Steuerungs- oder Controll-Taste oder Compose-Taste
5 Um die zusätzlichen Zeichen auf der Tastatur (kleiner dargestellt) einzugeben,
   wird die Alternate-Group-Taste zusammen mit der jeweiligen Taste gedrückt
6 Tabulator wird für einen Sprung zum nächsten Tabulator-Stopp benutzt
   (Bei Formularen (z.B. im Internet) kann diese Taste auch genutzt werden,
   um jeweils zum nächsten Texteingabefeld zu springen)

Abb. 2.3 *Deutsche und amerikanische Tastatur im Vergleich*

Sollten Sie im Zehnfingersystem auf einer deutschen Schreibmaschine geübt sein und Ihr Terminal aber die Anordnung für den United-States-Zeichensatz aufweisen, so werden Sie sich oft bei Wörtern mit **z** oder **y** vertippen. Diese beiden Tasten sind gegenüber einer Tastatur mit deutschem Zeichensatz vertauscht. Doch auch Sie werden sich schnell umgewöhnen und fließend an Ihrer Tastatur schreiben. Für Korrekturen gibt es eine **Löschtaste**. Aber auch ganze Zeilen können Sie für ungültig erklären. Dafür werden oft Kombinationen von zwei Tasten verwendet, wie z. B. eine mit »Control« (Ctrl) bzw. auf der deutschen Tastatur mit »Steuerung« (**Strg**) bezeichnete Taste und der Buchstabe **c** (für canceln).

Außerdem finden Sie an den meisten Tastaturen sog. **Cursor-** oder **Pfeiltasten** und Sondertasten:

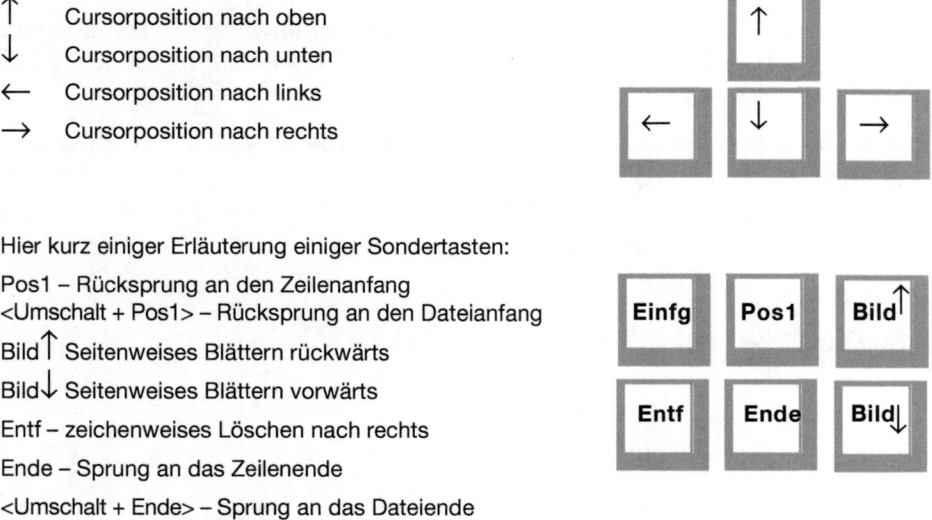

↑	Cursorposition nach oben
↓	Cursorposition nach unten
←	Cursorposition nach links
→	Cursorposition nach rechts

Hier kurz einiger Erläuterung einiger Sondertasten:

Pos1 – Rücksprung an den Zeilenanfang
<Umschalt + Pos1> – Rücksprung an den Dateianfang

Bild↑ Seitenweises Blättern rückwärts

Bild↓ Seitenweises Blättern vorwärts

Entf – zeichenweises Löschen nach rechts

Ende – Sprung an das Zeilenende

<Umschalt + Ende> – Sprung an das Dateiende

Abb. 2.4 *Cursor- und Sondertasten*

Der Cursor ist meist ein *blinkendes, kleines Rechteck*, das Ihnen auf dem Bildschirm die Position anzeigt, an der Text geschrieben wird. Mit den Cursortasten können Sie den Cursor nach oben, unten, rechts oder links bewegen. Diese Tasten benötigen Sie meist bei bildschirmorientierten Editoren. Bei diesen Editoren nützen Sie den Bildschirm wie ein Blatt Papier, das an jeder beliebigen Stelle beschrieben werden kann.

Mit der **Enter-Taste** *(Eingabetaste)* wird eine Eingabezeile abgeschlossen und an den Rechner weitergeleitet. In den Übungsbeispielen wird die Betätigung dieser Taste in der Regel nicht angezeigt, da normalerweise jede Eingabe am Bildschirm mit der Eingabetaste abgeschlossen wird. Haben Sie die Eingabetaste noch nicht gedrückt, kann innerhalb der eingegebenen Zeile, die am Bildschirm angezeigt wird, noch korrigiert werden.

Werden bestimmte Funktionen das erste Mal erklärt, so werden die Tasten meist grafisch dargestellt, wie z.B.:

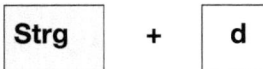

Im obigen Beispiel werden diese Tasten gemeinsam gedrückt. Im Text wird eine solche Kombination von Tasten in spitze Klammern gesetzt. Die Funktion für das Endezeichen wird mit <Strg+d> beschrieben.

Wenn die Strg-Taste gleichzeitig mit den angegebenen Buchstaben gedrückt werden soll, bedeutet dies, die Strg-Taste drücken und so lange gedrückt lassen, bis der zweite Buchstabe eingegeben wurde. Dann erst beide Tasten loslassen. Das gleichzeitige Drücken der Tasten ist mit dem Pluszeichen + dargestellt.

Linux/Unix gibt es auf vielen Systemen auch in deutscher Sprache. In diesem Buch soll natürlich allen die bestmögliche Hilfe geboten werden, deshalb habe ich bewusst bei den Beispielen auch die englische Eingabe zugrunde gelegt und dann deutsch erläutert.

Schauen Sie sich Ihr System einmal an – doch wie? Wie Sie einen Rechner starten, erfahren Sie im Kapitel 3.1. Hier wird auch gezeigt, wie Sie, falls Sie mit einer grafischen Oberfläche arbeiten, mit der Maus umgehen und sich auf dem »gedachten Schreibtisch« zurechtfinden.

Viel Spaß bei Ihren ersten Schritten unter Linux/Unix!

3 Praktische Anwendung von Linux/Unix

In diesem Kapitel erfahren Sie, wie Sie einen Linux/Unix-Rechner starten und welche Voraussetzungen erfüllt sein müssen, um mit dem Rechner zu arbeiten. Sie lernen, ihm Anweisungen zu erteilen und welche Arbeiten Sie ihm übertragen können.
Das Ziel ist es, dass Sie Linux/Unix sinnvoll nutzen können, dass Sie sich Zeit und Ärger sparen und dass Sie sogar Freude und Spaß an Ihrem Linux/Unix-System haben.

Die Hauptthemen:

C. Wolfinger, *Keine Angst vor Linux/Unix*, Xpert.press,
DOI 10.1007/978-3-642-32079-8_3, © Springer-Verlag Berlin Heidelberg 2013

3.1 Auf los geht's los

Wagen Sie Ihre ersten Schritte! Schon nach diesem Unterkapitel werden Sie wissen, wie schnell und leicht Sie mit Linux/Unix arbeiten können.

Die einzelnen Themen:

3.1.1 Wie wird ein Linux/Unix-Rechner gestartet?

Nun, wie starten Sie ein Auto? Sie vergewissern sich, ob alles startklar ist, drehen den Schlüssel herum und fahren los. Bei einem Rechner ist dies sehr ähnlich. Statt Gas zu geben, versorgen Sie ihn mit Strom. Die meisten Rechner werden statt mit einem Schlüssel mit einem INIT-Schalter gestartet *(Init von initialisieren)*, der oft mit diesem Symbol gekennzeichnet ist: ⏻

Wer darf einen Rechner starten? Eigentlich sollte nur der Systemverantwortliche, der Systemadministrator, auch **Superuser** genannt, den Rechner in Gang setzen. Autofahren darf ja auch nur derjenige, der einen Führerschein besitzt. Doch bei Ihrem Laptop oder Heimcomputer sind Sie die/der Verantwortliche – allerdings nicht so wie bei Windows gleich mit Administratorrechten –, aber den Rechner hochfahren dürfen Sie hier als »normaler Anwender«. Bei Rechnern in Firmen, bei denen mehrere Rechner und Benutzer z.B. von einem Linux-Server abhängen, versteht sich von selbst, dass diese nur von Systemadministratoren betreut werden.

Was geschieht beim Starten, beim Hochfahren eines Rechners? Über ein sog. Bootstrap-Programm *(dies ist ein im Rechner auf einem Chip festgeladenes Programm)* werden am Bildschirm Hinweise ausgegeben und meist eine Auswahl von Startmöglichkeiten angeboten. Über entsprechende Boot-Befehle kann entschieden werden, ob der Rechner z.B. im Multi-User-Modus oder im Single-User-Modus gefahren werden soll.

Was heißt *Multi-User-Modus*? Mehrere Benutzer können an einem System arbeiten, d.h.,wie viele an einem Rechner sind mehrere Terminals angeschlossen, an denen jeweils ein Benutzer arbeiten kann. Jeder dieser Benutzer kann wiederum gleichzeitig mehrere Programme starten, also Aufgaben dem Rechner übertragen. Nun werden Sie sich wundern, dass sogar an Ihrem Laptop oder Heimcomputer an mehreren Terminals gearbeitet werden kann, obwohl doch nur ein physischer Bildschirm angeschlossen ist. Es gibt unter Linux/Unix sog. virtuelle Terminals, an denen wir uns später mit einem zweiten Benutzernamen zusätzlich anmelden und so entsprechende Übungen mit mehreren Benutzern simulieren können.

Single-User-Modus bedeutet »Ein-Benutzer-Betrieb«. Entscheiden Sie sich für den Single-User-Modus, nimmt Linux/Unix an, dass nur der Systemverwalter bestimmte Arbeiten am Rechner durchführen möchte. Bei einigen Rechnern wird dann zunächst nur ein bestimmter Bereich von Dateien zur Verfügung gestellt (z.B. nur das root-Dateisystem). Allerdings muss sich auch der Systemverwalter/-administrator anmelden und ein Passwort eingeben.

Im Normalfall wird der Rechner in den Multi-User-Modus hochgefahren. Linux/Unix startet dann einen Initialisierungsprozess, der den Rechner so vorbereitet, dass mehrere Benutzer gleichzeitig daran arbeiten können.

Dieser Prozess stellt u.a. fest, wie viele Terminals am Rechner angeschlossen sind, und auf jedem der eingeschalteten Bildschirme erscheint eine Nachricht, die wie in Abb. 3.5 dargestellt aussehen könnte *(von Rechner und Installation abhängig)*:

z.B. unter Unix: und unter Linux:

Welcome to Unix		Benutzername
Login:	*oder*	
Password:		Passwort
ok clear Options Help		Sitzungsart Menu

Abb. 3.5 *Beispiel: Anmeldebildschirm*

Diese Art von Anmeldung ist auf den meisten grafischen Benutzeroberflächen ähnlich, wie z.B. beim CDE (*Common Desktop Environment*) bzw. KDE oder GNOME bei Linux.

Ist keine grafische Oberfläche installiert bzw. arbeiten Sie im sog. Single-User-Modus oder über eine Terminaleingabe, wird nur eine einfache Login-Meldung ausgegeben:

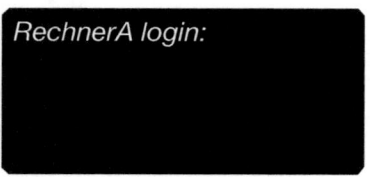

RechnerA login:

Abb. 3.6 *Login-Meldung*

Egal, ob Sie sich über eine grafische Benutzeroberfläche oder über eine sog. Konsoleingabe anmelden, der Rechner muss Sie kennen. Wie erfährt er Ihren Namen, und wer darf unter Linux/Unix arbeiten? Im nächsten Kapitel erfahren Sie dazu mehr.

3.1.2 Wie melden Sie sich an?

Um sich anmelden zu können, benötigen Sie ein Terminal/eine Konsole, d.h. eine Tastatur und einen Bildschirm. Dieses Eingabegerät kann direkt oder über Netz mit dem Rechner verbunden sein (s. Abb. 3.7). Hierfür wird über ein Verbindungsprogramm z.B. **ssh** *(secure shell)* oder vom Windows-Rechner auch z.B. mit *Exceed (eine Software, mit der über eine grafische Oberfläche unter Unix/Li-*

nux gearbeitet werden kann) eine Verbindung hergestellt. Dies erfolgt meist über ein zusätzliches Auswahlmenü, das Ihnen die möglichen Rechnerverbindungen anzeigt.

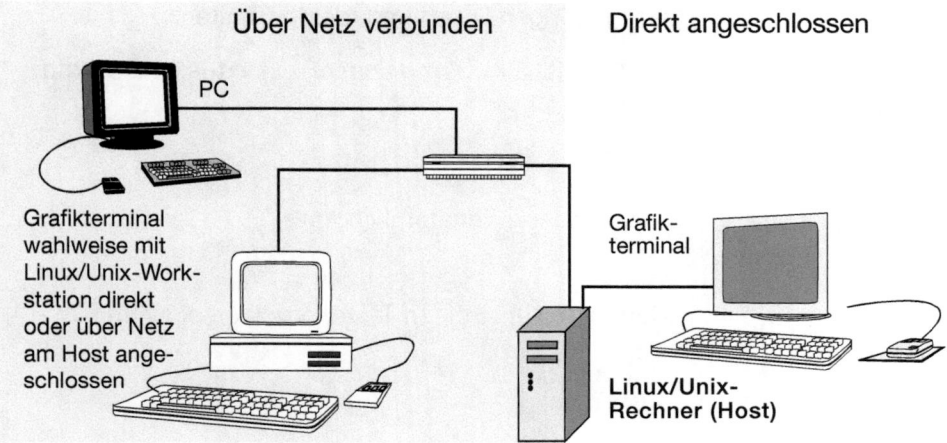

Abb. 3.7 *Mögliche Terminalverbindungen*

Arbeiten Sie an einem Terminal, das über Netz angeschlossen ist, lassen Sie sich am besten von Ihrem Systemverwalter zeigen, wie Sie die Verbindung zu einem Linux/Unix-Rechner herstellen können. Meist wird vorab nach dem Namen des betreffenden Linux/Unix-Rechners gefragt.

Auf den meisten Linux/Unix-Rechnern ist heute eine grafische Oberfläche (basierend auf X-Window) installiert, die beim Anmelden jedem Benutzer automatisch bereitgestellt wird.

Deshalb soll im Folgendem ganz kurz nur das Wichtigste über grafische Oberflächen unter Linux/Unix erläutert werden, damit Sie sich an jedem Linux/Unix-Rechner zurechtfinden. Mehr Informationen über die grafische Oberfläche finden Sie im Kapitel 4.

3.1.3 Wie arbeiten Sie mit einer grafischen Oberfläche

Wenn Sie MS Windows vom PC her kennen, wird es Ihnen sicher leicht fallen, auch unter Unix mit CDE zu arbeiten bzw. unter Linux mit KDE oder GNOME. Aber auch alle anderen werden sich bestimmt schnell daran gewöhnen, mit Maus und Fenstern zu arbeiten. Abb. 3.8 zeigt eine kurze Einführung:

Was kennzeichnet eine grafische Oberfläche?

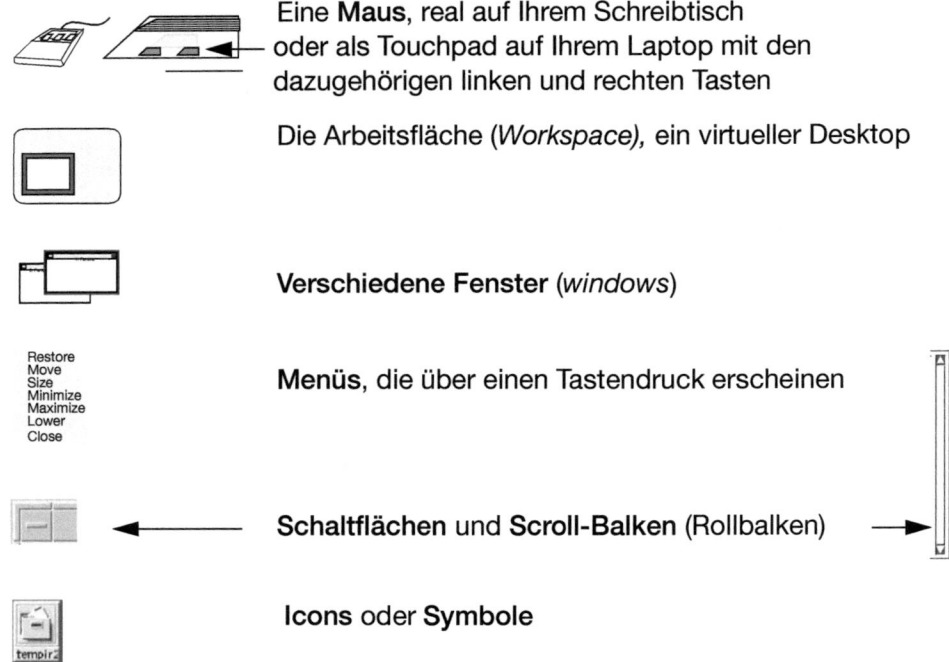

Eine **Maus**, real auf Ihrem Schreibtisch oder als Touchpad auf Ihrem Laptop mit den dazugehörigen linken und rechten Tasten

Die Arbeitsfläche *(Workspace)*, ein virtueller Desktop

Verschiedene Fenster *(windows)*

Menüs, die über einen Tastendruck erscheinen

Schaltflächen und **Scroll-Balken** (Rollbalken)

Icons oder **Symbole**

Abb. 3.8 *Bestandteile einer grafischen Oberfläche*

Eine Reihe neuer Begriffe. Die Bedeutung und was hierbei zu beachten ist, lässt sich schnell erlernen. Denn, das ist das Gute an einer grafischen Oberfläche, es wird Ihnen grafisch und in Menüs gezeigt, was Sie tun können. Sie müssen also nichts auswendig lernen! Wichtig ist nur, dass Sie Ruhe bewahren, die Maustasten nicht zu schnell loslassen, sondern erst mal schauen, was z.B. bei den sog. angebotenen Menüs oder mit Zusatzmenüs über die rechte Maustaste an Auswahl bereitgestellt wird. Menüs, die Sie mit der rechten Maustaste erhalten, werden oft auch als **Kontextmenüs** bezeichnet, Sie bekommen also eine Programmauswahl, die zur aktuellen Situation passt. Statt Kontextmenü wird häufig auch von **Rechtemausmenü** gesprochen und die darin enthaltenen Befehle werden **Rechtemausbefehle** genannt. Da dies treffender die Aktion beschreibt, habe ich sie in diesem Buch übernommen. Das gewünschte Programm starten Sie dann mit der linken Maustaste. Wenn Sie kein Programm starten wollen, ziehen Sie einfach den Mauscursor aus dem angebotenen Menü heraus und klicken die linke Taste außerhalb des Menüs, dann verschwindet das Rechtemausmenü wieder. Abb. 3.9 zeigt als Beispiel das Rechtemausmenü auf dem KDE-Desktop:

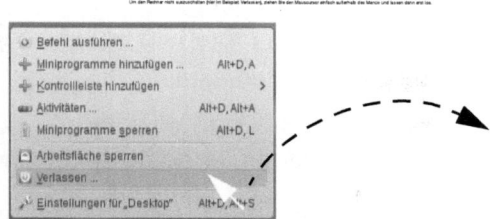

Abb. 3.9 Rechtemausmenü auf der KDE-Arbeitsfläche (Desktop)

Nun zu den einzelnen Begriffen:

Die Maus (*Hier kommt die Maus ...*). Meistens hat sie drei Tasten oder statt der mittleren Taste ein Rad, mit dem man scrollen, also nach oben und unten rollen kann und das zusätzlich als mittlere Taste dient.

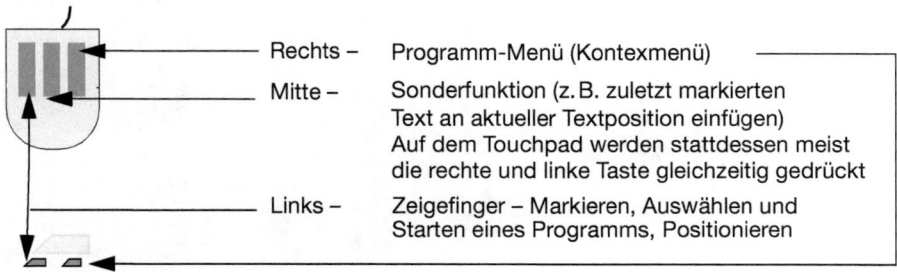

Abb. 3.10 Mausfunktionen bzw. Tasten beim Touchpad

Wenn Sie die Maus bewegen oder mit dem Finger auf dem Touchpad herumfahren, sehen Sie auf dem Bildschirm, wie sich ein kleines Symbol bewegt, der Mauscursor. Am Anfang ist es sicher ungewohnt, mit einer Hand die Maus zu bedienen und auf dem Bildschirm ein Objekt damit auszuwählen. Üben Sie einfach ein wenig. Sie werden feststellen, dass sich die Form des Mauscursors, meist ein kleiner Pfeil, verändert, je nachdem, wo er sich befindet. So bedeuten:

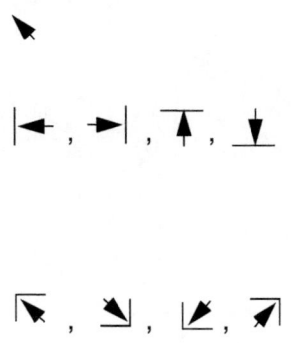

Normale Anzeige des Cursors (Das Symbol kann durch Voreinstellung verändert werden)

Jeweils am Rand eines Fensters verändert sich der Cursor in eines dieser Symbole und zeigt an, dass an dieser Stelle das Fenster mit gedrückter linker Taste nach links, rechts, oben oder nach unten vergrößert oder verkleinert werden kann.

Jeweils an den Ecken eines Fensters zeigt dieses Symbol an, dass mit gedrückter linker Taste das Fenster jeweils diagonal verkleinert oder vergrößert werden kann.

Jeweils am äußersten Rand eines Fensters oder in der sog. Titelzeile können Sie mit diesem Symbol ein Fenster verschieben.

In vielen Anwendungsprogrammen verwandelt sich der Mauscursor, sobald Sie sich im Bereich der Texteingabe befinden, in einen Strich I. Man nennt dieses Symbol dann Textcursor.

Die Arbeitsfläche oder Schreibtischumgebung (Desktop). Die Arbeitsfläche ist Ihr Bildschirm, auf dem sich verschiedene Objekte befinden können; Objekte wie Ordner, Notizblätter oder ein symbolisierter Bildschirm (Terminal). Man spricht deshalb auch von einer Schreibtischumgebung. Wenn nichts anderes voreingestellt wurde, wird der Schreibtisch so dargestellt, wie Sie ihn beim Abmelden am Rechner verlassen haben (fast wie im richtigen Leben). Abb. 3.11 zeigt Ihnen eine mögliche Arbeitsfläche unter Linux mit KDE (OpenSUSE 12.2). Wenn Sie mit der Maus auf einem Symbol stehenbleiben, bekommen Sie entsprechende Hinweistexte eingeblendet.

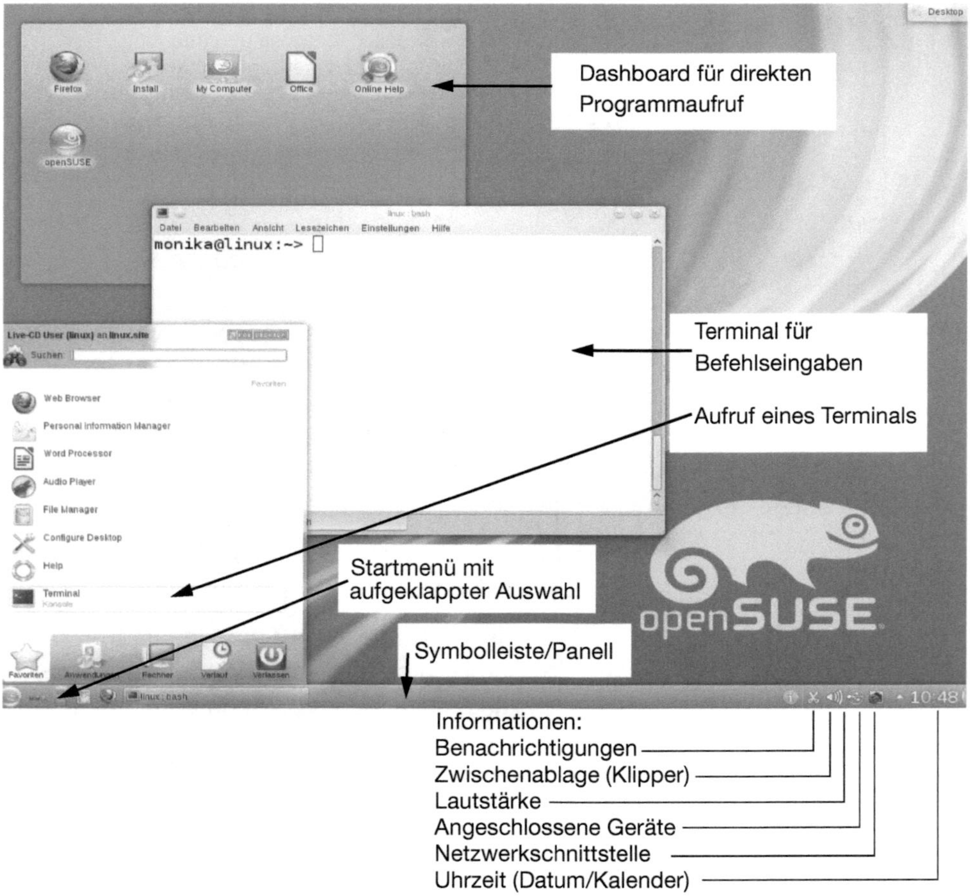

Dashboard für direkten Programmaufruf

Terminal für Befehlseingaben

Aufruf eines Terminals

Startmenü mit aufgeklappter Auswahl

Symbolleiste/Panell

Informationen:
Benachrichtigungen
Zwischenablage (Klipper)
Lautstärke
Angeschlossene Geräte
Netzwerkschnittstelle
Uhrzeit (Datum/Kalender)

Abb. 3.11 KDE-Desktops/Schreibtischumgebung

Der Desktop/die Arbeitsfläche unter Unix (CDE – *Common Desktop Environment*) ist ähnlich. Abb. 3.12 wurde zuletzt mit dem Programmen FrameMaker gearbeitet, zusätzlich der Dateimanager aufgerufen und
ein Terminal (eine Konsole) für Befehlseingaben bereitgestellt:

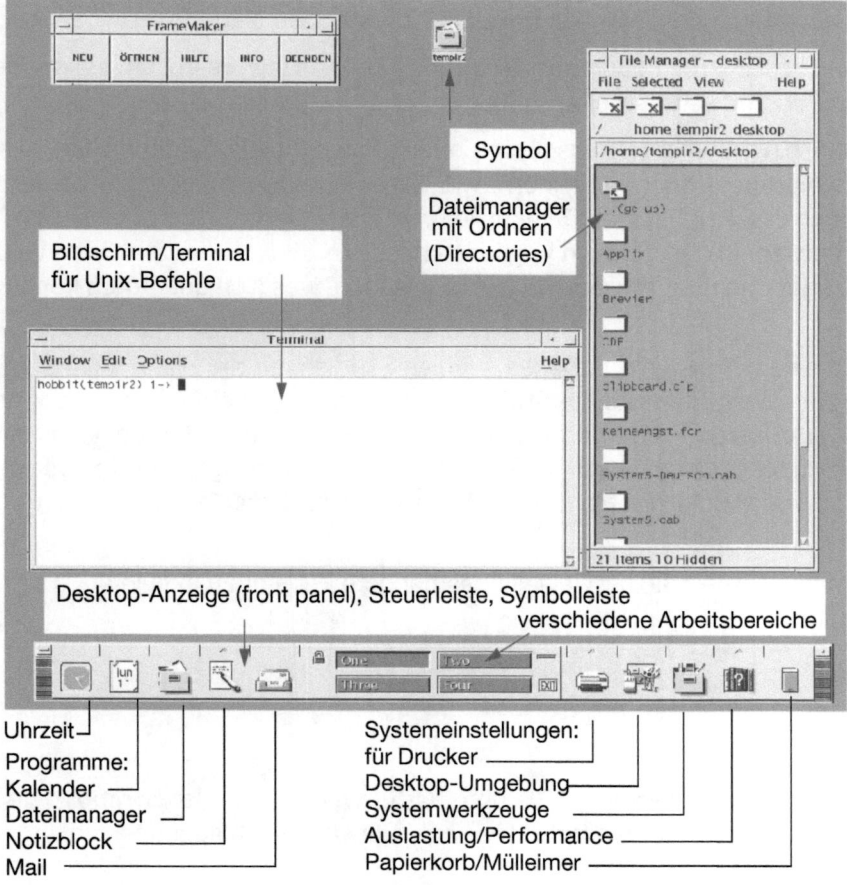

Abb. 3.12 *Beispiel einer Schreibtischumgebung unter Unix/CDE*

Wenn Sie sich das erste Mal anmelden, erscheint auf jeden Fall die Desktop-Anzeige (*das front panel*), und je nach Voreinstellung bei der Konfigurierung des Rechners/des CDE wird evtl. gleich der Dateimanager und ein Terminal mit geöffnet.

Verschiedene Fenster (Windows). Unter den grafischen Oberflächen (CDE, KDE, GNOME oder andere) können Sie mehrere Arbeiten gleichzeitig in unterschiedlichen Fenstern erledigen. Hier wird als Fenster (Window) z.B. das symbolisierte Terminal bezeichnet. Auf Ihrer Bildschirmoberfläche können Sie beispielsweise vier Terminals erstellen und in jedem dieser Bildschirme eine andere Aufgabe starten, z.B.:

im 1. Fenster:	Ihre Dateien sichern
im 2. Fenster:	Text eingeben über ein entsprechendes Programm
im 3. Fenster:	Sich die Manualseite eines bestimmten Kommandos ansehen
im 4. Fenster:	Einige Linux/Unix-Kommandos eingeben

Alle Prozesse laufen dann parallel und Sie können jeweils in dem einen oder anderen Fenster weiterarbeiten.

Die einzelnen Fenster (Bildschirme oder andere Objekte) können Sie verschieben, vergrößern oder verkleinern, wie wir es eben beim Arbeiten mit der Maus gesehen haben. Fenster/Objekte können sich hierbei überlappen oder ganz überdecken. In den neueren Versionen bei Linux sind die Fenster beim Verschieben sogar dann transparent, so dass Sie sehen, was sich unter dem Fenster verbirgt.

Um in einem Fenster zu arbeiten, wählen Sie dies mit der Maus an und drücken kurz die linke Maustaste. Der Rahmen von diesem Fenster/Objekt wird meist in einer kräftigeren Farbe dann deutlich hervorgehoben und kennzeichnet somit das aktuelle Fenster. Durch Voreinstellung kann allerdings auch festgelegt werden, dass, sobald die Maus ein Objekt berührt, dieses zum aktuellen Fenster wird.

Alternativ können Sie, um jeweils das nächste Fenster zu aktivieren, die Tastenkombination

drücken (wie auch unter MS Windows).

Ein neues Terminal erhalten Sie unter CDE, wenn Sie in der Symbolleiste *(front panel)* das Terminalsymbol kurz mit der linken Maustaste anklicken (s. Abb. 3.13):

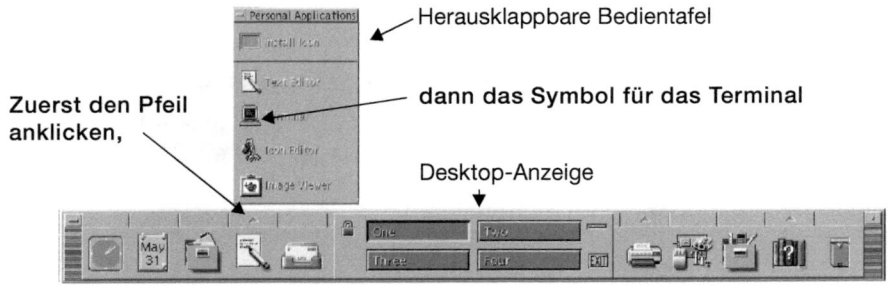

Abb. 3.13 *Neues Terminalfenster unter CDE*

Das Rechtemausmenü unter CDE kann z.B. auf der Arbeitsfläche (*Workspace*) wie in Abb. 3.14 aufgebaut sein, es hängt jeweils von der entsprechenden Konfiguration ab:

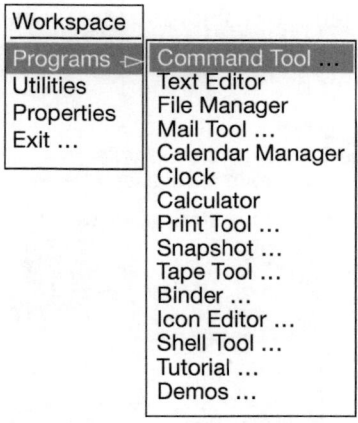

Nachdem das Menü mit der rechten Maustaste eingeblendet wurde, bewegen Sie die Maus auf *Programs*, gehen dem Pfeil nach und ein Untermenü öffnet sich. Bewegen Sie den Mauscursor auf das gewünschte Programm. Für ein neues Terminal wählen Sie *Command Tool* und klicken nochmals die rechte Maustaste.

Schneller können Sie auswählen, wenn Sie die rechte Maustaste gedrückt lassen. Die von Ihnen angesteuerten Programme werden dann mit einem Balken markiert. Sobald Sie die rechte Taste loslassen, wird das markierte Programm gestartet.

Abb. 3.14 *Beispiel für Rechtemausmenü auf der Arbeitsfläche unter CDE*

Die Bedienung der Menüs ist überall gleich. Die Inhalte der einzelnen Menüs der Benutzeroberflächen sind jedoch unterschiedlich. Manche bieten eine Menüzeile am oberen Rand des Arbeitsbereiches an. Sie bewegen dann den Mauscursor auf die Menüzeile und wählen dort den entsprechenden Menüpunkt aus. Manchmal müssen Sie allerdings die linke statt der rechten Taste drücken, um die Untermenüs zu bekommen.

 Sehen Sie sich ruhig die Menüs an. Achten Sie jedoch darauf, dass Sie, wenn Sie kein Programm daraus starten wollen, die Maus von dem Programmpunkt entfernen und nicht mit dem linken Tastendruck das Programm starten.

Kopieren und Löschen innerhalb verschiedener Fenster. Innerhalb der einzelnen Fenster können Sie sowohl unter Unix als auch unter Linux z.B. Textbereiche mit der Maus markieren, d.h., Sie gehen mit dem Mauscursor vor den ersten Buchstaben, drücken die linke Taste und lassen Sie gedrückt und ziehen dabei über die gewünschte Fläche. Hierbei wird der Text
schwarz unterlegt und erscheint in weißer Schrift.

Lassen Sie die linke Taste los und drücken Sie nun die rechte Maustaste. In diesem Rechtemausmenü wird Ihnen u.a. angeboten zu löschen oder zu kopieren (*cut* oder *copy*). Einen so kopierten oder gelöschten Text können Sie in ein anderes Fenster (z.B. in ein Textdokument) übertragen. Um den Text dort einzusetzen, rufen Sie wieder das Rechtemausmenü auf und wählen dann Einsetzen (bzw. *paste* oder Einfügen). Es gibt hierfür auch noch eine schnellere Methode: Sie markieren den Text wie beschrieben, gehen an die gewünschte Stelle im gleichen oder in einem anderen Fenster und drücken nur die mittlere Maustaste. Damit wird der zuletzt markierte Text an der Cursorposition eingesetzt. Gibt es an Ihrer Maus keine mittlere Taste oder Rad, wird diese Funktion oft erreicht, wenn man sowohl die rechte als auch die linke Maustaste drückt.

Auf der grafischen Oberfläche verhalten sich Fenstermenüs sehr ähnlich, also Menüs, die meist am Textrahmen eines Fensters verankert sind. Die Menüs werden angezeigt, wenn Sie die rechte Maustaste drücken oder Schaltflächen mit der linken Taste anklicken (in Abb. 3.15 links oben):

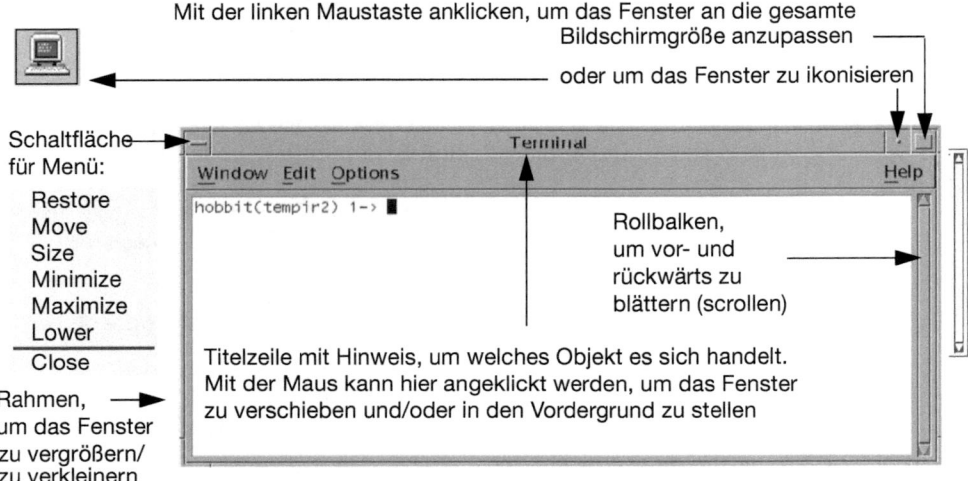

Abb. 3.15 *Wesentliche Funktionen eines Fensters unter Unix/CDE*

Unter Linux/KDE sehen die Symbole ähnlich aus (s. Abb. 3.16). Die Funktionen sind gleich::

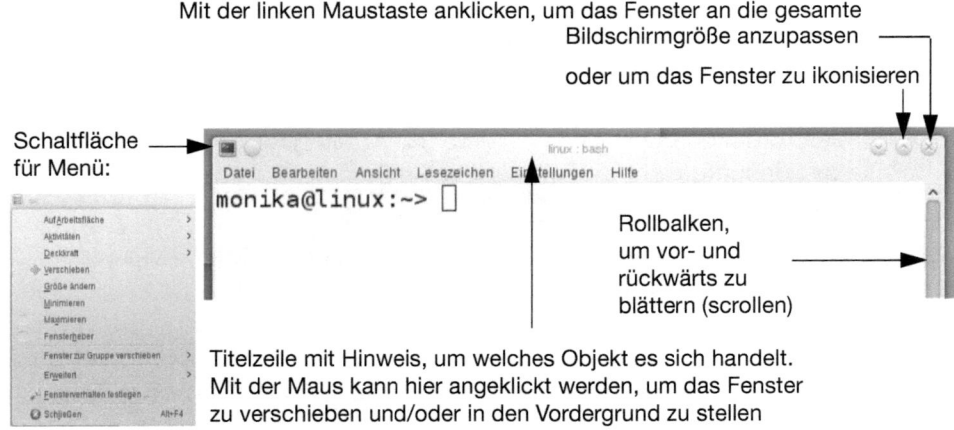

Abb. 3.16 *Wesentliche Funktionen eines Fensters unter Linux/KDE*

Damit Sie nicht die Übersicht verlieren, sollten nicht zu viele Fenster geöffnet sein. Anwenderprogramme, wie z.B. FrameMaker, benötigen für ihre Dialogboxen und Menüs auch noch erheblichen Platz – so dass ziemlich schnell ein Chaos auf Ihrer Arbeitsfläche herrschen könnte und Sie, wie auf einem richtigen Schreibtisch, alles hin- und herschieben müssen, um ein bestimmtes Dokument/Objekt wiederzufinden.

Um dies zu vermeiden, können Sie geöffnete Objekte über die Schaltfläche mit dem kleinen Punkt 🔳 (an der rechten oberen Ecke des Fensters) als kleines Symbol (*icon*) an den Rand Ihres Bildschirms legen. Um ein Fenster, das zu einem Symbol verkleinert wurde, wieder in voller Größe zu erhalten, klicken Sie kurz zweimal hintereinander (mit sog. Doppelklick) auf das Symbol. Sie können auch mit der Maus auf das Symbol gehen, drücken die rechte Maustaste und erhalten ein Menü, unter dem Sie »Maximize« (*volle Größe*) auswählen (siehe weiter unten bei Fenster schließen). In KDE und GNOME werden die »minimierten Programme« in einen Bereich der Symbolleiste gelegt – und von dort können Sie sie wieder auf die vorherige Größe »maximieren«.

Mit der Schaltfläche neben dem Minimierungspunkt 🔳 werden Fenster auf die volle Bildschirmgröße angepasst. Unter Linux/KDE haben Sie die gleichen Funktionen – nur die Symbole sehen etwas anders aus:

Beinhaltet ein Fenster mehr als eine Seite Inhalt, können Sie mit dem Rollbalken zurück und wieder vorwärts blättern (scrollen). Beim Terminal kann voreingestellt werden, wie viel Zeilen der Eingabe gespeichert werden, um sie über den Scroll-Mechanismus nochmals anzusehen. Mit den Pfeilen können Sie zeilenweise blättern. Lassen Sie die Maustaste auf dem Pfeil gedrückt, wandert der Text automatisch je nach Pfeil vorwärts oder rückwärts. Mit dem Schiebebalken können Sie ganze Bereiche schnell verschieben.

Um ein Fenster zu schließen, wählen Sie die Schaltfläche auf der linken oberen Ecke. Es wird ein Menü angezeigt, in dem Sie das Programm **Close** (*schließen*) anwählen. Über dieses Menü können Sie ebenfalls das Fenster ikonisieren mit Minimize bzw. auf die gesamte Bildschirmfläche vergrößern mit Maximize. Für Linux/KDE sehen Sie das Menüfenster im Abb 3.16 auf Seite 38.

| Restore |
| Move |
| Size |
| Minimize |
| Maximize |
| Lower |
| Close |

In diesem Buch lernen Sie Linux/Unix pur. Über die grafische Oberfläche sind sicher einige Aktionen leichter durchzuführen (wie Kopieren oder Löschen von Dateien). Aber vielleicht gehören Sie dann schon zu den Insidern, die nach wie vor lieber Befehle über die Tastatur eingeben, da sie so schneller ans Ziel kommen. Wir arbeiten vorerst mit dem meistgebrauchten Tool unter der grafischen Oberfläche, dem Bildschirm bzw. dem Terminal/der Konsole.

Bevor es losgeht, erhalten Sie im folgenden Kapitel noch ein paar Informationen zum Passwort.

3.1.4 Wer kann unter Linux/Unix arbeiten?

Unter Linux/Unix gibt es (in der Regel einen) Systemverwalter/Administrator oder Superuser und (normale) Benutzer. Es herrscht eine strenge Ordnung. Es kann niemand am System arbeiten, der nicht gemeldet ist. Sie müssen also zu einer Art Einwohnermeldestelle gehen, um eine Namenskennung und eine Arbeitserlaubnis zu erhalten. Diese Aufgaben obliegen dem Systemverwalter.

Der Systemverwalter selbst ist ebenfalls registriert. Er wird unter der internen Kennnummer »0« geführt und trägt den Namen root (von Wurzel). Mit dem Namen root[*] meldet sich der Systemverwalter am System an. Er hat übergeordnete Rechte. Nur er kann weitere Benutzer eintragen. Der Eintrag erfolgt normalerweise in der Datei /etc/passwd.

In dieser Datei werden alle Benutzer des Systems eingetragen. Für jeden Benutzer ist eine Zeile angelegt, in der getrennt durch Doppelpunkte folgende Informationen vorgesehen sind:

❏ der Name des Benutzers,

❏ hier stand in den Anfangszeiten von Unix ein verschlüsseltes Passwort (Geheimwort, Code), das allerdings nur über ein spezielles Programm eingetragen und verändert werden kann, seit einigen Jahren ist hierfür eine zusätzliche Sicherheitsdatei vorhanden,

❏ eine Benutzernummer (fortlaufende Nummerierung),

❏ eine Gruppennummer,

❏ ein Kommentarfeld, in dem der vollständige Name des Benutzers, seine Adresse, Telefonnummer u.a. vermerkt werden könnte,

❏ die Angabe, unter welchem Zweig er im Dateisystem arbeitet, wo er zu Hause ist (dieses Directory wird als sein Home-Directory bezeichnet),

❏ Angabe des Programms, das nach dem Anmelden gestartet wird.

Werden die Benutzer netzweit geführt und/oder sind zusätzliche Sicherheitsmaßnahmen eingerichtet, so sind die Benutzerkennungen meist nur auf einem zentralen Rechner gespeichert.

Das Passwort wird beim ersten Anmelden vom System angefordert. Der Benutzer oder der Systemverwalter können es danach nur mit dem Kommando **passwd** ändern. Sollten Sie also Ihr Passwort vergessen, kann nur der Systemverwalter Ihnen ein neues zuordnen bzw. Ihr Passwort aus der Datei /etc/passwd löschen. Erst danach können Sie ein neues Passwort eingeben.

---

[*] Lediglich bei Ubuntu/Kubuntu werden Administratoraufgaben nicht mit einer Namensanmeldung unter root durchgeführt, sondern mit dem Kommando su -l.

Wie sieht so eine Datei, die »Geheimakte der Benutzer«, aus? Abb. 3.17 zeigt eine bespielhafte /etc/passwd-Datei.

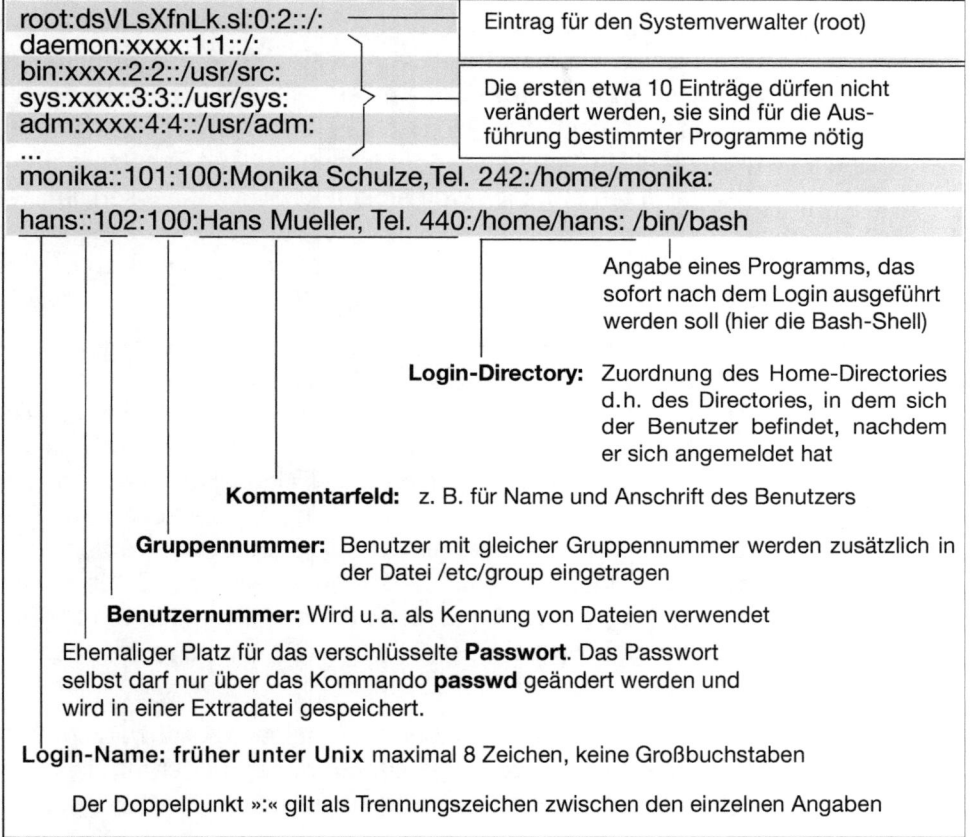

Abb. 3.17 Beispiel der Datei /etc/passwd

Gehen wir also davon aus, dass Ihr Systemverwalter Sie als Benutzer eingetragen und Ihnen ein Directory zugeordnet und eingerichtet hat. Zusätzlich hat er Sie einer bestimmten Gruppe zugewiesen. Was es mit der Gruppenzugehörigkeit auf sich hat, erfahren Sie unter »Zugriffsrechte« im Kapitel 3.4 (Dateiverwaltung und -pflege).

3.1.5 Anmeldung und Eintrag des Passwortes

Wurde der Rechner in den Multi-User-Modus hochgefahren, erscheint auf allen angeschlossenen Terminals eine Meldung. In der grafischen Oberfläche wird die erste Eingabe des Passwortes über eine Dialogbox angefordert. Im Grunde sind es die gleichen Eingaben, wie wenn Sie sich an einem ASCII-Terminal anmelden, allerdings etwas komfortabler aufbereitet. Beim allerersten Anmelden hat der

Systemverwalter Ihnen schon ein Passwort zugewiesen. Dieses Passwort können Sie später ändern. Wie, erfahren Sie gleich.

Das **Passwort** sollte mindestens aus sechs Buchstaben oder einer sechsstelligen Kombination von Buchstaben und Ziffern bestehen. Geben Sie nur Ziffern oder ein zu kurzes Passwort ein, beschwert sich der Rechner. Aus Sicherheitsgründen sollte das Passwort auch kein Name einer Person (wie z.B. der Freundin, des Freundes) sein und, wenn man ganz sicher gehen will, auch kein Begriff, der in einem Lexikon steht. Solche Passwörter lassen sich mit Zusatzprogrammen, die sogar über das Internet geholt werden können, leicht knacken. Im Gegensatz zu den sonstigen Eingaben am Terminal ist die Eingabe des Passwortes nicht sichtbar – jemand, der Ihnen über die Schulter schaut, kann somit das Passwort nicht lesen.

Übrigens, vergessen Sie Ihr Passwort nicht! Nur der Systemverwalter kann Ihnen dann weiterhelfen. Sie können natürlich jederzeit Ihr Passwort selbst ändern, doch dazu benötigen Sie zur Befehlseingabe ein Terminal. Wenn Sie nicht mit einer grafischen Oberfläche arbeiten, steht Ihnen Ihr physisches Terminal zur Eingabe nach dem Anmelden bereit. Arbeiten Sie mit einer grafischen Oberfläche, müssen Sie sich ein Terminal auf Ihren Desktop holen. Bei der kurzen Einführung ist Ihnen schon ein Terminal oder eine Konsole angezeigt worden. Wissen Sie noch wo? Unter Unix mit CDE sehen Sie es im Abb. 3.13 Neues Terminalfenster unter CDE auf Seite 36 und für KDE unter Linux Abb. 3.11 KDE-Desktops/Schreibtischumgebung auf Seite 34. Holen Sie sich also ein Terminal und versuchen Sie Ihr erstes Kommando.

Bei einigen Linux-Systemen wird Ihnen dabei ein Terminal mit schwarzem Hintergrund und oft zu kleiner Schrift angezeigt. Da wir immer wieder mit dem Terminal arbeiten, zeigt Abb. 3.18 gleich vorab die Änderung der Einstellung:

Prompt unter Linux ——— (Bereitzeichen)

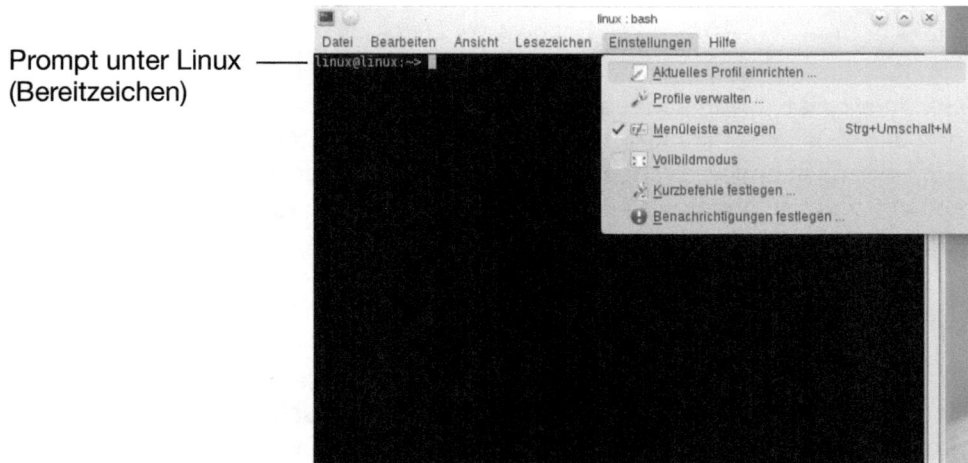

Abb. 3.18 *Änderung der Terminaleinstellung*

Wählen Sie aus der Menüzeile »Einstellungen« und klicken Sie auf »Aktuelles Profil einrichten«. Sie erhalten dann nachstehendes Bild (s.Abb. 3.19) und wählen dort die für Sie angenehme Darstellung und Schriftgröße aus:

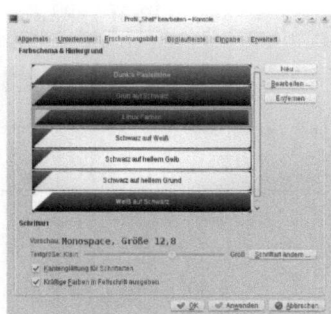

Abb. 3.19 *Änderung von Terminalhintergrund und Schriftgröße*

Nun steht der Änderung Ihres Passwortes nichts mehr im Wege. Haben Sie übrigens schon bemerkt, wann Linux/Unix bereit ist, Kommandos entgegenzunehmen? Erscheint das Bereitzeichen (im nachfolgenden Beispiel in Abb. 3.20 mit $ dargestellt), können Sie ein Kommando eingeben. In unserem Fall ist dies der Befehl *passwd*. Nun fragt Sie der Rechner zur Sicherheit nach dem alten Passwort.

3.1.6 Ändern des Passwortes

```
passwd
```

password Passwort (Geheimwort, Geheimcode)
passwd – Kommando, um das Passwort zu ändern

Und wie sieht die Eingabe am Bildschirm aus?

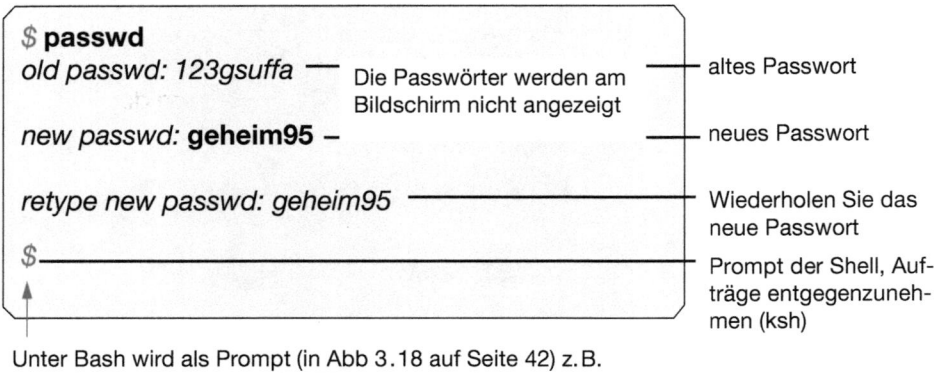

Unter Bash wird als Prompt (in Abb 3.18 auf Seite 42) z.B.
name@rechnername:aktuellesDirectory> gezeigt

In allen folgenden Bildschirmbeispielen wird meist auf den Prompt verzichtet, um das Wesentliche der Kommandos zu zeigen

Abb. 3.20 *Ändern des Passwortes*

Wenn Sie das alte Passwort korrekt eingegeben haben, werden Sie aufgefordert, das neue Passwort einzugeben. Damit Sie sich das neue Passwort merken und sich auch nicht bei der ersten Eingabe vertippt haben, müssen Sie es ein zweites Mal eingeben.

Sollte das Passwort zu einfach sein, erhalten Sie einen Hinweis und müssen den Befehl passwd wiederholen (s. Abb. 3.18).

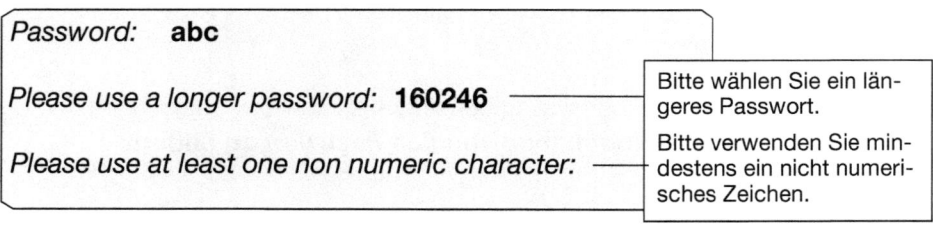

Abb. 3.21 *Zu einfache Passwörter*

Das Passwort dient Ihnen als Schutz, damit sich nicht jemand anderer unter Ihrem Namen anmelden kann, Ihre Dateien verändert oder gar löscht oder sonstigen Unfug treibt. Auch aus Gründen des Datenschutzes und der Sicherheit ist es besonders wichtig, die Daten vor fremdem Zugriff zu schützen. Falls Sie für Rechnerzeit bezahlen müssen oder gar jemand auf Ihre Kosten im Internet surft, könnte durch Unachtsamkeit sogar finanzieller Schaden entstehen. Achten Sie also darauf, dass Ihr Passwort auch geheim bleibt. Damit Sie aber selbst Ihr Passwort nicht vergessen, üben Sie am besten gleich noch einmal das Anmelden. Aber wie kommen Sie aus dem System wieder heraus?

3.1.7 Abmelden vom System

Im Kapitel 2 wurde die Tastaturbelegung erklärt. Erinnern Sie sich noch an die Tastenkombination, um ein Ende zu setzen (EOF – End of File)?

Geben Sie ein Endezeichen ein, so bedeutet dies für das System das »Ende der Sitzung«. Als Sitzung bezeichnet man die Zeit, während der Sie am System angemeldet sind, sozusagen vor dem Bildschirm sitzen. Mit der Kombination aus den Tasten (beide Tasten werden gleichzeitig gedrückt)

melden Sie sich somit ab.

Sie können stattdessen auch ein Kommando eingeben:

exit, logout – Kommandos, um eine Terminalsitzung zu beenden

Am Bildschirm wird sofort wieder ein neues *Login:* angezeigt, und das Terminal ist für die nächste Sitzung bereit.

Arbeiten Sie mit dem CDE oder unter Linux mit KDE, wird mit *exit* nur das geöffnete Terminal geschlossen. Um sich vollständig abzumelden, klicken Sie in der Hauptanzeige auf die Schaltfläche EXIT (s. Abb. 3.22). Wenn Sie nur kurz Ihren Arbeitsplatz verlassen, sollten Sie Ihren Arbeitsbereich abschließen. Hierfür ist das kleine Schloss gedacht. Nur mit Ihrem Passwort kann dann der Bildschirm wieder freigegeben und unter Ihrem Namen weiter gearbeitet werden.

Abb. 3.22 Abmelden vom System unter CDE

Für Linux-Anwender zeigt Abb. 3.23 zum Vergleich die Symbolleiste der KDE-Oberfläche, die in ihren Funktionen dem Panel vom CDE ähnlich ist.

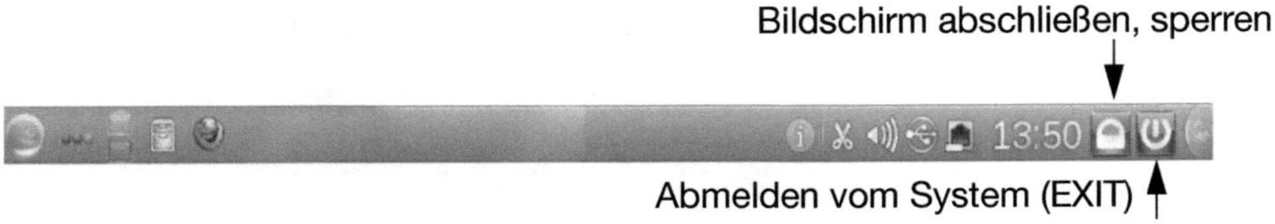

Bildschirm abschließen, sperren

Abmelden vom System (EXIT)

Abb. 3.23 *Abmelden vom System unter KDE*

Für das Ein- und Ausschalten des **gesamten** Systems ist normalerweise der Systemverwalter zuständig (speziell bei Servern in großen Firmen – für den Heimcomputer oder Ihren Laptop natürlich Sie selbst). Wie Linux/Unix-Rechner »heruntergefahren« und ausgeschaltet werden, erfahren Sie am Ende dieses Unterkapitels auf Seite 73.

**Kurze Zusammenfassung –
Wiederholung An- und Abmelden.**

❑ Folgende Voraussetzungen müssen erfüllt sein, um an einem Linux/Unix-Rechner zu arbeiten:

- Der Rechner ist in den *Multi-User-Modus* hochgefahren.

- Für Sie ist ein Benutzername in der Datei */etc/passwd* (und evtl. in */etc/group)* eingetragen.

- Ihr *Login-Directory* ist im Dateisystem eingerichtet.

- Auf Ihrem Terminal erscheint die *Login-Anzeige.* Ist diese nicht vorhanden, so versuchen Sie zunächst nur die Eingabe/Enter-Taste zu drücken. Danach sollte *LOGIN* erscheinen.

❑ Was geben Sie ein?

- Benutzernamen,

- Passwort (es wird nicht am Bildschirm angezeigt).

❑ Wie erkennen Sie, ob das System bereit ist, Befehle entgegenzunehmen?

- Auf dem Bildschirm erscheint das Bereitzeichen (der Prompt).
  Soweit er unter der Posix-Shell nicht abgeändert wurde: *$.*

- Unter Linux auf dem Terminal sagt der Prompt unter der Bash mehr aus:
  namen@rechnername:aktuellesDirectory>

Also auf ein Neues. Melden Sie sich nochmals an. Den ersten Schritt haben Sie bereits getan. Lernen Sie nun, sich unter Linux/Unix zu bewegen. Die Abenteuerreise kann beginnen. Wagen Sie sich vor in die Linux/Unix-Welt!

3.1.8 Informationen zum Dateisystem

Stellen Sie sich vor, Sie sind in einer fremden Stadt. Was tun Sie, um sich nicht zu verlaufen? Sie kaufen sich einen Stadtplan. Mit einem Stadtplan findet man sich aber erst zurecht, wenn man weiß, wo man sich befindet. Genauso ist es in unserem Linux/Unix-System. Das System hat uns nach dem Anmelden irgendwo in dem Dateibaum unseres Systems platziert – und zwar in unser sog. »Home-Directory«.

Wo wir uns gerade in dem großen Dateibaum des Systems befinden, verrät das Kommando **pwd**.

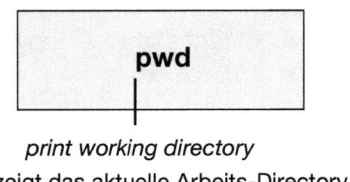

print working directory
(zeigt das aktuelle Arbeits-Directory an)

pwd – Kommando, um das aktuelle Arbeits-Directory anzuzeigen

In dem bisher beschriebenen Beispiel würde die Benutzerin Monika sich nach dem Anmelden in dem Directory */home/monika* befinden (siehe Pfeil in Abb. 3.24).

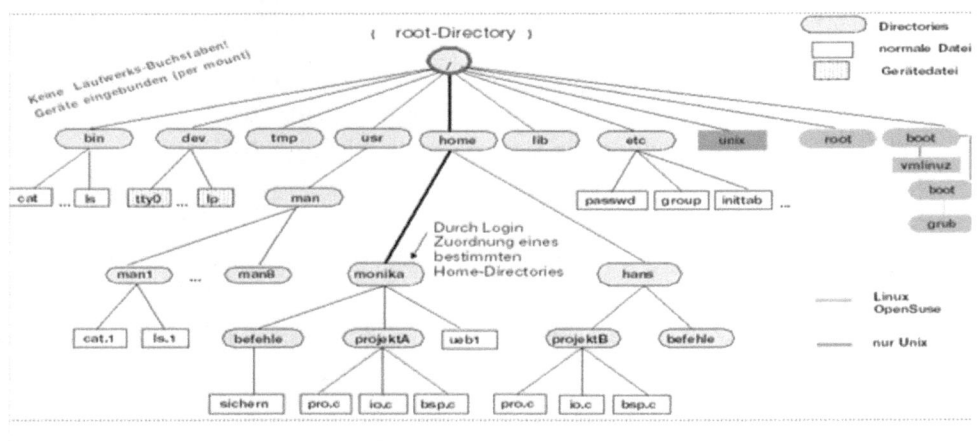

Abb. 3.24 Beispiel eines Dateibaumes mit Benutzerdateien

Die Struktur Ihres Rechners wird ähnlich sein, natürlich mit anderen Benutzernamen und Dateien.

Nun schauen wir uns die nächste Umgebung an. Dabei hilft uns das Kommando **ls**, das in der einfachsten Form den folgenden Aufbau hat:

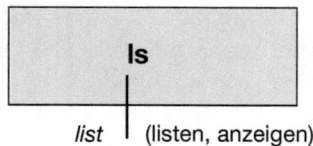

list | (listen, anzeigen)

ls – Kommando, um Dateien in dem aktuellen Directory anzuzeigen

Ohne weitere Angaben liefert uns das Kommando *ls* die Dateien unserer nächsten Umgebung. In unserem Beispiel wären dies:

> **pwd**
> */home/monika*
> **ls**
> *befehle   projektA   ueb1*

Abb. 3.25 *Beispiel listen, anzeigen der nächsten Umgebung (ls)*

Das *ls*-Kommando zeigt uns dabei nicht den Inhalt der Dateien *(der Inhalt ist das, was in der Datei steht)*, sondern listet nur die Namen der Dateien auf. Unter diesen Namen können die Dateien angesprochen werden. Dateien können mit ihrem vollständigen Pfadnamen angesprochen werden, dem sog. absoluten Pfadnamen (beginnend ab dem root-Directory), oder vom jeweils aktuellen Directory aus mit dem relativen Namen. Das *ls*-Kommando gibt dabei in der oben beschriebenen Form den *relativen* Namen der Dateien aus. Die Datei *ueb1* kann also angesprochen werden mit:

/home/monika/ueb1	**absolut**	(gesamter Pfadname)
oder **ueb1**	**relativ**	(ab Directory *monika*)

Bei dem absoluten Pfadnamen bezeichnet der **erste Schrägstrich / das root-Directory,** die weiteren Schrägstriche trennen jeweils die einzelnen Directory- und Dateinamen voneinander.

Die Directories sind Inhaltsverzeichnisse, die Verweise auf Dateien und weitere Directories enthalten können. Sie wirken im Dateibaum wie Kreuzungen oder Knotenpunkte. Letztlich sind für uns aber nur die Dateien interessant. Nicht von ungefähr werden Directories auch als Ordner bezeichnet, die ein Register enthalten, in denen der Inhalt aufgelistet ist. Der Inhalt kann aus Dateien und weiteren Unter-Directories bestehen.

Mit Hilfe der Directories können Sie Ihre Dateien ordnen, strukturieren. Ihre Privatunterlagen haben Sie sicher auch geordnet, z.B. Ihre Versicherungsunterlagen in einem Ordner abgelegt, unterteilt nach Unfall, Haftpflicht und Krankenversicherung; einen weiteren Ordner evtl. für Ihre Mietangelegenheiten, unterteilt nach Verträgen, Heizkostenabrechnung usw. Die Ordner und Register entsprechen in etwa den Directories, die einzelnen Dokumente (Verträge, Briefe, Abrechnungen) den Dateien.

Wenn Sie nun einen bestimmten Haftpflicht-Versicherungsvertrag nachsehen wollen, wissen Sie genau, wo dieser Ordner steht und welches Register Sie aufschlagen müssen. Ihr Weg dahin: Arbeitszimmer, Versicherungsordner, Register Haftpflicht. Überträgt man dies auf ein Linux/Unix-Dateisystem, so könnte dies wie in Abb. 3.26 aussehen:

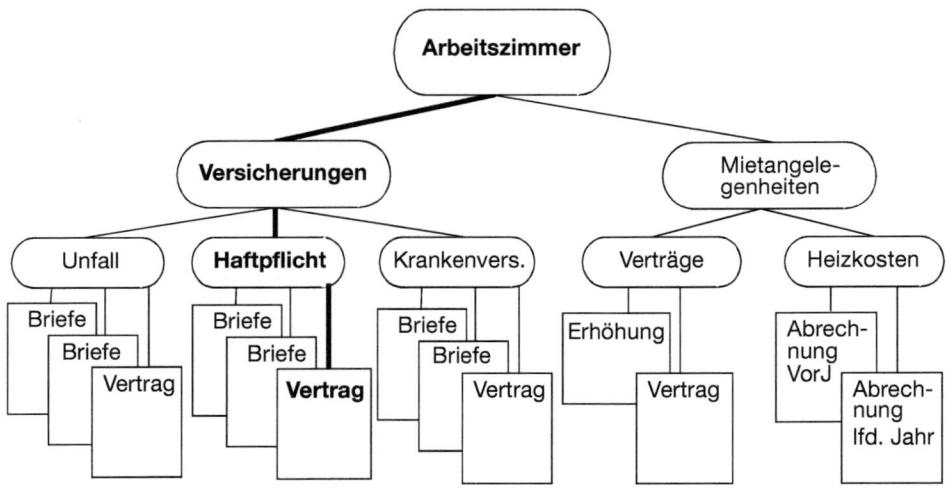

Abb. 3.26 *Beispiel: Hierarchie – Vergleich Arbeitszimmer*

Unser Weg im Linux/Unix-Dateisystem über die einzelnen Directories zu der gewünschten Datei wird als Pfad bezeichnet. Er beginnt mit der **root**. Die root hat als Directory den Namen **/**.

 Der Schrägstrich am Anfang eines Pfadnamens bedeutet also immer, dass der Pfad im root-Directory beginnt. Zwischen den weiteren Directories wird der Schrägstrich als Trennungszeichen verwendet.

Nehmen wir als Beispiel wieder unsere Benutzerin Monika. Das Login-Directory ist */home/monika*. Hier sind bereits einige Dateien und Unter-Directories angelegt. Um ein Inhaltsverzeichnis der Dateien eines Directories zu erhalten, haben wir das Kommando *ls* kennengelernt. Nun lernen wir noch weitere Optionen kennen, die uns mehr über den Inhalt des Directories zeigen:

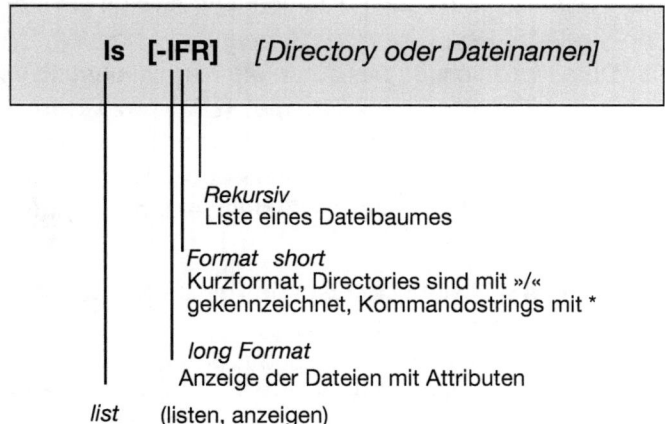

ls – Kommando, um Dateien mit zusätzlichen Merkmalen anzuzeigen

Die Optionen *-l*, *-F*, *-R* oder in den Kombinationen *-lR* oder *-FR* steuern dabei, welche Angaben das *ls*-Kommando zu den Dateien machen soll. Es gibt noch weitere Optionen, aber vorläufig reichen uns die Optionen *-lFR*. Geben Sie beim Aufruf keinen Namen *(Directory oder Datei)* an, so wird ein Inhaltsverzeichnis vom aktuellen Directory, in dem Sie sich gerade befinden, ausgegeben. Das Kommando *ls* wird nochmals im Kapitel 3.4 (Dateiverwaltung und -pflege) ausführlicher behandelt.

Sehen wir uns die unterschiedlichen Aufrufe von *ls* für unser obiges Beispiel an: *ls -l* vom aktuellen Directory */home/monika (s.* Abb. 3.27). Für uns sind vorerst nur die in Fettschrift hervorgehobenen Informationen von Bedeutung.

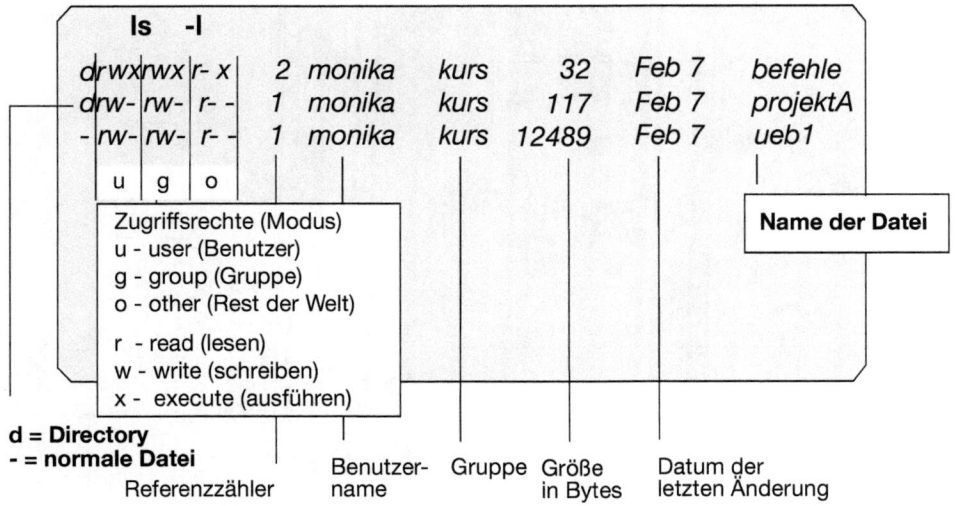

Abb. 3.27 *Beispiel: Listen, Anzeigen von Directories/Dateien (ls -l)*

Die erste Spalte der Ausgabe von **ls -l** zeigt an, ob es sich um eine **normale Datei** *(Anzeige »-«)* oder um ein **Directory** *(Anzeige »d«)* handelt. Unter Linux/Unix wird alles als »Datei« bezeichnet, nur durch die Kennzeichnung wird unterschieden nach Directories, Geräte und sog. normalen Dateien. Die Inhalte von normalen Dateien, soweit sie Text enthalten, können Sie z.B. ansehen oder verändern. In den Directories können Sie weitere Dateien oder Unter-Directories anlegen, kopieren oder löschen. Die Kommandos hierfür werden wir später lernen *(Kapitel 3.3 und 3.4)*.

Mit dem Kurzformat **ls -FR** sieht die Liste des gesamten Dateibaumes von */home/monika* wie folgt aus (s. Abb. 3.28).

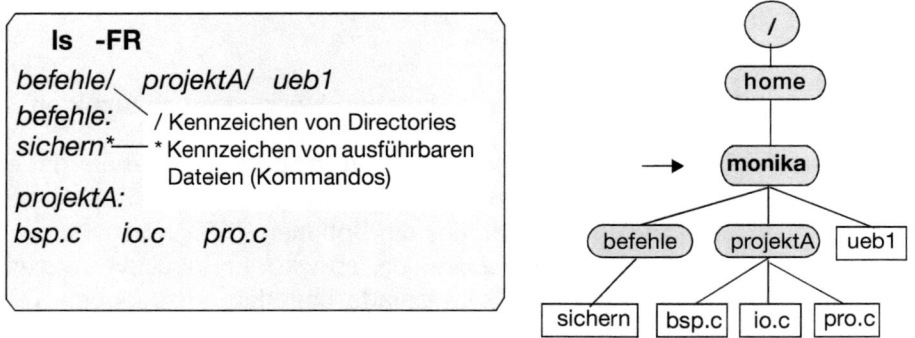

Abb. 3.28 *Beispiel. Listen, Anzeigen vom aktuellen Directory mit ls -FR*

Wenn Sie sich andere Dateien oder Directories auflisten wollen, so geben Sie das *ls*-Kommando mit Namen an. Möchte z.B. Monika wissen, welche Dateien Hans hat, so kann sie aufrufen (s. Abb. 3.29):

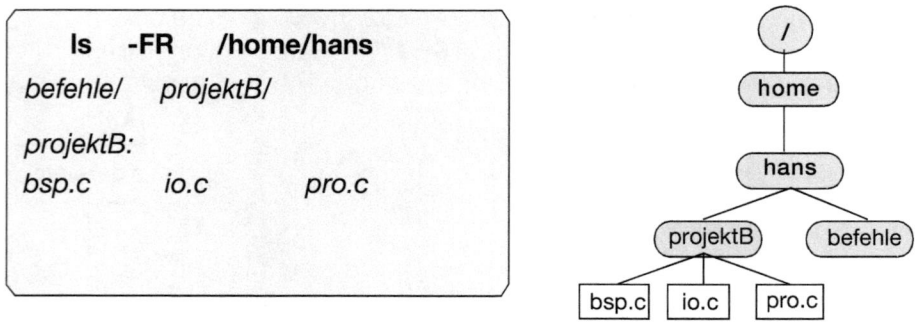

Abb. 3.29 *Beispiel listen, anzeigen von Directories/Dateien (ls -FR)*

Bei langen Pfadnamen kann man sich leicht vertippen und muss viel schreiben. Deshalb stehen unter der Shell folgende Sonderzeichen zur Verfügung, um vom **aktuellen Directory** die umliegenden Dateien und Directories **relativ** ansprechen zu können:

Ein Punkt   .   bedeutet das **aktuelle Directory**, in unserem Fall
                         /home/monika

Zwei Punkte ..   bedeuten das **darüberliegende Directory**,
                         hier */home*, also die nächsthöhere Generation,
                         das »Eltern-Directory«

Um sich den Inhalt des Directories */home/hans* anzuzeigen, kann Monika das Kommando mit dem **relativen Pfadnamen** aufrufen (s. Abb. 3.30):

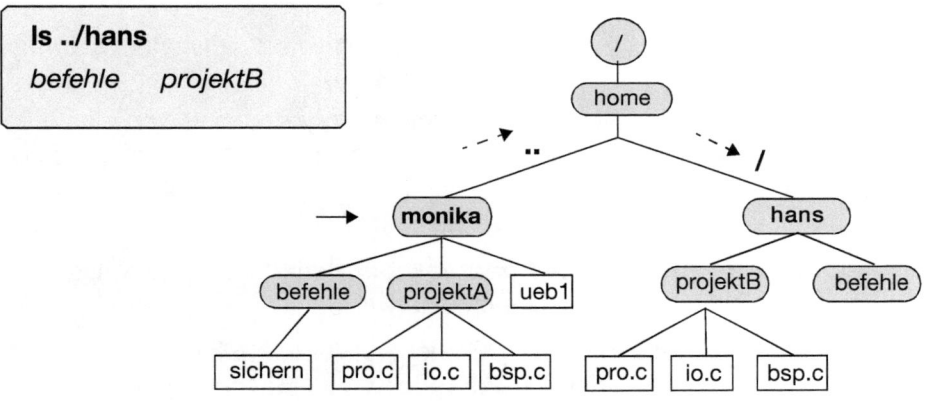

Abb. 3.30 *Beispiel Listen, Anzeigen mit relativem Pfadnamen (..)*

Mit zwei Punkten kommen Sie jeweils um ein Directory höher. Will Monika sich z.B. das Inhaltsverzeichnis vom Directory */usr/man* ansehen (sie befindet sich immer noch in */home/monika*), ruft sie folgendes Kommando auf (s. Abb. 3.32):

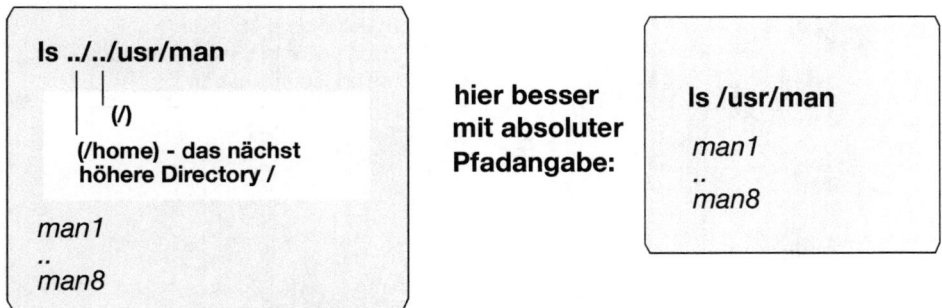

Abb. 3.31 *Beispiel: Listen, Anzeigen von Directories/Dateien mit Pfadangaben*

In Abb. 3.32 sehen Sie hierzu den »Fahrplan«:

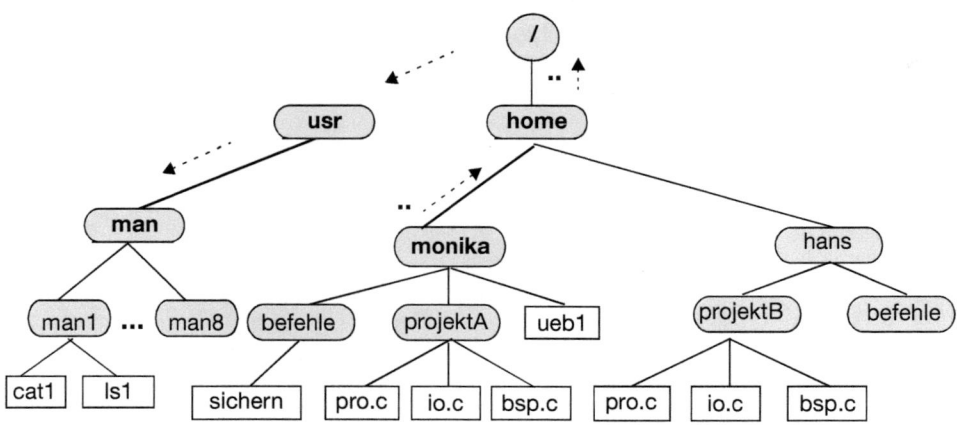

Abb. 3.32 *Beispiel: Relative (../../usr/man) und absolute Pfadangabe (/usr/man)*

Mit der Option **-R** erhalten Sie ein rekursives Inhaltsverzeichnis von einem ge-samten Teilbaum, ausgehend vom jeweiligen Directory. Wenn Sie das Kom-mando

ls -lR /

aufrufen (**/** bedeutet ab dem **root-Directory**), erhalten Sie damit eine Liste, die alle Dateien und Directories Ihres Systems aufweist.

In einer grafischen Oberfläche wie CDE oder KDE/GNOME bieten hierzu grafi-sche Tools (Werkzeuge) wie der **Dateimanager** (File Manager) gute Hilfen an, die anschaulich den Dateibaum darstellen und anzeigen, wo man sich im Da-teibaum befindet (s. Abb. 3.33). Durch Anklicken der Ordner (Directories/Verzeich-nisse) werden im darunterliegenden Bereich die Inhalte des Ordners angezeigt.

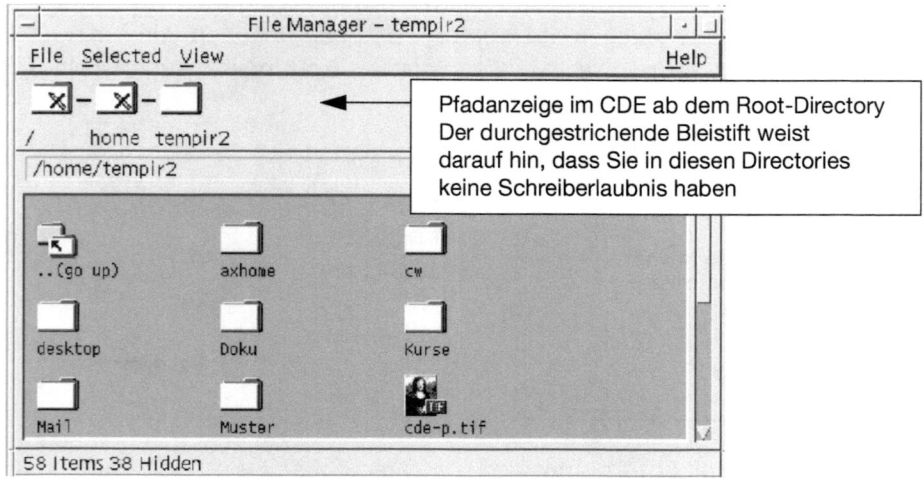

Abb. 3.33 *Dateimanager unter Unix/CDE*

Unter Linux gibt es gleich verschiedene Dateimanager. Unter OpenSUSE werden meist der Dolphin und der Konqueror[*] angeboten. Abb. 3.34 zeigt ein Beispiel vom Dolphin:

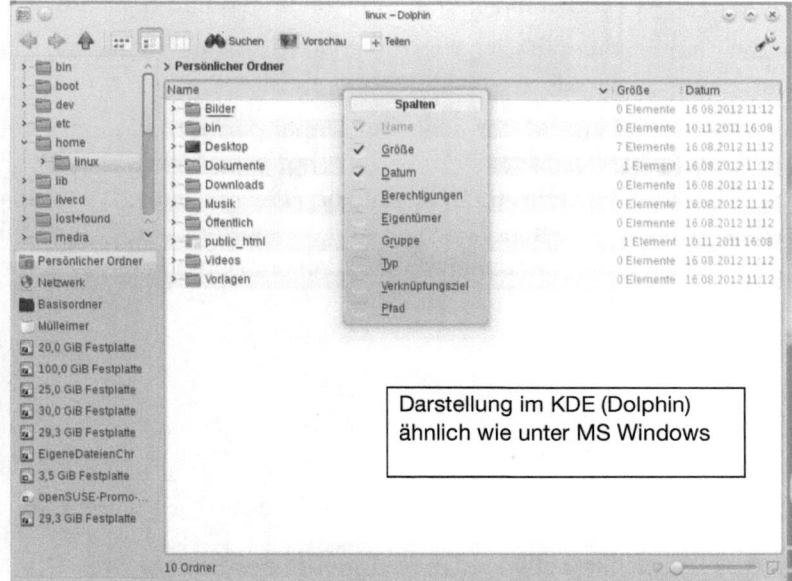

Abb. 3.34 *Darstellung der Baumstruktur mit Dolphin unter Linux*

Die Darstellung, was gezeigt werden soll, kann entsprechend eingestellt werden,
entweder über die Menüleiste oder mit dem Rechtemausmenü.

Vorab wenden wir uns aber erst einmal wieder der direkten Eingabe von Li-
nux/Unix-Befehlen zu. So einfach es ist, nur per Mausklick ein Directory zu
wechseln, so haben auch die Kommandos, die wir direkt aufrufen, einige Vorteile. Wenn Sie sich die wichtigsten Kommandos mit ein paar Optionen merken,
werden Sie gezielt und somit schneller bestimmte Informationen abrufen können. Außerdem benötigen wir die direkte Befehlseingabe, wenn wir später eigene Kommandos/Befehle schreiben wollen oder bestehende Shell-Prozeduren
verstehen und evtl. abändern möchten.

Wie können Sie Befehle eingeben?

Wenn Sie mit einer grafischen Oberfläche arbeiten, ist die einfachste Art, Befehle
einzugeben, sich ein Terminal auf den Desktop zu holen, wie wir es für unser erstes Kommando *passwd* schon erfolgreich gemacht haben *(siehe Seite 36 und
für die Änderung der Terminaldarstellung siehe Seite 42).*

---

* Der Konqueror kann sowohl als Dateimanager als auch als Browser, um im Internet zu surfen, genutzt werden.

Wollen Sie sich die einzelnen Inhaltsverzeichnisse der in unserem Beispiel aufgeführten Directories anzeigen lassen, so haben Sie bisher zwei Möglichkeiten
kennengelernt, das *ls*-Kommando aufzurufen:

❏ Mit Angabe des absoluten Pfadnamens (beginnend ab der root) /

❏ oder mit dem relativen Pfadnamen (beginnend ab Ihrem aktuellen Directory),
   wobei Sie mit ../ jeweils zum nächsthöheren Directory gelangten.

Ist Ihnen das Aufzählen und vor allem das Eintippen der Pfadnamen zu um-
ständlich? *(Das Aufzählen der Generationen klingt ja fast wie bei Karl May: Hadschi Halef Omar Ben Hadschi Abdul Abbas Ibn Hadschi Dawud al Gossarah ...)*
Dann wechseln Sie am besten in das jeweilige Directory und können sich von
dort die nähere Umgebung ansehen. Das Kommando, um in ein anderes Directory zu wechseln, lautet:

cd   [*Directory*]

change directory (wechsle Directory)

cd – Kommando, um in ein anderes Directory zu wechseln

Das Directory geben Sie entweder mit **relativem** oder **absolutem Pfadnamen**
an. Es ist dann Ihr neues **aktuelles Directory**.

Eine Reihe von Kommandos setzt, falls kein Parameter angegeben wird, einen
Standardwert ein *(default)*. Beim *ls*-Kommando ist dies das aktuelle Directory.
Ob Sie allerdings in diesem »neuen Directory« Dateien ansehen *(lesen – read)*
oder neu anlegen *(schreiben – write)* oder Kommandos ausführen *(execute)* dürfen, richtet sich nach den vorgegebenen Zugriffsrechten. Mit dem Kommando
ls -l werden die Zugriffsrechte angezeigt (siehe Abb. 3.35 und Abb 3.27 auf
Seite 51). Dabei gilt:

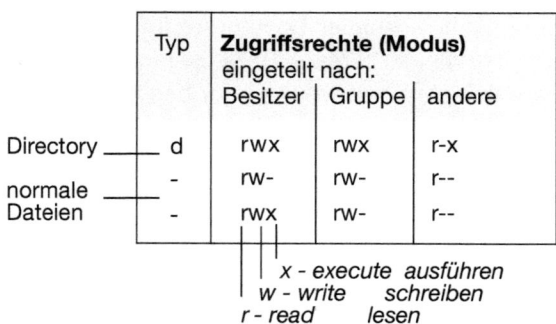

Abb. 3.35 *Zugriffsrechte - Anzeige mit ls -l*

Die Zugriffsrechte werden detailliert im Kapitel 3.4.6 auf Seite 175 behandelt.
Vorab ist für Sie wichtig zu wissen, dass Sie nur dann in ein Directory wechseln
können, wenn die für Sie geltenden Zugriffsrechte *(je nachdem, ob Sie Besitzer*

sind, der gleichen Gruppe angehören oder zu den anderen zählen) mit einem x versehen sind.

Ohne Angabe eines Directories kommen Sie mit dem Kommando **cd** immer in Ihr Login- bzw. in Ihr **Home-Directory** zurück. Das ist eine sehr schöne, sichere Funktion.

Um sicherzugehen, wo Sie gelandet sind, gibt Ihnen das bereits bekannte Kommando **pwd** *(print working directory)* Auskunft, wo Sie sich befinden[*] Abb. 3.36.

Wechselt Monika z.B. in das Directory von Hans, so gibt sie ein:

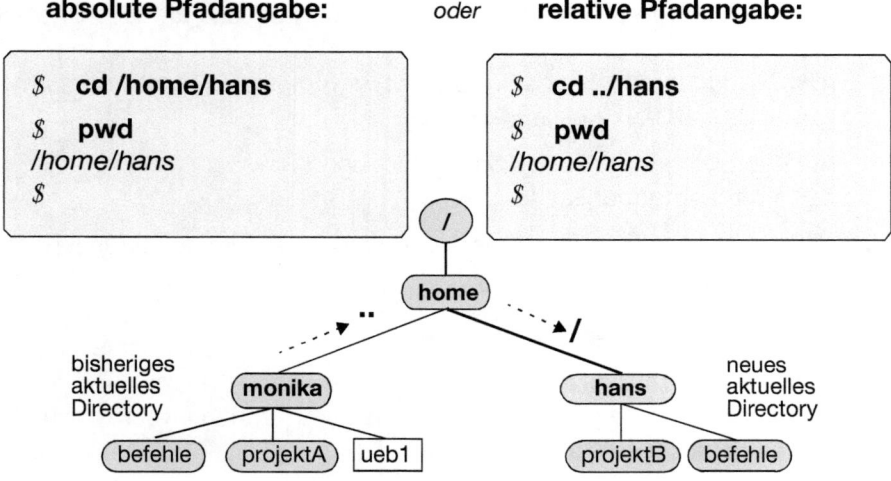

absolute Pfadangabe: *oder*   **relative Pfadangabe:**

```
$   cd /home/hans              $   cd ../hans
$   pwd                        $   pwd
/home/hans                     /home/hans
$                              $
```

Abb. 3.36 *Beispiel: cd Directory / pwd*

Monika wechselt zwar in das Directory *hans*, erhält damit jedoch keine neuen Zugriffsrechte und kann dort nur dann Dateien ansehen oder verändern, wenn Hans es ihr erlaubt hat, also die Zugriffsrechte entsprechend gesetzt hat. Mit dem **Wechsel** des **Directories** werden **nicht** die **Besitzerrechte** geändert!

---

[*]   Unter der Bash sehen Sie Ihr aktuelles Directory ja stets im Prompt. Für Ihr Home-Directory (also z.B. /home/monika) wird nur das Zeichen ~ angezeigt.

Kurze Zusammenfassung –
Relative und absolute Pfadnamen, Kommandos: ls, cd, pwd

❏ Welche Pfadbezeichnungen und Kennzeichen kennen Sie?

/ Absolute Pfadnamen **beginnen immer** mit dem Schrägstrich der **root** z.B.: */home/monika*

Der Schrägstrich zwischen den Directories/Dateien gilt als Trennungs-zeichen, z.B. ist »*monika*« im obigen Beispiel ein Unter-Directory vom Directory »*home*«, dieses wiederum ein Unter-Directory vom Directory »/«.

. Bei relativen Pfadnamen als Kennzeichnung für das aktuelle Directory z.B.: *ls -l* **.**
(Ohne Angabe des Punktes wird beim ls-Kommando das aktuelle Directory angenommen – Default-Wert).

.. Als Kennzeichnung für das darüberliegende Directory z.B. von /home/monika: **ls ../hans**

❏ Wie können Sie sich den Inhalt eines oder mehrerer Directories ansehen?

Mit dem Kommando *ls [-lF] [Directories, Dateien]*

❏ Wo befinden Sie sich nach dem Anmelden?

In Ihrem Home-Directory.
Mit dem Kommando *pwd* können Sie sich den Pfadnamen Ihres aktuellen Directories anzeigen lassen.

❏ Wie können Sie in einen anderen Zweig des Dateibaumes gelangen?

Mit dem Kommando *cd [relative oder absolute Pfadangabe des Directories]* z.B. *cd /home/hans*

Sind Sie bereits in den Bann des Rechners geraten? Haben Sie gar die Zeit vergessen? Wie spät ist es? – Fragen Sie Ihren Rechner! Doch bevor Sie nun einige nützliche Kommandos kennenlernen, gönnen Sie sich zwischendurch eine Kaffee- oder Teepause.

3.1.9 Einige nützliche Kommandos

Datumsanzeige

Unter Linux/Unix ist es wichtig, mit dem richtigen Datum zu arbeiten (u.a. für Sicherungen und für updates bei Programmdateien). Jedes System hat eine Uhr und unter Linux/Unix können Sie Datum und Uhrzeit mit dem Kommando *date* abfragen. **Nur** der **Systemverwalter** kann das Datum **ändern**.

Wie spät ist es?

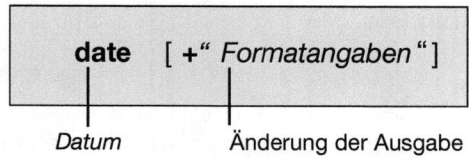

Datum   Änderung der Ausgabe

date – Kommando, um Datum und Uhrzeit anzuzeigen

Geben Sie das Kommando ohne Parameter *(zusätzliche Angaben)* ein, wird Ihnen das Datum in der Standardform (meist amerikanische Art) angezeigt, z.B. »*Tue Jan 8, 13:48:21 CET 2013*« oder bei deutscher Spracheinstellung »*Di 8. Jan 13:48:21 CET 2013*« . Wünschen Sie eine individuelle Datumsanzeige, so können Sie das Format ändern (s. Abb. 3.37).

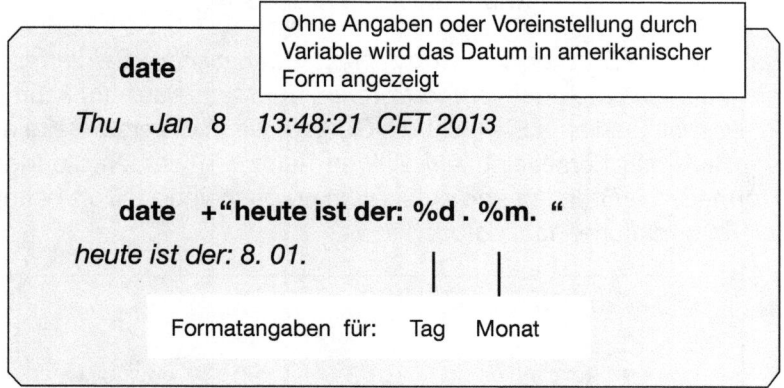

Abb. 3.37 *Beispiel von date (Datumsanzeige)*

Über die Variable *LANG* kann die nationale Sprache eingestellt werden. Soweit entsprechende Software und entsprechende Dateien (wie z.B. das Online-Manual) zur Verfügung stehen, werden dann Informationen in der zugeordneten Sprache ausgegeben und die jeweilige nationale Schreibweise für bestimmte Kommandos, wie z.B. auch für *date,* zugrunde gelegt (Näheres über Variablen im Kapitel 3.6).

In der grafischen Oberfläche haben Sie natürlich Uhrzeit und Datum immer griffbereit in der Status- oder Symbolleiste. Trotzdem werden Sie bald erkennen, dass sogar das Kommando *date* nach wie vor benötigt wird, nämlich dann, wenn Sie es z.B. in Dateien umleiten wollen (das lernen Sie im nächsten Unterkapitel). Die eigene Aufbereitung der Ausgabe kann hierbei dann wichtig sein. Möchten Sie weitere Formatangaben kennenlernen, so können Sie mit Hilfe des *Online-Manuals* die genaue Beschreibung des Kommandos *date* am Bildschirm lesen. Das Online-Manual ist eine auf dem Rechnersystem vorhandene Beschreibung der verfügbaren Kommandos.

Lesen des Online-Manuals

Unter dem Directory */usr/man* sind nach Kapiteln getrennt (man1 - man8) die Beschreibungen *(Manualseiten)* der Kommandos abgelegt. Die einzelnen Dateien enthalten neben dem beschreibenden Text Formatierungsanweisungen für das Linux/Unix-Textverarbeitungspaket nroff/troff. Mit dem Kommando **man** können Sie sich diese Seiten am Bildschirm ansehen (s. Abb. 3.38).

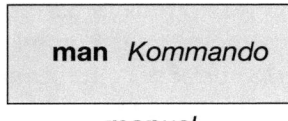

man **Kommando**

*man*ual

man – Kommando, um die Beschreibung von Kommandos (Manualseiten) anzusehen

Das Formatieren *(Erstellen von Kopfzeilen, automatischer Seitenumbruch, Seitenzahlen, eingerückte oder zentrierte Texte)* der Manualseite(n) kann einige Zeit dauern. Deshalb verlieren Sie nicht die Geduld, wenn die erste Seite nicht sofort auf dem Bildschirm erscheint. Auf einigen Rechnern werden die Manualseiten vorab formatiert aufbereitet und entsprechend gespeichert. Dort bekommen Sie dann die Informationen fast sofort.

---

man date

DATE (1)   Linux/Unix 3.0   DATE(1)

NAME
    date - print and set the date

SYNOPSIS

    date [mmddhhmm[yy]][+format]

DESCRIPTION

...

Abb. 3.38 *Beispiel von man (Anzeige von Manualseiten – date)*

Die Manualseiten werden seitenweise ausgegeben. Dabei wartet das Programm nach der Anzeige einer Seite, bis Sie diese gelesen haben. Um jeweils die nächste Seite am Bildschirm zu lesen, drücken Sie die

> Leertaste

Wie sind die Manualseiten gegliedert?

KOPFZEILE:	Name des Kommandos mit Kapitel-Nr. Die Kommandos sind hier in Großbuchstaben geschrieben und stehen jeweils am linken und rechten Rand der Kopfzeile, damit bei den ausgedruckten Seiten die alphabetisch sortierten Kommandos innerhalb der Kapitel leicht auffindbar sind.
NAME:	Name des Kommandos *(richtige Schreibweise groß/klein)*. Anschließend wird kurz die Funktion des Kommandos erklärt.
SYNOPSIS:	*(knappe Zusammenfassung)* Das Kommando wird so angezeigt, wie es eingegeben wird, wobei alle möglichen Optionen und Parameter aufgeführt sind *(Syntaxregel)*. Alle zusätzlichen Angaben, die nicht zwingend sind, sondern wahlweise verwendet werden können, sind in eckige Klammern gesetzt [ ].
DESCRIPTION:	*(Beschreibung)* Hier wird ausführlich beschrieben, wie Sie das Kommando verwenden können, welche Parameter, Optionen bestehen und was sie bewirken.
DIAGNOSTICS:	An dieser Stelle stehen besondere Hinweise, z.B. *»use help for explanations« (für Erklärungen verwende help)* und evtl. auftretende Fehlermeldungen.
FILES:	Die angegebenen Dateien werden benötigt, um das Kommando auszuführen.
WARNING:	Hinweise auf mögliche Fehlermeldungen
EXAMPLE:	*(Beispiel)* Leider werden hier nur selten Beispiele der Kommandoaufrufe angeführt *(nur von einigen Firmen ergänzt)*.
SEE ALSO:	Existieren Kommandos mit ähnlicher Funktion, so wird hier darauf verwiesen.

Je nach Kommando gibt es auch weitere Unterpunkte. Dies soll Ihnen nur generell die Vorgehensweise zeigen. Sehen Sie in Abb. 3.39 zwei weitere Ausschnitte der am Bildschirm angezeigten Manualseiten für das Kommando *date*:

man date

...

DESCRIPTION

...

	Field Descriptors.	Feldangabe
n	insert a new line character	füge das Zeichen »NeueZeile« ein
t	insert a tab character	füge ein Tabulatorzeichen ein
m	month of year - 01 to12	Monat in Ziffern 01 - 12
d	day of month - 01 to 31	Tag des Monats 01 - 31
y	last two digits of year- 00 to 99	letzte 2 Ziffern des Jahres
D	date as mm/dd/yy	Datum in Form MM/TT/JJ
H	hour - 00 to 23	Stunde 00 - 23
M	minute - 00 to 59	Minute 00 - 59
S	second - 00 to 59	Sekunde 00 - 59
T	time as HH:MM:SS	Zeitangabe hh:mm:ss
j	day of year - 001 to 366	Tag des Jahres 001 - 366
w	day of week - Sunday =0	Tag der Woche Sonntag =0
a	abbreviated weekday - Sun to Sat	abgekürzter Wochentag
r	abbreviated month - Jan to Dec	abgekürzter Monatsname
h	time in AM/PM notation	Zeitangabe in 12 Stunden
		Kennung AM – Vormittag
		PM – Nachmittag

...

DIAGNOSTICS

No permission	if you aren't the super-user and you try to change the date;
bad conversion	if the date set is syntactically incorrect;
bad format character	if the field descripter is not recognizable

FILES
/dev/kmem

WARNING

It is a bad practice to change the date while the system is running multi user.

DIAGNOSE

Keine Erlaubnis	wenn Sie nicht Systemverwalter sind und versuchen, das Datum zu ändern;
Falsche Umwandlung	wenn das Datum falsch eingegeben wurde (nicht den Regeln entsprechend);
Falsches Formatzeichen	wenn das Zeichen für die Feldangabe unbekannt ist.

DATEIEN
/dev/kmem

Dateien, die das Kommando benutzt.

Warnung
Es empfiehlt sich nicht, das Datum zu ändern, während das System im Multi-User-Modus arbeitet.

Abb. 3.39 Beispiel von man (Anzeige von Manualseiten)

Die ausführliche Beschreibung von *date* soll hier nur als Beispiel für das Kommando *man* dienen. Gleichzeitig soll es Sie ermuntern, nach diesem Einführungskurs mit Hilfe der Linux/Unix-Dokumentation die eine oder andere interessante Option und weitere Kommandos allein kennenzulernen.

Unter Linux gibt es zu einigen Kommandos auch weitere Hilfeabfragen

Kommando   **--help**

--help – gibt unter Linux eine Kurzinformation über einige Kommando

Arbeiten Sie mit Linux, probieren Sie doch mal aus, was Sie bei der Eingabe von

date --help

erhalten.

Wenn Sie nur wissen wollen, für was ein bestimmtes Kommando genutzt werden kann, geben Sie Folgendes ein:

whatis *Kommando*

whatis – Kommando, um eine Kurzinformation über ein Kommando zu erhalten

Mit Hilfe der Linux/Unix-Dokumentation könnten Sie sich nun Tage und Nächte beschäftigen, doch gerade das wollten Sie ja sicherlich nicht. In diesem Buch werden, wie in der Einleitung schon gesagt, nur die wesentlichen Optionen besprochen, die in der Praxis am meisten benötigt werden, um Ihnen den Einstieg in Linux/Unix zu erleichtern.

Sie wissen bereits, wo Sie sich befinden (**pwd**), wie Ihre nähere Umgebung aussieht (**ls -l**), Sie können sich im gesamten Dateibaum bewegen (**cd**), aber Sie wollen sicher auch wissen, welche Informationen in den Dateien verborgen sind.

Anzeige eines Dateiinhaltes

Bisher haben wir uns mit dem Kommando **ls** nur die Namen und einige Merkmale von Dateien angesehen. Um zu sehen, welchen Inhalt eine Datei hat, gibt es das Kommando **cat**.

cat   *Dateiname*

concatenate (zusammenfügen)

cat – Kommando, um sich einen Dateiinhalt anzusehen

Warum »*concatenate – zusammenfügen*«? Sie werden später im Kapitel 3.2 bei der Shell-Einführung lernen, wie Sie dieses Kommando verwenden können, um eine Datei an eine andere anzuhängen. Hier geht es zunächst einmal um die Grundfunktion des Kommandos: die Ausgabe eines Dateiinhaltes (s. Abb. 3.40). Allerdings können Sie sich nur Dateiinhalte ansehen, wenn sie in **ASCII** (*American Standard Code for Information Interchange – Amerikanischer Standardcode für Informationsaustausch*) abgespeichert sind. Ausführbare Programme[*] sind in **Binärformat**[°] abgespeichert und nicht lesbar. Ebenso können Inhalte von Directories normalerweise nicht gelesen werden, sondern nur mit dem ls-Kommando angezeigt werden.

Unter Unix:

Unter Linux (in Ermangelung einer Sprüchedatei):

cat /usr/lib/cookies	**cat /etc/inittab**
...	...
It's never too late to learn	# getty-programs for the normal runlev
–	#id>:<runlevels>:<action>:<process>_
Haste makes waste	# The id field MUST be the same as the
–	# characters of the device (after „ tty").
To be is to do I. Kant	T:2345:respawn:/sbin/mingetty --nocle
To do is to be J.P. Sartre	2:2345:respawn:/sbin/mingetty tty2
Do be do be do F. Sinatra	3:2345:respawn:/sbin/mingetty tty3
–	4:2345:respawn:/sbin/mingetty tty4
...	5:2345:respawn:/sbin/mingetty tty5
	6:2345:respawn:/sbin/mingetty tty6
	...

Abb. 3.40 Beispiel von cat (Anzeige des Inhaltes einer Datei unter Unix und unter Linux /etc/inittab (wichtige Datei beim Hochfahren eines Rechners)

Falls die Datei */usr/lib/cookies*[+] nicht auf Ihrem Rechner vorhanden ist, können Sie stattdessen Textdateien von */etc/inittab* verwenden; allerdings rauscht der Text, wie im Kino oder Fernsehen der Vorspann, viel zu schnell über den Bildschirm. Mit folgenden Tastenkombinationen können Sie die Ausgabe stoppen und wieder zum Laufen bringen:

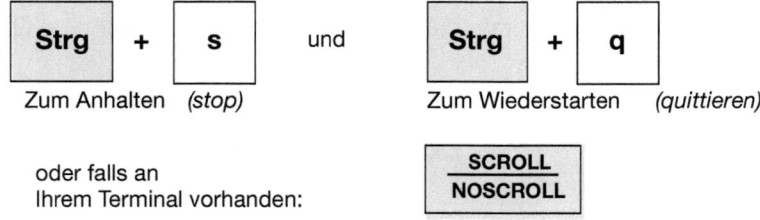

Strg + **s**	und	**Strg** + **q**
Zum Anhalten *(stop)*		Zum Wiederstarten *(quittieren)*

oder falls an Ihrem Terminal vorhanden:

SCROLL
NOSCROLL

---

[*] Ein Programm wird in einer Programmiersprache geschrieben *(Source oder Quelldatei)* und in die vom – Rechner interpretierbare Maschinensprache umgewandelt *(compiliert)*.

[°] Ziffern werden in Binärform nur mit 0 und 1 dargestellt: 1=00001, 2=00010, 3=00011 usw.

[+] Unter Linux könnte das Programm fortune, das Sprüche ausgibt, nachinstalliert werden.

Doch ist dies etwas lästig und außerdem sind die Rechner heutzutage viel zu schnell, um sie per Knopfdruck zu stoppen. Lernen Sie deshalb ein komfortableres Kommando kennen, um eine Datei in Ruhe zu lesen:

Blättern im Inhalt einer Datei

Um einen Dateiinhalt seitenweise am Bildschirm anzusehen, gibt es zwei sehr ähnliche Kommandos: **more** und **less**. Schauen wir uns in Abb. 3.41 zuerst das Kommando **more** an:

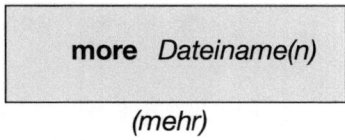

more *Dateiname(n)*

(mehr)

more – Kommando, um einen Dateiinhalt seitenweise anzuzeigen

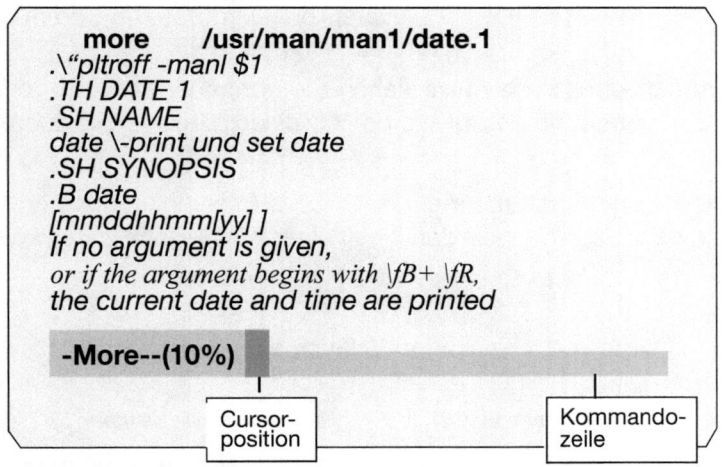

Abb. 3.41 *Beispiel von more (Blättern in Dateien)*
mit Teilanzeige der Manualseite »date.1«

Dies ist der Originaltext der Manualseite, wie sie auf dem Rechner abgespeichert ist. Sie sehen, der Text ist mit sog. Makros für die Formatbearbeitung mit dem Programm nroff versehen, z.B. *.TH* für Title Header (Titel der Kopfzeile), *.SH* Section Header (Abschnittsüberschrift), *.B* für bold (Fettschrift). Auf vielen Rechnern werden allerdings die Manualseiten nicht mehr in dieser Form abgespeichert, sondern sie sind bereits vorformatiert (damit geht das Laden der Seiten wesentlich schneller). Ähnliche Formatangaben finden Sie aber auch in den ASCII-Texten vieler Textprogramme oder auch bei den HTML-Dateien *(Hypertext Markup Language)* für die WWW-Seiten *(World Wide Web),* nur dass sie dort meist nicht mehr direkt eingetippt werden müssen, sondern komfortabel über entsprechende Programme mit Menüleisten, Buttons *(Schaltflächen)* und/oder

Funktionstasten (Tasten, denen bestimmte Funktionen zugeordnet sind) erstellt werden (wie mit LibreOffice, FrameMaker u.v.a.).

Doch zurück zu unserem Programm *more*. Drücken Sie z.B. die Leertaste, so können Sie seitenweise in der Datei vorwärts blättern. Hier die wichtigsten Funktionen:

Leertaste	Seitenweise vorwärts blättern
Eingabetaste	Zeilenweise vorwärts gehen
h	Aufruf eines Hilfsmenüs *(help)*
q	Beenden des Programms *(quit)* Bei Dateiende wird das Programm automatisch beendet.

In der Kommandozeile von **more** sehen Sie übrigens, wie viel Prozent der gesamten Datei bereits angezeigt wurde. An dieser Stelle steht auch der Cursor *(Schreibmarke)*.

Ein ähnliches Kommando mit mehr Such- und Positionierungsmöglichkeiten ist unter Linux **less**, das ebenfalls den Inhalt einer ASCII-Datei seitenweise ausgibt.

less *Dateiname(n)*

less (less is more than more – weniger ist mehr als more ...)

less – Kommando, um Dateiinhalte seitenweise anzuzeigen

Das **less**-Kommando ist etwas komfortabler als das Kommando **more**, allerdings müssen Sie bei less das Programm mit **q** beenden, während bei more, sobald das Dateiende erreicht wurde, es automatisch beendet wird. Die verschiedenen Funktionen können Sie sich bei beiden Programmen anzeigen lassen, wenn Sie den Buchstaben **h** *(help)* eintippen.

h	Hilfs-Menü aufrufen

Die wichtigsten Funktionen, die Sie benötigen werden, sind:

Leertaste oder Eingabetaste	Seitenweise vorwärts blättern

G	Anzeige der letzten Zeile *(Ende des Textes)*
g	Zurück zur Zeile 1
q	Beenden des Programms *(quit)* Auch bei Dateieinde muss »q« eingegeben werden

Wer arbeitet am System?

Arbeiten Sie allein an dem Rechner oder leisten Ihnen einige Kollegen Gesellschaft?

Mit dem Kommando **who** erfahren Sie, wer außer Ihnen noch am System arbeitet. Sie sehen, mit welchem Namen derjenige im System angemeldet ist, an welchem Terminal er arbeitet und um wieviel Uhr er sich angemeldet hat.

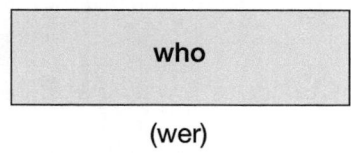

(wer)

who – Kommando, um zu sehen, wer noch am System arbeitet

Abb. 3.42 zeigt hierzu ein Beispiel:

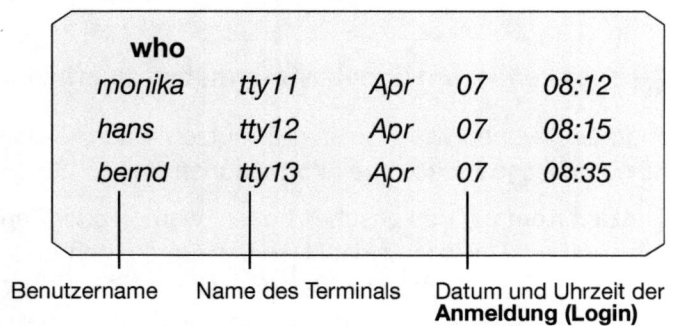

Benutzername   Name des Terminals   Datum und Uhrzeit der **Anmeldung (Login)**

Abb. 3.42 Beispiel von who *(Wer arbeitet am System)*

Wenn Sie allein an einem Linux-Rechner sitzen und Sie arbeiten mit einer grafischen Oberfläche, können Sie mit der Tastenkombination <Strg+Alt+F1> auf einen virtuellen Bildschirm (ohne grafische Oberfläche) umschalten und sich dort mit einem weiteren Benutzernamen anmelden. Mit <Strg+Alt+F2> erhalten Sie noch ein zweiten virtuellen Bildschirm und auch dort könnten Sie sich mit einem weiteren Benutzernamen anmelden.[*] Um wieder auf die grafische Oberfläche zurückzukommen, drücken Sie <Strg+Alt+F7>.

Sollten Sie nach all dem bisher Gelernten nicht mehr wissen, wer Sie sind, Linux/Unix gibt Ihnen gerne Auskunft. Fragen Sie:

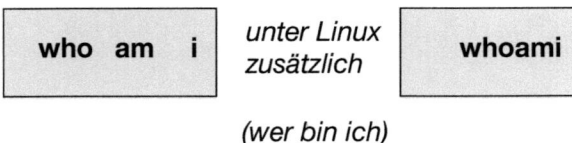

(wer bin ich)

Wie Sie in Abb. 3.43 sehen, kann Linux/Unix keine psychologische Analyse durchführen, sondern sagt Ihnen nur, was es von Ihnen weiß: Ihre Benutzerkennung *(Namen, mit dem Sie sich angemeldet haben),* den Namen des Terminals, an dem Sie arbeiten, und das Datum und die Uhrzeit Ihrer Anmeldung:

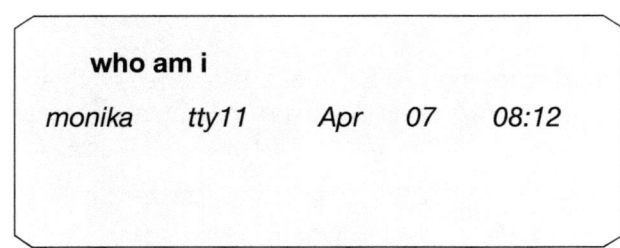

Abb. 3.43 *Beispiel von who am i (wer bin ich)*

Um netzweit Informationen über Benutzer zu erfragen, gibt es folgendes Kommando:

finger *[Benutzernamen@Rechnername]*

finger – Kommando, um Benutzerinformation zu erhalten

Dieses Kommando zeigt Ihnen wie *who* den Benutzernamen, Terminalnamen, Anmeldezeit und noch einige zusätzliche Informationen.

Wie Sie bei den letzten Kommandos gesehen haben, werden auch Terminals unter eigenen Namen geführt. Unter Linux/Unix werden Geräte ähnlich wie Dateien behandelt. Sie sind unter dem Directory */dev (für device – Gerät)* eingetragen. Unter vielen Linux/Unix-Systemen beginnen die Namen der Terminals mit *tty (für terminal type)* und sind fortlaufend entsprechend den Steckplätzen für die Terminalleitungen nummeriert.

---

* Sollten noch keine weiteren Benutzer eingetragen sein, melden Sie sich an dem virtuellen Terminal zuerst als root (als Systemadministrator) an und geben folgende Befehle ein:
  useradd -m *benutzername*
  passwd *benutzername*
  Melden sich als root wieder ab mit **exit**.
  Nun können Sie sich mit dem neuen Benutzernamen anmelden und dort Befehle eingeben.

Anzeige des Terminalnamens

Sollten Sie Schwierigkeiten mit Ihrem Terminal haben und können Sie plötzlich keine weiteren Eingaben mehr machen oder erhalten kein *Login*, um sich anzumelden, dann ist es für den Systemverwalter von Vorteil, wenn er den *Namen* Ihres Terminals weiß. Solange Ihr Terminal noch funktionsfähig ist, zeigt Ihnen das Kommando *tty* den Namen Ihres Terminals an (s. Abb. 3.44):

terminal type (Terminaltyp)

tty – Kommando, um den Terminalnamen *(Typ)* anzuzeigen

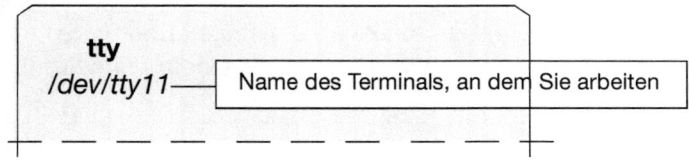

Abb. 3.44 *Beispiel von tty (Terminal-Typ)*

Arbeiten Sie mit einer grafischen Oberfläche, wird jedem geöffneten Fenster (Terminal) ein eigener Name zugewiesen. Meist wird es als Pseudoterminal mit */dev/pts/n* bezeichnet (*n* steht für die Nummer, 1 für das erste geöffnete Fensters, 2 für das zweite usw.).

Linux/Unix kommt von AT&T *(American Telephon and Telegraph)* und deshalb ist es nicht verwunderlich, dass unter Linux/Unix ein eigenes Kommunikationsnetz besteht. So können Sie, statt zu telefonieren, Ihrer Kollegin (Ihrem Kollegen) eine Nachricht schicken, die dann auf deren (dessen) Bildschirm erscheint. Allerdings muss die Kollegin, der Kollege am System angemeldet sein. Sollten sie an mehreren Terminals arbeiten (dies ist immer der Fall, wenn mit einer grafischen Oberfläche gearbeitet wird), benötigen Sie zusätzlich auch den Namen des Terminals, an dem sie/er arbeitet.

Senden von Nachrichten an angemeldete Benutzer

Mit dem Kommando *write* schicken Sie an Benutzer, die am gleichen System oder im Netzverbund angemeldet sind, eine Nachricht *(message)*. Abb. 3.45 und Abb. 3.46 zeigen ein Beispiel.

write   *Benutzername[@Rechner] [Terminalnamen]*

write – Kommando, um Benutzern, die am System angemeldet sind, eine Nachricht zu schreiben

So kann Monika (falls sie kein Handy für eine SMS zur Hand hat) Hans fragen:

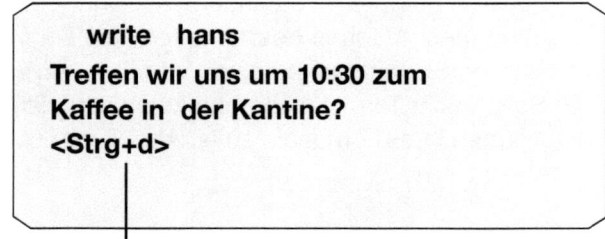

> **write   hans**
> **Treffen wir uns um 10:30 zum**
> **Kaffee in der Kantine?**
> **<Strg+d>**

Um die Nachricht abzuschließen, wird das Zeichen für Dateiende eingegeben

Abb. 3.45 Beispiel von write (Nachrichten senden)

▷ Achten Sie darauf, dass Sie das Endezeichen in einer neuen Zeile beginnen, sonst wird der Text der gleichen Zeile nicht übermittelt. Auf dem Bildschirm von Hans erscheint (oft verbunden mit einem Klingelton):

> *Message from monika tty11 [Mon Apr 7 10:07:00]*
> *Treffen wir uns um 10:30 zum*
> *Kaffee in der Kantine?*

Abb. 3.46 Beispiel von write (Nachrichten empfangen)

Hans kann, sobald er die Nachricht erhält, ebenfalls das Kommando **write** *monika* aufrufen. Damit können abwechselnd Nachrichten ausgetauscht werden.

Ein etwas komfortableres Kommando als *write* ist das Kommando **talk**:

> **talk** *Benutzername[@Rechner]* *[Terminalname]*

talk – Kommando, um ein Gespräch über Bildschirm zu führen

Hier werden auf dem Bildschirm zwei Bereiche markiert. In einem werden die Nachrichten des Partners aufgezeichnet, in dem anderen die eigenen Mitteilungen. (In der Praxis hat sich sowohl *write* als auch *talk* wenig bewährt; hier greift man doch lieber zum Telefon oder schreibt eine E-Mail.)

Solche Nachrichten über Bildschirm können oft störend sein. Falls Ihnen doch jemand eine Nachricht schicken will und Sie aber ungestört arbeiten wollen, verschließen Sie Ihr Terminal anderen Benutzern gegenüber. Das Kommando hierzu lautet:

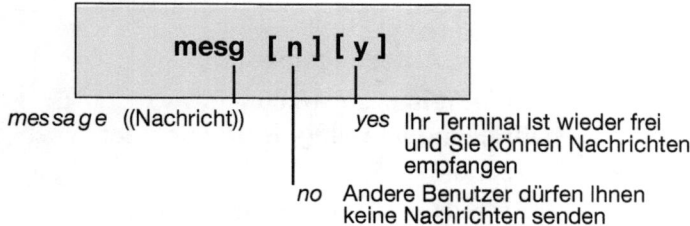

mesg – Kommando, um den Bildschirm für Nachrichten zu sperren bzw. wieder zu öffnen

Dagegen wird das nächste Kommando, um Nachrichten (Post) zu versenden, sehr häufig genutzt und zwar nicht nur an Rechnern innerhalb einer Firma, sondern weltweit über sog. **Provider**. Dies sind Firmen, die Dienste im Internet oder anderen Netzen anbieten. Die verschiedenen Netze sind wiederum miteinander verknüpft. Doch davon mehr im Kapitel 3.6 (Arbeiten im Netz). Für die Kommandos *mail, write* etc. muss allerdings auch der entsprechende Dienst für die Rechner konfiguriert sein.

Die elektronische Mail

Eigentlich wollte ich dieses Kommando in der Überarbeitung nicht mehr aufnehmen, da unter Unix/Linux-Systemen über die grafische Oberfläche entweder die KMail oder Thunderbird für Mails verwendet wird. Doch sollten Sie als Systemadministrator Mails vom System erhalten (Fehlermeldungen etc.), ist es sinnvoll, auch unter einem ASCII-Terminal die Mails lesen zu können und u.U. auch an andere Benutzer Nachrichten zu versenden. Wenn Sie das Kommando *mail* nicht benötigen oder es auf Ihrem System nicht eingerichtet wurde, blättern Sie einfach weiter auf Seite 73. Ansonsten können Sie alle Kommandos wieder über die virtuellen Terminals mit unterschiedlichen Benutzern testen.

Um Benutzern eines Systems *(oder z.B. über Modem weltweit)* eine Nachricht zu versenden, gibt es folgendes Kommando:

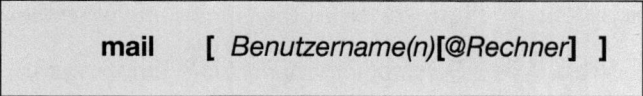

mail – Kommando, um Nachrichten *(Post)* elektronisch zu senden

Statt auf herkömmliche Art Aktennotizen zu schreiben, die evtl. nicht mehr recht-
zeitig mit der Hauspost ausgetragen werden, kann z.B. Monika eine *»elektronische Aktennotiz«* senden:

```
$  mail hans
Subject: Abteilungsmeeting

 Am   Freitag um 16.00 h ist
 Abteilungsmeeting. Bitte pünktlich
 erscheinen
 <Strg+d>          Endezeichen auf neuer Zeile

Cc: bernd iris
$
```

Abb. 3.47 *Beispiel von mail – versenden*

In Abb. 3.47 wird die Aktennotiz an den Benutzer *hans* geschickt. Als *Subject*
(Betreff) wird kurz angegeben, um was es sich handelt. Dieser Betreff wird später
im sog. *Header* (Kopfzeile) angezeigt. Nachdem mit <Strg+d> (End of File) die
Nachricht beendet wird, erscheint die Anzeige *Cc:* Hier kann noch angegeben
werden, wer alles eine Kopie erhalten soll. In diesem Fall *bernd* und *iris*.

Alle Benutzer, die eine Mitteilung mit *mail* geschickt bekamen, erhalten automatisch vom System den Hinweis *»You have mail«*, sobald sie sich anmelden[*]. Um
die Post zu lesen oder selbst nachzusehen, ob im *Linux/Unix-Briefkasten* Post
da ist, rufen Sie das Kommando **mail ohne weitere Angaben** auf.

Es erscheint dann eine Liste mit allen Briefen, die eingegangen sind. Neue Nachrichten sind mit *N* (*New*) gekennzeichnet. Um die Nachrichten zu lesen, geben
Sie Folgendes ein (s. Abb. 3.48):

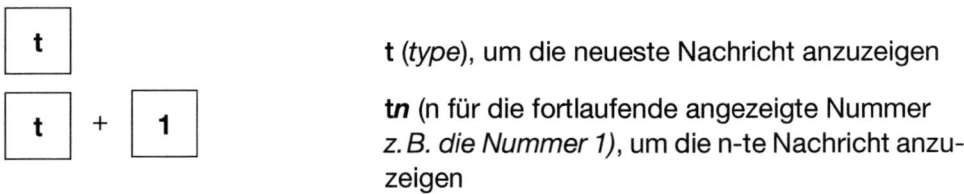

t	**t** (*type*), um die neueste Nachricht anzuzeigen
t + **1**	**t*n*** (*n* für die fortlaufende angezeigte Nummer z.B. die Nummer 1), um die n-te Nachricht anzu-zeigen

Haben Sie keine Post erhalten, erscheint die Nachricht *»No mail«*.

Abb. 3.48 *Beispiel von mail (Briefe empfangen)*

Was soll mit der Post geschehen? Diese Frage drückt das Fragezeichen aus,
das nach der Anzeige eines Briefes gezeigt wird. Ähnlich wie bei *more* und *less*
können Sie über bestimmte Tasten weitere Funktionen auslösen.

---

[*] Es kann z.B. in der Datei *.profile* voreingestellt werden, dass Sie immer benachrichtigt werden
sollen, sobald neue Post eintrifft (Kommando *biff*).

Die wichtigsten **Funktionstasten von *mail*** sind:

d	*(delete)* – löschen, ab in den Papierkorb	**+**	nächster Brief
q	Beenden des Programms	**-**	nochmalige Anzeige des vorherigen Briefes

Geben Sie selbst ein **?** ein, dann erhalten Sie ein Hilfs-Menü, das Ihnen die möglichen Funktionen anzeigt (s. Abb. 3.49):

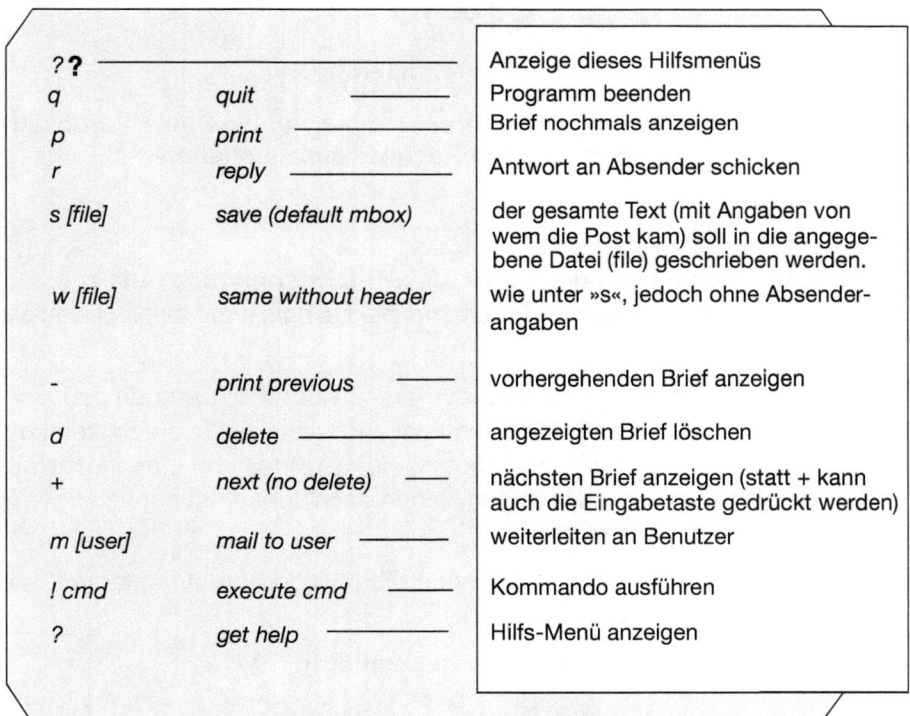

?**?**		Anzeige dieses Hilfsmenüs
q	*quit*	Programm beenden
p	*print*	Brief nochmals anzeigen
r	*reply*	Antwort an Absender schicken
s [file]	*save (default mbox)*	der gesamte Text (mit Angaben von wem die Post kam) soll in die angegebene Datei (file) geschrieben werden.
w [file]	*same without header*	wie unter »s«, jedoch ohne Absenderangaben
-	*print previous*	vorhergehenden Brief anzeigen
d	*delete*	angezeigten Brief löschen
+	*next (no delete)*	nächsten Brief anzeigen (statt + kann auch die Eingabetaste gedrückt werden)
m [user]	*mail to user*	weiterleiten an Benutzer
! cmd	*execute cmd*	Kommando ausführen
?	*get help*	Hilfs-Menü anzeigen

Abb. 3.49 *Beispiel des Hilfe-Menü von mail*

3.1.10 Ausschalten eines Linux/Unix-Rechners

In diesem Kapitel haben Sie bereits gelernt, wie Sie sich an- und abmelden und welche Voraussetzungen erfüllt sein müssen, um mit einem Linux/Unix-Rechner zu arbeiten. Für den Start des Rechners ist der Systemverwalter zuständig und ebenso für das Herunterfahren und Ausschalten des Systems.

Wurde ein Rechner in den Multi-User-Betrieb hochgefahren, wird ein höflicher Systemverwalter vor dem Ausschalten erst allen Benutzern die Nachricht senden, dass sie sich z.B. alle innerhalb von einer Minute abmelden sollen. Mit einem speziellen Kommando *(z. B. shutdown)*, das er an der Systemkonsole eingibt, werden nach Ablauf dieser Frist alle noch laufenden Prozesse abgebrochen *(gekillt* – so hart sind hier die Bräuche!) und das System in den *Single-User-Modus* zurückgefahren.

Der Systemverwalter gibt dann noch das Kommando **sync** ein. Damit werden alle noch gespeicherten Dateiinformationen auf die Platte(n) zurückgeschrieben – und erst dann kann der Rechner ausgeschaltet werden. Auf manchen Systemen wird hierfür das Kommando **halt** eingegeben.

(synchronisieren) und ausschalten

sync – Kommando, um Dateiinformationen auf die Platte zurückzuschreiben und den Rechner auszuschalten

▷ Wichtig für Sie ist zu wissen:
Schalten Sie niemals den Linux/Unix-Rechner einfach aus!
Es können Inkonsistenzen *(Unbeständigkeit, Ungleichheiten)* im Dateisystem auftreten.

Sollte es doch einmal passieren bzw. einmal notwendig werden (z. B. an einer Workstation, an der Ihr Eingabeterminal auch gleichzeitig die Systemkonsole ist und durch einen Programmabsturz nichts mehr geht), dann **informieren Sie den Systemverwalter**, damit er den dann unbedingt notwendigen **Plattencheck** *(fsck)* durchführt!

Wird der Rechner über die grafische Oberfläche heruntergefahren, kommt meist ein entsprechender Hinweis:

Rechner ausschalten
oder
Rechner neu starten

Damit werden alle nötigen Befehle automatisch erfolgen.

3.1.11 Zusammenfassung der ersten Kommandos

Um den Umsteigern von Windows auf Linux/Unix eine kleine Lernhilfe zu geben, ist unter der Kommandoeingabe auf ähnliche Kommandos unter Windows hingewiesen. Damit Sie die Kommandos leichter wiederfinden, sind sie in Tab. 3.1 alphabetisch sortiert:

Tab. 3.1: Zusammenfassung der bisher behandelten Kommandos.

Kommandoeingabe	Funktion
cd [*Directory***]** Beispiele: **cd** **cd ..** Unter Windows: **cd**	*change directory* **Wechsel in das Home- oder angegebene Directory** Ohne Angabe kehrt man immer ins Home-Directory zurück wechselt in ein Directory nach oben
cat *Dateiname(n)* Unter Windows: **type**	*concatenate – zusammenfügen* **Zeigt den Inhalt von Dateien**
date [+*"Formatangaben"***]** *Beispiel:* **date +"%d.%m. %y"** Unter Windows: **date/time**	**Zeigt das Datum an** + Kennzeichen für eigene Formatierung %y für Jahr YY %m für Monat MM %d für Tag TT %H hour 00 – 23 %M minute 00 – 59 %S second 00 – 59 %T time HH:MM:SS %w day of week – (Sunday=0) %h abgek. Monat – z.B. Jan - Dec
finger [*Benutzer***]**	**Zeigt Benutzerinformation an** mit Name@Rechner, Terminal und Anmeldezeit
ls [-FlR] Unter Windows: **dir, tree**	*list* **Zeigt den Inhalt von Directories bzw. Attribute von Dateien** **-F** *Format short* Directories sind mit "/" gekennzeichnet, ausführbare Kommandos/Programme mit »*« **-l** *long format* Anzeige mit Attributen **-R** *Rekursiv* Der Dateibaum mit sämtlichen Unter-Directories wird angezeigt

Kommandoeingabe	Funktion
mail [*benutzer[@rechner]]* *benutzer...*]	*Post versenden*
	Verschickt an einen oder mehrere Benutzer Post (mail) *(elektronische Post – E-Mail)*
Subject:	Betreff eintragen, der in den Headerzeilen erscheint
Beenden mit **<Strg+d>** *Cc:*	Eingabe der Nachricht über Tastatur *copy* - an: z.B. den eigenen Namen als Sicherungskopie
mail	Ohne Angabe wird die eingegangene Post angezeigt oder "no mail"
Befehle innerhalb von mail: ?	**Auswahl:** **?** zeigt die möglichen Befehle von mail
t [*n*]	*type* zeigt die aktuelle/*n-te* Nachricht
d	*delete* – löscht die aktuelle Nachricht
h	*header* – zeigt eine Liste aller eingegangenen Mails
r	*reply* – erstellt eine Antwort an den Absender
m *benutzer*	*mail* – leitet die Nachricht an den angegebenen Benutzer weiter
s *dateiname*	*save* – sichert die Nachricht mit Kopfzeilen in die angegebene Datei
w *dateiname*	*write* – schreibt die Nachricht ohne Kopfzeilen in die angegebene Datei
man [*Kapitel-Nr*] *Kommando* Unter Windows: **befehl /?**	*manual* **Gibt eine Beschreibung des angegebenen Kommandos in Verbindung mit more aus**
mesg [y] [n]	*messages* **Verhindert oder erlaubt Mitteilungen von anderen Benutzern mit write** (Schreibrecht für Terminal) *n* keine Schreiberlaubnis (*no*) *y* wieder freigeben (*yes*) Ohne Angabe wird der jeweilige Berechtigungszustand angezeigt *(is y,n)*

Kommandoeingabe	Funktion
more *datei(en)* oder **less** h **/Muster** ?Muster Leertaste q <small>Unter Windows:</small> **more**	*mehr* **Zeigt den Inhalt von Dateien seitenweise an** h *help* – zeigt die möglichen Kommandos, u. a.: sucht vorwärts nach Muster sucht rückwärts nach Muster zeigt die nächste Seite an *quit* beendet more oder less
passwd [*Benutzername***]**	**Ändert das Passwort** Das Passwort wird nicht angezeigt und sollte mindestens 6 Zeichen enthalten.
pwd	*print working directory* **Zeigt das aktuelle Directory mit absolutem Pfadnamen an**
talk *Benutzername*	*sprechen* **Mit einem anderen Benutzer Mitteilungen über Bildschirm austauschen, Verbindung eröffnen bzw. sich dazuschalten**
tty	*terminal ty*pe **Zeigt den aktuellen Terminalnamen**
whatis *Kommando*	was ist das Kommando **Gibt eine Kurzinformation des angegebenen Kommandos aus**
who **who am i**	*Wer arbeitet am System?* **Zeigt die angemeldeten Benutzer und Terminals** Es wird der Benutzername, die Terminalbezeichnung und die Anmeldezeit angezeigt
write *Benutzername@Rechner*	*schreiben* **Einem anderen Benutzer Mitteilungen auf den Bildschirm schicken**

Kommandos nur für Systemverwalter:	
boot	Hochfahren des Rechners
shutdown	Herunterfahren des Rechners An der Systemkonsole und als Benutzer root einzugeben
sync	synchronisieren
halt	anhalten – ausschalten

3.2 Es »shellt«

In diesem Kapitel lernen Sie, dass Sie zwar unter Linux/Unix arbeiten, aber Ihr direkter »Ansprechpartner« die Shell ist. Die Shell ist das Programm, das Ihre Kommandos entgegennimmt, vorverarbeitet und danach weiterleitet. Zusätzlich bietet die Shell Ihnen eine Reihe von Hilfen an. Vertrauen Sie also Ihre Wünsche der Shell an! Die hier behandelten Funktionen gelten für Bourne-, Korn-, Posix-Shell und Bash.

Die einzelnen Themen:

Es »shellt« – eine Einführung in die Shell

»Shell« hat nichts mit schellen oder klingeln zu tun, sondern Shell kommt aus dem Englischen und bedeutet Muschel oder Schale. Sie legt sich wie eine Schale um den Betriebssystemkern und ermöglicht dem Benutzer, im Dialog seine Anweisungen an Linux/Unix zu geben (s. Abb. 3.46).

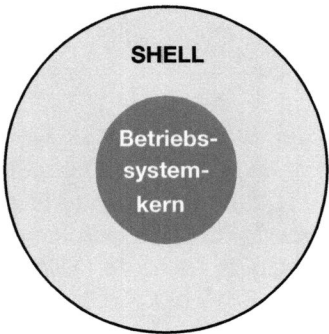

Abb. 3.46 *Shell als Schale des Betriebssystems*

Abb. 3.47 zeigt, welche Aufgaben die Shell erfüllt.

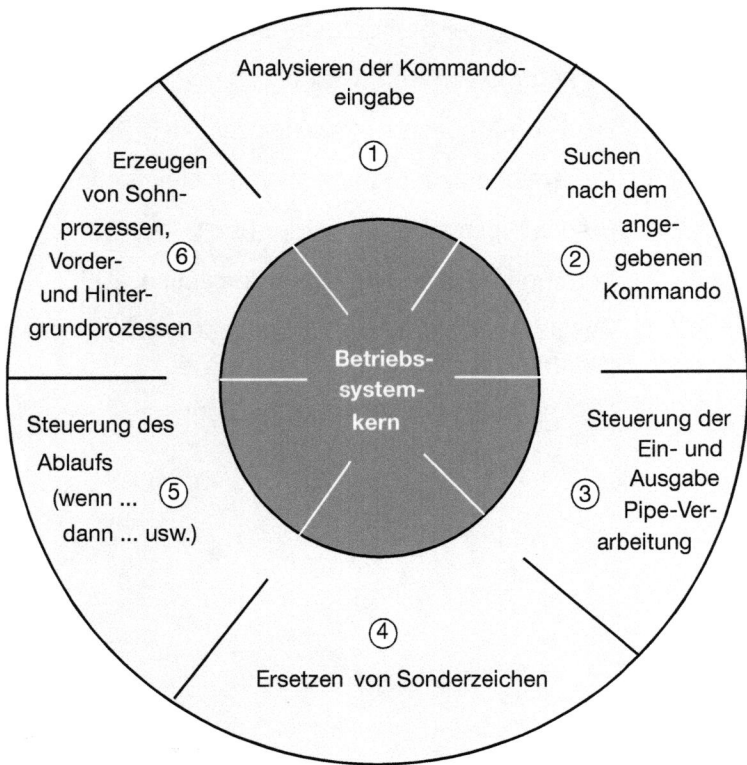

Abb. 3.47 *Aufgaben der Shell*

3.2.1 Die Aufgaben der Shell

Als Sie Ihre ersten Kommandos aufgerufen haben, waren Sie sicher erfreut, dass sie so prompt ausgeführt wurden. Wo wird man denn heute noch so schnell bedient? Das Team, bestehend aus der Shell und Linux/Unix, haben dafür gesorgt. Welche Vermittlerrolle hat hierbei die Shell gespielt? Um das festzustellen, verfolgen wir einen Kommandoaufruf.

①   Was wurde eingegeben?
Die Shell analysiert Ihre Eingabe wie folgt:

Was soll getan werden?	*Wie?*	*Was soll bearbeitet werden?*
ls	**-l**	**../hans**
1. Wort = **Kommando**	**Option**	**Parameter**

Die Shell nimmt das 1. Wort der eingegebenen Zeile als Kommando und sucht das dazugehörige Programm in vorgegebenen »Suchpfaden«. Dem Programmaufruf übergibt die Shell den Rest der Zeile als Anweisung. Im obigen Beispiel wird *ls* gesucht und das gefundene *ls*-Programm unter /bin mit den Parametern *-l ../hans* aufgerufen. An dem vorangestellten - bei *-l* erkennt das *ls*-Programm, dass der erste Parameter eine Option ist. Alle nicht mit - beginnenden Parameter werden von *ls* als Dateiname oder Directory betrachtet.

Zwischen dem Kommando, der Option und dem Parameter muss als **Trennung mindestens jeweils 1 Leerzeichen oder Tabulatorzeichen** stehen.

②   Wo findet nun die Shell das *ls*-Programm? Gibt es das Kommando überhaupt? Die Shell sucht in bestimmten Directories nach »ausführbaren« Dateien mit dem angegebenen Namen. Für jeden Benutzer ist ein **PATH** *(ein Suchpfad)* eingerichtet, der die Namen der Directories enthält, die dabei durchsucht werden sollen.

Die zumeist unter PATH vorgegebenen Directories sind:

/bin   /usr/bin

Unter diesen Directories sind die Kommandos für den »normalen« Benutzer abgelegt. Dieser Suchpfad kann für jeden Benutzer abgeändert werden. Sie hören mehr darüber im Kapitel 3.7.3 (Tab. 3.22 auf Seite 261).

③   Das Linux/Unix-System ist als Dialogsystem konzipiert, d.h., jeder Benutzer kann direkt von seinem Arbeitsplatz (dem Terminal) Kommandos aufrufen, und das Ergebnis wird in der Regel auf seinem Bildschirm angezeigt.

Die Standardein- und -ausgabe ist das Benutzerterminal

Durch einfache Steuerzeichen in der Shell kann die Ein- und Ausgabe umgeleitet werden. So bedeutet das Größerzeichen **>** »Umleitung nach«, das Kleinerzeichen **<** »Umleitung von«. Soll die Liste der Dateien von */home/hans* nicht am Bildschirm angezeigt werden, sondern in eine Datei auf der Platte mit dem Namen *inhalt* geschrieben werden, heißt der Aufruf:

ls -l ../hans > inhalt

④ Die Shell erleichtert Ihnen die Zusammenarbeit mit dem Rechner. So gibt es eine Reihe von Sonderzeichen, die u.a. verwendet werden, um lange Datei- und Pfadnamen abzukürzen. Sie können der Shell z.B. sagen: »Ich meine alle Dateien oder Verzeichnisse, deren Namen mit b anfangen.« Das * steht z.B. für eine beliebige Zeichenfolge. Gibt es unter */home/monika* kein anderes Directory oder Datei beginnend mit »b«, kann der Aufruf

ls -l befehle auch mit **ls -l b*** erfolgen

⑤ Im Kapitel 3.7/3.8 werden Sie weitere Funktionen der Shell kennenlernen. Als eine der wesentlichen Aufgaben sei hier nur erwähnt, dass sie ähnliche Funktionen wie eine höhere Programmiersprache aufweist. Sie können die Ausführung eines oder mehrerer Kommandos davon abhängig machen, ob vorab bestimmte Bedingungen erfüllt wurden. Zum Beispiel könnten Sie vorab prüfen *(test),* ob überhaupt ein Directory */home/hans* vorhanden ist; wenn ja, soll das Inhaltsverzeichnis, das Sie mit *ls* bekommen, in eine Datei mit dem Namen *inhalt* geschrieben werden.

⑥ Das aufgerufene Kommando wird als eigenes Programm gestartet. Hierbei gibt die Shell alles Wissenswerte *(u.a. unter welchem Namen hat sich der Benutzer angemeldet? Wo ist sein Home-Directory?)* an das nächste Programm weiter. Die Programme/Prozesse[*] sind hierarchisch geordnet. Man spricht hierbei von Vater/Sohnprozessen (oder – um nicht die Mütter und Töchter zu vernachlässigen – von *Eltern/Kindprozessen).*

Sobald die Shell Ihre Aufgaben ordnungsgemäß erfüllt hat, meldet sie sich sofort wieder an Ihrem Bildschirm, dass sie bereit ist, weitere Aufträge entgegenzunehmen. Auf dem Bildschirm erscheint dann ein **Bereitzeichen** (auch *Prompt* genannt), abhängig vom Programm und Benutzer (s. Abb. 3.48):

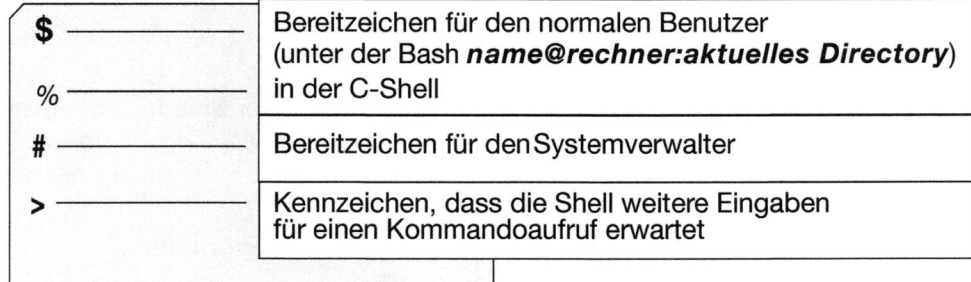

Abb. 3.48 Bereitzeichen der Shell

---

* Ein gestartetes Programm wird als Prozess bezeichnet.

Später lernen Sie, dass Sie diese Bereitzeichen (*Prompt*) ändern können. Die Shell ist ein Vermittler zwischen dem Betriebssystem und dem Benutzer, ein Programm, das für jeden Benutzer beim Anmelden gestartet wird. Es gibt zwischenzeitlich eine Reihe von Shell-Programmen, die hierfür genutzt werden können. Die ursprüngliche Shell war die sog. Bourne-Shell (abgeleitet von Bourne, der Unix mit entwickelt hat). Tab. 3.2 zeigt einen kurzen Überblick über die am meisten eingesetzten Shell-Programme:

Tab. 3.2: Die beliebtesten Shell-Programme

Name der Shell	Aufruf	Kurze Beschreibung	Charakteristisch
Korn-Shell in etwa gleich mit Posix-Shell	/bin/ksh oft auch /bin/sh	kompatibel zur Bourne-Shell mit wesentlichen Ergänzungen u.a. Historie-Mechanismus, Alias, Befehlszeilen-Editor	komfortabel und mächtig
Bash (born again shell)	/bin/bash	Unter Linux eingesetzte frei verfügbare Shell (GNU) wird mehr und mehr auch unter Unix-Derivaten verwendet	noch komfortabler als die Posix-Shell
C-Shell	/bin/csh oder /bin/tcsh	Ähnlichkeit zur Programmiersprache C – ebenso Historie-Mechanismus, Alias, Befehlszeilen-Editor– aber nicht kompatibel zur Bourne-Shell	wird gerne von Entwicklern genutzt

Im Kapitel 3.8 werden die Unterschiede zur C-Shell aufgezeigt. Zu Beginn lernen Sie, mit den Basisfunktionen der Shell (gleich bei sh, ksh und bash) umzugehen.

3.2.2 Umleitung der Standardein- und -ausgabe

Ein typisches Programm liest Daten *(z.B. die Gehälter der Mitarbeiter einer Firma)*, bearbeitet sie *(z.B. addiert die einzelnen Gehälter auf)* und gibt das Endergebnis *(hier die Summe aller Gehälter)* aus. Bei den meisten Linux/Unix-Programmen liest das Programm von »*der Standardeingabe*« und schreibt das Ergebnis auf »*die Standardausgabe*«.

Die Standardein- und Standardausgabe sind das Terminal des jeweiligen Benutzers. Fehlermeldungen, die die Ausführung des Kommandos betreffen, werden ebenfalls am Bildschirm angezeigt (s. Abb. 3.49). Zu diesen Fehlermeldungen gehören z.B. Hinweise, dass eine Datei nicht vorhanden ist. Wenn Sie versehentlich »sl« statt *ls* aufrufen, werden Sie die Fehlermeldung erhalten »sl *not found*« *(sl nicht gefunden)*. Die Ein- und Ausgabe ist nummeriert (0, 1, 2).

Man nennt diese numerische Zuordnung auch Dateideskriptor. Später, bei der Umleitung der Fehlerausgabe auf Seite 89 werden wir noch einmal darauf zurückkommen.

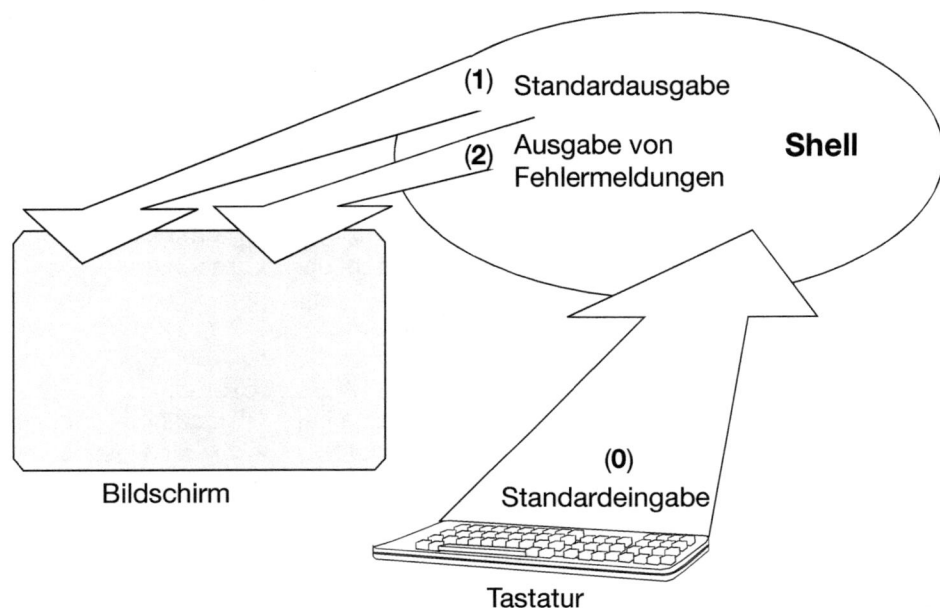

Abb. 3.49 Standardein- und Standardausgabe der Shell

Wie und wann leiten Sie die Standardausgabe um?

Bei den Kommandos, die Sie bisher kennengelernt haben, hatte es ausgereicht, die erhaltene Information am Bildschirm zu lesen. Viele Ergebnisse wollen Sie vielleicht aufbewahren und zu einem späteren Zeitpunkt wieder verwenden; sei es, dass Sie die Daten noch verändern wollen, z.B. mit Überschriften versehen und ausdrucken, oder sammeln und die Werte später für Statistiken oder andere Zwecke verwenden.

Unter der Shell wird diese Umleitung in eine Datei dadurch erreicht, dass nach dem Kommando das Umleitungszeichen »>« eingegeben wird. Zwischen den einzelnen Angaben muss jeweils ein Leerzeichen oder Tabulatorzeichen stehen.

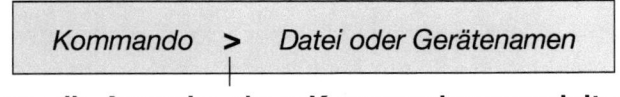

>, um die Ausgabe eines Kommandos umzuleiten

Abb. 3.50 soll Ihnen verdeutlichen, dass bei der Eingabe von

ls > inhalt

die Ausgabe *(das Inhaltsverzeichnis des aktuellen Directories)* nicht auf den Bildschirm, sondern in eine Datei auf der Platte geschrieben wird. Die Datei wird, da kein zusätzlicher Pfadname angegeben ist, in dem aktuellen Directory angelegt.

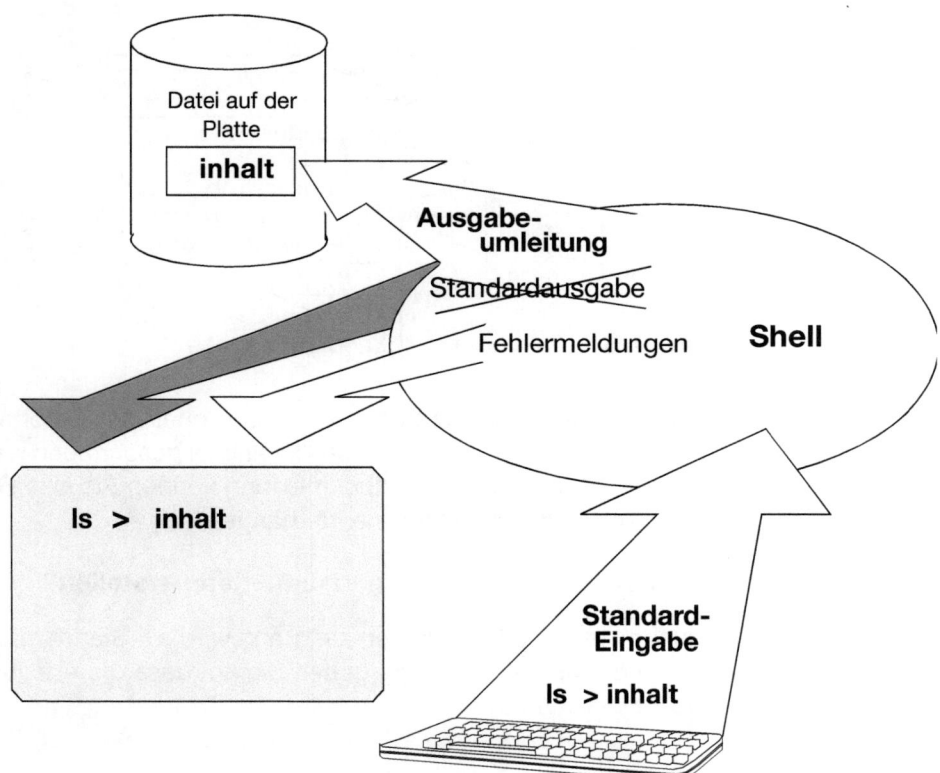

Abb. 3.50 *Umleitung der Standardausgabe*

Ähnlich wie das Terminal hat auch der Drucker einen Namen, z.B. *lp (für lineprinter – Zeilendrucker)*. Alle Geräte sind unter dem Directory /dev abgelegt. Sie könnten z.B. die Liste Ihrer Dateien ausdrucken mit *ls > /dev/lp*.

Da bei Mehrbenutzersystemen viele Benutzer gleichzeitig drucken wollen, ist allerdings die direkte Umleitung auf den Drucker (mit >) nicht zu empfehlen. Unter Linux/Unix werden die Programme abwechselnd von jedem Benutzer durch den Rechner bearbeitet, damit niemand zu lange warten muss. Die Druckausgabe ergibt dann ein ganz schönes Kauderwelsch, ähnlich der Telegrammaufnahme des Schweizer Kabarettisten Emil. Deshalb wird in der Regel hier ein sog. »Spooler« eingesetzt, ein Programm, das die Druckaufträge sammelt und sie der Reihe nach ausgibt. Deshalb leitet man die Ausgabe, um auszudrucken, nicht auf das Gerät um, sondern verwendet ein entsprechendes Kommando (**lp** oder **lpr** *dateiname* siehe auch Seite 174).

Erinnern Sie sich noch an das Kommando *cat (concatenate – zusammenhängen oder verketten)*? Die Grundfunktion des Kommandos ist es, einen Dateiinhalt anzuzeigen. Prüfen Sie mit *cat*, ob in der Datei *inhalt* tatsächlich die Liste Ihres aktuellen Directories enthalten ist! Bei Monika ergibt sich die in Abb. 3.51 dargestellte Ausgabe:

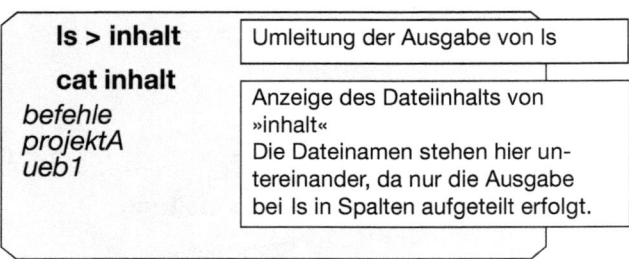

Abb. 3.51 *Umleitung der Standardausgabe*

Mit *cat* können Sie auch die Ausgabe umleiten, d.h., der Inhalt der Datei soll nicht am Terminal angezeigt, sondern z.B. in eine andere Datei geschrieben werden. Mit dem Kommando *cat* und einer Ausgabeumleitung können Sie also Dateien kopieren, neu erstellen und Dateien aneinanderhängen!

Wie können Sie Dateien mit Hilfe der Ausgabeumleitung erstellen?

Sie rufen das Kommando *cat* ohne Dateinamen auf, dann wird als Standardeingabe das Terminal angenommen. Gleichzeitig geben Sie an, dass die Ausgabe auf eine Datei umgeleitet werden soll:

cat > *Dateiname*

cat > – Kommando, um schnell eine Datei zu erstellen

Abb. 3.52 zeigt ein Beispiel hierzu:

> **cat > neu**
>
> **Alle Zeilen, die Sie eintippen,
> werden in die Datei neu geschrieben.
> So auch dieser Text.
> Um den Text abzuschließen, geben
> Sie das Zeichen für Dateiende ein.
> Wie bei dem Kommando mail muss das
> Zeichen für Dateiende in einer eigenen
> Zeile stehen**
>
> Ende der Eingabe <Strg+d>

Abb. 3.52 *Beispiel: Erstellen einer Datei*

Im ersten Beispiel der Umleitung (Abb 3.50 auf Seite 85) wurde das Ergebnis von *ls* (Liste des aktuellen Directories) in die Datei *inhalt* geschrieben. Genauso kann jedes andere Kommando umgeleitet werden, so z.B. die Ausgabe von *date* in die Datei *Datum*:

date > Datum

Die Umleitung ist sehr einfach, sie kann allerdings unangenehme Auswirkungen haben, wenn Sie einen Dateinamen angeben, der bereits vorhanden ist. Wenn Sie das Kommando »*date > neu*« aufrufen, würde der in Abb. 3.52 eingegebene Text, der bereits in der Datei *neu* steht, überschrieben werden, ohne dass das System Sie warnt.

 Deshalb Vorsicht bei Umleitungen:
Bereits vorhandene Dateien werden überschrieben!
Und bei dieser Gelegenheit gleich eine generelle Warnung: Dies ist typisch für Linux/Unix! Die Shell fragt nicht lang, ob Sie wirklich Dateien löschen oder überschreiben wollen; sie führt aus, was Sie ihr auftragen zu tun. Linux/Unix betrachtet Sie als »mündigen Anwender« – und nimmt an, dass Sie schon wissen, was Sie tun.

Wie schon der Titel dieses Lehrbuches heißt: Keine Angst vor Linux/Unix. So lernen Sie hier, sich selbst zu schützen. Wollen Sie »auf Nummer sicher gehen« und bei evtl. bereits bestehenden Dateien neue Informationen anhängen, so gibt es hierfür ein eigenes Umleitungszeichen.

Durch eine Option kann verhindert werden, dass Dateien bei der Ausgabeumleitung überschrieben werden (mehr darüber im Kapitel 3.8.7, Zusätzliche Optionen).

Wie können Sie eine Datei ergänzen?

Um das Ergebnis eines Kommandos an eine bestehende Datei anzuhängen, werden **zwei Größerzeichen als Umleitung** verwendet:

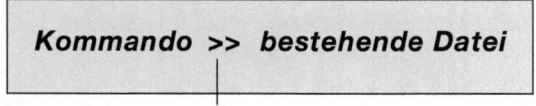

>>, um die Ausgabe eines Kommandos an eine Datei anzuhängen

An die mit *ls > inhalt* erstellte Datei kann z.B. mit dem Kommando *date* das Datum angehängt werden (s. Abb. 3.53):

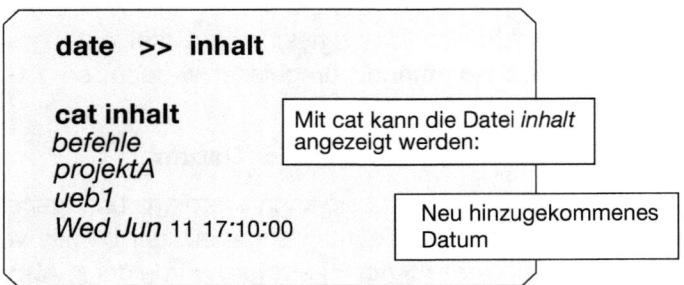

Abb. 3.53 *Beispiel: Umleitung der Standardausgabe (Ergänzung)*

Und nun wird Ihnen auch die Bedeutung von *cat (concatenate – zusammenhängen)* klar werden:

> **cat** *Dateiname1 Dateiname2 Dateiname3* **>>** *Dateiname4*

cat – Kommando, um Dateien aneinanderzuhängen

Die Dateien *Dateiname1, Dateiname2, Dateiname3* werden an das Ende der Datei *Dateiname4* angehängt. Achten Sie darauf, dass jeweils die zuerst genannten Dateinamen an das Ende der zuletzt genannten Datei angehängt werden. In unserem Beispiel können wir an die vorhin erstellte Datei *neu* die zwischenzeitlich erweiterte Datei *inhalt* anhängen (s. Abb. 3.54):

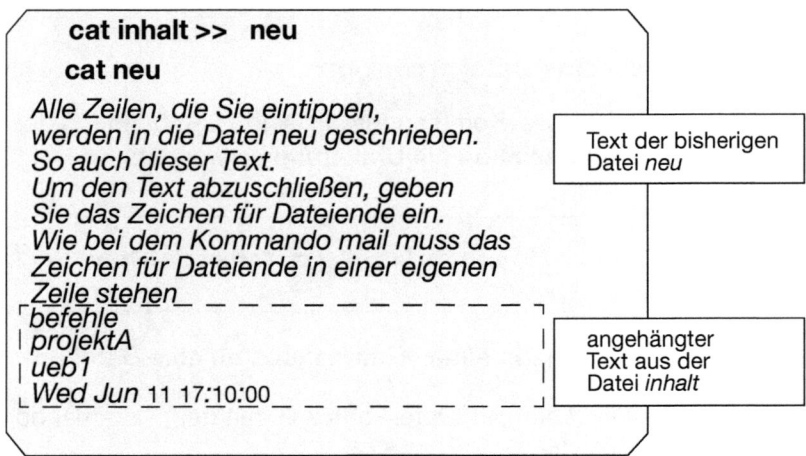

Abb. 3.54 *Beispiel: Zusammenhängen von Dateien mit cat*

Wie ist es Ihnen bisher ergangen? Haben Sie schon einige gute Seiten an Linux/Unix kennengelernt? – In der allgemeinen Einführung wurden die besonderen Merkmale von Linux/Unix aufgeführt. Eine weitere gute Eigenschaft von Linux/Unix sei hier noch ergänzt: Linux/Unix ist sehr umweltfreundlich. Es gibt einen eigenen Mülleimer. Sie finden ihn unter dem Directory /dev (devices – Geräte). In diesen Mülleimer können Sie hineinwerfen, so viel Sie wollen, er wird immer wieder leer sein! Er hat den passenden Namen »null« (wertlos, leer).

Wie werfen Sie die Ausgabe weg?

Wird das Umleitungszeichen (>) für die Ausgabe zusammen mit **/dev/null** verwendet, so wird das Kommando zwar ausgeführt, das Ergebnis jedoch nicht angezeigt, sondern »verschluckt«. Die Datei /dev/null ist ein Pseudogerät, das etwa die Funktion eines Mülleimers besitzt (sogar sehr umweltfreundlich – der Inhalt löst sich in »Nichts« auf).

> *Kommando* > /dev/null

> /dev/null/, um die Ausgabe eines Kommandos »wegzuwerfen«

Diese Anweisung wird gerne verwendet, um Programme zu testen, d.h. Fehlermeldungen auf den Bildschirm zu bekommen, während die eigentliche Ausgabe gleich in den »Mülleimer« wandert.

Wie können Sie die Fehlermeldungen umleiten?

Zu Beginn dieses Abschnittes wurde die Eingabe mit (0) gekennzeichnet, die Ausgabe mit (1) und die Fehlermeldung mit (2). Bei der Umleitung von Ein- und Ausgabe wird die Unterscheidung durch das Größer- »>« und Kleinerzeichen »<« ausgedrückt. Soll die Ausgabe der Fehlermeldung umgeleitet werden, wird vor das Größerzeichen die Zahl 2 gesetzt:

> *Kommando*   2> *Dateiname oder Gerät*

2>, um Fehlermeldungen umzuleiten

Sehen wir uns hierzu ein Beispiel in Abb. 3.55 an:

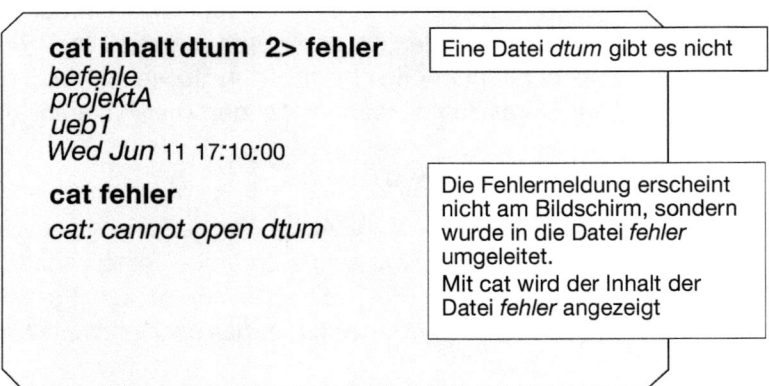

Abb. 3.55 Beispiel: Fehlerumleitung

Wann kann Ihnen die Umleitung der Eingabe von Nutzen sein?

Bei Ihren ersten Kommandos haben Sie u.a. die Kommandos »write« und »mail« kennengelernt. Hierbei wurde der Text des Briefes am Bildschirm eingegeben. Sie werden aus Erfahrung wissen, dass sich sehr leicht Fehler einschleichen. Eine Aktennotiz oder ein Brief muss oft noch ergänzt oder verändert werden. Hier wäre es z.B. von Vorteil, Sie könnten den Text erst in einer Datei ablegen, dann ausdrucken, korrigieren und erst danach per Linux/Unix-mail an andere Abteilungen versenden.

Die Umleitung der Eingabe benötigen Sie also immer dann, wenn Text oder andere Informationen bereits in einer Datei gespeichert sind und nicht erst über das Terminal eingegeben werden müssen.

Wie leiten Sie die Standardeingabe um?

Geben Sie bei einem Kommando das Kleinerzeichen und dann den Namen einer Datei an, erwartet Linux/Unix keine Eingabe am Terminal, sondern holt sich die Information aus der nach dem Kleinerzeichen angegebenen Datei. Diese Umleitung können Sie sich gut merken, wenn Sie sich das Kleinerzeichen als Pfeil vorstellen, der von der Datei auf das Kommando zeigt.

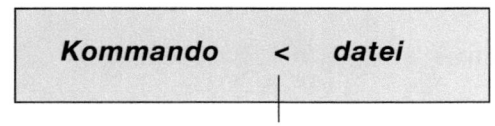

<, um die Standardeingabe umzuleiten

Wie können Sie die Umleitung der Standardeingabe nützen? Wenn Sie z.B. einen Brief an die Benutzerin *gisela* über die »elektronische Mail«[*] versenden wol-

---

[*] Auch wenn Mails auf der grafischen Oberfläche mit entsprechenden Programmen wie Thunderbird oder KMail geschrieben werden, verwenden wir hier zu Testzwecken mail bzw. mailx.

len, und Sie haben den Text dazu bereits in einer Datei mit dem Namen *text1* abgelegt, dann können Sie folgendes Kommando verwenden:

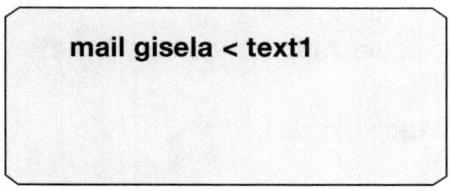

mail gisela < text1

Abb. 3.56 Beispiel: Umleitung der Eingabe

In dem obigen Beispiel in Abb. 3.56 wird die Datei *text1* als Nachricht an *gisela* geschickt. Der Brief wird in diesem Fall nicht am Terminal eingegeben, sondern es wird stattdessen auf die Datei *text1* zurückgegriffen.

Was passiert wohl, wenn Sie als Eingabe */dev/null* nehmen?
Sie erinnern sich, */dev/null* ist der Mülleimer unter Linux/Unix. Hiermit erhalten Sie ein **EOF** *(End of File – also das gleiche Zeichen, wie Sie es mit der Eingabe der Tasten für Dateiende, z.B. <Strg+d>, erhalten)*.

Kommando   <   /dev/null

< /dev/null, um »EOF« *(End of File – Zeichen für Dateiende)* **zu erhalten**

Diese Umleitung ist dann sinnvoll, wenn Sie z.B. bei einem Programm testen wollen, ob es richtig geladen wird und ordnungsgemäß endet. Die Dateneingabe wird sofort durch das Endezeichen abgeschlossen.

3.2.3 Verkettung von Kommandos

Um mehrere Kommandos hintereinander aufzurufen, können Sie statt sie jeweils in einer eigenen Zeile einzugeben, diese in einer Zeile durch ein Semikolon »;« verketten. Die so angegebenen Kommandos werden nacheinander abgearbeitet; die Shell meldet sich erst dann wieder, wenn sie das letzte Kommando abgearbeitet hat. Diese Verkettung wir oft in Shell-Prozeduren (Shell-Skripte) verwendet.

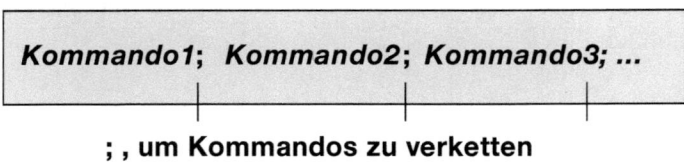

; , um Kommandos zu verketten

Abb. 3.57 zeigt ein Beispiel hierzu:

```
  pwd; date; who; ls
/home/monika
Wed Jun 11 17:10:00
monika      tty11   Jun 11   08:10
gisela      tty12   Jun 11   09:00
hans        tty13   Jun 11   07:50
Datum     befehle   inhalt   neu   projektA   ueb1
```

***Abb. 3.57** Beispiel einer Verkettung*

3.2.4 Der Pipe-Mechanismus unter der Shell

Was ist eine Pipe? Auch wenn die Köpfe manchmal unter Linux/Unix rauchen, die *Pipe* hat nichts mit einer Tabakpfeife zu tun. Die *Pipe* ist hier eher als *pipeline (Rohrleitungssystem)* zu verstehen. Sukzessive wird etwas weitergeleitet wie an einem Fließband. Sie können Kommandos mit einem **Pipe-Zeichen** (I) verbinden, wobei jeweils die Ausgabe des vorherigen Kommandos als Eingabe für das nächste Kommando dient.

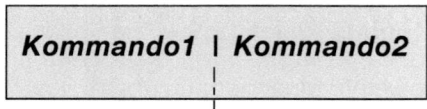

I, um Kommandos über eine Pipe miteinander zu verbinden
Die Ausgabe von Kommando1 ist die Eingabe von Kommando2

Bisher konnten wir mit der Umleitung der Ausgabe ein Ergebnis eines Kommandos z.B. in eine Datei schreiben. Diese neuerstellte Datei kann dann wiederum als Eingabe für ein weiteres Kommando umgeleitet werden. Mit einer **Pipe** kann diese etwas umständliche Art mit einem Kommandoaufruf erfolgen.

Um den *Pipe*-Mechanismus zu verdeutlichen, wollen wir eine kleine Aufgabe lösen: Es soll das Inhaltsverzeichnis von dem Directory */bin* seitenweise am Bildschirm angezeigt werden. Das Ergebnis können wir erhalten, wenn wir die Ausgabe von **ls** in eine Datei umleiten und diese Datei mit **more** aufrufen. Das gleiche Ergebnis erhalten wir über eine einzige Kommandozeile mit Hilfe des *Pipe*-Mechanismus (s. Abb. 3.58):

Verarbeitung über Umleitung der Ausgabe	Verarbeitung mit dem *Pipe*-Mechanismus
ls /bin > hilfsdat **more hilfsdat**	**ls /bin l more**

Abb. 3.58 *Beispiel für Pipe-Mechanismus*

Um die *Pipe* an weiteren Beispielen zu zeigen, verwenden wir das Kommando **wc**. Mit diesem Kommando können Sie zählen, wie viele Zeilen, Wörter und Zeichen in einer Datei enthalten sind.

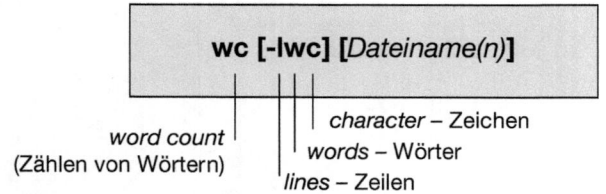

wc – Kommando, um Zeilen, Wörter und Zeichen zu zählen

Geben Sie bei dem Kommando **wc** *(word count)* keine Optionen *(-l oder -w oder -c)* an, so werden als Ergebnis drei Zahlenwerte ausgegeben: die Anzahl der Zeilen, die Anzahl der Wörter und die Anzahl der Zeichen.

Wenn Sie z.B. wissen wollen, wie viele Dateien (bzw. Kommandos) unter dem Directory */bin* enthalten sind, so können Sie mit der Ein-/Ausgabeumleitung mit zwei Kommandoaufrufen das Ergebnis erhalten:

ls /bin > inhalt-bin	schreibt sämtliche Dateien vom Directory */bin* in die Datei *inhalt-bin*
wc -w < inhalt-bin	zählt alle Wörter aus der Datei *inhalt-bin*
rm inhalt-bin	die Hilfsdatei kann dann wieder gelöscht werden

Mit Hilfe der **Pipe** sparen Sie sich die Ein- und Ausgabeumleitung und können mit **einem Kommando** das gleiche Ergebnis erreichen(s. Abb. 3.60):

> **ls /bin l wc -w**
> 118

Abb. 3.59 *Beispiel: Pipe mit ls l wc*

Am Bildschirm wird dann nicht die gesamte Liste aller Dateien angezeigt, sondern nur das Ergebnis *(118)*.

Die Abb. 3.60 zeigt die gleiche Aufgabe für unser aktuelles Directory.

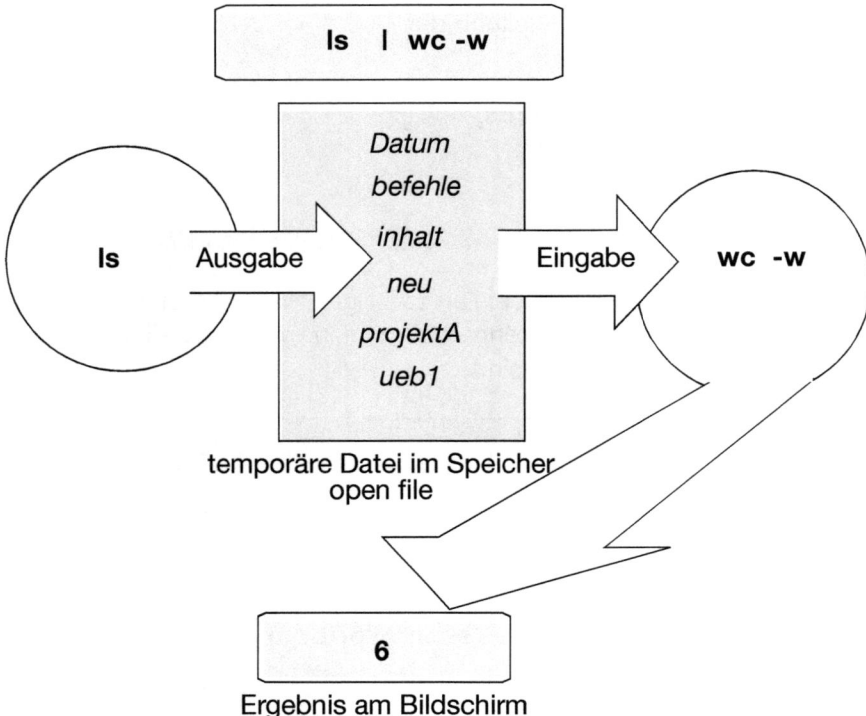

Abb. 3.60 Beispiel: Pipe mit ls | wc

Welche Eigenschaften hat eine Pipe?

❏   Sie verbindet zwei Kommandos über einen temporären Puffer.

❏   Alles, was in diesen Puffer geschrieben wird, wird sofort an das zweite Kom-
    mando weitergeleitet.

❏   Das Betriebssystem und die Shell übernehmen dabei die **Pufferung** und die
    Synchronisation der Weiterleitung der Daten.

❏   Damit können Ergebnisse wie ein Werkstück auf einem **Fließband** immer
    weiter bearbeitet werden (schnellere Verarbeitung als bei der Ein- und Aus-
    gabeumleitung).

❏   In einer Kommandofolge dürfen beliebig viele *Pipes* vorkommen.

Wie können Sie die Pipe nützen? – Ein paar praktische Beispiele:

Es kann sein, dass der Inhalt eines Directories mit *ls* nicht richtig alphabetisch
sortiert angezeigt wird. Enthält Ihr Directory Dateinamen und/oder Unter-Directories, die mit Groß- und Kleinbuchstaben beginnen, so könnten zuerst die mit
Großbuchstaben beginnenden Namen angezeigt werden, dann erst alle Namen,
die mit Kleinbuchstaben anfangen. Dies richtet sich meist nach der Variablen
LANG (Spracheinstellung).

Verbinden Sie das *ls*-Kommando durch eine *Pipe* mit einem Sortierprogramm,
dann können Sie sich z. B. die Ausgabe des Inhaltsverzeichnisses so sortieren
lassen, dass Groß- und Kleinbuchstaben gleichwertig alphabetisch sortiert werden (s. Abb. 3.61).
Ebenso können Sie die Dateien mit Hilfe des Sortierprogramms zeilenweise alphabetisch sortieren – z. B. um fast mühelos ein Telefonverzeichnis anzulegen.
Lernen Sie deshalb ein paar nützliche Kommandos, die Sie als Filter für Textdateien verwenden können:

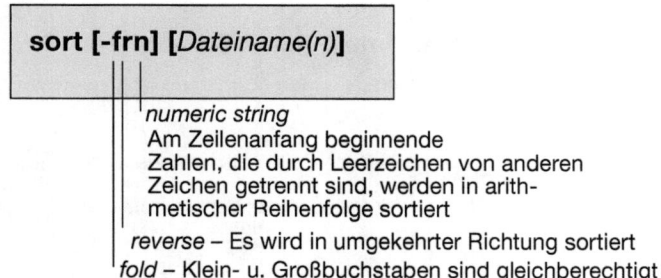

sort – Kommando, um Dateiinhalte zu sortieren

Weitere Optionen und Beispiele von ***sort*** finden Sie im Kapitel 3.10 (Noch ein
paar Befehle) auf Seite 337.

```
ls
Datum    befehle   inhalt   neu   projektA   ueb1
   ls  |  sort  -f
befehle  Datum    inhalt   neu   projektA   ueb1
```

Abb. 3.61 Beispiel: Pipe mit Sortierprogramm

Bald werden Sie Ihren Linux/Unix-Rechner gerne einsetzen, um z. B. auch Dokumentation jeglicher Art zu erstellen. Sie haben die Texte jederzeit im Zugriff, können sie schnell verändern oder Teile (Textbausteine) davon in Angeboten und Briefen verwenden. Allerdings könnte es dann vorkommen, dass Sie nicht mehr genau wissen, welchen Namen Sie einer bestimmten Datei gegeben haben. Sie erinnern sich aber genau an den Inhalt und wissen, dass Sie z. B. das Wort »mail« benutzt haben. Mit dem Kommando **grep** *(als Eselsbrücke: greifen, heraussuchen)* können Sie bestimmte Worte oder Zeichenfolgen aus Dateien oder Ergebnissen von Kommandos herausfiltern:

grep "Muster" [*Dateiname(n)*]

get regular expression

grep – Kommando, um nach Mustern in Dateiinhalten zu suchen

Alle angegebenen Dateinamen werden nach dem vorgegebenen Muster durchsucht. Ist die Suche erfolgreich, werden der Dateiname und die Zeile mit dem gefundenen Muster wie in Abb. 3.62 angezeigt.

```
grep "mail" inhalt Datum neu
neu: Wie bei dem Kommando mail muss das
  |     |
  |     gefundene Zeile mit dem gesuchten Begriff
  Name der Datei, in der der gesuchte Begriff vorkommt
```

Abb. 3.62 Beispiel: grep – Suchen nach einem Muster

Das Kommando **grep** wird auch oft als sog. Filterprogramm bei *Pipes* verwendet. Hier werden dann die übergebenen Zeichenketten *(Strings)* nach dem vorgegebenen Muster durchsucht. Weitere Optionen und Beispiele zu grep finden Sie im Kapitel 3.4.

3.2.5 Metazeichen zur Expansion von Dateinamen

Um beim Suchen nach einem bestimmten Muster (Wort) nicht alle Dateinamen des aktuellen Directories eintippen zu müssen, können Sie ein weiteres nützliches Werkzeug der Shell einsetzen: das Ersetzen von Dateinamen durch Metazeichen. Was sind aber Metazeichen? Metazeichen sind Zeichen, die eine erweiterte Bedeutung haben. Eine solche erweiterte Bedeutung kann sein: »*hier darf ein beliebiges Zeichen stehen*«, »*hier darf eine beliebige Folge von Zeichen stehen*« oder »*hier darf eines der nachfolgend aufgeführten Zeichen stehen*«. Die Shell ersetzt Dateinamen, in denen Metazeichen vorkommen, durch alle Dateinamen des betreffenden Directories, auf die die Vorgabe passt.

Tab. 3.3: Welche Metazeichen gibt es?

Metazeichen	Ersetzung
*	Das Sternchen steht für eine beliebige Zeichenfolge (oder kein Zeichen)
?	Das Fragezeichen steht für **ein** einzelnes **beliebiges** Zeichen (aber **nicht** für ein Leerzeichen)
[...]	Die Klammer wird ersetzt durch **ein** in der Klammer angegebenes Zeichen: z.B.: [*abc*] wird ersetzt durch a oder b oder c [*1-3*] wird ersetzt durch 1 oder 2 oder 3
[!...]	Die Klammer mit Ausrufezeichen wird ersetzt durch **ein** beliebiges Zeichen, das **nicht** in der Klammer angegeben ist, z.B.: [*!abc*] wird ersetzt durch ein beliebiges Zeichen, aber **nicht** a oder b oder c [*! 1-3*] wird ersetzt durch ein beliebiges Zeichen, aber **nicht** 1 oder 2 oder 3
\	Dieser Schrägstrich *(Backslash)* hebt den Ersetzungsmechanismus für das nachfolgende Metazeichen auf *(Fluchtsymbol)*, z.B.: \? Das Fragezeichen wird **nicht** durch ein beliebiges Zeichen ersetzt, sondern als **Fragezeichen** übernommen

Tab. 3.4 Dateinamenexpansion durch Metazeichen

▷ **Bei der Umleitung von Ein- und Ausgabe (>, >>, <, 2>) erfolgt keine Dateinamenexpansion durch Metazeichen**. Bei Ausgabe- oder Fehlerumleitung würden die Metazeichen mit als Dateinamen angelegt werden, was zu Fehlern führen würde (siehe Abb. 3.66).

Beispiele zur Dateinamenexpansion durch Metazeichen

Um festzustellen, in welcher Datei innerhalb des aktuellen Directories das Wort »mail« vorkommt, können Sie folgendes Kommando eingeben (s. Abb. 3.67):

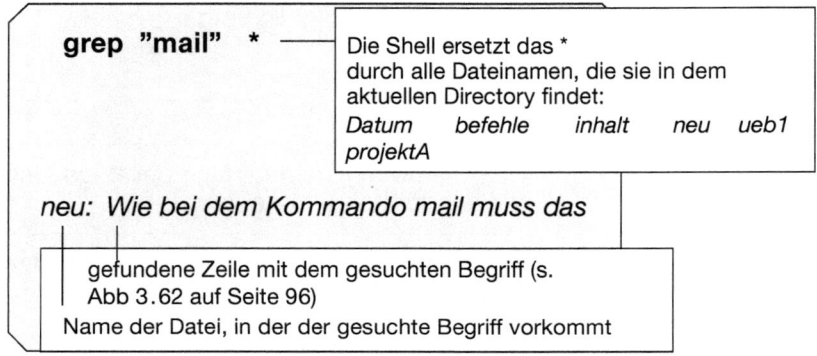

Abb. 3.63 Beispiel: grep mit Dateinamenexpansion (*)

Oder möchten Sie gerne wissen, welche zweistelligen Kommandos es unter dem Directory /*bin* gibt bzw. wie viele es sind? Abb. 3.64 zeigt das Ergebnis:

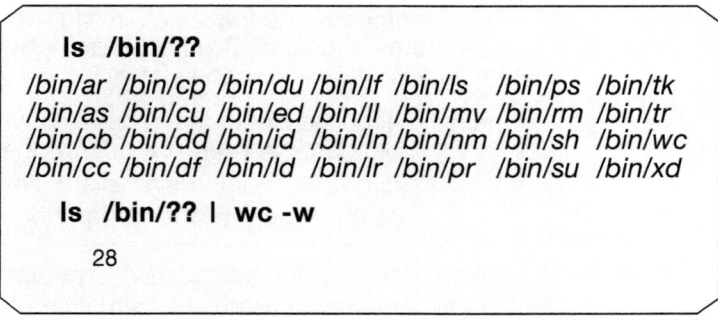

Abb. 3.64 Beispiel: ls mit Dateinamenexpansion (?)

Gibt es die Terminalbezeichnungen *tty*11 – *tty*17 unter dem Directory /*dev*? Mit der eckigen Klammer lässt sich dies leicht abfragen. Beachten Sie aber bitte, dass jeweils nur **ein** Zeichen ersetzt werden kann. Bevor Sie umblättern und das Ergebnis in Abb. 3.65 sehen, versuchen Sie es selbst einmal.

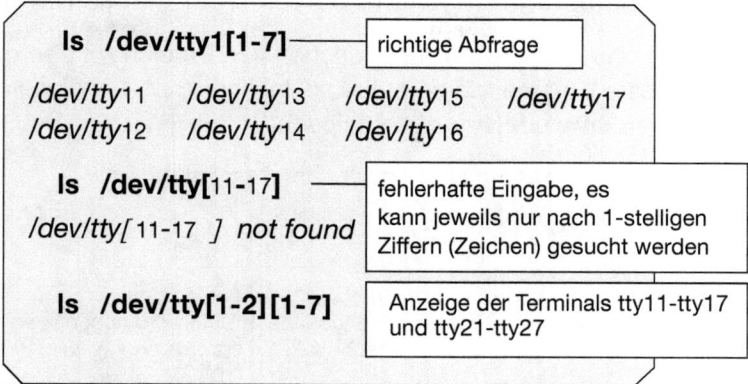

Abb. 3.65 *Beispiel: ls mit Dateinamenexpansion ([ ])*

Wie war Ihre Trefferquote?

Sie können sich mit Hilfe von Metazeichen viel Schreibarbeit ersparen. Wenn Sie sich den Inhalt von der Datei *Datum* ansehen wollen, genügt es, nur

cat D*

aufzurufen, vorausgesetzt, es gibt nur eine Datei, deren Namen mit »D« anfängt. Sollten mehrere Dateien mit »D« beginnen, würden alle der Reihe nach angezeigt werden.

Was passiert wohl, wenn Sie das Datum an das Ende der Datei »neu« setzen möchten, und Sie geben bei der Umleitung der Ausgabe ebenfalls nur D* an? Das Ergebnis sehen in Abb. 3.66.

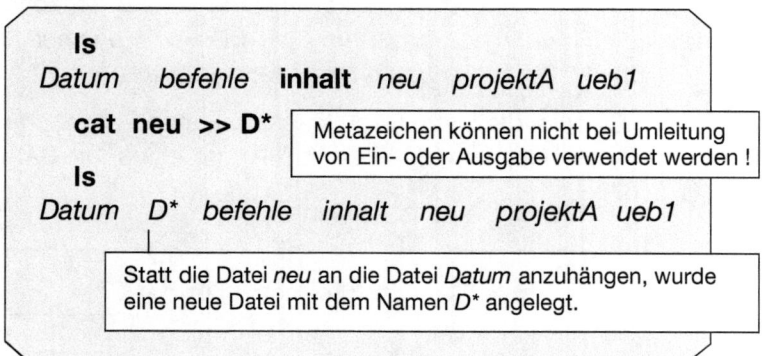

Abb. 3.66 *Beispiel: Fehler durch Angabe von Metazeichen bei Umleitung von Ein-/Ausgabe*

Wie kann die fehlerhaft angelegte Datei wieder gelöscht werden?

Hierzu gibt es das Kommando zum Löschen von Dateien *rm (remove)*. Es ist als das gefährlichste Kommando unter Linux/Unix bekannt. Mit diesem Kommando werden Dateien **unwiederbringlich** gelöscht!

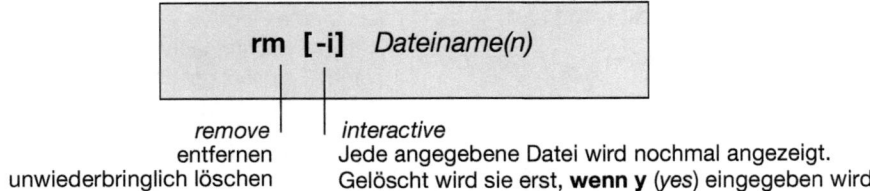

rm [-i]	*Dateiname(n)*	

remove | *interactive*
entfernen | Jede angegebene Datei wird nochmal angezeigt.
unwiederbringlich löschen | Gelöscht wird sie erst, **wenn y** (*yes*) eingegeben wird

rm – Kommando, um Dateien zu löschen

Verwenden Sie *rm* sicherheitshalber immer mit der Option *-i*, dann sehen Sie nochmals die zu löschenden Dateien und können somit verhindern, dass Ihnen durch einen kleinen Schreibfehler zu viel gelöscht wird, zumal dann, wenn Sie Metazeichen verwenden. Das »*i*« für interaktiv zeigt die Datei nochmals an und verlangt von Ihnen die Bestätigung mit »**y**« *(für yes)* bzw. bei deutscher Sprach-einstellung »**j**« *(für ja)*, erst dann wird die Datei gelöscht. Bei der Eingabe anderer Zeichen *(also auch nur das Drücken der Eingabetaste)* bleibt die Datei erhalten. Weitere Optionen und Beispiele enthält Kapitel 3.4.

Was passiert, wenn *rm D** eingegeben wird, um die in unserem Beispiel irrtüm-lich angelegte Datei »*D**« zu löschen? Es wird nur einen Bruchteil einer Sekunde dauern, und die Shell meldet sich, als wäre nichts passiert, diensteifrig wieder mit dem Promptzeichen. In der Zwischenzeit hat sie unseren Auftrag gewissen-haft durchgeführt und **alle** Dateien, die mit »**D**« beginnen, gelöscht! Mit *rm -i D** wird jede gefundene Datei erst angezeigt und Sie können entscheiden, ob sie gelöscht werden soll *(wenn ja: Eingabe von »y« oder »j« , wenn nein: Eingabe von »n«; statt »n« können Sie auch nur die Eingabetaste drücken)*.

Um in unserem Beispiel die Datei *D** zu löschen, können wir auch mit Hilfe des Fluchtsymbols (Aufhebung von Metazeichen) »\« gezielt nur die Datei »D*« ange-ben (s. Abb. 3.67):

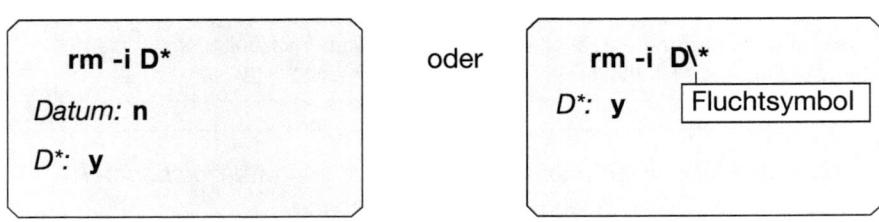

rm -i D*

Datum: **n**

D*: **y**

oder

rm -i D*

D*: **y**   Fluchtsymbol

Abb. 3.67 *Löschen von Dateien mit Metazeichen – Beispiel Fluchtsymbol* \

Bisher hatten Sie die Metazeichen * ? [ ] und das Fluchtsymbol \ (Backslash –
nach hinten weisender Schrägstrich) kennengelernt. Mit dem Backslash können
Sie auch die Bedeutung der Sonderzeichen aufheben. Zu den Sonderzeichen
gehören auch . .. ; > < & / \ ” $ ´ ` I sowie die nicht sichtbaren Zeichen
der Leer- (blank) und Eingabetaste (newline – nl).

\	Fluchtsymbol, Aufhebung des nachfolgenden Sonderzeichens

Wenn Sie z. B. eine Kommandozeile eingeben und der Bildschirm ist nicht groß
genug, um alle Angaben in einer Zeile zu schreiben, so können Sie mit dem
Backslash die Bedeutung der Eingabetaste aufheben und auf der nächsten Zeile
weiterschreiben wie Abb. 3.68 zeigt:

**cat Datum inhalt neu **
> ueb1 I grep   Zeile

Alle Zeilen, die Sie eintippen, Zeile stehen

Kennzeichen, dass die Shell weitere Eingaben für einen Kommandoaufruf erwartet (>)

Die Eingabe wird als eine Kommandozeile von der Shell erkannt:

    cat Datum inhalt neu ueb1 I grep Zeile

Die Shell gibt den Inhalt der Dateien *Datum*, *inhalt*, *neu* und *ueb1* über den *Pipe*-Mechanismus an das Programm *grep* weiter. Das Programm *grep* sucht alle Inhalte der Dateien nach dem Wort »Zeile« durch und gibt nur die gefundenen Zeilen aus. In der Datei *neu* sind zwei Zeilen mit dem Wort »Zeile« gefunden worden (siehe auch Seite 96).

Abb. 3.68 *Beispiel: Aufhebung von Sonderzeichen durch Backslash*

Um bestimmte Sonderzeichen (*, ? [ ], Leerzeichen usw.) zu übergeben, werden
sie in **Anführungszeichen** gesetzt (d. h., sie sollen nicht von der Shell beim
Kommandoaufruf durch Dateinamen ersetzt werden).

” ”	Übergabe von bestimmten Sonderzeichen Keine Ersetzung der Metazeichen: * ? [ ]

In dem nachfolgenden Beispiel in Abb. 3.69 wurde aus dem Inhalt aller angegebenen Dateien nach dem Wort (Muster) »Zeile« gesucht. Gefunden wurden
»Zeile« und »Zeilen«, da als Muster nur die zusammenhängende Zeichenfolge
gesucht wird. Das Leerzeichen dient als Trennzeichen. Soll auch das Leerzeichen als Muster mit übergeben werden, also z.B. nach »Zeile stehen« gesucht
werden, muss der Ausdruck in Anführungszeichen gesetzt werden.

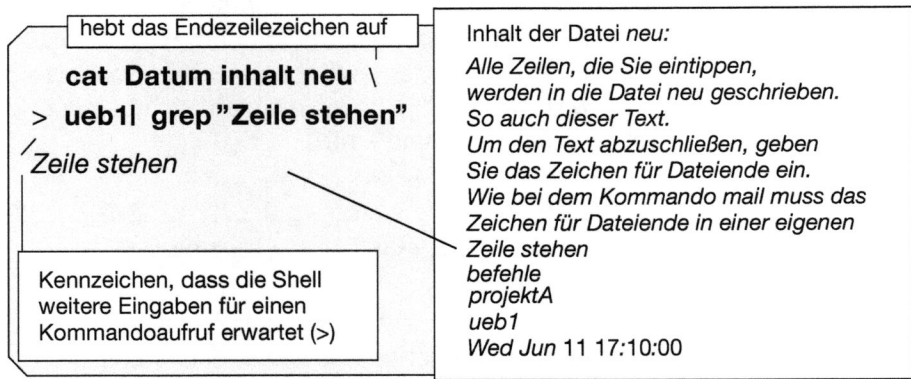

Abb. 3.69 *Beispiel für doppelte Anführungszeichen*

Da mit Hilfe der Anführungszeichen die Wirkung der Metazeichen *** ? [ ]** aufgehoben wird, können wir die Datei »D*« auch mit der in Abb. 3.70 gezeigten Eingabe löschen:

> **rm -i "D*"**
> *D*:* **y**

Abb. 3.70 *Beispiel: Aufhebung von Metazeichen*
(doppelte Anführungszeichen)

3.2.6 Ersetzungsmechanismus der Shell

Tab. 3.5 enthält die Ersetzungsmechanismen, die Sie bisher kennengelernt haben:

Zeichen	Bedeutung – Ersetzung durch
.	aktuelles Directory
..	darüberliegendes Directory (Parent-Directory)
* ? [ ]	Metazeichen, Erweiterung der Dateinamen durch ein oder mehrere Zeichen
****	Aufhebung der Bedeutung eines nachfolgenden Sonderzeichens
" "	Übergabe von bestimmten Sonderzeichen Keine Ersetzung von Metazeichen: *** ? [ ]**

Tab. 3.5 *Ersetzungsmechanismen 1.Teil*

Der Ersetzungsmechanismus der Shell kann mit dem Kommando *echo* gut dargestellt werden. Echo, wie der Widerhall in den Bergen, gibt alle nachfolgenden Wörter, die durch Leerzeichen getrennt sind, als Kopie auf dem Bildschirm aus. Es wird in erster Linie verwendet, um bei eigenen Shell-Prozeduren eine Nachricht auf den Bildschirm zu schreiben. (Shell-Prozeduren sind Anweisungen, z. B. Kommandos, die in einer Datei abgespeichert sind und wie ein eigenständiges Kommando aufgerufen werden – mehr dazu erfahren Sie imKapitel 3.7.2).

Das Kommando *echo* eignet sich auch dazu, auszuprobieren, was die Shell aus einer Eingabezeile macht.

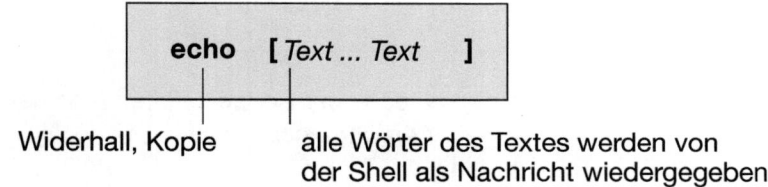

Widerhall, Kopie	alle Wörter des Textes werden von der Shell als Nachricht wiedergegeben

echo – Kommando, um Nachrichten auf den Bildschirm auszugeben

Der Text nach dem Kommando *echo* bis zum Zeilenende oder bis zum nächsten Semikolon wird als Nachricht auf dem Bildschirm wiedergegeben. Setzen Sie Ihre Texte vorsichtshalber immer in Anführungszeichen, damit Sonderzeichen wie »?«, »*« usw. nicht durch Dateinamen von der Shell ersetzt werden!

Sehen Sie in Abb. 3.71 die Wirkung von *echo* und Sonderzeichen:

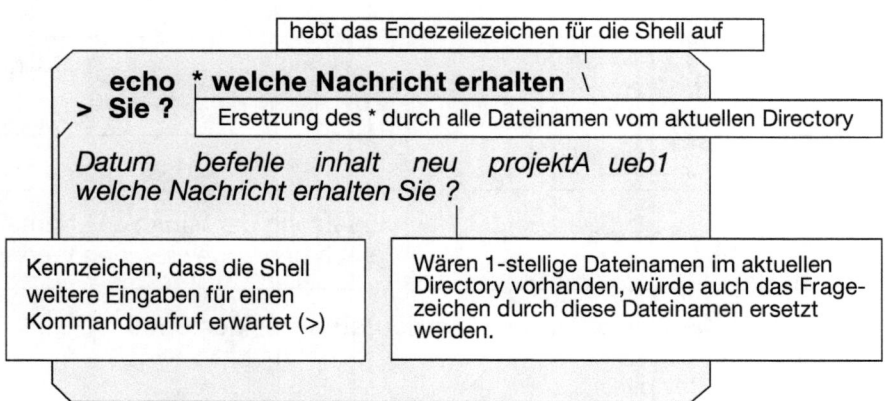

Abb. 3.71 *Beispiel: echo mit Sonderzeichen*

Die gleiche Eingabe von *echo*, wobei alle Parameter in Anführungszeichen gesetzt werden, ergibt das in Abb. 3.72 dargestellte Resultat:

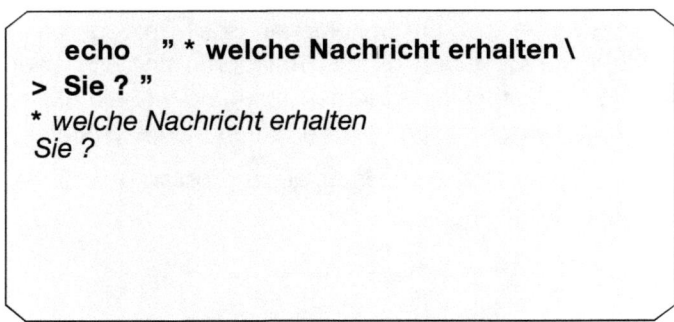

echo ” * welche Nachricht erhalten \
> **Sie ?** ”
* welche Nachricht erhalten
Sie ?

Abb. 3.72 *Beispiel: echo mit Sonderzeichen innerhalb von*
"Anführungszeichen"

Im Kapitel 3.7 erfahren Sie mehr über die Einsatzmöglichkeiten von *echo*. Dort werden auch die Shell-Variablen *(veränderliche Größen)* behandelt. Vorab jedoch einige Grundinformationen über die Variablen:

Was sind Shell-Variablen?

Variablen, wie der Name bereits aussagt, können variabel sein, d.h. veränderliche Werte beinhalten. Unter der Shell können Sie Variablen, die durch einen Namen identifiziert angesprochen werden, einen *Wert* zuweisen. Diesen Wert können Sie zu einem späteren Zeitpunkt abfragen.

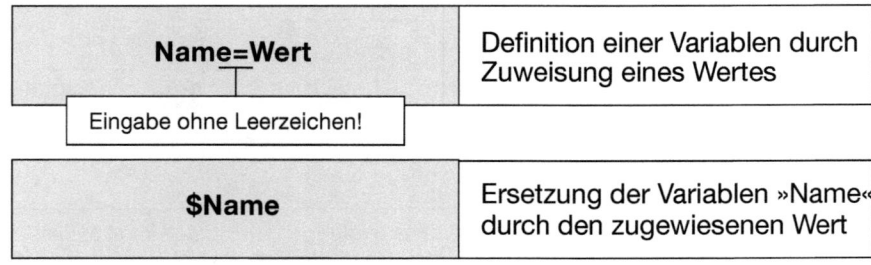

Name=Wert Eingabe ohne Leerzeichen!	Definition einer Variablen durch Zuweisung eines Wertes
$Name	Ersetzung der Variablen »Name« durch den zugewiesenen Wert

= – Zuweisung von Variablen unter der Shell

Nehmen wir als Beispiel:

k=Kursteilnehmer

Mit Variablen können Sie sich eine Reihe von Abkürzungen schaffen. Um den Wert einer Variablen zu bekommen, wird als Kennung ein Dollarzeichen »**$**« vor den Namen gesetzt. Geben Sie »**echo hallo $k**« ein, erkennt die Shell, dass es sich nicht um den Buchstaben »k« handelt, sondern um die Variable »k« und ersetzt »$k« durch den zugewiesen Wert »**hallo Kursteilnehmer**« Abb. 3.73.

Variable sind temporär und bleiben so lange erhalten, bis die Shell beendet wird *(Beenden der Sitzung – neues Login).*

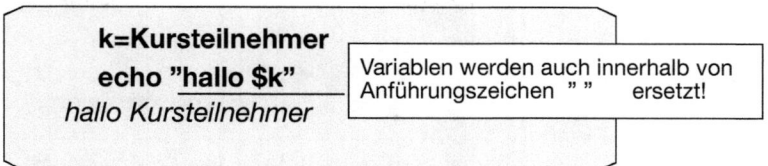

Abb. 3.73 Beispiel: Bildung und Nutzung von Variablen

Wenn Sie ganz höflich sein wollen und männliche und weibliche Kursteilnehmer unterschiedlich ansprechen wollen, können Sie den Wert der Variablen auch ergänzen – allerdings müssen Sie der Shell genau markieren, was davon die Variable und was die Ergänzung ist. Die Markierung erfolgt mit **{ }**, würde man die Markierung nicht vornehmen, sucht die Shell ja nach einer Variablen *kin*, die wir in diesem Beispiel nicht haben, und gibt hierfür keinen Wert aus (s. Abb. 3.74):

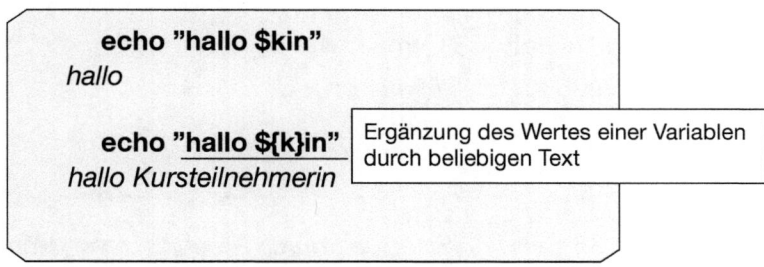

Abb. 3.74 Beispiel: Nutzung der Variablen mit Textergänzung

Hierzu und noch weitere Nutzungsmöglichkeiten der Shell-Variablen finden Sie in den Kapiteln 3.7 und 3.8 (unter anderem auch, wie Sie mit Variablen rechnen können – mit sog. Integervariablen).

Ersetzung durch das Ergebnis eines Kommandos

Wir haben gesehen, dass mit Hilfe der *Pipe* die Ausgabe eines Kommandos als Eingabe eines nachfolgenden Kommandos verwendet werden kann. Ein weiterer Mechanismus erlaubt es, die Ausgabe/Ergebnisse von Kommandos zu nutzen, sei es wie im nachfolgenden Beispiel in Abb. 3.75 als Ausgabe von *echo* oder, wie wir es später verwenden werden, als Parameter für ein Kommando.

Mit Hilfe der Sonderzeichen $(*cmd*) oder mit der veralteten Schreibweise ` `
(*Accent Grave*) können Sie das **Ergebnis von Kommandos** als Parameter übergeben (*Kommandosubstitution*).

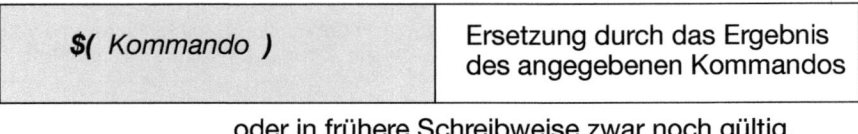

$(*Kommando*)	Ersetzung durch das Ergebnis des angegebenen Kommandos

oder in frühere Schreibweise zwar noch gültig,
aber oft nicht klar erkennbar:

` *Kommando* `

$( ) – Ersetzung durch das Ergebnis eines Kommandos:

Beispiel mit echo:

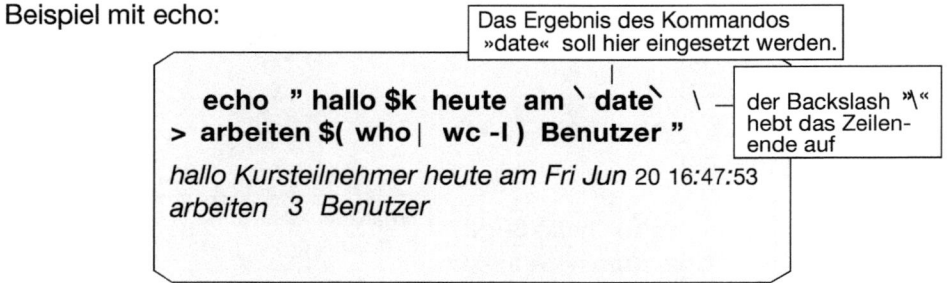

Das Ergebnis des Kommandos »date« soll hier eingesetzt werden.

echo ″ hallo $k heute am ` date` \
> arbeiten $(who | wc -l) Benutzer ″

der Backslash ″\″ hebt das Zeilen-ende auf

hallo Kursteilnehmer heute am Fri Jun 20 16:47:53
arbeiten 3 *Benutzer*

Abb. 3.75 *Beispiel: Ersetzung durch Ergebnisse von Kommandos*

Diese Ersetzungsart zeigt Ihnen u.a. auch die Kombinationsmöglichkeiten unter
Linux/Unix! Wir werden ein Reihe praktischer Beispiele für die Ersetzungsmechanismen im Kapitel 3.4 und 3.5 (Dateiverwaltung und -pflege und Sicherung
von Dateien) vornehmen.

Keinerlei Ersetzung

Wenn sowohl das $-Zeichen als auch der *Accent Grave* ` nicht von der Shell er-
setzt werden sollen, d.h., keinerlei Substitutionen *(Ersetzungen)* sollen durchgeführt werden, dann wird der Text in *halbe Anführungszeichen ʹ ... ʹ* gesetzt. Dieses Zeichen (*Accent Aigu)* sieht auf manchen Terminals eher wie ein kleiner

gerader Strich aus (**I**).

´Text, Text´	keinerlei Substitution Metazeichen, Variablen, Ergebnisse von Kommandos werden **nicht** ersetzt

Zum besseren Verständnis zeigt Abb. 3.76 wieder ein Beispiel mit *echo*:

> **echo** ´ **hallo $k heute am $(date)**
> **> arbeiten $(who | wc -l) Benutzer** ´
>
> *hallo $k heute am $(date)*
> *arbeiten $(who | wc -l) Benutzer*

Abb. 3.76 *Beispiel für keinerlei Substitution durch* ´ ´

Tab. 3.6 gibt eine Zusammenfassung der weiteren Ersetzungsmechanismen:

Zeichen	Bedeutung – Ersetzung durch
$ *name*	Ersetzung durch den der Variablen zugewiesenen Wert
" *text ..text* "	Übergabe von bestimmten Sonderzeichen, keine Ersetzung von Metazeichen: * ? [ ] aber Ersetzung von Shell-Variablen »$« und **Kommandosubstitution** »` `« bzw. » **$( )**«
$(*Kommando*) `*Kommando*`	Das Ergebnis/die Ausgabe des Kommandos wird als Parameter übergeben (Kommandosubstitution)
´*text ..text*´	keinerlei Substitution Metazeichen, Variablen, Ergebnisse von Kommandos werden **nicht** ersetzt

Tab. 3.6 Ersetzungsmechanismen 2.Teil

3.2.7 Vordergrund- und Hintergrundprozesse

Ein **gestartetes Programm** wird als **Prozess** bezeichnet, wobei ein gestartetes Programm auch aus einer Folge von Einzelprozessen (Unterprogrammen) bestehen kann. Sie haben bisher schon eine ganze Reihe von Programmen gestartet, denn jedes aufgerufene Kommando wird als Programm von der Shell verwaltet. Diese Programme wurden im **Vordergrund** bearbeitet. Was bedeutet Vordergrund? Ihre Shell nimmt das Kommando an, überprüft es, ersetzt evtl. Metazeichen und startet es. Solange dieses Programm nicht beendet ist, können Sie am Terminal kein weiteres Kommando sichtbar aufrufen. Sie können zwar weitere

Kommandos eintippen, doch werden diese erst durchgeführt, wenn das zuvor aufgerufene Kommando beendet ist. Dies wird durch das Bereitzeichen der Shell am Bildschirm angezeigt. Der Ablauf dieser Programme wird als Vordergrundprozess bezeichnet. Sie werden durch die Eingabe des Kommandos gestartet.

Aufruf von Vordergrundprozessen

Zu Beginn haben Sie gelesen, dass Linux/Unix ein Multi-User- und Multi-Tasking-System ist. Dies bedeutet, dass jeder Benutzer gleichzeitig mehrere Programme starten kann. Wie soll das aber möglich sein, wenn jeweils ein Kommando nach dem anderen ausgeführt wird? Es gibt einmal die *Pipe*, die zur gleichen Zeit mehrere Programme startet – zum anderen können Programme im **Hintergrund** ablaufen. Der Unterschied zwischen Hintergrundprozessen und Vordergrundprozessen besteht darin, dass die Shell **nicht** auf die **Beendigung des gestarteten Programms wartet**, sondern sich sofort mit dem Bereitzeichen meldet. Hintergrundprozesse werden weder schneller noch langsamer abgearbeitet als Vordergrundprozesse.

Wie starten Sie ein Programm, das im Hintergrund ablaufen soll?

Als letzte Eingabe der Kommandozeile wird ein et-Zeichen **&** angefügt.

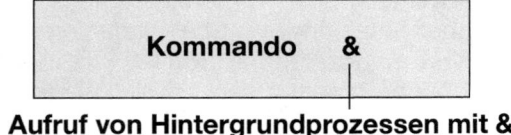

Aufruf von Hintergrundprozessen mit &

Wann ist es sinnvoll, Programme im Hintergrund zu verarbeiten? Starten Sie von einem Terminal ein Programm, das für die grafische Oberfläche bestimmt ist, könnten Sie, solange dieses Programm nicht beendet wird, an Ihrem Terminal nicht mehr weiterarbeiten. Deshalb werden hier diese Programme mit dem Hintergrundzeichen aufgerufen. Auch bei zeitaufwendigen Programmen, z.B. Übersetzungsprogramme von großen Quelldateien *(Compiler)*, Formatierprogramme von Texten, größere Sortier- oder Suchprogramme oder Sicherungsläufe (Kapitel 3.5), empfiehlt es sich, diese als Hintergrundprozesse zu starten.

Sehen wir uns ein paar Beispiele dazu an.

Angenommen, wir haben eine große Adressdatei »Adressen«, in der wir Namen und Adresse chronologisch eingetragen haben. Nun möchten wir sie alphabetisch sortieren, aber die ursprüngliche Datei erhalten. Da das Sortieren einer großen Datei zeitaufwendig ist, rufen wir das Kommando wie in Abb. 3.77 als Hintergrundprozess auf:

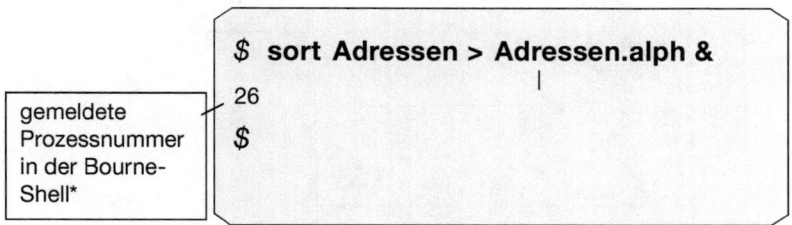

Abb. 3.77 *Beispiel Aufruf eines Programms, das im Hintergrund ablaufen soll*

Bevor sich die Shell mit »wieder bereit« meldet, teilt sie die Nummer des von ihr gestarteten Hintergrundprogramms mit. Warum wohl? Wissen Sie noch, wie Sie ein gestartetes Kommando wieder abbrechen können? Mit der Kombination der Tasten:

| Strg | + | c |

Ein im Hintergrund gestartetes Programm wird nicht mehr von Ihrer direkten Shell »betreut«, und Sie haben über Ihr Terminal keinen Einfluss mehr auf den Ablauf. Um ein Hintergrundprozess abzubrechen, brauchen wir also eine andere Eingriffsmöglichkeit.

Wie brechen Sie einen Hintergrundprozess ab?

Um einen Hintergrundprozess abzubrechen, wird ein eigenes Kommando aufgerufen, das *kill*-Kommando. Für dieses Kommando benötigen Sie die Ihnen vom System beim Start des Programms mitgeteilte Prozessnummer (s. Abb. 3.78).

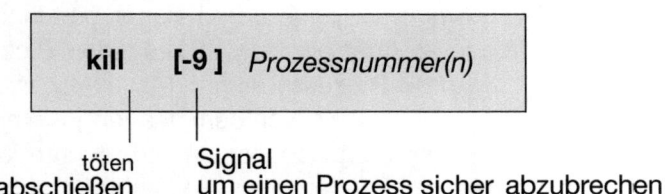

kill – Kommando, um Programme vorzeitig abzubrechen

---

*   In der Korn- und Bash-Shell werden Hintergrundprozesse über eine zusätzliche Prozesskontrolle gesteuert (weitere Informationen hierzu finden Sie im Kapitel 3.8.8, Seite 321).

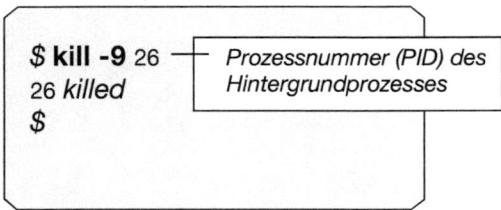

Abb. 3.78 *Beispiel: Abbruch eines Hintergrundprozesses*

Mit der Tastenkombination <Strg+c> können Sie einen Prozess, den Sie im Vordergrund gestartet hatten, abbrechen. Linux/Unix schickt hierbei an den Prozess eine entsprechende Meldung – oder genauer gesagt, ein **Signal**[*]. Manche Programme ignorieren ein »einfaches« **kill-Signal**. Schickt man ihnen jedoch

kill -9

so können sie den »Abschuss« nicht abwenden und werden sicher gekillt. Nun, das klingt fast wie im Wilden Westen. Doch die Linux/Unix-Gesetze sind streng. Benutzer können nur ihre eigenen Prozesse »killen«. Nur der Superuser *(der Sheriff unter den Benutzern)* darf auch fremde Prozesse abbrechen.

Sollte die grafische Arbeitsfläche blockiert sein, könnten Sie unter Linux meist noch auf die virtuellen Terminals mit <Strg+Alt+F1> bis <Strg+Alt+F6> gehen, sich dort anmelden und weiterarbeiten bzw. den Fehler versuchen zu beheben oder den vermeintlichen Prozess killen.

Welche Programme werden zurzeit vom Rechner bearbeitet?

Zwar wird nach Beenden des Hintergrundprozesses eine »Fertigmeldung« auf den Bildschirm ausgegeben, von dem der Hintergrundprozess gestartet wurde, doch zwischendrin wissen Sie nie genau, ob der gestartete Hintergrundprozess nach aktiv ist. Das Kommando *ps (process status)* gibt Ihnen über Ihre eigenen und durch die Option *-e* über alle zurzeit laufenden Prozesse Auskunft. Das Kommando zeigt Ihnen die Prozessnummer *(PID – Process IDentification Number)* an, den Namen des Terminals, von dem das Programm gestartet wurde, die Zeit, die der Prozess bisher an Rechnerzeit verbrauchte, und den Namen des Kommandos. Mit der Option *-f* erhalten Sie zusätzlich angezeigt: die Nummer des »Elternprozesses« (*PPID – Parent Process IDentification Number*) und die Startzeit, wann das Programm gestartet wurde.

Weitere Informationen finden Sie in Abb 3.8.3 auf Seite 309.

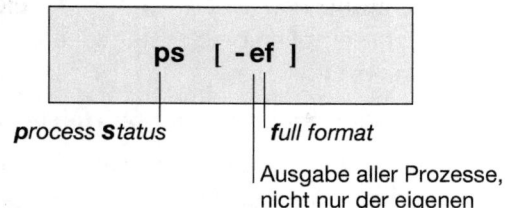

process **S**tatus   **f**ull format

Ausgabe aller Prozesse,
nicht nur der eigenen

ps – Kommando, um den Status der Programme abzufragen

Wollen wir einen eben gestarteten Hintergrundprozess sofort wieder abbrechen, haben aber die Nummer des Programms nicht beachtet *(zwischenzeitlich wurde z. B. der Bildschirm mit anderen Ergebnissen überschrieben)*, erhalten wir durch das Kommando **ps** die wesentlichen Programminformationen.

Sehen wir uns hierzu in Abb. 3.79 ein Beispiel an:

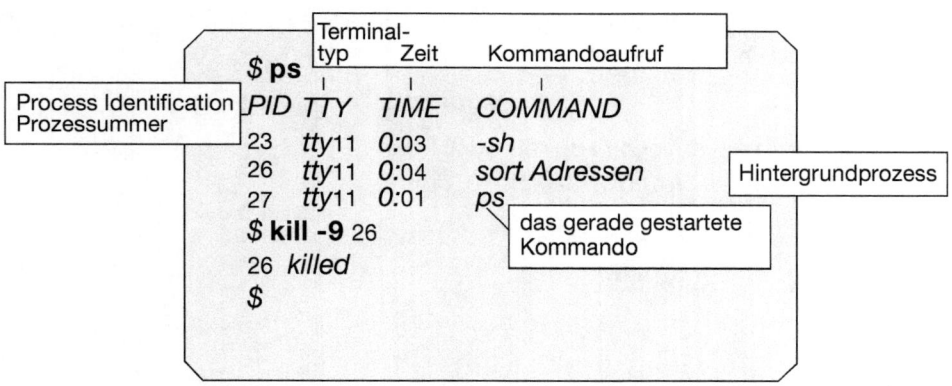

Abb. 3.79 *Beispiele der Kommandos ps und kill*

Diese Kommandos werden sicher öfter von Systemverwaltern aufgerufen als von »normalen« Benutzern. Um z. B. Kollegen weiterzuhelfen, denen durch einen falschen Aufruf eines Kommandos das Terminal blockiert ist (d. h., am Terminal ist keine Ein- oder Ausgabe mehr möglich), kann der Systemverwalter anhand der durch **ps -ef** erhaltenen Informationen feststellen, welches Programm an welchem Terminal gestartet wurde, und den fehlerhaften Prozess killen.

Sie selbst können sich aber auch bei einer ähnlichen Situation an einem anderen freien Terminal (bei Linux z. B. durch die Kombination <Strg+Alt+F1> auf einem virtuellen Terminal) anmelden bzw. an einem Fenster auf der grafischen Oberfläche, dann die aktiven Programme mit **ps -ef** anzeigen lassen und den »hängenden Prozess«, dessen Eigner (gleiche Benutzerkennung – User Identification) Sie sind, abschießen (»killen«). Das *kill*-Kommando können Sie also auch für Vordergrundprozesse verwenden.

Arbeiten Sie unter einer grafischen Oberfläche, d.h., Sie arbeiten immer mit mehreren »Terminals«, dann empfiehlt sich folgendes Kommando, um alle Ihre laufenden Prozesse zu sehen:

ps -ef | grep *Benutzername* oder **ps -fu** *Benutzername*

Mit dem Kommando **ps -ef** können Sie durch die Angabe des jeweiligen Vaterprozesses *(PPID – Parent Process Identification)* auch sehr gut die Programmstruktur unter Linux/Unix erkennen.

Einige Linux/Unix-Systeme haben speziell bei dem Kommando **ps** andere Optionen:

Statt **ps -e** wird dann **ps -a**

angegeben. Zusätzlich können mit der Option **-x** alle Systemprozesse angezeigt werden.

Einen Eindruck, wie die Hierarchie der Prozesse aufgebaut ist, erhalten Sie mit dem Kommando *pstree*. In der grafischen Oberfläche KDE gibt es ein übersichtliches Programm, das Sie mit

ksysguard &

von Ihrem Terminal aufrufen können oder über
Start → System → Monitor (s. Abb. 3.80).

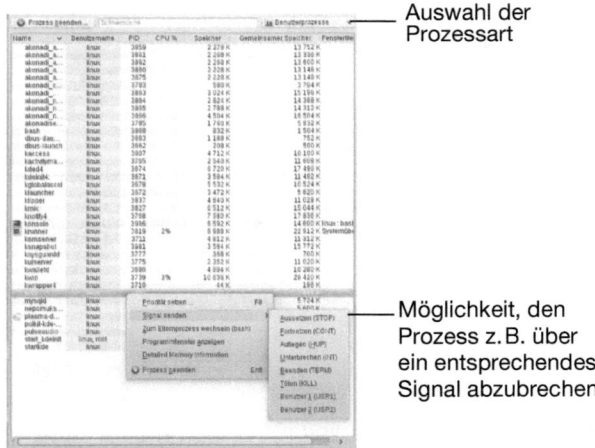

Auswahl der Prozessart

Möglichkeit, den Prozess z.B. über ein entsprechendes Signal abzubrechen

Abb. 3.80 *Prozesstabelle über Systemmonitor – ksysguard*

Es zeigt Ihnen alle Prozesse oder durch Auswahl nur Benutzer- oder Systemprozesse, die entsprechend den einzelnen Spalten sortiert werden können und, soweit sie Besitzer der Prozesse sind, auch abgebrochen werden können.

In der Korn- und Bash-Shell können Prozesse zusätzlich noch über eine sog. *Jobcontrol* gesteuert werden. Auch bereits gestartete Vordergrundprozesse können hiermit gestoppt werden, um sie dann als Hintergrundprozesse weiterlaufen zu lassen. Davon mehr im Kapitel 3.8.8 auf Seite 321.

In Abb. 3.82 sehen Sie Beispiele für das ps-Kommando und Abbildung :

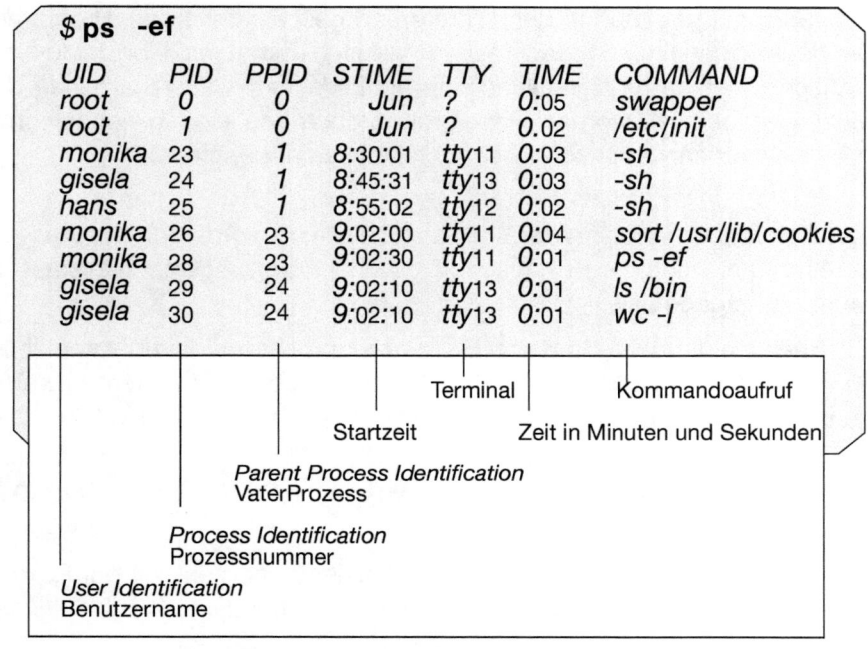

Abb. 3.81 Beispiel: Kommando ps -ef

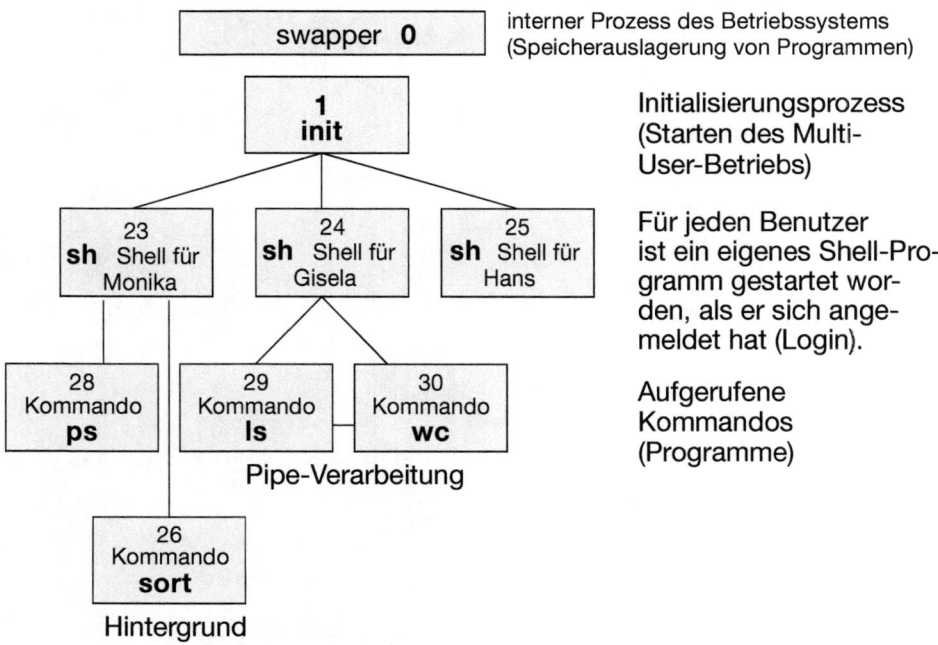

Abb. 3.82 Grafische Darstellung der Prozessstruktur

Zusammenfassung der Eigenschaften von Hintergrundprozessen:

❏ Jedes Programm kann in den Hintergrund geschickt werden. Programme, die Nachrichten über Bildschirmausgabe leiten (Benutzerdialog), sind hierfür nicht geeignet, da der eigentliche Sinn, am Bildschirm weiterzuarbeiten, dann nicht gegeben ist. Vorder-/Hintergrundprogramme sind gleichberechtigt, d.h., sie werden weder schneller noch langsamer bearbeitet.
Aufruf: *Kommando* **&**

❏ Das Kommando wird von der Shell ähnlich wie ein Vordergrundprozess aufbereitet (Umleitung der Ein- Ausgabe, gleicher Ersetzungsmechanismus, Parameterübergabe usw.).

❏ Die Shell meldet beim Start von Hintergrundprozessen deren Nummer (*PID – Process IDentification Number*) und ist sofort bereit für weitere Anweisungen. Sie wartet nicht auf die Beendigung des von ihr gestarteten Hintergrundprozesses.

❏ Hintergrundprozesse können zuverlässig durch das Kommando *kill -9* *PID* abgebrochen werden.

❏ In der Korn- und C-Shell gibt es speziell eine Jobcontrol, mit der Prozesse im Vorder- und Hintergrund gesteuert werden können.

3.2.8 Zusammenfassung der Kommandos von diesem Kapitel

In Tab. 3.7 sind die in desem Unterkapitel behandelten Kommandos zusammengefasst.

Tab. 3.7: Zusammenfassung der Kommandos

Kommandoeingabe	Funktion
echo Unter Windows: **echo**	Gibt Zeichenketten auf dem Bildschirm aus
grep *"Muster" Dateiname(n)* Unter Windows: **find**	*get regular expression* Durchsucht Dateiinhalte nach bestimmten Zeichenvorgaben/Suchmustern
kill -9 *[PID]*	*kill (töten)* Bricht einen Prozess sicher ab
ps [-efl] Bei einigen Systemen werden unterschiedliche Optionen verlangt so z. B. **ps -[axl]**	*process status* Anzeige der aktuellen Prozesse **-e** *every* – Anzeige aller Prozesse **-f** *full* – volles Format **-l** *long* – mit allen Attributen **-a** *all* – alle Prozesse **-x** – alle Systemprozesse
rm [-i] *Dateiname(n)* Unter Windows: **del**	*remove – löschen* Löscht Dateien *(unwiederbringlich!)* **-i** interactive – die Löschung muss erst mit »y« bzw. »j« bestätigt werden
sort -fnr *Zeichen*	*sortieren* Sortiert Dateiinhalte oder Zeichenketten nach verschiedenen Kriterien **-f** *fold* – Groß- und Kleinbuchstaben werden gleich behandelt **-n** *number* – Numerische Werte am Anfang werden numerisch sortiert **-r** *reverse* – es wird in umgekehrter Richtung sortiert
wc [-wcl]	*word count, Wörter zählen* Zählt Zeilen, Wörter und Buchstaben **-w** *word* – Anzahl der Wörter **-l** *line* – Anzahl der Zeilen **-c** *character* – Anzahl der Zeichen

3.2.9 Übersicht der bisher gelernten Sonderzeichen

In Tab. 3.8 sind alle bisher behandelten Sonderzeichen zusammengefasst.

Tab. 3.8: Sonderzeichen

Zeichen	Bedeutung – Ersetzung durch
Anzeige $ *am* # *Bildschirm* >	Bereitzeichen der Shell für - normale Benutzer (soweit nicht abgeändert – Bash) - Systemverwalter (root) - Folgezeile für weitere Kommandoeingaben
> >> 2> <	Umleitung der Ausgabe Umleitung mit Anhängen an eine bestehende Datei Umleitung der Fehlerausgabe Umleitung der Eingabe
;	Verkettung von Kommandos (mehrere Kommandos in einer Zeile)
I *oder* ∧	Pipe-Zeichen
. ..	aktuelles Directory darüberliegendes Directory (Parent-Directory)
* ? [ ] * ? [abc] [a-z] [!a-z]	Metazeichen beliebige Zeichenfolge ein beliebiges Zeichen eines der in Klammern angegebenen Zeichen eines der in Klammern angegebenen Zeichen "von bis" ein beliebiges Zeichen außer einem der in Klammern angegebenen Zeichen
\	Aufhebung der Bedeutung des nachfolgenden Sonder- zeichens
"*text .. text*"	Übergabe von bestimmten Sonderzeichen, keine Ersetzung von Metazeichen: * ? [ ] aber Ersetzung von Shell-Variablen und Ersetzung durch Ergebnisse von **Kommandos**
$name	Ersetzung durch den der Variablen zugewiesenen Wert
` *Kommando* ` $(*Kommando*)	Das Ergebnis/die Ausgabe von dem Kommando wird als Parameter übergeben (Kommandosubstitution)
´*text ... text*´	keinerlei Substitution Metazeichen, Variable, Ergebnisse von Kom- mandos werden **nicht** ersetzt
&	Starten von Hintergrundprozessen

3.3 Editoren unter Linux/Unix

Im Duden steht unter »Editor« Herausgeber. Auch wenn Sie keine »Zeitschriften oder Bücher herausgeben« wollen, ist dieses Kapitel für Sie interessant und wichtig. Als Editor wird im EDV-Fachjargon ein Programm bezeichnet, mit dem Texte erstellt, verändert und ergänzt werden, ohne den Text zu formatieren, also reiner Text ohne Formatierungshinweise.

Die einzelnen Themen:

3.3.1 Erstellung von Texten

Um Informationen jeglicher Art zu speichern, d.h. in einer Datei abzulegen, wie z.B. Adressen, Briefe, eigene Shell-Prozeduren *(Kapitel 3.7 und 3.8)* oder Programm-Quelltexte, muss der Text zunächst einmal eingegeben, erfasst werden. Im vorherigen Kapitel haben Sie gelernt, wie Sie mit Hilfe von »Umleitungen« Dateien anlegen können. Mit dem Kommando

cat > *dateiname*

konnten Sie über die Tastatur Ihres Terminals Texte eingeben. Sobald Sie am Anfang einer Zeile das EOF-Zeichen *(End of File, Dateiende z.B.* <Strg+d>*)* tippten, wurde der geschriebene Text unter dem angegebenen Dateinamen gespeichert. Mit der Umleitung **>>** konnten Sie weitere Zeilen, andere Dateien oder Ergebnisse aus Kommandos anhängen. Bei Fehlern innerhalb einer Zeile konnten Sie mit den Löschtasten *»Backspace oder Delete-Taste«* zeichenweise löschen und berichtigen. Sobald Sie allerdings eine Zeile abgeschlossen hatten, konnten Sie Fehler nicht mehr korrigieren. Und wer schreibt schon fehlerfrei? – Dies bedeutet, mit *cat* sollten nur kurze Texte erstellt werden. Um nachträglich zu korrigieren, benötigen Sie auf jeden Fall einen Editor.

3.3.2 Unterschiede zwischen Editor und Textverarbeitung

❏ Ein Editor ist ein Programm zum Erstellen und Ändern von Texten.

❏ Soll der Text anschließend ausgedruckt werden, evtl. mit Überschrift und Seitennummern versehen, der linke und rechte Rand ausgerichtet werden, kann ein getrenntes Programm verwendet werden: ein Druckformatierungsprogramm.

❏ Ein Textverarbeitungsprogramm stellt die Funktionen des Editors und des Programms zur Druckaufbereitung gleichzeitig zur Verfügung. Die Texte werden dann mit zusätzlichen Angaben zur Druckaufbereitung abgespeichert. Komfortable Textverarbeitungsprogramme stellen interaktiv, d.h. sofort, am Bildschirm dar, wie später ausgedruckt wird. Meist erfolgt hierbei ein automatischer Zeilen- und Seitenumbruch. Sie schreiben z.B. eine Zeile, und sobald genügend Wörter die Zeile gefüllt haben, springt der Cursor sofort automatisch auf die nächste Zeile (sog. wrapping).

❏ Je nach Drucker können auch unterschiedliche Schriftarten verwendet werden, außerdem Fettdruck, größere Schriftzeichen etc.

Viele Editoren haben inzwischen manche Funktionen mit eingebunden, die unter den Begriff der Textverarbeitung fallen, also formatierte Hinweise, z.B. Anweisungen für Shell-Prozeduren in unterschiedlichen Farben, die jedoch nur angezeigt und nicht gespeichert werden. Mit einem anderen Editor sind diese Hinweise entweder nicht zu sehen oder evtl. anders dargestellt.

Allgemein unterscheidet man:

❏ **Die zeilenorientierten** Editoren. Hier werden die Zeilen einzeln bearbeitet, Änderungen können nur pro Zeile erfolgen. Diese Editoren verwendet man eigentlich nur noch in Skripten/Shell-Prozeduren und evtl. für Änderungen an Systemdateien, wenn weder der vi noch Bildschirmeditoren zur Verfügung stehen.

❏ Die **bildschirmorientierten** Editoren. Für Eingabe und Änderung steht der gesamte Bildschirm zur Verfügung. Hier können Sie meist mit den Cursortasten

an die fehlerhafte Stelle wandern und dort Text korrigieren, überschreiben, löschen oder einfügen. Bildschirmorientierte Editoren sind somit ausgezeichnete Hilfsmittel zur Erstellung und Bearbeitung von Programmen und Texten, die keine zusätzlichen Druckangaben enthalten sollen. Hierfür wird meist der vi verwendet, der keine grafische Oberfläche benötigt. Unter Linux wird auf grafischen Oberflächen gerne der *KWrite* verwendet, damit können Sie sogar mit der Maus an die entsprechende Stelle wandern, kurz anklicken und Text an der Textcursorposition einfügen, löschen oder überschreiben.

❏ **Textverarbeitung**. Für die Erstellung von Geschäftsbriefen, Aktennotizen und Dokumentationen (Handbücher etc.) eignen sich komfortable Textverarbeitungsprogramme besser, sie werden meist als optionale Softwarepakete zu Linux/Unix angeboten. Hier sind nroff, troff und LaTex (ein umfangreiches Satzsystem) zu nennen oder Programme unter der grafischen Oberfläche OpenOffice, LibreOffice, FrameMaker (Letzteres gibt es leider nicht unter Linux) u. a.

Unter dem Betriebssystem Unix von AT&T gab es bis zur Version V nur den zeilenorientierten Editor **ed,** ab Version V gehört zum Standard auch der bildschirmorientierte Editor **vi** (*visual editor*) , der bei der University of California, Berkeley, entwickelt wurde. Unter Linux wurde der vi durch viele benutzerfreundliche Ergänzungen erweitert und nennt sich dort **vim** – wird aber mit vi aufgerufen.

Für Textverarbeitung werden die Texte mit einem Editor erstellt, wobei zusätzliche Formatanweisungen eingegeben werden (wie bei nroff/troff/LaTex; ein Beispiel hierzu finden Sie im Abb 3.38 auf Seite 60 – Teil einer Manualseite von date – da auch die Online-Manualseiten mit dem Formatierungsprogramm nroff/troff aufbereitet wurden).

In der Zwischenzeit gibt es jedoch eine Reihe von komfortablen Editor- und Textverarbeitungsprogrammen, die unter grafischen Oberflächen laufen. Hier werden die Formatieranweisungen wie Fettschrift, Blocksatz etc. über einfache Tastensymbole gesteuert und für den Anwender unsichtbar in der Textdatei in entsprechende Anweisungen umgesetzt, wie bei OpenOffice/LibreOffice.

Da auf allen Linux/Unix-Rechnern der zeilenorientierte Editor *ed* verfügbar ist, wird er in diesem Lehrbuch mit den wesentlichen Funktionen kurz erklärt. Er eignet sich, um in Shell-Prozeduren Texte zu erstellen und direkt zu verarbeiten. Im Kapitel 3.3.5 auf Seite 136 finden Sie eine Übersicht der wichtigsten Funktionen. Sie werden wahrscheinlich entsetzt sein, so etwas »Veraltetes« wie einen Zeileneditor zu lernen. Doch für spezielle Systemverwalteraufgaben und für die Shell-Programmierung (eingebunden in Skripts) wird er hin und wieder gebraucht. Vielleicht sehen Sie sich den *ed* trotzdem mal an, zumal die gleichen Befehle ebenfalls unter dem *vi*, im *ex-Modus* und im *sed* (*stream oriented editor*) genutzt werden können.

3.3.3 Der ed-Editor

Der **ed** ist ein *sehr ruhiges* Programm. Sie rufen es auf mit **ed**, aber nichts Bemerkenswertes geschieht.

ed   **[**Dateiname**]**

ed – Kommando, um Dateien zeilenweise zu editieren

Rufen wir z. B. unter Unix die Datei mit den »*cookies*«[*] auf (s. Abb. 3.83), so bekommen wir nur eine Zahl angezeigt (unter Linux evtl. die Skriptdatei */etc/vimrc*):

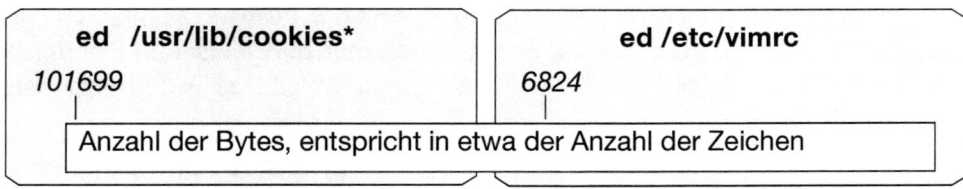

ed   /usr/lib/cookies*

101699

ed /etc/vimrc

6824

Anzahl der Bytes, entspricht in etwa der Anzahl der Zeichen

Abb. 3.83 *Beispiel: Aufruf des Editors ed*

❏   Wird der **ed** mit einer bestehenden Datei aufgerufen, gibt er die Größe der Datei aus (Byte-Anzahl der Datei, entspricht etwa der Anzahl der Zeichen).

❏   Ist unter dem angegebenen Namen noch keine Datei vorhanden, wird ein Fragezeichen und der Dateiname angezeigt.

❏   Wurde der *ed* ohne Angabe eines Dateinamens aufgerufen, tut sich gar nichts. Aber keine Sorge, Ihr Terminal ist nicht blockiert.

---

[*] Die Datei *cookies* hat nichts mit den Browser- oder Http-Cookies zu tun, die die persönlichen Einstellungen auf Websites speichern. Sollte die Datei *cookies* nicht auf Ihrem System vorhanden sein, können Sie eine andere Textdatei unter /etc nehmen, wie */etc/inittab,* oder unter Linux */etc/vimrc (die Voreinstellungsdatei für den vim)*. Unter /etc dürfen Sie allerdings nur in die Dateien hineinsehen – auch als Systemverwalter sollten Sie nichts verändern –, es sei denn, Sie wissen, was Sie tun. Sie dürfen aber die Datei in Ihr Home-Verzeichnis kopieren und dann ändern (cp /etc/vimrc $Home).

Der *ed* unterscheidet zwei Verarbeitungsmodi:

❑   den **Kommandomodus** und

❑   den **Eingabemodus**.

Um Text einzufügen, muss erst durch ein entsprechendes Kommando in den Eingabemodus umgeschaltet werden. Um Text einzugeben, gibt es die Kommandos:

a	*append*	anhängen
i	*insert*	einfügen
c	*change*	ersetzen

Um wieder in den Kommandomodus umzuschalten, muss der Eingabemodus mit einem **Punkt am Anfang einer neuen Zeile** abgeschlossen werden.

Nach dem Aufruf von *ed* befinden Sie sich am Ende der Datei, d.h., die Datei wird von der Platte in einen **temporären Puffer** geschrieben (Bereich im Arbeitsspeicher des Rechners). Um sich z.B. den Inhalt der Datei anzuzeigen, muss man erst das Kommando dazu erteilen oder zumindest auf die 1. Zeile zurückgehen. Alle Änderungen und Ergänzungen, die Sie durchführen, werden vorerst nur in diesem temporären Puffer durchgeführt. Erst wenn Sie das **Kommando zum Rückschreiben** erteilen, wird die Datei auf der Platte ebenfalls geändert.

Wie sind Kommandos im Editor ed einzugeben?

Bereich	**Kommandos**
z.B. Zeile von bis	z.B. anzeigen, drucken
ohne Angabe einer Zeilennr. wird die aktuelle Zeile genommen	

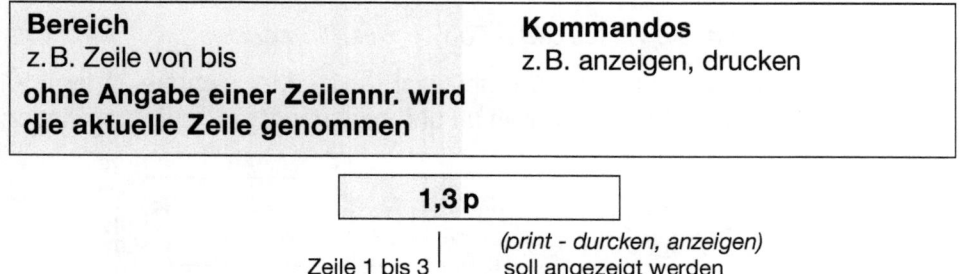

Abb. 3.84 *Kommandoeingabe im ed*

Bei der Eingabe von Kommandos wird zuerst angegeben, für welchen Bereich sie zutreffen, erst dann folgt das eigentliche Kommando. Obige Zeile in Abb. 3.84 bedeutet also, dass die Zeilen 1 bis 3 angezeigt werden sollen. Wird kein Bereich angegeben, so bezieht sich das Kommando immer auf die aktuelle »Arbeitszeile« (s. Abb. 3.85).

Wie können Sie den Bereich definieren?

Bereich	Beispiel	Bedeutung/Funktion
Zeilennummer	**3**	Dritte Zeile der Datei
Zeilennr., Zeilennr.	**1,3**	Die Zeilen 1-3 werden bearbeitet
$	**$**	Steht für die letzte Zeile
.	**.**	Aktuelle Zeile
.,$	**.,$**	Von der aktuellen Zeile bis zum Ende der Datei
1,$	**1,$**	Steht für die gesamte Datei
Zeilennummer, **$**	**3,$**	Alle Zeilen von Zeilennr. 3 bis zum Dateiende sollen bearbeitet werden
keine Angabe (nur Eingabetaste)		Die nächste Zeile wird angezeigt (Nach dem Aufruf die letzte Zeile)

Abb. 3.85 Bereichsdefinition im ed

Um in einer Datei etwas zu ändern, müssen wir natürlich auch die Berechtigung dazu haben. Sie erinnern sich an die Zugriffsrechte für den Benutzer, die Gruppe und die anderen, die nach *r (read – lesen)*, *w (**write** – schreiben)* und *x (execute – ausführen)* unterteilt waren. Sehen wir uns die Datei */usr/lib/cookies* mit **ls -l** an:

<blockquote>-rw-r--r--1 bin bin   101699   Feb 8 /usr/lib/cookies</blockquote>

Der »normale Benutzer« darf diese Datei zwar lesen, aber nicht verändern. Wir schauen uns deshalb nur einige Zeilen an und beenden das Programm wieder:

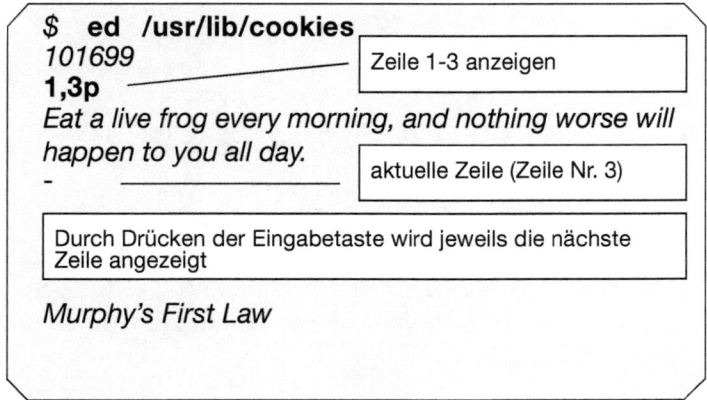

Abb. 3.86 Beispiel: Anzeige von Zeilen im ed

Um die Zeilennummer zu sehen, können Sie sich die Datei mit der Nummernangabe anzeigen lassen (s. Abb. 3.87). Das Kommando hierzu lautet *n* *(nummerierte Anzeige):*

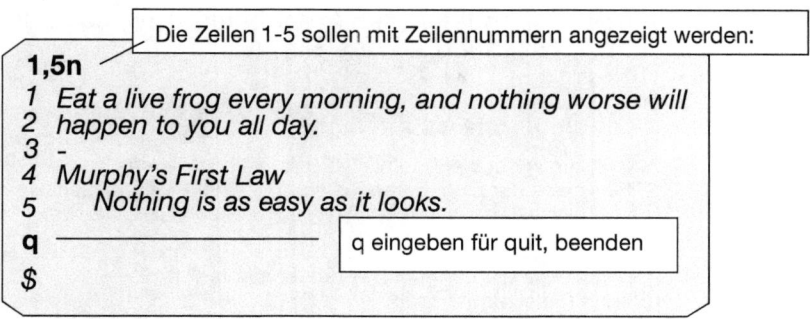

Abb. 3.87 *Beispiel: Editor ed,*
nummerierte Dateianzeige und Beenden des Programms

Um den Editor zu beenden, wird das Kommando *q* (*quit*) am Anfang einer Zeile eingegeben.

Welche Kommandos benötigen Sie?
(Auswahl von oft gebrauchten Kommandos)

Bisher haben wir nur einige Kommandos kennengelernt. Sie rufen den Editor in der Shell auf und müssen dann eigene Kommandos für den Editor eingeben, z.B. um sich eine Datei anzusehen oder nur bestimmte Zeilen. Nachfolgend erhalten Sie einen Überblick, welche Kommandos Sie eingeben können.

Den Umgang mit einem Editor erlernen Sie am besten durch die Praxis. Dazu erstellen wir in unserem Home-Directory eine eigene Sprüchedatei, die die oben enthaltenen Lebensweisheiten in Deutsch ausgibt. Vielleicht kennen Sie auch noch ein paar nette Sprüche, die Sie ergänzen können?

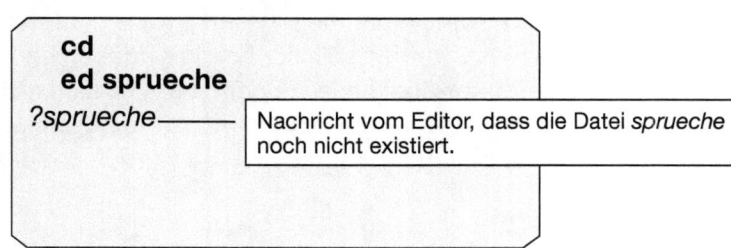

Abb. 3.88 *Beispiel: Editor ed, Warnung nicht existierende Datei*

Um Text einzufügen, müssen wir zuerst in den **Eingabemodus** umschalten. Obwohl in unserer Datei noch kein Text eingegeben ist, verwenden wir hier das Kommando *a* für append *(anhängen) (s. Abb. 3.89).*

```
     ed sprueche
?sprueche

a ──────────    (append) Alle Eingaben, die nun folgen, werden »angehängt«

Iss jeden Morgen einen lebenden Frosch, und Dir passiert
nichts Schlimmeres waehrend des Tages.
-
Murphy's erstes Gestz:
   Nichts ist so leicht, wie es aussieht.
-                    Um in der vierten Zeile »Gestz« zu korrigieren,
. ──────────        muss der Eingabemodus erst mit einem ».« abgeschlossen
4s/stz/setz/p       werden, dann erst kann geändert, ersetzt (substituiert)
│ │  │   │   │      werden.
│ │  │   │   │
│ │  │   │   pprint, zeige die Zeile nach Veränderungen
│ │  │   neuer Begriff (Ersetzungsbegriff)
│ │  alter Begriff (Suchbegriff)
│ ssubstituteersetze nachfolgenden »alten Begriff« durch »neuen Begriff«
Zeilennummer

Murphy's erstes Gesetz:
```

Abb. 3.89 Beispiel: Editor ed, Eingabe und Ersetzung (substitute)

Anfangs ist es etwas verwirrend zu erkennen, in welchem Modus man sich gerade befindet, im Eingabe- oder Kommandomodus.

▷ Achten Sie also darauf, dass Sie den Eingabemodus immer durch einen Punkt abschließen, bevor Sie das nächste Kommando eingeben!

Wie können Sie im *ed* korrigieren?

Innerhalb einer noch nicht »abgesandten Zeile« können Sie mit der *Backspace*- und/oder *Delete-Taste* zeichenweise nach links löschen. Wenn Sie erst einmal mit der Eingabetaste eine Zeile »abgesandt« haben, ist das Korrigieren etwas umständlicher.

In dem zeilenorientierten Editor *ed* können Sie nur über entsprechende Kommandos **zeilenweise** korrigieren. Sie müssen jeweils die **falsche Zeichenfolge** *(alter Begriff)*, die ersetzt werden soll, nochmals eingeben und im Anschluss daran die **richtige Zeichenfolge** *(neuer Begriff)*. Falls es sich nicht um die aktuelle Zeile handelt, muss zu Beginn des Kommandos die Zeilennummer(n) mitgeteilt werden, die nach dem alten Begriff durchsucht werden soll(en):

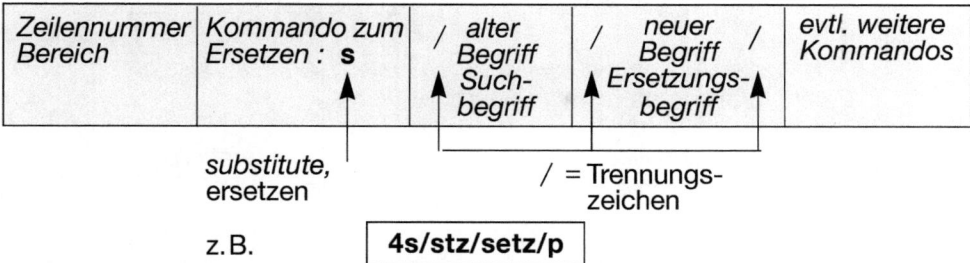

z.B.   **4s/stz/setz/p**

In dem obigen Beispiel soll in der 4. Zeile der Begriff *»stz«* ersetzt werden durch *»setz«*. Gleichzeitig soll die berichtigte Zeile angezeigt werden *(p für print)*.

Achten Sie darauf, dass die Zeichenfolge eindeutig gekennzeichnet ist. In dem obigen Beispiel würde die Angabe des *alten Begriffes* mit

4s/st/set/

zunächst **erstes** in **ersetes** ändern, da der zuerst gefundene Begriff ersetzt werden würde.

Sehen Sie sich hierzu das Abb 3.89 auf Seite 124 nochmals an.

Um Zeilen **einzufügen**, wird das Kommando **i** *(insert)* verwendet:

Zeilennummer Bereich	Kommando zum Einfügen	**i**	——	*insert*einfügen

Üben wir an unserem Beispiel (s. Abb. 3.90 und Abb. 3.91), wie Sie Zeilen in einen bereits geschriebenen Text einfügen *(insert)* und anschließend wieder am Ende des gesamten Textes weiterarbeiten können *(anhängen – append)*:

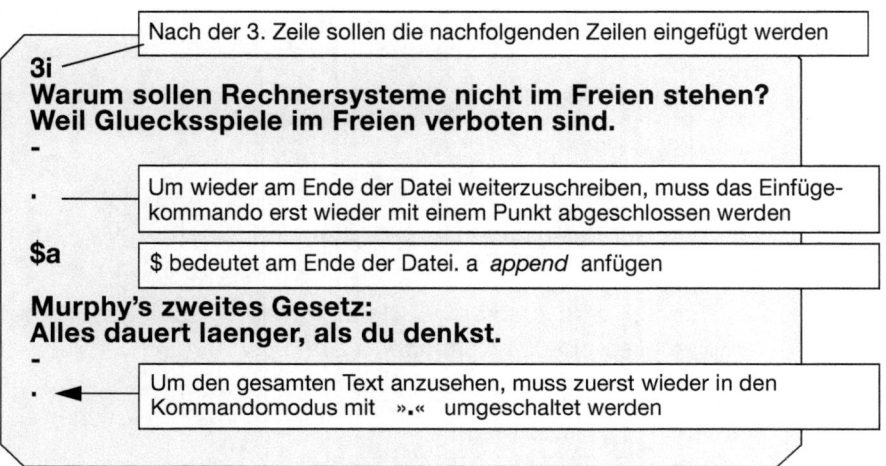

Abb. 3.90 *Beispiel: Editor ed, Einfügen und Anhängen (insert, append)*

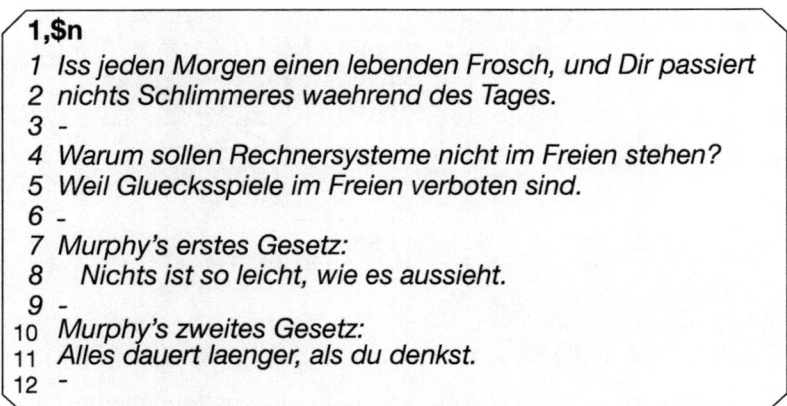

Abb. 3.91 Beispiel: Editor ed, Anzeige mit Zeilennummern

Um Zeilen zu überschreiben und zu ersetzen, wird das Kommando **c** (*change*) verwendet:

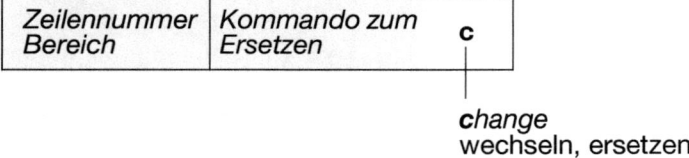

Um die ersten zwei Zeilen der Sprüchedatei anders aufzubauen, müssen sie neu eingegeben werden(s. Abb. 3.92):

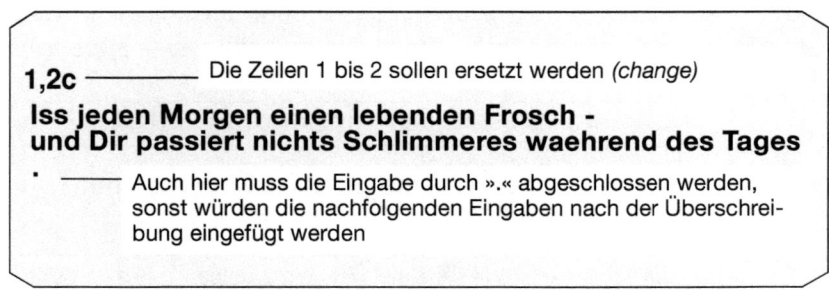

Abb. 3.92 Beispiel: Editor ed, Überschreiben von Zeilen

Um Zeilen zu löschen, wird zuerst die Zeilennummer bzw. der Zeilenbereich angegeben und anschließend das Kommando zum Löschen:

Zeilennummer Bereich	Kommando zum Löschen	**d**	*delete* löschen

Um die Zeilen 3-6 zu löschen, wird eingegeben:

$$\boxed{\textbf{3,6d}}$$

Wie können Sie Zeilen im *ed* kopieren?

Bereich	Kommando(s)
z.B. Zeile von **,** *bis*	**t** nach Zeile

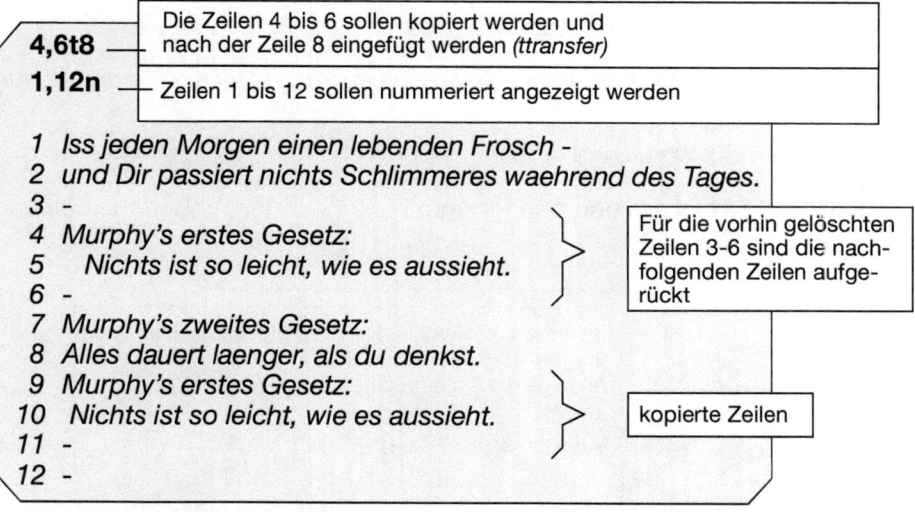

4,6t8 — Die Zeilen 4 bis 6 sollen kopiert werden und nach der Zeile 8 eingefügt werden *(ttransfer)*

1,12n — Zeilen 1 bis 12 sollen nummeriert angezeigt werden

```
 1  Iss jeden Morgen einen lebenden Frosch -
 2  und Dir passiert nichts Schlimmeres waehrend des Tages.
 3  -
 4  Murphy's erstes Gesetz:
 5    Nichts ist so leicht, wie es aussieht.
 6  -
 7  Murphy's zweites Gesetz:
 8  Alles dauert laenger, als du denkst.
 9  Murphy's erstes Gesetz:
10    Nichts ist so leicht, wie es aussieht.
11  -
12  -
```

Für die vorhin gelöschten Zeilen 3-6 sind die nachfolgenden Zeilen aufgerückt

kopierte Zeilen

Abb. 3.93 *Beispiel: Editor ed, Kopieren von Zeilen (ttransfer)*

Es ist tatsächlich nichts so leicht, wie es aussieht. Nun ist die schöne Ordnung von Text und der Zwischenmarkierung mit dem Bindestrich durcheinander geraten (s. Abb. 3.93). So unbequem der *ed*-Editor manchmal ist, es gibt dafür auch nützliche Kommandos. Zu ihnen gehört:

undo   **Rückgängigmachen der letzten Änderung**

Um die **letzte Einfügung** (das Kopieren der Zeilen 4 bis 6 nach 8) rückgängig zu machen, genügt es, ein

u   als Kommando zu tippen (s. Abb. 3.94):

Vergleichen Sie, ob wirklich die letzte Änderung rückgängig gemacht wurde:

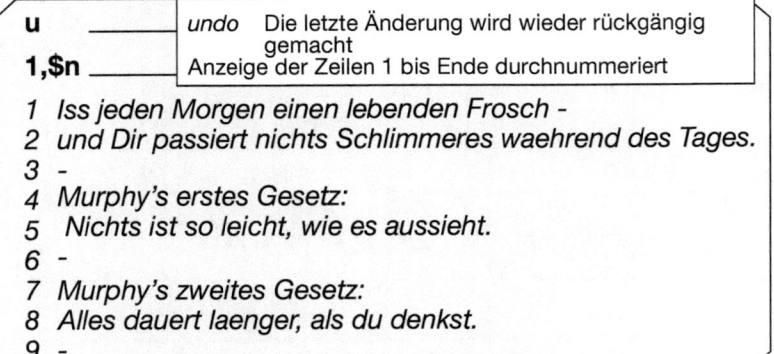

Abb. 3.94 *Beispiel: Editor ed, Rückgängigmachen der letzten Änderung (undo)*

Wie beenden Sie das Programm?

Um die Datei zu sichern und das Programm zu beenden, geben Sie Folgendes-ein (s. Abb. 3.95):

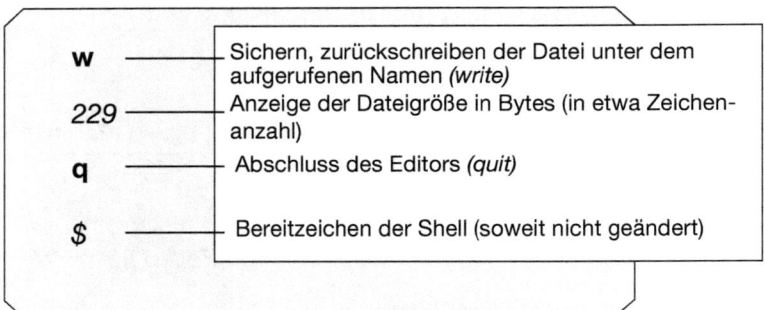

Abb. 3.95 *Beispiel: Editor, Sichern der Datei und Beenden des Programms*

Sollten Sie vergessen haben, das **w** *(writezurückschreiben, sichern)* einzuge-ben, können Sie mit **q** *(quitbeenden)* den Editor nicht verlassen (s. Abb. 3.96). Sie bekommen als Nachricht vom Editor ein Fragezeichen, was so viel bedeuten soll wie: Was soll das denn?

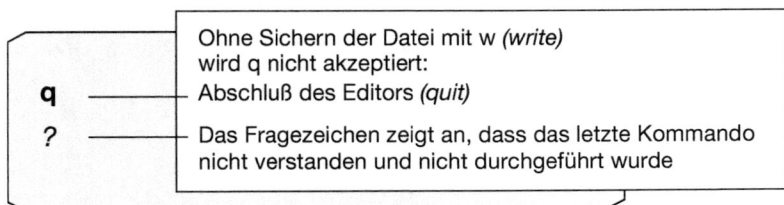

Abb. 3.96 *Beispiel: Editor ed, Beenden des Programmsfehlerhafte Eingabe*

Wollen Sie, ohne die Datei zu sichern, den Editor beenden, so geben Sie ein *q!* ein (bei älteren Systemen musste *Q* als Großbuchstabe eingegeben werden) oder Sie wiederholen die Eingabe von *q (s.* Abb. 3.97*)*. Beim zweiten Mal wird »q« akzeptiert. Damit erzwingen Sie den Abbruch des Editors:

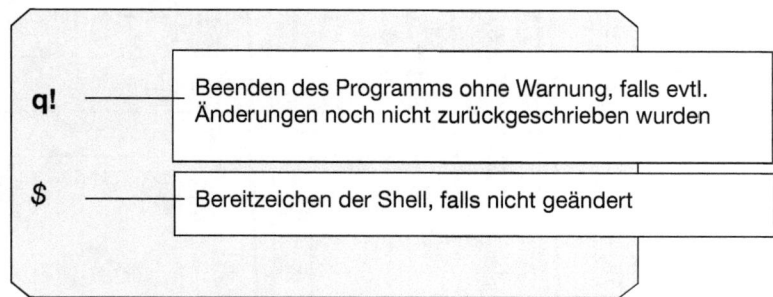

Abb. 3.97 *Beispiel: Editor ed, Beenden des Programmsohne Warnung bei nicht zurückgeschriebenen Dateien*

Suchmechanismen im Editor ed

Wenn der Editor *ed* auch nicht besonders komfortabel ist, so haben Sie doch gesehen, dass er nicht schwer zu erlernen ist. Immerhin verwendet er bei den Abkürzungen etwas Mnemonik, angelehnt an englische Vokabeln. Mit etwas Übung werden Sie auch die »nächsten Schritte« leicht aufnehmen, zumal Sie sich damit langwieriges Suchen in Dateien ersparen können.

Wie können Sie im ed nach Begriffen suchen?

Bisher hatten Sie als Bereich die Zeilennummer bzw. Zeilennummern *von bis* angegeben. Um nach einem bestimmten Muster zu suchen, wird unter dem Bereich ein Suchmuster, begrenzt durch Schrägstriche oder Fragezeichen, eingesetzt. Die Schrägstriche gelten für vorwärts, die Fragezeichen für rückwärts suchen.

Bereich		Kommando
/Suchmuster/ *?Suchmuster?*	Nach dem Suchmuster wird in der Datei vorwärts oder rückwärts gesucht	kann noch zu-sätzlich einge-geben werden

Soll der Suchvorgang mit dem gleichem Muster wiederholt werden, werden als Kommando nur die beiden Symbole angegeben: **//** für vorwärts oder **??** für rückwärts suchen. Wenn Sie sich erinnern, konnten wir die gleichen Eingaben bei *more* und *less* vornehmen.

Suchen wir in unserer kleinen Übung von vorhin nach Murphy (s. Abb. 3.98):

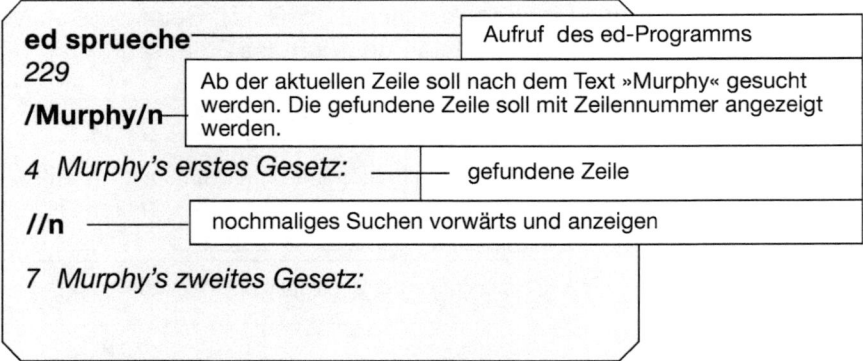

Abb. 3.98 *Beispiel: Editor ed, Suchen in der Datei mit »//«*

Sie können also als Bereich ein Suchmuster angeben und anschließend ein Kommando anfügen.

Wie können Sie global in der gesamten Datei suchen und ersetzen?

Im vorherigen Beispiel wurde nach Begriffen gesucht. Das **s**-Kommando *(substitute ersetzen)* sucht ebenfalls nach einem bestimmten Muster. Setzen wir vor dieses Kommando als Bereichsangabe **1,$**, d.h., die gesamte Datei soll bearbeitet werden, so wird das Ersetzen für alle Zeilen erfolgen. Tritt jedoch innerhalb einer Zeile der Suchbegriff zweimal auf, so wird jeweils nur das erste gefundene Muster ersetzt. Sollen innerhalb der einzelnen Zeilen weitere gefundene Muster ersetzt werden, muss das Kennzeichen **g** *(global)* am Ende der Kommandozeile angefügt werden.

Bereich	Kommando
1,$	**s**/*alter Begriff*/*neuer Begriff*/**g**

Wenn Sie Terminals und Drucker haben, die den deutschen Zeichensatz enthalten, so könnten Sie die Umlaute mit ae in ä usw. ersetzen. Das Kommando hierfür ist **s** *(substitute)*. Das Kommando **s**/*ae*/*ä*/**g** bewirkt, dass alle ae in ä[*] umgewandelt werden.

 Doch Vorsicht! Wenn Sie global in einer Datei Umlaute wie *ae* in *ä* ändern, würde auch aus Michaela eine *Michäla* werden oder bei *oe* wird aus soeben *söben*. Umlaute sind deshalb besser schrittweise zu ersetzen!

---

[*] Falls Sie nicht mit dem internationalen Zeichensatz arbeiten, müsste vor das ä ein Fluchtsymbol gesetzt werden, da dieses Zeichen unter dem ASCII-Zeichensatz als »{« existiert und eine Sonderfunktion besitzt.

In unserem Beispiel riskieren wir eine globale Ersetzung(s. Abb. 3.99):

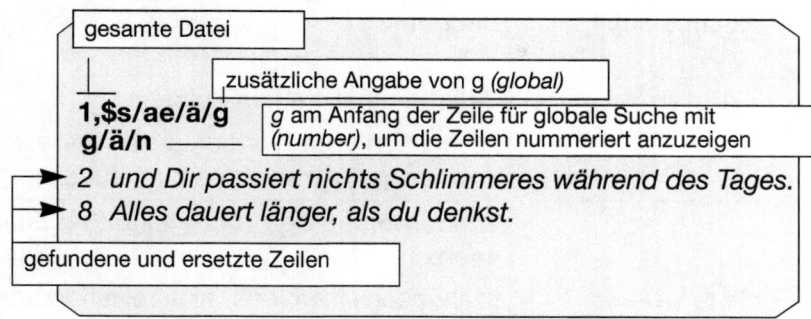

Abb. 3.99 Beispiel: Editor ed, Suchen und Ersetzen global

Das **g** *(global)* kann, wie wir in Abb. 3.99 sehen, auch als Suchoption vorangestellt werden und bewirkt, dass nicht nach dem ersten gefundenen Wert die Suche beendet ist, sondern die gesamte Datei durchsucht wird. Allerdings dürfen keine weiteren Kommandos außer **n** *(*numerische Anzeige) folgen.

Welche weiteren Metazeichen können Sie im Editor ed verwenden?

Ähnlich wie Sie es bereits in der Shell kennengelernt haben, gibt es auch im *ed* Metazeichen (Zeichen mit spezieller Bedeutung), mit deren Hilfe Sie nach bestimmten Begriffen suchen können. Allerdings haben unter *ed* einige Zeichen eine andere Bedeutung als unter der Shell.

 Vorsichtdie Bedeutung der Metazeichen im *ed* ist anders als die der Metazeichen in der Shell!

Verwirrend ist zusätzlich, dass eine Reihe von Sonderzeichen sogar innerhalb des *ed* unterschiedliche Bedeutung haben, je nachdem, ob sie als Suchbegriff, Kommando oder als Auswahlmenge in einer Klammer stehen. Der Such- und Ersetzungsmechanismus des *ed* wird ebenfalls vom **sed** *(streamoriented editor)* verwendet. Sowohl **vi**, **egrep** und **awk** bauen auf diesen Befehlen auf. Sie vergeuden also nicht Ihre Zeit, wenn Sie sich mit dem *ed* ernsthafter befassen. Zusätzlich erspart er Ihnen durch den mächtigen Ersetzungs- und Suchmechanismus eventuell viel Arbeit.

Bisher haben Sie schon gelernt, dass jeweils das Such- und/oder Ersetzungsmuster zwischen zwei Schrägstriche oder Fragezeichen gesetzt wird. Das Suchmuster kann nun zusätzliche Metazeichen beinhalten. Die gebräuchlichsten sind Tab. 3.9 auf Seite 132 zusammengestellt.

Übersicht einiger im ed (sed, grep und vi) verwendeter Metazeichen

Metazei-chen	Suchbeispiel	Bedeutung
.	/.d/	**Beliebiges einzelnes Zeichen** sucht nach allen Wörtern, die ein beliebiges Zeichen, gefolgt von einem d, enthalten
*		**Wiederholung des vorangestellten Zeichens**
	/m*/	sucht nach einem oder hintereinander mehrfach auftretenden »m«
	/.*m/	sucht nach Zeichenfolgen, in denen ein »m« vorkommt
.*		steht für mehrere beliebige Zeichen
^	/^ */	**Nachfolgender Suchbegriff steht am Anfang einer Zeile** sucht nach einem oder mehreren Leerzeichen am Anfang einer Zeile
$		**Suchbegriff steht am Ende einer Zeile** sucht nach einer Zeile, die mit Euro endet
	/Euro$/	
[ ]		**Suchen eines in der Klammer angegebenen Zeichens**
	/[a-z]/	sucht nach einem beliebigen Kleinbuchstaben (z.B. a oder b)
	/[137]/	sucht nach Ziffern 1, 3 oder 7
\		**FluchtsymbolAufheben einer evtl. Sonderfunktion des nachfolgenden Zeichens** sucht nach einem »*«
	/ */	
&	s/Muster/&../	**Einsetzen des gefundenen Musters als neuen Begriff**
	s/Herr/&n/	ersetzt »Herr« in »Herrn«

Tab. 3.9 Metazeichenreguläre Ausdrücke (ed, vi, sed und grep)

Einige Beispiele werden es verdeutlichen:

Wie können Sie die Trennungszeichen zwischen den einzelnen Sprüchen ersetzen durch »*** Noch'n Gedicht ***«? Beachten Sie hierbei, dass evtl. die Minuszeichen auch mitten im Text stehen könnten und dort bestehen bleiben sollen (s. Abb. 3.100).

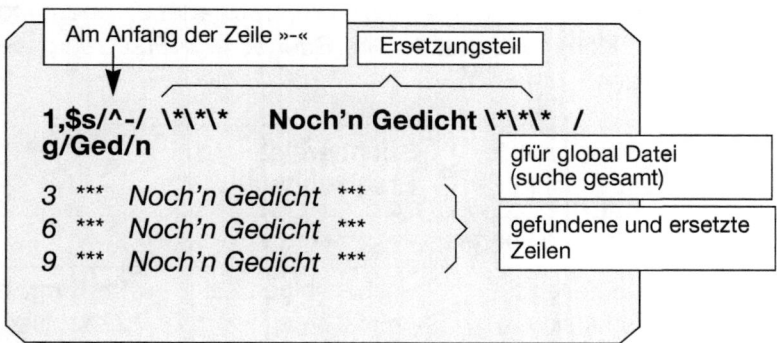

Abb. 3.100 *Beispiel: Editor ed, Suchen und Ersetzen je am Anfang einer Zeile*

Als nächstes Beispiel erfolgt in Abb. 3.101der Austausch von Gesetz in Gesetzestext:

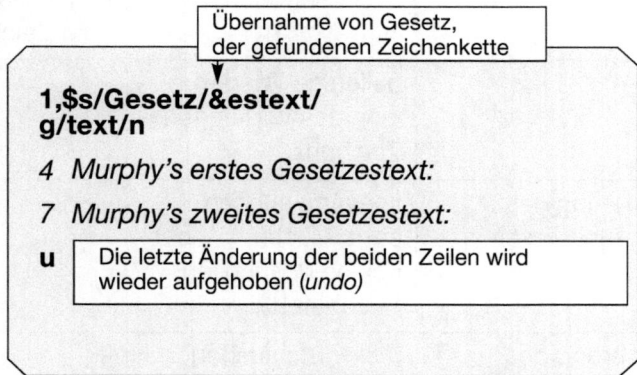

Abb. 3.101 *Beispiel: Editor ed, Suchen und Ersetzen mit Übernahme der gefundenen Zeichenkette*

Wie Sie gesehen haben, ist der *ed* besser als sein Ruf. Ein Softwareentwickler, der auf verschiedenen Linux/Unix-Systemen arbeitet, hat sogar einen wesentlichen Vorteil dieses Editors klar ausgesprochen. *»Der ed arbeitet wenigstens auf allen Systemen gleich gut, und ich muss nicht immer neue Befehle oder Funktionstasten lernen.«*

3.3.4 Übersicht der Sonderzeichen und Kommandos im ed

Tab. 3.10 soll Ihnen helfen, die unterschiedlichen Bedeutungen der Sonderzeichen zu beachten. Die Zeichen haben eine verschiedene Bedeutungen, je nachdem, ob sie im Kommandomodus, im Suchbereich/Ersetzungsteil oder sonst verwendet werden.

Zeichen	Kommandomode (Zeilenbereich)	Suchbereich und Ersetzungsteil // ??	Sonstiges:
n,n	Zeilenangabe von bis	-	-
.	aktuelle Zeile im Arbeitspuffer	ein beliebiges Zeichen	**Im Eingabemodus** Abschluss der Eingabe
$	Ende des Arbeitspuffers (letzte Zeile)	Ende der zu suchenden Zeile	
^	-	Anfang der zu suchenden Zeile	**In der Klammerung** [^] als Negation (alle Zeichen außer..)
*	-	beliebige Wiederholung des vorherigen Zeichens	-
//	Markierung des Such- und Ersetzungsbereichs	vorwärts suchen ohne Muster, Wiederholung des letzten Suchbefehls	-
??	Markierung des Such- und Ersetzungsbereichs	rückwärts suchen ohne Muster, Wiederholung des letzten Suchbefehls	-
&	-	Ersetzen der gefundenen Zeichenkette	-
[ ]	-	Markierung einer Zeichenauswahl	-

Tab. 3.10 Sonderzeichen im Editor

Zusammenfassung der wichtigsten Kommandos im ed

Tab. 3.11 enthält die wichtigsten Kommandos im *ed*.

Verwendung	Befehl/Beispiel	Bedeutung
Aufruf	ed *Datei*	Von der angegebenen Datei wird eine Kopie in den Arbeitsspeicher geladen
	ed sprueche	Es wird nur die Anzahl der Bytes angezeigt
Positionieren bzw. Angabe des Bereichs	*n* **3**	Der Arbeitszeiger wird auf die Zeile *n*, im Beispiel Zeile 3, positioniert
	n1,n2 Kommando **2,5p**	Das Kommando betrifft den Bereich *n1* bis *n2* Die Zeilen 2 bis 5 sollen angezeigt *(print)* werden
	n,$d	Von Zeile *n* bis Ende der Datei löschen *(delete)*
	4,$n	Zeile 4 bis Ende der Datei wird mit der lfd. Nummer angezeigt
	.n	Die aktuelle Zeile wird mit der lfd. Nr. angezeigt
Umschalten in den Eingabemodus	a	Text wird nach der aktuellen Zeile als neue Zeilen *ange-hängt (append)*
	n a **3a**	Nach Zeile *n*, im Beispiel Zeile 3, Text als neue Zeile anhängen
	i *n*i	*(insert)* Text als neue Zeilen vor der aktuellen Zeile einfügen, bzw. vor Zeile *n*
	1i	Beispiel vor Zeile 1
	c	*(change)* Die aktuelle Zeile wird ersetzt bzw. als Beispiel wird die Zeile 5 ersetzt. Wird mehr als eine Zeile Text eingegeben, werden die weiteren Zeilen eingefügt.
	5c	
Beenden des Eingabemodus	.	Am Anfang einer Zeile beendet er den Eingabemodus.
Suchen	*/Muster/*	Nach dem Begriff/Muster wird in der Datei **vorwärts** gesucht
	?*Muster***?**	**rückwärts** gesucht
	// ??	Zuletzt gesuchtes Muster vorwärts suchen bzw. rückwärts suchen
Ersetzen	s/*alt*/*neu*/	*substitute - ersetzen* In der aktuellen Zeile wird das erste Auftreten von alt durch neu ersetzt
	1,$s/alt/neu/g	In der gesamten Datei (1,$) wird jedes Vorkommen von *alt* durch *neu* ersetzt *(global* d.h., auch mehrfach in einer Zeile)
Löschen von Zeilen	d	*(delete)* löscht die aktuelle Zeile
	3d	Zeile 3 wird gelöscht
	4,6d	Zeilen 4 bis 6 werden gelöscht
Rückgängig machen	u	*(undo)* Der zuletzt eingegebene Befehl wird *ungeschehen* gemacht
Beenden von ed	w [*Datei*]	*(write)* Zurückschreiben des Arbeitspuffers in die beim Aufruf bzw. in mit **w** angegebene Datei
	q	*(quit)* Beenden. Falls die Datei noch nicht mit w gesichert wurde, wird eine Warnung ausgegeben
	q!	Beenden von ed ohne Sicherung

Tab. 3.11 Die wichtigsten Kommandos im ed

3.3.5 Übersicht der wesentlichen Eigenschaften des Editors vi

Der *vi* gehört nach wie vor zu den mächtigsten Editoren, die unter Linux/Unix verfügbar sind. Wenngleich es natürlich wesentlich einfacher und übersichtlicher ist, mit *KWrite* (siehe Seite 255) auf der grafischen Oberfläche Texte einzugeben. Doch der *vi* hat den Vorteil, dass er auf jedem Unix-/Linuxrechner vorhanden ist und mit und ohne grafische Oberfläche funktioniert. Im *vi* sind im Kommando-aufbau viele Parallelen zum *ed* zu erkennen. Ein wesentlicher Vorteil zum *ed* – Sie sehen den zu bearbeitenden Text auf dem Bildschirm und können mit Hilfe der Cursortasten

jeweils zu der betreffenden Stelle wandern. Die Cursortasten dürfen allerdings nicht im Eingabemodus verwendet werden (Ausnahme: der *vi* unter Linux »*vim*«. Hier sind die Cursortasten auch im Eingabemodus erlaubt). Wie im *ed* gibt es unterschiedliche Modi:

❏ den **Kommandomodus**,

❏ den **Eingabemodus** und

❏ einen *ed*-ähnlichen Modus (**ex-Modus**).

Um Text einzufügen, müssen Sie erst durch ein entsprechendes Kommando in den **Eingabemodus** umschalten. Die Texteingabe kann eingeschaltet werden durch folgende Kommandos (s. Tab. 3.12):

Kommando	Ableitung von	Bedeutung
A,a	*append*	Anhängen ans Zeilenende bzw. hinter dem Cursor
I,i	*insert*	Einfügen am Zeilenanfang bzw. vor dem Cursor
R	*replace*	Ersetzen ab Cursor
O,o	*open*	Neue Zeile über bzw. unter der aktuellen Zeile einfügen

Tab. 3.12 Kommandos für Texteingabe im vi

Der Eingabemodus wird durch die Funktionstaste Escape

abgeschlossen. Fehlt die Escape-Taste auf Ihrer Tastatur, so kann die gleiche Funktion meistens auch durch die Tastenkombination <ALT-2-7> erreicht werden, wobei zuerst die Alt-Taste gedrückt wird und dann nacheinander die Nummern auf der numerischen Tastatur eingegeben werden.

Wer schon mal mit dem *vi* gearbeitet hat, oder sich zutraut, in kürzester Zeit das Wesentlich zu lernen, kann versuchen, mit Hilfe der Schnellübersicht auf Seite 149 seine Kenntnisse aufzufrischen. Auch denjenigen, die sich nur kurz einen Überblick verschaffen wollen, ist jene Seite zu empfehlen.

Hier zeigen wir nun Schritt für Schritt, wie Sie mit dem *vi* zurechtkommen. Wie der *ed* arbeitet auch der *vi* auf einem Arbeitspuffer. Alle erfolgten Änderungen müssen durch ein Sicherungskommando in die Originaldatei zurückgeschrieben werden. Die Kommandos zum Sichern (nur im Befehlsmodus) und Beenden des *vi* sind in Tab. 3.13 aufgeführt.

Kommando	Ableitung von	Bedeutung/ Funktion
:w	*write*	Rückschreiben des Arbeitspuffers auf die Platte
:q	*quit*	Beenden des *vi* mit Warnung, falls noch nicht zurückgeschrieben wurde
:q!	*quit*	Beenden des *vi* ohne Warnung
ZZ	*Ende des Alphabets*	Zurückschreiben des Arbeitspuffers und Beenden des *vi*

Tab. 3.13 Kommandos zum Sichern und Beenden des vi

Sehen wir uns in Abb. 3.102 eine kurze »Sitzung« im *vi* an:

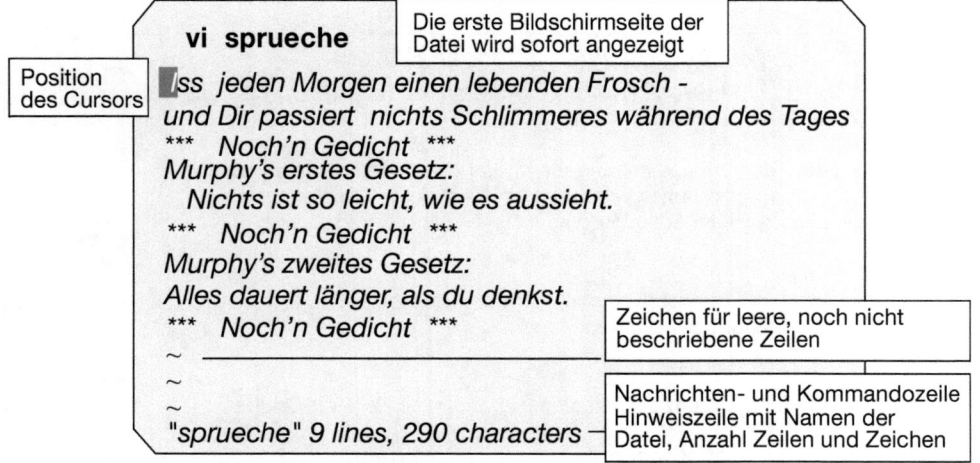

Abb. 3.102 *Beispiel: Aufruf vi*

Dieser Text weist ein paar Unschönheiten auf. In der 2. Zeile fehlt am Ende des Satzes ein Punkt. Außerdem handelt es sich hier nicht um Gedichte, sondern um Sprüche. Mit diesen Korrekturen können die Möglichkeiten zur schnellen und einfachen Korrektur im *vi* gut demonstriert werden.

Falls Sie den Text noch nicht unter dem *ed* geschrieben haben, versuchen Sie ihn unter *vi* einzugeben. Tippen Sie nach dem Aufruf **vi sprueche**, und als Nächstes ein **a**. Tippen Sie dann obigen Text ab und beenden Sie den *vi* durch die ESC-Taste und dann **ZZ**. Rufen Sie dann nochmals **vi sprueche** auf.

Um Ihnen auf unseren Beispiel-Bildschirmen (s. Abb. 3.103 und Abb. 3.104) an-zuzeigen, dass der Cursor bewegt wurde, ist

> die alte Position des Cursors mit []
> die neue Position mit ■

dargestellt.

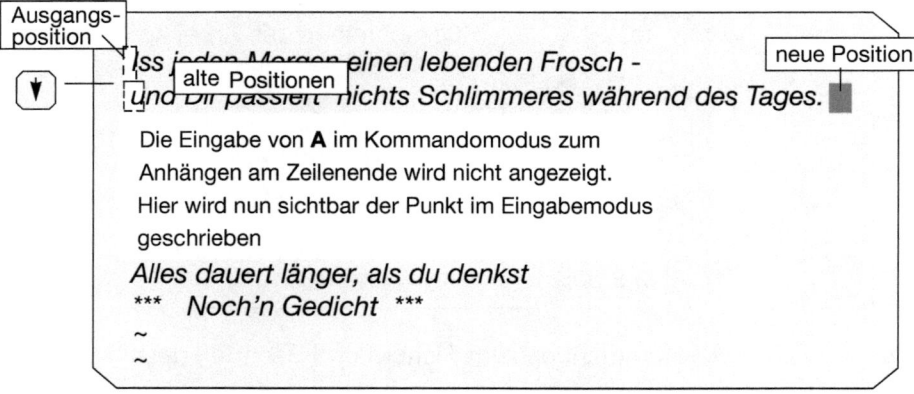

Abb. 3.103 *Beispiel: Korrekturen im vi: Anhängen am Ende der Zeile*

Iss jeden Morgen einen lebenden Frosch -
und Dir passiert nichts Schlimmeres während des Tages. []
■

Wir befinden uns im Eingabemodus und haben versehentlich
die Eingabetaste gedrückt. Um die dadurch erhaltene
Leerzeile wieder zu löschen, müssen wir zuerst die

ESC - Taste drücken,

um wieder in den Kommandomodus umzuschalten.
Hier genügt es, das Kommando

dd

einzugeben, um die versehentlich ergänzte Zeile zu löschen.

Abb. 3.104 *Beispiel: Korrekturen im vi: Umschalten in den Kommandomodus,*
Löschen einer Zeile

Um nun »Gedicht« in »Spruch« abzuändern, wollen wir an diesem Beispiel mehrere Möglichkeiten demonstrieren:

1. Ersetzen durch das Kommando **R** *(Replace) (s. Abb. 3.105)*

2. Ersetzen durch das Kommando **cw** *(change word) (s. Abb. 3.107)*

3. Suchen und Ersetzen mit den uns schon bekannten *(s. Abb. 3.108)* Ersetzungsmechanismen vom *ed*.

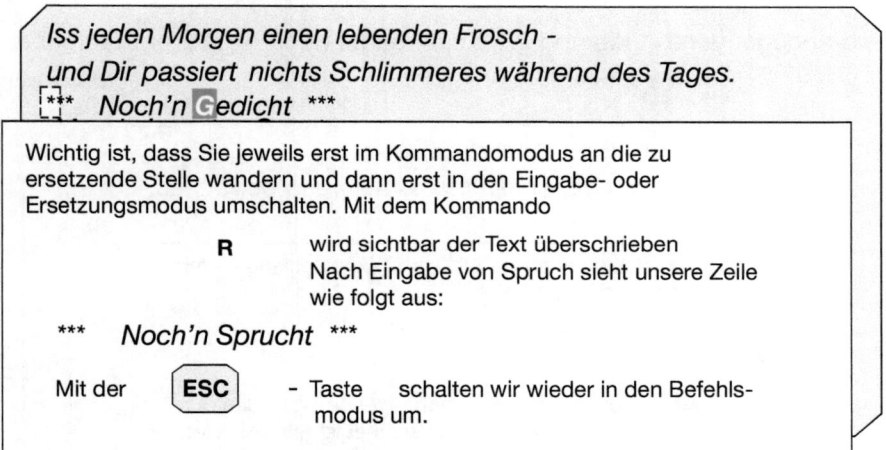

Abb. 3.105 *Beispiel: Korrekturen im vi: Ersetzen durch Kommando R*

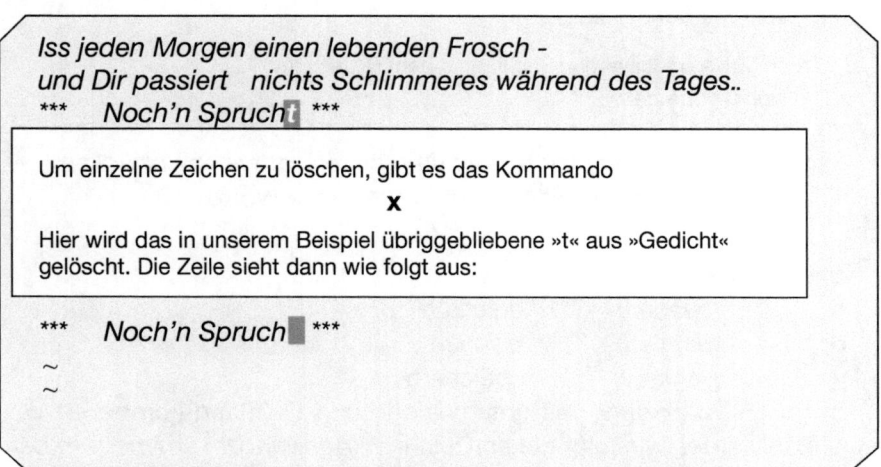

Abb. 3.106 *Beispiel: Korrekturen im vi: Löschen eines Zeichens mit x*

Sie sehen, im *vi* ist das Korrigieren von Texten *(s. Abb. 3.105 und Abb. 3.106)* wesentlich einfacher und komfortabler als im *ed*.

Abgesehen von den Cursortasten, mit denen Sie zu einer beliebigen Stelle in der gesamten Datei wandern können, stehen Ihnen im *vi* **Objekte** zur Verfügung, wie z. B.:

Zeichen	**Wort**
Zeile	**Satz** (bis zum nächsten Punkt, ! oder ?)
Klammern (auf	zu)

Solche Objekte können Sie suchen, löschen und ersetzen.

Die vorangegangene Änderung lässt sich damit noch einfacher durchführen (s. *Abb. 3.107*):

> *Iss jeden Morgen einen lebenden Frosch -*
>
> *und Dir passiert nichts Schlimmeres während des Tages.*
>
> ⌐⌐** *Noch'n* G*edicht* ***

Sie können, um an die zu ändernde Stelle im Text zu gelangen, mit dem Cursor wandern oder den Befehl

      w   für wortweises Vorrücken

verwenden. Das Kommando

      cw   ersetzt nur das nachfolgende Wort, das durch ein $ am Ende gekennzeichnet ist (statt des letzten Buchstabens):

Gedich$

weitere Eingaben werden eingefügt.

Überschreiben wir das Wort und schließen die Eingabe mit

      [**ESC**]   ab.

Unsere Zeile erscheint dann richtig auf dem Bildschirm:

*** *Noch'n Spruch*   ***

Abb. 3.107 *Beispiel: Korrekturen im vi: wortweise Vorrücken, Ersetzen (Überschreiben) eines Wortes*

Die Kommandos

c	*(change)*	ersetzen
d	*(delete)*	löschen
y	*(yank)*	speichern

können nur in Verbindung mit unterschiedlichen Objekten kombiniert werden. Die Objekte werden wie folgt gekennzeichnet *(Auswahl der am meisten benötigten Objekte)*:

Leertaste	*(blank)*	Einzelnes Zeichen
W	*(word)*	Wort mit Sonderzeichen wie ', *, "
w		Wort ohne Sonderzeichen
G	*(global)*	Ab Cursorposition bis zum Ende der Datei (Arbeitspuffer)

^	Anfang der aktuellen Zeile
$	Ende der aktuellen Zeile
(	Anfang des aktuellen Satzes
)	Ende des aktuellen Satzes

Wenn Sie die Objekte ohne Kommando angeben, können Sie damit den Cursor positionieren. Mit der *Leertaste* bewegen Sie im Kommandomodus den Cursor zeichenweise vorwärts, mit **w** wortweise. Geben Sie das **$**-Zeichen an, springt der Cursor an das Ende der Zeile. Mit **(** wird der Cursor an den Anfang des Satzes zurückgesetzt.

Wie können Sie Kommandos im vi mit Objekten kombinieren?

Kommando	*Wiederholungsfaktor*	Objektart

Zum Beispiel:

dW	Löscht das nachfolgende Wort
d3W oder **3dW**	Löscht die nachfolgenden 3 Wörter
d)	Löscht bis zum Ende des aktuellen Satzes

Wie im *ed* gibt es auch im *vi* das hilfreiche Kommando

u	(*u*ndo – ungeschehen machen) was gerade bei versehentlichem Löschen beruhigend ist. Der *vim* (also der *vi* unter Linux) erlaubt sogar, mehrere *u* hineinander, um jeweils die vorherige Aktion ungültig zu machen.

Zusätzlich wird im *vi* das im Text Gelöschte in einen Löschpuffer gespeichert. Mit dem Kommando

p	(**p**aste – überkleben, einfügen) wird das zuletzt Gelöschte nach der Cursorposition eingefügt.

Bis zu 9 Löschungen können im *vi* in unterschiedliche Löschpuffer geschrieben und zurückgeholt werden. Das Kommando wird dann mit

"*n*p	aufgerufen, wobei **"** mit angegeben werden muss und *n* jeweils die Nummer der n-letzten Löschung darstellt; p ohne Angabe entspricht der letzten (jeweils 1.) Löschung,
"2p ↑	entspricht dem an vorletzter Stelle Gelöschten, also der 2. Löschung.

Unbedingt die doppelten Anführungszeichen mit angeben!

Der *vi* bietet für größere Änderungen zusätzlich den **ex-Editor**, der letztlich eine Weiterentwicklung des **ed** ist. Die Kommandos für den *ex*-Editor werden mit einem : eingeleitet. Hierzu gehören demnach auch die Ihnen bereits bekannten Befehle für *write* und *quit* (*:w*, *:q*). Schreiben Sie im Kommandomodus einen Doppelpunkt, so springt der Cursor auf die letzte Zeile am Bildschirm und erwartet ein *ex*-Kommando. Um in unserem Beispiel alle vorhandenen Wörter »Gedicht« durch »Spruch« zu ersetzen, können wir, wie im *ed* bereits gelernt, folgenden Befehl geben:

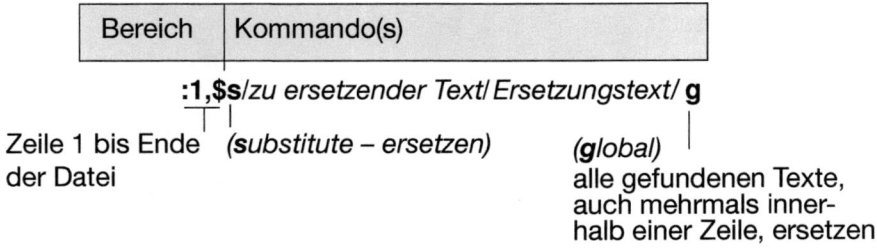

Bereich	Kommando(s)

:1,$s/*zu ersetzender Text*/ *Ersetzungstext*/ **g**

Zeile 1 bis Ende   *(substitute – ersetzen)*   *(global)*
der Datei   alle gefundenen Texte,
                                                       auch mehrmals inner-
                                                       halb einer Zeile, ersetzen

Iss jeden Morgen einen lebenden Frosch -
und Dir passiert nichts Schlimmeres während des Tages.
***   *Noch'n Spruch*   ***
Murphy's erstes Gesetz:
   Nichts ist so leicht, wie es aussieht.
***   *Noch'n Gedicht*   ***
Murphy's zweites Gesetz:
Alles dauert länger, als du denkst.
***   *Noch'n Gedicht*   ***
~
~
: 1,$s/Gedicht/Spruch/g

Nach Absenden des Kommandos wird die Datei berichtigt ange- zeigt *(aktuelle Bildschirmseite)*.

Iss jeden Morgen einen lebenden Frosch -
und Dir passiert nichts Schlimmeres während des Tages.
***   *Noch'n Spruch*   ***
Murphy's erstes Gesetz:
   Nichts ist so leicht, wie es aussieht.
***   *Noch'n Spruch*   ***
Murphy's zweites Gesetz:
~
***   *Noch'n Spruch*   ***
~

Abb. 3.108 *Beispiel: Aufruf vi: Suchen und Ersetzen im ex-Modus: s/alt/neu/*

Diese Beschreibung kann Ihnen nur eine kurze Übersicht der wichtigsten Kommandos im *vi* geben, deshalb sollen diese Beispiele genügen, um Ihnen die Vorgehensweise im *vi* zu zeigen. Am schwierigsten erscheint am Anfang der Wechsel zwischen Kommando- und Eingabemodus. Um sicher zu sein, dass Sie sich im Kommandomodus befinden, können Sie die

$$\boxed{\text{ESC}} \text{ - Taste}$$

drücken. Waren Sie bereits im Kommandomodus, ertönt ein Klingelzeichen *(Bell)*. Es bedeutet generell, dass Sie eine fehlerhafte Eingabe gemacht haben, oder eine Begrenzung erreicht haben *(Ende der Zeile* oder *Ende der Datei* bei Cursortasten etc.)*.

Verlassen wir nun den *vi*. Die einfachste und sicherste Methode ist, den *vi* mit dem Kommando

$$\text{ZZ}$$

abzuschließen (s. *Abb. 3.109)*:

> *Iss jeden Morgen einen lebenden Frosch -*
> *und Dir passiert nichts Schlimmeres während des Tages.*
> ****   Noch'n Spruch   ****
> *Murphy's erstes Gesetz:*
> *Nichts ist so leicht, wie es aussieht.*
> ****   Noch'n Spruch   ****
> *Murphy's zweites Gesetz:*
> *Alles dauert länger als du denkst.*
>
> ****   Noch'n Spruch   ****
> ~
> **ZZ**
>
> *"sprueche" 9 lines, 289 characters*
> $

> Durch das Kommando ZZ wird der Arbeitspuffer auf die beim Aufruf angegebene Datei zurückgeschrieben. Als Rückmeldung wird die Anzahl der Zeilen und Zeichen angezeigt.

Abb. 3.109 *Beenden des vi*

Im *vi* gelten im übrigen die gleichen Metazeichen wie im *ed* (Tab. 3.9 auf Seite 132).

Lassen Sie sich nicht durch die vielen Befehle und teilweise unterschiedlichen Funktionen einiger Tasten entmutigen. Sie werden feststellen, dass Sie durch Befehlskombinationen mit Objekten schnell und effizient arbeiten können – Übung macht den Meister!

Tab. 3.14 mit der Übersicht der in der Praxis am häufigsten verwendeten Kommandos soll Ihnen eine Hilfe sein, um den *vi* im Selbststudium zu erarbeiten.

3.3.6 Übersicht der häufig benutzen vi-Kommandos

Tab. 3.14: Häufig benutzte vi-Kommandos

Verwendung	Befehl/ Beispiel	Bedeutung
Aufruf	**vi** *Datei* **vi sprueche**	Von der angegebenen Datei wird eine Kopie in den Arbeitsspeicher geladen
Beenden	**:w** [*Datei*]	Schreibt in die beim Aufruf oder bei *:w* angegebene Datei zurück
	:q	Beendet den *vi* mit Warnung, falls noch nicht zurückgeschrieben wurde
	:q!	Beendet den *vi* **ohne Warnung,** falls vorher noch nicht gesichert *(:w)* wurde
	ZZ	Sichert (schreibt den Arbeitspuffer zurück) und beendet den *vi*
Cursor positionieren		Bewegung des Cursors durch die Cursortasten oder den angegebenen Buchstaben
	⇥ **oder l**	**l** wie *ludwig* nach **rechts**
	⇤ **oder h**	**h** nach **links**
	⬇ **oder j**	**j** nach **unten**
	⬆ **oder k**	**k** nach **oben**
	W oder **w**	Vorwärts gehen um ein **W**ort (Wortanfang, -ende)
	B oder **b**	(*backwards*) rückwärts gehen um ein Wort
	$	Zum Zeilenende gehen
	^	Zum Zeilenanfang gehen
	(	Zum Satzanfang
	)	Zum Satzende
	*n***G**	Gehe zur n-ten Zeile
	1G	Gehe zur **Zeile 1Dateianfang**
	4G	Gehe zur 4. Zeile
	G	Gehe zum **Ende** der Datei

Verwendung	Befehl/ Beispiel	Bedeutung
Blättern	Strg + f	Blättert eine Bildschirmseite vor
	Strg + b	Blättert eine Bildschirmseite zurück
Wechsel in den Eingabe-modus	A	*append* Text anhängen am **Zeilenende**
	a	**nach** dem Cursor
	I	*insert* Text einfügen am **Zeilenanfang**
	i	**vor** dem Cursor
	o	*open* Fügt eine Zeile **unterhalb** des Cursors ein
	O	**oberhalb** des Cursor ein
	R	*replace* Bestehende Zeichen ab Cursorposition ersetzen
	c Objekt	*change* Ersetzt das nachfolgende Objekt
	cw	*change word* Ersetzt das nachfolgende Wort
	cG	Ersetzt den nachfolgenden Text bis zum Ende der Datei
	c^	Ersetzt vom Anfang der Zeile bis zur Cursorposition
	c$	Ersetzt von der Cursorposition bis zum Ende der Zeile
	c(	Ersetzt vom Anfang des Satzes bis Cursorposition
	c)	Ersetzt von der Cursorposition bis zum Satzende
Abschluss des Eingabe-modus	ESC	Schließt die Eingabe ab und wechselt in den Kommandomodus

Verwendung	Befehl/ Beispiel	Bedeutung
Löschen	**x**	*durch-x-en (durchstreichen)* Löscht das aktuelle Zeichen, auf dem der Cursor steht
	d *Objekt*	*delete* Löscht das nachfolgende Objekt
	dw	Löscht das nachfolgende Wort
	dG	Löscht den nachfolgenden Text bis zum Ende der Datei
	d^	Löscht vom Anfang der Zeile bis zur Cursorposition
	d$	Löscht ab Cursorposition bis zum Zeilenende
	d(	Löscht vom Anfang des Satzes bis zur Cursorposition
	d)	Löscht von der Cursorposition bis zum Ende des Satzes
	dd	Löscht die aktuelle Zeile
	*n***d** **3d**	Löscht *n* Anzahl Zeilen 3 Zeilen
Übernahme aus dem Puffer	**p**	*paste (einsetzen)* Fügt das zuletzt Gelöschte (oder Gespeicherte) nach der Cursorposition ein
	"*n***p** **"***n***P** **"4p**	Fügt die *n*-te Speicherung/Löschung nach (P oberhalb) der Cursorposition ein z.B. die 4.-letzte Löschung
	xp	Vertauscht 2 Buchstaben an der Cursorposition (z.B. hc in ch)
Rückgängig machen	**u**	*undo* Das zuletzt durchgeführte Kommando wird »ungeschehen« gemacht
	U	Die aktuelle Zeile wird aus der Originaldatei wiederhergestellt

Verwendung	Befehl/ Beispiel	Bedeutung
Speichern und Einfügen	**Y** *oder* **yy**	*yank* Setzt die aktuelle Zeile in den Speicher-puffer
	p	Fügt die letzte Speicherung/Löschung nach der aktuellen Zeile ein
	"[a-z]y*Objekt*	Speichert das angegebene Objekt in den Puffer (a-z)
	*"*a**yw**	Speichert das Wort, auf dem der Cursor steht, in den Pufferspeicher »a«
	"[a-z]p	*paste* Fügt den Inhalt des Pufferspeichers (a-z) nach der Cursorposition ein
	*"*a**p**	Fügt den Inhalt des Pufferspeichers a nach der Cursorposition ein
	Vorsicht! Anführungs-zeichen nicht vergessen!	Ohne Anführungszeichen würde **a** für *append* ausgeführt
Suchen in der gesamten Datei	*/Suchbegriff*	Sucht nach dem angegebenen Muster vorwärts
	/	Wiederholt den letzten Suchvorgang (vorwärts)
	?*Suchbegriff*	Sucht nach dem angegebenen Muster rückwärts
	?	Wiederholt den letzten Suchvorgang (rückwärts)
	%	Wenn der Cursor auf einer Klammer steht, sucht dieses Kommando die dazugehörige schließende oder öff-nende Klammer
Korrektur-möglichkei-ten im Eingabe-modus	BS Strg + h	Backspace, Delete oder Strg+h löscht das zuletzt eingegebene Zeichen
	Strg + w	Löscht das zuletzt eingegebene Wort
	Strg + x	Löscht die zuletzt eingegebene Zeile
Umschalten in Ex-Modus	**:**	Hiermit können ***ed/sed**-ähnliche* Befehle eingegeben werden
	:1,$s/alt/neu/g	Suchen und Ersetzen in der gesamten Datei
	:1,$s/Herr/&n/g	Ersetzt Herr in Herrn in gesamter Datei

Verwendung	Befehl/ Beispiel	Bedeutung
Linux/Unix-Kommando	:!*Kommando* :!**date**	Führt den angegebenen Befehl aus. Gibt das Datum und Uhrzeit auf der untersten Bildschirmzeile aus. Die editierte Datei wird dadurch nicht verändert. Mit der Eingabetaste kehren Sie zum *vi* zurück
Sonstiges	Strg + l :r*Datei*	*Buchstabe klein L* Bereitet den Bildschirm neu auf *read* Liest die angegebene Datei in den Arbeitspuffer und fügt sie nach der Cursorzeile ein
	:r!*Kommando*	Führt das angegebene Kommando aus und fügt das Ergebnis hinter der aktuellen Zeile ein
	J	*join* Fügt Zeilen zusammen

Schnellübersicht für den vi

Abb. 3.110 zeigt in einer Schnellübersicht die verschiedenen Modi des *vi* und die wichtigsten Kommandos.

Aufruf: vi *Datei*

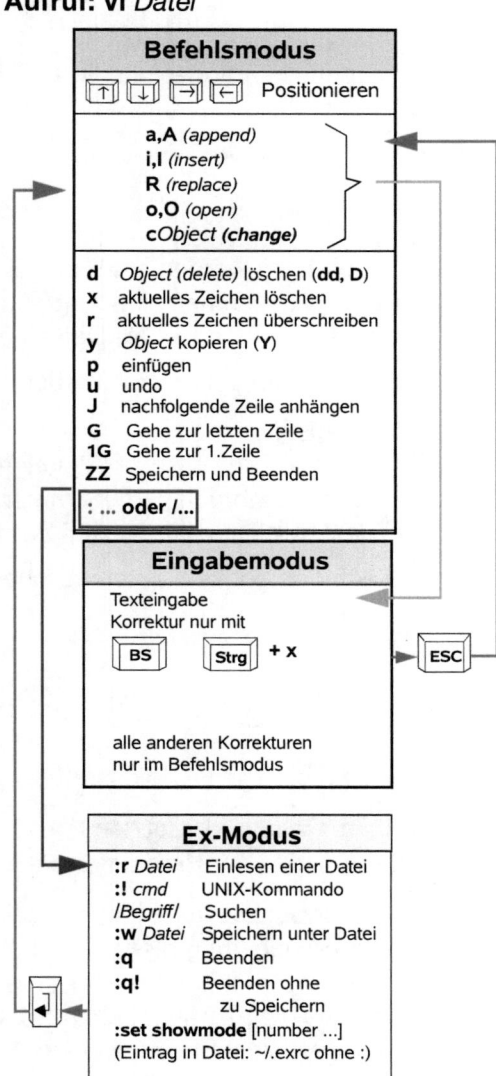

Abb. 3.110 *Schnellübersicht für den vi*

Besonderheiten im vi - im *vim* (Linux) meist schon voreingestellt

Im *vi* besteht zusätzlich die Möglichkeit, nützliche Optionen für die Verarbeitung voreinzustellen. Diese Optionen können zu Beginn der Sitzung, also nach dem

Aufruf   **vi** *Dateiname*
durch das Kommando   **:set**

eingegeben werden. Von den über 30 Optionen sind in Tab. 3.15 nur einige besonders praktische herausgesucht:

Tab. 3.15: Praktische Optionen für die Voreinstellung

Kommando	Bedeutung
:set redraw	Änderungen werden am Bildschirm sofort nachvollzogen. Ausnahmen sind Korrekturen im Eingabemodus meist als Default eingestellt
:set nore	Setzt die obige Funktion zurück
:set wm=*n*	*wrap margin* *Zeilenumbruch* Mit Angabe von *n* Anzahl Zeichen wird automatisch ein Zeilenumbruch vorgenommen, sobald die maximale Zeilenlänge der Anzahl Zeichen erreicht wurde
:set wm=0	Hiermit erfolgt kein automatischer Zeilenumbruch
:set nu	*number* Die Datei wird mit laufender Zeilennummer angezeigt
:set nonu	Setzt die obige Funktion zurück
:set showmode	Hiermit wird in der letzten Bildschirmzeile beim Eingabemodus der Hinweis »Input Mode« angezeigt
:set nomagic	Die Sonderzeichen ., [ ] und * haben dann keine Sonderbedeutung mehr, d.h., bei dem Such- und Ersetzungsmechanismus des *ex*-Modus werden sie nicht als Metazeichen behandelt. Beispielsweise gilt der Stern nicht mehr als Wiederholungsfaktor, sondern wird als Stern erkannt.
:set magic	Setzt die obige Funktion zurück
:set all	Zeigt alle eingestellten Parameter an

Alternativ können die Optionen auch in der Datei **$HOME/.exrc** gespeichert werden. Diese Datei wird beim Start von *vi* gelesen. Die Kommandos werden dann **ohne** »:« eingegeben. Mehrere Angaben können in einer Zeile stehen. Unter Linux sind viele der obengenannten Optionen bereits voreingestellt.

z. B. **set number showmode**

Eine weitere Möglichkeit ist, die Optionen der Variablen **EXINIT** mitzugeben:

**EXINIT="set number showmode"
export EXINIT**

Im *vi* können Sie sich eigene Abkürzungen setzen und sogar Befehlsfolgen speichern und damit eigene Funktionstasten belegen. Doch dies soll nur als Anmer-
kung für diejenigen von Ihnen dienen, die den *vi* mit allen Raffinessen erlernen
möchten. Im Literaturverzeichnis finden Sie Hinweise über weiter gehende Literatur.

3.3.7 Der batchorientierte Editor sed

Zum Abschluss der »kryptischen« Editoren folgt noch kurz ein Blick in den *sed*:

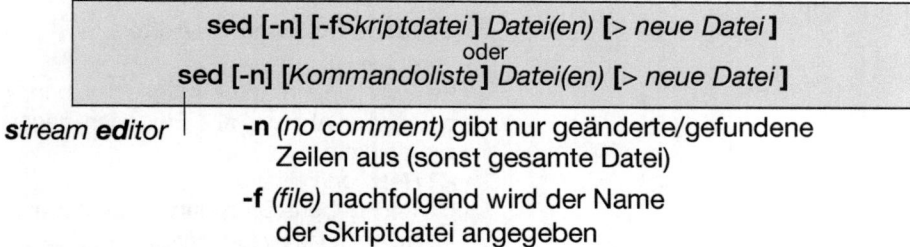

sed [-n] [-f*Skriptdatei*] *Datei(en)* [> *neue Datei*]
oder
sed [-n] [*Kommandoliste*] *Datei(en)* [> *neue Datei*]

stream editor   **-n** *(no comment)* gibt nur geänderte/gefundene
Zeilen aus (sonst gesamte Datei)

-f *(file)* nachfolgend wird der Name
der Skriptdatei angegeben

sed – Kommando, um Dateien im batch zu bearbeiten

Sie brauchen hierfür eigentlich nichts Neues mehr zu lernen. Der *sed* hat in etwa
die gleichen Befehle wie der *ed* (bzw. *vi* im ex-Modus). Batchorientiert bedeutet,
dass dieser Editor eine Datei sequentiell (eine Zeile nach der anderen) bearbeitet. Die durchzuführenden Befehle werden zu Beginn entweder in eine Skript-
Datei geschrieben oder direkt beim Aufruf mitgegeben. Beim Aufruf müssen die
für den *sed* bestimmten Befehle in Anführungszeichen gesetzt werden (am besten die einfachen Hochkommas: ' '), damit die Shell sie nicht interpretiert (siehe
Ersetzungsmechanismus Tab. 3.6 auf Seite 107). Der *sed* wird oft als Filterprogramm verwendet oder für sehr große Dateien, die von Bildschirmeditoren nicht
mehr verarbeitet werden können.

Ein kurzes Beispiel für den *sed* soll genügen:

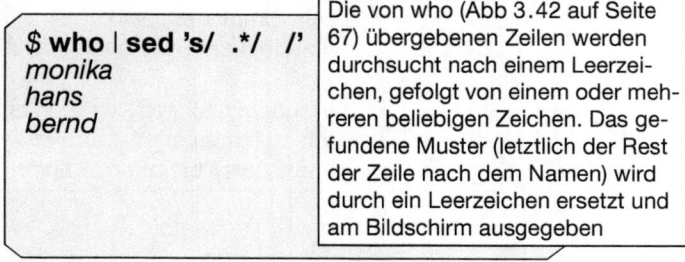

$ **who** I **sed 's/ .*/ /'**
monika
hans
bernd

Die von who (Abb 3.42 auf Seite
67) übergebenen Zeilen werden
durchsucht nach einem Leerzeichen, gefolgt von einem oder mehreren beliebigen Zeichen. Das gefundene Muster (letztlich der Rest
der Zeile nach dem Namen) wird
durch ein Leerzeichen ersetzt und
am Bildschirm ausgegeben

Abb. 3.111*Beispiel: sed als Filterprogramm*

3.3.8 Zusammenfassung der Editoren

Tab. 3.16 zeigt eine kurze Zusammenfassung der drei Editoren *ed, vi* und *sed*.

Tab. 3.16: Die Editoren ed, vi und sed

Kommandoeingabe	Funktion
ed *Dateiname* Unter Windows:**edlin**	*ed*itor **Zeilenorientierter Editor** Auch für Shell-Skripts geeignet siehe auch **Übersicht der Sonderzeichen und Kommandos im ed** auf Seite 134 und **Metazeichenreguläre Ausdrücke** auf Seite 132
vi [-rR] *Datei(en)*	*vi*sual editor **Bildschirmorientierter Editor** **-r** *recovery* Es wird ein Protokoll mitgeschrieben, das bei einem Absturz alle Eingaben nachvollziehen kann **-R** *Read only* die angegebene Datei darf mit dem *vi* nur gelesen, nicht verändert werden siehe auch **Übersicht der häufig benutzten vi-Kommandos** auf Seite 144 und **Metazeichenreguläre Ausdrücke** auf Seite 132
sed *'skript' Datei > neue_Datei* **sed -f** *skript-Datei Datei > \ neue_Datei* *Beispiel:* **sed 's/alt/neu/g' text1 >text2**	*Stream-oriented* **ed**itor **Ist ein Batchorientierter Editor** Wird keine Umleitung in eine Datei angegeben, erfolgt die Ausgabe über Bildschirm Unter script werden Kommandozeilen (etwa gleiche Syntax wie *ed* und *ex*) in Hochkomma eingegeben In Such- und Ersetzungsfunktionen können reguläre Ausdrücke verwendet werden (Metazeichen) Das Skript kann auch in einer eigenen Datei abgelegt sein, die dann mit **-f** *file* gelesen wird Von der Datei *text1* werden alle Zeichenketten alt in neu ersetzt und in *text2* gespeichert. *text1* bleibt unverändert.

3.4 Dateiverwaltung und -pflege

Sie haben gelernt, Dateien auf unterschiedliche Weise zu erstellen und zu modifizieren. In diesem Kapitel erfahren Sie nun, wie Sie Dateien aufräumen und verwalten können. Ähnlich wie Sie auf Ihrem Schreibtisch Notizzettel, Berichte, Briefe und andere Dokumente bearbeiten und in Ordnern ablegen oder weiterleiten, so sollten Sie auch in Ihrem Directory Ordnung halten. Hierzu können Sie Unter-Directories anlegen, Dateien umbenennen oder umleiten, löschen oder kopieren und wichtige oder geheime Informationen vor fremdem Zugriff schützen.

Die einzelnen Themen:

Dateiverwaltung und -pflege

Kennen Sie das Gefühl, wenn alles herumliegt und Sie keine Lust haben aufzuräumen? – Und wie wohl fühlen Sie sich, wenn Sie sich überwunden haben und die Ordnung wiederhergestellt ist! Genauso wohl sollen Sie sich in Ihrem Linux/Unix-System fühlen. Richten Sie sich ein, organisieren Sie Ihr »Home«-Directory!

Welche Organisationsmöglichkeiten stehen Ihnen zur Verfügung?

❏ **Strukturieren durch Unter-Directories.** Wie räumen Sie z. B. Ihren Schreibtisch auf? Erledigte Schriftstücke geben Sie sicher in eine Ablage, z. B. in einen Schrank mit verschiedenen Fächern und Ordnern. Die Fächer und Ordner haben Sie eingeteilt für bestimmte Bereiche (z. B. Abteilung Einkauf, Lieferanten, Rechnungen usw.). Unter Linux/Unix entsprechen Schrank und Ordner den Directories mit den jeweiligen Unter-Directories. Auf der grafischen Oberfläche ist der Dateimanager auch meist als Schrank gekennzeichnet, die einzelnen Directories als Ordner. Nützen Sie die klare Ordnung des hierarchischen Dateisystems. Sie können beliebig viele Directories nebeneinander (horizontal) oder untereinander (vertikal) einrichten. Auch gibt es kein Limit für die Anzahl der Dateien und Unter-Directories innerhalb von Directories. Herrlich, stellen Sie sich einen Schrank vor, in dem Sie nach Bedarf immer neue Fächer einrichten können. Allerdings, eine Begrenzung gibt es – die Plattenkapazität. Gruppieren Sie Ihre Dateien, und richten Sie für jede Gruppe ein eigenes Directory ein.

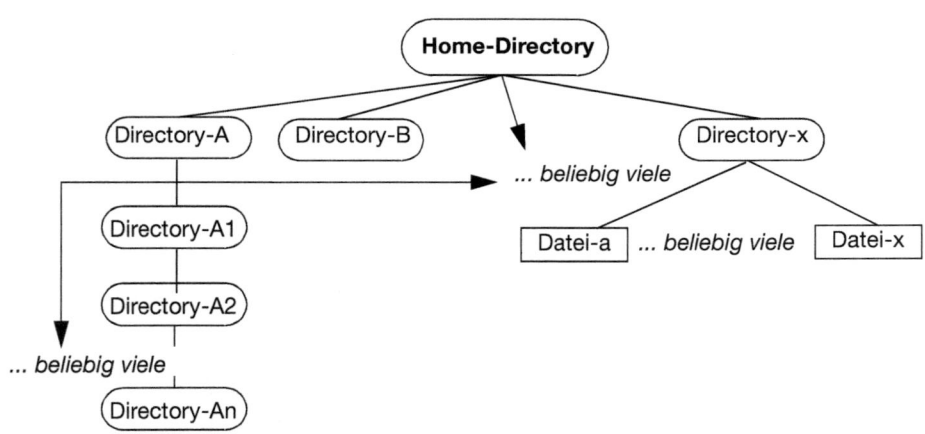

Abb. 3.112 *Beispiel Strukturierung durch Directories*

Verwenden Sie jedoch Namen, die klar den Inhalt des Directories bezeichnen.

❏ **Eindeutige Bezeichnung der Directories und Dateien**. Für Namen für Dateien und Directories können bis zu 256 Stellen genutzt werden. Vermeiden
Sie allerdings Sonderzeichen und die Umlaute der deutschen Sprache (ä, Ä,
ö, Ö, ü, Ü), da nicht auf allen Systemen die internationalen Zeichensätze
unterstützt werden. Hauptsächlich dann sollten Sie auf Umlaute verzichten,
wenn Sie öfters mit Windows-Rechner Daten austauschen. Sie wissen zwischenzeitlich, dass es unter Umständen unangenehme Folgen hätte, eine
Datei mit dem Namen »*« zu löschen. Deshalb nocheinmal zur Wiederholung:

▷ Verwenden Sie als Datei- oder Directory-Namen nur die Groß- und Kleinbuchstaben (**A-Z**, **a-z**), den Bindestrich und Unterstreichungsstrich
oder den Punkt (**-**, **_**, **.**), wobei diese Zeichen nicht am Anfang eines
Namens stehen sollten. Der Punkt am Anfang eines Namens kennzeichnet »versteckte Dateien«. Für den Systemverwalter sind mit Punkt
beginnende Dateien immer sichtbar. Wie »normale« Benutzer diese
versteckte Dateien auffinden, erfahren Sie noch in diesem Kapitel.

Die Trennung zwischen Directories und Dateien wird in der Pfadbezeichnung
durch den Schrägstrich / erreicht. Somit ergibt sich auch durch den Pfad eine
aussagefähige Bezeichnung der Datei.

Angenommen, Sie hätten Informationen über Versicherungen im Rechner
gespeichert, so könnte eine übersichtliche Unterteilung wie in Abb. 3.113
aussehen:

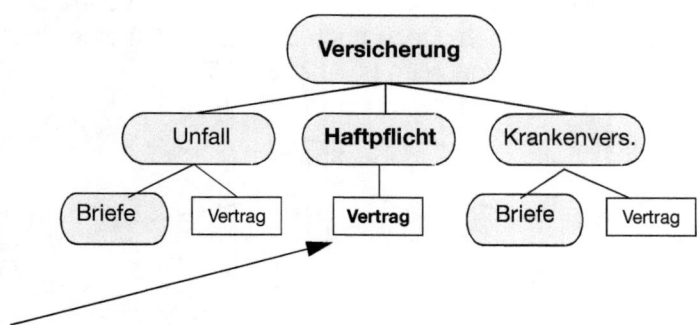

Die Datei muss also nicht *Haftpflichtversicherungsvertrag* genannt werden, sondern sie wird durch den Pfad genau bezeichnet:

Versicherung/Haftpflicht/Vertrag

Abb. 3.113 *Mögliche Strukturierung von Versicherungsinformationen*

Sie können natürlich auch den vollständigen Namen verwenden, falls Sie den
Vertrag verschicken oder versehentlich falsch ablegen. Beginnen Sie mit der Organisation Ihres Übungs-Directories. Sehen Sie sich Ihr Directory an. Um sicher
zu gehen, kontrollieren Sie vorab, ob Sie auch wirklich in Ihrem Home-Directory
sind. Mit dem Kommando *ls (list)* erhalten Sie zwar eine alphabetische Ordnung

angezeigt, doch werden Sie sicher zustimmen, dass Sie mit einer Unterteilung nach »Bereichen« eine bessere Übersicht erzielen.

Abb. 3.114 zeigt ein Übungsbeispiel, um sich die »nähere Umgebung« anzusehen:

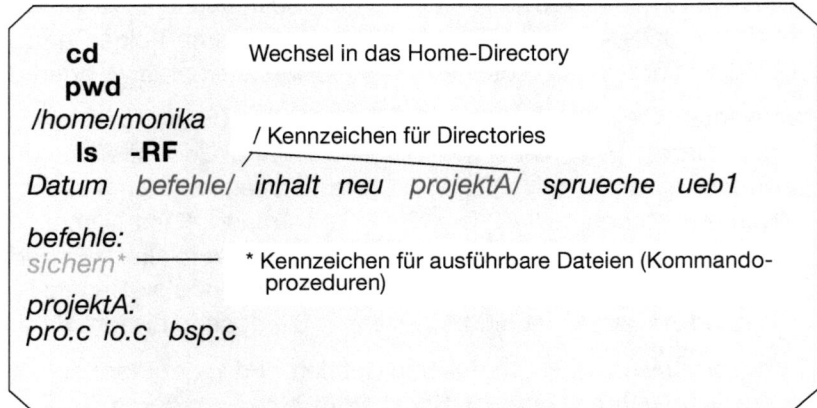

Abb. 3.114 *Beispiel: Listen, Anzeigen von Directories/Dateien (ls -RF)*

Unter Linux wird die Darstellung mit *ls* auch noch farblich hervorgehoben.

In unserem Beispiel sind bereits 2 Unter-Directories enthalten und nur wenige Dateien bisher angelegt worden. Doch auch hier ließe sich eine Strukturierung nach folgenden Bereichen vornehmen (s. Abb. 3.115):

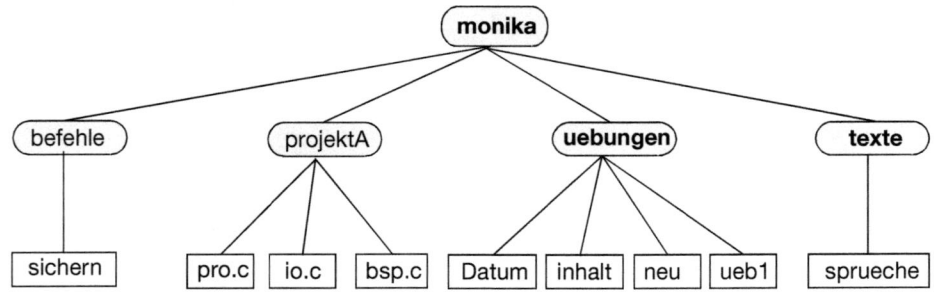

Abb. 3.115 *Beispiel: Dateibaum – neue Aufteilung im Übungs-Directory /home/monika*

Um die Aufteilung nach obigem Muster in unserem Beispiel nachzuvollziehen, sind die Directories »*uebungen*« und »*texte*« neu angelegt worden.

3.4.1 Neuanlegen und Löschen von Directories

Um Directories neu anzulegen, gibt es das Kommando **mkdir**.

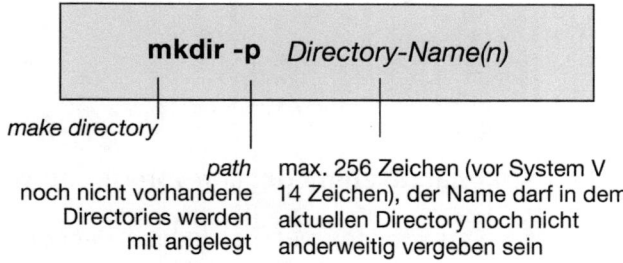

mkdir -p *Directory-Name(n)*

make directory

path noch nicht vorhandene Directories werden mit angelegt	max. 256 Zeichen (vor System V 14 Zeichen), der Name darf in dem aktuellen Directory noch nicht anderweitig vergeben sein

mkdir – Kommando zum Anlegen von Directories

Der Name des Directories kann auch mit dem gesamten Pfadnamen angegeben werden. Mit der Option *-p* können alle nötigen Directories mit angelegt werden. In unserem Beispiel befinden wir uns in */home/monika* und legen hier die Directories *uebungen, texte* und *a* an:

```
mkdir uebungen texte a
ls   -l
-rw-r--r--      1   monika   kurs        29   Jun 20    9:26  Datum
dr wxrwxr-x     2   monika   kurs      4096   Oct  19   15:20  a
dr wxrwxr-x     2   monika   kurs      4096   Feb   7    8:30  befehle
-rw-r--r--      1   monika   kurs        22   Jun 20    9:27  inhalt
-rw-r--r--      1   monika   kurs       245   Jun 20   21:04  neu
dr wxrwxr-x     2   monika   kurs      4096   Feb   7    8:30  projektA
-rw-r--r--      1   monika   kurs       289   Sep 28   21:32  sprueche
dr wxrwxr-x     2   monika   kurs      4096   Oct  19   15:20  texte
-rw-rw-r--      1   monika   kurs     12489   Feb   7    8:35  ueb1
dr wxrwxr-x     2   monika   kurs      4096   Oct  19   15:20  uebungen
```

Referenzzähler

Benutzer-name Gruppe Größe in Bytes Datum der letzten Änderung

d = Directory
- = normale Datei

Name der Datei

Abb. 3.116 *Beispiel: Anlegen von Directories – (mkdir und ls -l)*

In Abb. 3.116 sind die neuangelegten Directories mit einer helleren Schraffur hervorgehoben. Die Zugriffsrechte von Directories und Dateien werden beim Neuanlegen so gesetzt, wie sie vom Systemverwalter zunächst definiert wurden (Datei */etc/profile*). Wie Sie selbst diese Zugriffsrechte ändern können und welche besondere Bedeutung sie für Directories haben, erfahren Sie ein paar Seiten später. Vorab wollen wir uns noch mit dem Aufräumen beschäftigen.

Wir haben beim Neuanlegen ein Directory mit dem Namen »a« angelegt, das wir aber nicht benötigen. Um Directories zu löschen, gibt es ein eigenes Kommando:

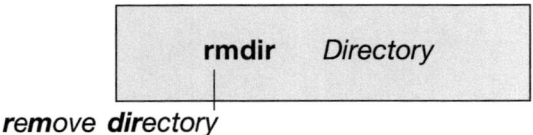

remove directory

rmdir – Kommando zum Löschen von Directories

Um ein Directory löschen zu können, muss es jedoch »leer« sein, d.h., alle in dem Directory eventuell enthaltenen Dateien müssen vorab mit **rm** gelöscht werden bzw. eventuelle Unter-Directories mit **rmdir**. Diese müssen natürlich auch wiederum »leer« sein. Später werden wir noch ein mächtigeres Kommando kennenlernen, das unabhängig vom Inhalt Directories und deren Inhalte löscht. Doch arbeiten wir erst einmal mit dem sicheren Kommando. Um das unnötig angelegte Directory »a« wieder zu löschen, wird Folgendes eingegeben (s. Abb. 3.117):

```
rmdir  a
   ls  -l
-rw-r--r--      1  monika   kurs       29  Jun 20    9:26  Datum
dr wxrwxr-x     2  monika   kurs     4096  Feb  7    8:30  befehle
-rw-r--r--      1  monika   kurs       22  Jun 20    9:27  inhalt
-rw-r--r--      1  monika   kurs      245  Jun 20   21:04  neu
dr wxrwxr-x     2  monika   kurs     4096  Feb  7    8:30  projektA
-rw-r--r--      1  monika   kurs      289  Sep 28   21:32  sprueche
dr wxrwxr-x     2  monika   kurs     4096  Oct 19   15:20  texte
-rw-rw-r--      1  monika   kurs    12489  Feb  7    8:35  ueb1
dr wxrwxr-x     2  monika   kurs     4096  Oct 19   15:20  uebungen
   rmdir projektA
rmdir:     projektA not empty    Wird versucht, ein nicht leeres Directory zu
                                 löschen, erscheint eine Fehlernachricht:
                                 projektA ist nicht leer
```

Abb. 3.117 Beispiel: Löschen von Directories – rmdir

Um nun die Dateien in die neu eingerichteten Directories zu bringen, können wir zur besseren Anschauung beides versuchen:

❑ Die Dateien vom aktuellen Directory in das neue Directory **kopieren. Kontrollieren**, ob auch alle Dateien im neuen Directory vorhanden sind. **Löschen** der Dateien im alten Directory.

❑ Die Dateien gleich in das neue Directory **hinüberschieben**, bewegen (move). Damit sind sie im bisherigen Directory nicht mehr vorhanden.

3.4.2 Kopieren, Löschen und Umbenennen von Dateien

Das Kommando zum Kopieren von Dateien kann unterschiedlich genutzt werden:

1. Kopieren
   einer Datei

| **cp**   *Dateiname-alt*   *Dateiname-neu* |

copy   zu kopierende   neu zu erstellende
          Datei   Datei

cp – Kommando zum Kopieren einer Datei

Mit dieser Angabe können Sie jeweils nur eine Datei kopieren. Sehen wir uns hierzu das Beispiel in Abb. 3.118 an. Kopieren wir die Datei »neu« und geben der neuen Datei den Namen »neuer«:

```
cp neu neuer
  ls   -l
-rw-r--r--      1   monika   kurs       29   Jun 20   9:26   Datum
dr wxrwxr-x     2   monika   kurs     4096   Feb  7   8:30   befehle
-rw-r--r--      1   monika   kurs       22   Jun 20   9:27   inhalt
-rw-r--r--      1   monika   kurs      245   Jun  6  21:04   neu
-rw-r--r--      1   monika   kurs      245   Oct 19  17:45   neuer
dr wxrwxr-x     2   monika   kurs     4096   Feb  7   8:30   projektA
-rw-r--r--      1   monika   kurs      289   Sep 28  21:32   sprueche
dr wxrwxr-x     2   monika   kurs     4096   Oct 19  15:20   texte
-rw-rw-r--      1   monika   kurs    12489   Feb  7   8:35   ueb1
dr wxrwxr-x     2   monika   kurs     4096   Oct 19  15:20   uebungen
```

kopierte Datei mit neuem Datum

Abb. 3.118 Beispiel: Kopieren einer Datei – cp

Die Datei wird mit den gleichen Zugriffsrechten erstellt und erhält als Erstellungs- und letztes Änderungsdatum das aktuelle Datum. Der Benutzer, der eine Datei kopieren will, muss berechtigt sein, die zu kopierende Datei zu lesen, und muss Schreiberlaubnis für das Directory haben, in dem die neue Datei erzeugt wird.

Der Benutzer wird auch zugleich »*Besitzer*« der neu angelegten Datei – auch dann, wenn ihm die »*alte*« Datei nicht gehört. Falls Sie auf Ihrem Rechner die Datei */usr/lib/cookies* haben, können Sie diese in Ihr Directory kopieren und sind dann berechtigt, diese kopierte Datei zu ändern.

In Abb. 3.119 sehen Sie dazu das Übungsbeispiel:

ls -l /usr/lib/cookies								
-rw-r--r--	1	bin	bin	101699	Feb	8	1984	cookies
cp /usr/lib/cookies kekse			zu kopierende Datei					
ls -l								
-rw-r--r--	1	monika	kurs	29	Jun	20	9:26	Datum
dr wxrwxr-x	2	monika	kurs	4096	Feb	7	8:30	befehle
-rw-r--r--	1	monika	kurs	22	Jun	20	9:27	inhalt
-rw-r--r--	1	monika	kurs	101699	Oct	19	17:55	kekse
-rw-r--r--	1	monika	kurs	245	Jun	6	21:04	neu
-rw-r--r--	1	monika	kurs	245	Oct	19	17:45	neuer
dr wxrwxr-x	2	monika	kurs	4096	Feb	7	8:30	projektA
-rw-r--r--	1	monika	kurs	289	Sep 28		21:32	sprueche
dr wxrwxr-x	2	monika	kurs	4096	Oct	19	15:20	texte
-rw-rw-r--	1	monika	kurs	12489	Feb	7	8:35	ueb1
dr wxrwxr-x	2	monika	kurs	kopierte Datei mit neuem Datum,				ungen
				neuem Besitzer und Gruppe				

Abb. 3.119 Beispiel: Kopieren einer Datei – cp
statt /usr/lib/cookies könnte auch /etc/inittab oder /etc/profile kopiert werden

Die andere Möglichkeit **cp** zu verwenden, ist, mehrere Dateien gleichzeitig zu kopieren. Das Ziel muss dann ein Directory sein und als letzter Parameter angegeben werden. Die Dateien werden in dem Ziel-Directory mit gleichem Namen angelegt.

2. Kopieren von einer oder **mehreren** Dateien **in ein Directory**

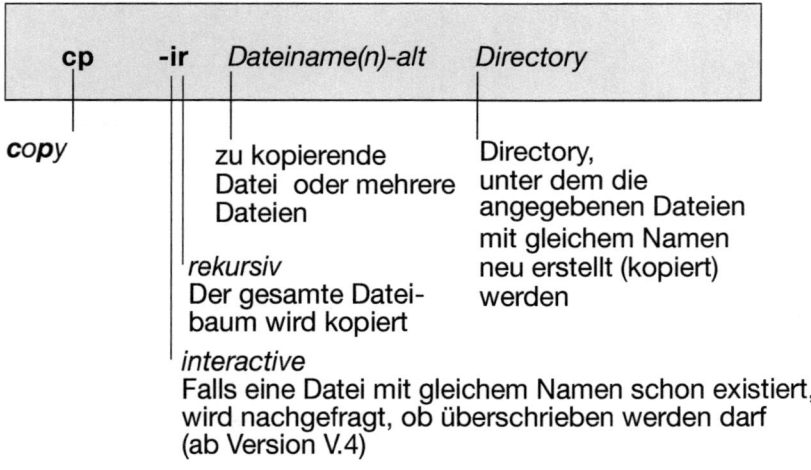

cp	**-ir**	*Dateiname(n)-alt*	*Directory*

copy

zu kopierende
Datei oder mehrere
Dateien

rekursiv
Der gesamte Datei-
baum wird kopiert

interactive
Falls eine Datei mit gleichem Namen schon existiert,
wird nachgefragt, ob überschrieben werden darf
(ab Version V.4)

Directory,
unter dem die
angegebenen Dateien
mit gleichem Namen
neu erstellt (kopiert)
werden

cp – Kommando, um Dateien in ein Directory zu kopieren

Wir verwenden diese Form des *cp*-Kommandos, um in unserem Directory Ordnung zu schaffen. Wir wollen die vorhandenen Dateien in Unter-Directories ablegen. Hierbei werden wir zwei Vorgehensweisen demonstrieren (s. Abb. 3.120):

1. Alle »Übungsdateien« kopieren wir in das Directory *uebungen,* kontrollieren die Kopie und löschen dann die doppelt vorhandenen Dateien in unserem Home-Directory.

```
ls  -l uebungen
total 0

cp Datum inhalt neu neuer ueb1 uebungen
ls  -l uebungen              kopierte Dateien mit neuem Datum
-rw-r--r--        1   monika    kurs         29   Oct   19    18:10  Datum
-rw-r--r--        1   monika    kurs         22   Oct   19    18:10  inhalt
-rw-r--r--        1   monika    kurs        245   Oct   19    18:10  neu
-rw-r--r--        1   monika    kurs        245   Oct   19    18:10  neuer
-rw-rw-r--        1   monika    kurs      12489   Oct   19    18:10  ueb1

rm Datum inhalt neu neuer ueb1      Löschen der alten Dateien
```

Abb. 3.120 *Beispiel: Kopieren von mehreren Dateien in ein Directory – cp*

2. Wir sehen uns unser Home-Directory an, von dem aus wir bisher alle Kommandos durchgeführt haben *(working directory),* und räumen noch die restlichen Dateien auf.

▷ **Doch Vorsicht!** Besteht schon eine andere Datei mit dem neu zu vergebenden Namen, so wird sie überschrieben! Verwenden Sie deshalb beim Kopieren die Option **-i**, die Sie davor schützt.

Es gibt unter Linux/Unix keine Möglichkeit, gelöschte oder überschriebene Dateien zurückzubekommen! – Es sei denn, Sie haben eine Sicherung *(ein Backup)* erstellt – doch davon später.

Abb. 3.121 zeigt noch ein kurzes Beispiel, wie Sie einen ganzen Dateibaum mit *cp* kopieren können. Angenommen, Hans will sich das Directory *texte* von Monika kopieren, so gibt er Folgendes an:

```
pwd
/home/hans
ls -FR
befehle/      projektB/
cp  -r ../monika/texte texte
ls  -l texte
-rw-r--r--   1  hans  kurs        101699   Nov 2  8:55   kekse
-rw-r--r--   1  hans  kurs           289   Nov 2  8:55   sprueche
```

Abb. 3.121 *Beispiel: Kopieren eines Dateibaumes mit cp -r*

Das Directory *texte* wurde in dem obigen Beispiel mit angelegt, evtl. Unter-Directories würden ebenfalls mit kopiert werden.

Das Löschkommando haben wir kurz bei dem Thema Dateinamenexpansion besprochen. Es hat folgende Form:

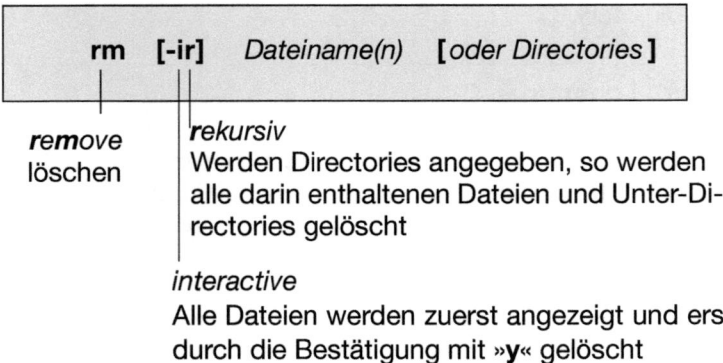

rm   [-ir]   *Dateiname(n)*   [*oder Directories*]

*rem*ove
löschen

rekursiv
Werden Directories angegeben, so werden alle darin enthaltenen Dateien und Unter-Directories gelöscht

interactive
Alle Dateien werden zuerst angezeigt und erst durch die Bestätigung mit »**y**« gelöscht

rm – Kommando zum Löschen von Dateien und Dateibäumen

▷ Dieses Kommando **löscht** nicht nur schnell und **unwiderruflich**, es kann auch gesamte Dateibäume – Dateisysteme zerstören oder restlos vernichten.

Ich muss gestehen, ich habe lange überlegt, ob ich die Option *-r (rekursiv)* in diesem Einführungskurs überhaupt erwähnen soll. Doch es ist immer besser, die Gefahr zu kennen und zu meiden, als blind in sie hineinzulaufen. Bevor Sie *rm -r* eingeben, sollte Ihnen stets bewusst sein, was Sie löschen. Überprüfen Sie, in welchem Directory Sie sind, und kontrollieren Sie dreimal Ihre Eingabezeile.

Eine andere Möglichkeit, »auf Nummer sicher« zu gehen, ist das Kommando zusammen mit der Option *-i* aufzurufen. Bei der Eingabe *rm -ir* wird Ihnen jede zu löschende Datei mit Namen und einem Doppelpunkt am Bildschirm angezeigt. Sie müssen durch den Buchstaben »**y**« *(für yes)* bestätigen, dass Sie mit der Löschung einverstanden sind. Bei jeder anderen Eingabe, also auch nur dem Auslösen der Eingabetaste, bleibt die Datei erhalten.

Das Kommando *rm -r* hat natürlich seine Berechtigung, wenn Sie bewusst einen Dateibaum löschen wollen. Sicher wird dieses Kommando eher von Systemverwaltern benutzt werden, die Umorganisationen durchführen. Sie erinnern sich, dass mit dem Kommando *rmdir* nur leere Directories gelöscht werden können. Wenn das zu löschende Directory aus einer Reihe von Unter-Directories besteht, kann die Löschaktion recht langwierig werden, da Sie vom untersten Unter-Directory beginnend erst alle Dateien löschen müssten. Das Kommando

rm -r /home/monika

würde den gesamten Dateibaum ab */home/monika* »ratzeputz« löschen. Mit dem *rm*-Kommando spielt man nicht und sollte es auch nicht ohne Absicherung benutzen. Gedulden wir uns deshalb bis zu Kapitel 3.5, in dem wir die Sicherung von Dateien behandeln *Backup)*. In der Korn-Shell und der Bash gibt es eine Möglichkeit, das *rm*-Kommando zu entschärfen: Man bildet einen *alias* für rm, der dann grundsätzlich *rm -i* aufruft (hierzu mehr im Kapitel 3.8.5 (Der Alias-Mechanismus), Seite 312).

Lernen wir nun ein Kommando kennen, mit dem wir Dateien umbenennen können. Auch dieses Kommando ist nicht ganz ungefährlich. Besteht nämlich bereits eine Datei mit dem neu zu vergebenden Namen, so wird diese überschrieben. Das Kommando lautet *mv (move – bewegen)*. Dieses Kommando hat ebenso zwei Funktionen wie das *cp*-Kommando. Sie können es einmal verwenden, um eine Datei umzubenennen, zum anderen können Sie Dateien in ein anderes Directory »*schieben*«.

1.

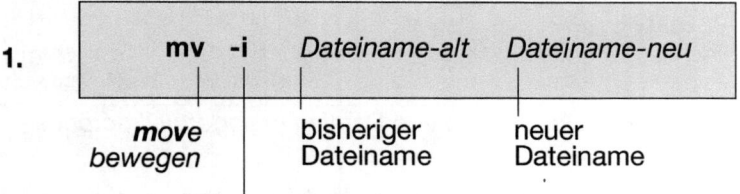

mv – Kommando, um eine Datei umzubenennen

2.

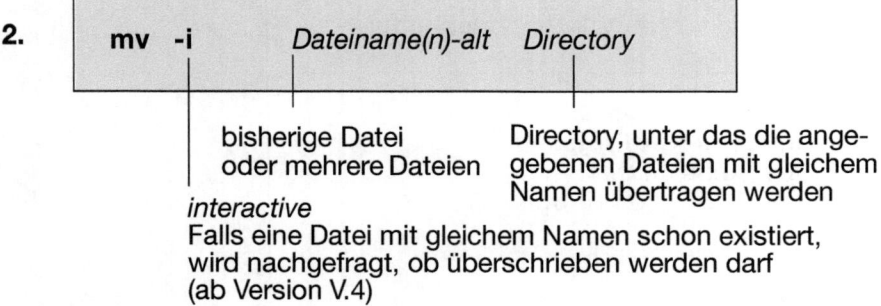

mv – Kommando, um Dateien in ein anderes Directory zu schieben

Sehen wir uns gleich in Abb. 3.122 die 2. Funktion von *mv* an, Dateien von einem Directory in ein anderes Directory zu »*schieben*«. Hiermit können Sie z.B. **Aufräumarbeiten** schneller als mit *cp* und *rm* durchführen, da die »alten« Dateien nicht gesondert gelöscht werden müssen.

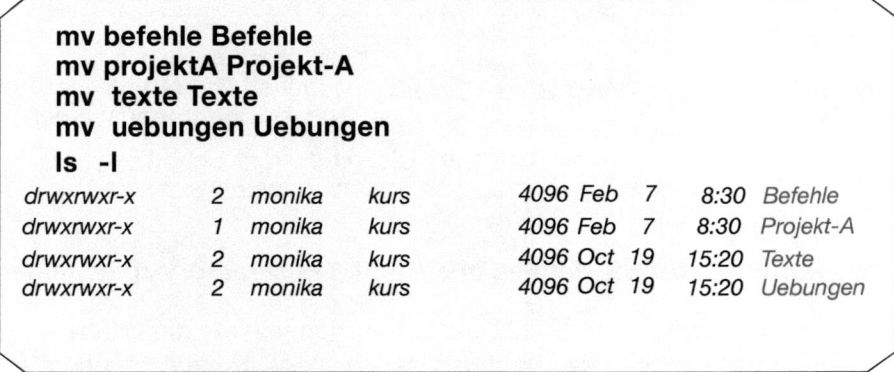

```
ls   -l
dr wxrwxr-x      2 monika      kurs        4096  Feb  7    8:30  befehle
-rw-r--r--       1 monika      kurs      101699  Oct 19   17:55  kekse
dr wxrwxr-x      1 monika      kurs        4096  Feb  7    8:30  projektA
-rw-r--r--       1 monika      kurs         289  Sep 28   21:32  sprueche
dr wxrwxr-x      2 monika      kurs        4096  Oct 19   15:20  texte
dr wxrwxr-x      2 monika      kurs        4096  Oct 19   15:20  uebungen
    mv [ks]* texte
    ls   -l
dr wxrwxr-x      2 monika      kurs        4096  Feb  7    8:30  befehle
dr wxrwxr-x      1 monika      kurs        4096  Feb  7    8:30  projektA
dr wxrwxr-x      2 monika      kurs        4096  Oct 19   15:20  texte
dr wxrwxr-x      2 monika      kurs        4096  Oct 19   15:20  uebungen
    ls   -l texte
-rw-r--r--       1 monika      kurs      101699  Oct 19   17:55  kekse
-rw-r--r--       1 monika      kurs         289  Sep 28   21:32  sprueche
```

Abb. 3.122 Beispiel: Übernahme von Dateien in andere Directories – mv

Da in unserem Directory nur noch die beiden Textdateien vorhanden sind, haben wir unsin Abb. 3.122 die Aufräumarbeit zusätzlich durch die Dateinamenexpansion mit Metazeichen erleichtert.

Wenn wir schon Ordnung machen, dann lassen Sie uns auch gleich etwas Kosmetik vornehmen. Unsere Directories sind zwar mit einem »d« gekennzeichnet, aber noch besser sind sie als Directories zu erkennen, wenn sie z.B. mit Großbuchstaben beginnen. In Abb. 3.123 sehen wir auch gleich die
1. Anwendung von **mv** zur **Umbenennung**:

```
    mv befehle Befehle
    mv projektA Projekt-A
    mv  texte Texte
    mv  uebungen Uebungen
    ls  -l
drwxrwxr-x      2  monika      kurs       4096 Feb  7    8:30  Befehle
drwxrwxr-x      1  monika      kurs       4096 Feb  7    8:30  Projekt-A
drwxrwxr-x      2  monika      kurs       4096 Oct 19   15:20  Texte
drwxrwxr-x      2  monika      kurs       4096 Oct 19   15:20  Uebungen
```

Abb. 3.123 Beispiel: Umbenennen von Dateien oder Directories – mv

In unseren Übungen haben wir u.a. eine Datei *Datum* angelegt. Wollen wir konsequent normale Dateien mit Kleinbuchstaben beginnen lassen, müssten wir diese Datei in *datum* umbenennen. In der Praxis könnte so eine Umbenennung zur Folge haben, dass ein früheres Programm auf den ursprünglichen Namen der Datei zurückgreift. Um deshalb beide Namen gelten zu lassen, gibt es ein Kommando, mit dem mehrere Namen für ein und dieselbe Datei vergeben werden können. Der Platz auf der Platte wird dadurch nicht doppelt belegt, da der zusätzliche Namenseintrag im Directory festgehalten wird. Der Inhalt der Datei ist nur einmal vorhanden. Das Kommando lautet:

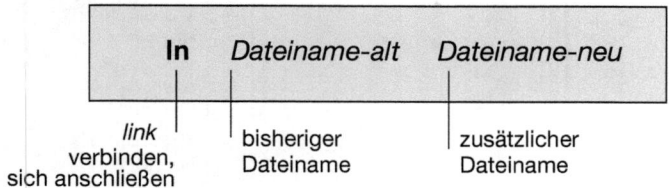

ln	*Dateiname-alt*	*Dateiname-neu*
link verbinden, sich anschließen	bisheriger Dateiname	zusätzlicher Dateiname

ln – Kommando, um einen weiteren Dateinamen zu vergeben
(»*Hardlink*« oder »*regulärer Link*«)

Die Vergabe von einem zusätzlichen Namen für eine Datei kann nur auf der gleichen Platte (Plattenpartition – siehe Seite 190) erfolgen. Auf Directories[*] kann kein »*Hardlink*« erfolgen.

Um nicht lange Pfadnamen mit angeben zu müssen, wechseln wir vorab in das Directory *Uebungen*:

```
cd Uebungen

ln Datum datum
Referenzzähler (link count)   = 2 : Hinweis, dass 2 Dateinamen existieren
ls -l                                     gleiche Dateigleiches Datum
-rw-r--r--    2  monika   kurs       29   Oct  19   18:10  Datum
-rw-r--r--    2  monika   kurs       29   Oct  19   18:10  datum
-rw-r--r--    1  monika   kurs       22   Oct  19   18:10  inhalt
-rw-r--r--    1  monika   kurs      245   Oct  19   18:10  neu
-rw-r--r--    1  monika   kurs      245   Oct  19   18:10  neuer
-rw-rw-r--    1  monika   kurs    12489   Oct  19   18:10  ueb1
```

Abb. 3.124 *Beispiel: zusätzliche Namensvergabe für Dateien – ln*

Um zu sehen, was in unserem Dateisystem hierbei verändert wurde, können wir uns mit dem *ls*-Kommando die zusätzlichen Attribute anzeigen lassen. In Abb. 3.124 sehen wir, dass der Referenzzähler für die Dateien *Datum* und *datum* jeweils »2« ist, d.h., zwei Dateinamen existieren. Wird eine der beiden Dateien (*Datum* oder *datum*) gelöscht, bleibt der Inhalt der Originaldatei trotzdem erhal-

---

[*] Um einen Link auf ein Directory vorzunehmen, gibt es den sog. symbolischen Link ln -s, der auch plattenübergreifend verwendet werden kann.

ten. Erst wenn keine Link-Dateien mehr bestehen (Referenzzähler ist 1), wird auch der Inhalt der Datei mitgelöscht.

Um plattenübergreifend ebenfalls Verbindungen zu Dateien oder auch Directories herzustellen, gibt es den »*symbolischen Link*«:

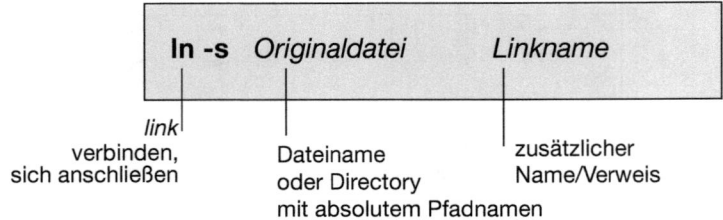

In – Kommando, um einen Verweis zu einer bestehenden Datei zu erstellen (»*symbolischer Link*« oder »*Softlink*«)

Sehen Sie sich hierzu auf Ihrem System mit

Is -I /bin

die darin enthaltenen Dateien einmal an. Sie werden dort wahrscheinlich eine Reihe von merkwürdigen Dateibezeichnungen mit einem Pfeil finden. Der Pfeil weist auf die Originaldatei hin, die u.U. sogar auf einem anderen Rechner im Netz zu finden sein kann. Auf diese Weise können größere Dateien/Directories auf eine andere Platte ausgelagert werden. Da jedoch speziell bei */bin* die Linux/Unix-Befehle gesucht werden, wird hier über den symbolischen Link beim Aufruf eines Programms auf die Originaldatei verwiesen.

Wir können hierzu selbst ein kleines Beispiel erstellen (s. Abb. 3.125): Wir wollen das Directory */home/monika/Uebung* für alle zugänglich machen und legen deshalb im Directory */tmp*, das für alle Benutzer Schreib- und Leseerlaubnis gesetzt hat, einen Verweis mit dem Namen Uebung an. (Monika muss natürlich die Schreib- Leserechte in ihrem Directory *Uebung* auch entsprechend setzen – doch davon später.)

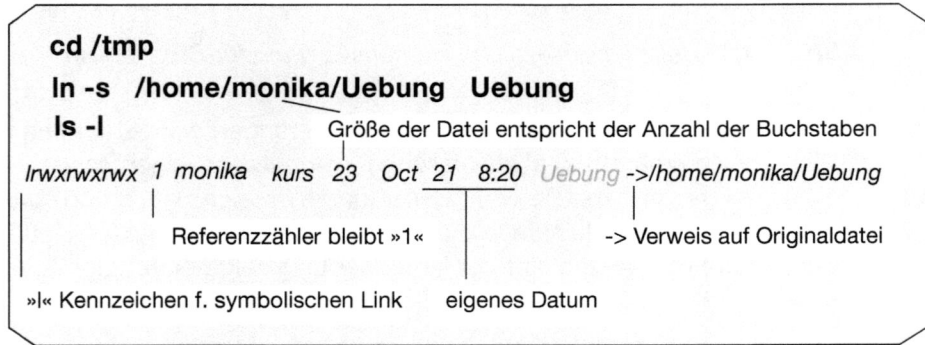

Abb. 3.125 *Beispiel: symbolischer Link (Softlink)*

Der Verweis ist nur bei der Link-Datei enthalten. Wird die Originaldatei bzw. das Original-Directory umbenannt oder gelöscht, zeigt die Link-Datei sozusagen ins »Leere«, d.h., ein auf die Link-Datei bezogener Befehl wird eine Fehlermeldung bringen wie etwa »*file does not exist*«. Unter Linux wird ein fehlerhafter symbolischer Link rot markiert und in gelber Schrift dargestellt.

Doch mit Link-Dateien haben mehr die Systemverwalter zu tun. Als »normaler« Benutzer ist es jedoch interessant zu wissen, was die Pfeile und die unterschiedlichen Farben (unter Linux) bedeuten.

3.4.3 Merkmale einer Datei

Eine Datei besteht aus einem Dateikopf, in dem bestimmte Merkmale der Datei eingetragen sind, und dem eigentlichen Dateiinhalt. Wenn wir uns mit *ls -l* eine Datei oder ein Directory ansehen, so bekommen wir einige dieser Merkmale angezeigt:

- ❏ **Dateityp** – *(Directory, normale Datei oder Gerätedatei, symbolischer Link)*,
- ❏ **Zugriffsrechte** – *(read, write, execute – Lese-, Schreib- und Ausführerlaubnis für den Besitzer, die Gruppe und die anderen Benutzer)*,
- ❏ **Referenzzähler** – *(Anzahl der vergebenen Dateinamen)*,
- ❏ **Benutzername** und **Gruppe**,
- ❏ **Größe in Bytes**,
- ❏ **letztes Änderungsdatum** und
- ❏ **Name** der Datei.

Zusätzlich werden pro Datei

- ❏ das **Erstellungsdatum** und das **letzte Zugriffsdatum** festgehalten und eine **Adresse** vermerkt, wo auf der Platte (Dateisystem) der Dateikopf der Datei zu finden ist. Der Dateikopf wird als **inode** bezeichnet. Die Adresse des Dateikopfes ist die **inode-Nummer**.

Wir hatten zu Beginn das Dateisystem unter Linux/Unix mit dem Ablagesystem eines Schrankes verglichen. Stellen Sie sich vor, dass so ein Schrank systematisch in gleiche Ablagefächer oder Schachteln aufgeteilt wird. Um sich zurechtzufinden, müssten Sie alle diese Schachteln durchnummerieren.

Ähnlich wird eine Platte, bevor sie als Dateiablagesystem benutzt werden kann, aufgeteilt. Die Aufteilung einer Platte wird als **Formatierung** bezeichnet. Bei einer Formatierung wird die Platte in Blöcke unterteilt und diese werden mit Prüfsummen und Blocknummern versehen. Zusätzlich wird in der Regel überprüft, ob alle Blöcke fehlerfrei beschrieben und gelesen werden können.

Danach erst kann ein **Dateisystem eingerichtet** werden. Dies wird zumeist bei der Installation eines Systems durch den Systemverwalter erfolgen. Es wird angegeben, wie groß das Dateisystem ist (Anzahl der Blöcke). Das Programm

mkfs *(make filesystem)* errechnet die maximale Anzahl der möglichen Dateien und legt eine Liste mit den noch freien Plätzen an. Die reservierten Plätze sind ähnlich wie im Theater durchnummeriert. Die Nummern werden als »**inode-Nummer**« bezeichnet.

Um sich die *inode-Nummer* einer Datei und die Anzahl der benötigten Blöcke anzeigen zu lassen, kann das *ls*-Kommando mit der Option *ls -lis (l – long, i – inode, s – size)* verwendet werden.

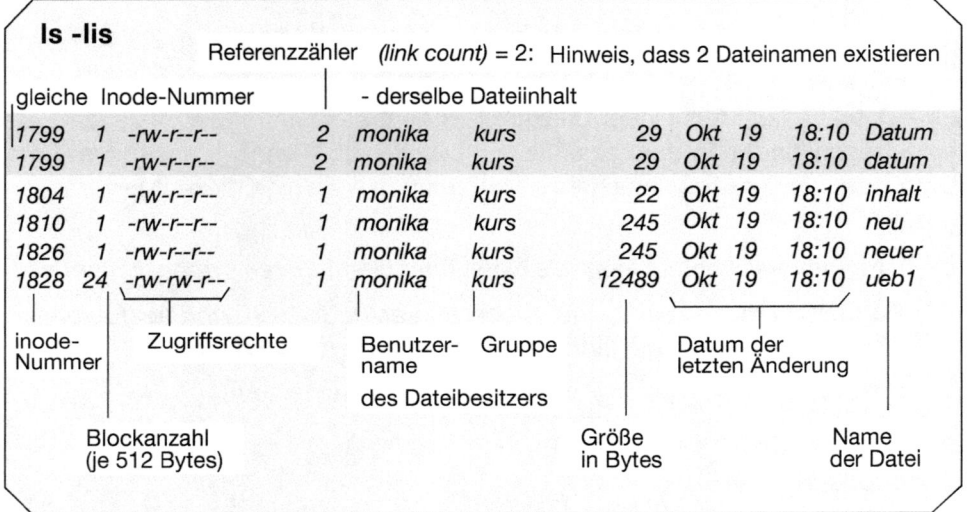

Abb. 3.126 *Beispie:l Anzeige der Dateien mit weiteren Dateiattributen (ls -lis)*

In Abb. 3.126 erkennen wir, dass die *Dateiköpfe* »*Datum*« und »*datum*« die gleichen inode-Nummern aufweisen und somit auf ein und denselben Dateiinhalt verweisen. Der eigentliche Name der Datei wird nur im Directory geführt. Dies ist in etwa zu vergleichen mit einem Nummern-Registerblatt, in dem die Bezeichnung der nummerierten Ablage eingetragen ist, der Inhalt ist dann unter der jeweiligen Nummer zu finden. Fassen wir die weiteren Optionen des Kommandos *ls* nochmals zusammen:

ls [-IFRaidst]   *[Directory oder Dateinamen]*

list
(listen, anzeigen)

time
Die Ausgabe der Liste wird nach dem Änderungsdatum der Dateien sortiert ausgegeben

size
Es werden zusätzlich die benötigten Blöcke
(je 512 Bytes) angezeigt

directory
Die Abfrage bezieht sich nur auf das Directory, nicht
auf die in dem Directory enthaltenen Dateien

inode
Die Adresse *(inode-Nummer)* wird angezeigt

all
Alle Dateien werden angezeigt, auch die, die mit einem
Punkt beginnen und sonst nur für den Systemverwalter
sichtbar sind

Rekursiv
Liste eines Dateibaumes

Format short
Kurzformat, Directories sind mit »/«
gekennzeichnet, Kommandostrings mit *
(ausführbare Dateien)

long format
Anzeige der Dateien mit den Attributen: Dateityp, Zugriffsrechte,
Referenzzähler, Name und Gruppe des Dateibesitzers, Größe
der Datei in Bytes, letztes Änderungsdatum und Name der
Datei

ls – Kommando, um Dateimerkmale anzuzeigen

Es gibt übrigens eine große Anzahl unterschiedliche Optionen zu *ls* (fast das gesamte Alphabet z. T. in Groß- und Kleinbuchstaben), hier sind nur die aufgeführt,
die für Sie von Bedeutung sein könnten. Wenn Sie darüber mehr erfahren möchten, rufen Sie **man ls** auf oder unter linux **ls --help**.

3.4.4 Dateitypen unter Linux/Unix

Bisher haben wir »normale Dateien« – gekennzeichnet mit »-« – und Directories – gekennzeichnet mit »d« – kennengelernt.

Eine Besonderheit unter Linux/Unix ist, dass auch Geräte, wie Drucker, Platten, Terminals, ähnlich wie Dateien behandelt werden. Diese Dateien sind unter dem Directory **/dev** *(devices)* abgelegt. Sie haben bereits einige »Gerätedateien« kennengelernt. Erinnern Sie sich noch an **/dev/null**? Oder an die Antwort des Rechners auf Ihre Frage **tty** z. B.: **/dev/tty11**. Sehen Sie sich Ihr Directory /dev einmal an. Jeder Rechner (Rechnertyp) arbeitet mit unterschiedlichen Geräten. Deshalb werden Sie auf Ihrem Rechner möglicherweise andere Informationen finden, als wir sie hier an unserem Beispiel in Abb. 3.127 zeigen. Ein kleiner Ausschnitt der Liste reicht, um auf die abweichenden Merkmale zu normalen Dateien hinzuweisen:

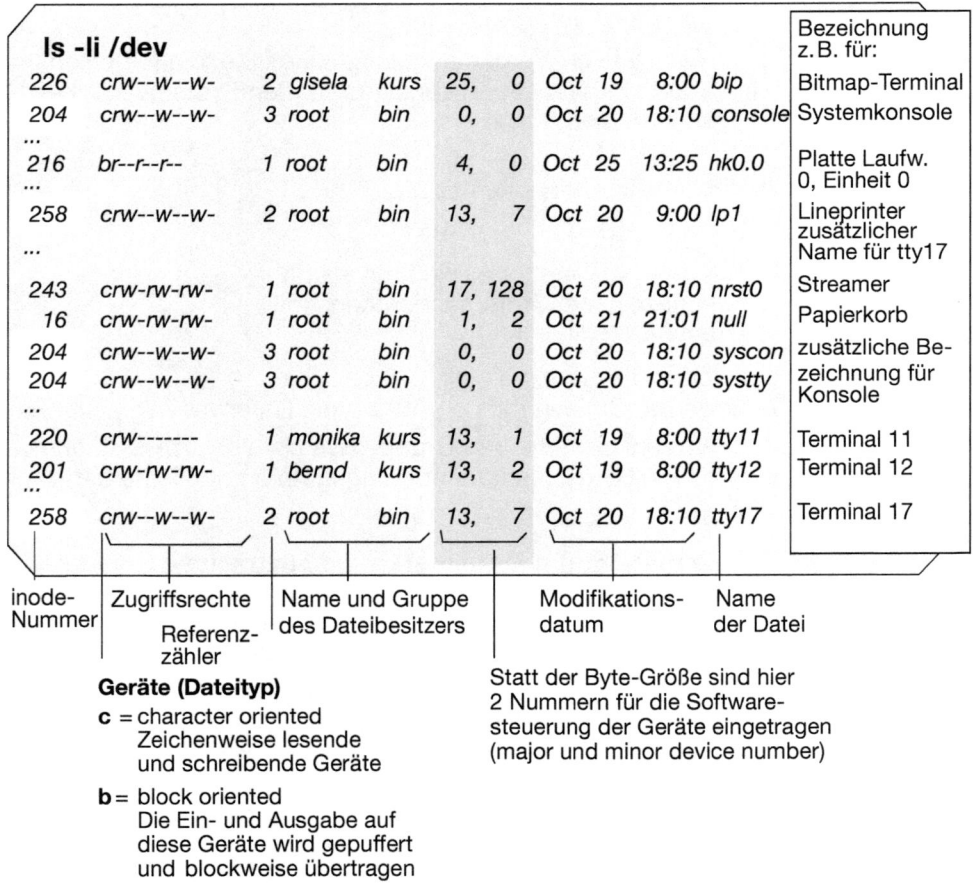

ls -li /dev										Bezeichnung z.B. für:
226	crw--w--w-	2	gisela	kurs	25,	0	Oct 19	8:00	bip	Bitmap-Terminal
204	crw--w--w-	3	root	bin	0,	0	Oct 20	18:10	console	Systemkonsole
...										
216	br--r--r--	1	root	bin	4,	0	Oct 25	13:25	hk0.0	Platte Laufw. 0, Einheit 0
258	crw--w--w-	2	root	bin	13,	7	Oct 20	9:00	lp1	Lineprinter zusätzlicher Name für tty17
...										
243	crw-rw-rw-	1	root	bin	17,	128	Oct 20	18:10	nrst0	Streamer
16	crw-rw-rw-	1	root	bin	1,	2	Oct 21	21:01	null	Papierkorb
204	crw--w--w-	3	root	bin	0,	0	Oct 20	18:10	syscon	zusätzliche Bezeichnung für Konsole
204	crw--w--w-	3	root	bin	0,	0	Oct 20	18:10	systty	
...										
220	crw-------	1	monika	kurs	13,	1	Oct 19	8:00	tty11	Terminal 11
201	crw-rw-rw-	1	bernd	kurs	13,	2	Oct 19	8:00	tty12	Terminal 12
...										
258	crw--w--w-	2	root	bin	13,	7	Oct 20	18:10	tty17	Terminal 17

inode-Nummer | Zugriffsrechte / Referenzzähler | Name und Gruppe des Dateibesitzers | Modifikationsdatum | Name der Datei

Geräte (Dateityp)
c = character oriented
Zeichenweise lesende
und schreibende Geräte

b = block oriented
Die Ein- und Ausgabe auf
diese Geräte wird gepuffert
und blockweise übertragen

Statt der Byte-Größe sind hier
2 Nummern für die Softwaresteuerung der Geräte eingetragen
(major und minor device number)

Abb. 3.127 *Beispiel einiger Gerätedateien (special devices)*
(Teilanzeige von ls -li /dev)

Die **Gerätedateien** sind als Dateityp entweder mit

c   für *character oriented*, zeichenweises Übertragen oder
b   für *block oriented,* blockweises Übertragen

der Ein- und Ausgabe *(Lesen und Schreiben von Zeichen/Daten)* gekennzeichnet. Zusätzlich ist in der Gerätedatei enthalten, mit welcher Software *(Driver)* dieses Gerät betrieben wird *(major device number)*. Unter Linux sind *special devices* (also Gerätedateien) schwarz markiert und mit gelber Schrift angegeben.

Die zweite Nummer *(minor device number)* sagt aus, wo sich das Gerät befindet. So hat das Terminal Nr. 11 die »minor device number« 1, dies bedeutet, das Terminal ist am 1. Steckplatz angeschlossen. Diese Angaben sind nur für den Systemverwalter von Interesse.

Uns gibt diese Liste jedoch einige Informationen, die das gerade Gelernte vertiefen: Für die »console« wurden mit dem Kommando *ln* zusätzliche Namen vergeben. Sie erkennen dies daran, dass auch für die Geräte »syscon« und »systty« die gleiche *inode-Nummer (204)* angezeigt wird. Ebenso ist auch der Name *lp1* zusätzlich dem Gerät *tty17* vergeben worden *(inode-Nummer 258)*.

Fassen wir vorab kurz zusammen, welche **Dateitypen** es unter Linux/Unix gibt (s. Abb. 3.128): **normale Dateien**, **Directories** und **Geräte und sonstige Dateien** *(auch special files genannt).* Die Geräte werden unterschieden nach **c** (character oriented) und **b** (block oriented) je nach Übertragungsmodus. Es gibt, dies sei der Vollständigkeit halber gesagt, noch einen weiteren Dateityp, der speziell für Programmierer interessant ist: die sog. *named pipe* (**p**). Diese Datei hat eine ähnliche Funktion *(first in first out),* wie wir sie beim Pipe-Mechanismus kennengelernt haben. Zum Austausch für Daten zwischen Prozessen gibt noch *sockets* (**s**).

Kennzeichen	Dateityp
-	normale Datei
d	Directory
l	symbolischer Link
c	*character oriented* Zeichenweise lesende und schreibende Geräte
b	*block oriented* Die Ein- und Ausgabe auf diese Geräte wird gepuffert und blockweise übertragen
p	*named pipe* Datei, die eine ähnliche Funktion zwischen Programmen übernimmt, wie der Pipe-Mechanismus unter der Shell *(first in first out)*
s	*socket* Austauschmodul für Interprozesskommunikation

Abb. 3.128 Kennzeichen der Dateitypen

3.4.5 Ausdruck von Dateien

Gerätedateien werden unter Linux/Unix ähnlich behandelt wie normale Dateien. Standardeingabe und Standardausgabe sind unter Linux/Unix das jeweilige Terminal des Benutzers. Die Standardausgabe konnten Sie mit dem Sonderzeichen > umleiten. Das Kommando, um den Inhalt einer Datei anzuzeigen, lautet *cat*. Mit dem Kommando

cat *Dateiname* > **/dev/***Name des Druckers*
z.B. **cat /home/texte/sprueche > /dev/lp1**

könnten Sie demnach den Inhalt von der Datei *sprueche* auf die Geräte-Datei */dev/lp1* umleiten. Doch wie schon im Kapitel 3.2.2 (Umleitung der Standardein- und -ausgabe) hingewiesen, besteht die Gefahr, dass zur selben Zeit ein anderer Benutzer ebenfalls eine Ausgabe auf den Drucker startet und die Sprüche mit diesen Texten vermischt werden. Aus diesem Grunde wird hier ein sog. **Spool-Programm** (*simultaneous peripheral operation online*) eingesetzt. Früher gab es unter Unix unterschiedliche Spool-Programme *lp* und *lpr*. Zwischenzeitlich sind diese Programme durch das einheitliches Drucker-Spooler-System **CUPS** (Common Unix Printer Spooler) abgelöst worden.

CUPS kann netzwerkweit eingesetzt werden und wird über einen Browser verwaltet. Der Aufruf z.B. im Firefox oder Konqueror lautet:

http://localhost:631

Um mit diesem Tool arbeiten zu können, muss für alle, die mit CUPS arbeiten dürfen – auch für den Administrator (Benutzer root) –, das Passwort zusätzlich für CUPS angegeben werden, das erste Mal mit der Option -a (append):

lppasswd -a *Benutzername*

Die einzelnen Kommandos, wie sie im Nachfolgenden vorgestellt werden, können nach wie vor alle verwendet werden. Die frühere Gruppierung: lp, lpstat und cancel sowie lpr, lpq und lprm sind nicht mehr relevant.

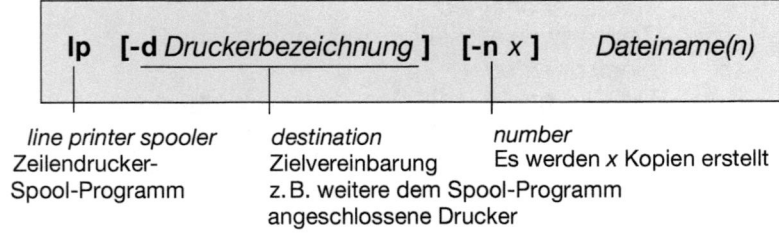

| **lp** [-d *Druckerbezeichnung*] [-n *x*] *Dateiname(n)* |

line printer spooler   *destination*   *number*
Zeilendrucker-   Zielvereinbarung   Es werden *x* Kopien erstellt
Spool-Programm   z.B. weitere dem Spool-Programm
angeschlossene Drucker

lp – Kommando, um Dateien über ein Spool-Programm auszudrucken

Dieses Programm erstellt Druckaufträge, die in eine Warteschlange eingereiht und der Reihe nach ausgegeben werden. Das Programm wird beim Hochfahren des Systems gestartet und wartet auf Druckaufträge. Jeder Benutzer kann Aufträge erteilen. Sind mehrere Drucker angeschlossen, so kann mit der Option -d die Bezeichnung des jeweiligen Druckers angegeben werden. Welche Drucker verfügbar sind, kann vorab mit der Abfrage **lpstat -t** angezeigt werden. Sobald Sie einen Druckauftrag mit *lp* starten, erhalten Sie vom Spool-Programm Ihre »Auftragsnummer« angezeigt. Solange Ihre Datei (oder Dateien) noch nicht vollständig ausgedruckt ist, können Sie unter Angabe dieser Nummer den Auftrag stornieren *(canceln)*. Das Kommando lautet hierfür:

cancel　　*Druckauftrags-Nr.*

cancel – Kommando, um einen lp-Druckauftrag abzubrechen

Sie können sich auch jederzeit den Stand *(Status)* der noch abzuarbeitenden Aufträge und die für das Spool-Programm installierten Drucker anzeigen lassen. Das Kommando hierfür lautet:

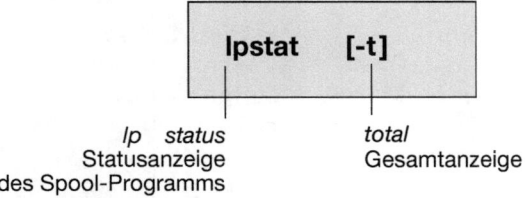

lpstat	**[-t]**
lp status Statusanzeige des Spool-Programms	*total* Gesamtanzeige

lpstat – Kommando, um eine aktuelle Anzeige des Spool-Programms lp mit den noch offenen Druckaufträgen zu erhalten

Mit diesem Kommando (s. Abb. 3.129) können Sie sich mit der Option **-t** anzeigen lassen, ob das Spool-Programm überhaupt gestartet ist oder z. B. vorübergehend (vom Systemverwalter) gestoppt wurde *(scheduler is running – not running)*.

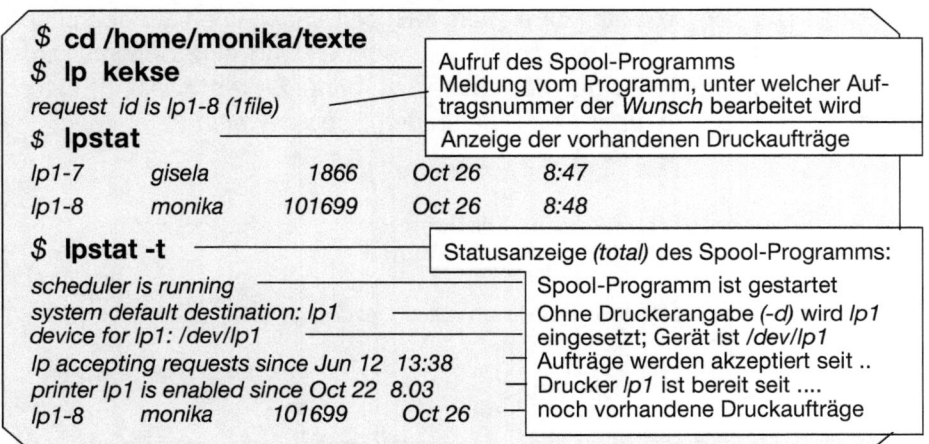

Abb. 3.129 Beispiel: Ausdrucken von Dateien – lp

Da früher auf manchen Systemen statt **lp** das Kommando **lpr** benutzt wurde, kann auch dieses verwendet werden. Es hat in etwa die gleichen Funktionen.

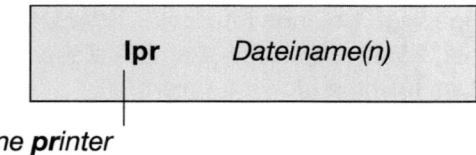

lpr *Dateiname(n)*

line printer

lpr – Kommando, um Dateien über Spool-Programm auszudrucken

Auch um bestehende Druckaufträge zu kontrollieren und zu löschen, gab es ein eigenes Kommando **lpq**, das ähnlich wie **lpstat** funktioniert:

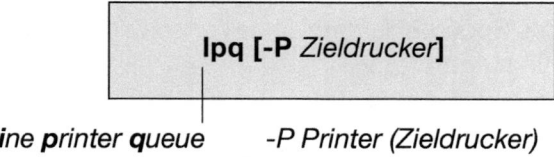

lpq [-P *Zieldrucker***]**

line printer queue   -P Printer (Zieldrucker)

lpq – Kommando, um eine aktuelle Anzeige der gestarteten Druckaufträge zu erhalten

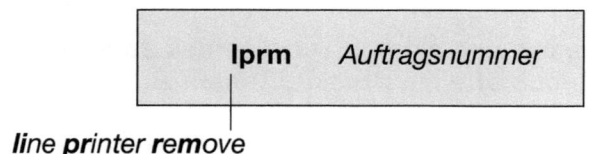

lprm *Auftragsnummer*

line printer remove

lprm – Kommando, um einen Druckauftrag, abzubrechen

Um Dateien für den Druck aufzubereiten, z. B. den Dateinamen als Überschrift zu bringen, den Text mit Zeilennummern auszugeben und eine Seitennummerierung vorzunehmen, gibt es das Kommando *pr (print)*. Es wird meist als Filterprogramm eingesetzt, d.h. über eine Pipe an den Spooler weitergegeben:

pr sprueche I lp

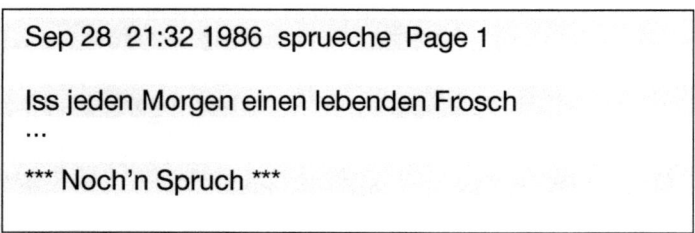

```
Sep 28  21:32 1986  sprueche  Page 1

Iss jeden Morgen einen lebenden Frosch
...

*** Noch'n Spruch ***
```

Abb. 3.130 *Beispiel: Druckaufbereitung mit pr*

Ohne Angaben zusätzlicher Optionen wird im obigen Beispiel (s. Abb. 3.130) unsere Datei *sprueche* mit einer Kopfzeile versehen, die das letzte Änderungsdatum der Datei, den Dateinamen und eine Seitennummerierung enthält. Das Kommando *pr* können Sie natürlich auch verwenden, um sich eine Datei mit Zusatzinformationen am Bildschirm anzuzeigen.

Sehen wir uns die wesentlichen Optionen vom Kommando *pr* an:

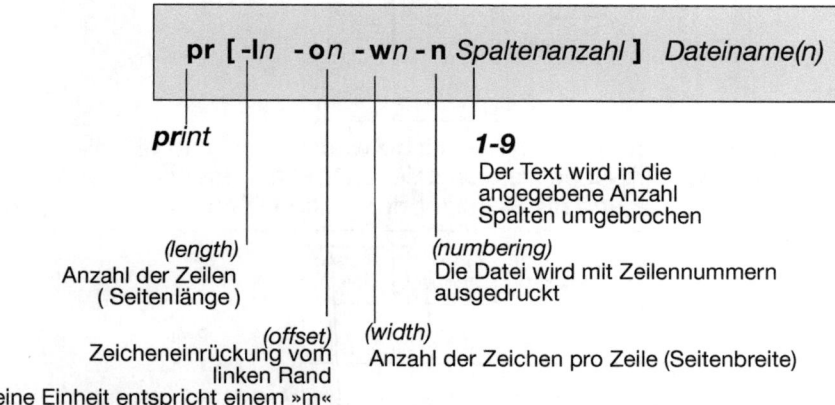

pr [-l*n* **-o***n* **-w***n* **-n** *Spaltenanzahl*] *Dateiname(n)*

*pr*int

1-9
Der Text wird in die angegebene Anzahl Spalten umgebrochen

(length)
Anzahl der Zeilen (Seitenlänge)

(numbering)
Die Datei wird mit Zeilennummern ausgedruckt

(offset)
Zeicheneinrückung vom linken Rand
eine Einheit entspricht einem »m«

(width)
Anzahl der Zeichen pro Zeile (Seitenbreite)

pr – Kommando, um Dateien für den Druck aufzubereiten

Die Standardeinstellung für den Ausdruck von Dateien ist auf das amerikanische Papiermaß abgestimmt (11 inch hoch – dies entspricht mit der Randeinstellung: 66 Zeilen pro Seite und 72 Zeichen pro Zeile). Eine DIN-A4-Seite entspricht ca. 12 inch, und es werden etwa 72 Zeilen pro Seite gedruckt. Um den Ausdruck dem DIN-A4-Format anzupassen und zusätzlich eine Zeilennummerierung zu erhalten, wird das Kommando wie folgt aufgerufen:

pr -l72 -n kekse l lp

3.4.6 Ändern von Zugriffs- und Besitzerrechten

Bei den kennengelernten Spool-Programmen *lp* und *lpr* ist es auf manchen Systemen notwendig, dass die Zugriffsrechte bei den auszudruckenden Dateien auch für andere (für den Spooler) lesbar *(readable bei **o**ther)* sind. Sehen wir uns hierzu noch einmal die Bedeutung der Zugriffsrechte an und lernen ein weiteres Kommando, mit dem die Zugriffsrechte geändert werden können.

Im Laufe der verschiedenen Beispiele mit *ls -l* ist Ihnen sicher aufgefallen, dass die Zugriffsrechte bei allen Dateitypen, die wir bisher kennengelernt haben, gleich aufgebaut waren.

Sehen wir uns hierzu in Abb. 3.131 ein paar Beispiele an:

Gerätedatei:

Typ	Besitzer *user*	Gruppe *group*	andere *other*
c	rw-	---	---

Die Benutzer der gleichen Gruppe und andere dürfen
auf diesem Gerät weder schreiben noch lesen.

Directory:

Typ	Besitzer *user*	Gruppe *group*	andere *other*
d	rwx	rwx	r-x

In dieses Directory dürfen alle mit **cd** wechseln (x) und die
Dateien lesen (r). Neue Dateien anlegen und ändern (w) dürfen
nur der Besitzer und die Benutzer der gleichen Gruppe.

Dateien:

Typ	Besitzer *user*	Gruppe *group*	andere *other*
-	rw-	rw-	r--

Diese Datei darf von allen gelesen werden. Verändert werden
darf sie nur vom Besitzer oder von Benutzern der gleichen
Gruppe.

Typ	Besitzer *user*	Gruppe *group*	andere *other*
-	rwx	rwx	r-x

Diese Datei darf von allen gelesen und ausgeführt werden.
Verändern dürfen nur der Besitzer und die Benutzer der
gleichen Gruppe.

Abb. 3.131 *Beispiele: Zugriffsrechte*

Versuchen Sie selbst, aus den verschiedenen Anzeigen, die wir bisher mit *ls -l*
angesehen haben, die Rechte zu unterscheiden.

```
  ls -l /dev
 ...
crw-------      1   monika   kurs    13,    1   Oct 19   8:00  tty11
crw-rw-rw-      1   bernd    kurs    13,    2   Oct 19   8:00  tty12

crw--w--w-      2   root     bin     13,    7   Oct 20  18:10  tty17
  ls -l /home/monika
 ...
drwxrwxr-x      2   monika   kurs          4096  Oct 19  15:20  Texte
drwxrwxr-x      2   monika   kurs          4096  Oct 19  15:20  Uebungen
  ls -l /home/monika/Befehle
-r wxrwxr-x     1   monika   kurs            45  Apr  2  15:20  sichern

  ls -l /home/Uebungen
 ...
-rw-rw-r--      1   monika   kurs         12489  Oct 19  18:10  ueb1
```

Abb. 3.132 *Beispiel verschiedener Zugriffsrechte (Anzeige mit ls -l)*

Wenn Sie sich in Abb. 3.132 die Zugriffsrechte bei dem Terminal 11 *(tty11)* ansehen, so erkennen Sie, dass weder Benutzer der gleichen Gruppe noch andere
Benutzer auf dieses Terminal zugreifen dürfen. Die Änderung der Zugriffsrechte
für dieses Terminal wurde mit dem Ihnen bereits bekannten Kommando *mesg n*
bewirkt.

Nur wenn Sie Besitzer einer Datei oder eines Directories sind, können Sie die Zugriffsrechte ändern. Hierfür wird das Kommando ***chmod (change mod**us)* verwendet. Dieses Kommando können Sie unterschiedlich ausführen:

1. Ausführung von **chmod mit symbolischer Angabe**

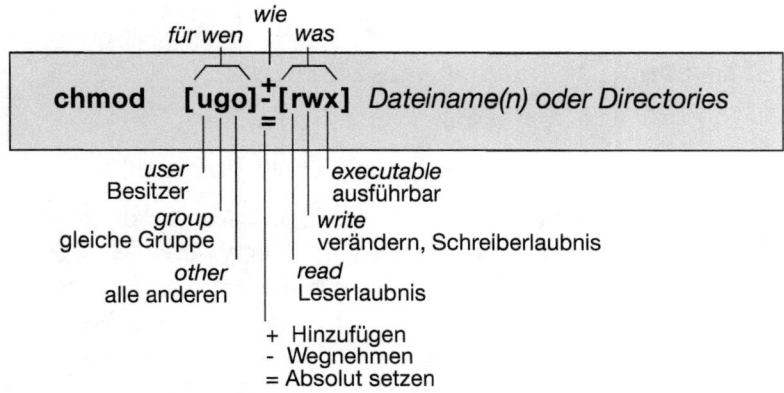

chmod – Kommando, um Zugriffsrechte zu ändern
(symbolische Angabe)

Mit dem **chmod**-Kommando verändern Sie die Zugriffsrechte von Dateien, wobei Sie angeben:

für wen   Besitzer *(user)*,
              Benutzer der gleichen Gruppe *(group)* oder
              die anderen (**o**ther)
              ohne Angabe gilt die Änderung für alle

wie   ob die Zugriffsrechte
              + hinzugefügt
              oder
              - entzogen *(weggenommen)* werden sollen
              (eins von beiden muss angegeben werden)
              ab Version V.4 gibt es auch
              = absolut gesetzt werden sollen

was   (um welche Rechte es sich handelt)
              Leseerlaubnis *(read)*,
              Schreiberlaubnis *(write)*
              oder Ausführerlaubnis *(executable)*
              (mindestens eine Angabe muss gemacht werden)

Soll z. B. die Schreiberlaubnis für alle Benutzer der gleichen Gruppe eingeräumt werden, so lautet das Kommando

chmod g+w *Dateiname*

 Beachten Sie hierbei, dass zwischen den Angaben »**g+w**« (für wen, wie und was) **keine Leerzeichen** stehen dürfen.

Wenn Sie eine Änderung für alle Benutzer durchführen (für sich als den Besitzer, für die Benutzer Ihrer Gruppe und die anderen), z. B. eine Datei ausführbar machen, dann können Sie

entweder angeben: **chmod ugo+x** *Dateiname*

oder   **chmod +x** *Dateiname*

Ohne Angabe »für wen« wird die Änderung für alle durchgeführt.

Ändern wir als Beispiel in Abb. 3.133 die Zugriffsrechte der Unter-Directories *Texte* und *Uebungen,* so ab, dass die Benutzer der gleichen Gruppe in diese Directories wandern können *(cd)*, dort Dateien lesen aber keine Dateien verändern, löschen oder neuanlegen dürfen. Fremde *(die anderen)* dürfen weder in diese Directories gehen, noch Dateien lesen oder neue Dateien anlegen und schon gar nicht verändern oder löschen. (Damit würde auch der symbolische Link aus unserem Beispiel Abb. 3.125 auf Seite 166, »den anderen« nicht erlauben, in dieses Directory zu gehen, obwohl in der Link-Datei alle Rechte gesetzt waren. Letztlich entscheidend sind die Zugriffsrechte der Originaldatei.)

```
ls -l /home/monika

drwxrwxr-x      2    monika    kurs      4096  Oct  19  15:20 Texte
drwxrwxr-x      2    monika    kurs      4096  Oct  19  15:20 Uebungen
```

chmod go-w T* U*   Für Benutzer der gleichen Gruppe (*kurs*) und die

ohne Leerzeichen!   anderen wird die Schreiberlaubnis entzogen

chmod o-rx T* U*   Für alle anderen Benutzer wird die Erlaubnis für
                             Lesen und Ausführen *(cd)* entzogen

```
ls -l /home/monika

drwxr-x---      2    monika    kurs      4096  Oct  19  15:20 Texte
drwxr-x---      2    monika    kurs      4096  Oct  19  15:20 Uebungen
```

Abb. 3.133 *Beispiel: Ändern der Zugriffsrechte
mit symbolischer Angabe – chmod ugo+-rwx*

Sie sehen an dem vorigen Beispiel, dass Kombinationen von **ugo** und **rwx** erlaubt sind. Wichtig ist, dass bei der Angabe, für wen, wie und was geändert werden soll, **keine Leerzeichen** *(blanks)* zwischen den einzelnen Symbolen stehen dürfen. Sie sehen auch, dass für diese Änderung zwei verschiedene Kommandos eingegeben werden mussten, da die »Gruppenmitglieder« und die »anderen« unterschiedliche Rechte erhalten sollen. Mit der zweiten Art, das Kommando *chmod* zu verwenden, lässt sich die gleiche Änderung mit einem Kommando ausführen. Hierzu wird eine Zahl benötigt, die sich aus zugewiesenen Werten je Erlaubnisart errechnet.

2. Ausführen von **chmod mit Zahlenwerten (Oktalzahl)**

chmod   *Oktalzahl Dateiname(n) oder Directories*

chmod – Kommando, um Zugriffsrechte zu ändern
(mit Oktalzahl)

Für die einzelnen Rechte werden folgende Werte vergeben:

r	*read*	- Leseerlaubnis	**4**
w	*write*	- Schreiberlaubnis	**2**
x	*executable*	- Ausführerlaubnis	**1**

Werden in einer Datei alle Rechte gesetzt, ist der Wert 777(s. Abb. 3.134).

Zugriffsrechte *(Modus)* eingeteilt nach:								
Besitzer *user*			Gruppe *group*			andere *other*		
read lesen	*write* schreiben	*execute* ausfüh- ren	*read* lesen	*write* schreiben	*execute* ausfüh- ren	*read* lesen	*write* schreiben	*execute* ausfüh- ren
4	2	1	4	2	1	4	2	1
7			7			7		

Abb. 3.134 Beispiel: Alle Rechte einer Datei sind gesetzt

Sollen die Rechte verändert werden, so wird nach den drei Unterteilungen

Besitzer   **Gruppe**   **andere**

die jeweilige Summe der zugewiesenen Rechte eingesetzt. Darf z.B. der Besitzer lesen, schreiben und ausführen, die Gruppe nur lesen und ausführen, und die anderen nur lesen, so ergibt sich folgende Berechnung der Oktalzahl (s. Abb. 3.135):

Zugriffsrechte *(Modus)* eingeteilt nach:								
Besitzer *user*			Gruppe *group*			andere *other*		
read lesen	*write* schreiben	*execute* ausfüh- ren	*read* lesen	*write* schreiben	*execute* ausfüh- ren	*read* lesen	*write* schreiben	*execute* ausfüh- ren
4	2	1	4	0	1	4	0	0
7			5			4		

Das Kommando würde in diesem Fall eingegeben werden mit:

chmod   **754**   *Dateiname(n) oder Directories*

Abb. 3.135 Beispiel: Errechnung der Oktalzahl für Zugriffsrechte

Sie geben bei dieser Ausführung des *chmod*-Kommandos nicht die Veränderung der Rechte, sondern den sich ergebenden Stand in Form des zugewiesenen Wertes (Oktalzahl) für alle drei Bereiche an. Die Änderung, die wir vorhin mit

chmod go-w T* U*
chmod o-rx T* U*

eingegeben haben, kann dann mit einem Kommando erreicht werden)(s. Abb. 3.136:

```
    ls -l /home/monika

drwxrwxr-x       2    monika    kurs      4096   Oct  19  15:20 Texte
drwxrwxr-x       2    monika    kurs      4096   Oct  19  15:20 Uebungen
    chmod 750   T* U*
                             Errechnung  der Oktalzahl:

                             Besitzer   Gruppe    andere
                             r  w  x    r  -  x   -  -  -
                             4+2+1      4+0+1     0+0+0
                               =7         =5        =0

    ls -l /home/monika

drwxr-x---       2    monika    kurs      4096   Oct  19  15:20 Texte
drwxr-x---       2    monika    kurs      4096   Oct  19  15:20 Uebungen
```

Abb. 3.136 *Beispiel: Ändern der Zugriffsrechte mit Oktalzahl*

Wenn Sie als Besitzer bestimmte Rechte zuweisen können, so hatten Sie früher auch das Recht, Ihren Besitz zu verschenken. Doch diese Möglichkeit ist aus Sicherheitsgründen nicht mehr für »normale Benutzer« erlaubt. Nur der Administrator darf den Besitzer einer Datei ändern. Vorhin haben wir gesehen, dass beim Kopieren von Dateien jeweils derjenige der Besitzer der Datei wird, der das Kopierkommando ausführt. Würde Monika einem anderen Benutzer eine ihrer Dateien in sein Directory kopieren, bleibt sie Besitzer der kopierten Datei. Dabei spielt es keine Rolle, von wo sie den Kopierauftrag startet. Das heißt., auch wenn sie zuvor in sein Directory wechselt und dann kopiert, bleibt sie trotzdem alleiniger Besitzer der kopierten Datei, wie Abb. 3.137 zeigt:

```
    cd /home/hans
    cp ../monika/Uebungen/neu  geschenk
    ls -l

drwxrwxr-x    2   hans     kurs    4096   Aug  7   1985   befehle
-rw-r--r--    1   monika   kurs     245   Nov  2   12:28  geschenk
drwxrwxr-x    2   hans     kurs    4096   Spt  1   18:10  projektB

              kopierte Datei, die »Hans« zwar lesen,
              aber nicht verändern dürfte
```

Abb. 3.137 *Beispiel: Besitzrechte beim Kopieren von Dateien*

Nur der Systemverwalter kann die Besitzrechte ändern. Das Kommando hierzu lautet:

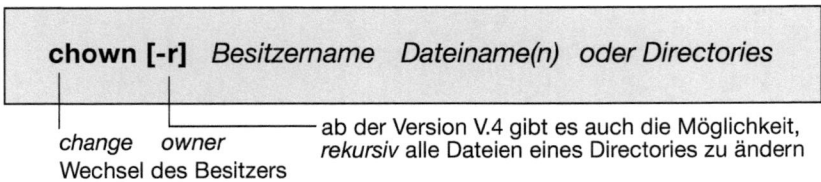

change   owner   ab der Version V.4 gibt es auch die Möglichkeit,
Wechsel des Besitzers   rekursiv alle Dateien eines Directories zu ändern

chown – Kommando, um Besitzrechte zu ändern

Um die kopierte Datei auf Hans umzuschreiben, ihm die Besitzrechte zu übergeben, muss der Administrator Folgendes eingeben (s. Abb. 3.138):

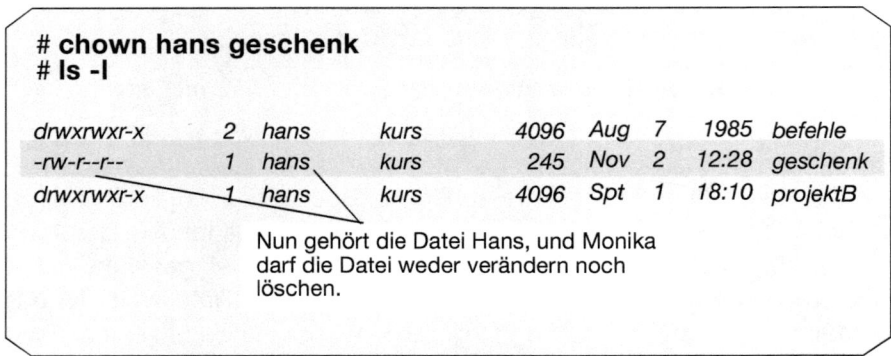

Abb. 3.138 Beispiel: Ändern der Besitzerrechte – chown

3.4.7 Suchen nach Dateien und Mustern in Dateiinhalten

In diesem Kapitel haben wir zu Beginn Ordnung gemacht. Geht es Ihnen manchmal auch so, dass Ihnen momentan nicht einfällt, wo Sie etwas hingeräumt haben? Auch für diese Situation gibt es unter Linux/Unix hilfreiche Dienstprogramme.

Nehmen wir an, wir wissen, dass wir eine Datei mit dem Namen »sichern« hatten. Wir können uns aber nicht mehr erinnern, unter welchem Directory sie abgelegt ist. Wo fängt man an zu suchen? Nun, wir könnten bei unserem Home-Directory beginnen, mit *ls* uns die Dateien anzeigen lassen und alle vorkommenden »Unter-Directories« auf die gleiche Weise durchforsten. Genau diesen Vorgang kann uns das Kommando *find* abnehmen.

Das *find*-Kommando hat allerdings seine Besonderheiten:

❏ Sie müssen unbedingt angeben, von wo ab im Dateibaum gesucht werden soll (Start-Directory).

❏ Die Optionen werden nicht abgekürzt, sondern ausgeschrieben.

❏ Wenn Sie ein Ergebnis angezeigt haben wollen, müssen Sie dies dem Kommando explizit angeben (Ausgabeart).

Doch sehen wir uns hierzu die Syntax (Regeln) an:

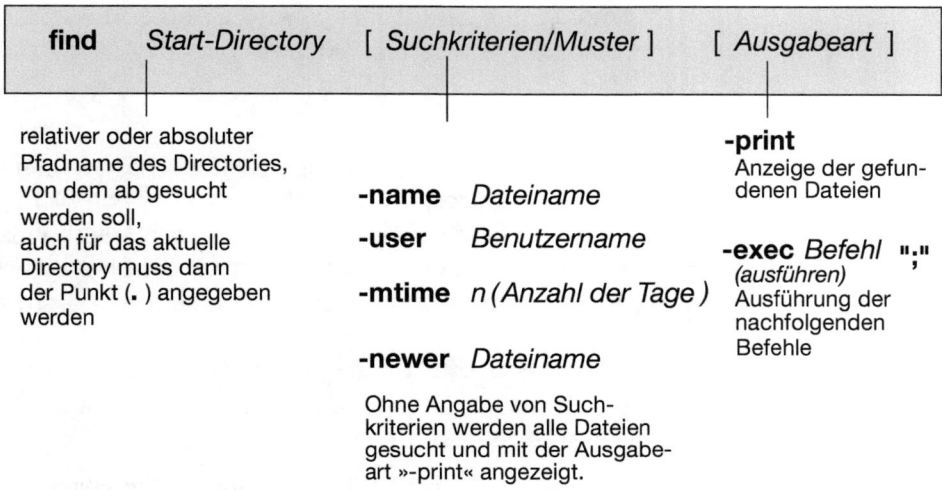

find – Kommando, um Dateien zu suchen und zu finden

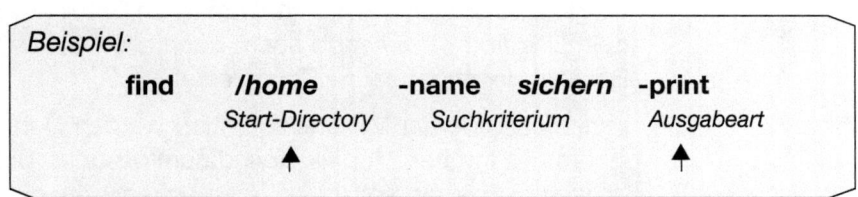

Das *find*-Kommando gehört zu den schwierigeren Kommandos unter Unix/Linux, wobei unter Linux die Regeln nicht ganz so streng sind. Jede einzelne Position des Kommandos hat ihre Besonderheiten. Betrachten wir diese der Reihe nach:

Start-Directory   Es muss unter Unix unbedingt angegeben sein. Wenn Sie von Ihrem aktuellen Directory suchen wollen, muss zumindest ein Punkt als Kennzeichnung des Start-Directories angegeben werden. Unter Linux wird auch ohne Angabe des ».« vom aktuellen Directory gestartet. Die Pfadbezeichnung wird in gleicher Form den gefundenen Dateien mitgegeben. Haben Sie das Start-Directory mit einem ».« angegeben, beginnen die gefundenen Namen ebenso mit ./:
z. B. ./Befehle ./Texte.
Wurde als Start-Directory */home* angegeben, so werden die gefundenen Dateien ebenfalls mit dem absoluten Pfadnamen ausgegeben:
z. B. /home/monika/Befehle /home/monika/Texte.

Sie können auch mehrere Start-Directories angeben. Diese werden nacheinander, rekursiv durchsucht.

183

Suchkriterien	Wie auch bei anderen Kommandos sind hier nur die Optionen ausgewählt worden, die häufig benötigt werden. Zu ihnen gehören (bei den nachfolgenden Beispielen wird einfachheitshalber jeweils vom aktuellen Directory ausgehend gesucht):
-name *datei*	Der Dateiname wird durch ein Leerzeichen getrennt gleich nach der Option **-name** eingegeben. Hierbei können Metazeichen wie *, ?, [ ] verwendet werden. Es ist jedoch wichtig, diesen mit Metazeichen versehenen Namen in Anführungszeichen zu setzen, damit er nicht sofort von der Shell ersetzt wird, sondern dem *find*-Kommando übergeben werden kann.

Soll ab dem aktuellen Directory nach allen Namen gesucht werden, die mit »n« beginnen, so wird eingegeben:
find . -name "n*" -print

-user *benutzer*	Auch hier wird anschließend an die Option der Name des Benutzers (so wie er in der Datei */etc/passwd* eingetragen ist) angegeben. Hier dürfen keine Metazeichen verwendet werden, da es sich hierbei nicht um einen Dateinamen handelt! Das *find*-Kommando sucht dann alle Dateien, deren Besitzer der angegebene Benutzer ist.
-mtime *n*	*(modification date)* Mit dieser Option werden Dateien mit einem bestimmten Modifikationsdatum gesucht. Unter *n* wird hierbei die Anzahl der Tage angegeben, die zur Ermittlung des gesuchten Datums führt. Ohne Angabe eines Vorzeichens werden alle Dateien gesucht, die **genau vor** *n* Tagen verändert wurden.

Soll z. B. nach allen Dateien gesucht werden, die **genau vor** 2 Tagen verändert wurden, wird eingegeben:

find . -mtime 2 -print

-mtime *-n*	Es wird nach allen Dateien gesucht, die **innerhalb** der *n* Tage verändert wurden.

Sollen beispielsweise alle Dateien, die innerhalb der letzten 7 Tage verändert wurden, gesucht werden, so wird eingegeben: **find . -mtime -7 -print**

-mtime *+n*	Es wird nach Dateien gesucht, die **vor** *n* Tagen **und noch früher** verändert wurden. Wollen Sie feststellen, welche Dateien Sie vor einem Monat und noch früher verändert haben, so geben Sie ein:

find . -mtime +30 -print

-newer *datei*	Mit dieser Angabe wird nach allen Dateien gesucht, die ein **jüngeres** *(neueres)* **Modifikationsdatum** aufweisen **als** die **angegebene Datei**. Möchten Sie z. B. alle Dateien suchen, die Sie seit Ihrer letzten Sicherung verändert oder neuerstellt haben, so können Sie auf eine Datei abprüfen, die Sie zum Zeitpunkt der Sicherung erstellt haben *(z. B. sichlog)*. Die Eingabe lautet dann: **find . -newer sichlog -print**
Ausgabeart	Bei den obigen Beispielen haben Sie sicher bemerkt, dass bei
-print	allen Aufrufen **-print** angegeben wurde. Sollten Sie vergessen, **-print** anzugeben, dann können Sie nicht sehen, welche Dateien gefunden wurden. Bei einigen Systemen wird die Ausgabeart *print* generell gesetzt.
-exec	**(exec***ute – ausführen)* Mit dieser Ausgabeart können Sie eine Kommandofolge angeben, die nach dem Suchvorgang durchgeführt werden soll. Hierbei können die gesuchten Dateien als Parameter (bzw. im Pipe-Mechanismus) übergeben werden. Das Einsetzen der gefundenen Dateien wird mit der Zeichenfolge **"{}"** erreicht. Diese Option ist jedoch etwas kompliziert. Sie verlangt exakt die Einhaltung bestimmter Regeln:

exec *Kommando* **"{}" ";"**

Statt der in Anführungszeichen gesetzten geschweiften Klammern werden die gefundenen Dateien an dieser Stelle eingesetzt.

Das **find**-Kommando ist trotz seiner »Feinheiten« ein sehr häufig benutztes und wichtiges Kommando. Sie werden es hauptsächlich für die Sicherung Ihrer Dateien benötigen. Beachten Sie hierbei, dass die gefundenen Dateien immer mit der gleichen Pfadbezeichnung beginnen, mit der Sie das Start-Directory angesprochen haben. Sehen wir uns hierzu einige Beispiele in Abb. 3.139 an:

```
find /home -name sicher -print
/home/monika/Befehle/sicher
  cd
  pwd
/home/monika
  find . -name "s*" -print
./Texte/sprueche
./Befehle/sicher
  find . -print
./ProjektA
./ProjektA/bsp.c
./ProjektA/io.c
./ProjektA/pro.c
./Texte
./Texte/kekse
./Texte/sprueche
./Uebungen
./Uebungen/Datum
./Uebungen/inhalt
./Uebungen/neu
./Uebungen/neuer
./Uebungen/ueb1
./Uebungen/datum
./Befehle
./Befehle/sicher
```

——— Angabe des gefundenen Dateinamens mit dem absoluten Pfadnamen /home...

——— Suche nach allen Namen mit »s« beginnend Angabe der gefundenen Dateinamen mit dem relativen Pfadnamen ab Suchposition ./

——— Anzeige aller Dateien mit dem Pfadnamen ab Suchposition, die rekursiv in dem angegebenen Directory gefunden wurden.

Abb. 3.139 *Beispiel: Suchen und Finden von Dateien – find*
(Unter Linux muss -print nicht angegeben werden)

Wenn Ihnen etwa nur der Anfangsbuchstabe einer Datei einfällt, nach der Sie suchen, so ist dies für das *find*-Kommando auch kein Problem. Sie können auch Verknüpfungen von Abfragen eingeben. Unter dem Anfangsbuchstaben »n« haben Sie vielleicht mehrere Dateien. Sie wissen aber, dass Sie die gesuchte Datei in den letzten 10 Tagen verändert haben. Geben Sie mehrere Suchkriterien an, so bedeutet dies, dass alle Angaben erfüllt sein müssen. Bei der Eingabe von

find . -name "n*" -mtime -10 -print

müssen die zu suchenden Dateien mit *n* beginnen **und zusätzlich** innerhalb der letzten 10 Tage verändert worden sein.

Eine **oder**-Verknüpfung ist möglich durch die Option *-o*. Wenn Sie Dateien suchen, die entweder mit »n« oder mit »s« beginnen, also beide angezeigt werden sollen, lautet der Aufruf

find . "(" -name "n*" -o -name "s*" ")" -print

Die Klammer wirkt hier ähnlich wie in der Mathematik. Wichtig ist hierbei, dass die Klammer in **Anführungszeichen steht und mit Leerzeichen** von den anderen Eingaben getrennt wird, damit sie an das *find*-Kommando weitergegeben und nicht vorab durch die Shell interpretiert wird. Um die Sonderbedeutung der Klammer für die Shell zu unterbinden, kann auch das Fluchtsymbol \ jeweils vor die Klammer gesetzt werden:

find . \(-name "n*" -o -name "s*" \) -print

Wenn nicht nur die gefundenen Dateinamen mit der Pfadbezeichnung, sondern zusätzlich auch die Merkmale der Datei mit *ls -l* angezeigt werden sollen, so können Sie dem *find*-Kommando diese Aufgabe über die *-exec*-Anweisung mitgeben (s. Abb. 3.140):

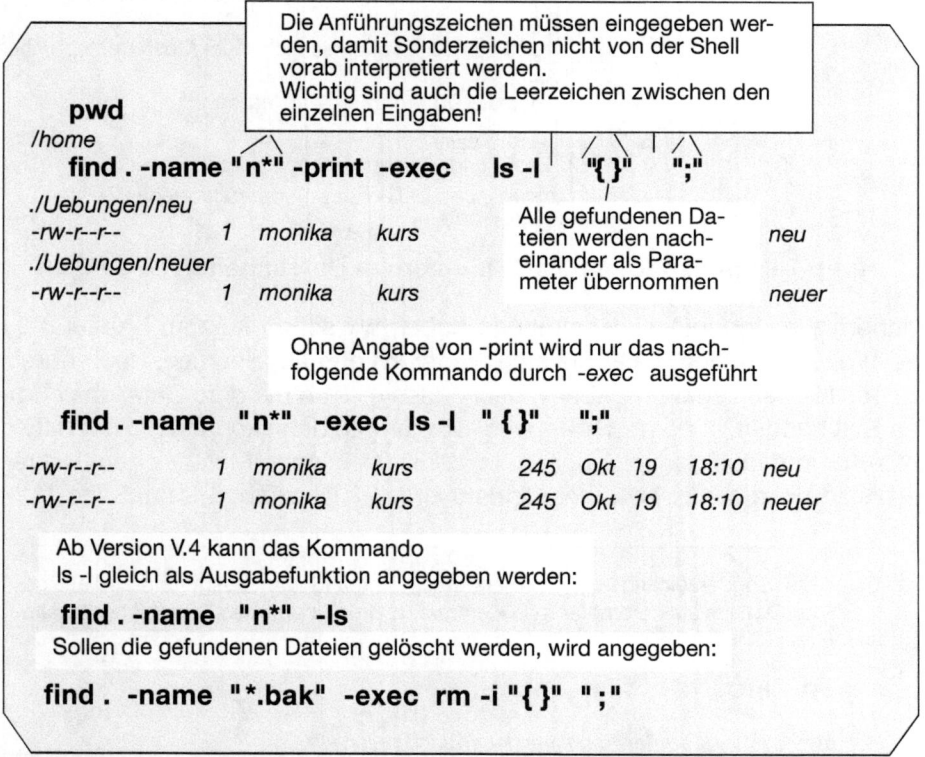

Abb. 3.140 *Beispiele: Suchen und Finden von Dateien (find mit -exec-Funktion)*

Das *find*-Kommando ist, wie wir in den beiden letzten Beispielen gut sehen konnten, leider nicht sehr einfach. Lassen Sie sich deshalb nicht entmutigen, wenn Sie nicht gleich beim ersten Mal Erfolg haben.

Bei solch langen Kommandos wurde vielleicht eine Leerstelle zu wenig eingegeben oder das schließende Anführungszeichen vergessen, oder nicht angegeben, was mit den gefundenen Dateien geschehen soll. Ein weiterer Trost: Im Kapitel 3.7 (Shell-Prozeduren) lernen Sie u.a., wie Sie lange Kommandos, die Sie häufig benötigen, in eine Datei schreiben und dann nur noch mit dem Namen dieser Datei aufrufen können. Im Kapitel 3.5 (Sicher ist sicher) werden wir dann das *find*-Kommando mit weiteren Anwendungsbeispielen zeigen.

Ein weiteres Kommando, das Ihnen hilft, Dateien wiederzufinden, ist **grep**:

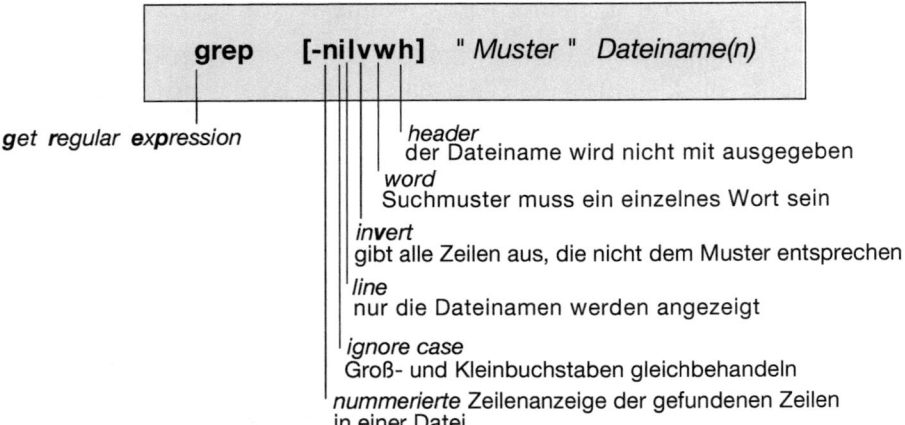

grep – Kommando, um nach Mustern in Dateiinhalten zu suchen

Erinnern Sie sich, dieses Kommando haben wir schon kurz im Kapitel 3.2 (Es shellt) angesprochen. Falls Sie sich weder an den Dateinamen, noch an einen Teil des Namens erinnern, aber wissen, dass es sich bei dem Dateiinhalt um einen Text handelt, in dem z.B. »Frosch« vorkommt, dann können Sie mit Hilfe des *grep*-Kommandos danach suchen. In "*Muster*" können Metazeichen und reguläre Ausdrücke wie im *ed/vi* verwendet werden (siehe Tab. 3.9 auf Seite 132).

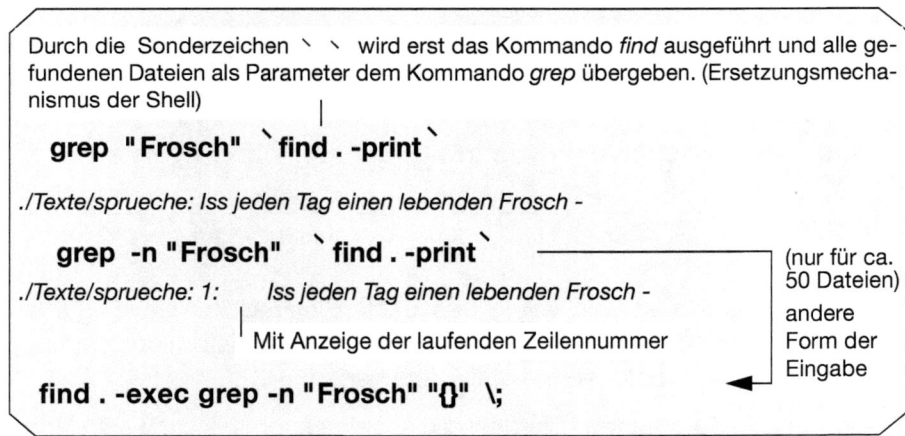

Abb. 3.141 *Beispiel: Suchen und Finden von Dateiinhalten – grep*

Bei der Vielzahl von Dateien, die Sie im Laufe Ihres »Lebens mit Linux/Unix« anlegen und aufräumen werden, könnte es auch passieren, dass Sie sich an eine Datei nicht mehr erinnern und partout nicht wissen, was sich in dieser Datei verbirgt. Hier hilft Ihnen das Kommando **file**:

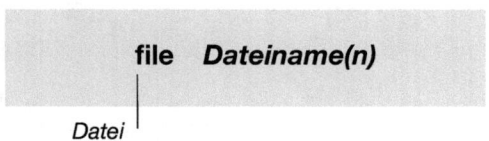

Datei

file – Kommando, das versucht, den Inhalt einer Datei zu klassifizieren

Als *file* wird im Englischen eine Datei bezeichnet. Das Kommando *file* **versucht** aufgrund der Anfangsdaten herauszufinden, um welchen Inhalt es sich bei der angegebenen Datei oder den Dateien handelt. Hier und in Abb. 3.142 einige der Klassifizierungen, die *file* aufgrund der Anfangsdaten einer Datei vornimmt:

Erkennung	Bedeutung
assembler program	Quelltext eines Assemblerprogramms
ascii-text	Normale Datei mit Text
c program text	Quelltext eines C-Programms
commands text	Shell-Prozedur (Datei mit Kommandos)
data	Datei mit nicht druckbaren Zeichen (*Binärcode*)
empty	leere Datei
directory	Directory
fortran program	Quelltext eines Fortranprogramms

```
cd /home/monika
  file  $( find . -print )_____      Versuch, den Inhalt von
.: /home/monika          directory        Dateien zu klassifizieren
./ProjektA/bsp.c:        c program text   Als Parameter/Argumente werden
./ProjektA/io.c          c program text   alle Dateien eingesetzt, die über
./ProjektA/pro.c         c program text   find gefunden wurden
./Texte:        directory                 (Kommandosubstitution)
./Texte/kekse:       English text         Besser wäre der Aufruf mit
./Texte/sprueche:    English text         find . -exec file { } \;
./Uebungen:          directory            da u.U. die Argumentenliste zu
./Uebungen/Datum:        ascii text       lang sein könnte
./Uebungen/inhalt:       ascii text
./Uebungen/neu:          English text ──── Es handelt sich hierbei z.B.
./Uebungen/neuer:        English text      nicht um englischen, sondern
./Uebungen/ueb1:         empty            um deutschen Text
./Uebungen/datum:        ascii text
./Befehle:      directory
./Befehle/sicher:        commands text
```

Abb. 3.142 *Beispiel: Versuch einer Dateiklassifizierung – file*

Im Laufe von Tagen, Wochen und Monaten sammeln sich eine ganze Reihe von Dateien an, die oft nicht mehr benötigt werden. Spätestens wenn der System-verwalter eine Meldung auf der Systemkonsole erhält, die in etwa lauten könnte:

no space on /dev/hd1

(dies bedeutet: kein Platz mehr auf der Platte – und damit sicher auch kein *Spaß* mehr auf der Platte), ja dann bleibt nichts anderes übrig, als eine Säuberungsaktion durchzuführen.

Je nach System sind die Platten unterschiedlich bezeichnet. Lassen Sie sich am besten von Ihrem Systemverwalter die Aufteilung der Platten Ihres Rechners zeigen. In der Regel wird eine physikalische Platte in mehrere Partitionen aufgeteilt, die dann jede für sich als eigene »Platte« behandelt wird. Meist sind dann die Plattenbezeichnungen entsprechend nummeriert wie /dev/hd1, /dev/hd2 usw. bzw. /dev/sda1, /dev/sda2 usw. Bei dem später behandelten Kommando **df** sehen Sie u.a., welche Platten in Ihrem Rechner zur Verfügung stehen (»*montiert*« sind im Kapitel 3.5 (Sicher ist sicher) werden Sie das Kommando **mount** kennenlernen, das hierfür verwendet wird, allerdings darf auch dieses Kommando aus Sicherheitsgründen nur vom Systemadministrator ausgeführt werden). Wechselmedien, wie USB-Sticks oder -Platten, werden unter Linux automatisch montiert.

Kein Platz auf der Platte kann unter Umständen bei bestimmten Anwenderprogrammen dazu führen, dass die letzten Veränderungen nicht mehr gesichert werden konnten und verloren sind. Normalerweise wird der Systemverwalter dafür sorgen, dass jeweils genügend Platz frei ist und die Benutzer u.U. auffordern, nicht mehr benötigte Dateien zu löschen. Es schadet jedoch nichts, wenn Sie selbst prüfen, wie viel Platz Ihnen noch zur Verfügung steht bzw. wie viel Platz Sie benötigen oder verbraucht haben.

3.4.8 Überprüfen der Platten- oder USB-Sticks

Wie können Sie feststellen, wie viel Platz Ihnen noch auf der Platte (den Platten) oder auf dem USB-Stick zur Verfügung steht?
Hierfür gibt es zwei kleine Kommandos, die Sie sich leicht merken können (bei größeren Dateibäumen kann dieses Kommando u.U. sehr lang dauern – also Geduld):

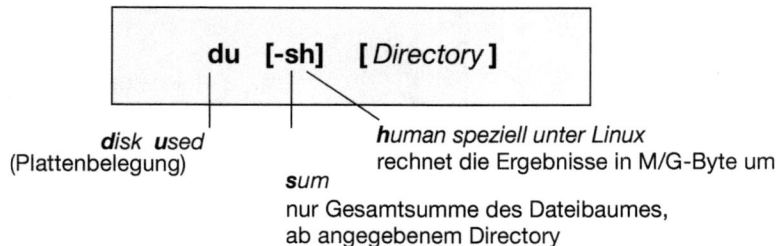

du – Kommando, um den belegten Platz (Blockanzahl) anzuzeigen

und das Gegenstück dazu:

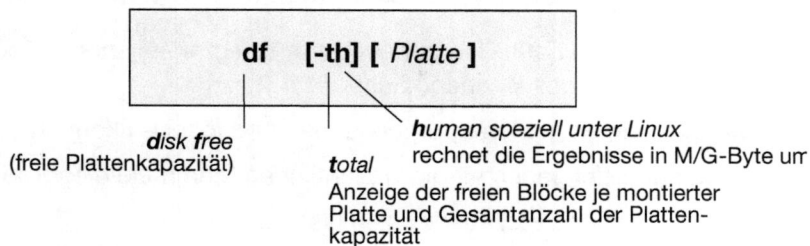

df − Kommando zur Anzeige der frei zur Verfügung stehenden Blöcke
aller im System montierten Platten/USB-Sticks

Auf einer GUUG-Tagung *(German Linux/Unix User Group)* wurde zur Aufheite-
rung eine Knobelecke eingerichtet, in der neue Begriffserläuterungen für Li-
nux/Unix-Kommandos gesucht wurden. Prämiert wurde u.a. das Kommando
du − Deine Untaten. Sehen wir uns also unsere bisherigen Untaten an, und
stellen wir fest, wie viel Platz wir noch zur Verfügung haben. Abb. 3.143 zeigt ein
Beispiel des Seminarrechners, auf dem auch dieses Buch ursprünglich entstanden ist (auf Ihrem Rechner sind, wie schon erwähnt, die Plattenbezeichnungen
sicher anderslautend):

```
cd /home/monika
   du
5         ./ProjektA          Anzeige der belegten Blöcke je Directory
204       ./Texte             innerhalb des Dateibaumes
5         ./Uebungen
2         ./Befehle
217       .                   Summe der belegten Blöcke
                              für den gesamten Dateibaum
                              ab /home/monika

   df -t
/home        (/dev/iw0.1)    2386 blocks     703    i-nodes—  frei
                 total:     10240 blocks    1280    i-nodes — gesamt
/usr         (/dev/iw0.3)   16088 blocks    7099    i-nodes
                 total:     81032 blocks   10128    i-nodes
/            (/dev/iw0.0)    7438 blocks    1772    i-nodes
                 total:     16384 blocks    2048    i-nodes
             Namen der Platten
```

Abb. 3.143 Anzeige der freien und belegten Plattenkapazität

Das Directory */home* ist in dem obigen Beispiel vom Systemverwalter auf eine
eigene Platte mit dem Namen /dev/iw0.1 gelegt worden. In diesem Directory
sind bereits 10240 − 2386 = 7854 Blöcke je 512 Bytes belegt worden. Die wichtigste Aussage ist für uns, dass noch 2386 Blöcke frei sind und wir noch maximal 703 Dateien auf dieser Platte anlegen könnten. Bei einigen Systemen können Sie mit

df -k

die Gesamtanzeige in Kilobyte abfragen bzw. unter Linux gleich mit **df -h**.

Die wichtigsten Dateiverwaltungskommandos kennen Sie nun:

❏ Sie wissen, wie neue Directories (Unter-Directories) angelegt werden und wie Sie Directories löschen können;

❏ wie Sie Dateien kopieren, umbenennen und löschen können;

❏ Sie können sich jederzeit die wesentlichen Merkmale einer Datei ansehen;

❏ den Inhalt einer Datei ausdrucken lassen;

❏ Sie können die Zugriffsrechte und Besitzrechte Ihrer Dateien und Directories verändern;

❏ Sie können nach bestimmten Kriterien Dateien suchen oder Inhalte aus Dateien wiederfinden und

❏ den Inhalt einer Datei versuchen zu klassifizieren.

3.4.9 Zusammenfassung der Kommandos

Tab. 3.17 enthält eine Zusammenstellung der in diesem Unterkapitel behandelten Kommandos, alphabetisch sortiert.

Tab. 3.17 Zusammenfassung der Kommandos

Kommandoeingabe	Funktion
cancel[2] *Druck-Auftragsnr.* *Beispiel:* **cancel laser-124**	*annullieren, abbrechen* **Löscht gestartete Druckaufträge** Auftragsnr. für Druckerqueue laser

chmod [-R]   *Art Dateinamen/Directories*
 	
       für wen wie was
          | | |
chmod ugo $\pm$ **rwx** *Dateinamen/ Directories*
	*ch*ange **mod**us
	Ändert die Zugriffsrechte
	Art: symbolisch oder über Oktalzahl
	-R *Rekursiv* Die Änderung erfolgt für alle Dateien/Unter-Directories
	Ändert die Zugriffsrechte mit symbolischer Angabe
	
	*u*ser der Dateibesitzer
	*g*roup die gleiche Gruppe
	*o*ther alle anderen
	+ hinzufügen
	- wegnehmen
	read Leseerlaubnis
	write Schreiberlaubnis
	execute Ausführerlaubnis

chmod *Oktalzahl Dateinamen/Directories*
Errechnung der Oktalzahl
 	
  r   read   4
  w   write   2
  x   executable1
 	
Beispiel:
chmod 750 *ben01*
	Ändert die Zugriffsrechte mit Oktalzahl
	
	        Besitzer Gruppe Andere
	        r w x r - x - - -
	        4+ 2+ 1 4+ 0+ 1 0+ 0+ 0
	         =7 =5 =0
	
	Das Directory erhält die Zugriffsrechte:
	drwxr-x---

chown [-R] *Benutzer * *Dateinamen/Directories*	*ch*ange **own**er **Ändert den Besitzer** **-R** *Rekursiv* Die Änderung erfolgt für alle Dateien/Unter-Directories

Kommandoeingabe	Funktion
cp [-i] *Dateialt Dateineu* **cp [-i]** *Datei1 Datei2 ... Directory* **cp [-ir]** *Directory Directory* Unter Windows: **copy, xcopy**	*copy* **Kopiert eine oder mehrere Datei(en) in ein anderes Directory** **-i** *interactive* Falls eine Datei mit gleichem Namen schon existiert, wird nachgefragt, ob überschrieben werden darf **-r** *recursive* Der gesamte Dateibaum wird kopiert
df [-kh]	*disk free* Zeigt die verfügbare Plattenkapazität in 512-Byte-Blöcken für alle montierten Plattenbereiche an **-k** *kilo* Zeigt die Kapazität in 1-KB-Blöcken an **-h** *human* Rechnet die Ergebnisse in K-, M- und G-Byte um
du [-sh] *Directory*	*disk used* **Zeigt den verbrauchten Plattenplatz** **-s** *sum* Zeigt nur jeweils die Summe der Directories in 512-Byte-Blöcken an **-h** *human* rechnet die Ergebnisse in K-, M- und G-Byte um
file *Dateiname(n)*	Datei **Versucht den Inhalt oder die Art einer Datei zu bestimmen** zum Beispiel *c program text* *commands text* *directory*

Kommandoeingabe	Funktion
find .	*finden*
Suchkriterien:	**Sucht (findet) Dateien in Dateibäumen nach unterschiedlichen Suchkriterien**
	Unter Unix muss ein **Start-Directory** angegeben werden (aktuelles Directory mit **.**), unter Linux nicht obligatorisch.
	Es wird eine Liste aller Dateien **rekursiv** durch alle Unter-Directories mit **relativem Pfadnamen** ausgegeben
-name *Dateiname*	Nach bestimmten **Namen**, Metazeichen (*?[ ]) mit Anführungszeichen eingeben
	Modifikationsdatum
-mtime *n*	**vor genau** *n* Tagen
-mtime *-n*	**innerhalb von** *n* Tagen
-mtime *+n*	**vor** *n* Tagen und früher
-newer *Datei*	**neuer** als die angegebene Datei
-inum *inode-Nr*	mit der angegebenen **inode-Nummer**
-mount	nur auf dem aktuellen (**montierten**) Plattenbereich
-user *Benutzername*	Dateien des angegebenen **Benutzers**
Ausgabe:	
-print	Dateien werden so angezeigt, wie das Startverzeichnis angegeben wurde
-exec *Kommando* **{}** \;	Das **Kommando** wird mit jeder gefundenen Datei **durchgeführt**
-ls	Die gefundenen Dateien werden **mit** allen **Attributen** (wie ls -li) **angezeigt**
Logische Kombination	Suchkriterien können logisch verbunden werden
-a	**und-Verknüpfung** Suchkriterien klammern
-o	**oder-Verknüpfung**
Beispiele nächste Seite	

Kommandoeingabe	Funktion
Beispiele zu find: **find . \(-name "a*" -a -user \ hans \) -exec head {} \;** **find /usr \(-name core -o \ -name "*.tmp" \) -exec rm {} \;**	Sucht nach Dateien, die mit a beginnen und "hans" gehören. Von den gefundenen Dateien werden die ersten 10 Zeilen angezeigt Sucht ab */usr* alle core-Dateien und/oder Dateien, die mit .tmp enden. Die gefundenen Dateien werden gelöscht
grep [hilnvw] *Muster Dateiname(n)*	*get regular expression* **Durchsucht Dateiinhalte nach bestimmten Zeichenvorgaben/Suchmustern** Im Muster können **Metazeichen** *(regular expression)* wie im ed/vi verwendet werden **-h** *header* Der Dateiname wird nicht mit ausgegeben **-i** *ignore case* Behandelt Groß- und Kleinbuchstaben gleich **-l** *line* Nur die Dateinamen werden angezeigt **-n** *number* Gibt zusätzlich die Zeilennummer mit aus **-v** *invert* Gibt alle Zeilen aus, die nicht dem Muster entsprechen **-w** *word* Suchmuster muss ein einzelnes Wort sein
Beispiel: **grep -v "^\." *trofftext*	Es werden alle Zeilen aus der Datei trofftext angezeigt, die **nicht** mit einem ».« beginnen

Kommandoeingabe	Funktion
ln [-s] *Originaldatei Linkname* **ln -s** *Original-Directory Link-Directory*	*link* **Vergibt Dateien zusätzliche Namen bzw. verweist auf eine andere Datei oder ein anderes Directory** Der lokale Link (ohne -s) kann nur auf Dateien innerhalb der gleichen Plattenpartition erfolgen **-s** *symbolic link* Das Link-Directory wird mit vollem Pfadnamen eingetragen. Der symbolische Link wird als eigener Dateityp mit l (klein L - *link*) gekennzeichnet
lp⁎ [-d *Druckername]* *Dateiname* Unter Windows: **print**	*line printer* **Erstellt einen Druckauftrag für den lp-Spooler** **-d** *destination* Mit -d» Druckerqueue« kann ein Zieldrucker angegeben werden, sofern mehrere Drucker eingerichtet wurden
lpq⁎	*line printer queue* **Zeigt die Queue der gestarteten Druckaufträge an** (analog lpstat für lp-Aufträge)
lpr⁎ Unter Windows: **print**	*line printer* **Erstellt einen Druckauftrag für den Spooler** (wird manchmal statt lp verwendet)
lprm⁎ *Auftragsnr.*	*line printer remove* **Löscht mit lpr gestartete Druckaufträge**
lpstat⁎	*line printer status* **Zeigt alle gestarteten Druckaufträge und deren Status an**

⁎ Seit die Druckersteuerung in Unix und Linux über CUPS (Common Unix Printer Spooler) erfolgt, können Sie mit allen Druckerkommandos die angegebenen Aktionen durchführen. Die Druckereinrichtung und -steuerung erfolgt über html mit folgenden Angaben in einem Browser (wie Firefox oder Konqueror):
http://localhost:631

Kommandoeingabe	Funktion
ls -[abdFilRsth]	*list*
	Zeigt den Inhalt von Directories bzw. Attribute von Dateien
	-a *all* Auch die mit Punkt beginnenden Dateien (z. B. *.profile*) werden angezeigt
	-b *binary* Zeigt auch nicht darstellbare Zeichen am Bildschirm an
	-d *directory* Zeigt nur das Directory (nicht seinen Inhalt) an
	-F *Format short*
	Directories sind mit »/« gekennzeichnet, ausführbare Kommandos/Programme mit »*«, symbolische Links mit »@«
	-i *inode* Die Adresse (*inode-Nummer*) wird angezeigt
	-l *long format*
	Anzeige mit Attributen
	-R *Rekursiv* Der Dateibaum mit sämtlichen Unter-Directories wird angezeigt
	-s *size* Es werden zusätzlich die benötigten Blöcke à 512 Bytes angezeigt
	-t *time* Die Liste wird chronologisch sortiert ausgegeben
Unter Windows: **dir, tree**	**-h** *human (menschlich)*
	Unter Linux werden die Größenangaben in K-, M- und G-Byte umgerechnet
mkdir [-p] *Directory-Name(n)*	*make directory*
	Legt Directories neu an
	-p *pass* noch nicht vorhandene Unter-Directories werden mit angelegt
Beispiel:	Soweit noch nicht vorhanden, werden die Directories
cd /home	/home/ben01
mkdir -p *ben01/Uebung*	/home/ben01/Uebung
Unter Windows: **mkdir, md**	angelegt

Kommandoeingabe	Funktion
mv -i *dateialt dateineu* **mv -i** *datei1 datei2 ... Directory* Unter Windows: **ren (rename)**	*move – bewegen* **Ändert einen Dateinamen oder ver- schiebt Dateien in ein anderes Direc- tory** **-i** *interactive* Eine bereits bestehende Datei wird nur dann überschrieben, wenn dies mit **y** bestätigt wird
pr [-l*n* **-o***n* **-w***n* **-n** *Spaltenanzahl* **]** \ *Dateiname(n)*	*print* **Bereitet Dateien für den Druck auf** **-l** *length* Anzahl der Zeilen (Seitenlänge) **-o** *offset* Zeicheneinrückung vom linken Rand (eine Einheit entspricht einem m) **-w** *width* Anzahl der Zeichen pro Zeile (Breite) **-n** *numbering* Die Zeilennummern werden mit ausge- druckt **1-9** (Spaltenanzahl) Der Text wird in die angegebene Anzahl Spalten umgebrochen
rm [-] [-fir] *Dateiname(n)* Unter Windows: **del**	*remove löschen* **Löscht Dateien (unwiederbringlich!)** **- ohne weitere Angabe** Die nachfolgenden evtl. mit »-« begin- nenden Namen sind keine Optionen (sondern z.B. versehentlich mit »-« be- ginnend angelegte Dateien) **-f** *forced* verstärkt Auch bei Dateien, die schreibgeschützt sind, wird ohne Nachfrage gelöscht **-i** *interactive* Die Löschung muss erst mit »y« bestä- tigt werden **-r** rekursiv Vorsicht! Löscht radikal alle Dateien und evtl. Unter-Directories!
rmdir *Directory* Unter Windows: **rmdir (rd)**	*remove directory* **Löscht Directories, die keine Dateien mehr enthalten**

3.5 Sicher ist sicher!

Sie haben schon gelernt, wie leicht versehentlich eine Datei überschrieben oder gelöscht werden kann. Und noch etwas: Die Wahrscheinlichkeit, dass eine Platte in einem Rechner defekt wird, ist größer als die, dass Ihr Büro abbrennt. Eine Platte ist ein mechanisches Teil wie der Motor eines Autos, sie zeigt Abnutzungserscheinungen und kann daher plötzlich Lese- und Schreibfehler aufweisen. Es ist zu empfehlen, Ihre Dateien, zumindest jene, auf die Sie nicht verzichten wollen, zu sichern, d.h. zusätzlich auf ein anderes Medium zu kopieren.

Die einzelnen Themen:

Sicher ist sicher!

Das Thema »Sichern« ist nicht trivial. Damit beschäftigen sich nicht nur Banken Sicherheitsfirmen und Polizei. Seit es Datenverarbeitung und das Internet gibt, hat das Thema »Sicherung« eine besondere Bedeutung erhalten. Mancher Benutzer ist vor seinem Rechner schon in Tränen ausgebrochen, hat Wutanfälle bekommen, weil bestimmte Daten nicht mehr vorhanden waren; sei es, dass sie versehentlich gelöscht wurden, dass die Platte nicht mehr lesbar war oder sonst irgendwas passierte.

Über Sicherung wurden schon Doktorarbeiten geschrieben. Auch wenn Sie in einer größeren Firma arbeiten, in der eine eigene Abteilung für die Systembetreuung und Sicherung Ihrer Rechner zuständig ist, sollten Sie dieses Kapitel nicht überblättern. Abgesehen von manchen wichtigen Daten, die Sie vielleicht vorsichtshalber selbst sichern wollen, werden die Kommandos zum Sichern auch anderweitig benötigt, etwa zum Datenaustausch mit anderen Rechnern oder um Dateien noch straffer und platzsparender zu organisieren.

3.5.1 Was und worauf kann gesichert werden?

Bei dem Kapitel 3.3 (Editoren) hatten wir u.a. bei der Texterstellung vorsichtshalber »zwischendurch« gesichert. Das heißt, wenn wir Texte erstellt haben, wurden diese erst in einen sog. Arbeitspuffer geschrieben und dann mit einem speziellen Kommando (z.B. :w beim *vi*) auf die Platte zurückgeschrieben. Bei unseren Aufräumarbeiten wurden Dateien kopiert und die doppelten Dateien erst gelöscht, nachdem wir kontrolliert hatten, ob alle Dateien ordnungsgemäß übernommen worden waren. Auch dies war eine Art der Sicherung. Wir können Sicherungen gliedern je nachdem, was und wann gesichert werden soll:

Zu sichern sind z.B.:

❑ der aktuelle Stand während der Erstellung von Dateien und die vorhergehende Version einer geänderten Datei

❑ bestimmte Dateien, z.B. Testprogramme, Texte zu einem Buch usw.

❑ wöchentlich alle Dateien eines Benutzers oder einer Benutzergruppe oder aller Benutzer (Dateibaum) und täglich davon nur die veränderten Dateien

❑ alle Benutzerprogramme (Anwenderprogramme), die meist ebenfalls unter bestimmten Directories abgelegt sind

❑ Systemsoftware

❑ gesamte Platte(n), Betriebssystem, Rechner

In diesem Buch, das speziell für den Benutzer geschrieben ist, wird in erster Linie nur auf die Sicherung der Benutzerdateien eingegangen. Die Sicherung von Benutzerprogrammen, der Systemsoftware und gesamter Platten gehört in den Aufgabenbereich des Systemverwalters und ist nicht Inhalt dieses Buches.

Wir haben uns Gedanken gemacht, was wir alles sichern wollen, doch nun bleibt zu überlegen: Wie sichern wir und worauf?

In einer Umfrage zu »Auf was können Sie sichern?« während eines Einführungsseminars wurden folgende Antworten gesammelt:

❑ auf Papier

❑ unter anderem Dateinamen

❑ in ein anderes Directory

❑ auf einen anderen Plattenbereich

❑ auf einen anderen Rechner (File-Server),
am besten an einem anderen Ort – am einfachsten über ein Netzwerk

❑ auf USB-Stick oder entfernbare USB-Platte

❑ auf CD oder DVD brennen

Alle Antworten sind richtig und es gibt sicher noch mehr Möglichkeiten. Ja, auch auf Papier, denken Sie an Texte, Quelltexte von Programmen, Kalkulationen u.v.m. Abgesehen davon, dass durch Fleißarbeit die Daten wieder abgetippt werden können, könnte man die Texte u.U. scannen und mit entsprechender Konvertierungssoftware wieder einlesen. Doch dies wäre sicher die Ausnahme. Je nachdem, was gesichert werden soll, wird man ein passendes Medium finden. Sichert man eine Datei unter anderem Namen oder in ein anderes Directory, hat man bei Platten- oder Rechnerausfall leider Pech gehabt. Auch ein zweiter Rechner evtl. über Netz an einem anderen Ort bietet etlichen Komfort, da die Sicherung automatisiert laufen könnte. Gut ist es, wenn die Sicherung auf entfernbare Datenträger erfolgt, die dann, um jedes Risiko auszuschließen, an einem anderen Ort und brandsicher untergebracht werden können. Als entfernbare Datenträger nimmt man als Anwender USB-Sticks (etwa ab 512 MB bis 64 GB) oder USB-Platten (ab ca. 100 GB und größer) oder auch DVDs (4,6 GB) oder bei kleineren Mengen CDs (max 700 MB), auch Floppies oder Disketten waren früher für kleinste Mengen (1,4 MB) eingesetzt (sie können, sofern noch Floppy-Laufwerke verfügbar sind, auch noch heute gelesen und beschrieben werden, das Gleiche gilt für Magnetbänder). Auch SD-Karten wären denkbar (1GB bis 32 GB). Die Größenangaben der Wechseldatenmedien sind eigentlich ständig nach oben hin zu korrigieren. So gibt es natürlich schon Platten, bei denen die Kapazität in Bytes nicht mehr in Kilo (10^3), Mega (10^6) oder Giga (10^9) gerechnet wird, sondern in Tera (10^{12}), Peta (10^{15}) und sogar in Exa (10^{18}). Dazu sind allerdings dann auch neue Verarbeitungsprogramme (Betriebssysteme) nötig, die auch so große Bereiche verwalten können. Wir wollen uns als »kleiner« Anwender vorerst nur mit Größen abgeben, die noch auf Medien bis 500 GB passen.[*]

---

[*] Um die Zahlen etwas anschaulicher zu machen: Meine Fotosammlung beinhaltet etwa 18.000 Fotos und beansprucht damit etwa 84 GB, dieses Buch mit allen Grafiken, Druck- und Backup-Dateien benötigt etwa 60 MB. Meine Sicherung erfolgt z.B. auf eine 500-GB-USB-Platte, die sowohl unter Windows, Apple und natürlich Linux eingehängt, gelesen und beschrieben werden kann, genauso wie die USB-Sticks.

3.5.2 Einbinden von Wechselmedien

Welches Medium Sie verwenden können, richtet sich nach den Möglichkeiten Ihres Rechners. Die verschiedenen Linux/Unix-Rechner haben meist unterschiedliche Bezeichnungen für die Sicherungsmedien. Für Benutzer, die oft ihre digitalen Bilddaten speichern wollen, empfiehlt es sich, gleich eine zusätzliche externe USB-Platte zu verwenden. Bei kleineren Datenmengen reicht auch schon ein USB-Stick, der je nach Schreibgeschwindigkeit (USB Version 2 oder 3) und Fassungsvermögen (ab z. B. 1 GB bis 64 GB) verhältnismäßig günstig zu bekommen ist. Auch externe USB-Platten kosten nicht die Welt und bieten ausreichend Platz (100 GB bis 500 GB und mehr).

Bei den meisten Rechnern/Laptops sind mehrere USB-Anschlüse vorhanden. Unter OpenSUSE wird der Anschluss einer externen USB-Platte oder eines USB-Sticks automatisch erkannt und die Platte bzw. der Stick in das Dateisystem eingebunden. Über KDE wird in der Anzeige »verfügbare Geräte« die Platte oder der Stick angezeigt und kann von dort aus über einen Dateimanager geöffnet und auch wieder entfernt werden. Die Kontrolle und das Wiederaushängen der Datenträger kann natürlich auch direkt über Terminal erfolgen.

Über Terminal können Sie mit dem Ihnen bereits bekannten Kommando

df -h

feststellen, wo das Gerät eingehängt wurde und wie viel Platz Ihnen hierauf zur Verfügung steht. Die anderen Geräte (Festplatten etc.) werden vom Systemverwalter bei der Konfigurierung des Systems zugeordnet und beim Hochfahren des Systems automatisch montiert (wie dies erfolgen soll, steht in der Datei */etc/fstab*).

Unter Unix müssten Sie meist den USB-Datenträger selbst einbinden mit dem Kommando **mount.** Da evtl. das *mount*-Kommando nicht für »normale Benutzer« freigegeben ist, müsste dies u. U. unter der root erfolgen, bzw. der Systemverwalter müsste das Kommando für Sie freigeben.

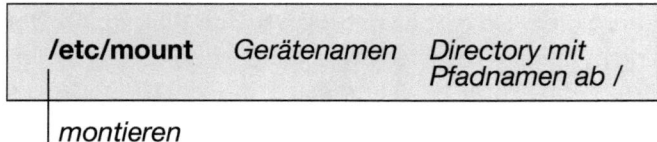

/etc/mount – Kommando, um Geräte, wie Platten etc., zu montieren

Das Directory sollte mit dem vollständigen Namen ab *root* (/) angegeben werden. Für »einzubindende Datenträger« gibt es unter Linux/Unix bereits ein Directory */mnt.* Unter OpenSUSE wird für Wechseldatenträger das Directory */media/* verwendet und dort die Wechselmedien in Unterverzeichnisse mit der Datenträgerbezeichnung (meist *übernommener Name-des-Gerätes)* eingehängt. Der Systemverwalter kann auch für Benutzer das *mount*-Kommando freigeben oder vorab festlegen, wo bestimmte Geräte montiert werden sollen (in der Datei /etc/fstab sind hier entsprechende Voreinstellungen einzutragen).

Ein USB-Stick oder eine -Platte wird in ein leeres Directory eingehängt und in das gesamte Dateisystem integriert. Unter dem Directory, in das das USB-Gerät eingehängt wurde, können Sie nun Dateien anlegen, kopieren, umbenennen, löschen und Unter-Directories anlegen, also sämtliche Kommandos verwenden, die Sie bisher zur Dateiverwaltung und Pflege schon kennengelernt haben. Normalerweise erhält der Benutzer, der die Platte einhängt, auch die Lese- und Schreibrechte hierauf. Notfalls müsste der Systemadministrator die Rechte dazu übertragen.

Im nachstehenden Beispiel in Abb. 3.144 verwenden wir einen USB-Stick. Unter OpenSUSE wird der Stick automatisch, wie schon darauf hingewiesen, unter dem Verzeichnis /media/*Stickname* eingehängt. Im nachstehenden Beispiel lautet der Stickname STICK_B1.

Nehmen wir an, auf dem Stick sind schon einige andere Daten gespeichert. Es empfiehlt sich deshalb, erst ein entsprechendes Directory für die Texte von Monika anzulegen:

df -h /media/STICK_B1

Dateisystem	Größe	Benut	Verf	Ben%	Eingehängt auf
/dev/sdb1	984M	366M	618M	38%	/media/STICK_B1

   mkdir /media/STICK_B1/TexteMonika

   pwd

/home/monika

   cp Texte/* /media/STICK_B1/TexteMonika   Sicherung durch Kopieren von Dateien mit Hilfe von Metazeichen »*«

   ls -l /media/STICK_B1/TexteMonika

total 200
```
-rw-r--r--   1   monika   kurs 101699   Nov   4 19:33   kekse
-rw-r--r--   1   monika   kurs    290   Nov   4 19:33   sprueche
```

   umount /media/STICK_B1   Stick sicher entfernen über das Kommando umount

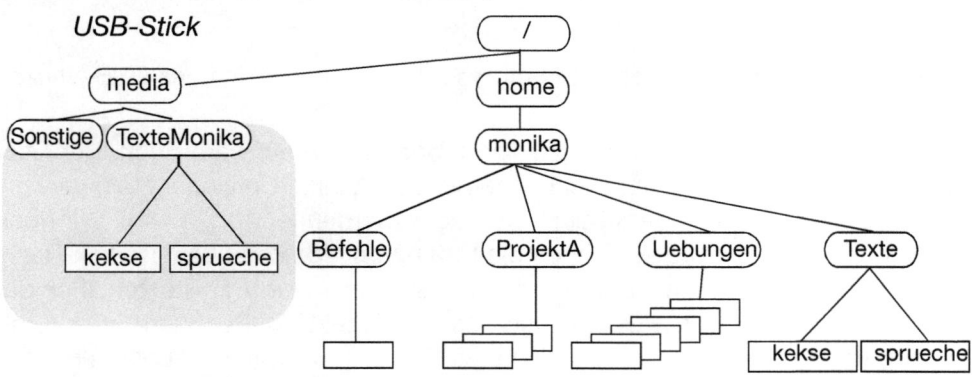

Abb. 3.144 *Sicherung einzelner Dateien auf USB-Stick*

Die Sicherung wurde hier durch Kopieren bestimmter Dateien vorgenommen. Könnten wir den Stick nun wieder entfernen? Nein, erst muss der Stick abgemeldet (sicher entfernt werden).

▷ **Beachten Sie:** Bevor Sie ein eingehängtes Gerät (USB-Stick oder externe USB-Platte) auf einem Linux/Unix-Rechner wieder herausnehmen, muss das Gerät mit dem Kommando **/etc/umount** abmontiert *(abgemeldet, ausgehängt)* – oder wie auch beim PC unter Windows »Sicher entfernt« werden, auch dann, wenn das *mount*-Kommando automatisch erfolgte.

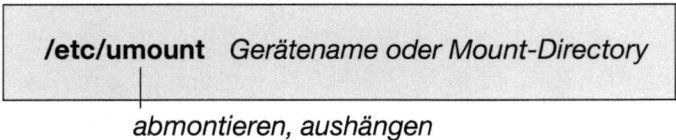

/etc/umount *Gerätename oder Mount-Directory*

abmontieren, aushängen

/etc/umount – Kommando, um USB-Sticks/Platten wieder auszuhängen

Unter KDE können Sie dies z.B. unter dem Symbol Geräteüberwachung in der Symbolleiste vornehmen, dann erst darf die USB-Platte oder der USB-Stick auch physisch entfernt werden. Wenn ein Gerät, ohne es sicher abgemeldet zu haben, physisch entfernt wird, könnte beim nächsten Hochfahren eine Plattenüberprüfung notwendig werden, ein sog. *file system check (fsck)*. Hierbei könnten unter Umständen Dateien verloren gehen.

Durch das Kommando *umount* ist eine ordnungsgemäße Rückschreibung aller Dateiinformationen gewährleistet. Das Directory */media* ist auf der Platte wieder leer (s. Abb. 3.145). Unter Linux/Unix werden alle *mount*-Befehle zusätzlich in einer *mount*-Tabelle festgehalten, so dass es genügt, den *umount*-Befehl entweder mit dem *mount*-Directory oder mit dem Gerätenamen einzugeben.

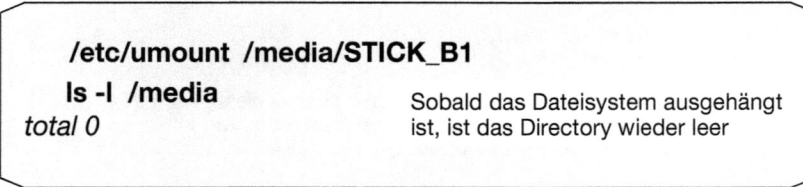

/etc/umount /media/STICK_B1

ls -l /media
total 0

Sobald das Dateisystem ausgehängt ist, ist das Directory wieder leer

Abb. 3.145 *Beispiel: Mount-Directory nach dem Abmelden des USB-Sticks*

Die Dateien stehen ohne irgendwelche Pfadangaben auf dem Stick. Der Stick kann nun auf einem anderen Rechner (Windows, Linux, Unix oder Mac) verwendet und die Daten von dem Stick übertragen werden (s. Abb. 3.146). Wir übertragen wir in unserem Beispiel nun die Daten von Monika auf einen Unix-Rechner, bei dem es uns erlaubt ist, das *mount*-Kommando zu nutzen. Für das temporäre Mounten von Geräten gibt es auf Linux/Unix-Rechnern, wie vorhin schon erwähnt, bereits ein eingerichtetes Directory */mnt* (für mount). In der Regel ist es ein leeres Directory.

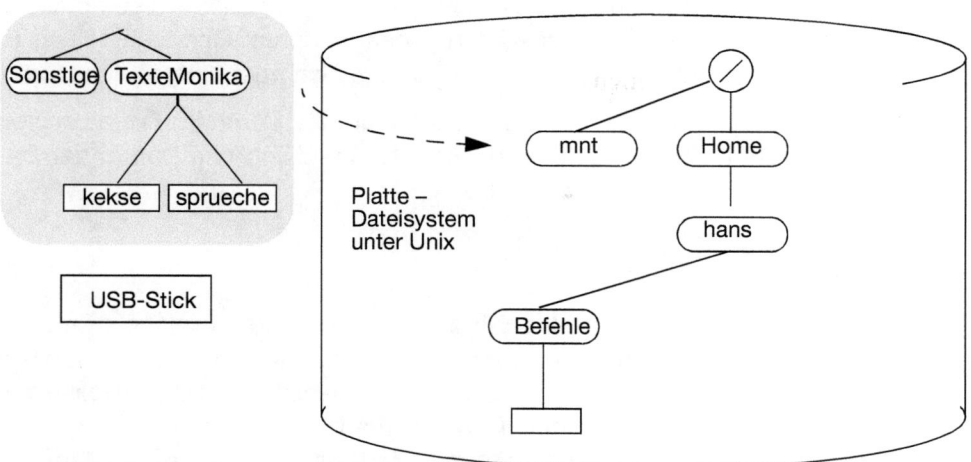

Abb. 3.146 *Beispiel des Dateibaumes unter einem anderen Unix-Rechner*

Wie sich Hans auf einem anderen Unix-Rechner nun alle Dateien von dem Stick unter TexteMonika auf sein Home-Directory kopiert, zeigt nachfolgendes Beispiel in Abb. 3.147.

mount /dev/sdb1 /mnt **ls -F /mnt** *Sonstige/ TexteMonika/*	Sollte auf diesem Unix-Rechner bereits ein anderes Plattenlaufwerk die Bezeichnug /sdb1 haben, wird entsprechend die nächste Plattenbezeichnung z.B. /dev/sdc1 zugeordnet.
pwd */home/hans*	
cp -r /mnt/TexteMonika/ .	Kopieren des Directories TexteMonika in das aktuelle Directory von Hans (**.**)
ls -l /home/hans/TexteMonika	

```
total 200
-rw-r--r--   1   hans     kurs 101699   Nov  5 10:20   kekse
-rw-r--r--   1   hans     kurs    290   Nov  5 10:20   sprueche
```

umount /dev/sdb1	Stick sicher entfernen über das Kommando umount auch **umount /mnt** wäre möglich

Abb. 3.147 *Beispiel: mount und umount auf einem Unix-Rechner*

Die auf dem USB-Stick kopierten Dateien bekommen automatisch den Pfadnamen des Directories, unter dem der Stick montiert wird. In unserem Beispiel ist der Stick unter dem Directory */mnt* montiert, damit lauten die Dateinamen auf dem Datenträger:

/mnt/TexteMonika/kekse und */mnt/TexteMonika/sprueche*

Die Sicherung auf eine »entfernbare« Platte würde in gleicher Weise durchgeführt werden. Die Platte ist evtl. durch einen anderen Gerätenamen, z.B. /dev/sdb3, gekennzeichnet (falls die USB-Platte in sich noch aufgeteilt wurde).

Bei unserem Beispiel mit *cp -r* haben allerdings alle Daten im Directory von *hans* das aktuelle Datum erhalten und nicht das ursprüngliche Datum der Dateien. Als Besitzer ist nun *hans* vermerkt.

3.5.3 Erstellen einer Sicherung mit tar

Statt wie mit *cp* die Dateien einzeln zu kopieren, erstellt man besser eine Archivdatei, in der die Daten in ähnlicher Struktur wie auf der Platte abgebildet werden. Hierbei bleiben im Normalfall die ursprünglichen Eigenschaften der Dateien, wie Datum, Zugriffsrechte etc., erhalten. Das Kommando *tar (tape archive)* war ursprünglich dazu gedacht, Daten auf Magnetbänder zu schreiben, was natürlich immer noch möglich wäre, doch die heutigen Medien bieten hier bessere Möglichkeiten. Speziell zum Austausch von Daten zwischen verschiedenen Rechnern über Netzwerk wird *tar* gern verwendet. Das Kommando *tar* ist kompatibel zu unterschiedlichen Rechnersystemen. Den Befehl *tar* gibt es z.B. auch für für andere Betriebssysteme wie Windows und MacOS (Betriebssystem vom Apple). Bei *tar* wird der gesamte Dateibaum vom aktuellen Directory bzw. dem angegebenen Directory oder nur die angegebenen Dateien kopiert. Die wichtigsten Funktionen, um ein Archiv mit *tar* zu erstellen, sind:

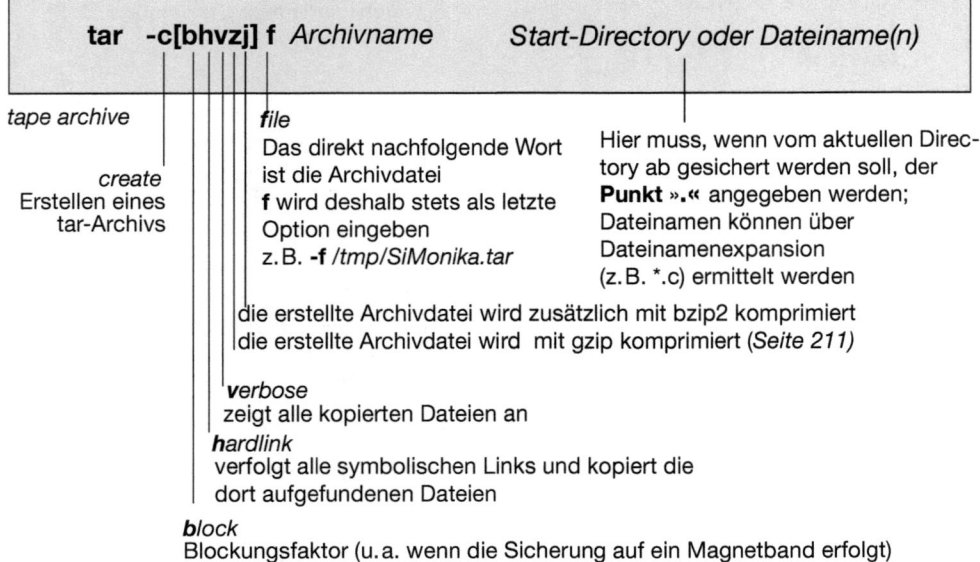

tar -c – Kommando, um ein tar-Archiv zu erstellen

▷ Achtung: Bei *tar -c* wird eine Datei automatisch neu angelegt bzw. eine bereits vorhandene gelöscht. Um an ein bestehendes Archiv Dateien anzuhängen gibt es spezielle Optionen (siehe tar --help).

Sichern wir zur Veranschaulichung das Directory */home/monika* in eine Archiv-datei unter dem Directory */tmp,* dem temporären Verzeichnis, das allen Benut-zern erlaubt, Dateien und Directories dort anzulegen (s. Abb. 3.148). Dateien lö-schen dagegen darf nur derjenige, der Besitzer der Datei/des Directories ist. (Eine Besonderheit, die durch die Zugriffsrechte rwxrwxrw**t**, unter /tmp erreicht wird). Um sofort zu erkennen, dass es sich bei der Datei um ein tar-Archiv han-delt, sollte als Suffix .tar verwendet werden. Wurde die Datei gleich mit *z* oder *j* komprimiert, ergänzt man die Datei mit .tar.gz bzw. .tar.bz2.

```
      pwd                      Es wird eine Sicherung vom gesamten Dateibaum
 /home/monika    _____     ab /home/monika erstellt
    tar  -cvf  /tmp/SichMonika.tar  .

.
./ProjektA        _____   Anzeige der Dateinamen durch die Option -v
./ProjektA/bsp.c
...
./Befehle/sicher
175 blocks
 ls -l /tmp/SichMonika.tar
-rw-rw-r--  1    monika    kurs    167352320 Jul 31 17:02 SichMonika.tar
```

Abb. 3.148 *Beispiel: Erstellung eines tar-Archivs*

Die Archivdateien benötigen etwas weniger Platz als die Originaldateien, da sämtliche Dateien (mit jeweils mindestens 1KB) in eine Datei gespeichert werden (die Blockgröße ist 512 Byte).

3.5.4 Restaurieren/Extrahieren von Dateien aus einem tar-Archiv

Wichtig beim Restaurieren von Dateien ist, dass Sie sich bewusst sind, dass bei *tar* die Dateien stets in das aktuelle Directory kopiert werden, und zwar so, wie sie bei der Sicherung mit ihrem relativen Pfadnamen angezeigt wurden. Wenn beim Speichern der Dateien die Anzeige z.B. *./Befehle/sicher* erschien (siehe Abb 3.148 auf Seite 209), wird in dem aktuellen Directory ein Unter-Directory *Be-fehle* angelegt. Um sich zu vergewissern, wie die Dateien gespeichert sind, kön-nen Sie sich vorab ein Inhaltsverzeichnis der Archivdatei ausgeben lassen.
Wurde die Archivdatei mit z oder j komprimiert, muss auch bei den folgenden Kommandos (tar -t und tar -x) z oder j mit angegeben werden.

Das Kommando, um den Inhalt einer Archivdatei anzusehen, lautet:

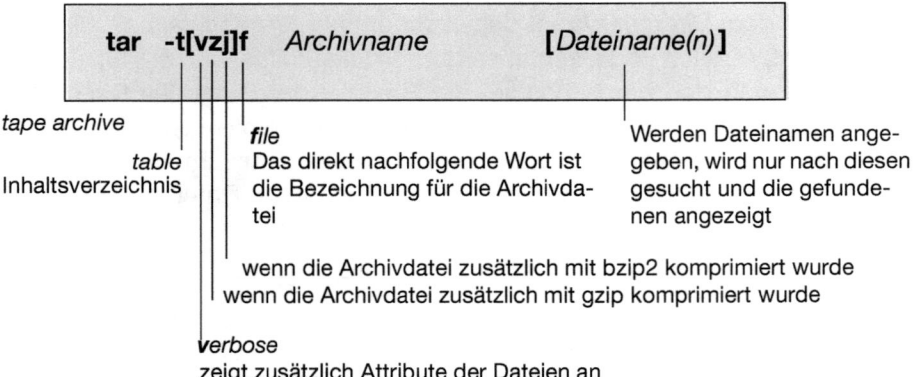

tar -t – Kommando, um eine Inhaltsliste eines tar-Archivs zu erhalten

Es ist also empfehlenswert, sich noch einmal zu vergewissern, im richtigen Directory zu sein (*pwd*). Erst dann sollten Sie Daten wieder einlesen bzw. Daten aus dem Archiv extrahieren, herausholen. (Was allerdings nicht bedeutet, dass die Dateien aus dem Archiv gelöscht werden. Sie werden nur zurückkopiert, bleiben aber in der Archivdatei erhalten.)

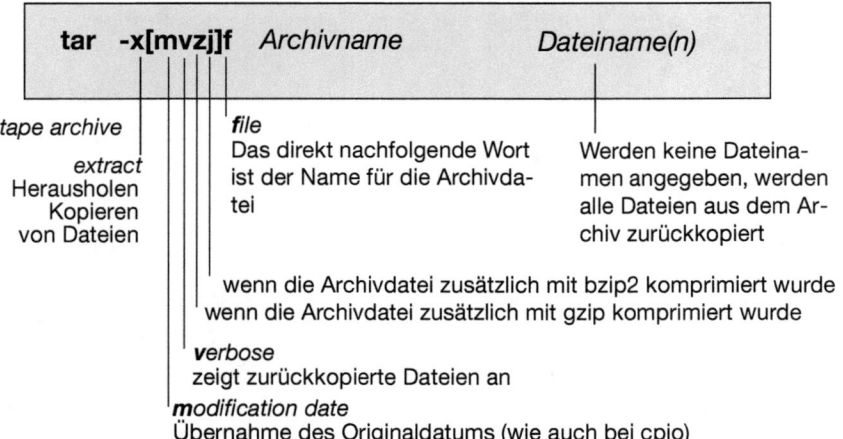

tar -x – Kommando, um Dateien aus einem tar-Archiv zurückzukopieren

Abb. 3.148 zeigt hierzu ein kurzes Beispiel. Angenommen, Monika hat die Datei *Uebungen/datum* versehentlich gelöscht, so kann sie aus dem *tar*-Archiv diese Datei wieder restaurieren:

```
      pwd
    /home/monika  ──────  Kontrolle, ob im richtigen Directory
     tar  -xvf  /tmp/SichMonika.tar  ./Uebungen/datum
  .
    Uebungen/datum  ──────  Anzeige der Dateinamen durch die Option -v
```

Abb. 3.149 Beispiel: Restaurieren einer Datei mit tar -x

Wir wissen jetzt, wie man sichert und Dateien oder gesamte Sicherungen wieder einliest. Hier noch eine Gegenüberstellungen der Größen von tar-Sicherungen ohne Komprimierung und Komprimierung mit -z und -j:

167   M /tmp/SichMonika.tar
  1,4 M /tmp/SichMonika.tar.bz2
  2,0 M /tmp/SichMonika.tar.gz

3.5.5 Komprimieren von Dateien

Bei *tar* konnte man die Datei gleich mit -z oder -j komprimieren. Doch auch im Nachhinein ist dies möglich.

Um Dateien zu komprimieren, gibt es die Kommandos

gzip *Dateiname(n)*	**gunzip** *Dateiname(n).gz* *oder* **gzip -d** *Dateiname(n).gz*

gzip, gunzip – Kommandos, um Dateien zu komprimieren/dekomprimieren

Komprimieren wir nun in unserem Beispiel die Sicherung von Monika unter */tmp* mit *gzip* (s. Abb. 3.150). Die ursprüngliche Datei wird gelöscht und es gibt nur noch die mit *.gz* komprimierte Datei. Über *gunzip* wird die ursprüngliche Datei wieder hergestellt:

```
    ls -l /tmp/SichMonika.tar
 -rw-rw-r--  1   monika  kurs  167352320 Jul 31 17:02 SichMonika.tar
    gzip /tmp/SichMonika.tar
    ls -l /tmp/SichMonika*
 -rw-rw-r--  1   monika  kurs    2045963 Jul 31 17:02 SichMonika.tar.gz
    gunzip /tmp/SichMonika.tar.gz
    ls -l /tmp/SichMonika*
 -rw-rw-r--  1   monika  kurs  167352320 Jul 31 17:02 SichMonika.tar
```

Abb. 3.150 Komprimierung und Dekomprimierung mit gzip

Ähnlich dem *gzip* gibt es **bzip2** entsprechend zu der Option j. Auch hier wird jede Datei komprimiert und nur die komprimierte Datei gespeichert, die mit der Endung **.bz2** gekennzeichnet ist. Unter älteren Unix-Rechnern gibt es noch das Kommando *compress*. Der Dateiname wird mit **.Z** ergänzt. Durch die Endung *.Z* erkennen Sie also, dass es sich um eine mit *compress* verdichtete Datei handelt. Oft werden Dateien in dieser Form bereitgestellt, da sie weniger Platz benötigen. Doch sehen wir uns auch dazu in Abb. 3.151 ein Beispiel an.

compress *Dateiname(n)*

compress – ein älteres Kommando unter Unix

Um einen Kurs vorzubereiten, wurden eine Reihe von Übungen in ein *tar*-Archiv gesichert. Die Größe ist etwa 1,6 MB.

```
$ ls -l *.tar
-rw-r--r--  1 root    other   1620480 Jul 23 15:58 kursfiles.tar
$ compress kursfiles.tar
$ ls -l *Z                              Einsparung von ca. 65%
-rw-r--r--  1 root    other    574571 Jul 23 15:58 kursfiles.tar.Z
$ ftp seminar
Connected to seminar.
220 seminar FTP Server
Name (seminar.hans): trainer        Anmeldung als trainer
Password:                    ─────── Passwort nicht sichtbar
230 Login ok, access restrictions apply.
ftp> binary
200 Type set to I.
ftp> cd /home
ftp-CWD command successful.
ftp> put kursfiles.tar.Z kursfiles.tar.Z
200 PORT command successful.
150 Opening BINARY mode data connection for kursfiles.tar.Z
226 Transfer complete.
574571 bytes sent in 1.7 seconds (3.3e+02 Kbytes/s)
ftp> quit
```

Abb. 3.151 *Beispiel: Komprimiertes tar-Archiv wird mit ftp auf einen anderen Rechner übertragen*

ftp bzw. *sftp* wird im nächsten Kapitel behandelt (siehe Seite 240).

Um die Dateien auf dem entfernten Rechner wieder auszupacken, werden die Kommandos *uncompress* und *tar -x* benötigt.

> **uncompress** *Dateiname(n)[.Z]*

uncompress – Kommando, um mit compress verdichtete Dateien wieder in den Normalzustand zu bringen

In unserem Beispiel in Abb. 3.152 meldet sich der Trainer am Schulungsrechner über *rlogin*[*] an, kontrolliert die übertragene Datei, bringt sie wieder in den Normalzustand und packt das *tar*-Archiv aus:

```
$ rlogin -l trainer seminar
connected to seminar
Password: ▓▓▓▓▓▓▓▓ ———— Passwort nicht sichtbar
$ cd /home
$ ls -l *.Z
-rw-r--r--  1 root    other      574571 Jul 23 15:58 kursfiles.tar.Z
$ uncompress kursfiles.tar; ls -l *.tar
-rw-r--r--  1 root    other    1620480 Jul 23 15:58 kursfiles.tar
$ tar -xvf  kursfiles.tar
./Gestalten.html
./Gestalten.txt
./Muster
...
3156 blocks
$
```

Abb. 3.152 *Anmelden mit rlogin und Auspacken der komprimierten tar-Archiv-Übertragung mit uncompress und tar -x*

Handelt es sich um eine Textdatei, kann eine Datei auch in komprimierter Form angesehen werden. Hierfür gibt es folgendes Kommando:

> **zcat** *Dateiname(n)*

zcat – Kommando, um mit compress komprimierte Textdateien anzusehen

Statt *compress* und *uncompress* wird auf vielen Unix-Rechnern auch **zip** und **unzip** (bzw. **gzip** und zum Entpacken **gzip -d** oder **gunzip**) verwendet, das eine wesentlich bessere Komprimierung erreicht.

---

* rlogin sollte nicht mehr verwendet werden, nur noch ssh (siehe Seite 237).

Die Datei Gestalten.txt soll in komprimierter Form abgelegt werden. Da es sich hierbei nur um einen ASCII-Text handelt, kann sie jederzeit mit *zcat* angesehen werden (s. Abb. 3.153):

```
ls -l Gestalten.txt
-rw-r--r--  1 tempir2  30005     2088 Jul 23 17:43 Gestalten.txt
compress Gestalten.txt
ls -l G*.Z
-rw-r--r--  1 tempir2  30005     1322 Jul 23 17:43 Gestalten.txt.Z
zcat  Gestalten.txt.Z
Gestalten von Dokumenten
Die Sprache als Verständigung zwischen Menschen wird erst lebendig
durch Betonung und Gesten. Umgesetzt in Schrift entfällt diese wichtige
Ausdrucksform. Um geschriebenen Text dennoch schnell verständlich zu
...
$
```

Abb. 3.153 *Ansehen einer komprimierten Textdatei mit zcat*

Es gibt noch eine Reihe anderer Kommandos, um zu sichern (u.a. cpio, rsync, dump, dd). Während die meisten Kommandos eher für den Systemadministrator sinnvoll sind, wollen wir uns doch noch ein Kommando ansehen, das es erlaubt, vorab mit *find* eine Auswahl bestimmter Dateien vorzunehmen.

3.5.6 Kopieren eines Dateibaumes mit cpio

Das Kommando *find* haben wir Seite 183 kennengelernt. Es ist ein gewöhnungs-bedürftiges, aber sehr nützliches Kommando. Mit *find* können wir alle Dateien und Unter-Directories von einem Directory oder Dateien nach einem bestimmten Suchkriterium (z.B. älter als 2 Tage) auswählen und anzeigen lassen. Mit dem Kommando *cp -r* konnten wir zwar auch gesamte Dateibäume kopieren, jedoch nicht nach einer bestimmten Auswahl und vor allem erhalten die kopierten Daten jeweils das aktuelle Datum (es sei denn, man verwendet die Option -a (*preserve all – erhalte alles*), siehe cp --help). Mit *tar* konnten wir die Eigenschaften der Dateien erhalten, doch die Auswahlmöglichkeiten waren eingeschränkt.

Wie der Name *cpio (**c**opy **i**nput **o**utput)* andeutet, wird *cpio* sowohl für die Ausgabe einer Kopie als auch für das Einlesen von kopierten Daten verwendet. Dieses Kommando hat die Besonderheit, dass es nur in Verbindung mit einer *Dateiliste* eine *Ausgabe* erstellt. Die Dateiliste wird entweder über eine Pipe oder eine Umleitung übergeben; oder die Namen der zu kopierenden Dateien werden einzeln über die Standardeingabe (Terminal) eingetippt.

Das **cpio**-Kommando kann für Folgendes verwendet werden:

1. Kopieren von Dateien in ein anderes Directory – also weiterleiten (**-p** pass)

2. Kopieren von Dateien in ein Archiv, dies bedeutet alle Dateien und Unter-Directories werden als Ausgabe in eine Archivdatei gepackt (**-o** output >).

3. Aus der Archivdatei werden die Daten wieder eingelesen (**-i** input)

Sehen wir uns zunächst das Kommando *cpio* an, wie es in Verbindung mit dem *find* zum Kopieren eines Dateibaumes verwendet wird.

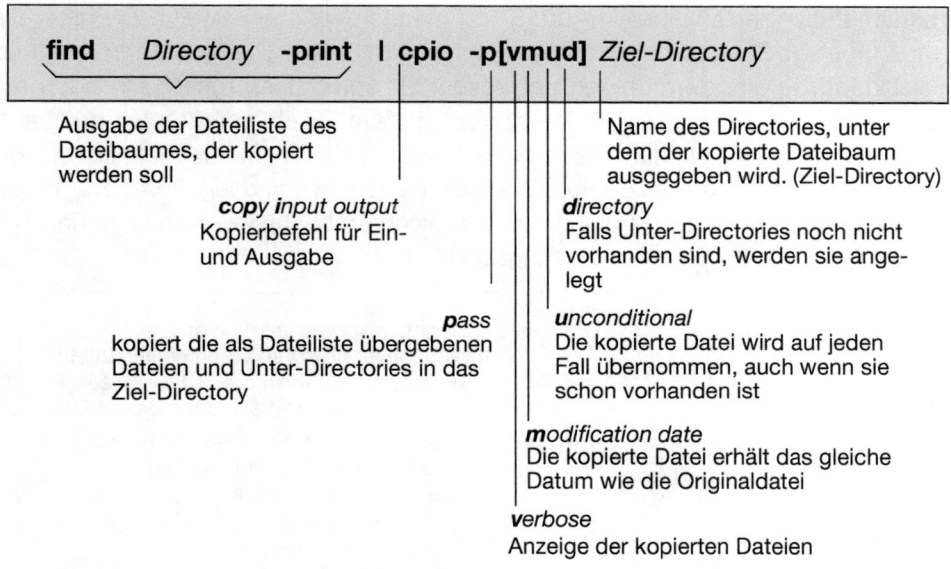

find ... | cpio ... – Kommandos, um einen Dateibaum zu kopieren

Es empfiehlt sich, folgende Optionen anzugeben:

-v (*verbose*), damit Sie am Bildschirm verfolgen können, welche Dateien kopiert werden;

-m (*modification date*), um das **ursprüngliche Datum** der kopierten Datei zu erhalten (und nicht wie bei dem Kommando *cp* das aktuelle Datum);

-u (*unconditional*), wenn die kopierte Datei auch dann übernommen werden soll, wenn bereits eine Datei mit gleichem Namen und neuerem Datum vorhanden ist (ohne die Option *-u* werden bei *cpio* nur dann Dateien gleichen Namens überschrieben, wenn sie ein älteres Datum als die zu kopierende Datei aufweisen);

-d (*directory*), wenn Unter-Directories angelegt werden sollen.

Wenn wir alle Dateien von */home/hans* auf eine Diskette sichern wollen, sind folgende Schritte notwendig:

1. Sicherungsmedium einstecken und gegebenenfalls montieren (u.U. nur als *root* erlaubt)

2. Kontrollieren Sie wie viel Platz die Sicherung (1:1) benötigt und ob auf dem Sicherungsmedium hierfür genügend Platz zur Verfügung ist.

3. Kontrollieren Sie, ob Sie sich in dem zu kopierenden Dateibaum befinden, um über *find* die relativen Dateinamen so zu erhalten, wie sie unter dem Ziel-Directory kopiert werden sollen;

4. Kopieren des Dateibaumes mit *cpio* in Verbindung mit *find*.

Im nachstehenden Beispiel in Abb. 3.154 nehmen wir mal keine USB-Platte, die unter OpenSUSE automatisch unter */media* mit dem Plattennamen montiert werden würde, sondern zeigen an diesem Beispiel, dass man auch noch auf eine Floppy/Diskette schreiben kann, wenn in dem PC ein entsprechendes Laufwerk vorhanden ist. Da der *mount*-Befehl hier nur dem Administrator erlaubt ist, führen wir nachstehendes Beispiel als *root* aus (su *switch user*). Temporär arbeiten wir dann unter *root*, natürlich mit entsprechender Passwortabfrage und beenden danach mit <Strg+d> die Eingabe als root:

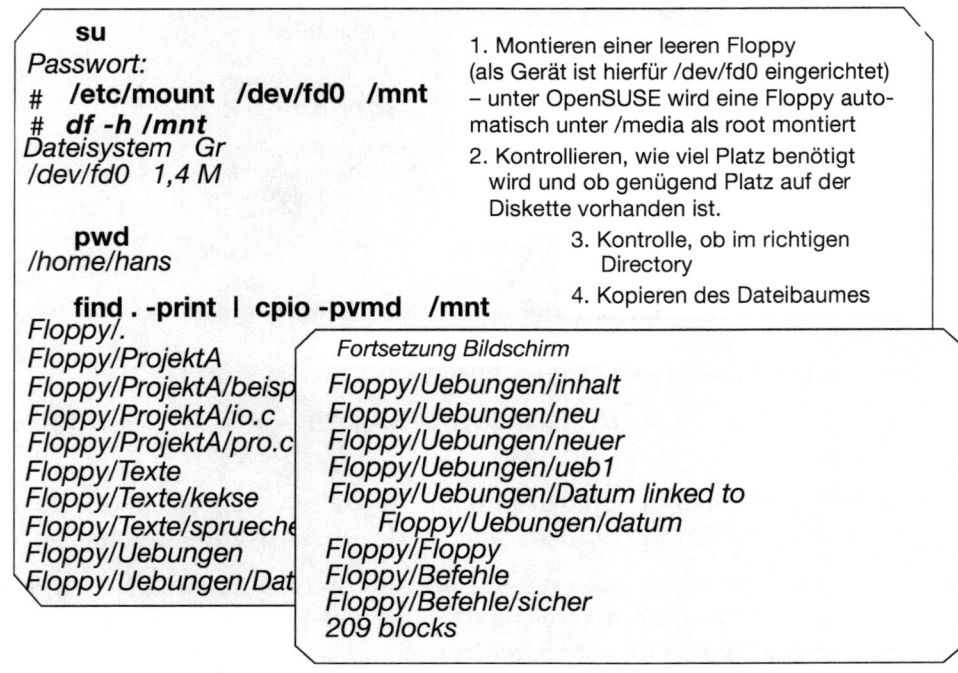

su
Passwort:
/etc/mount /dev/fd0 /mnt
df -h /mnt
Dateisystem Gr
/dev/fd0 1,4 M

1. Montieren einer leeren Floppy
(als Gerät ist hierfür /dev/fd0 eingerichtet)
– unter OpenSUSE wird eine Floppy automatisch unter /media als root montiert

2. Kontrollieren, wie viel Platz benötigt wird und ob genügend Platz auf der Diskette vorhanden ist.

pwd
/home/hans

3. Kontrolle, ob im richtigen Directory

find . -print | cpio -pvmd /mnt
Floppy/.
Floppy/ProjektA
Floppy/ProjektA/beisp
Floppy/ProjektA/io.c
Floppy/ProjektA/pro.c
Floppy/Texte
Floppy/Texte/kekse
Floppy/Texte/sprueche
Floppy/Uebungen
Floppy/Uebungen/Dat

4. Kopieren des Dateibaumes

Fortsetzung Bildschirm
Floppy/Uebungen/inhalt
Floppy/Uebungen/neu
Floppy/Uebungen/neuer
Floppy/Uebungen/ueb1
Floppy/Uebungen/Datum linked to
*   Floppy/Uebungen/datum*
Floppy/Floppy
Floppy/Befehle
Floppy/Befehle/sicher
209 blocks

Abb. 3.154 *Beispiel einer Sicherung auf Floppy mit find | cpio als Dateibaum*

Ein Tipp zur Wiederauffindung der Dateien: Bei cpio -o oder -p können Sie die Fehlerumleitung (2> *protokoll*) dazu verwenden, um alle Dateien in ein Protokoll zu schreiben, die mit -v ausgegeben wurden – oder Sie drucken ein Inhaltsverzeichnis der Floppy und legen es der Sicherungsfloppy bei.

find Floppy -print | lp

5.   Die Floppy softwaremäßig abmontieren und herausnehmen (s. Abb. 3.155).

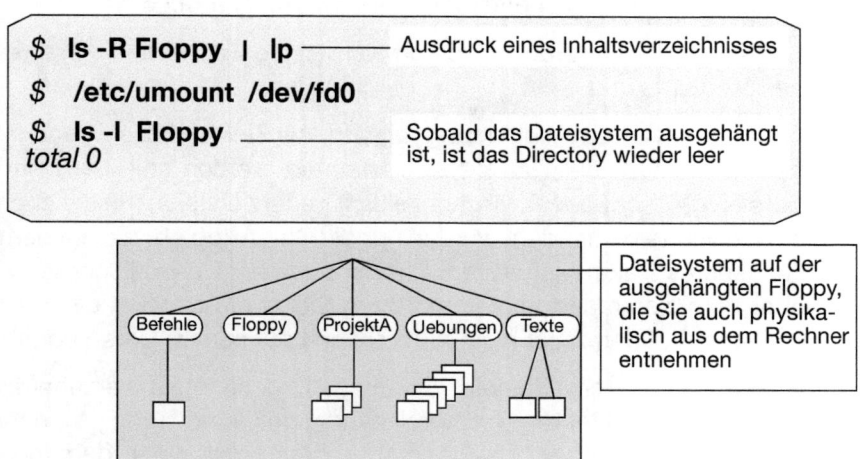

```
$  ls -R Floppy  |  lp ———————— Ausdruck eines Inhaltsverzeichnisses

$  /etc/umount /dev/fd0

$  ls -l Floppy ——————————— Sobald das Dateisystem ausgehängt
total 0                     ist, ist das Directory wieder leer
```

Dateisystem auf der ausgehängten Floppy, die Sie auch physikalisch aus dem Rechner entnehmen

Befehle Floppy ProjektA Uebungen Texte

Abb. 3.155 *Beispiel: Abmontieren (Aushängen) von einer Floppy nach der Sicherung eines Dateibaumes – /etc/umount*

Floppies sind jedoch veraltet – werden so gut wie nicht mehr verwendet. Doch wir haben gesehen, dass diese Medien noch eingesetzt werden könnten, evtl. zum Einlesen von alten Sicherungen. Der Hauptzweck einer Sicherung ist, dass der Benutzer jederzeit schnell und zuverlässig Daten, die etwa versehentlich gelöscht wurden oder nur noch teilweise lesbar sind, auch einzeln wieder restaurieren kann – und das auch noch nach Jahren. Aus der Beschriftung der Inhaltsangabe sollten Sie deshalb ersehen können, welche Daten Sie wann gesichert haben, so dass es für Sie kein Problem ist, die richtige Sicherung mit den gesuchten Daten wiederzufinden.

3.5.7 Einlesen gesicherter Dateien mit cpio -p

1. Sie hängen das Medium in ein leeres Directory ein und kopieren die gewünschte Datei in das entsprechende Directory (*cp*).

2. Soll ein ganzer **Dateibaum** kopiert werden, so wechseln Sie in das Directory des Mediums und

3. kopieren mit *cpio* in Verbindung mit *find*. Als Ziel wird das Directory angegeben, unter dem der Dateibaum restauriert werden soll. Sind nur einzelne Dateien gelöscht oder zwischenzeitlich neuere Dateien mit gleichem Namen auf der Platte vorhanden, werden nur die Daten kopiert, die auf dem Medium ein neueres Datum aufweisen. Dies ist auch ein wesentlicher Vorteil gegenüber dem Kommando *cp -ri*, mit dem Sie zwar ebenfalls einen Dateibaum kopieren, bei dem aber nicht automatisch auf neuere Daten abgefragt wird.

Gehen wir in unserem Beispiel davon aus, dass etwa versehentlich unter */home/monika* das Directory *Texte* vollständig gelöscht wurde. Wir nehmen also die vorhin erstellte Sicherungs-Floppy und hängen sie unter dem leeren Directory */mnt* wieder ein (s. Abb. 3.156).

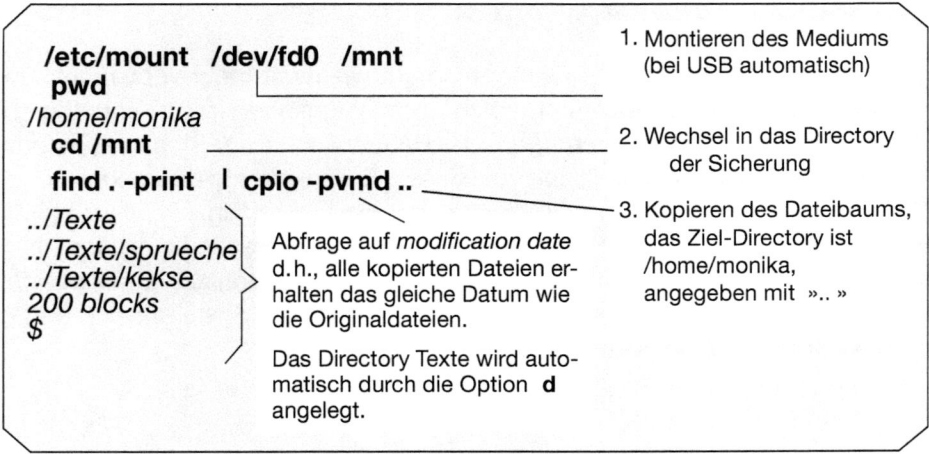

Abb. 3.156 *Beispiel Einlesen von Dateibäumen aus der Sicherung mit cpio (als Dateisystem)*

Wenn wir hier schon ein kaum genutztes Medium in einem Beispiel verwendet haben, so sei noch erwähnt, dass es auch Magnetbänder oder Streamerkassetten zur Sicherung gab. Um mit diesen Geräten zu arbeiten, soweit dafür ein entsprechendes Gerät noch vorhanden ist, benötigt man folgende Kommandos:

Funktion	Magnetband
Zurückspulen um ein oder »n« Dateisets	**mt -rew [*n*]**
Vorspulen um ein oder »n« Dateisets	**mt -fsf [*n*]**

mt – Kommando, um ein Magnetband/Streamer vor- und zurückzuspulen

Meistens wurden die Sicherungen auf Magnetbänder/Streamer mit den Kommandos *cpio* oder *tar* direkt beschrieben – statt einer Archivdatei wurde dann das Gerät (z.B. */dev/rmt0*) angegeben.

Das Kommando *cpio* wird sowohl für die Erstellung der Sicherung *(output)* als auch für das Wiedereinlesen *(input)* der Dateien verwendet. Wie Sie es verwenden wollen, kennzeichnen Sie durch die Option **-o** für *output* oder **-i** für *input*.

3.5.8 Sicherung mit cpio als Archiv

Mit *cpio* kann ein Archiv auf Magnetband, Streamer oder als Datei angelegt werden. Um eine Sicherung zu erstellen, ein Archiv anzulegen, wird *cpio* wie folgt verwendet:

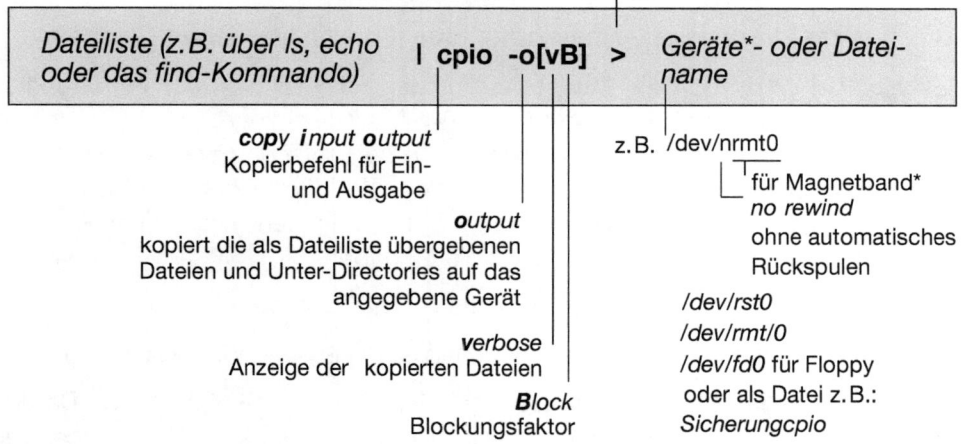

cpio -o – Kommando, um ein Archiv auf Magnetband, Streamer, Floppy oder als Datei anzulegen, zu erstellen

Das **cpio**-Kommando haben wir bereits beim Kopieren von Dateibäumen kennengelernt. Je nachdem, welche Option angegeben wird, kann *cpio* verwendet werden für:

cpio -p[vmud] *Ziel-Directory*   *(pass)* zum Kopieren von Dateibäumen

---

*   *Die Gerätenamen sind je Rechner unterschiedlich. Erkundigen Sie sich bei Ihrem Systemverwalter, welche Gerätenamen für Streamer bzw. Floppy Ihnen zur Verfügung stehen.*

cpio -o[vB] > *Gerätenamen*	*(output)* zum Erstellen eines Archivs auf Magnetband, Streamer, Floppy oder als Datei
cpio -i[vmudB] < *Gerätenamen*	*(input)* zum Einlesen von vorher auf Magnetband, Streamer oder Archiv gesicherten Daten

Die Option -i wird unter Kapitel 3.5.9 auf Seite 221 behandelt. Bei den ersten beiden Möglichkeiten (-o und -p) müssen die zu kopierenden Dateien als sog. Dateiliste im *Pipe*-Mechanismus übergeben werden.

Die Dateiliste kann erstellt werden z.B.:

❑ mit dem Kommando *find,*

❑ durch Dateinamenexpansion über **Metazeichen** (*, ?, [ ]), wobei die so gefundenen Dateien über das Kommando *ls* oder *echo* als Liste ausgegeben werden,

❑ oder durch Umleitung der Eingabe von einer Datei (z.B. *liste*), in der die zu sichernden Dateinamen pro Zeile eingetragen sind.

  cpio -ovB < liste > Sicherung_cpio *(Dateinamen nur als Beispiel)*

Wenn Sie z.B. in einem bestimmten Directory alle Dateien, die mit .c enden, auf Magnetband sichern wollen, geben Sie Folgendes ein:

  ls *.c | cpio -ovB > Sicherung_cpio *(Dateinamen nur als Beispiel)*

Es gibt bei *cpio* auch die Möglichkeit, gleich ein Protokoll der Sicherung zu schreiben. Hierzu wird die mit der Option »v« *(verbose)* angezeigte Liste der gesicherten Daten in eine Datei umgeleitet. Diese Umleitung wird erreicht durch »**2>**«, obwohl es sich hierbei nicht um Fehlermeldungen, sondern um »Meldungen des Programms« handelt. Wollen wir bei dem letzten Beispiel das Protokoll in die Datei »*sichliste*« umleiten, lautet die Eingabe:

  ls *.c | cpio -ovB > /dev/rmt0 2> sichliste

Die Datei *sichliste* kann anschließend mit *lp sichliste* ausgedruckt werden.

Sehen wir uns in Abb. 3.157 ein Übungsbeispiel zur Sicherung an. Alle Dateien von dem Directory */home/monika* sollen in ein Archiv unter */tmp* gesichert werden:

```
        pwd              ────── Kontrolle, ob im richtigen Directory
        /home/monika
            find . -print | cpio  -ovB  >  /tmp/SicherungMonika-cpio
        .
        ProjektA         ────── Anzeige der Dateinamen durch die
        ProjektA/beispiel.c     Option -v
        ...
        Befehle/sicher
        240 blocks
```

Abb. 3.157 *Beispiel: Sicherung in eine Archivdatei –*
cpio in Verbindung mit find

3.5.9 Einlesen gesicherter Daten aus einem cpio-Archiv

Um aus einer Archivdatei Daten wieder einzulesen, wird das Kommando *cpio -i*
wie folgt verwendet:[*]

Beim Einlesen der Daten muss das Eingabe-Umleitungszeichen angegeben werden!

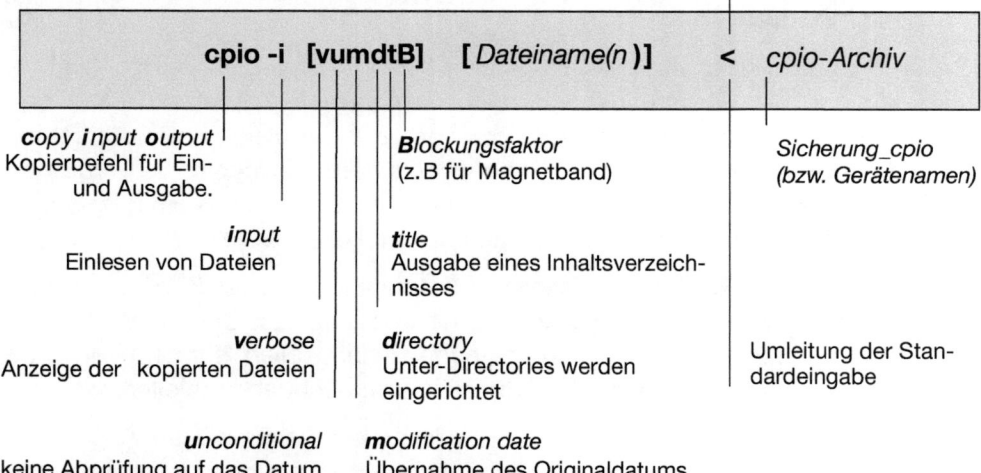

cpio -i [vumdtB]   [*Dateiname(n*)]   <   *cpio-Archiv*

copy input output
Kopierbefehl für Ein-
und Ausgabe.

input
Einlesen von Dateien

verbose
Anzeige der kopierten Dateien

unconditional
keine Abprüfung auf das Datum

*B*lockungsfaktor
(z.B für Magnetband)

title
Ausgabe eines Inhaltsverzeichnisses

directory
Unter-Directories werden
eingerichtet

modification date
Übernahme des Originaldatums

Sicherung_cpio
(bzw. Gerätenamen)

Umleitung der Stan-
dardeingabe

cpio -i – Kommando, um Dateien aus einem cpio-Archiv wieder einzulesen

---

[*] *Die Gerätenamen sind je Rechner unterschiedlich.*

Die einzelnen Optionen haben wir zum Teil schon kennengelernt. Im Einzelnen bedeuten sie:

-v *(verbose)* Sie erhalten ein Protokoll (Anzeige auf dem Bildschirm) über sämtliche Dateien, die eingelesen werden.

-u *(unconditional)* Mit dieser Option schalten Sie den Vergleich auf ein eventuell neueres Datum einer schon existierenden Datei aus. Dies bedeutet: Sollte eine Datei mit gleichem Namen auf der Platte bereits existieren, wird sie mit der Datei, die auf dem Band steht, überschrieben. Die Dateien erhalten das aktuelle Datum.

-m *(modification date)* Die kopierten Dateien erhalten das gleiche Datum, wie es die Originaldateien aufweisen.

-d *(directory)* Sind in dem einzulesenden Dateibaum Directories mit enthalten, die noch nicht auf der Platte existieren, werden Sie vom Programm angelegt.

-t *(table)* Mit dieser Option können Sie sich vorab den Inhalt eines Bandes anzeigen lassen. Der Aufruf muss in Verbindung mit der Option *-i* erfolgen, z. B. *cpio -ivtB < /dev/mt0.*

-B *(Block)* Nur wenn die Sicherungsdatei ebenfalls mit der Option -B erstellt wurde, muss auch das Einlesen mit dieser Option erfolgen. Die Daten werden dann blockweise eingelesen.

Geben Sie beim Aufruf von *cpio -i ...* keinen Dateinamen an, so werden alle Dateien, die auf dem Sicherungsband stehen, eingelesen. Möchten Sie nur bestimmte Dateien einspielen, so muss die Datei mit der gleichen Bezeichnung, wie sie auf dem Band gesichert ist, angegeben werden. Um sich zu vergewissern, kann man sich vorab das Band mit *cpio -ivt* ansehen. Wichtig ist auch, dass die Datei mit dem gleichen Pfadnamen zurückgeschrieben wird.

▷ Achten Sie deshalb beim Einlesen von Dateien darauf, dass Sie sich im richtigen Directory befinden. Zu beachten ist außerdem, dass Sie bei der Eingabe von *cpio -i* nicht von der Standardeingabe lesen wollen, sondern von dem Gerät bzw. der Archivdatei, d. h., Sie müssen die Eingabe umleiten mit <.

Sehen wir uns anhand von Beispielen den Ablauf des Kommandos an. Angenommen, die Dateien unter dem Directory */home/monika/Uebungen* wurden versehentlich gelöscht. Dies ist für uns kein Problem, da alle Dateien gesichert sind. Um von dem richtigen Directory einzulesen, ist es wichtig zu wissen, mit welchem Pfadnamen die Datei in die Archivdatei geschrieben wurde. Mit dem Kommando *cpio* können wir uns vorab ein **Inhaltsverzeichnis** anzeigen lassen:

cpio -ivt[B] < Archivdatei

Sie erhalten eine Liste, die Ihnen ähnlich wie das Kommando *ls -l* die Dateiattribute anzeigt (s. Abb. 3.158).

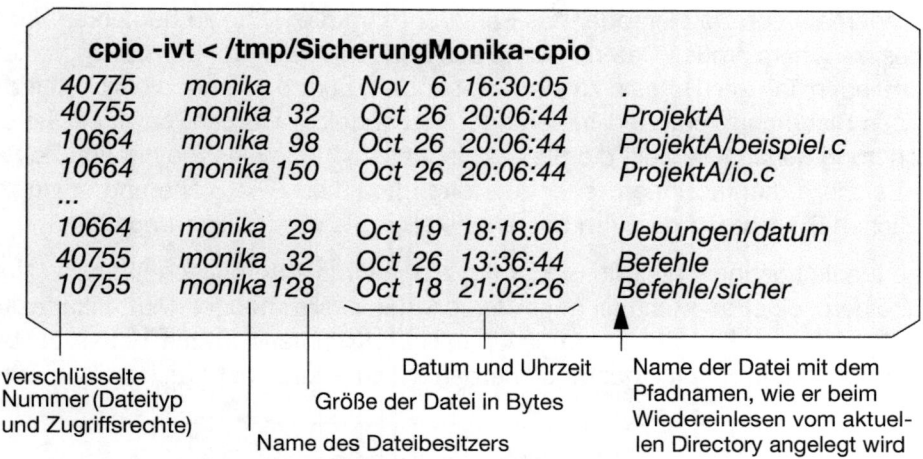

Abb. 3.158 *Beispiel: Anzeige des Inhaltsverzeichnisses eines cpio-Archivs*

Die Nummer, die mit angezeigt wird, verschlüsselt den Dateityp *(Directory=4, normale Datei=1).* Die letzten drei Ziffern stellen die Oktalzahl der Zugriffsrechte dar *(die Summe je für user, group und other aus read=4, write=2, executable=1).*

Aus dem Inhaltsverzeichnis können Sie den Pfadnamen der Datei ersehen, den Sie in der gleichen Form angeben müssen, um die entsprechende(n) Datei(en) wieder einzulesen. Bei *cpio* können Sie die Ihnen bekannten Metazeichen nützen. Achten Sie darauf, dass Sie wie beim Kommando *find* Ausdrücke mit Metazeichen in Anführungszeichen setzen, damit diese nicht sofort von der Shell expandiert werden, sondern erst bei Ausführung von *cpio*.

Abb. 3.159 zeigt ein Beispiel für das Einlesen der Dateien unter */home/monika/Uebungen*:

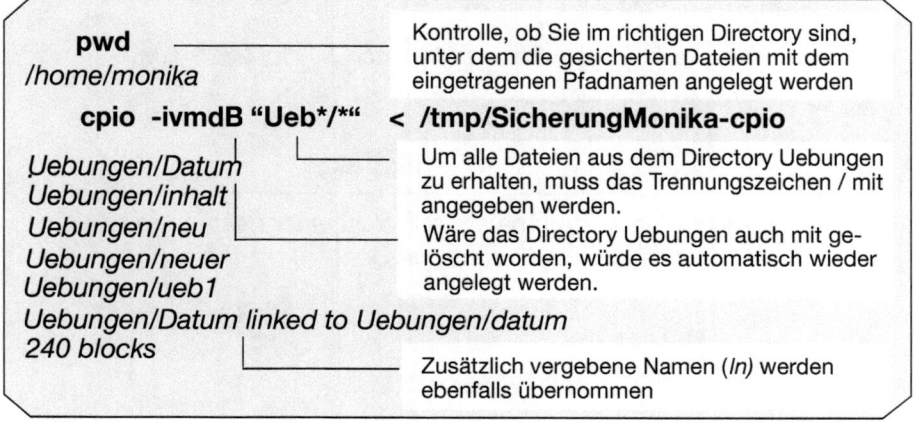

Abb. 3.159 *Beispiel: Einlesen bestimmter Daten aus einem cpio-Archiv*

3.5.10 Wann und wie oft sollten Sie sichern?

Hierbei sollten Sie berücksichtigen, dass Sie nicht immer sofort einen evtl. Fehler innerhalb von Dateien oder das Fehlen bestimmter Dateien bemerken. Auch ist es bei einem großen Datenbestand aus Zeit- und Platzgründen zu empfehlen, nicht jeden Tag alle Dateien zu sichern, sondern nur noch jene, die sich seit der letzten Sicherung verändert haben oder neu angelegt wurden. Nehmen Sie die Sicherung genau. Die Zeit, die Sie vielleicht einsparen, wenn Sie nur von Zeit zu Zeit sichern, könnte Ihnen teuer zu stehen kommen. Die Sicherung sollte zur täglichen Routine werden. Am besten erstellen Sie einen Sicherungsplan.

Eine ideale Lösung wäre, die Sicherung z. B. nachts automatisch über das Netz auf einem eigenen Rechner (File-Server) mit ausreichender Plattenkapazität durchzuführen. Hier gibt es unter Linux/Unix Kommandos, mit denen zu bestimmten Zeiten Befehle gestartet werden sollen. Hierzu gehört:

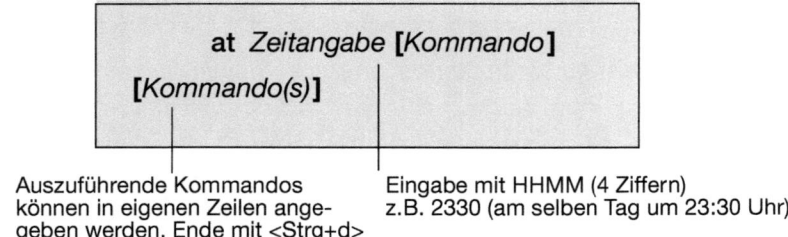

at *Zeitangabe* [*Kommando*]

[Kommando(s)]

Auszuführende Kommandos   Eingabe mit HHMM (4 Ziffern)
können in eigenen Zeilen ange-   z.B. 2330 (am selben Tag um 23:30 Uhr)
geben werden. Ende mit <Strg+d>

at – Kommando, um Befehle zu bestimmten Zeiten zu starten

Das *at*-Kommando ist nicht auf allen Systemen für alle Benutzer verfügbar. Sehen wir uns trotzdem kurz die Funktionen von *at* in einem Beispiel in Abb. 3.160 an:

```
$ at 2330
tar -cvf Julsich.tar .
<Strg+d>
Job monika.345678 wird am Mittwoch 31 Jul 2330 aus-
geführt
         at-Job-Nummer
$
```

Abb. 3.160 *Beispiel: Kommando mit at zu einer bestimmten Zeit*
ausführen zu lassen

Bereits gestartete *at-Jobs* können nachträglich kontrolliert oder wieder gelöscht werden. Hierzu wird das *at*-Kommando mit Optionen angegeben:

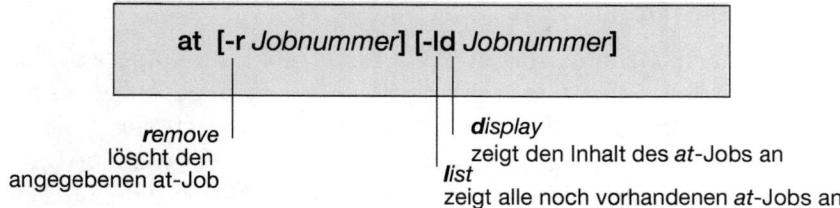

at   **[-r** *Jobnummer***] [-ld** *Jobnummer***]**

remove
löscht den
angegebenen at-Job

display
zeigt den Inhalt des *at*-Jobs an
list
zeigt alle noch vorhandenen *at*-Jobs an

at – Kommando, um at-Jobs anzuzeigen oder zu löschen

Für den Systemverwalter gibt es noch das Kommando *crontab,* das eine gesamte Tabelle abarbeitet (welches Kommando an welchen Tagen um wie viel Uhr gestartet werden soll). Für den Benutzer ist dieses Kommando oft auch nicht verfügbar. Schauen wir uns aber auch hier den Aufbau der Eingabe an:

Wie der Name schon andeutet, wird für wiederkehrende Aufgaben eine Tabelle erstellt (chronologische Tabelle - crontab).

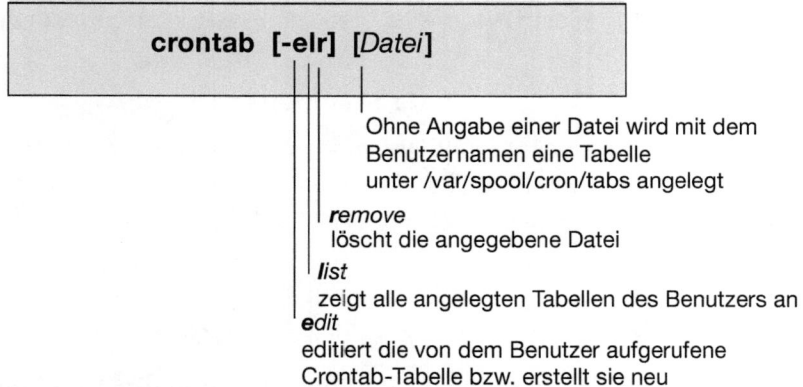

crontab   [-elr]   [*Datei***]**

Ohne Angabe einer Datei wird mit dem
Benutzernamen eine Tabelle
unter /var/spool/cron/tabs angelegt

remove
löscht die angegebene Datei

list
zeigt alle angelegten Tabellen des Benutzers an
edit
editiert die von dem Benutzer aufgerufene
Crontab-Tabelle bzw. erstellt sie neu

Aufbau der crontab-Tabelle, die mit einem Editor erstellt wird:

Min	Stunde	Tag	Monat	W-Tag	Befehl	
						(Befehl immer mit absolutem Pfad vorab evtl. über whereis Pfad erfragen)
0-59	*0-23*	*1-31*	*1-12*	*0-7*		Die einzelnen Angaben müssen mit mindestens einem Leerzeichen (oder Tab) getrennt werden

Mögliche Kombinationen und Beispiele

*0   3 1,10,20,30 1,3,5,7,9,11 * /home/monika/bin/sich*

oder

jeweils freitags in den Monaten 3-11 ebenfalls jew. 3 h

* 0   3 * 3-11 5 /home/monika/bin/sich*

Immer zur vollen Stunde jeweils um 3 h am 1., 10., 20. und 30. an folgenden Monaten Jan, März, Mai, Juli, Sept. u. Nov. an allen Wochentagen soll das Kommando *sich* ausgeführt werden, das unter /home/monika/bin vorhanden ist (also ein eigenes Sicherungskommando – mehr dazu im Kapitel 3.7).

Mit *crontab* können Sicherungen automatisch ablaufen. Der Systemverwalter kann hier z. B. auch steuern, dass jeden Tag nachts um 3:00 Uhr die Sicherung von bestimmten Platten oder Dateien erfolgen soll. Auch hierzu würde er ein eigenes Sicherungskommando schreiben.

Aufbewahrungsort: Generell sollten Sicherungen auf Datenträger vor Staub, Schmutz, Feuchtigkeit, Feuer und magnetischen Einflüssen geschützt sein und nur für Systemverwalter oder bestimmte Personen zugänglich sein – also gut abgeschlossen z. B. in einem Schrank aufbewahrt werden. Für wichtige Dateien empfiehlt es sich, die Sicherungsmedien sogar in einen Tresor zu geben. Bei eigenen Produkten (Software, Dokumentation etc.) wäre als Aufbewahrungsort ein Banksafe nicht verkehrt.

Allgemein: Wie Sie Ihre Sicherung einrichten, hängt zweifelsohne von der Wichtigkeit und Änderungshäufigkeit des Datenbestandes ab. Doch nehmen Sie die Sicherung nicht auf die leichte Schulter, fragen Sie nach, wie das Sicherungskonzept Ihrer Firma bzw. Ihrer Abteilungsrechner aussieht.

Inkrementelle Sicherung: Sinnvoll ist z. B. während der Woche nur alle geänderten und neu angelegten Dateien zu sichern *(inkrementelle Sicherung)*. Das Kommando *find* bietet die Möglichkeit, alle Dateien anzuzeigen, die neuer als eine bestimmte Datei sind. Wenn Sie also bei Ihrer Sicherung gleichzeitig eine Datei anlegen, mit

date > sichlog

können Sie bei der nächsten inkrementellen Sicherung abfragen, welche Dateien neuer sind als das Modifikationsdatum von der Datei *sichlog*. Zusätzlich können Sie selbst jeweils nachsehen, wann die letzte Sicherung durchgeführt wurde (Tag und Uhrzeit).

Wenn Sie sich vergewissert haben, dass Sie in Ihrem Home-Directory sind, geben Sie folgenden Kommandoaufruf für die inkrementelle Sicherung an:

find . -newer sichlog -print | cpio -ovB > cpio-Archivdatei

Nach dieser Sicherung müssen Sie die Datei *sichlog* mit dem neuen Sicherungsdatum überschreiben, damit die nächste inkrementelle Sicherung erst ab diesem Datum erfolgt:

date > sichlog

Da sich diese Kommandofolgen täglich wiederholen und dabei leicht Tippfehler enstehen können, oder es vergessen wird, »sichlog« neu zu erstellen, wird es für Sie höchste Zeit, zu lernen, wie Sie eigene Prozeduren schreiben können. Beispiele von Shell-Prozeduren für die tägliche und wöchentliche Sicherung finden Sie im Kapitel 3.7.2 Seite 254. Doch gönnen Sie sich erstmal eine kleine Ruhepause, und wir werden dann uns noch ansehen, wie die Sicherung über Netz funktionieren kann.

3.5.11 Zusammenfassung der Kommandos

Tab. 3.18 gibt eine Zusammenfassung der zur Sicherung erforderlichen Kommandos.

Tab. 3.18: Kommandos zum Sichern (alphabetisch sortiert)

Kommandoeingabe	Funktion
at [*Zeit [Datum]* **] [***Kommando]* *Beispiel:* **at 18:00 write** *hans* **<** *Ende* *Weitere Optionen:* **at [-l] [-r** *Jobnummer]*	*at – zu bestimmter Zeit* Führt Kommandos zu bestimmten Zeiten aus Um 18:00 wird "hans" die Nachricht, die in der "Datei" Ende steht, geschickt **-l** *list* listet vorhandene at-Jobs auf **-r** *remove* löscht den at-Job
bunzip2 *Dateiname(n).bz2*	Decomprimiert die einzelnen Dateien, die zuvor mit bzip2 erstellt wurden (siehe auch bzip2 -d).
bzip2 [-d] *Dateiname(n)*	Komprimiert stärker als gzip die einzelnen Dateien und ersetzt sie durch *Dateiname.**bz2*** **-d** dekomprimiert die zuvor mit bzip2 erstellten Dateien (siehe auch bunzip2)
compress *Dateiname(n)* Beispiel: **compress** *tarsicherung*	*verdichten* Verdichten/Komprimieren von Dateien Oft in Verbindung mit *tar/ftp.* Der Dateiname wird mit **.Z** erweitert
Dateiliste **l cpio -o[vB]> ** *Geräte- oder Archivdatei* *Beispiel:* **find . -print l cpio -ovB > /dev/mt0** Unter Windows: **xcopy**	*copy input output – Ausgabe* Kopiert Dateien auf einen Datenträger oder in eine Archivdatei Achtung: Ausgabe-Umleitungszeichen > angegeben! **-o** *output* Kopiert die als Dateiliste übergebenen Dateien und Unterverzeichnisse auf das Gerät oder in die Archivdatei **-v** *verbose – geschwätzig* Alle ausgeführten Kopien werden angezeigt **-B** *block* Blockungsfaktor für Magnetband/Streamer

Kommandoeingabe	Funktion
cpio -i[dmuv] *Dateien* \ < *Geräte- oder Archivdatei* Unter Windows: **xcopy**	*c*opy *i*nput *o*utput – *Einlesen* Liest Dateien aus einem mit cpio erstellten Datenarchiv (Datei oder Datenträger) zurück Achtung! Eingabe-Umleitungszeichen **<** angeben! **-i** *input* Einlesen/Zurückschreiben **-d** *directory* Unterverzeichnisse werden angelegt, falls sie noch nicht vorhanden sind **-m** *modification date* Die kopierte Datei erhält das Datum der Originaldatei **-u** *unconditional* Die kopierte Datei überschreibt evtl. schon vorhandene Dateien, sonst werden Dateien nur dann überschrieben, wenn das Modifikationsdatum älter ist **-v** *verbose – geschwätzig* Alle ausgeführten Kopien werden angezeigt
Dateiliste I **cpio** \ **-p[dmuv]** *Zielverzeichnis*	*c*opy *i*nput *o*utput **-p** *pass – weiterreichen* Kopiert Dateien in ein anderes Verzeichnis; über eine Dateiliste, z. B. mit **find . -print** werden die zu kopierenden Dateien übergeben **-d** *directory* Unterverzeichnisse werden angelegt, falls sie noch nicht vorhanden sind **-m** *modification date* Die kopierte Datei erhält das Datum der Originaldatei **-u** *unconditional* Die kopierte Datei überschreibt evtl. schon vorhandene Dateien; Dateien werden sonst nur dann überschrieben, wenn deren Modifikationsdatum älter ist **-v** *verbose – geschwätzig* Alle ausgeführten Kopien werden angezeigt

Kommandoeingabe	Funktion
Beispiel: **cd /usr/kurs/hans** find . -print I cpio -pvmd \ /tmp/Sicherung/hans Unter Windows: **copy, xcopy**	*Beispiel cpio: Kopieren in ein anderes Directory* Alle Dateien des aktuellen Verzeichnisses werden mit gleichem Namen in das Verzeichnis /tmp/Sicherung/hans kopiert
crontab [-elr] [*Datei*]	Erstellen von Befehlen für eine zeitgesteuerte Ausführung bzw. Übergabe einer im crontab-Format erstellten Datei an den crond-Daemon bei Angabe einer Datei **-e** *edit* Erstellt oder ändert die vom Benutzer erstellte Tabelle (unter /var/spool/cron/tabs) **-l** *list* Zeigt die bestehenden Tabellen an **-r** *remove* Löscht die crontab-Tabelle. Aufbau der Zeitvorgaben von crontab-Tabellen: Min Stunde Tag Monat W-Tag 0-59 0-23 1-31 1-12 0-7 Mögliche Kombinationen: * für alle Einheiten **1-3** von bis **1,5,6** Reihung jeweils 1, 5 und 6 **-*3** alle 3 Einheiten (z.B. alle 3 Minuten) Alle fünf Felder müssen durch Leerzeichen getrennt sein, anschließend folgt die Kommandoeingabe mit absolutem Pfadnamen
Beispiel: **45 17 * * 1,2** \ DISPLAY=:0.0 \ /opt/kde3/bin/kpat **0 18 * * 1,2** \ /usr/bin/killall -ce \ /opt/kde3/bin/kpat	*Beispiel für eine crontab-Tabelle* Die Angabe bewirkt, dass jeweils um 17:45 das Spiel Patiencen gestartet wird, und zwar an allen Tagen (1-31), jeden Monat, jeweils montags und dienstags Diese Zeile beendet jeweils um 18:00 das vorher gestartete Spiel
gunzip *Dateiname(n).gz*	Dekomprimiert die zuvor mit gzip erstellten Dateien (siehe auch gzip -d)

Kommandoeingabe	Funktion
gzip [-d] *Dateiname(n)*	Komprimiert die einzelnen Dateien und ersetzt sie durch *Dateiname.gz*
	-d dekomprimiert die zuvor mit gzip erstellten Dateien (siehe auch gunzip)
mount */dev/Gerät * *Directory mit absolutem Pfadnamen* Bei einigen Rechnern nur für root erlaubt	*montieren* **Montiert Platten/Floppies** Formatierte und mit einem Linux/Unix-Dateisystem versehene Platten/Floppies werden in den Gesamtdateibaum unter dem angegebenen Directory eingehängt
mt [-rew] [-fsf] [*n*]	*magnetic tape* Kontrollfunktionen: **-rew rew**ind Spult um n Dateisets zurück **-fsf files forward** Spult um *n* Dateisets vor
tar **tar -c** **tar -t** **tar -x** **tar -c[bhrvzj]f** *Geräte-/Dateiname * *Start-Verzeichnis* Bei einigen Unix-Systemen sind die Optionen (-z, -j), um die Archivdatei gleich mit gzip (z) oder bzip2 (j) zu verdichten, nicht integriert. Hier kann die Archivdatei im nachhinein komprimiert werden (**compress** oder **gzip**)	*tape archive* *create* Erstellt ein Archiv *table* Zeigt den Inhalt einer Archivdatei *extract* Extrahiert Dateien aus einer Archivdatei Im Nachfolgenden ist tar nach den drei Optionen getrennt behandelte *tape archive – create* Sichert Dateien auf Magnetband/Streamer oder in eine Archivdatei *-b block* Gibt einen Blockungsfaktor an *-h hardlink* Verfolgt alle Links und kopiert die dort aufgefundenen Dateien *-r* Hängt Dateien an das Ende einer bestehenden Arichivdatei *-v verbose* Zeigt alle kopierten Dateien an *-z gzip* Das Archiv wird mit gzip komprimiert *-j* Das Archiv wird mit bzip2 komprimiert *-f file* Das direkt nachfolgende Wort ist die Bezeichnung für das Gerät oder der Name des Archivs

Kommandoeingabe	Funktion
Beispiel: **tar -cvf** */tmp/Sich.tar* **.**	Kopiert alle Dateien des aktuellen Verzeichnisses (.) in die Archivdatei /tmp/Sich.tar
	Die Datei /tmp/Sich.tar wird automatisch neu angelegt bzw. eine bereits vorhandene überschrieben (ohne Option -r)
tar -cvfz */tmp/Sich.tar.gz* **.**	Wie oben, komprimiert die Datei jedoch gleich mit gzip nach /tmp/Sich.tar.gz
tar -t[vzj]f *Geräte-/Dateiname*	**-t** *table* Es wird nur ein Inhaltsverzeichnis des Archivs ausgegeben
	-v *verbose* Zeigt zusätzlich alle Attribute der Dateien an
	-z *gzip* Das zuvor mit gzip (z) komprimierte Archiv wird dekomprimiert
	-j Das zuvor mit bzip2 (j) komprimierte Archiv wird dekomprimiert
tar -x[mvzj]f *Geräte-/Dateiname [Datei(en)]*	*tape archive*
	-x e*xt*ract *extrahieren*
	Holt Dateien von einem mit *tar* erstellten Datenträger oder einer Archivdatei zurück
	-m *modify* Die zurückgelesenen Dateien erhalten das Originaldatum (nicht das aktuelle Datum)
	-v *verbose* Zeigt alle kopierten Dateien an
	-z *gzip* Das zuvor mit gzip (z) komprimierte Archiv wird dekomprimiert
	-j Das zuvor mit bzip2 (j) komprimierte Archiv wird dekomprimiert
	-f *file* Das nachfolgende Wort ist die Bezeichnung für das Gerät oder der Name für die Archivdatei
Beispiel: **tar -xvmf /tmp/Sich.tar ** **./text1**	Kopiert aus der Archivdatei die Datei ./*text1* zurück ins aktuelle Verzeichnis
umount /dev/Gerätename	*wieder abmontieren* Hängt montierte Dateisysteme wieder ab

Kommandoeingabe	Funktion
uncompress *Datei*[**.Z**]	*dekomprimieren*
	Eine zuvor mit compress verdichtete Datei wird wieder in den Normalzustand gebracht
zcat *Dateiname.Z*	*cat von .Z-Dateien, gz-Dateien*
	Zeigt den Dateiinhalt von komprimierten Texdateien an (*compress, gzip*)
bzcat *Dateiname.Z*	Zeigt den Dateiinhalt von mit *bzip2*-komprimierten Texdateien an

3.6 Arbeiten im Netz

Hatten wir im vorigen Kapitel Daten auf entfernbare Medien wie USB-Stick oder -Platte gesichert, die an unserem Rechner eingehängt wurden, so wollen wir in diesem Kapitel Daten über das Netz bearbeiten. Im Kapitel 6 – »Etwas Systemverwaltung« finden Sie ein paar Tipps, wie Sie eine Verbindung zu anderen Rechnern konfigurieren. Dieses Kapitel geht davon aus, dass ein Netzwerk bereits vorhanden ist.

Die einzelnen Themen:

3.6.1 Vorab ein paar Grundinformationen

Um in einem Netz zu arbeiten, sind einige Voraussetzungen notwendig. Ihr System muss in einem Netzwerk eingebunden sein. Das bedeutet, in Ihrem Rechner befindet sich eine Netzwerkkarte, die eine IP-Nummer (*Internet Protocol Number*) zugeordnet bekommen hat. Diese Netzwerkkarte ist mit Kabel oder Funk mit anderen Rechnern oder einem Router verbunden.

Was ist eine IP-Nummer. Ähnlich wie Land, Postleitzahl, Ort, Straße und Hausnummer ist es eine Adresse, die eindeutig den Rechner identifizieren soll. Bei den zwischenzeitlich Milliarden von Benutzern im Internet ist dies kaum mit den einmal festgelegten IP-Nummernkreisen möglich. Die IP-Nummern bestehen aus 4 Blöcken, die mit Punkt getrennt sind. Jeder dieser Blöcke kann die Nummern 1-254 zugeordnet bekommen. Nur bestimmte IP-Nummern sind für den offiziellen Internetzugang reserviert, während andere Nummernkreise nur intern also nicht im Internet, angesprochen werden können. Die sog. internen oder privaten IP-Nummern können also von verschiedenen Firmen und Privatpersonen mehrmals genutzt werden. Allerdings darf innerhalb eines Netzes eine IP-Nummer nicht doppelt vorkommen.

Hier ein Beispiel für private IP-Nummernkreise für IPv4
(*Internet Protocol Version 4*):

192.168.0.0 – 192.168.254.254 [*]

Im obigen Beispiel können folgende Nummernkreise gebildet werden:

192.168.0.1 – 192.168.0.254,

192.168.1.1 – 192.168.1.254

usw. bis

192.168.254.1 – 192.168.254.254

Ordnen Sie Ihrer Netzkarte eine Nummer aus dem 1. Nummerkreis zu, wird diese zusätzlich mit einer Netzwerkmaske angegeben – also z. B.

192.168.0.7/255.255.255.0 oder auch dargestellt mit: 192.168.0.7/24

Dies bedeutet: Der Rechner mit der IP-Adresse 192.168.0.7 gehört zu einem internen Rechnernetz, das die Nummern 192.168.0.1 – 192.168.0.254 umfasst. Hierbei wird meist die 192.168.0.1 für den Router reserviert.

Alle Geräte (auch IP-Drucker), die in diesem Netz angesprochen werden, besitzen eine Netzwerkkarte (Ethernetkarte), die dann mit einer IP-Nummer aus dem obigen Nummernkreis versehen sein muss. Jede Nummer darf innerhalb eines Subnetzes nur einmal vergeben sein.

---

[*] Es gibt noch weitere private/interne Nummernkreise, auf die hier nicht weiter eingegangen wird.

Um jedoch im Internet Verbindungen aufnehmen zu können, wird während einer Verbindung zum Internet eine andere Nummer (meist vom Provider über DHCP – *Dynamic Host Configuration Protocol*) zugewiesen.

Nebenbei sei noch erwähnt, dass es zusätzlich zu dem oberen Nummernsystem, basierend auf 32 Bit (IPv4 dezimal) seit einiger Zeit noch das erweiterte IPv6 gibt, das auf 128 Bit hexadezimal aufbaut. Damit werden wesentlich mehr Endadressen erreicht. Beide Systeme können jedoch nebeneinander existieren. Ein Beispiel für IP-Nummern unter IPv6 sind:
2001:0db8:0000:08d3:0000:8a2e:0070:7344 oder gekürzt dargestellt:
2001:db8:0:8d3:0:8a2e:70:7344 (ohne führende Nullen).

Da die Zahlenkombinationen sowohl für IPv4 als auch IPv6 schwierig zu merken sind, wird zusätzlich ein Rechnername vergeben. Im hauseigenen Netz können Sie beliebige Namen wählen. Die Verbindung zwischen Namen und IP-Adresse kann unter Linux/Unix in der Datei /etc/hosts erfolgen oder über einen sog. Nameserver.

Im Internet werden die Domainnamen zu den IP-Adressen bei den jeweiligen Ländern über eine zentrale Registrierungsstelle (in Deutschland die DENIC) erfasst. Über Internet kann man prüfen lassen, ob ein gewisser Name noch frei verfügbar ist – diesen Service bieten meist die Provider mit an. Der vollständige Name eines Rechners setzt sich zusammen aus:

[hostname.[subdomain.[...]]].domain.TLD

hostname: Name des Rechners innerhalb der Domäne
subname: Abteilung, Unterabteilung
domain: registrierter Eintrag (meist Firmenname)
TLD: *top level domain*, wie *.de* für Deutschland, *.it* für Italien usw.

Um aus dem symbolischen Rechnernamen die eigentliche IP-Nummer zu ermitteln, gibt es mehrere Möglichkeiten. Intern ist es am einfachsten, die Zuordnung in der Datei */etc/hosts* einzutragen. Beispiel eines Eintrags in der */etc/hosts*:
...
192.168.0.6   A.Linuxkurs A
192.168.0.8   B.Linuxkurs B/
IP-Nummer   Name.[Domain[.TLD]]   Kurzname

Extern, oder auch in größeren Firmen, kann ein DNS-Server *(Domain-Name-Server)*, auch Nameserver genannt, die Umsetzung in IP-Nummern durchführen. Meist werden die Nameserver von den jeweiligen Providern automatisch zugeschaltet. Um zu sehen, ob der Rechnername erreichbar ist, können Sie folgendes Kommando verwenden:

---

ping *Rechnername* oder **IP-Nummer**

---

ping – Kommando, um festzustellen, ob Rechner/IP-Nummer erreichbar ist

Sollte eine angegebene Adresse mit IP-Nummer erreichbar sein, nicht dagegen mit Angabe des Rechnernamens, dann zeigt dies, dass zwar eine Netzverbindung besteht, der Rechnername aber nicht aufgelöst werden kann (s. Abb. 3.161).

```
$ ping B            Rechnername (eingetragen)

PING B (192.168.0.8) 56 (84) bytes of data.
64 bytes from B (192.168.0.8): icmp_rq=1 ttl=128 time=0.382 ms
64 bytes from B (192.168.0.8): icmp_rq=1 ttl=128 time=0.394 ms
64 bytes from B (192.168.0.8): icmp_rq=1 ttl=128 time=0.372 ms
Beenden mit <Strg+c>
--- B ping statistics
3 packets transmitted, 3 received, 0 % packet loss, time 0.849 ms


$ ping C            Rechnername (nicht vorhanden ...)
ping: unkown host C

$ ping 192.168.0.10    IP (nicht vorhanden bzw. nicht erreichbar ...)
PING (192.168.0.10) 56 (84) bytes of data
From 192.168.0.10 icmp_seq=2 Destination Host Unreachable
From 192.168.0.10 icmp_seq=2 Destination Host Unreachable
From 192.168.0.10 icmp_seq=2 Destination Host Unreachable

Beenden mit <Strg+c>---192.158.0.10 ping statistics
3 packets transmitted, 0 received, +3 errors 100 % packet loss, time $
```

Abb. 3.161 Beispiel: Verschiedene Aufrufe mit ping

3.6.2 Netzwerkdienste

Um mit anderen Rechnern zu kommunizieren, benötigen wir neben Hardware und den IP-Nummern auch entsprechende Softwarepakete. Für die Verbindung im Netz gibt es TCP/IP (*Transmission Control Protocol/Internet Protocol*), das systemübergreifend verwendet wird. Folgende Dienste stehen für TCP/IP u.a. zur Verfügung:

❏ **ssh** *(secure shell)*, die sichere Methode, um eine Shell zur Ausführung anderer Programme auf einem entfernten Rechner im Netz zu starten bzw. sich an einem entfernten Rechner anzumelden.
rsh *(remote shell)*, **rlogin** *(remote login)* oder **telnet** *(telecommunication network)* sind ältere ungesicherte Kommandos und sollten nicht mehr verwendet werden, denn sie übertragen auch das Passwort so, dass es von entsprechender »Lauschsoftware« abgefangen werden kann.

❏ **scp** *(secure copy),* die sichere Methode, um Dateien im Netz zu kopieren. **rcp** *(remote copy)* ist die ältere ungesicherte Methode und sollte daher auch nicht mehr genutzt werden.

❏ **sftp** *(secure file transport),* die sichere Methode, um Dateien zu übertragen oder ungesichert **ftp**, die ungesicherte Methode, die u.a. das Passwort unverschlüsselt übermittelt. Auch hier empfiehlt sich, wenn möglich nur **sftp** zu nutzen! Wenn manche Rechner nur ftp zulassen, müssen Sie sich klar darüber sein, dass Daten abgefangen werden könnten.

Sehen wir uns hierzu die Kommandos näher an.

3.6.3 Arbeiten mit ssh

Um eine Verbindung über ssh[*] mit einem entfernten Rechner aufzunehmen, müssen wir dort einen gültigen Benutzernamen und das Passwort dazu kennen. Außerdem wird das erste Mal ein sog. »Fingerprint« zwischen den beiden Rechnern ausgetauscht, der bestätigt werden muss. Meldet man sich später noch einmal an, werden die Fingerprints (eine verschlüsselte Zahl) miteinander verglichen, stimmen sie überein, wird nur mehr nach dem Passwort gefragt.

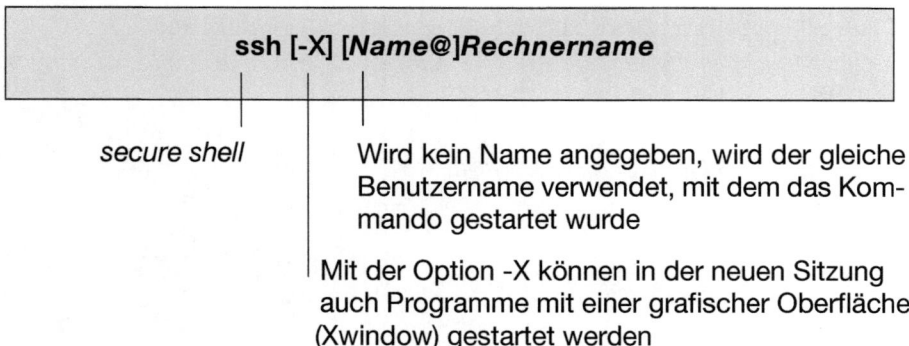

ssh – Kommando, um netzwerkweit verschlüsselt zu arbeiten

In den nachstehenden Beispielen haben wir auch den Prompt jeweils mit ausgegeben, damit besser zu erkennen ist, von welchem Rechner ein Programm gestartet wird. Um sich besser zu orientieren, nehmen wir eine einfache Rechnerumgebung für die folgenden Beispiele an (s. Abb. 3.162). Monika ist auf beiden Rechnern als Benutzer eingetragen, allerdings sind auf Rechner *B* noch keine Dateien und Verzeichnisse außer ihrem Home-Directory vorhanden. Monika will nun vom Rechner *A*, an dem sie sitzt, die Datei *text1* übertragen. Zuvor vergewissert sie sich, ob ihr Verzeichnis auch wirklich leer ist. Sie meldet sich also über *ssh* das erste Mal am Rechner *B* an, an dem Otto arbeitet (s. Abb. 3.163).

---

[*] Um mit ssh auch mit Windows-Rechner zu kommunizieren, gibt es frei verfügbare Programme, wie open-ssh, bzw. für Anmeldungen auf einer grafischen Oberfläche z.B. exceed.

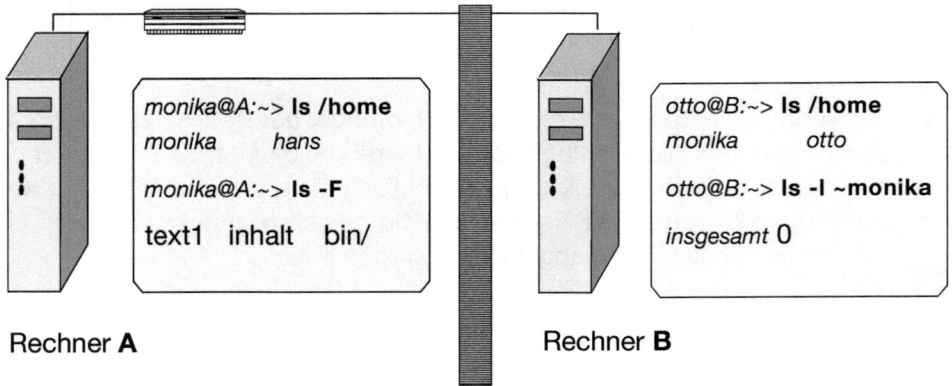

Abb. 3.162 Rechnerumgebung für unsere Netzwerk-Beispiele

```
monika@A:~> ssh monika@B
The authenticity of host 'B (192.168.0.60)' can't be established.
RSA key fingerprint is 25:67:bb:b1:10:b3:ac:38:e9:68:fc:bc:c5:41:9b:d2.
Are you sure you want to continue connecting (yes/no)? yes
Warning: Permanently added 'B,192.168.0.60' (RSA) to the list of known
hosts.
Password: xxxxx
Last login: Fri Nov 23 15:07:08 from A
Have a lot of fun..
monika@B:~> ls -l
insgesamt 0
monika@B:~> who
otto        :0          12-02 09:11          (console)
otto        pts/0       12-02 09:11
monika      pts/1       12-02 15:17          (A)
```

Abb. 3.163 Erste Anmeldung über ssh auf einem entfernten Rechner

Monika sitzt zwar noch am Terminal vom Rechner *A,* arbeitet aber auf Rechner *B.* Über das Kommando *who* auf dem Rechner *B* wird Monika mit angezeigt mit dem Hinweis, dass sie über den Rechner *A* angemeldet ist.

Kopieren von Dateien im Netz

Auch bei *scp* müssen die korrespondierenden Rechner vorab sog. Fingerprints austauschen, die bestätigt werden müssen. Ist der Austausch bereits durch *ssh* erfolgt, ist kein weiterer Austausch mehr erforderlich. Die Syntax von *scp* ist ähnlich wie von *cp*, jedoch werden – soweit notwendig – die Rechnernamen und durch »:« getrennt der entsprechende Pfad und Dateiname mit angegeben:

scp *Quelle[_Rechnername:]/Pfad/Datei(en)   Ziel[_Rechnername:]/Pfad/Datei_oder_Directory*

scp – Kommando, um Dateien von oder an entfernte Rechner zu kopieren

Bei dem Kommando *scp (secure copy)* müssen Sie die Directory-Strukturen des anderen Rechners kennen und wissen, wo die Datei, die Sie kopieren wollen, zu finden ist bzw. wohin die Datei kopiert werden soll. Selbstverständlich müssen die Zugriffsberechtigungen entsprechend gesetzt sein.

Um die Datei *Text1* zu übertragen, verwendet Monika *scp*, wobei es unwichtig ist, auf welchem Rechner sie gerade arbeitet. Wichtig ist, dass Quelle und Ziel eindeutig definiert werden, wenn sie auf einem entfernten Rechner liegen. In Abb. 3.164 fahren wir mit obigem Beispiel fort, bei dem Monika am Rechner *B* arbeitet.

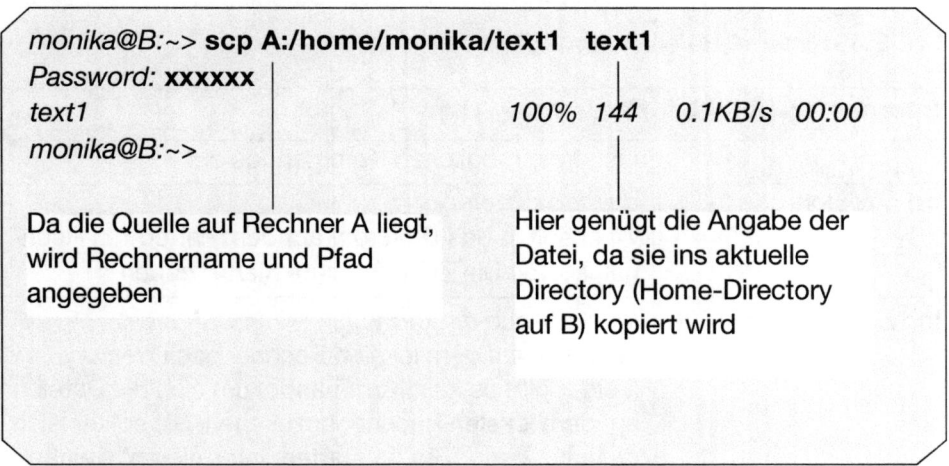

Abb. 3.164 *Beispiel: scp – Kopieren von und auf fremde Rechner*

3.6.4 Wie arbeiten Sie mit sftp?

Auch für dieses Kommando benötigen Sie eine Benutzerkennung und ein Passwort. Manche Softwarefirmen bieten die Möglichkeit, sich als »Gast« anzumelden. Vielleicht haben Sie in Fachzeitschriften schon ab und zu den Hinweis gelesen, dass Updates oder Informationen mit *ftp/sftp* abgerufen werden können, wie z.B. Filtersoftware von FrameMaker auf dem Rechner *ftp.frame.com*. Hier können Sie sich dann mit Ihrem Namen anmelden und geben als Passwort nur Ihren Rechnernamen an. Der Aufruf des Kommandos ist ähnlich wie bei *ssh*. Sie geben entweder den Rechnernamen/ die IP-Nummer gleich mit an oder mit dem

internen Kommando **open**. Alle aufgeführten Angaben gelten auch für *ftp*, lediglich ist hier vorab kein Fingerprintaustausch notwendig und die Übertragung der
Dateien erfolgt nicht getunnelt.

sftp [*Rechnername/IP-Nummer*]

secure file transfer protocol

Wird beim Aufruf kein Rechnername mit angegeben, kann mit den Kommandos

open *Rechnername*   die Verbindung aufgebaut werden, mit

close   die Verbindung zu dem Rechner abgebrochen werden

Das Programm *sftp* kann beendet werden mit

quit oder **bye**

sftp – Kommando für Arbeiten mit Dateien eines entfernten Rechners

Sobald die Verbindung zu dem anderen Rechner steht, können Sie mit einer
Reihe von internen Befehlen arbeiten.

In Tab. 3.19 sehen Sie eine Auswahl der wichtigsten Befehle:

Tab. 3.19: Interne Befehle von *sftp/ftp*

Interner ftp-Befehl	Bedeutung/Hinweis
?	Listet die möglichen Kommandos auf
cd *Directory*	*change directory* Wechselt in das Directory auf dem entfernten Rech- ner, soweit Sie Zugriffsrechte hierfür haben
lcd *Directory*	*local chance directory* Wechselt auf dem lokalen Rechner das Directory (Leider gibt es kein Kommando, um sich die Dateien auf dem lokalen Rechner anzusehen. Sie sollten sich deshalb, bevor Sie *ftp* starten, informieren, welche Dateien Sie für *ftp* von Ihrem lokalen Rechner benö- tigen. Am besten wechseln Sie dann gleich in das betreffende Directory, bevor Sie *ftp* starten.)
pwd	*print working directory* Zeigt das aktuelle Directory auf dem entfernten Rechner an
lpwd	*local print working directory* Zeigt das aktuelle Directory auf dem lokalen Rech- ner an

Interner ftp-Befehl	Bedeutung/Hinweis
ls	*list* Zeigt den Inhalt des aktuellen Directories auf dem entfernten Rechner
lls	*list* Zeigt den Inhalt des aktuellen Directories auf dem lokalen Rechner
get *Dateiname*	**get** *– holen, bekommen* Kopiert die Datei des entfernten Rechners in das aktuelle Directory des lokalen Rechners
mget *Dateiname(n)*	*multiple* **get** *– mehrfach holen, bekommen* Kopiert alle angegebenen Dateien (z.B. Auswahl der Dateien evtl. über Dateinamenexpansion) in das aktuelle Directory des lokalen Rechners
put *Dateiname*	**put** *– abgeben* Kopiert die angegebene Datei von Ihrem lokalen Rechner in das aktuelle Directory des entfernten Rechners
mput *Dateiname(n)*	*multiple* **put** Kopiert mehrere Dateien (z.B. Auswahl der Dateien evtl. über Dateinamenexpansion) vom lokalen Rechner in das aktuelle Directory des entfernten Rechners
binary	*binär* Schaltet in den Binärmodus um. Mit *binary* werden z.B. Programme, *tar-* oder *cpio*-Archivdateien übertragen, die im Binärformat gespeichert sind
ascii	ASCII-Übertragung ist als Standard eingestellt. Wenn Sie zuvor mit **binary** Dateien übertragen haben, sollten Sie wieder auf ASCII (default-Einstellung) umstellen.
delete *Dateiname*	*löschen* Soweit es die Zugriffsrechte zulassen, kann eine Datei auf dem entfernten Rechner gelöscht werden
mdelete *Dateinamen*	*löschen* Soweit es die Zugriffsrechte zulassen, können mehrere Dateien auf dem entfernten Rechner gelöscht werden (z.B. Auswahl der Dateien evtl. über Dateinamenexpansion)

Interner ftp-Befehl	Bedeutung/Hinweis
mkdir *Path*	*make **dir**ectory* Legt auf dem entfernten Rechner ein Directory an
bye oder **quit**	Beendet die Verbindung zum anderen Rechner

Um bei unserem vorherigen Beispiel zu bleiben, nehmen wir an, dass Monika nun alle Dateien vom Rechner *A* auf Rechner *B* übertragen will. Wie in Abb. 3.148 auf Seite 209 zu sehen ist, hat Monika eine Sicherung ihrer Dateien unter */tmp/SichMonika.tar* angelegt. Diese Sicherung kann sie nun auf Rechner *B* übertragen und dort auspacken.

Es ist gleich, von welchem Rechner sie *sftp* aufruft. Empfehlenswert ist allerdings, dass man zuerst in jenes Verzeichnis wechselt, in das oder von dem man auf dem aktuellen Rechner (lokalen Rechner) die Dateien kopieren möchte. Wenn Monika nach wie vor auf dem Rechner *B* angemeldet ist und sich in ihrem Home-Directory befindet, lautet die Übertragung der Sicherung wie in Abb. 3.165 dargestellt:

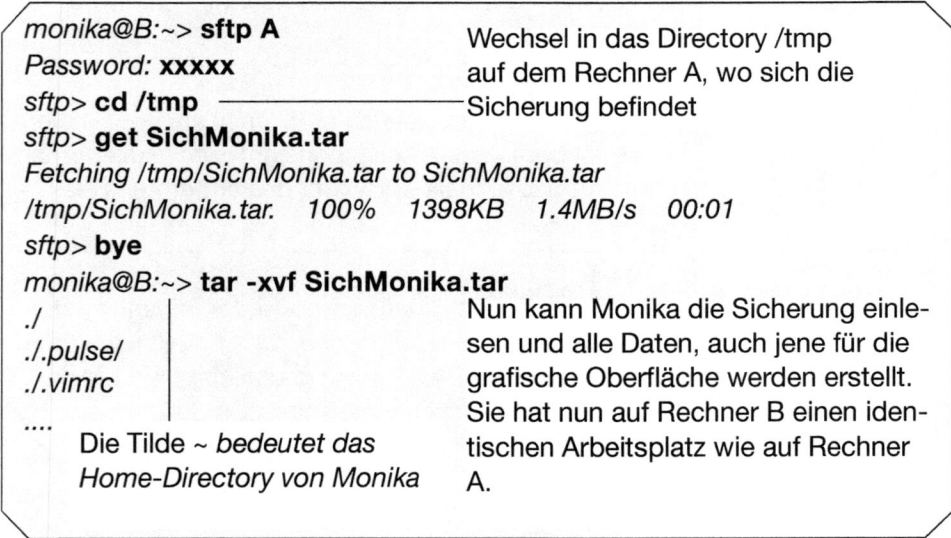

Abb. 3.165 Beispiel 1: sftp – Übertragung einer Sicherung

Sie hätte natürlich auch auf Rechner *B* die Sicherung auf */tmp* ablegen können. Wie hätten dann die Befehle gelautet?

Es gibt mehrere Möglichkeiten. Eine finden Sie auf der folgenden Seite in Abb. 3.166.

```
monika@B:~> cd /tmp
monika@B:/tmp> sftp A
Password: xxxxx
sftp> cd /tmp
sftp> get SichMonika.tar
Fetching /tmp/SichMonika.tar to SichMonika.tar
/tmp/SichMonika.tar.   100%   1398KB   1.4MB/s   00:01
sftp> bye
monika@B:/tmp> cd
monika@B:~> tar -xvf /tmp/SichMonika.tar
./
./.pulse/
./.vimrc
....
```

Abb. 3. 166 *Beispiel 2: sftp – mögliche Übertragung einer Sicherung*

3.6.5 Zusammenfassung der Kommandos

In Tab. 3.20 sind die häufig benötigten Kommandos für Arbeiten im Netz zusammengestellt.

Tab. 3.20: Kommandos, um im Netzwerk zu arbeiten (alphabetisch sortiert)

Kommandoeingabe	Funktion
dd if=*Dateiname* **of**=*Gerätename* \ *Option*=*Wert* **tar -cvf - .** | **rsh** *Rechner* \ **dd of=/dev/rmt/0 bs=64**	*device to device* Kopiert Dateien, Dateibereiche oder gesamte Platten 1:1 Beispiel: Ausgabe von *tar* über Netz auf einen Streamer an einen entfernten Rechner; **bs** *block size* – *Wert* (in diesem Beispiel) 64 KB
ftp *Rechner*	*file transfer protocol* **Kopiert Dateien von/auf entfernte Rechner** (unverschlüsselt) gleiche Befehle wie bei **sftp**
hostname	Zeigt den eigenen Rechnernamen an
more /etc/hosts	Zeigt alle Rechner an, die im Netz eingebunden sind
ping *Rechnername*	*Pingpong* Kontrolliert, ob der angegebene Rechner erreichbar ist
rlogin [-l *Login-Name*] *Rechner*	*remote login* Anmelden an einem entfernten Rechner, der mit TCP/IP verbunden ist Wird die Verbindung hergestellt, muss ein gültiger Benutzername und ein Passwort eingegeben werden Etwa gleich wie *telnet*
rsh *Rechner*	*remote shell* Startet eine Shell auf einem entfernten Rechner. Auf dem entfernten Rechner muss der gleiche Benutzername eingetragen sein. Das Passwort wird abgefragt.
scp *Datei(en)[@Rechner]* \ *Datei(/Directory)[@Rechner]*	*secure copy* Kopiert Dateien von/auf entfernte Rechner, die mit TCP/IP verbunden sind Etwa gleiche Syntax wie *cp*

Kommandoeingabe	Funktion
ssh [-X] *Name@entfernter Rechner*	*secure shell* **Erlaubt mit der Shell auf einem entfernten Rechner zu arbeiten**
sftp *Rechner* *connected to ...* *login: Benutzername* *Password required for : Passwort*	*secure file transfer protocol* **Kopiert Dateien von/auf entfernte Rechner** Rechnername des entfernten Rechners sowie ein dort gültiger Benutzername und Passwort müssen angegeben werden
Kommandos unter sftp:	Auswahl der meistbenötigten Kommandos
cd	*change directory* Wechselt in das Directory auf dem entfernten Rechner
pwd	*print working directory* Zeigt das aktuelle Directory auf dem entfernten Rechner
ls (dir)	*list* Zeigt den Inhalt des aktuellen Directories auf dem entfernten Rechner
get *Dateiname*	*get* – holen, bekommen Kopiert in das aktuelle Directory des lokalen Rechners die Datei des entfernten Rechners
mget *Dateiname(n)*	*multiple get* – *mehrfach holen* Kopiert in das aktuelle Directory des lokalen Rechners alle angegebenen Dateien (z. B. über Dateinamenexpansion)
put *Dateiname*	*put* – *abgeben* Kopiert die angegebene Datei vom lokalen Rechner in das aktuelle Directory des entfernten Rechners
mput *Dateiname(n)*	*multiple put* Kopiert mehrere Dateien (evtl. über Dateinamenexpansion) vom lokalen Rechner in das aktuelle Directory des entfernten Rechners

Kommandoeingabe	Funktion
sftp: *Fortsetzung*	
binary	*binär* Schaltet in den Binärmodus um. Mit *binary* werden z. B. Programme, *tar-* oder *cpio*-Archivdateien übertragen, die im Binärformat gespeichert sind
ascii	Umstellung wieder auf ASCII (Default-Einstellung)
delete *Dateiname* **mdelete** *Dateinamen*	*löschen* Soweit die Zugriffsrechte es zulassen, kann eine Datei (mit *mdelete* mehrere) auf dem entfernten Rechner gelöscht werden
mkdir	*make directory* Legt auf dem entfernten Rechner ein Directory an
lcd *Directory*	*local chance directory* Wechselt auf dem lokalen Rechner das Directory
bye oder **quit**	Beendet die Verbindung zum anderen Rechner
telnet *Rechner*	*tel*ecommunication *net*ware Anmelden an einem entfernten Rechner Wird die Verbindung hergestellt, muss ein gültiger Benutzername und ein Passwort eingegeben werden Etwa gleich wie *rlogin*

Wichtige Dateien:

Datei	Bedeutung
/etc/hosts	Zuordnung von IP-Adressen zu Rechnernamen
~/.ssh/known_hosts	Speicherung der Fingerprints aller akzeptierten Rechner, mit denen über ssh/scp oder sftp korrespondiert wurde

3.7 Shell-Prozeduren

Nun »shellt« es intensiver

Dieses Kapitel zeigt Ihnen, wie Sie unter Linux/Unix durch Kommandofolgen in einer Datei eigene kleine Programme schreiben können, sog. Shell-Prozeduren. Das Wort Prozedur hat bei uns im Deutschen zwar auch die Bedeutung von »schwierige, unangenehme Behandlungsweise«, doch das Wort selbst leitet sich von procedere (lat.) ab und bedeutet »zu Werke gehen«. Sie werden erfahren, dass die Programmierung unter der Shell »keine Prozedur« für Sie sein wird. Für diejenigen von Ihnen, die bereits eine Programmiersprache kennen, wird es ein Vergnügen werden, ein Programm zu erstellen, ohne schwierige Syntaxregeln beachten zu müssen, und es auszuführen, ohne erst zu kompilieren.

Die einzelnen Themen:

Shell-Prozeduren – nun »shellt« es intensiver

Wenn Sie bis zu diesem Kapitel vorgedrungen sind und die Beispiele nachvollzogen haben, können Sie bereits mit Linux/Unix arbeiten. Meinen Glückwunsch! Denn es war sicher nicht immer leicht. Doch ich hoffe, Sie hatten auch Spaß daran und haben sich über Ihre eigenen Erfolge gefreut.

Das, was Sie bisher über Linux/Unix gelernt haben, reicht im Normalfall aus, um als Anwender mit Softwarepaketen zu arbeiten, die auf Linux/Unix basieren. Viele Softwareanwendungen enthalten eigene Tools zum Sichern und zur Dateiverwaltung (speziell Datenbanken) . Für diese Fälle wäre es nicht notwendig, zu wissen, wie man unter der Shell eigene Shell-Prozeduren schreiben kann. Für Sie als Anwender wäre das nachfolgende Kapitel eher ein Hobby oder der erste Schritt, sich zum Linux/Unix-Spezialisten zu entwickeln. Auf der Shell-Ebene können Sie dann bereits kleine Programme, sog. Shell-Prozeduren oder auch Skripts genannt, mit vielen Raffinessen erstellen. Der nächste Schritt ist, Programme in C oder einer anderen Programmiersprache zu schreiben (Perl, PHP, Java u.a.).

Anhand von Beispielen, wie Sie eigene Kommandos zum Sichern, Listen von Directories sowie zum Kopieren und Löschen von Dateien schreiben können, werden Sie die wesentlichen Funktionen von Shell-Prozeduren kennenlernen.

3.7.1 Die Vorteile von Shell-Prozeduren

Was sind Shell-Prozeduren?

Shell-Prozeduren sind im Grunde nichts anderes als Kommandofolgen, geschrieben in eine Datei, deshalb werden sie auch als Skript bezeichnet. Kommandos, die Sie bisher am Terminal aufgerufen haben, schreiben Sie in eine Datei. Mit dem Kommando **sh**[*]**, ksh** oder **bash** können Sie die Kommandofolgen in dieser Datei von Ihrer Shell ausführen lassen, und zwar auch dann, wenn die Zugriffsrechte nicht auf x (ausführbar) gesetzt wurden.

sh	*Dateiname*
bash	*Dateiname*
ksh	*Dateiname*

sh, bash, ksh – Kommando, um Dateien direkt auszuführen

Bisher haben wir von Kommandos gesprochen, wenn wir einen Auftrag an den Rechner schickten. Ein Kommando kann ein ausführbares Programm sein, ein »Shell-internes« Kommando oder eine Shell-Prozedur. Ein ausführbares Programm wurde ursprünglich in einer Programmiersprache geschrieben und in

---

[*]   Bei den folgenden Beispielen gilt sh (/bin/sh) für die Posix-Shell, deren Regeln auch von ksh und bash gelten. Auf Ausnahmen wird hingewiesen.

den entsprechenden Maschinencode des Rechners kompiliert *(übersetzt)*. Ein Shell-internes Kommando ist im Programm der Shell selbst verankert, also ein Teil der Shell. Eine Datei, die Kommandofolgen enthält, kann eine eigenständige Shell-Prozedur werden, wenn die Zugriffsrechte z.B. mit

chmod +x
auf ausführbar geändert werden *(executable)*.

Nehmen wir an, es gibt eine Datei mit dem Namen *heute*, in der z.B. die Kommandos **date** und **who** stehen. Die Zugriffsrechte sind so geändert, dass alle die Datei ausführen dürfen *(z.B. rwxr-xr-x)*. Damit sind bereits die Voraussetzungen für eine Shell-Prozedur erfüllt.

Rufen Sie das Kommando *heute* auf, so sucht die Shell in all jenen Directories, die in der Variablen **PATH** als Suchpfad angegeben sind, nach einer Datei mit dem Namen *heute*, die als ausführbar gekennzeichnet sein muss. Die so gefundene Datei wird von der Shell gelesen und die darin enthaltenen Kommandos werden der Reihe nach ausgeführt. Die Ausführung dieser Shell-Prozedur soll in Abb. 3.167 verdeutlicht werden:

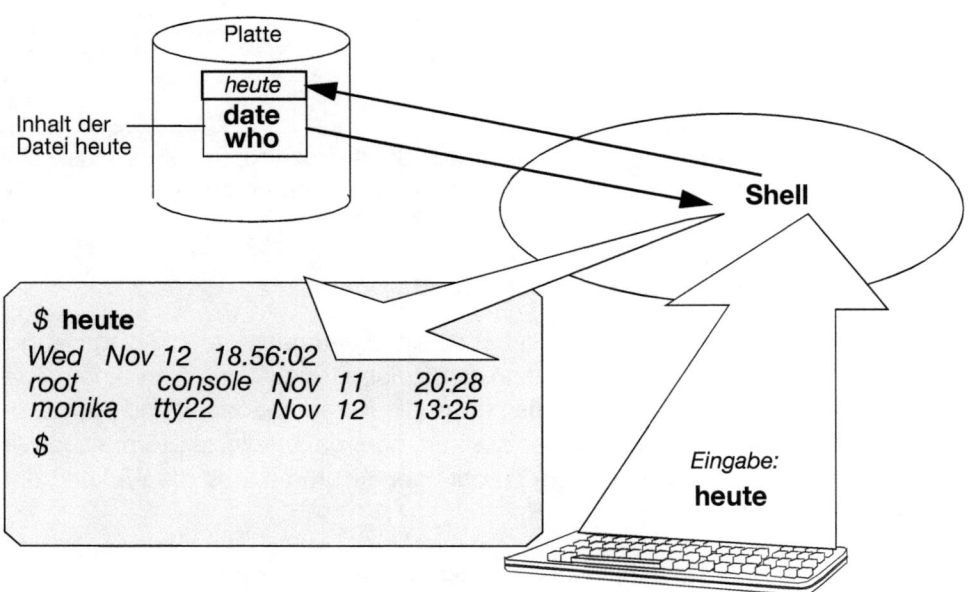

Abb. 3.167 *Ablauf einer Shell-Prozedur grafisch dargestellt*

Alle Kommandos, also Programme, Shell-interne Kommandos und Shell-Prozeduren sind gleichberechtigt. Bei der Shell-Einführung (Kapitel 3.2 Es »shellt«) haben Sie gelernt, wie Sie Kommandos verwenden können. In Tab. 3.21 sind die Eingabemöglichkeiten nochmals zusammengestellt:

Tab. 3.21 Eingabemöglichkeiten von Kommandos

– Aufruf des Kommandos	Kommandoname [Parameter 1 *(z. B. Option -l)*] \ [Parameter 2] … im Vorder- oder Hintergrund (**&**) Die Parameter können hierbei über Metazeichen (*, ?, \, [ ]) und die Ihnen bereits bekannten Ersetzungsmechanismen (" ", ′′ , $, `Kommando`) expandiert werden.
Abbruch des Kommandos	(Unterbrechung des laufenden Programms)**:** bei Vordergrundprozessen je nach Rechner entsprechende Funktionstasten z. B. **<Strg+c>** oder bei Hintergrundprozessen mit dem Kommando *kill -9* Prozessnummer Hier werden Sie in der Korn-Shell noch weitere Möglichkeiten kennenlernen
Umleitung	der Standardeingabe und Standardausgabe: **<, >, >>, 2>**
Verkettung	von Kommandos mit **;**
Pipe-Mechanismus	mit l

Alle diese Möglichkeiten bestehen auch für Shell-Prozeduren. Sie können sich also eigene Kommandos schreiben und diese genauso nutzen wie Linux/Unix-Kommandos. Die Frage ist:

Benötigen Sie eigene Shell-Prozeduren?

Wenn Sie sich an das Kapitel 3.5 (Sicher ist sicher!) erinnern, an die langwierigen Kommandos von *find* und *cpio*, dann dürfte Ihnen die Antwort zu einem »Ja« nicht schwerfallen. Oder denken Sie nur an die Kommandos *mv* und *cp*, die Ihnen wertvolle Dateien überschreiben können, oder gar an die zerstörerische Wirkung von *rm -r **. Hier können Sie durch eigene Kommandos die Wirkung entschärfen.

Welche Vorteile bieten Ihnen eigene Shell-Prozeduren?

❑ Sie können **häufig benutzte** und/oder **langwierige Kommandofolgen** mit einem Aufruf (einem kurzen Namen) aktivieren.

❑ Eigene Shell-Prozeduren können Sie auch auf **andere Linux/Unix-Rechner mitnehmen**.

❑ Die Funktionalität der Shell-Prozeduren ähnelt der Programmiersprache **C**, man benötigt aber **keinen Übersetzungslauf** (Kompilieren).

❑ Sie können **benutzerfreundliche, deutschsprachige** und **sichere** Kommandos schaffen.

3.7.2 Erstellen eigener Shell-Prozeduren

Anstatt ein Kommando (oder eine Kommandofolge) direkt am Terminal aufzurufen, schreiben Sie es mit einem **Editor in eine Datei,** beenden den Editor, verändern die Zugriffsrechte durch *chmod +x Dateiname* und schon haben Sie eine eigene Shell-Prozedur. Diese können Sie nunmehr mit dem Namen der Datei aufrufen und die enthaltenen Kommandos werden ausgeführt.

Was können Sie in eine Prozedur eingeben?

Alle Möglichkeiten, die Sie bisher bei einem Kommandoaufruf kennengelernt haben, können Sie auch in einer Shell-Prozedur verwenden. Dies bedeutet:

❑ Sie können auch in Shell-Prozeduren die Kommandos so eingeben, wie es in der Tab. 3.21 auf Seite 250 aufgeführt ist.

❑ Um Erläuterungen einzufügen, gibt es die Zeichen »**:**« und »**#**«, die den nachfolgenden Text bis Zeilenende als **Kommentar** kennzeichnen.

❑ Wie Sie schon zu Beginn gehört haben, gibt es verschiedene Shell-Programme, neben der ursprünglichen *Bourne-Shell,* die *Korn-/Posix-Shell* und die *Bash* (*born again Shell*) sowie die *C-Shell* in verschiedenen Varianten (*tcsh* u.a.). Um zu gewährleisten, dass die Shell-Prozedur von der richtigen Shell ausgeführt wird, gibt man in der 1. Zeile ein sog. Run-Kommando an:

#!/bin/sh oder **#!/bin/ksh** oder **#!/bin/bash** oder **#!/bin/csh**

Dies ist besonders wichtig, wenn sonst eine andere Shell verwendet wird, da die Syntax und einige Befehle hier z.T. abweichen (siehe Kapitel 3.9).

❑ Wie beim Ersetzungsmechanismus bereits erläutert, können Sie **Shell-Variablen** verwenden, die durch ${*Name der Variablen*} mit dem jeweils zugewiesenen Wert ersetzt werden. Sie lernen noch eine Reihe weiterer Einsatzmöglichkeiten von Variablen kennen; so z.B., wie Sie unterschiedliche Parameter übergeben, sog. **Positionsparameter,** oder wie Sie **vordefinierte Variablen** verwenden können und wie Sie den Wert einer Shell-Variablen verändern.

❑ Um den Ablauf zu steuern, können Sie mit *echo* Nachrichten (Fragen) auf den Bildschirm ausgeben, mit *read* eine Antwort am Bildschirm lesen und mit *test* den Inhalt dieser Antwort prüfen.

❑ In Abhängigkeit von Ergebnissen können Sie unterschiedliche Kommandofolgen aufrufen (*&&*, II und *if – then – else – fi*).

❑ Kommandofolgen können mehrmals durchlaufen werden; man spricht hierbei von Schleifen (*for – do – done*).

❑ Abhängig von einem Wert können unterschiedliche Kommandofolgen ausgewählt werden (*case – esac*).

❑ Sie könnten sogar auftretende Fehler über die sog. *trap*-**Behandlung** abfangen (was soll z.B. geschehen, wenn ein Unterbrechungssignal über

251

<Strg+c> gesendet wird?). Auf die Fehlerbehandlung wird in diesem Buch allerdings nicht tiefer eingegangen. Bei der Zusammenstellung der Kommandos finden Sie unter *trap* auf Seite 299 ein paar weitere Informationen.

Auch wenn wir hier nicht alle Möglichkeiten der Shell-Programmierung durchsprechen, verspricht dieses Kapitel, interessant zu werden.

Beginnen wir mit einem einfachen Beispiel. Erstellen Sie sich eine Datei *heute,* ändern Sie die Zugriffsrechte und probieren Sie einfach mal aus, ob es funktioniert.

Doch bevor Sie die Datei erstellen, richten Sie sich am besten, wie in unserem Beispiel, ein Unter-Directory *Befehle* ein, in das Sie sämtliche von Ihnen selbst erstellten Kommandos (Shell-Prozeduren) ablegen. Wenn Sie mit OpenSUSE arbeiten, ist bereits in Ihrem Home-Directory ein Unter-Directory für Skripte vorgesehen : *~/bin* – nicht zu verwechseln mit */bin*. In Abb. 3.168 sehen Sie die Erstellung von *heute* über den *vi*.

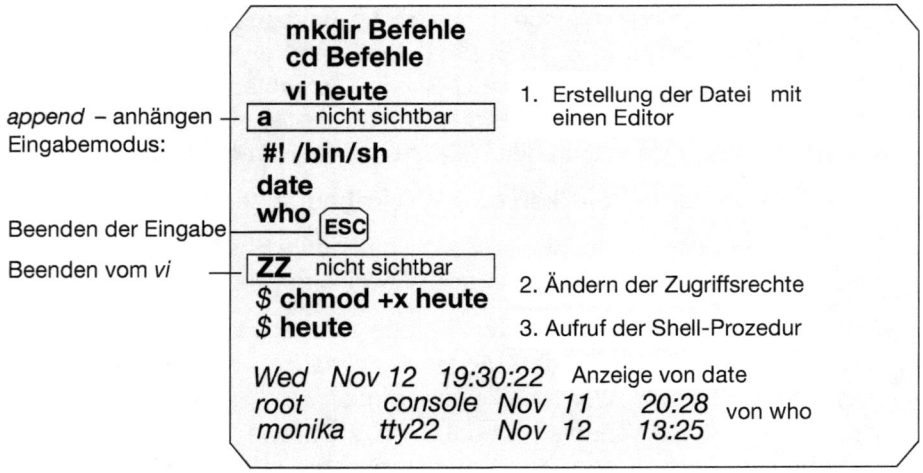

Abb. 3.168 Beispiel: Erstellen einer Shell-Prozedur

Hat es geklappt? Erhalten Sie das Datum und eine Liste der aktiven Benutzer angezeigt, wenn Sie **heute** aufrufen? Wenn nicht, prüfen Sie Ihre Variable *PATH*, ob das aktuelle Directory (**.**) nach Kommandos durchsucht wird. Sie könnten dann den Befehl, um zu testen, mit **sh heute** aufrufen.

Bevor wir weitere Beispiele ausprobieren, erstellen wir im Directory *Befehle* (oder wenn wir unter OpenSUSE arbeitem im vorhandenen Directory *~/bin*)) eine Vorlagedatei (s. Abb. 3.169), die wir für alle unsere Übungen verwenden. Da wir bei unseren Übungen unter Linux (meistens auch unter Unix) die *Bash* nehmen, setzen wir gleich das Run-Kommanod **!/bin/bash** in die erste Zeile. Diese Vorlagedatei können wir dann gleich mit **chmod +x** ausführbar machen. Zusätzlich sollte als Hinweis Ihr Name als Autor eingetragen sein. Was alles vorab immer als Kommentar vorhanden sein soll, können Sie entsprechend ergänzen (Datum der Änderungen, Telefonnummer etc.). Beim Kopieren dieser Datei werden die Zugriffsrechte mit übernommen und die neue Prozedur ist dann gleich ausführbar.

```
    cd Befehle
    cat vorlage
#!/bin/bash
#
# Aufruf:
# Kurzbeschreibung:
# Autor:
# Datum der letzten Änderung:
```

Abb. 3. 169 *Beispiel einer Vorlagedatei für Shell-Prozeduren*

Wenn es wirklich so einfach geht, dann schreiben wir gleich unser Sicherungskommando für die wöchentliche (*wsich*) und tägliche (*tsich*) Sicherung.

Falls Sie unter der grafischen Oberfläche einen Texteditor zur Verfügung haben, ist es sicher leichter, mit diesem zu arbeiten. Gerade wenn der *vi* Ihnen noch nicht so recht von der Hand geht, ist die Fehlerquelle durch den *vi* größer als die Eingabe der Shell-Prozedur als solche. Zudem bieten die Texteditoren Hilfen für die Shellskripte an (der *vim* unter Linux ist hier zwar einfacher und mit mehr Hilfen versehen als *vi* unter Unix im Allgemeinen doch für Ungeübte trotzdem etwas gewöhnungsbedürftig).

Um beim Ablauf der Sicherung zu sehen, was im Einzelnen passiert, geben wir mit dem Kommando *echo* Nachrichten auf den Bildschirm aus. In der Shell-Einführung haben wir dieses Kommando kurz kennengelernt:

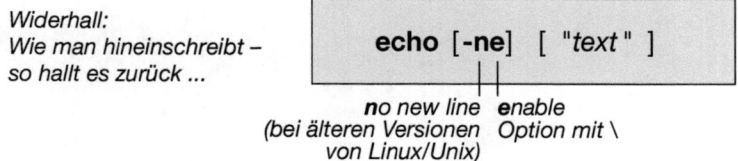

Widerhall:
Wie man hineinschreibt –
so hallt es zurück ...

echo [-ne] ["*text*"]

no new line *e*nable
(bei älteren Versionen Option mit \
von Linux/Unix)

In der Texteingabe haben bestimmte Steuerzeichen folgende Bedeutung (bei -e):

\c	Cursor bleibt in gleicher Zeile
\n	neue Zeile
\t	Tabulator

echo – Kommando, um Nachrichten auszugeben

Das *echo*-Kommando gibt alle ihm übergebenen Wörter bis zum Zeilenende oder einem »;« als »Echo« auf den Bildschirm aus. Es empfiehlt sich, den Text grundsätzlich in Anführungszeichen zu setzen, damit nicht z. B. ein Fragezeichen oder Sternchen von der Shell durch vorhandene Dateinamen ersetzt wird.

Wollen Sie, dass die Antwort in derselben Zeile wie die Nachricht eingegeben wird, geben Sie ***echo -n*** ein. Um einen Text über mehrere Zeilen auszugeben, können Sie entweder in jeder Zeile neu das Kommando *echo* eingeben oder Sie setzen das Anführungszeichen " nur nach *echo* in der ersten Zeile und dann erst am Ende der letzten Zeile.

▷ Einer der häufigsten Fehler ist, dass das **schließende Anführungszeichen** vergessen wurde (sei es bei dem Kommando *echo* oder, wie wir später noch sehen, beim Setzen von Variablen). Die Shell-Prozedur wird dann meistens mit einem Fehlerhinweis der Shell abgebrochen. Also achten Sie darauf!

Die einzelnen Schritte zur Erstellung unserer Sicherungskommandos
(s. Abb. 3.170, Abb. 3.171 bzw. Abb. 3.173):

1. Wir kopieren unsere Vorlage.

2. Wir rufen einen **Editor** auf.

```
cd ~/Befehle                1. Kopieren der Vorlage
cp vorlage wsich            2. Aufruf des Editors
vi wsich
```

Abb. 3.170 Vorbereitung zur Erstellung einer Shell-Prozedur

3. Wir schreiben die zur Sicherung nötigen Kommandos und die Nachrichten, die am Bildschirm erscheinen sollen, und beenden den Editor. Im folgenden Beispiel haben wir den vim-Editor unter Linux in einem Terminal auf der grafischen Oberfläche aufgerufen (s. Abb. 3.171). Sie sehen, hier gibt es für die Shell-Prozeduren gute Hilfen.

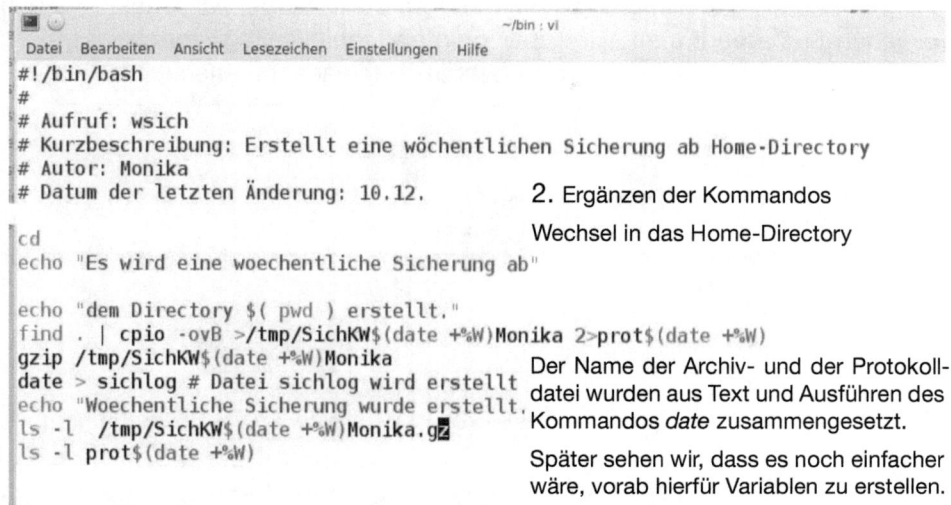

Abb. 3.171 *Beispiel einer Shell-Prozedur zur wöchentlichen Sicherung mit dem vim unter Linux*

In Abb. 3.172 sehen Sie die Bearbeitung (Eingabe und evtl. Änderung) eines Skripts unter *KWrite*. Kommentare sind kursiv und grau dargestellt, Kommandos in violett, Sonderzeichen der Shell in grün, Text in Anführungszeichen in hellrot. Damit haben Sie eine gute Hilfe und erkennen eventuelle Fehler.

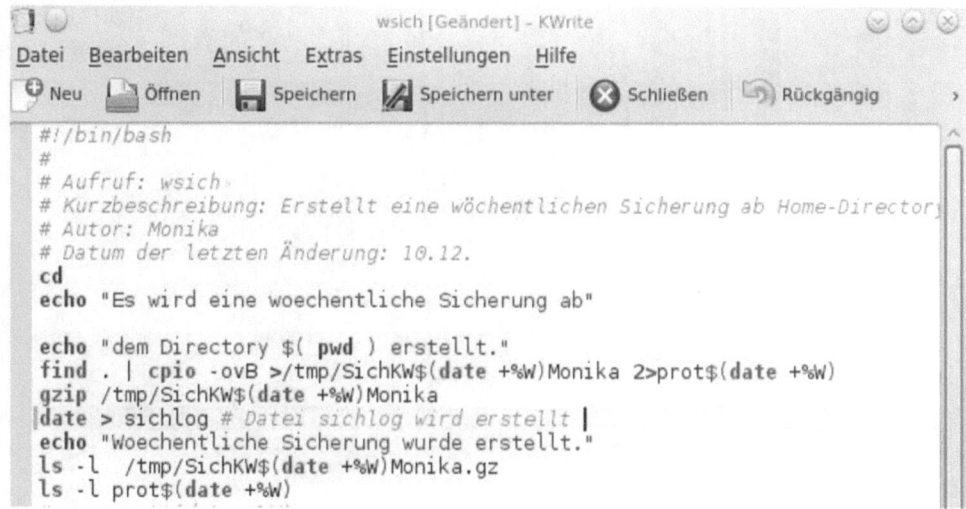

Abb. 3.172 *Erstellen eines Skripts mit KWrite*

Egal, wie das eigene Sicherungskommando erstellt wurde, wir können es nun z.B. jeden Freitag aufrufen oder über crontab jeden Freitag starten lassen. In Abb. 3.173 sehen Sie, wie es direkt über ein Terminal aufgerufen wird:

```
monika@A:~> wsich
Es wird eine woechentliche Sicherung ab
dem Directory /home/monika erstellt.
Woechentliche Sicherung wurde erstellt.
-rw-r--r-- 1 monika users 17M 10. Dez 14:34 /tmp/SichKW50Monika.gz
-rw-r--r-- 1 monika users 34K 10. Dez 14:34 prot50
monika@A:~>
```

Abb. 3.173 *Beispiel: Aufruf der Shell-Prozedur für eine wöchentliche Sicherung*

Die gleichen Arbeitsschritte sind erforderlich, um die Shell-Prozedur für die tägliche Sicherung zu schreiben. Hier können wir mit einbauen, dass als Nachricht angezeigt wird, wann das letzte Sicherungsdatum war, d.h., dass nur jene Dateien gesichert werden, die ein neueres Modifikationsdatum als die Datei *sichlog* aufweisen. Erstellen wir uns also mit einem Editor die Datei *tsich,* die folgenden Inhalt aufweist. Wir kopieren zuerst unsere Vorlage in *tsich* und geben dann folgende Ergänzungen ein (s. Abb. 3.174);

```
tsich [Geändert] – KWrite

Datei   Bearbeiten   Ansicht   Extras   Einstellungen   Hilfe

  Neu      Öffnen      Speichern     Speichern unter     Schließen      Rückgängig

#!/bin/bash
# ...
cd                              # wechselt generell ins HOME-Diredtory
echo "Es werden alle veränderten und
neuerstellten Dateien seit der
Sicherung vom $( cat sichlog )
ab Directory $( pwd ) gesichert"    # Ausgabe am Bildschirm
find . -newer sichlog -print | cpio -ovB > /tmp/SichMonika$(date +%d.%m)\
                                    2> ProtSich$(date +%d.%m)
date > sichlog
gzip /tmp/SichMonika$(date +%d.%m)
echo "tägliche Sicherung vom"
echo "$( cat sichlog) ist fertig"
ls -lh /tmp/SichMonika$(date +%d.%m).gz
ls -lh ProtSich$(date +%d-%m)

Zeile: 14 Spalte: 9     EINF ZEILE Bash tsich
```

Abb. 3.174 *Beispiel: Shell-Prozedur zur täglichen Sicherung*

Wollen wir das Kommando aufrufen, ist vorerst noch Voraussetzung, dass wir uns entweder in jenem Directory *(Befehle)* befinden, in dem das Sicherungskommando vorhanden ist (u.U. mit *./tsich),* oder wir rufen es mit der Pfadangabe auf (s. Abb. 3.175):

```
 ▣ ◡                              ~ : bash                        ⌄ ⌃ ⌧
  Datei  Bearbeiten  Ansicht  Lesezeichen  Einstellungen  Hilfe
 monika@Ａ:~>tsich
 Es werden alle veränderten und
 neuerstellten Dateien seit der
 Sicherung vom Mo 10. Dez 14:44:19 CET 2012
 ab Directory /home/monika gesichert
 tägliche Sicherung vom
 Mo 10. Dez 14:45:44 CET 2012 ist fertig
 -rw-r--r-- 1 monika users 9,1K 10. Dez 14:45 /tmp/SichMonika10.12.gz
 -rw-r--r-- 1 monika users 140 10. Dez 14:41 ProtSich10-12
 monika@Ａ:~>      |
```

Abb. 3.175 Aufruf von tsich – Beispiel einer Tagessicherung

Erst wenn wir unseren **PATH** (Suchpfad der Shell für Kommandos) entsprechend mit dem Befehle-Directory ergänzt haben, können wir unsere selbst erstellten Prozeduren von jedem beliebigen Directory aufrufen. Die Variable *PATH* gehört zu den **vordefinierten Shell-Variablen**.

3.7.3 Vordefinierte Shell-Variable

Um den *PATH* zu erweitern, sollten Sie sich erst vergewissern, welche Directories in dem für Sie vorgegebenen Suchpfad eingetragen sind. Das Kommando **echo $PATH** gibt Ihnen hierüber Auskunft (s. Abb. 3.176):

> $ echo $PATH
> *:./bin:/usr/bin:usr/local:/usr/ucb*
>
> | Der Punkt zwischen zwei Doppelpunkten zu Beginn bedeutet, dass zuerst das aktuelle Directory nach dem aufgerufenen Kommando durchsucht wird. Danach werden in der Reihenfolge von links nach rechts alle Directories durchsucht, bis das Kommando gefunden wird. Die Doppelpunkte zwischen den Directories gelten als Trennungszeichen.

Abb. 3.176 Beispiel: Wert der Variablen PATH

Die Variable *PATH* wird von der Shell verwendet, um Kommandos zu suchen. Sollen die von Ihnen erstellten Kommandos Vorrang vor den Linux/Unix-Kommandos erhalten, dann müssen Sie die Variable *PATH* so belegen, dass das vorrangig zu behandelnde Directory zu Beginn steht, z.B.:

PATH="~/Befehle:$PATH"; export PATH *oder*
export PATH="~/Befehle:$PATH"

Im Kapitel 3.2 (»Es shellt«) wurde kurz bei dem Ersetzungsmechanismus die Funktion der Variablen erklärt. Bei der obigen Eingabe wird der Wert von *PATH* neu gebildet, wobei *$PATH* ersetzt wird durch */home/monika/Befehle* plus den

257

bisherigen Werten, die *PATH* zugeordnet waren. Der Befehl **export** überträgt die Gültigkeit der Variablen für Unterprogramme. *export* kann auch gleich zu Beginn der Variablenzuordnung mit angegeben werden.

Mit dem Kommando **set** werden die in dem aktuellen Programm gesetzten Variablen angezeigt, mit **env** die Variablen, die exportiert wurden.

set	**env**

set – Kommando, um definierte Variablen der aktuellen Shell anzuzeigen

env – Kommando, um definierte und exportierte Variablen anzuzeigen

Sehen wir uns also die Variablen an, nachdem die Variable *PATH* neu gesetzt wurde (s. Abb. 3.177), und erläutern hierbei gleich einige der Variablen:

set	
HOME=/home/monika	Zuordnung erfolgt beim Login (/etc/passwd) wird u.a. von cd verwendet
IFS=	Nicht sichtbare Zeichen für Separator (Leerzeichen, Tabulatorzeichen und Zeichen für Zeilenende *(Internal Field Separators)*
LOGNAME=monika	Zuordnung erfolgt beim Login (/etc/passwd)
PATH=/home/monika/Befehle:.:/bin:/usr/bin:/usr/local:/usr/ucb	erweiterte Variable PATH (Unix)
PATH=/home/monika/Befehle:./usr/local/bin:/usr/bin:/bin:/usr/bin:/usr/bin/X11:/usr/X11R6/bin:/usr/games	erweiterte Variable PATH (Linux)
PS1=\u@\h::\w>	Bereitzeichen der Shell unter Linux
PS2=>	Hinweiszeichen der Shell, wenn sie weitere Eingaben zu einem Aufruf erwartet
TERM=xterm	Variable für Programme, die mit zusätzlichen Angaben der Terminals arbeiten (z.B. vi, more etc.). Unter dem angegebenen Namen stehen unter dem Directory /usr/lib/terminfo charakteristische Angaben für das betreffende Terminal.
TZ=MET-1	Variable für die Zeitzone, die bei »weltweiten« mail-Aktionen jeweils berücksichtigt wird

Abb. 3.177 Erläuterung einiger vordefinierten Shell-Variablen

Die Variablen gelten immer nur für die Dauer des Programms. Die vordefinierten Variablen werden beim Starten Ihrer Shell zugewiesen (beim *login*). Sobald Sie sich abmelden bzw. ein neues Terminal mit eigener Shell öffnen, verlieren sie ihre Gültigkeit. Die Erweiterung des *PATH* müssten Sie also jeweils neu vornehmen. Um Ihre Shell-Umgebung automatisch mit den Variablen zu besetzen, die für Sie Gültigkeit haben sollen, können Sie die Datei

.profile

in Ihrem Home-Directory ändern. In der Regel wird diese Datei beim Einrichten eines Benutzers mit angelegt, wenn er mit einer Bourne-, Korn/Posix-Shell oder der Bash arbeitet. Für die C-Shell wird statt *.profile* die Datei *.login* gelesen.

In der Bourne-, Posix- und Korn-Shell sowie in der Bash wird *.profile* automatisch beim Login wie eine Shell-Prozedur ausgeführt. In dieser Datei können Sie außer der Um- oder Neubesetzung von Variablen auch Kommandos mit aufführen, die nach Ihrem Login automatisch der Reihe nach ausgeführt werden. Allerdings ist bei der Anmeldung über eine grafische Oberfläche zu beachten, dass Befehle in *.profile* mit Ausgabe über ein Terminal nur beim Anmelden über direkte Terminals (<Strg+Alt+F1> bis <Strg+Alt+F6>) funktionieren.

Erstellen oder ändern wir mit dem Editor vi die Datei **.profile**
mit folgendem Inhalt (s. Abb. 3.178):

```
                                                    ~ : vi
Datei  Bearbeiten  Ansicht  Lesezeichen  Einstellungen  Hilfe
# Sample .profile for SuSE Linux
# rewritten by Christian Steinruecken <cstein@suse
#
# This file is read each time a login shell is started.
# All other interactive shells will only read .bash
# important for language settings, see below.

test -z "$PROFILEREAD" && . /etc/profile || true

# Most applications support several languages for their output.
# To make use of this feature, simply uncomment one of the lines below or
# add your own one (see /usr/share/locale/locale.alias for more codes)
# This overwrites the system default set in /etc/sysconfig/language
# in the variable RC_LANG.
#
export LANG=de_DE.UTF-8 # uncomment this line for German output
#export LANG=fr_FR.UTF-8       # uncomment this line for French output
#export LANG=es_ES.UTF-8       # uncomment this line for Spanish output

PATH=$HOME/Befehle:$PATH; export PATH        ——— Änderung des Suchpfades

echo "Guten Morgen, heute ist $( date )"  ——— auszuführende Kommandos*
echo "Es arbeiten bereits folgende Kollegen:"
who     * Unter grafischen Oberflächen wie CDE, KDE können Kommandos nicht aus der Datei
             .profile gestartet werden, da keine direkte Terminalfenster-Ausgabe zugewiesen ist.
# Some people don't like fortune. If you uncomment the following lines,
# you will have a fortune each time you log in ;-)

#if [ -x /usr/bin/fortune ] ; then
#     echo
#     /usr/bin/fortune
#     echo
#fi
-- EINFÜGEN --                                25,1        Alle
```

Abb. 3.178 Beispiel von .profile

In dem obigen Beispiel wurde die Variable **$HOME** verwendet, anstatt den Pfad-
namen */home/monika* auszuschreiben. Somit könnte die Datei *.profile* auch für
andere Benutzer kopiert werden und das jeweilige *Home-Directory* wird richtig
eingesetzt. Beenden Sie nun Ihre Sitzung und melden Sie sich neu an. Sehen wir
uns an, welche Nachrichten uns das System bringt:

```
LOGIN:   monika
Password:

Guten Morgen, heute ist Fri Nov 14 8:30:22
Es arbeiten bereits folgende Kollegen:
monika tty11    Nov  14 8:33:00
hans   tty13    Nov  14 8:05:00
gisela tty15    Nov  14 8:20:00
set
...
HOME=/home/monika
IFS=
PATH=/home/monika/Befehle::/bin:/usr/bin:/usr/local:/usr/ucb
LOGNAME=monika
MAIL=/var/spool/mail/monika
```

*Abb. 3.179 Beispiel einer Anmeldung mit geändertem .profile
unter einem Terminal (<Strg+Alt+F1>) (ohne grafische Oberfläche)*

Fassen wir das Wesentliche über die Shell-Variablen zusammen:

❏ Shell-Variable werden gebildet durch eine Wertzuweisung

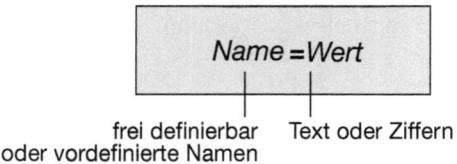

Kommen in einem »Wert« Leerzeichen vor, so muss der gesamte Ausdruck
in Anführungszeichen gesetzt werden, z.B. *PS1="Alles klar"*. Zwischen dem
Namen, dem Gleichheitszeichen und dem Wert dürfen keine Leerzeichen
sein.

❏ *$Name* wird **ersetzt** durch den **Wert**, der der Variablen »*Name*« zugewiesen
wurde.

$Name

Verwenden Sie den Wert der Variablen, um z. B. neue Dateinamen zu erstellen, wobei die Ersetzung nur ein Teil des Namens ist, dann wird der Name der Variablen durch geschweifte Klammern abgegrenzt:

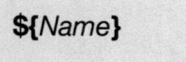

${*Name*}

Möchten Sie z. B. Dateien erstellen mit dem jeweiligen Login-Namen desjenigen, der die Prozedur aufgerufen hat, und zusätzlich noch eine Nummer anfügen, dann geben Sie ein: **> ${LOGNAME}1** bzw. **touch ${LOGNAME}1**. Ähnlich funktioniert auch die Variable **$USER.**

Das Größerzeichen *(Umleitung der Standardausgabe),* ohne Angabe eines Kommandos, erstellt eine leere Datei, stattdessen kann das Kommando *touch* verwendet werden. In unserem Beispiel würde die Datei *monika1* angelegt werden.

❏ Variable können durch die Zuweisung eines neuen Wertes verändert werden. Im Verlaufe dieses Kapitels werden wir das Kommando *expr* kennenlernen, mit dem Sie eine Variable mit allen Grundrechenarten verändern können, wenn es sich bei der Wertzuweisung um eine Zahl handelt. Im Kapitel 3.8 lernen Sie eine noch einfachere Art kennen, um mit Variablen zu rechnen *(Integer-Variable)*. Unter der Bash und mit Integer-Variablen können Sie auch direkt rechnen. Auch hierzu gibt es später Beispiele.

❏ Shell-Variable sind nur für die aktuelle Shell gültig, sollen sie auch für Unterprogramme (Sohnprozesse) gelten, so sind sie zu exportieren.

export   *Name der Variablen*

Eine Übersicht einiger vordefinierter Variablen finden Sie in Tab. 3.22, die bereits einige Variablen und Hinweise enthält, die erst im Kapitel 3.8 (Erweiterungen der Shell) näher erläutert werden.

Tab. 3.22 Übersichtstabelle vordefinierter Variablen

Shell-Variable	Bedeutung
$DISPLAY	Diese Variable muss gesetzt sein, wenn eine grafische Oberfläche benutzt wird. Unter Linux/Bash meist **:0**, wenn die Anwendung nicht auf einem Fremdrechner läuft. Sonst wird als Wert der Rechnername (bzw. Name des X-Terminals) eingetragen, gefolgt von :0.0 z. B. **DISPLAY=amadeus:0.0** **export DISPLAY**

Shell-Variable	Bedeutung
$ENV	Hier wird als Wert der Dateinamen angegeben, der Voreinstellungen für die Shell enthält. Je nach der eingesetzten Shell gibt es hierfür eine Datei, z.B. **$HOME/.kshrc** oder **$HOME/.bashrc** (im Kapitel 3.8.2 wird darauf eingegangen)
$EXINIT	Als Wert werden Voreinstellungen für den *ex*- bzw. *vi*-Editor eingetragen (siehe auch Kapitel 3.3 Editoren)
$HOME	Beim Login wird der absolute Pfadname des Login-Directories aus der */etc/passwd* der Variablen zugeordnet. Diese Variable wird u.a. von cd (ohne weitere Angaben) als default verwendet
$IFS	Hier sind die Separatorzeichen zugewiesen. Standard: Leerzeichen, Tabulator und Neue Zeile
$LANG	Als Wert wird die jeweilige Sprache und der Zeichensatz zugewiesen, in der die Systemmeldungen erfolgen sollen – soweit im System enthalten (z.B. de_DE.UTF=8)
$LOGNAME	Hier wird als Wert der Login-Name des Benutzers zugewiesen
$PATH	Als Wert sind all jene Directories mit absolutem Pfadnamen aufgeführt, unter denen die Shell nach Kommandos sucht. Getrennt werden die einzelnen Directories durch Doppelpunkte *Beispiel einer Neubesetzung:* **PATH=/usr/bin:/bin:/usr/ucb/bin** *Beispiel einer Ergänzung:* **PATH=$PATH:$HOME/Befehle**

Shell-Variable	Bedeutung
$PS1	Als Wert ist das Bereitzeichen der Shell zugewiesen. Beispiel einer Neubesetzung: **PS1="' $PWD' > "** siehe Kapitel 3.8 Hiermit wird jeweils das aktuelle Directory als Bereitzeichen angezeigt z.B. */home/hans/Texte >* Die Bash hat zusätzlich eigene Prompt-Zuweisungen: PS1="\u@\h:\w>" *user@host:work-Directory* *(aktuelles Directory)* *monika@A:~/Befehle* *A=Rechner/Hostname* *~ = jeweiliges Home-* *Directory des* *Benutzers/Unter-* *Directory*
$PS2	Als Wert ist das Zeichen > zugeweisen (Fortsetzungszeile eines Kommandos)
$PWD	Als Wert wird jeweils das aktuelle Directory zugeordnet ***(nicht in der Bourne-Shell)***
$SHELL	Manche Programme fragen den Wert dieser Variablen ab, um die entsprechende Shell zu starten (z.B. Wertzuweisung csh, ksh)
$TERM	Als Wert ist hier der Terminaltyp der Dialogstation zugeordnet; die richtige Zuordnung ist wichtig bei vielen bildschirmorientierten Programmen (z.B. grafische Oberfläche, vi, more etc.)

Vordefinierte Variable sollten Sie auch in Ihren Shell-Prozeduren verwenden, damit sie auch von anderen Anwendern aufgerufen werden können.

Innerhalb einer Shell-Prozedur stehen Ihnen weitere Shell-Variable zur Verfügung. Die Shell analysiert Ihren Kommandoaufruf und erkennt, getrennt durch ein oder mehrere Leerzeichen, folgende Teile:

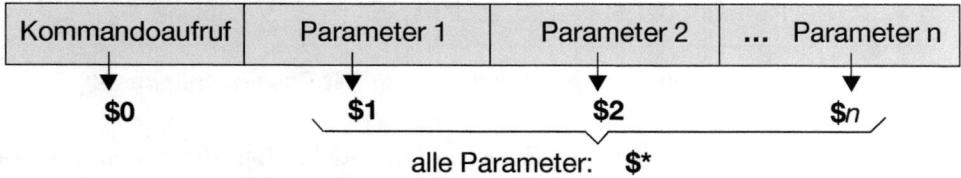

Kommandoaufruf	Parameter 1	Parameter 2	... Parameter n
$0	$1	$2	$n

alle Parameter: $*

Die einzelnen Teile eines Kommandoaufrufs werden je nach Position des Kommandoteils der ***Variablen 0, 1, 2 bis 9*** zugewiesen. Den Namen des Kommandoaufrufs können Sie innerhalb Ihrer Shell-Prozedur mit *$0* erhalten, den Parameter 1 mit der Variablen *$1*. Alle Namen der Parameter werden durch die

263

Eingabe von **$*** ersetzt. Zusätzlich können die Anzahl der Parameter oder die Prozessnummer abgefragt werden. Diese Variablen werden auch **Positionsparameter** genannt. In Tab. 3.23 sind sie zusammengefasst:

Tab. 3.23 Übersicht Positionsparameter

Positions-parameter	Bedeutung
$0	Name der Shell-Prozedur
$1 $2 ... $9	Wert des 1. Parameters Wert des 2. Parameters ... Wert des 9. Parameters
$*	Werte aller angegebenen Parameter
$#	Anzahl der Parameter
$?	Exit-Status des letzten Kommandos
$$	Prozessnummer der Shell-Prozedur

3.7.4 Verwendung von Positionsparametern

Um die Funktion der Positionsparameter zu verdeutlichen, erstellen wir eine kleine Shell-Prozedur, die nichts anderes tun soll, als uns die Werte der einzelnen Parameter anzuzeigen. Wir erstellen mit einem Editor die Datei *posi* mit folgendem Inhalt (s. Abb. 3.180):

```
#!/bin/sh    Befehl für die Shell, dieses Kommando mit der Bourne-Shell auszuführen

#Diese Prozedur gibt nur die einzelnen Parameter aus  — Kommentarzeile
echo "Der Name der Shell-Prozedur lautet: $0"
echo "Es wurden $#  Parameter angegeben"
echo "Der 1. Parameter lautet: $1 "
echo "Der 2.  Parameter lautet: $2"
echo "Der 3.  Parameter lautet: $3"
echo "Dies sind alle angegebenen Parameter: $*"
echo "Die Nummer der Shell-Prozedur ist: $$"
```

Abb. 3.180 Beispiel einer Shell-Prozedur mit Positionsparameter

Als nächstes ändern wir die Zugriffsrechte auf »ausführbar« (wenn wir unsere Vorlage für dieses Kommando kopiert hatten, ist dies nicht notwendig). Anschließend rufen wir die Shell-Prozedur mit unterschiedlichen Parametern auf (s. Abb. 3.181):

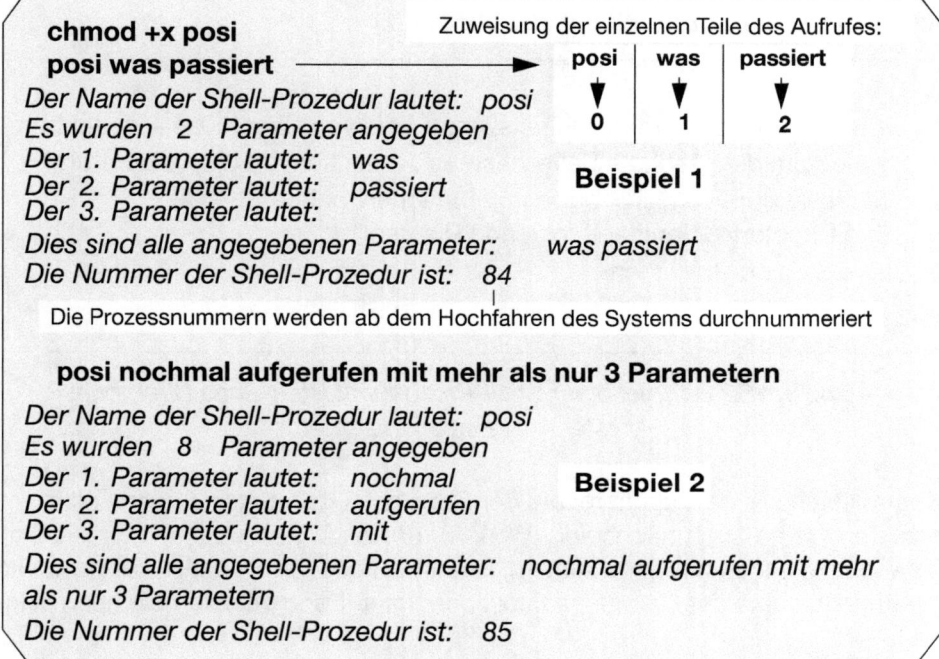

Abb. 3.181 *Beispiel des Aufrufs von der Prozedur in Abb. 3.180*

Im ersten Beispiel sehen Sie, dass der Positionsparameter *$3* keinen Wert enthält. Im zweiten Beispiel wurden mehr als drei Parameter übergeben, obwohl in der Prozedur nur die ersten drei abgefragt werden. Eine Shell-Prozedur übernimmt alle übergebenen Parameter, auch wenn sie nicht in der Prozedur abgefragt, also nicht benötigt werden.

Wenn eine Prozedur mit bestimmten Parametern aufgerufen werden soll, dann müssen Sie in der Shell-Prozedur eigens darauf abfragen. Doch dazu später mehr, wenn wir den Ablauf einer Prozedur von bestimmten Bedingungen abhängig machen.

In der Praxis benötigen Sie Positionsparameter, wenn Sie unterschiedliche Werte mitgeben wollen. Zu den bisher am meisten verwendeten Kommandos gehört *ls*. Einmal haben wir es für das aktuelle Directory aufgerufen, ein andermal für */bin* oder unsere Unter-Directories *Uebungen, Texte* usw. Wir schreiben ein eigenes Kommando *listen*, das folgende Funktionen ausführt:

❏   Es soll ein Inhaltsverzeichnis mit Überschrift ausgegeben werden.

❏   Die aufgeführten Dateien sollen alphabetisch sortiert werden, wobei Groß- und Kleinbuchstaben gleichberechtigt sein sollen.

❏   Die Dateien sollen seitenweise auf dem Bildschirm angezeigt werden.

❏   Das Kommando soll von unterschiedlichen Directories aufgerufen werden können.

Versuchen wir es. Auch hierfür kopieren wir am besten wieder unsere Vorlage und ergänzen sie entsprechend (s. Abb. 3.182):

```
...
# Shell-Prozedur, um das Inhaltsverzeichnis von Directories auszugeben
echo "Um die naechste Seite zu sehen, druecken Sie bitte die Return-
taste. Wollen Sie das Programm abbrechen, geben Sie q ein.
Das Directory $1 enthaelt folgende Dateien:"
ls -F $1 | sort -f | more
```

Abb. 3.182 Beispiel einer Shell-Prozedur »Listen eines Directories« Muster 1 – Positionsparameter

Kontrollieren wir, ob Zugriffsrechte der Datei auf x gesetzt sind, wenn nicht, müssten wir es noch nachholen. Wenn Sie nämlich z.B. über *KWrite* die Datei unter einem anderen Namen sichern, wird eine neue Datei erstellt, die dann nicht die Zugriffsrechte der Ursprungsdatei übernimmt. Dann müssten Sie noch eingeben:

chmod +x listen

wir rufen nun *listen* mit unterschiedlichen Parametern auf (s. Abb. 3.183):

```
$ listen
Um die naechste Seite zu sehen, druecken Sie bitte die Return-
taste. Wollen Sie das Programm abbrechen, geben Sie q ein.
Das Directory enthaelt folgende Dateien:
heute*
listen*        Keine Ersetzung der Variablen $1
posi*          da kein Parameter mitgegeben wurde
sicher*        Ohne Angabe eines Parameters gibt das
tscich*        ls-Kommando das aktuelle Directory aus
wsich*
(EOF):
  Ausgabe vom more-Kommando
```

Abb. 3.183 Beispiel: Aufruf der erstellten Shell-Prozedur »listen«

Wenn Sie das gleiche Kommando mit einem Parameter aufrufen, erhalten Sie folgende Ausgabe (s. Abb. 3.184):

```
$ listen ../Ueb*
Um die naechste Seite zu sehen, druecken Sie bitte die Return-
taste. Wollen Sie das Programm abbrechen, geben Sie q ein.
Das Directory ../Uebungen enthaelt folgende Dateien:
Datum
datum          Ersetzung der Variablen $1 durch die
               von der Shell expandierte Angabe ../Ueb*
inhalt
neu
neuer
ueb1
(EOF):
      Ausgabe vom more-Kommando
```

Abb. 3.184 *Aufruf der erstellten Shell-Prozedur »listen« mit Parameter*

Bisher haben wir mit verhältnismäßig einfachen Mitteln schon nette Kommandos geschrieben. Wir haben unterschiedliche Kommandos verwendet mit Umleitung der Ausgabe, mit Dateinamenexpansion. Wir haben **Nachrichten** mit
echo auf den Bildschirm ausgegeben, den Benutzer informiert, was er tun kann
oder was gerade bearbeitet wird, und wir haben über Variablen unterschiedliche
Werte zugeteilt. Um den Benutzer zu führen und den Ablauf der Prozedur zu
steuern, gibt es weitere schöne Werkzeuge.

3.7.5 Ablaufsteuerung einer Shell-Prozedur

Um den Ablauf einer Prozedur nach dem Wunsch des Benutzers zu steuern,
müssten wir ihn fragen, was er wünscht. Seine Antwort muss vom Rechner erkannt und ausgewertet werden. Wie Sie eine **Frage** auf den Bildschirm ausgeben können, wissen Sie bereits: mit dem Kommando *echo*. Um die Antwort des
Benutzers zu lesen, gibt es das Kommando **read.**

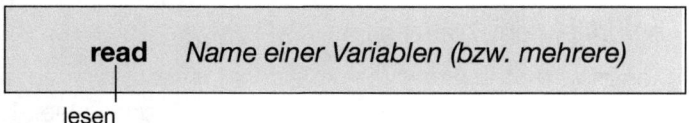

read   *Name einer Variablen (bzw. mehrere)*

lesen

read – internes Shell-Kommando, um eine Antwort vom Terminal zu lesen

Mit dem Kommando *read* wird von der Standardeingabe bis zum Zeichen für
Zeilenende gelesen. Dieser Wert wird der Variablen mit dem Namen zugewiesen,
den Sie mit *read* angeben:

Name="gelesene Zeile vom Bildschirm"

Den Inhalt der Zeile können Sie während der Prozedur mit **$Name** verwenden.
Geben Sie mehrere Namen an, so erreichen Sie damit, dass der eingegebene
Text aufgesplittet wird und die einzelnen Wörter (Text jeweils bis zum nächsten
Leerzeichen) den weiteren Namen zugewiesen werden. Werden mehr Wörter

übergeben als Variablennamen zur Verfügung stehen, erhält der letzte Namen den Rest der Zeile.

Um die Funktion von *read* zu demonstrieren, schreiben wir eine kleine Prozedur *anzeigen,* die den Benutzer fragt, welche Datei angezeigt werden soll. Die angegebene Datei soll dann mit Zeilennummern auf dem Bildschirm seitenweise angezeigt werden (s. Abb. 3.185):

```
# Shell-Prozedur, um eine Datei mit Zeilennummern seitenweise anzuzeigen
echo "Welche Datei soll angezeigt werden?"
read Antwort
echo "Um die naechste Seite zu sehen, druecken Sie bitte die Return-"
echo "Taste. Wollen Sie das Programm abbrechen, geben Sie q ein."
pr -n $Antwort | more
```

Abb. 3.185 *Beispiel einer Shell-Prozedur »Anzeigen einer Datei«*
*Muster 2 – **read**-Funktion*

Haben Sie schon einmal erlebt, dass Ihr Terminal blockiert war? Dies kann passieren, wenn Sie z.B. versuchen, ein Directory mit **less**, **more** oder **cat** anzuzeigen. Ein Directory enthält nicht druckbare Zeichen *(binär, nicht ASCII)* und kann deshalb nicht mit den oben aufgeführten Kommandos gelesen werden. Auch ist nicht sicher, ob die vom Benutzer angegebene Datei überhaupt existiert. Wenn Sie einen sicheren Ablauf eines Kommandos erreichen wollen, müssen Sie vorab prüfen, ob die Voraussetzungen erfüllt sind (sog. Plausibilitätsprüfungen). Wie überprüfen Sie, ob eine Datei existiert und welche Merkmale sie aufweist?

Hierfür gibt es das Kommando **test**. Das Kommando **test** hat mehrere Funktionen. Es wird verwendet,

❏ um zu prüfen, ob eine Datei existiert, welchem Dateityp sie angehört und welche Zugriffsrechte gesetzt sind;

❏ um zu überprüfen, ob Zeichenfolgen (Strings) vorhanden sind;

❏ um Zeichenfolgen miteinander zu vergleichen. Hierbei kann auf Textgleichheit abgefragt werden, oder es können, wenn es sich um Zahlen handelt, algebraische Vergleiche (gleich, größer gleich, kleiner, kleiner gleich, nicht gleich) vorgenommen werden.

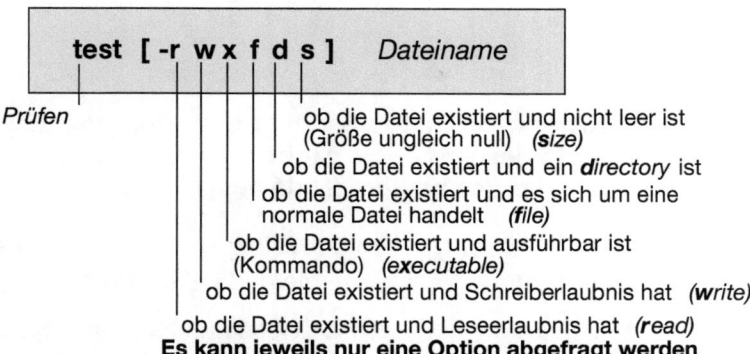

test – Kommando, um Dateien zu überprüfen

Dieses Kommando wird nur innerhalb von Shell-Prozeduren benutzt. Wenn Sie
z. B. prüfen wollen, ob die Datei *listen* ausführbar ist, dann würden Sie das Kommando eingeben mit

test -x listen

Als Ergebnis wird nur ein Wert zurückgeliefert, der als **erfolgreich** *(positiv – Exit-Status 0)* von der Shell erkannt wird oder **nicht erfolgreich** *(nicht positiv – Exit-Status ungleich 0)*. Sie sehen kein Ergebnis. Das Ergebnis kann jedoch abgefragt werden.

Die einfachste Form, den Ablauf von Kommandos zu steuern, besteht darin, das
nächste Kommando nur dann zu starten, wenn das vorherige **erfolgreich** war.
Hierfür werden die Kommandos mit **&&** verknüpft.

Kommando1 **&&** *Kommando2*

&& – Zeichen für bedingte Ausführung von Kommandos:
Nur wenn das vorherige erfolgreich war,
wird das nachfolgende ausgeführt

Um in unserer Shell-Prozedur *anzeigen* zu überprüfen, ob es sich bei der angegebenen Datei um eine normale Datei *(-f)* handelt, können wir das Kommando
test verwenden. Nur wenn dies zutrifft, wird die Datei angezeigt:

test -f *$Antwort* && pr -n *$Antwort* I more

Falls es sich bei der *Antwort* nicht um eine Datei handelt, würde das Kommando
test nicht erfolgreich sein und damit die nachfolgenden Kommandos nicht mehr
ausgeführt werden. Mit dem doppelten Pipe-Zeichen II kann gesteuert werden,
dass nur dann das nachfolgende Kommando ausgeführt wird, wenn das vorherige **nicht erfolgreich** war, z. B.:

test -f *$Antwort* II *echo "$Antwort ist keine Datei!"*

> *Kommando1 || Kommando2*

**|| – Zeichen für bedingte Ausführung von Kommandos:
Nur wenn das vorherige nicht erfolgreich war,
wird das nachfolgende ausgeführt**

Mehr Möglichkeiten, in Abhängigkeit vom Erfolg oder Nichterfolg eines Kommandos weitere Kommandos zu steuern, bietet die **if-Bedingung**.

Wenn es sich bei *Antwort* um eine normale Datei handelt, **dann** soll sie am Bildschirm angezeigt werden, **sonst** soll eine entsprechende Nachricht ausgegeben und die Prozedur beendet werden. Wir wollen also den Ablauf der Prozedur steuern, abhängig von bestimmten Bedingungen.

In dem vorigen Absatz sind die Worte **wenn, dann** und **sonst** durch Fettdruck hervorgehoben. Ähnlich wie in der natürlichen Sprache wird auch in der Shell-Programmierung *(und in vielen höheren Programmiersprachen)* der Ablauf einer Prozedur über »**if** (wenn) ... **then** (dann) ... **else** (sonst) ... « gesteuert.
Sehen wir uns hierzu die Regel an:

Wie verwenden Sie die if-Bedingung?

if *Kommando (Bedingung)*		wenn das und das zutrifft
then *Kommandofolge1*		dann tue ...
[**else** *Kommandofolge2*]		[sonst tue ...]
fi		fertig (Ende der Abfrage)

if ... then ... else ... fi – internes Shell-Kommando, um den Ablauf zu steuern

Mit **fi** wird die if-Abfrage beendet *(es ist die Umkehrung von if)*. Die Worte **if, then, fi müssen vorhanden** sein und jeweils in einer **eigenen Zeile** stehen. Schreiben wir unsere Forderung nun ausführlicher (s. Abb. 3.186):

if test -f $Antwort	**Wenn** die angegebene Datei *($Antwort)* existiert und es sich um eine normale Datei handelt *(test -f)*
**then pr -n $Antwort	more**	**dann** soll sie am Bildschirm angezeigt werden *(more)*
else echo "$Antwort ist keine Datei" **exit**	**sonst** soll eine entsprechende Nachricht ausgegeben und die Prozedur beendet werden *(echo; exit)*
fi	**Ende** (fi) Ende der Abfrage

Abb. 3.186 Beispiel mit if ... then ... else ... fi

Wenn das Kommando *test -f $Antwort* **erfolgreich** ist, d.h., bei der gelesenen Antwort *(read Antwort)* handelt es sich um eine existierende normale Datei, dann (*then*) wird sie am Bildschirm angezeigt *(pr -n Datei | more)*. Nach *then* können auch weitere Folgen von Kommandos angegeben werden, so kann etwa vorab eine Nachricht auf den Bildschirm ausgegeben werden. War das Kommando *test -f $Antwort* **nicht erfolgreich**, d.h., entweder existiert unter dem aktuellen Directory keine Datei mit dem angegebenen Namen, oder es handelt sich nicht um eine normale Datei, sondern z.B. um ein Directory, dann springt die Shell zu *else* und führt die dort aufgelisteten Kommandos der Reihe nach aus. Als Abschluss erwartet die Shell ein **fi** *(Ende der Abfrage)*.

Ergänzen wir die Shell-Prozedur *anzeigen* von Abb. 3.185 auf Seite 268 um nachfolgende Zeilen *(sie sind umrandet hervorgehoben)* (s. Abb. 3.187).

```
# Shell-Prozedur, um eine Datei mit Zeilennummern seitenweise anzuzeigen
echo "Welche Datei soll angezeigt werden?"
read Antwort
if  test -f $Antwort
then  echo "Um die naechste Seite zu sehen, druecken Sie bitte die Return-"
      echo " Taste. Wollen Sie das Programm abbrechen, geben Sie q ein."
      pr -n $Antwort  |  more
else echo "$Antwort ist keine  Datei"; exit
fi
```

Abb. 3.187 *Beispiel einer Shell-Prozedur »Anzeigen einer Datei«*
Muster 3 – ergänzt um das Kommando **test**
und die Abfrage mit **if ... then ... else ... fi**

Bei diesem Beispiel haben wir das Shell-interne Kommando **exit** verwendet:

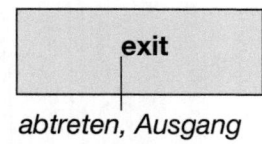

abtreten, Ausgang

exit – Kommando, um eine Shell-Prozedur vorzeitig zu beenden

In dem Beispiel (s. Abb. 3.187) wäre es nicht notwendig gewesen, *exit* ausdrücklich anzugeben, da die Prozedur keine weiteren Kommandos mehr beinhaltet, also sowieso am Ende war. Würden weitere Kommandos folgen, könnte durch *exit* ein frühzeitiger Abbruch der Prozedur erreicht werden.

Wie können Sie if-Bedingungen schachteln?

If-Bedingungen können auch geschachtelt werden. Dies bedeutet, dass Sie zum Beispiel bei *then* wieder eine oder mehrere Abfragen mit *if* starten können. Nach jedem *if* muss wieder ein *then* folgen und mit *fi* abgeschlossen werden. Die nachstehende Grafik (s. Abb. 3.188) soll dies verdeutlichen:

```
if Kommando (Bedingung)
   then if  Kommando (Bedingung)
           then  Kommandofolge
           (evtl. weitere  Kommandofolgen)
           if  Kommando (Bedingung)
               then  Kommandofolge

        fi

      fi
   (weitere Kommandofolgen)
fi
```

Abb. 3.188 *Beispiel: Verschachtelung von if-Bedingungen*

Bei Verschachtelungen kann man leicht den Überblick verlieren. Es empfiehlt sich deshalb, bei Prozeduren mit verschachtelten *if*-Bedingungen jeweils einzurücken, um die Zusammenhänge sichtbar hervorzuheben. Wird eine weitere **if-Bedingung in Verbindung mit *else*** eingegeben, so kann sie als ***elif*** zusammengezogen werden. »*elif*« verlangt ebenso ein ***then*** wie ***if***. Allerdings benötigt ***elif*** **keinen eigenen Abschluss mit *fi*** (s. **Abb. 3.189**).

Eingabe mit **else if**	alternativ **elif**

if *Kommando (Bedingung)*
  then *Kommandofolge*
    else if *Kommando (Bedingung)*
      then *Kommandofolge*
 	
      fi _ _ _ _ _ _ _ _ _ _
 	
fi
	if *Kommando (Bedingung)*
	  then *Kommandofolge*
	  elif *Kommando (Bedingung)*
	    then *Kommandofolge*
	_ _ [keine Eingabe]
	
	fi

Abb. 3.189 *Alternative Eingabe mit »elif« statt »else if«*

Selbstverständlich können weitere Verschachtelungen nach *elif* erfolgen und kombiniert werden mit *if ... then .. .* Zu tiefe Verschachtelungen sind jedoch unübersichtlich und sollten vermieden werden. Wenden wir uns deshalb vom Labyrinth der *if-* und *elif-Bedingungen* ab und befassen uns mit praktischen Anwendungen.

Wir wollen den Benutzer unserer Kommandos noch mehr in den Ablauf einer Prozedur einbeziehen. Er soll entscheiden, ob etwas geschehen soll oder nicht. Wie können wir das erreichen?

❏ Wir geben eine Frage mit dem Kommando *echo* auf den Bildschirm aus und

❏ lesen die Antwort mit dem Kommando *read*.

❏ Wenn die Antwort mit einer vorgegebenen Zeichenkette übereinstimmt *if test ...* , dann soll eine bestimmte Kommandofolge durchgeführt werden (z.B. eine Datei gelöscht werden).

Bisher haben wir das Kommando *test* nur für den Nachweis von Dateien mit bestimmten Zugriffsrechten verwendet.

Wie verwenden Sie das test-Kommando, um eine ASCII-Zeichenkette zu überprüfen?

Das Kommando *test* kann eine Zeichenkette *(wie sie z.B. eine Variable enthält, die durch das Kommando read erstellt wurde)* überprüfen nach folgenden Merkmalen:

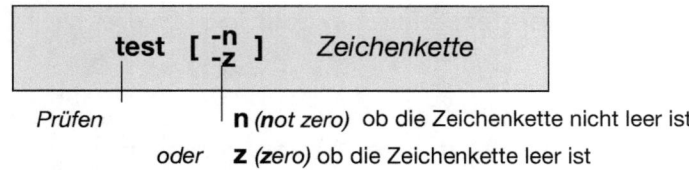

test [$\begin{smallmatrix} -n \\ -z \end{smallmatrix}$]   *Zeichenkette*

Prüfen   **n** *(not zero)* ob die Zeichenkette nicht leer ist

          oder   **z** *(zero)* ob die Zeichenkette leer ist

test – Kommando, um Zeichenketten zu überprüfen

Auch hier gilt: Als Ergebnis liefert das Kommando *test* nur einen sog. Exit-Status 0 für **erfolgreich** oder ungleich 0 für **nicht erfolgreich.** Auch wenn Sie Zeichenketten miteinander vergleichen, können Sie nur den Exit-Status abfragen *(z.B. über if – then – else).*

Handelt es sich bei der Zeichenkette um ASCII-Text, dann können Sie auf **Textgleichheit** überprüfen mit:

test *Zeichenkette-A* **=** *Zeichenkette-B*

Prüfen

Beachten Sie, dass unbedingt Leerzeichen zwischen den einzelnen Feldern stehen müssen!

test – Kommando, um Zeichenketten (Text in ASCII)
auf Gleichheit zu prüfen

Wollen Sie abfragen, ob der Text **nicht gleich** ist, vergleichen Sie mit:

> **if   test**   *Zeichenkette-A*   **!=**   *Zeichenkette-B*

hier ist kein Leerzeichen dazwischen!

test – Kommando, um Zeichenketten (Text in ASCII) auf Nichtgleichheit zu prüfen

Das Kommando *test* ist erfolgreich, wenn Zeichenkette-A »nicht gleich« der Zeichenkette-B ist. Das Ausrufezeichen zusammen mit Gleichheitszeichen bedeutet eine **Negation** *(also ungleich)*. Die Negativabfrage ist jedoch mit Vorsicht zu benutzen. Fragen Sie nämlich ab, ob die Antwort nicht »ja« ist, dann gelten alle anderen Angaben als richtig (also auch »j«).

▷ Auch bei Dateien (siehe auch Seite 269) können Sie abfragen, ob die Datei **nicht** existiert bzw. **keine** Schreib- oder Leseerlaubnis hat oder **kein** Directory ist. Doch Vorsicht, hier wird zwischen dem abzufragenden Wert **(-fdrwx)** **und dem Ausrufezeichen ein Leerzeichen** gesetzt, z. B.:

if test ! -f *$Antwort*

Das Kommando **test** ist hier erfolgreich, wenn die Zeichen in *$Antwort* keiner normalen Datei in dem aktuellen Directory entsprechen.

Ab Linux/Unix System V können Sie das *test*-Kommando auch in vereinfachter Form eingeben. Statt das Kommando *test* auszuschreiben, wird der **Vergleich in eckige Klammern** gesetzt. Diese Form gilt auch für alle anderen Abfragen mit *test*.

> **[**   *Zeichenkette-A*   **=**   *Zeichenkette-B*   **]**

Beachten Sie, dass unbedingt Leerzeichen zwischen den einzelnen Feldern sein müssen!

test – modernere Schreibweise

In unseren Beispielen verwenden wir *test* in der auch für die älteren Linux/Unix-Versionen gültigen Form (sie ist meiner Ansicht weniger fehleranfällig, das ist aber sicher nur eine Gewöhnungssache). Unter der Bash gibt es zusätzlich eine erweiterte Form der test-Abfrage mit doppelten eckigen Klammern, in denen auch Metazeichen und Verknüpfungen mit **II** – für **oder** – und **&&** – für **und** – erlaubt sind:

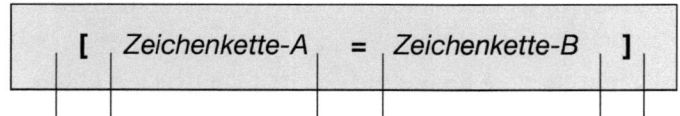

> **[[**   *Zeichenkette-A*   **=**   *Zeichenkette-B*   **]]**

Wir werden in unseren Beispielen nur auf die einfachen eckigen Klammern eingehen. Wenn Sie in einer Prozedur eine Frage stellen, können Sie z. B. mit *test* abfragen, ob die Antwort ja ist. Sehen wir hierzu in Abb. 3.190 einen Teil einer Kommandoprozedur:

```
echo "soll die Datei $1 gelöscht werden?"
read Antwort
if test   "$Antwort"  =  "ja"    oder:  if [ "$Antwort" = "ja" ]
   then rm $1
fi
```

Abb. 3.190 *Beispiel: test-Abfrage auf Textgleichheit*

Bei diesem Vergleich wird nur auf »ja« geprüft. Wenn nur »j« oder »n« oder gar nichts eingeben wird, ist das für den Ablauf der Prozedur wie ein »nein« – d.h. nicht erfolgreich.

▷ Generell sei noch darauf hingewiesen, dass es am sichersten ist, wenn Sie **Zeichenketten in Anführungszeichen** setzen *(also auch die Variable, die als Zeichenkette ersetzt wird)*, damit werden auch evtl. Leerzeichen oder »keine Eingabe« *(wenn z.B. der Benutzer nur die Returntaste drückt)* von der Shell erkannt *(test* gibt dann eine Fehlermeldung *»argument missing«* aus, und die Shell-Prozedur würde abgebrochen werden)

Um mehrere »richtige Antworten« gelten zu lassen, können Sie die Abfrage mit *test* **kombinieren**, d.h. verschiedene Prüfungen miteinander verbinden *(logische Verknüpfungen)*. Hierfür gibt es folgende Optionen:

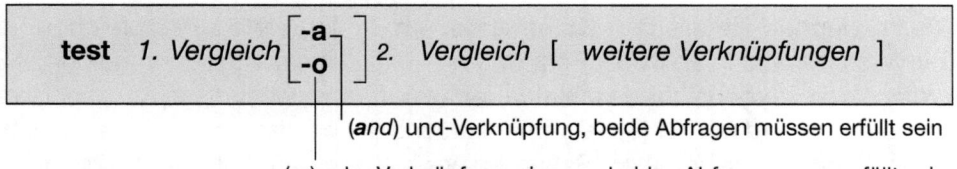

test *1. Vergleich* [-a / -o] *2. Vergleich* [*weitere Verknüpfungen*]

(and) und-Verknüpfung, beide Abfragen müssen erfüllt sein

(or) oder-Verknüpfung, eine von beiden Abfragen muss erfüllt sein.

test – Kombination mit -a *(and, und)* **und -o** *(or, oder)*

Eine Verknüpfung von zwei Abfragen kann z.B. dazu verwendet werden, eine Antwort mit *»ja«* **oder** *»j«* als richtig anzuerkennen *(siehe nachfolgendes Beispiel: Teil eines Löschkommandos).*

Eine Verknüpfung von zwei Bedingungen ist z.B. dann erforderlich, wenn der Benutzer nur dann eine Datei kopieren darf, wenn er leseberechtigt ist **und** nicht bereits eine Datei mit dem neu zu vergebenden Namen existiert *(s. Abb. 3.191).*

```
z.B. Teil eines Löschkommandos:
    echo "soll die Datei $1 gelöscht werden?"
    read Antwort
    if test   "$Antwort"  = "ja"  -o  "$Antwort"  = "j"
              oder
    if [ Anwort = "ja"  -o  "$Antwort"  = "j"  ]
        then rm $1
    fi
z.B. Teil eines Kopierkommandos:
    echo "Welche Datei soll kopiert werden?"
    read Datvon
    echo "Wie soll die kopierte Datei heissen?"
    read Datnach
                oder
    if [ -r $Datvon -a ! -f $Datnach ]

    fi  then cp $Datvon $Datnach
```

Abb. 3.191 Beispiel: Kombination des test-Kommandos (-a,-o)

Bisher haben wir mit dem *test*-Kommando Dateien überprüft oder Zeichenfolgen *(ASCII-Text)* miteinander verglichen. Handelt es sich bei den zu vergleichenden Werten um **Zahlen**, dann wird ein algebraischer Vergleich durchgeführt.

Wie verwenden Sie das test-Kommando, um Zahlenwerte zu vergleichen?
Der Vergleich wird in ähnlicher Form wie bei Textzeichenketten durchgeführt. Allerdings darf hierbei **nicht das Gleichheitszeichen** verwendet werden, sondern der Vergleich wird mit der jeweiligen Abkürzung der englischen Wörter für gleich, kleiner, größer vorgenommen. Sehen wir uns hierzu eine Tabelle an, die die möglichen Vergleiche zeigt:

Abfrage auf	Kommandoeingabe			alternative Schreibweise			
equal – **gleich**	test	$n1$*	-eq	$n2$	[$n1$	-eq	$n2$]
not equal – **nicht gleich**	test	$n1$	-ne	$n2$	[$n1$	-ne	$n2$]
less than – **kleiner als**	test	$n1$	-lt	$n2$	[$n1$	-lt	$n2$]
less equal – **kleiner gleich**	test	$n1$	-le	$n2$	[$n1$	-le	$n2$]
greater than – **größer als**	test	$n1$	-gt	$n2$	[$n1$	-gt	$n2$]
greater equal – **größer gleich**	test	$n1$	-ge	$n2$	[$n1$	-ge	$n2$]

*) n1 und n2 stehen für die beiden Zahlen, die verglichen werden sollen

test – Kommando, um Zahlen zu vergleichen

Wollen Sie z.B. in einer Prozedur sicherstellen, dass mindestens 2 Parameter angegeben werden müssen, so können Sie mit *test -lt* abfragen, ob weniger als 2 Parameter übergeben wurden. Wurden weniger als 2 Parameter angegeben, so soll die Prozedur abgebrochen werden. Sehen wir uns hierzu ein Beispiel in Abb. 3.192 an:

Teil einer Shell-Prozedur mit Abfrage auf die Anzahl der Parameter

```
if test   "$#"  -lt    "2"     Wenn die Anzahl der Parameter
                                kleiner als 2 ist, dann ...
    then  echo "Es müssen mindestens 2 Parameter angegeben werden"
          exit
fi
```

Abb. 3.192 Beispiel: Teil einer Shell-Prozedur mit algebraischem Vergleich

Mit den bisher kennengelernten Befehlen können Sie nun eigene, anspruchsvolle Prozeduren schreiben.

3.7.6 Beispiele zur Erstellung von eigenen Shell-Prozeduren

Eine Shell-Prozedur ist ein kleines Programm. Bevor Sie ein »Programm« schreiben, planen Sie, was gebraucht wird. Wenn wir in unserem Beispiel ein eigenes Kommando zum Löschen von Dateien schreiben wollen, überlegen wir uns zunächst:

1. Was wollen wir mit dem Kommando erreichen?
2. Welche Variablen wollen wir verwenden
3. Welche Fehlerquellen wollen wir unbedingt ausschließen?
4. Welche einzelnen Schritte sind notwendig (Abhängigkeit – Struktur), und welche Kommandos verwenden wir?

Programmierer verwenden für große Programme ein Flußdiagramm oder andere Strukturpläne. Wir wollen uns bei den kleinen Prozeduren mit einer übersichtlichen Aufzählung der einzelnen Schritte begnügen. Später werden Sie die Shell-Kommandos wie eine Sprache benützen und sie ebenfalls in übersichtlicher Form aufschreiben (Einrückung z.B. bei if-Abfragen).

Beginnen wir mit einem **Löschprogramm**.

1. Was wollen wir mit dem Kommando erreichen? Das Kommando soll den Benutzer fragen, welche Datei gelöscht werden soll, oder den übergebenen Parameter als zu löschende Datei annehmen. Um sicherzugehen, dass es die richtige Datei ist, soll versucht werden, den Inhalt der Datei zu erkennen. Der Benutzer soll sich den Inhalt der Datei vorab ansehen können. Erst nach Bestätigung wird die Datei gelöscht.

2. Welche Fehlerquellen wollen wir ausschließen? Es können keine Directories gelöscht werden. Es darf keine Datei gelöscht werden, für die der Benutzer keine Schreiberlaubnis besitzt.

3. Die einzelnen Schritte haben wir in Tab. 3.24 zusammengestellt:

Tab. 3.24 Vorgehensweise für unser Löschprogramm

Einzelne Schritte	Verarbeitungshinweise
Ist ein Parameter übergeben worden?	if test $# -ne 0
Wenn ja, ist der 1. Parameter die zu löschende Datei	$1 der Variable loesch zuweisen
Sonst fragen, welche Datei gelöscht werden soll, und die Anwort lesen	echo read loesch
Prüfen, ob die zu löschende Datei ein Directory ist oder ob keine Schreiberlaubnis für den Benutzer besteht	if test -d $loesch -o ! -w $loesch
Wenn dies zutrifft, Nachricht ausgeben, dass die Datei nicht geloescht werden darf, und Prozedur beenden	echo exit
Alle Bedingungen sind nun erfüllt.	
Die zu löschende Datei klassifizieren und fragen, ob sie angezeigt werden soll:	file – echo –; read Antw if test $Antw = ja; then more
Fragen, ob die Datei wirklich gelöscht werden soll?	echo read Antw – if test $Antw = Ja
Wenn nein – Prozedur beenden	exit
Wenn ja – Datei löschen	rm $loesch

Nun, die Prozedur ist schon fast fertig. Jetzt brauchen wir nur noch **sorgfältig** den Rahmen ausfüllen. Achten wir also darauf und schreiben, um jede **if**-Bedingung klar zu erkennen, die Prozedur übersichtlich mit entsprechenden Einrückungen. Um Ihnen das Nachvollziehen der einzelne Schritte besser zu ermöglichen, sind in Abb. 3.193 Kommentarzeilen *(kursiv)* eingefügt und die Kommandos in Fettschrift hervorgehoben. Jede if-Bedingung ist mit einem Kästchen umrandet:

```
#! /bin/sh
# Shell-Prozedur, um Dateien zu löschen

        if test "$#" -ne "0"    # Ist ein Parameter  übergeben worden?
  #           Wenn ja, ist der 1. Parameter die zu löschende Datei
        then loesch="$1"                    Zuordnung einer Variablen
  #           Wenn nein, dann fragen, welche Datei gelöscht werden soll.
        else echo " Welche Datei soll gelöscht werden?"
        read loesch #   Die Antwort lesen
        fi

# Prüfen, ob die zu löschende Datei  ein Directory ist oder ob keine Schreib-
# erlaubnis für den Benutzer besteht
        if  test -d $loesch -o ! -w $loesch      Abfrage auf negativen Wert
  #           Wenn dies zutrifft, Nachricht ausgeben, dass die Datei
  #           nicht gelöscht werden darf
        then  echo "Die Datei $loesch darf nicht gelöscht werden"
            exit   # und Prozedur beenden
        fi

# Wenn die Bedingungen alle erfüllt sind, dann die zu löschende Datei
# klassifizieren und fragen, ob sie angezeigt werden soll
        echo "Bei der Datei $loesch handelt es sich wahrscheinlich um:"
        file $loesch
        echo "Soll die Datei $loesch angezeigt werden?"
        read Antw

        if test "$Antw" = "ja"  -o  "$Antw"  =   "j"
           then  more $loesch          # wenn ja, anzeigen:
        fi

# Fragen, ob die Datei wirklich gelöscht werden soll
        echo "Soll die Datei $loesch wirklich geloescht werden?"
        read Antw

        if test "$Antw"  =  "ja"  -o  "$Antw"  =   "j"
           then  rm $loesch            # wenn ja, Datei löschen.
        fi
```

Abb. 3.193 Beispiel der Shell-Prozedur –   »löschen«

Bei der letzten if-Bedingung wurde keine Kommandofolge eingegeben für den Fall, dass nicht mit ja geantwortet wurde. Wenn die Datei also nicht gelöscht werden soll, würde die Shell-Prozedur beendet werden. Nun, diese Abfrage ist sowieso die letzte Anweisung *(Statement),* deshalb ist hier auf »*else exit*« verzichtet worden. Probieren Sie dieses Beispiel doch mal aus oder schreiben Sie

279

eine ähnliche Shell-Prozedur. Falls Sie die Vorlage für Prozeduren nicht kopiert haben, vergessen Sie nicht, für die Shell-Prozedur noch mit **chmod +x** die Zugriffsrechte zu ändern. Erst dann rufen Sie die Prozedur auf. Sie werden sehen, es passiert zu leicht, dass sich ein kleiner Fehler eingeschlichen hat. Vielleicht erhalten Sie folgenden Fehlerhinweis:

Syntax error at line ... 'end of file not expected'
(Regelfehler in Zeile ...'Ende der Datei nicht erwartet')

Mit dieser lapidaren Fehlernachricht, die sich nur auf die letzte Zeile bezieht, können Sie leider nicht viel anfangen. Die meisten Fehler in Shell-Prozeduren sind auf folgende Punkte zurückzuführen:

1. **Anführungszeichen** treten nicht paarweise auf.
2. **if-Bedingung** wurde ohne **then** verwendet oder nicht mit **fi** abgeschlossen, oder die entsprechenden Anweisungen (if, then, else) stehen nicht in eigenen Zeilen. Später werden wir weitere Ablaufsteuerungen mit **for ... do ... done**, mit **while ... do ... done** oder **case ... esac** kennenlernen, bei denen die gleiche Fehlerquelle besteht.
3. Das Kommando **test** wurde nicht **mit Leerzeichen** eingegeben oder die zu vergleichende Zeichenkette nicht in Anführungszeichen gesetzt.
4. **Variablen** wurden falsch gebildet, z.B. wurden Leerzeichen eingegeben anstatt »=« **ohne Leerzeichen** zwischen dem *Namen der Variablen* und dem *zugewiesenen Wert* zu verwenden, bzw. der Wert wurde nicht in Anführungszeichen gesetzt, obwohl er Leerzeichen beinhaltet.
5. **Variablen** wurden ohne $-Zeichen angegeben (Ersetzung des Wertes).
6. **Klammern** wurden geöffnet, aber nicht geschlossen.
7. **Schreibfehler** – z.B. Zuweisung bzw. spätere Abfrage der Variablen erfolgt mit falschem Namen

Um eventuelle Fehler leichter zu finden, können Sie zu Beginn der Shell-Prozedur das Kommando **set** mit entsprechenden Optionen setzen:

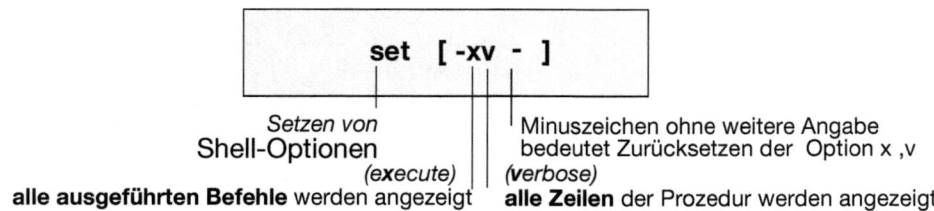

set – Kommando, um Shell-Optionen zu setzen

Steht **set -xv** am Anfang einer Shell-Prozedur, so können Sie den Ablauf der Prozedur verfolgen und sehen, wie die Variablen oder Metazeichen ersetzt wurden.

3.7.7 Schleifenverarbeitung

Sobald eine (oder mehrere) Anweisungen nicht nur einmal durchgeführt werden sollen, sondern mehrmals, benötigt man eine Schleife, etwa dann, wenn eine Folge von Kommandos so oft durchlaufen werden soll, wie Parameter mitgegeben wurden.

Eine Schleife besteht aus drei Teilen:

❑   dem Schleifenkopf (Schleifenaufrufe: *for, while, until*),

❑   dem Schleifenrumpf, dies sind die mehrmals auszuführenden Kommandos,

❑   der Schleifenklammerung (*do ... done*).

Um eine Schleife, eine mehrmalige Wiederholung von Kommandos, einzuleiten, gibt es unterschiedliche Aufrufe, je nachdem, in welcher Abhängigkeit die Wiederholung der Kommandofolgen steht. Die Übersicht in Tab. 3.25 fasst die Möglichkeiten zusammen:

Kommando zur Einleitung der Schleife	Wiederholung der Kommandofolge abhängig von:

for   *Name*
    do
        Kommandoliste ...
    done
	der Anzahl der beim Aufruf der Shell-Prozedur übergebenen Parameter. Wurden z.B. 3 Parameter übergeben, wird die angegebene Kommandoliste von *do* bis *done* dreimal durchlaufen.

for   *Name*   **in** *Wort1 .. Wortn*
    do
        Kommandoliste ...
    done
	der Anzahl der angegebenen Wörter. Geben Sie z.B. ein
	for i in otto hugo bernd iris
	wird die angegebene Kommandoliste viermal durchlaufen.

while   *Kommando*
    do
        Kommandoliste ...
    done
	dem Ergebnis des Kommandos nach *while*. Solange die Kommandofolge erfolgreich ist *(Exit-Status 0)*, wird die Kommandoliste durchlaufen. Z.B. solange die Variable Antw den Wert ja hat, wird die Kommandoliste zwischen *do ... done* wiederholt.

until   *Kommando*
    do
        Kommandoliste ...
    done
	dem Ergebnis des Kommandos nach *until*. Solange die Kommandofolge nicht erfolgreich ist *(Exit-Status ungleich 0)*, wird die Kommandoliste zwischen *do* und *done* durchlaufen. Es handelt sich um die Umkehrung der *while*-Schleife.

Tab. 3.25 Übersicht möglicher Schleifenkommandos

Wie verwenden Sie die for-Schleife?

Innerhalb einer Shell-Prozedur wollen Sie einen bestimmten Vorgang für alle übergebenen Parameter wiederholen.

Mit dem Kommando **for** werden alle beim Aufruf der Shell-Prozedur angegebenen Parameter der Reihe nach bearbeitet. Die Schleife wird aufgerufen mit **for** *Name*. Ähnlich wie beim Kommando *read* weist das *for*-Kommando einer frei definierbaren Variablen Werte zu, und zwar nacheinander die angegebenen Parameter. Für jeden übergebenen Wert werden die zwischen **do** und **done** aufgeführten Kommandos ausgeführt. Rufen Sie z.B. eine Shell-Prozedur (*tue*), die eine for-Schleife enthält, mit 3 Parametern auf (*tue otto hans fritz*), so wird die for-Schleife dreimal durchlaufen. Beim 1. Durchlauf erhält die Variable den Wert *otto*, beim 2. Durchlauf den Wert *hans* und beim 3. Durchlauf den Wert *fritz*. Sehen wir uns die Syntax von **for** an:

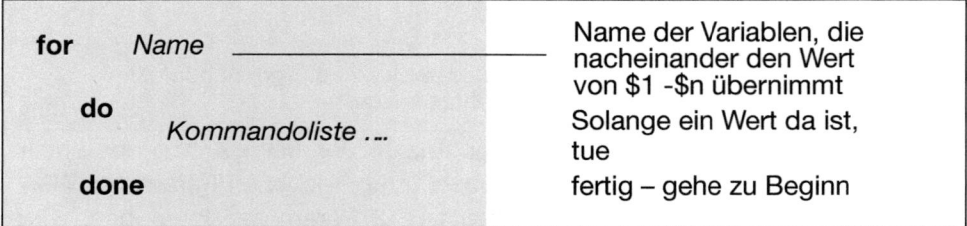

for *Name* ───────────	Name der Variablen, die nacheinander den Wert von $1 -$n übernimmt
do *Kommandoliste ...*	Solange ein Wert da ist, tue
done	fertig – gehe zu Beginn

for – Kommando, um eine Schleife einzuleiten
Die Anzahl der Schleifendurchläufe ist gleich der Anzahl der Parameter.

Lassen Sie es uns an einem Beispiel ausprobieren. Sie erinnern sich an unser Kommando *listen*, mit dem wir die Liste eines Directories anzeigen. Das Directory wurde als Parameter übergeben. In der Shell-Prozedur wurde die Positionsvariable **$1** verwendet, um jeweils den Namen des angegebenen Directories einzusetzen *(ls -F $1 | sort -f | more)*.

Wenn Sie mehrere Directories angegeben hätten, wäre nur von dem ersten **$1** ein Inhaltsverzeichnis ausgegeben worden. Wenn wir statt **$1** nun **$*** einsetzen, würden die Inhaltsverzeichnisse aller Directories auf einmal ausgegeben und ineinander sortiert angezeigt werden. Wir wollen aber für jedes Directory, für sich sortiert, eine alphabetische Liste der Dateien erhalten. Um nun der Reihe nach für jedes der angegebenen Directories ein Inhaltsverzeichnis zu erhalten, benötigen wir eine Variable, die nacheinander den Wert des jeweils nächsten Parameters zugewiesen bekommt. Genau dies erreichen wir mit einer for-Schleife.

Wir ändern nun das Kommando *listen* so um, dass eine *for*-Schleife durchlaufen wird. Damit Sie verfolgen können, was im Einzelnen passiert, schreiben wir vor den Kommandoablauf **set -x** *(Anzeige aller ausgeführten Kommandos)*.

Wir setzen jetzt das Kommando **for dir; do** erst nach der Nachricht mit **echo**, damit der Hinweis über das Programm **more** nicht bei jedem anzuzeigenden Directory erscheint. Außerdem werden wir prüfen, ob es sich überhaupt um ein Directory handelt. Sie sehen dabei, dass Sie innerhalb von Schleifen if-Bedingungen und weitere Schleifen aufrufen können. Also, auch bei Schleifen ist ein verschachtelter Aufruf erlaubt. In Abb. 3.194 sind die vorgenommenen Änderungen mit einer Schattierung und weißer Schrift hervorgehoben:

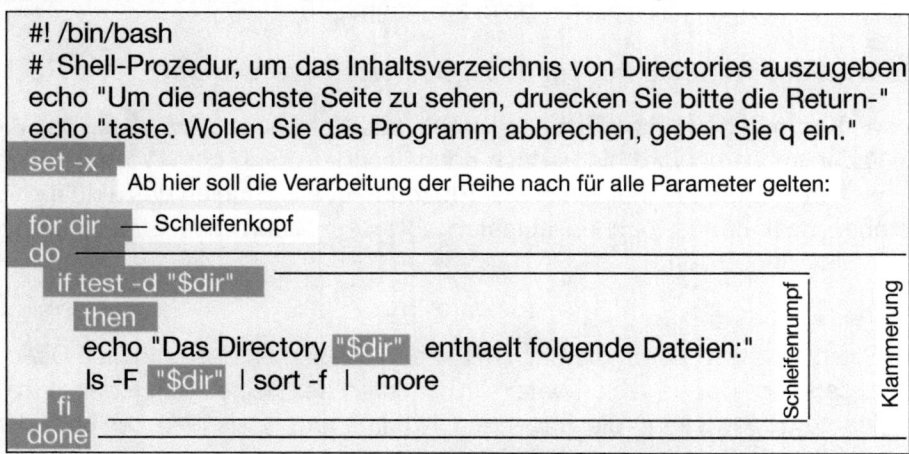

```
#! /bin/bash
# Shell-Prozedur, um das Inhaltsverzeichnis von Directories auszugeben
echo "Um die naechste Seite zu sehen, druecken Sie bitte die Return-"
echo "taste. Wollen Sie das Programm abbrechen, geben Sie q ein."
set -x
```
        Ab hier soll die Verarbeitung der Reihe nach für alle Parameter gelten:
```
for dir       — Schleifenkopf
do
    if test -d "$dir"
        then
        echo "Das Directory "$dir" enthaelt folgende Dateien:"
        ls -F "$dir" | sort -f | more
    fi
done
```
Schleifenrumpf   Klammerung

Abb. 3.194 Beispiel einer Schleifenverarbeitung mit for

```
$ listen Ueb* Texte
Um die naechste Seite zu sehen, druecken Sie bitte die Return-
taste. Wollen Sie das Programm abbrechen, geben Sie q ein.
+ echo Das Directory Uebungen enthaelt folgende Dateien:
Das Directory Uebungen enthaelt folgende Dateien:

+ ls -F Uebungen ──────────── Übernahme des 1. Parameters
+ more                        Ueb* wurde in Uebungen expandiert
+ sort -f
Datum          Die mit »+« gekennzeichneten Zeilen sind
datum          die von der Shell ausgeführten Komman-
inhalt         dos, die mit set -x angezeigt werden.
neu
neuer
ueb1
(EOF):    Die Returntaste wurde gedrückt
  Ausgabe vom more-Kommando

+ echo Das Directory Texte enthaelt folgende Dateien:
Das Directory Texte enthaelt folgende Dateien:
+ ls -F Texte ──────────── Übernahme des 2. Parameters: Texte
+ sort -f
+ more
kekse
sprueche
(EOF):
```

Abb. 3.195 Beispiel: Prozedur »listen«, ergänzt mit einer for-Schleife

283

In Abb. 3.195 haben wir das Kommando vom Directory */home/monika* aus aufgerufen.

Als Namen der Variablen haben wir *dir* verwendet, um anzudeuten, dass diese Variable die Namen jener Directories der Reihe nach erhält, die wir als Parameter dem Kommando *listen* mitgaben.

Wie Sie sehen, wurde die Prozedur zweimal ausgeführt. Beim ersten Lauf wurde für *$dir* »*Uebungen*« eingesetzt, beim zweitenmal »*Texte*«.

Wie wird das Kommando »for *Name* **in** *Wort* ... **«** **verwendet?**

Dieses Kommando funktioniert ähnlich wie das Kommando *for ... do.* Der Wert der Variablen *Name* wird hier jedoch nacheinander durch die »*Wörter*« ersetzt, die nach **in** stehen. Wenn z.B. in einer Prozedur für alle Dateien des aktuellen Directories bestimmte Routinen ablaufen sollen, so kann dies erreicht werden durch die Angabe von

for datei in *

Das Sternchen wird durch die Shell mit allen Dateinamen des aktuellen Directories expandiert. Der Variablen *datei* wird als Wert der Reihe nach jeder einzelne Dateiname zugewiesen. Die folgenden Kommandos zwischen **do** und **done** werden für jede Datei durchgeführt. Sehen wir uns hierzu Funktionen des Kommandos an:

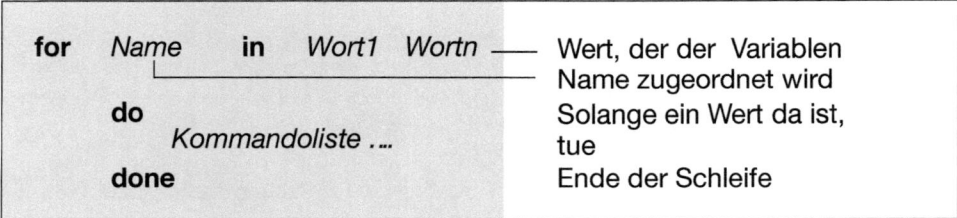

for ... in ... do ... done – Kommando, um eine Schleife einzuleiten,
die so oft durchlaufen wird, wie Wörter nach »in« angegeben wurden.

In der Praxis wird meist **for Name in $*** statt der einfachen »**for ... do**«-Schleife verwendet, die letztlich die gleiche Funktion hat. Somit braucht man sich nur eine Syntax zu merken.

Um an einem Beispiel die einzelnen Funktionen von **for Name in** auszuprobieren, erstellen wir uns eine Shell-Prozedur, die alle Dateien eines Directories überprüfen soll. Im Einzelnen sollen folgende Schritte durchgeführt werden:

1. Feststellen, ob es eine normale Datei ist, wenn nicht,
    nächste Datei bearbeiten.

2. Ist es eine Datei, dann den wahrscheinlichen Dateiinhalt feststellen (file).

3. Fragen, ob die Datei angezeigt werden soll.

4. Wenn ja, mit *more* die Datei ausgeben.

5. Fragen, ob die Datei gelöscht werden soll.

6. Wird mit ja geantwortet, wird die Datei gelöscht.

7. Danach soll die nächste Datei bearbeitet werden
    (Ende der Schleife).

Auch in dieser Prozedur werden die einzelnen Schritte in *Schrägschrift* als Kommentarzeile *(#)* angegeben und die eigentlichen Kommandos in **Fettschrift**.

Wir benötigen außerdem ein Kommando, um an das Ende einer Schleife zu springen, d.h. den Rest der Schleife zu überspringen und mit dem nächsten Schleifenwert fortzufahren. Hierfür gibt es das Kommando:

> **continue**
>
> *fortführen*

continue – Kommando, um mit dem nächsten Schleifendurchlauf fortzufahren

In Abb. 3.196 sehen Sie einen Vorschlag, wie das Kommando aufgebaut sein könnte. Vielleicht haben Sie einen anderen Weg gefunden – wichtig ist nur, Sie bekommen auch die gewünschten Ergebnisse. Probieren geht über Studieren.

```
#! /bin/bash
# Shell-Prozedur, um alle Dateien des aktuellen Directories zu ueberpruefen
  for datei in *    # * steht für alle Dateien des Directories     Schleifenkopf
# 1. Feststellen, ob es eine normale Datei ist, wenn nicht, naechste Datei
#     bearbeiten
      do  if test ! -f "$datei"           # Beginn der Schleife
            then
         fi continue
# 2. Also ist es eine Datei, dann den Dateiinhalt feststellen
            echo "bei $datei handelt es sich wahrscheinlich um:"
            file "$datei"
# 3. Fragen, ob die Datei angezeigt werden soll
            echo "Soll $datei  angezeigt werden? (ja/nein)"
# 4. Wenn ja, mit more die Datei ausgeben
            read Antw
            if test "$Antw"   = "ja" -o  "$Antw" = "j"
               then more  $datei
            fi
# 5. Fragen, ob die Datei geloescht werden soll
            echo "Soll $datei geloescht werden? (ja/nein)"
# 6. Wird mit ja geantwortet, die Datei loeschen
            read Antw
            if test "$Antw"   = "ja" -o  "$Antw" = "j"
               then rm $datei
            fi
# 7. Die naechste Datei bearbeiten
      done                                # Ende der Schleife
```

Abb. 3. 196 Beispiel der Shell-Prozedur »pruefe«, ergänzt mit einer **for .. in**-Schleife

Zum Abschluss dieser Shell-Prozeduren, von denen Sie bis jetzt immerhin einen kleinen Vorgeschmack bekommen haben, wollen wir uns die Schleifenverarbeitung von **while** bzw. von **until** ansehen.

Wie wird das Kommando »while« oder »until« verwendet?

Soll eine Schleife »fortwährend« durchlaufen werden, bis ein bestimmter Zustand erreicht wird, so wird das Kommando while oder until verwendet. Sehen wir uns hierzu die beiden Kommandos an:

while	*Kommando*	Solange das Kommando »wahr« ist *(Exit-Status 0 liefert),*
do	*Kommandoliste . ...*	tue ...
done		fertig – gehe zu Beginn der Schleife

while – Kommando, um eine Schleife einzuleiten, die so oft durchlaufen wird, wie das einleitende Kommando erfolgreich ist *(Exit-Status 0)*

Until ist lediglich eine Umkehrung von *while.*

until	*Kommando*	Solange das Kommando »unwahr« (Exit-Status ungleich 0) liefert – nicht erfolgreich war,
do	*Kommandoliste . ...*	tue ...
done		fertig – gehe zu Beginn der Schleife

until – Kommando, um eine Schleife einzuleiten, die so oft durchlaufen wird, solange das einleitende Kommando nicht erfolgreich ist

In der Praxis wird dieses Kommando z. B. verwendet, um so lange immer wieder die gleiche Frage an den Benutzer zu stellen, bis er sie richtig beantwortet hat.

Schreiben wir ein *»übergeordnetes«* Kommando *dirpruef*, das unser gemeinsam erstelltes Kommando *pruefe* als eine Art Unterprogramm aufruft. Wir wollen eine Schleife so oft durchlaufen, wie der Benutzer auf die Frage: »Soll ein weiteres Directory überprüft werden?« mit »ja« antwortet.

Wie könnte diese Prozedur aussehen? Wir verwenden in diesem Beispiel beide Abfragen mit *while* und *until.* Gibt er ein Directory an, das nicht existiert, wird die Frage so lange wiederholt, bis er uns einen Namen nennt, unter dem ein Directory vorhanden ist. Gehen wir am besten wieder systematisch vor und zerlegen die Prozedur in Einzelschritte:

1. Fragen: Welches Directory soll überprüft werden?

2. Lesen der Antwort (Name des Directories).

3. überprüfen, ob es ein Directory ist:

4. Wenn nicht, darauf hinweisen und so lange nach dem richtigen Namen fragen, bis es sich wirklich um ein Directory handelt.

5. Handelt es sich um ein Directory, dann in dieses Directory wechseln und das Kommando *pruefe* aufrufen.

6. Nachdem das Kommando *pruefe* abgelaufen ist, zurückwechseln in das Ausgangs-Directory (Variable *ausg*).

7. Fragen, ob ein weiteres Directory überprüft werden soll, wenn ja, die Schleife ab 1. wieder beginnen (Variable *Antw*).

Wir könnten die Schritte 1 bis 7 in eine while-Schleife packen, die so lange durchlaufen wird, bis der Benutzer unter 7. nicht mit ja (bzw. mit nein) antwortet. Dafür müssen wir jedoch, um überhaupt das erste Mal nach einem Directory zu fragen, der Variablen *Antw* vorab den Wert »ja« zuweisen (B).

Die Ausgangsposition für die Pfadnamen der Directories sollte immer die gleiche sein, nämlich das aktuelle Directory des Benutzers zu dem Zeitpunkt, wenn er das Kommando *dirpruef* aufruft. Um unsere bereits vorhandene Prozedur *pruefe* zu verwenden, wechseln wir während der Verarbeitung in das jeweils zu prüfende Directory und, sobald es überprüft ist, zurück in das Ausgangs-Directory. Um den Namen des Ausgangs-Directories auch zu einem späteren Zeitpunkt noch zu wissen, weisen wir zu Beginn den Namen dieses Directories *(pwd)* der Variablen *ausg* zu (A).

Wenn Sie den Ablauf dieser Prozedur verstanden haben und eine fehlerfreie Verarbeitung des Kommandos *dirpruef* allein zustande bringen, dann haben Sie ein Talent zum Programmieren, und Ihnen wird es nicht schwerfallen, andere kleine Prozeduren unter der Shell zu schreiben. Zögern Sie aber nicht, sich auf der nächsten Seite Anregungen zum Programmieren dieser Prozedur zu holen. Auch wenn Sie unter der Shell nicht ganz so viele Syntaxregeln wie bei einer Programmiersprache beachten müssen, es bleiben leider genügend Fehlerquellen.

Treten Fehler auf, prüfen Sie Ihre Prozedur mit der Fehlercheckliste, die wir auf Seite 280 angesprochen haben. Inzwischen kennen Sie auch das Kommando »*set -x*«, das Ihnen beim Aufspüren von Fehlern hilft.

Nun viel Spaß beim Ausprobieren! In Abb. 3.197 sehen hierzu einen Vorschlag.

```
#! /bin/bash
#  Shell-Prozedur, um Directories zu überprüfen
#  A. Feststellen, wie das »Ausgangs-Directory« heißt und der Variablen
#     »ausg« zuordnen
 ausg= $( pwd )
#  B. Der Variablen »Antw« vorab den Wert »ja« zuweisen, damit
#     das 1. Directory   abgefragt wird.
 Antw="ja"
#      Beginn der while-Schleife
```

```
 while test "$Antw"  = "ja"
#  1. Frage
       do  echo "Welches Directory soll ueberprueft werden?"
           echo "Bitte mit Pfadnamen angeben"
#  2. Lesen der Antwort    (Name des Directories)
           read dir
#  3. Überprüfen, ob es ein Directory ist, wenn nicht
#     (Abfrage auf Vorhandensein des Directories mit until-Schleife)

           until test -d "$dir"
#  4.      so lange darauf hinweisen und nach dem richtigen
#          Namen fragen, bis es sich wirklich um ein Directory handelt
               do    echo "$dir ist kein Directory. "
                     echo "Welches Directory soll ueberprueft werden?"
                     echo "Bitte mit Pfadnamen angeben"
                     read dir
               done
#  5. Handelt es sich um ein Directory, dann in dieses Directory wechseln
#     und das Kommando »pruefe« aufrufen.
           cd $dir
           echo "Das Directory $dir wird ueberprueft"
           pruefe
#  6. Nachdem das Kommando »pruefe« beendet ist, soll
#     in das Ausgangs-Directory (Variable »ausg«) zurückgewechselt  werden
           cd $ausg
#  7. Fragen, ob ein weiteres Directory überprüft werden soll,
#     wenn ja, die Schleife ab 1. wieder beginnen.    (Variable »Antw«)
           echo" Soll ein weiteres Directory ueberprueft werden?"
           read Antw
       done
```

Abb. 3.197 Beispiel der Shell-Prozedur »dirpruef« mit while- und until-Schleife

Diese Beispiele erheben übrigens nicht den Anspruch, »ausgereifte« Prüfpro-
gramme zu sein, sondern sollen Ihnen in erster Linie die vielfältigen Möglichkeiten der Shell-Programmierung aufzeigen. Gleichzeitig sollen sie Ihnen ein paar
Anregungen geben, wie Sie, auf Ihre Belange zugeschnitten, ähnliche Prozeduren erstellen könnten.

3.7.8 Weitere nützliche Kommandos für Shell-Prozeduren

Die Schleifenkommandos *while* oder *until* werden auch gerne zu Testzwecken eingesetzt. Um eine »*Endlosschleife*« zu starten, können Sie zwei Kommandos mit verwenden, deren Funktion nur darin besteht, sich als »**erfolgreich**« oder »**nicht erfolgreich**« zurückzumelden.

Das Kommando **true** *(wahr)* liefert immer den Exit-Status 0, ist also immer erfolgreich, das Kommando **false** *(unwahr, falsch)* liefert einen Exit-Status ungleich 0, ist also immer nicht erfolgreich:

wahr – Exit-Status immer 0

true – Kommando, das nur den Exit-Status »0« liefert

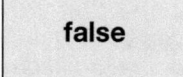

unwahr – Exit-Status immer ungleich 0

false – Kommando, das nur den Exit-Status »ungleich 0« liefert

Wie können Sie eine Schleife abbrechen?

Sie können in der Schleife abfragen, ob ein bestimmer Zustand erreicht ist oder ob eine Variable den Wert xy enthält, und mit dem Kommando *break* die Schleifenverarbeitung abbrechen.

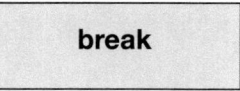

abbrechen

break – Kommando, um Schleifen vorzeitig abzubrechen

Meistens wird bei Endlostests irgendeine Nachricht auf dem Bildschirm ausgegeben, allerdings nicht fortwährend, sondern z.B. in einem Abstand von einer Minute. Zwischenzeitlich soll der Rechner »schlafen«.

Das Kommando, um »Ruhepausen« in einer Shell-Prozedur einzulegen, nennt sich:

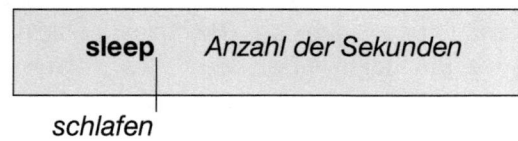

schlafen

sleep – Kommando, um Wartezeiten in Sekunden zu setzen

Ein Kommando, um Terminals zu testen, könnte, wie in Abb. 3.198 dargestellt, lauten:

```
# Kommando, um Terminal zu testen
while true
        do echo "Auf diesem Terminal laeuft ein Dauertest"
        sleep 60
done
```

Abb. 3.198 *Beispiel einer Endlosschleife*

Diese Schleife läuft endlos und kann nur durch einen Kommandoabbruch beendet werden (z.B. <Strg+c>).

Interessant wäre es, herauszufinden, wie viele Schleifen dieses Kommando in einer Nacht von 20.00 Uhr bis morgens um 9.00 durchläuft. Wir wollen hier gar kein Rechenexempel statuieren. Schließlich arbeiten wir mit einem Rechner und sollten diesem auch das Rechnen überlassen. Die einfachste Methode ist daher, den Rechner selbst zählen zu lassen, wie oft er die Schleife bearbeitet hat.

Auch bei unserer Prozedur *dirpruef* sollten wir verhindern, dass wir eine Endlosschleife erhalten, falls ein Benutzer immer wieder eine falsche Antwort eingibt. Hier könnten wir die Geduld des Rechners auf 3 oder maximal 4 falsche Eingaben für den Namen des Directories beschränken.

Wie führen Sie Rechenoperationen durch?

Hierfür gibt es einmal das Kommando **expr** *(expression – Ausdruck),* mit dem Sie alle Grundrechenfunktionen durchführen können. Sie rufen das Kommando auf und geben zwei Zahlenwerte an, die entweder addiert, subtrahiert, multipliziert oder dividiert werden sollen. Außerdem können Sie den Modulo-Wert *(Restwert)* bei der Division von ganzen Zahlen ermitteln. Die Rechenoperationen sind durch ähnliche Zeichen wie in der Mathematik gekennzeichnet. Sehen wir uns die Syntax des Kommandos an:

expr *Wert1*   *Rechenoperation Wert2*

expression
Ausdruck

    +   Wert1 und Wert2 addieren
    -   Wert2 von Wert1 subtrahieren
    *   Wert1 mit Wert2 multiplizieren
    /   Wert1 durch Wert2 dividieren
    %   Wert1 durch Wert2 dividieren und den
           Restwert liefern (Zahl1 modulo Zahl2)

expr – Kommando, um Rechenoperationen auszuführen

Da es sich bei den Zeichen für die Rechenoperationen meist um Sonderzeichen der Shell handelt, müssen Sie grundsätzlich die **Zeichen für die Rechenoperation in Hochkomma** (z. B. ´/´) setzen oder **das Fluchtsymbol (\)** davorstellen.

Probieren Sie das Kommando *expr* an Ihrem Terminal aus:

expr 12 / 4

Sie erhalten als Ergebnis: *3*

Was passiert wohl, wenn Sie z. B. die Kommandozeile mit

expr 7 * 7

eingeben? Mit dem Kommando *set -x* können Sie vorab sehen, dass das Sternchen ersetzt wird durch alle Dateien, die im aktuellen Directory zu finden sind, und Sie erhalten natürlich

syntax error

Mit *expr* können auch Vergleiche, wie kleiner (<), kleiner oder gleich (<=), gleich (=), ungleich (!=), größer (>) und größer oder gleich (=>), durchgeführt werden. Als Wert wird »0« geliefert, falls das Ergebnis den Wert »**wahr**« ergibt.

Ergänzen wir die Endlosschleife mit *while true*. Es soll bei jedem Durchlauf der Schleife angezeigt werden, der wievielte Lauf es ist. Wie können wir dies erreichen? Erinnern Sie sich an die Möglichkeit, einer Variablen einen Zahlenwert zuzuweisen. Bevor wir mit der ersten Schleife beginnen, setzen wir die Variable »zahl« auf den Wert 0. In der Kommandoliste ab *do* wird dann das Kommando

expr $zahl + 1

durchgeführt und der sich neu ergebende Wert der Variablen *$zahl* zugewiesen. Diese Funktion können Sie mit einer Kommandozeile erreichen:

zahl=$(expr $zahl + 1)

Sehen wir uns die kleine Shell-Prozedur an, die nun bei jedem Lauf anzeigt, wie oft der Text schon auf den Bildschirm geschrieben wurde (s. Abb. 3.199):

```
# Kommando, um Terminal zu testen
zahl="0"
while true
      do echo "Auf diesem Terminal laeuft ein Dauertest"
      zahl=$( expr $zahl + 1 )
      echo "Dies ist der ${zahl}. Durchlauf"
      sleep 60
      done
```

Abb. 3.199 *Beispiel: Endlosschleife mit Rechenoperation*

Jetzt dürfte es Ihnen keine Schwierigkeit mehr bereiten, die Prozedur *dirpruef* so abzuändern, dass nach dem 3. Versuch, den richtigen Namen eines vorhandenen Directories einzugeben, die Prozedur sich höflich, aber bestimmt verabschiedet. Greifen wir uns nur den Teil der *until*-Schleife heraus.

Noch ein paar Tipps zur Vorgehensweise:

❏   Setzen Sie, bevor Sie die *until*-Schleife starten, eine Variable entweder auf den Wert »0« und addieren Sie dann bei jedem Schleifendurchlauf jeweils »1« hinzu,

❏   oder setzen Sie vorab den Wert auf »3« und subtrahieren jeweils »1«.

Sobald die Zahl »3« (oder bei Subtraktion von 1 die Zahl »0«) erreicht ist, beenden Sie die Prozedur.

Ein mögliches Ergebnis der geänderten *until*-Schleife sehen Sie in Abb. 3.200:

```
Erweiterter Teil aus der Shell-Prozedur dirpruef
#! /bin/bash
#   Abfrage auf Vorhandensein des Directories mit until-Schleife
    zahl=0
  until test -d "$dir"
# solange darauf hinweisen und nach dem richtigen
# N amen fragen, bis es sich wirklich um ein Directory handelt
  do
      echo "$dir ist kein Directory "
      if test $zahl  -eq 3
      then echo "Hallo, kennen Sie kein richtiges"
           echo "Directory? – Schlafen Sie sich erstmal aus und "
           echo "ueberpruefen Sie ein anderes Mal Ihren Dateibaum"
           exit
      fi
      echo "Welches Directory soll ueberprueft werden?"
      echo "Bitte mit Pfadnamen angeben"
      zahl= $( expr $zahl  + 1 )
      read dir
  done
```

Abb. 3.200 *Beispiel: Teil der Shell-Prozedur »dirpruef«, ergänzt um expr*

Übrigens werden Sie im nächsten Kapitel eine wesentlich einfachere Methode kennenlernen, wie mit Variablen gerechnet werden kann (***integer*** -).

Zum Schluss noch ein letztes Kommando, um den Ablauf zu steuern: das Kommando **case**. Mit diesem Kommando können Sie aufgrund von Mustern eine bestimmte Kommandofolge auswählen. Dieses Kommando ist etwas aufwendiger. Es wird gerne verwendet, um unterschiedliche Antworten auszuwerten oder Optionen eines Kommandos abzuarbeiten. Sehen wir uns die Syntax hierzu an:

case *Wort* **in**	Falls die Zeichenkette »Wort« mit Muster1 übereinstimmt, dann tue (Kommandoliste1)
Muster1 **)** *Kommandoliste1;;*	
Muster2 **|** *Muster3* **)** *Kommandoliste2;;* **...**	stimmt sie mit Muster2 oder Muster3 überein, führe die Kommandoliste2 aus
2 Semikolons als Abschluss der Kommandoliste	
esac	Ende der »case-Bedingung«

case – Kommando, um gezielte Weiterverarbeitungen zu erreichen, die über Vergleichsmuster angesteuert werden

Bei der Mustervorgabe (Muster1, Muster2, ..) können auch Metazeichen verwendet werden (*, ?, [,]), die sich aber in diesem Fall nur auf die Zeichenkette von *Wort* beziehen, nicht auf die Dateinamen des aktuellen Directories, wie wir die Funktion der Metazeichen bisher kennengelernt haben. Wichtig ist bei diesem Kommando, dass die einzelnen Trennungszeichen zwischen Muster und Kommandoliste, die Klammer »)«, und die **zwei Semikolons** »;;« als Abschluss der Kommandoliste je Muster nicht vergessen werden.

Aus den bisher erstellten Kommandos könnten wir ein zusammenhängendes Kommando bauen, das unser Home-Directory aufräumt. In Bayern gibt es den netten Ausdruck »ramadama« *(wir räumen auf)* und so wollen wir unsere nächste Prozedur nennen. In der Abb. 3.201 auf Seite 296 sehen wir einen möglichen Ablauf, der dem Benutzer helfen soll, aufzuräumen.

1. Zuerst wird dem Benutzer gezeigt, in welchen Directory er sich befindet.

2. Dann soll mitgeteilt werden, wie viele Dateien und Unterverzeichnisse in diesem Directory enthalten sind sowie wie viel Platz das Directory benötigt.

3. Nach dem Hinweis »Jetzt wird aufgeräumt!«
    wird jede Datei mit **ls -l** angezeigt und danach gefragt, was getan werden soll.

4. Zur Auswahl stehen:

    a   Nur die ersten Zeilen anzeigen

    v   Mit vi bearbeiten

    k   Verschieben in ein Unter-Directory »Krusch«, das, falls es noch nicht existiert, angelegt werden soll

    l   Die Datei löschen, sicherheitshalber mit zusätzlicher Abfrage

    n   Die nächste Datei ansehen

    e   Aufräumen beenden

Die Auswahlbuchstaben sollten sowohl in Klein- als auch in Großbuchstaben erlaubt sein.

Sind alle Dateien bearbeitet oder wurde vorab mit »beenden« abgebrochen, soll nochmal gezeigt werden, wie viel Platz in Megabyte oder Kilobyte benötigt wird.

Auch hierzu sehen Sie wieder einen Vorschlag in Abb. 3.201.

```
#!/bin/bash

# Script, um ...
# Autor: CW
# erstellt am 12.12.

echo "Sie sind im Verzeichnis "
pwd
echo "und haben $( ls -l | tail +2 | grep -v "^d" | wc -l ) Dateien
und $( ls -l |tail +2| grep  "^d" | wc -l ) Unterverzeichnisse "
echo Ihr Verzeichnis $PWD belegt $( du -sh)

echo "Jetzt wird aufgeraeumt!"
for datei in *
do
»    if [ -f $datei ]
     »    then
»    »        ls -l $datei»
»    »        echo "Wollen Sie $datei ansehen (a)
                     oder $datei mit vi bearbeiten (v)
                     oder $datei nach Kruscn verschieben (k)
                     oder $datei löschen (l)
                     oder die nächste Datei ansehen (n)
»    »    »    »    »    oder beenden (E)"
  »    »    read auswahl
         »    case $auswahl in
»    »    »    »    a | A ) head $datei ;;
»    »    »    »    v | V ) vi $datei ;;
»    »    »    »    k | K ) [ ! -d Krusch ] && mkdir Krusch
»    »    »    »    »    mv $datei Krusch;; »»    »
»    »    »    »    l | L ) rm -i $datei;;
»    »    »    »    n | N ) continue ;;
»    »    »    »    e | E ) break ;;
»    »    »    »    * )»echo falsche Eingabe;;
»    »    »    esac
»    fi
```

Abb. 3.201 Beispiel für eine Shell-Prozedur u.a. mit case ...

Hiermit haben wir die Grundlagen der Shell-Prozeduren gelernt. Im Kapitel 3.8 (Erweiterungen der Shell) erfahren wir noch ein paar zusätzlich Tipps. Doch eine nützliche Funktion, nämlich »**function**«, sollten wir uns noch ansehen. In großen Firmen, in denen ich in Projekten tätig war, habe ich oft Shell-Prozeduren gesehen, die zu Beginn seitenweise nur Funktionen aufgeführt hatten und erst ganz zum Schluss kamen dann die eigentlichen Anweisungen, die sich durch die vorab erstellten Funktionen schnell, einfach und übersichtlich formulieren ließen. Sehen wir uns deshalb noch an, wie Funktionen erstellt werden.

Funktionen - functions

Mit *function* definieren Sie in einer Prozedur wiederkehrende Befehlsfolgen. Innerhalb dieser Shell-Prozedur geben Sie dann nur noch den Funktionsnamen an und alle unter diesem Namen angegebenen Befehle werden ausgeführt.

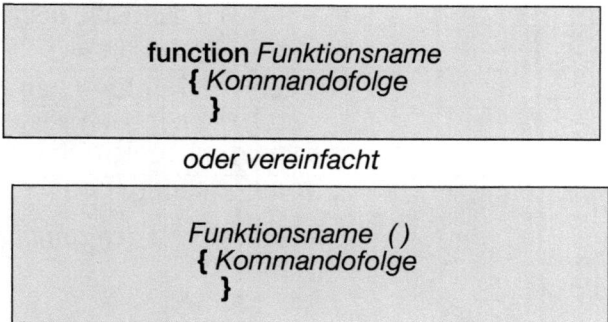

function *Funktionsname*
    { *Kommandofolge*
      }

oder vereinfacht

Funktionsname ()
    { *Kommandofolge*
      }

function – Kommando, um Funktionen zu erstellen

Bei Funktionen wird, entgegen eigenständigen Shell-Prozeduren, kein eigener Prozess gestartet, sondern sie werden als Programmteil von der Shell abgearbeitet (so, als ob sie anstelle des Funktionsnamens in der Prozedur geschrieben wären).

Sie können Funktionen auch in Ihrem *.profile* definieren und diese dann ähnlich wie ein Kommando benutzen. Hierzu ein kleines Beispiel (s. Abb. 3.202), das in einfacher Form *function* erklärt:

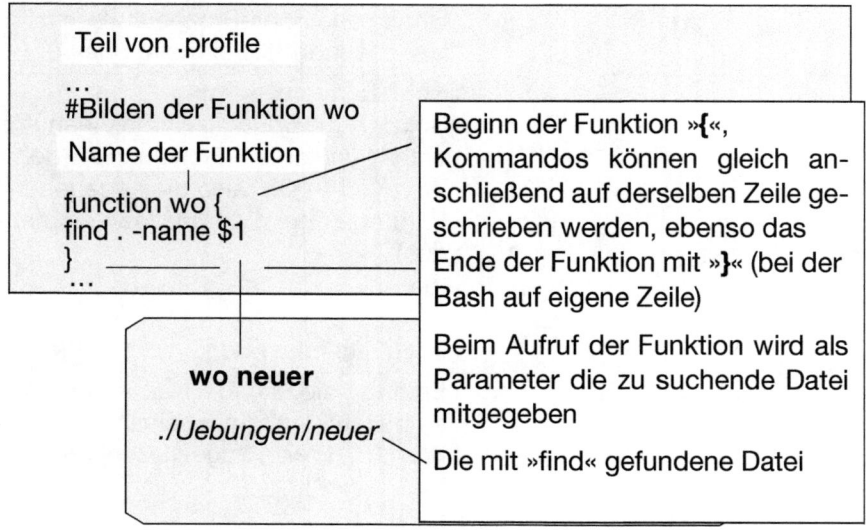

Teil von .profile

...
#Bilden der Funktion wo

Name der Funktion
    |
function wo {
find . -name $1
}
...

Beginn der Funktion »{«, Kommandos können gleich anschließend auf derselben Zeile geschrieben werden, ebenso das Ende der Funktion mit »}« (bei der Bash auf eigene Zeile)

Beim Aufruf der Funktion wird als Parameter die zu suchende Datei mitgegeben

Die mit »find« gefundene Datei

wo neuer

./Uebungen/neuer

Abb. 3.202 *Beispiel für function*

297

3.7.9 Zusammenfassung

Tab. 3.26 Kommandos/Zeichen zur Ablaufsteuerung

Kommandoeingabe	Funktion
&& *kom1* **&&** *kom2*	**Und-Verknüpfung von Kommandos** *kom2* wird nur dann ausgeführt, wenn *kom1* erfolgreich war
|| *kom1* **||** *kom2*	**Oder-Verknüpfung von Kommandos** *kom2* wird nur dann ausgeführt, wenn *kom1* nicht erfolgreich war

if *Befehl1*
   then *Befehlsfolge2*
   [**else** *Befehlsfolge3*]
   oder
   elif *Befehlsfolge4*
      then *Befehlsfolge5*
fi
Beispiel:
if test -f $Antwort
 then pr -n $Antwort | more
 else echo "$Antwort ist keine Datei"
fi
	If-Verzweigung
	wenn das und das zutrifft
	   dann tue …
	[sonst tue ..]
	
	sonst wenn
	dann tue …
	fertig (Ende der if-Verzweigung)
	
	Wenn die Datei (*$Antwort*) existiert und es eine normale Datei ist, dann soll sie angezeigt werden, sonst soll eine entsprechende Nachricht ausgegeben werden

exit [*Status***]**	*Ausgang* Bricht eine Shell-Prozedur ab bzw. beendet die aktuelle Shell

for *Name*
 	
   do
   Befehlsfolge
 	
   done
	Schleifenverarbeitung
	Solange die Variable Name einen Wert enthält (sie erhält nacheinander den Wert von $1-$n, also die angegebenen Parameter beim Aufruf des Kommandos)
	tue
	…
	fertig – gehe zu Beginn der Schleife

for *Name* **in** *Wert1..Wertn*
 	
   do
   Befehlsfolge
   done
	Solange die Variable *Name* einen Wert enthält (hier wird nacheinander der *Wert1 ... Wertn* zugewiesen)
	tue
	…
	fertig – gehe zu Beginn der Schleife

Kommandoeingabe	Funktion

while *Kommando*
 	
  do
  Befehlsfolge
  done
	Solange das *Kommando* erfolgreich ist (Exit-Status 0)
	
	tue
	
	…
	
	fertig – gehe zu Beginn der Schleife

until *Kommando*
 	
  do
  Befehlsfolge
  done
	Solange das *Kommando* nicht erfolgreich ist (Exit-Status nicht 0)
	tue
	
	…
	
	fertig – gehe zu Beginn der Schleife

continue	*fortfahren* Überspringt den Rest einer Schleife, um mit dem nächsten Schleifenwert fortzufahren
break	*brechen / abbrechen* Beendet vorzeitig eine Schleife

case *Muster* **in**
  M1) *Befehlsfolge1*;;
 	
  M2|*M3*) *Befehlsfolge2*;;
  …
esac
	Case-Verarbeitung (Auswahl)
	Falls die Zeichenkette *Muster* übereinstimmt mit *M1*, dann führe die Befehlsfolge1 aus,
	stimmt das *Muster* mit *M2* **oder** *M3* überein, führe Befehlsfolge2 aus
	Ende der case-Bedingung

trap "*Kommandos*" *Signale* *Beispiel:* **trap** "rm *hilfs.dat*; **exit** " 2 **trap** "" 1 2 3	**Behandelt Signale** Wird z.B. das Signal 2 (Strg+c) geschickt, wird, bevor der Prozess abgebrochen wird, die Datei *hilfs.dat* gelöscht. Ohne Angabe, d.h. nur mit Anführungszeichen " ", werden die Signale ignoriert.

Eine Aufstellung vordefinierter Shell-Variablen
finden Sie in   Tab. 3.22 auf Seite 261

Eine Übersichtstabelle der Positionsparameter
finden Sie in   Tab. 3.23 auf Seite 264

Tab. 3.27 Weitere in diesem Kapitel verwendete Kommandos (alphabetisch sortiert)

Kommandoeingabe	Funktion
echo -ne	**Gibt Zeichenketten auf den Bildschirm aus**
Beispiele:	**-n** *no newline* Cursor bleibt auf der Zeile
echo "Soll die Datei gelöscht werden?"	**-e** *enable* erlaubt Steuerzeichen mit \
	Gibt in einer Shell-Prozedur die Nachricht über Bildschirm aus
echo $PATH	Zeigt den Wert einer Variablen
Steuerzeichen:	
\a	Alarmzeichen (Klingel)
\c	Cursor bleibt in gleicher Zeile
\n	neue Zeile
\t	Tabulator
Unter Windows:**echo**	
export *Name*	Um Variable auch für Unterprogramme zur Verfügung zu stellen, werden sie exportiert
expr *Wert1 Symbol Wert2*	expression
	Rechenoperationen:
+	addieren
-	subtrahieren
*	multiplizieren
/	dividieren
%	modulo (Restwert)
false	*falsch, unwahr*
	Der Exit-Status dieses Kommandos ist immer unwahr (ungleich 0)
function *Name* **{** *Kommandofolge* **}**	Funktion
	Bildet eine Funktion, die ähnlich eines Shell-internen Kommandos genutzt werden kann
	Die Funktion kann ein oder mehrere Kommandos enthalten, wobei auch Positionsparameter ($1, $2 usw.) verwendet werden können
Beispiel:	
function *wo* **{** **find . -name $1** **}** **wo** *brief1*	Beim Aufruf von *wo* wird der Name der Datei mitgegeben, nach der gesucht wird

Kommandoeingabe	Funktion

Auszug aus einem Skript
read datei
if test -f $datei -a -w $datei
    then …
fi
…
read antw
if test $antw = ja -o $antw = Ja
    then …
fi
	Kombination von test-Kommandos
	
	-a *and*
	logische Und-Verknüpfung
	
	-o *or*
	logische Oder-Verknüpfung

read *var1* [*var2 …varn*]	*lesen* Liest von der Standardeingabe und weist die gelesenen Zeichen der/den Variable(n) als Wert zu Werden mehrere Variable angegeben, gilt das Leerzeichen als Trennungszeichen, sonst werden alle Zeichen bis Zeilenende als Wert zugewiesen
set **set [-vxn]** **set -** Unter Windows: **set**	*setzen* Zeigt die gesetzten Variablen der aktuellen Shell an Setzt Shell-Optionen **-n** *no execution* die Kommandos werden nur gelesen, nicht ausgeführt **-x** e*xecute* zeigt alle ausgeführten Befehle an **-v** *verbose* zeigt alle Schritte einer Prozedur an Hebt gesetzte Optionen (-vxn) wieder auf
sleep *Sekunden* *Beispiel:* **sleep 180**	*schlafen* Leitet einen Wartezustand ein (Anzahl Sekunden) Wird meist in Shell-Prozeduren verwendet Der Prozess wartet 3 Minuten

Kommandoeingabe	Funktion
test -fdrwxs *datei*	*testen, prüfen*
	Prüft Dateien auf Typ, Inhalt oder Zugriffsrechte
	test wird meist in Verbindung mit if ... verwendet
[-f *datei* **]**	Modernere Schreibweise: statt *test* nur die eckige Klammer **[ ]**, hierbei muss unter Unix auf Leerzeichen vor und nach den Klammern geachtet werden!
	Bei den Optionen wird geprüft, ob die angegebene Datei:
	-f *file* eine normale Datei ist
	-d *directory* ein Directory ist
	-r *read* Leseerlaubnis hat
	-w *write* Schreiberlaubnis hat
	-x *execute* ausführbar ist
	-s *size* nicht leer ist
	Negation
Negation: **test ! -f** *datei*	wird mit einem **!** gefolgt von einem **Leerzeichen** abgefragt
test -zn *Zeichenkette*	Prüft Zeichenketten auf leer/nicht leer
	Abfrage auf:
	-z *zero* »ist leer?«
	-n *not zero* »ist nicht leer?«
test *n1* -.. *n2* **[** *n1 -. n2* ... **]** test *n1* **-eq** *n2* **[n1 -eq n2]** test *n1* **-ne** *n2* **[n1 -ne n2]** test *n1* **-lt** *n2* **[n1 -lt n2]** test *n1* **-le** *n2* **[n1 -le n2]** test *n1* **-gt** *n2* **[n1 -gt n2]** test *n1* **-ge** *n2* **[n1 -ge n2]**	algebraischer Vergleich: vergleicht zwei Zahlenwerte *equal* gleich *not equal* nicht gleich *less than* kleiner als *less equal* kleiner gleich *greater than* größer als *greater equal* größer gleich
test *String-a* **= String-b**	Prüft Zeichenketten auf Gleichheit
	Zwischen den Argumenten und = müssen Leerzeichen stehen
Negation: **test** *String-a* **!= String-b**	Negation, d.h. test ist erfolgreich, wenn die Zeichenketten nicht gleich sind **!=** ohne Leerzeichen!

Kommandoeingabe	Funktion
touch *Datei(en)*	*berühren*
	Aktualisiert das Datum einer Datei bzw. legt sie neu an
Beispiel:	
touch *neu1 neu2*	Legt die Dateien neu1 und neu2 an
true	*wahr*
Beispiel:	Gibt immer den Exit-Status 0 aus, ist also immer wahr
while true	
do ...	Hiermit können z. B. Endlosschleifen gestartet werden
done	

3.8 Erweiterungen der Shell

Hatte ich Ihnen zu viel versprochen? Das Programmieren mit der Shell macht Spaß! Doch ein paar Funktionen der Shell könnten ein bisschen benutzerfreundlicher sein. Seit die Bourne-Shell entstanden ist, ist ja mehr als ein Vierteljahrhundert vergangen! Verbesserungen und neue Erkenntnisse sind in der Korn-Shell und Posix-Shell verwirklicht worden und richtig komfortabel wird es mit der Bash. Alle diese Shells basieren auf der Bourne-Shell, so dass auch ursprüngliche Shell-Prozeduren noch verwendet werden können. Die Erweiterungen in diesem Kapitel beziehen sich auf die Korn- und Posix-Shell sowie auf die Bash. Sind Funktionen nur unter der Bash verfügbar, wird darauf hingewiesen.

Welche Themen gibt es in diesem Kapitel?

3.8.1 Die Vorteile von Korn-, Posix-Shell und Bash

Aus den Überschriften der Themen gehen die wesentlichen Vorteile eigentlich schon hervor. Die Korn- und Posix-Shell sowie die Bash bieten viele Mechanismen und Funktionen, die das Arbeiten am Rechner vereinfachen und freundlicher gestalten. Die Bash bietet dem Benutzer zusätzlich noch einfachere Bedienung. Da die Bourne-Shell grundsätzlich auf allen Rechnern zur Verfügung stand, sind viele Prozeduren zur Systemverwaltung in der ursprünglichen Shell geschrieben worden. Deshalb war es wichtig, dass auch unter einer anderen Shell diese Prozeduren nach wie vor einwandfrei laufen. Die Korn- und Posix-Shell sind nun Bestandteil der meisten Unix-Derivate geworden, auch unter Linux verfügbar – doch hier bietet die Bash (*Bourn again Shell*) noch mehr Komfort. Die **Bash** finden Sie zwischenzeitlich auch auf vielen Unix-Derivaten.

Kurz ein paar Erläuterungen zu den einzelnen Themen:

❏ **Der History-Mechanismus**. Sie werden feststellen, dass Sie oft die gleichen Kommandos benötigen. Es gibt ein Kommando, mit dem Sie sich die »Hitliste« Ihrer Kommandos seit dem letzten Anmelden ansehen können. Rufen Sie doch mal *hash* auf. Wie oft haben Sie z. B. *ls* oder *pwd* aufgerufen? Der History-Mechanismus erlaubt, dass Sie mit einem Kürzel vorangegangene Kommandos nochmals angezeigt und ausgeführt bekommen oder Sie einfach die Cursortasten (Pfeil nach oben bzw. Pfeil nach unten). Falls das Kommando hierbei abgeändert werden soll, können Sie dies über den Befehlszeilen-Editor bewirken bzw. in der Bash korrigieren.

❏ **Der Befehlszeilen-Editor**. Mit ihm können Sie, wie der Name schon sagt, Ihre Eingabe für den Befehl (das Kommando) korrigieren, auch Zeilen, die Sie sich über den History-Mechanismus nochmals zurückgeholt haben. Unter der Bourne-Shell konnten Sie Korrekturen in der Befehlszeile nur mit der Backspace-Taste durchführen oder gleich die gesamte Zeile löschen. Und wie oft verschreibt man sich, gerade dann, wenn es schnell gehen soll! Also, hier wenigstens eine kleine Hilfe, sofern man den Fehler noch entdeckt. Aber unter Unix gewöhnt man sich sowieso schnell daran, die Kommandozeile lieber erst nochmal zu **kontrollieren** und zu **korrigieren**, bevor man sie abschickt. In der Bash ist der Befehlszeilen-Editor schon voreingestellt.

❏ **Alias-Funktionen**. Wenn Sie sich Ihre »Hitliste« der Kommandos nochmals ansehen, werden Sie auch feststellen, dass Sie wahrscheinlich mit 20 verschiedenen Kommandos in der Regel auskommen. Hierfür können Sie auch kürzere Bezeichnungen wählen, die gleich die von Ihnen meistgenutzten Optionen beinhalten. Das Kommando wird kürzer, und damit die Fehlerquelle geringer. Für Windows-Umsteiger können als *alias* bereits geläufige Kommandos gebildet werden, hinter denen sich dann Unix-Kommandos verbergen (z. B. *dir* als *alias* für › *ls -l* ‹). In dem betreffenden Kapitel werden Sie noch weitere schöne Beispiele für Aliase kennenlernen.

❑ **Variablen.** Im vorigen Kapitel haben Sie in der »Übersichtstabelle vordefinierter Variablen« schon Hinweise auf Variable erhalten. Hatte ich vorhin noch erwähnt, dass eines der häufigsten Kommandos *pwd* sei, so wird sich dies speziell in der Bash ändern. Hier benötigen Sie *pwd* eigentlich nicht mehr, denn das Bereitschaftszeichen der Shell (*PS1*) ist so gesetzt, dass es Ihnen immer das aktuelle Verzeichnis/Directory und, falls Sie auf unterschiedlichen Rechnern im Netz arbeiten, zusätzlich noch den Rechnernamen anzeigt. Eine weitere Vereinfachung ist natürlich dann die grafische Oberfläche (*CDE/KDE oder GNOME*), wo Sie über den Dateimanager/Konqueror grafisch Ihren Standort (das aktuelle Directory) und gleich die darin enthaltenen Dateien angezeigt bekommen. Welche Erweiterungen gibt es noch?

❑ **Eine Reihe von zusätzlichen Optionen**, mit denen Sie u. a. Ihr Unix-Leben sicherer gestalten können. Erinnern Sie sich noch an die Umleitung der Standardausgabe? Wehe, wenn Sie auf eine Datei umgeleitet haben (mit >) und in ihr waren wichtige Daten gespeichert, die Sie eigentlich dringend benötigten. Pech gehabt, die Daten waren unwiederbringlich verloren (soweit Sie nicht zuvor eine Sicherung erstellten). Davor können Sie sich schützen. Sie können bestimmte Voreinstellungen setzen, z.B. um keine Dateien bei Standardumleitungen zu überschreiben: **set -o noclobber**. Informationen dazu und noch über ein paar weitere Optionen erfahren Sie in dem entsprechenden Kapitel.

❑ **Prozesskontrolle (Jobcontrol).** Diese Ergänzung ist vielleicht mehr für Systemverwalter interessant, die sich über die Optimierung des Gesamtsystems Gedanken machen. Doch sollen in diesem Kapitel wenigstens die wichtigsten Funktionen kurz erläutert werden, falls Sie Ihre eigenen Prozesse steuern oder abbrechen möchten.

Ich selbst arbeite oft an unterschiedlichen Rechnern, auf denen mir meist ein dort übliches Login z.B. mit der C-Shell eingerichtet wurde. Ich muss gestehen, dass ich, seit ich die Bash kennengelernt habe, immer sofort auf die Bash umstelle. Wie man eine Shell z.B. die Bash aufruft und mit ihr arbeitet, beantwortet der nächste Kapitel.

3.8.2 Wie starten Sie eine Korn-Shell oder die Bash?

Am besten wäre es, wenn Ihr Systemverwalter Ihren Login-Eintrag in der */etc/passwd* entsprechend ändert. Sie erinnern sich? Als letzter Eintrag je Zeile pro Benutzer ist angegeben, mit welchem Programm gestartet werden soll (s. Abb. 3.203):

```
monika::101:100:Monika Maier, Tel. 430:/home/kurs/monika: /bin/bash
hans::102:100:Hans Mueller, Tel. 440:/usr/kurs/hans: /bin/ksh
```

Start-Programm

Abb. 3.203 Auszug aus */etc/passwd*

Damit wird bei jedem Anmelden z.B. *hans* automatisch die Korn-Shell zur Verfügung gestellt. Sowohl die Korn-Shell als auch die Bash lesen beim Anmelden eines Benutzers u.a. die Voreinstellungsdateien

/etc/profile und **$HOME/.profile**

In dieser Datei sollte für die Korn-Shell die **Variable ENV** gesetzt sein. Als Wert wird hier der Dateiname zugewiesen, in der weitere Voreinstellungen für die Korn-Shell eingetragen werden (z.B. *alias, set -o noclobber* – im Laufe dieses Kapitels werden wir immer wieder auf diese Datei zurückkommen). Als Name dieser Datei hat sich, angepasst an andere Shell-Programme, *.kshrc* eingebürgert (für die C-Shell heißt die Voreinstellungsdatei *.cshrc*, für die Bash *.bashrc*). Die Datei *.profile* sollte dann für die Korn-Shell folgenden Eintrag enthalten (s. Abb. 3.204):

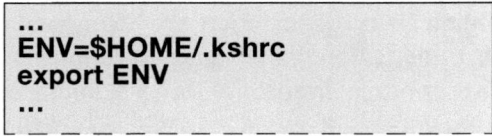

```
...
ENV=$HOME/.kshrc
export ENV
...
```

Abb. 3.204 *Ergänzungszeile in $HOME/.profile*

Die der Variablen *$ENV* zugewiesene Datei wird dann jedes Mal gelesen, sobald eine Korn-Shell gestartet wird. Dies ist besonders wichtig, wenn Sie mit einer grafischen Oberfläche arbeiten, denn dann wird für jedes Terminalfenster immer eine eigene Shell (Korn-Shell) gestartet, und alle Ihre Voreinstellungen (*alias* etc.) möchten Sie dann ja ebenfalls nutzen.

Also auch, wenn Sie nicht generell mit der Korn-Shell arbeiten wollen, sollten Sie sowohl die Ergänzungszeile in *.profile* als auch die Voreinstellungsdatei in Ihrem Home-Directory mit *.kshrc* einfügen. Was in die Datei *.kshrc* eingetragen wird, erfahren wir später.

Für die Bash heißt die Voreinstellungsdatei *.bashrc*. Hierfür ist es allerdings nicht notwendig, erst eine Variable (ENV) vorzubelegen.

Sie können die Korn-Shell als auch die Bash als sog. Sub-Shell (also unter einer bereits gestarteten Shell) aufrufen:

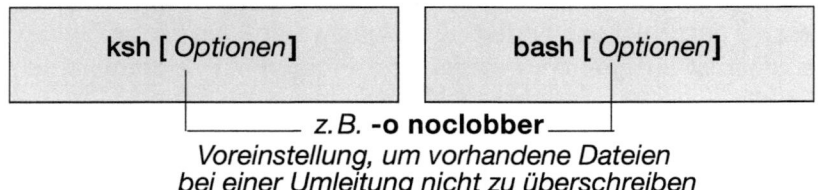

ksh [*Optionen*]   bash [*Optionen*]

z.B. **-o noclobber**
*Voreinstellung, um vorhandene Dateien
bei einer Umleitung nicht zu überschreiben*

Kommando, um die Korn-Shell bzw. Bash als Sub-Shell zu starten

Als Bereitzeichen erhalten Sie den Wert, der in Variable *PS1* gesetzt wurde.

Arbeiten Sie auf einem Terminal, können Sie sich wieder abmelden mit:

Strg + **d**   oder   **exit**

Die Eingabe mit <Strg+d> kann allerdings über die Option »ignoreeof «ausge-schaltet sein.

3.8.3 Der History-Mechanismus

Um leichter zu arbeiten, weniger Eingaben – und damit auch weniger Fehler – zu tippen, rentiert es sich, ein paar neue Kommandos, Variable und Dateien ken-nenzulernen. Alle aufgerufen Kommandos (also Ihre Eingaben am Terminal) wer-den in Ihrem Home-Directory unter der Datei

.sh_history bzw. **.bash_history**

gespeichert. Über die Variable HISTSIZE ist festgelegt, wie viele Kommandos Ih-nen hiervon für eine evtl. Wiederverwendung bereitgestellt werden. Auf die letz-ten Kommandos können Sie mit dem Befehl **fc (fix command)** mit verschiede-nen Optionen zurückgreifen. Da für dieses Kommando in der Shell bereits Aliase, je nach Option, voreingestellt sind, nimmt man stattdessen den Alias. Nur zur Information ist in Tab. 3.28 das eigentliche Kommando *fc*, das zugrunde liegt, mit aufgeführt. Doch *fc* führt das Kommando auch gleich aus, und Sie kön-nen hier keine Änderungen mehr vornehmen.

Alias - Beispiel	Erläuterung	*fc-Option*
history [-*n*, *n*,*n n*]	Zeigt die letzten *n* Befehle an ohne Angabe werden die letzten Befehle angezeigt entspr. der Anzahl in der Variablen *$HISTSIZE* Die Zeilen werden fortlaufend num-meriert angezeigt. Die Nummer ist maßgebend für eine Direktanwahl (siehe *r n*)	*fc -l -n*
history -6 **history 6 8**	zeigt die letzten 6 Befehle an zeigt den 6. und 8. Befehl an	
r [-] [*nummer*] **r** **r -3** **r 3**	*repeat* Nochmaliger Aufruf des Befehls wiederholt den letzten Befehl wiederholt den drittletzten Befehl wiederholt den 3. Befehl	*fc -e -n* *unter der* *Bash:* *fc -s -n*

Alias - Beispiel	Erläuterung	fc-Option
r *Buchstabenfolge* r v	wiederholt den letzten Befehl, der mit der Buchstabenfolge beginnt würde z. B. den letzten Befehl mit *vi* wiederholen	*fc -e -xx unter der Bash: fc -s -xx*

Tab. 3.28 Aliase des fc-Kommandos

Mit dem Alias **r** kann also auf die Schnelle ein Kommando nochmals aufgerufen werden. Wollen Sie dagegen die Befehlszeile erst verändern, holen Sie sich die Zeile über den sog. Befehlszeilen-Editor zurück. Unter der Bash ist der Alias "r" noch nicht gesetzt (ist auch nicht notwendig, da das Wiederholen und Korrigieren hier noch viel einfacher über die Cursortasten funktioniert).

3.8.4 Der Befehlszeilen-Editor

Auch er basiert auf der unter History beschriebenen Datei *.sh_history* bzw. *.bash_history.* Der Befehlszeilen-Editor ist bei der Bash bereits voreingestellt. Bei Posix- und Korn-Shell muss eine der nachstehenden Voreinstellungen getroffen sein:

❏ Der Variablen *VISUAL* ist *vi* oder *emacs*[*] zugewiesen: **VISUAL=vi; export VISUAL** oder

❏ als Voreinstellung (*.kshrc*) wurde die Option gesetzt: **set -o vi** (siehe auch Seite 320) oder

❏ die Korn-Shell wurde mit der Option *-o vi* aufgerufen: **ksh -o vi**

In der Regel ist die Variable *VISUAL* in der Korn- und Posix-Shell mit dem Wert *vi* vorbelegt. Dies bedeutet, dass Sie mit den Editierbefehlen vom *vi* auch Ihre Befehlszeile korrigieren können. Um in den Befehlszeilen-Editor zu kommen, drücken Sie dann die Taste, die Sie im *vi* am häufigsten benötigten: die ESC-Taste.

Nun können Sie mit den Befehlen, die Sie im *vi* bereits kennengelernt haben, die aktuelle Zeile oder vorhergehende Zeilen bearbeiten (oder falls Sie als Befehlszeilen-Editor den *emacs* zugewiesen haben, die in der Tabelle angegebenen Befehle). Unter der Bash benötigen Sie die Variable VISUAL nicht. Hier sind die Korrekturmöglichkeiten voreingestellt. In Tab. 3.29 sehen Sie eine Übersicht von Funktionen, die die Eingabe von Befehlszeilen in der Bash, der Korn-/Posix-Shell unter vi bzw. emacs erleichtern:

---

[*] *emacs* ist ein weiterer Editor unter Unix, der ähnlich wie der *vi* arbeitet.

Funktion	Taste in der Bash	Taste im vi	Taste im emacs
Positionieren			
Vorherige Befehlszeile (nach oben)	↑	k	<Strg+p> *previous*
Nächste Befehlszeile (nach unten)	↓	j	<Strg+n> *next*
Zeichen nach links wandern (zurück)	←	h	<Strg+b> *back*
Zeichen nach rechts wandern (vorwärts)	→	l (kleines L)	<Strg+f> *forward*
Anfang der Zeile	Pos1	^	<Strg+a> *anfang*
Ende der Zeile	Ende	$	<Strg+e> *ende*
Wortweise zurück bzw. vorwärts	<Alt+b> <Alt+f>		
Korrigieren			
Zeichen löschen	Entf	x	<Strg+d> *delete*
Zeichen einfügen	automatisch	i	automatisch voreingestellt
Wort löschen	<Esc+d>	dw	<Esc+d> *(bis Wortende)*
Bis zum Ende der Zeile löschen	<Strg+k>	d$	<Strg+u>
Zuletzt Gelöschtes einfügen	Einf	p *(paste)*	<Strg+y>
Letzte Eingabe rückgängig machen		u	<Strg+->
Umschalten auf Großbuchstaben	<Esc+u>		
Ergänzen von Befehlen und Dateien	Tab		
Abbrechen	<Strg+c>	<Strg+c>	<Strg+c>

Tab. 3.29 Erleichterungen der Befehlseingabe (Bash und Korn-/Posix-Shell)

Wenn Sie unter der Korn-/Posix-Shell die ESC-Taste gedrückt haben, können Sie bei der Zuordnung von *vi* jeweils mit › *k* ‹ eine Zeile höher wandern bis zu jener Befehlszeile, die Sie bearbeiten möchten. Mit dem Buchstaben › *h* ‹ können Sie in der Zeile nach links gehen und mit den (Ihnen bereits bekannten?) *vi*-Befehlen korrigieren.

Um das so wiederholte und evtl. geänderte Kommando abzuschicken, drücken Sie die **Returntaste**. Es klingt komplizierter, als es ist. Probieren Sie es am besten einmal aus. Der *emacs* ist zwar etwas benutzerfreundlicher als der *vi*, doch auch hier gilt: Übung macht den Meister. Es wird allerdings in diesem Buch nicht tiefer auf seine Funktionen eingegangen.

Unter der Bash ist die Korrektur und Wiederholung von Befehlen wesentlich einfacher, wie Sie in Tab. 3.29 in der entsprechenden Spalte sehen.

Am besten ist natürlich, wir arbeiten ohne Fehler und müssen nicht im Nachhinein korrigieren. Nach dem Motto »wer viel arbeitet, macht viele Fehler« versuchen wir es doch mal mit weniger Arbeit – weniger Tipparbeit.

Eine Möglichkeit ist, den *File-Completion-Mechanismus* (Mechanismus, um Pfad- oder Dateinamen zu ergänzen) einzusetzen. Dies erreichen Sie in der **Korn/Posix-Shell** mit:

$$\boxed{\text{ESC}} + \boxed{\text{\textbackslash}} \qquad \text{bzw.} \qquad \boxed{\text{ESC}} + \boxed{*}$$

Der Backslash \ ergänzt alle möglichen Pfadnamen, das Sternchen * alle möglichen Dateinamen.

Unter der **Bash ergänzen Sie Pfad- und/oder Dateinamen einfach mit**

$$\boxed{\text{TAB}}$$

Die zweite Möglichkeit, Schreibarbeit einzusparen, sind die Alias-Funktionen.

3.8.5 Der Alias-Mechanismus

Beim History-Mechanismus haben wir einige Aliase bereits kennengelernt. Für *fc -e -* gibt es z.B. in der Korn-/Posix-Shell das Kürzel *r* (für *repeat*).

Wenn Sie das Kommando *alias* aufrufen, werden Ihnen die bereits vorhandenen Aliase angezeigt. Für Kommandos, die Sie oft benötigen, können Sie sich eigene Kürzel schreiben. Die Kommandosyntax hierzu lautet (für Bash und Korn-/Posix-Shell):

> **alias** *Alias-Name="Kommando"*

alias – Kommando, um eine Alias-Funktion zu bilden

Ein Beispiel hierzu finden Sie in Abb. 3.205:

```
$ alias suche="find . -print -name "
$ suche inhalt
./Uebungen/inhalt
$ alias ll="ls -l"
$ ll

drwxr-x---    2    monika    kurs      32  Oct  19  15:20 Texte
drwxr-x---    2    monika    kurs      32  Oct  19  15:20 Uebungen
```

Abb. 3.205 Beispiel: Erstellen einer Alias-Funktion

Die Alias-Funktionen im Beispiel gelten allerdings nur so lange, bis man sich wieder abmeldet bzw. nur für das aktuelle Fenster, in dem man gerade arbeitet. Damit Sie statt *ls -l* immer nur *ll* anzugeben brauchen, schreiben Sie diese Befehle mit einem Editor in die Datei *.kshrc* bzw. bei der Bash in *.bashrc* in Ihrem Home-Directory. Doch kontrollieren Sie bei der Bash jeweils, welche Aliase schon bestehen, so z.B. gibt es für *ls* bereits einige Aliase (dir, l, la,ll, ls-l und ls alleine hat zusätzlich Optionen, damit die unterschiedlichen Dateitypen farblich markiert werden).

Wie schon erwähnt, können als Alias-Namen auch bestehende Kommandonamen eingesetzt werden. Wenn Sie

alias rm="rm -i"

eingeben, müssen Sie grundsätzlich bei allen Aufrufen von *rm* erst mit »*y*« oder mit »*j*« (bei Voreinstellung auf die deutsche Sprache) die Löschung von Dateien bestätigen.

Sollten Sie für eine bestimmte Löschaktion die ursprüngliche Form des Kommandos *rm* benötigen, so wird mit dem **Fluchtsymbol** die Alias-Funktion für dieses eine Mal aufgehoben.

\rm

Soll das Löschkommando für die gesamte Sitzung aufgehoben werden, gibt es hierfür das Kommando:

unalias Alias-Name

unalias – Kommando, um einen Alias wieder aufzuheben

In unserem Beispiel würde mit

unalias rm

das Kommando *rm* wieder seine schlagkräftige Wirkung zurückerhalten.

In Tab. 3.30 sind die wichtigsten Funktionen von *alias* zusammengefasst:

Befehl	Beispiel	Bedeutung
alias *Alias-Name*="*Befehl*"	**alias ll**="ls -l" **alias rm**="rm -i"	Bildung eines Alias
Alias-Name	\rm *datei*	Aufhebung der Alias-Funktion für den aktuellen Befehl
unalias *Alias-Name*	**unalias rm**	Alias-Funktion aufheben
alias -x *Alias-Name*	**alias -x ll**="ls -l"	Alias-Funktion auch für Sub-Shells exportieren

Befehl	Beispiel	Bedeutung
alias	**alias** *history=fc -l* *r=fc -e* *integer=typeset -i*	Anzeige der vorhandenen Alias-Funktion

Tab. 3.30 Zusammenfassung der Alias-Funktionen

3.8.6 Variablen der Korn-Shell und der Bash

Variablen haben wir ja schon kennengelernt. Dort wurde der Wert einer Variablen zugewiesen mit

Name=Wert; **export** *Name*

Damit die Variable auch in Unterprogrammen Gültigkeit hat, wurde sie exportiert. Sie können mit einem Aufruf der Variablen einen Wert zuweisen und sie gleichzeitig exportieren:

export *Name=Wert*

Bei der Korn-Shell und Bash kann über ein eigenes Kommando die Variable genauer definiert werden. Der Aufruf hierzu ist

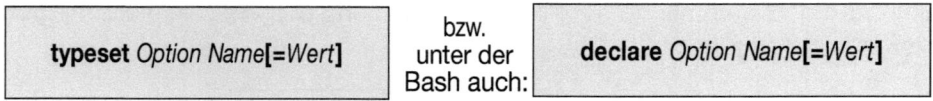

typeset *Option Name[=Wert]*   bzw.
unter der
Bash auch: **declare** *Option Name[=Wert]*

**typeset – Kommando, um in der Korn-Shell Variable zu setzen
bzw. declare – für die Bash**

Welche Optionen voreingestellt werden können bzw. was für ein Wert zugewiesen werden darf, sehen Sie in Tab. 3.31:

Tab. 3.31: Optionen für Variablen

Option	Ableitung von	Auswirkung auf den Wert der Variablen
-i	integer	Es werden nur ganze Zahlen akzeptiert Mit dieser Variablen kann später direkt gerechnet werden
-u	uppercase	Zugewiesene Zeichenfolgen werden in Groß-buchstaben umgewandelt **(nicht unter der Bash)**
-l	lowercase	Zugewiesene Zeichenfolgen werden in Klein-buchstaben umgewandelt **(nicht unter der Bash)**
-x	export	Variable wird gleich exportiert

Wurde als Option *-i integer* angegeben, können Grundrechenfunktionen direkt zugewiesen werden (s. Tab. 3.32):

Operator	Auswirkung	Beispiel Wert von $erg jew. von Zeile zuvor	Ergebnis **echo $erg**
+	Addition	**typeset -i erg=5+12**	17
-	Subtraktion	**erg=$erg-3**	14
*	Multiplikation	**erg=$erg*3**	42
/	Division	**erg=$erg/3**	14
%	Modulo	**erg=$erg%3**	2

Tab. 3.32 Grundrechenfunktionen mit Integer-Variablen

Für das Kommando **typeset -i** wird in der Korn-Shell der Alias **integer** verwendet:

integer Name[=Wert]

In der Bash verwendet man entweder *typeset -i* oder *declare -i*.

Als Beispiel schreiben wir eine kleine Prozedur »countdown«, die uns fragt, wie lange der *Countdown* laufen soll, und uns den jeweiligen aktuellen Wert des Countdowns über Bildschirm anzeigt (s. Abb. 3.206):

```
#! /bin/bash
# Prozedur, um einen Countdown auf dem Bildschirm auszugeben
typeset -i Zahl         ◄─────────  # Definition der Variablen als Integer
echo " Mit welcher Zahl soll der Countdown starten?
Bitte geben Sie eine Zahl ein"
read Zahl
clear                               # clear – Kommando, um den aktuellen
echo "Der Countdown startet"        # Bildschirminhalt zu löschen
while test $Zahl -gt 0
     do clear                       # sleep für Wartezeit in Sekunden
     echo $Zahl; sleep 2
     Zahl=$Zahl-1    ◄──────────    # Direkte Rechenoperation mit der
done                                # Integer-Variablen
```

Abb. 3.206 Beispiel »countdown«: Rechenoperation mit Integer-Variablen

▷ Bei **Rechenoperationen mit Integer-Variablen dürfen keine Leerzeichen enthalten sein** (dagegen muss bei Rechenoperationen mit dem Kommando *expr* unbedingt auf Leerzeichen geachtet werden, siehe auch Seite 291).

Kurz zusammengefasst:

Der Wert einer Variablen kann also auf drei Arten zugewiesen werden:

1. Wie bisher auch in der Bourne-Shell   *Name=Wert*; **export** *Name*

2. Wertzuweisung und *export*
   in einem Aufruf   **export** *Name=Wert*

3. Über ein eigenes Kommando   **typeset [-iuvx]** *Name[=Wert]*
   oder   **declare [-iuvx]** *Name[=Wert]*
   die Optionen bedeuten:

   -i   *integer*   nur ganze Zahlen werden akzeptiert

   -u   *uppercase*   Eingabe wird in Großbuchstaben zugewiesen
                           (nicht in der Bash!)

   -l   *lowercase*   Eingabe wird in Kleinbuchstaben zugewiesen
                           (nicht in der Bash!)

   -x   *export*   Variable wird exportiert

   Unter der Korn-Shell kann für *typeset -i* der voreingestellte Alias *integer*
   verwendet werden: **integer** *Name[=Wert]*

Tab. 3.33: Spezielle vordefinierte Variable

Variable	Ableitung von	Bedeutung
$ENV	*Environment (nur für Korn-Shell)*	Als Wert wird der Name der Datei zugeordnet, die ksh-spezifische Voreinstellungen enthält z. B. **$HOME/.kshrc** und sollte in .profile gesetzt werden – **nur bei ksh**
$HISTSIZE	*Größe der History*	Als Wert wird die Anzahl der Kommandos eingetragen, auf die über den History-Mechanismus und den Befehlszeilen-Editor zurückgegriffen werden kann
$VISUAL		Als Wert wird vi oder emacs zugeordnet, der als Befehlszeilen-Editor genommen werden soll – **gilt nicht für die Bash**
$PWD	*print working directory*	Enthält als Wert das aktuelle Directory
$OLDPWD		Enthält als Wert das vor einem cd benutzte Directory

Tab. 3.33 fasst noch einmal spezielle vordefinierte Variablen zusammen. Die Variablen *$ENV, $VISUAL* und *$HISTSIZE* haben wir bereits kennengelernt. Die Variablen **$PWD** und **$OLDPWD** können recht praktisch angewendet werden. Wenn Sie nur mal kurz in ein anderes Directory wechseln, können Sie mit dem Kommando

cd $OLDPWD

wieder in das vorherige Directory zurückspringen und müssen hierfür nicht lange nach dem Pfad suchen. Da die Eingabe trotzdem noch recht lang ist, könnten Sie sich hierfür einen Alias bilden, z. B. :

alias cdo="cd $OLDPWD"

Doch dafür gibt es sowohl in der Korn-Shell als auch in der Bash eine noch einfachere Eingabe mit:

cd -

Mit der Variablen **$PWD** können wir nun endlich auch in der Korn-/Posix-Shell unser Promptzeichen so setzen, dass wir immer unser aktuelles Directory angezeigt bekommen. Hier müssen wir jedoch die Variable in einfache Hochkommas ' ' setzen, damit die Variable nicht sofort von der Shell bei der Zuweisung ersetzt wird, sondern jeweils erst bei der Anzeige vom Prompt. Probieren Sie am besten einmal die unterschiedlichen Auswirkungen aus. Sie werden erkennen, dass nur mit folgender Eingabe die gewünschte Wirkung erzielt wird:

export PS1='$PWD'

oder besser, damit Sie eine klare Trennung zu Ihrer Eingabe haben:

export PS1='$PWD >'

Auch diese Zeile ergänzen Sie in Ihrer Datei **$HOME/.kshrc** bzw. in **$HOME/.bashrc**. So schön die Anzeige des aktuellen Pfadnamens ist, so lästig kann sie auch werden, nämlich dann, wenn Sie Ihr Home-Directory gut strukturiert haben und so recht lange Pfadnamen entstehen. Es bleibt Ihnen dann kaum Platz für Ihre Befehlseingabe. Die Korn-Shell und die Bash bieten noch eine ganze Menge von Zusatzfunktionen, u.a. eine Zeichenkettensubstitution[*], die für die Auswertung von Variablen eingesetzt wird. Wenn Sie Ihren Rechnernamen mit in die Promptanzeige übernehmen möchten, können Sie z.B. folgende Ergänzung vornehmen:

export PS1="`hostname`:$PS1"

(Auf einigen Rechnern kann der Rechnername auch über die Variable **$HOST** abgefragt werden.) Würde Monika am Rechner *B* im Unter-Directory *Texte* arbeiten, würde als Prompt dann

B: /home/monikaTexte >

angezeigt werden. Im Kapitel 3.7 hatten wir ja schon auf die zusätzlichen Zeichen für das Prompting auf Seite 263 hingewiesen. Unter der Bash kann die Eingabe so erfolgen:

export PS1="\h:\w >"

Die Ausgabe wäre dann: *B:~/Texte*

---

[*] In der 2013 im Springer-Verlag von mir erschienen Kurzreferenz zu Linux/Unix werden auch die Zeichenkettensubstitutionen mit behandelt.

Tab. 3.34 zeigt nur eine Auswahl der ca. 24 Möglichkeiten, die als Prompt-Sonderzeichen unter der Bash eingegeben werden können:

Sonderzeichen	Auswirkung im Prompt
\h	Hostname
\t	Uhrzeit im 24-Stunden-Format HH:MM:SS
\w	aktuelles *Working* Directory
\W	aktuelles *Working* Directory – nur letzter Teil (Basename)
\!	History-Nummer des Kommandos

Tab. 3.34 Prompting unter Bash für die Variable PS1

Es gibt mehrere Möglichkeiten, um in das jeweilige Home-Directory eines Benutzers zu wechseln. In Tab. 3.35 sehen Sie neben den bisher schon kennengelernten Angaben das Sonderzeichen »Tilde«:

Kommando	Erläuterung
cd *ohne Angabe*	Wechselt jeweils in Ihr eigenes Home-Directory
$HOME	Ersetzt an dieser Stelle den Pfad Ihres Home-Directories
~	Die Tilde ersetzt ebenso wie $HOMEden Pfad Ihres Home-Directories
~Benutzer/	Ergänzen Sie das Tildezeichen mit einem Benutzernamen an, so wird hierfür das jeweilige Home-Directory des angegebenen Benutzers eingesetzt. Z.B. wird für **~hans** */home/hans* ersetzt

Tab. 3.35 Tilde (~) – Zeichen, um den Namen des Home-Directories zu erhalten

3.8.7 Zusätzliche Optionen

Wie gefallen Ihnen die bisher kennengelernten Verbesserungen in der Korn-/Posix-Shell bzw. in der Bash? Noch fehlt uns eine Option, auf die in den vorigen Kapiteln schon aufmerksam gemacht wurde, nämlich, dass Sie verhindern können, dass bei der Umleitung der Standardausgabe evtl. schon bestehende Dateien überschrieben werden. Mit dem Kommando *set* können zusätzliche Optionen gesetzt werden:

set -o

set -o – Kommando, um Optionen in der Korn-Shell zu setzen

In Tab. 3.36 sehen Sie eine Auswahl möglicher Optionen:

Option	Bedeutung
allexport	Alle gebildeten Variablen werden grundsätzlich exportiert
bgnice	Hintergrundprozesse laufen mit einer niedrigeren Priorität
emacs *oder* **vi**	Der angegebene Editor wird zum Editieren der Befehlszeile eingesetzt (Korrektur über ESC-Taste)
ignoreeof	Mit der Tastenkombination <**Strg+d**> kann die Shell nicht mehr beendet werden (wird ignoriert)
noclobber	Bereits bestehende Dateien können über Umleitungszeichen **>, >> und 2>** nicht mehr überschrieben werden

Tab. 3.36 Optionen für die Shell

Geben Sie ein *set*-Kommando über Terminal ein, so gilt die Voreinstellung nur so lange, bis Sie sich wieder abmelden. Um die Voreinstellung generell zu setzen, werden diese Optionen ebenfalls in die Datei *.kshrc* bzw. in *.bashrc* eingetragen. Mit dem Kommando **set** *ohne Angaben* erhalten Sie neben den Variablen auch die gesetzten Optionen angezeigt. Mit **set +o** können gesetzte Optionen wieder ausgeschaltet werden.

Der Inhalt der Datei */usr/kurs/monika/.kshrc* könnte dann wie folgt aussehen:

```
> cat .kshrc
alias ll="ls -l"
alias rm="rm -i"
alias cdo="cd $OLDPWD"
export PS1='.../${PWD##*/} >'
set -o vi
set -o noclobber
```

Abb. 3.207 Beispiel: Datei $HOME/.kshrc

3.8.8 Prozesskontrolle (Jobcontrol)

Im Kapitel Kapitel 3.2.7 (Vordergrund- und Hintergrundprozesse) auf Seite 107 wurde gezeigt, wie Prozesse unter der Shell gestartet werden. Sie erinnern sich vielleicht an die dort vorgestellten Kommandos und Sonderzeichen:

ps   (*process status*) zeigt die aktuellen Prozesse

kill -9   bricht vorzeitig einen Prozess ab

&   beim Aufruf eines Kommandos als Letztes angegeben, bewirkt es, dass dieses Kommando als Hintergrundprozess gestartet wird.

In der Korn-Shell und in der Bash wird, wenn ein Hintergrundprozess gestartet wird, eine zusätzliche Nummer in eckigen Klammern ausgegeben. Dies ist die sog. **Jobnummer**. Hintergrundprozesse werden in der Korn-Shell/Bash zusätzlich über ein Jobcontrol gesteuert. Auch Vordergrundprozesse können der Jobcontrol übergeben werden. Hierfür wird der Prozess mit den Tasten

$$\boxed{\textbf{Strg}} \ + \ \boxed{\text{z}}$$

gestoppt.

Mit den in Tab. 3.37 aufgeführten Kommandos können dann die *Jobs* gesteuert werden.

Kommando	Erläuterung
fg %*Jobnummer*	*foreground* Der Job/Prozess läuft im Vordergrund weiter
bg %*Jobnummer*	*background* Der Job/Prozess läuft im Hintergrund weiter
stop %*Jobnummer*	Hält einen Job an (entspricht <Strg+z>)
kill -*Signal* %*Jobnummer* oder **kill** -*Signalnamen* \\ %*Jobnummer* oder **kill** -*Signal PID*	Der Prozess wird abgebrochen. Das *kill*-Kommando kann unter der Korn-Shell sowohl mit der Signalnummer als auch mit einem Signalnamen angegeben werden. Auch die Eingabe mit der Prozessnummer (*process identification*), wie bisher unter der Bourne-Shell, ist möglich.

Tab. 3.37 Kommandos zur Jobsteuerung

In Abb. 3.207 sehen Sie hierzu ein Beispiel:

```
/usr/kurs/hans > find . -print > liste &
[1] 135
/usr/kurs/hans > stop  %1
[1] stopped
/usr/kurs/hans > fg  %1
```

Abb. 3.208 Beispiel Jobcontrol mit stop und fg

Soll der Prozess abgebrochen werden, so kann das *kill*-Kommando mit der »sicheren« Signalnummer 9 (wie wir schon gelernt haben) abgebrochen werden oder es kann ein anderes Signal mitgegeben werden.

In Tab. 3.38 sehen Sie einige der Signale:

Signal	Name/ Symbol	Name in der Bash	Bedeutung
1	HUP	SIGHUP	Die Terminalverbindung wird beendet (z.B. durch das Abmelden eines Benutzers)
2	INT	SIGINT	Interrupt vom Terminal, z.B. wurde das Programm mit <Strg+c> abgebrochen
3	QUIT	SIGQUIT	Der Prozess wird abgebrochen und ein Core-Dump erzeugt
9	KILL	SIGKILL	Der Prozess wird unbedingt abgebrochen
15	TERM	SIGTERM	Das Programm wird normal beendet
17	STOP	SIGCHLD	Prozess stoppen (hold)
18	TSTP	SIGSTOP	Der Prozess wird vom Terminal aus gestoppt <Strg+z>
19	CONT	SIGCONT	Der gestoppte Prozess soll im Hintergrund weiterlaufen (bg)

Tab. 3.38 Tabelle mit einigen Signalen

Mit dem Kommando **kill -l** können Sie sich eine Liste aller verfügbaren Signale ausgeben lassen. Mit dem Kommando **jobs** können die aktuellen Jobs angezeigt werden:

In Abb. 3.209 sehen Sie mögliche Jobsteuerungen:

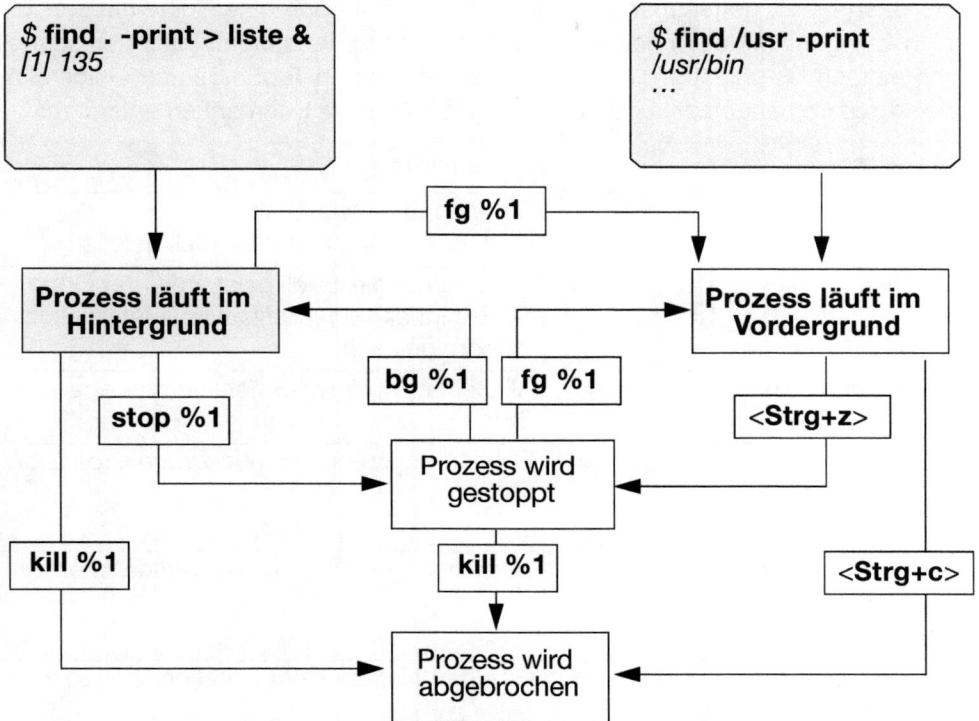

Abb. 3.209 *Die verschiedenen Jobsteuerungen*

3.8.9 Besonderheiten der Bash

Die Bash bietet gegenüber der Korn-/Posix-Shell noch eine Reihe anderer Erleichterungen an. So können Sie nachträglich über Tastenkombinationen schnell und einfach Befehle korrigieren oder wiederholen. In Tab. 3.39 sind einige Hinweise zusammengefasst und noch einige zusätzliche Schmankerl enthalten:

Begriff	Auswirkung
~/.bashrc	Entspricht in etwa (.kshrc) – wird von der interaktiven Shell gelesen
.profile	Wird von Login-Shell gelesen (unter OpenSUSE: Inhalt von .profile wird zusätzlich in .bashrc gelesen)
/etc/profile.dos	Aliase für Windows-Befehle (unter openSUSE)
{ } **ls {a,b}{1,2,3,4}** *a1 a2 a3 a4 b1 b2 b3 b4*	Erweiterungsmechnismus *(brace expansion)*
$[ ] **echo $[4+7*2]** *18*	Berechnung arithmetischer Ausdrücke
basename **basename /bin/date** *date*	Gibt den Namen einer Datei ohne Pfadangabe zurück
declare	**Zuweisung von Variablen** *declare* entspricht *typeset* (gleiche Optionen) – beide Kommandos werden akzeptiert
dirname **dirname /usr/bin/zip** */usr/bin*	Liefert nur den Pfad einer Datei
dirs	Listet mit pushd gespeicherte Verzeichnisse/Directories
local var[=wert]	Innerhalb von function Zuweisung von Variablen
popd *Dir*	Löscht aus dem mit pushd erstellten Verzeichnis angegebenes Directory wieder heraus
pushd	Speichert das aktuelle Verzeichnis/Directory in einer eigenen Liste (Stack), die zur weiteren Verwendung später mit **dirs** abgerufen werden kann.
printenv	Anzeige der globalen Variablen (env)

Begriff	Auswirkung
setterm [option] Optionen:	Terminal-Voreinstellung (s. a. man setterm)
-bold off I on	Fettschrift an/aus
-clear	Löscht Bildschirm
-default -	Setzt auf Defaulteinstellung zurück
-half-bright on I off	Text hervorgehoben an/aus
-underline on I off	Text unterstrichen an/aus
-reverse on I off	Inverse Textdarstellung an/aus
source *datei*	Entspricht . datei
trap -l	Zeigt alle Signale an
ulimit *option grenzwert* Optionen: -f dateigröße	Grenzwerte setzen (Angabe in kByte) – verhindert Erzeugung von Dateien, die größer sind als der angegebene Grenzwert
>&	Umleitung von Standardausgabe und Standardfehler
printf *format [Argumente]* z.B. \n printf "%6,2f Euro\n" 30 150 300,00 Euro 150,00 Euro	Aufbereitung der Druckausgabe Druckformatangaben wie in der Program- miersprache C

Tab. 3.39 Besonderheiten der Bash

3.8.10 Zusammenfassung

In Tab. 3.40 sind wichtige Dateien im Zusammenhang mit der Shell (Korn-/Posix-Shell und Bash) aufgelistet:

Tab. 3.40: Wichtige Dateien

Datei	Bedeutung
.kshrc* bzw. **.bashrc**	Wird von der Korn-Shell bei jedem Aufruf einer neuen Korn-Shell (Sub-Shell) gelesen, wenn im **.profile** die **Variable ENV=$HOME/.kshrc** gesetzt wurde. Für die .bashrc muss nicht vorab erst eine Environment-Variable gesetzt werden wie in der Korn-Shell. In *.kshrc* werden u.a. Alias-Zuweisungen und Korn-Shell-spezifische Variablen, Funktionen und Optionen gesetzt.
.profile	Wird nach dem Anmelden/Login von der Bourne- oder Korn-Shell und der Bash gelesen, aber nicht von der C-Shell. In .profile werden u.a. Variable gesetzt, wie $PATH, $ENV, und/oder spezielle Anfangsroutinen für den Benutzer gestartet.
.dtprofile	Unter CDE wird für die **D**esktop-Umgebung statt der .profile die .dtprofile gelesen. Wenn die .profile ebenfalls gelesen werden soll, sollte hierin die Variable DTPROFILE=true gesetzt sein. (Meist als letzte Zeile mit Kommentarzeichen schon vorhanden, so dass nur noch das Kommentarzeichen entfernt werden muss.)

In Tab. 3.41 sind die in diesem Kapitel behandelten Kommandos aufgeführt.

Tab. 3.41: Kommandos dieses Kapitels (alphabetsch sortiert)

Kommandoeingabe	Funktion
alias [-x] *kürzel*="Befehl " *Beispiel:* **alias ll="ls -l"**	*Zusatzname* **Setzt Kürzel für Befehle**
bg %*Jobnummer*	*background* Der Job/Prozess läuft im Hintergrund weiter
emacs und **vi**	**als Befehlszeilen-Editor** *siehe* Tab 3.29 auf Seite 311

Kommandoeingabe	Funktion
fc [-l *n***] [-e -]**	*fix command*
	Wiederholt bereits eingegebene Kommandos/Befehle oder zeigt sie an (History-Mechanismus)
statt **fc -l** gibt es einen Alias **history**	**-l** *list - bzw. history* zeigt die letzten 10 bzw. *n* Kommandos
statt **fc -e -** gibt es einen Alias **r**	**-e** *edit - bzw.* **r** *repeat (unter* **csh** *nur* !*)*
r **r** *-n* **r** *n* **r** *name*	wiederholt den letzten Befehl wiederholt den *n*-tletzten Befehl wiederholt den *n*-ten Befehl wiederholt den letzten Befehl, in dem *"name"* enthalten ist
fg %*Jobnummer*	*foreground* Der Job/Prozess läuft im Vordergrund weiter
history [-*n***]**	*Vergangenes* **Zeigt die letzten 10 bzw. n Kommandos an (alias zu › fc -l)**
integer *name***[=***Rechenoperation***]**	*ganze Zahl* *nur ksh*
	Bildet eine Integer-Variable
	(alias zu typeset -i) → **typeset**
Beispiel:	Bei der Zuweisung und innerhalb der Rechenoperation dürfen keine Leerzeichen enthalten sein
integer -i *zahl***=10** *nur ksh* **typeset -i** *zahl***=10** *ksh und bash* **mögliche Operatoren**	**Auswirkung**
+	Addition
-	Subtraktion
*	Multiplikation
/	Division
%	Modulo
zahl=zahl*3-15/3 **echo $zahl** *25*	Beachten Sie bei dem Beispiel, dass wie in der Mathematik Punkt vor Strich gilt
kill -9 [PID] [%*Jobnr***]**	*kill (töten)* **Bricht einen Prozess ab**

Kommandoeingabe	Funktion
ksh Unter Windows: **command.com**	*Korn-Shell* **Startet eine Korn-Shell** Hierbei wird die Datei **$HOME/.kshrc** gelesen, wenn die Variable **ENV** entsprechend gesetzt ist
stop *%Jobnummer*	**Hält einen Job an** Von einem Vordergrundprozess auch über direkten Terminalzugriff mit <Strg+z> möglich
typeset [-iulx]	**Setzt Variable** **-i** *integer* alias: **integer** für ganze Zahlen **-u** *upper* case nur für Großbuchstaben **-l** *lower* case nur für Kleinbuchstaben **-x** *export* Die Variable wird gleich exportiert
unalias *Kürzel* bzw. nur nachfolgender Alias wird aufgehoben: *Kürzel*	**Löst die Bedeutung eines Alias wieder auf** Alias wird nur temporär aufgelöst

Tab. 3.42 zeigt einige vordefinierte Variablen und Sonderzeichen, die wir in diesem Kapitel behandelt haben.

Tab. 3.42: Vordefinierte Variablen bzw. Sonderzeichen

Shell-Variable	Bedeutung
$ENV	Hier wird als Wert der Dateiname angegeben, der Voreinstellungen für die Korn-Shell enthält, in der Regel **$HOME/.kshrc**
$HISTSIZE	Als Wert wird die Anzahl der Kommandos eingetragen, auf die über den History-Mechanismus und den Befehlszeilen-Editor zurückgegriffen werden darf
$PWD	Als Wert wird jeweils das aktuelle Directory zugeordnet
$OLDPWD	Enthält als Wert das vor einem cd benutzte Directory
$VISUAL	Ist diese Variable belegt, kann die Befehlszeile editiert werden

~ ~*Benutzer* Beispiel: ~*hans*	Das Tildezeichen wird durch das Home-Directory des aktuellen Benutzers ersetzt oder durch das Home-Directory des angegebenen Benutzers: Wird ersetzt durch: /home/hans

In Tab. 3.43 sehen Sie zusätzliche Optionen für die Korn-/Posix-Shell und die Bash, die entweder beim Aufruf oder über das Kommando *set* der Shell übergeben werden können.

Tab. 3.43: Optionen für Korn-/Posix-Shell und der Bash

Option	Bedeutung
allexport	Alle gebildeten Variablen werden grundsätzlich exportiert
bgnice	Hintergrundprozesse laufen mit einer niedrigeren Priorität
emacs *oder* **vi**	Wird diese Option gesetzt, kann die Befehlszeile mit dem angegebenen Programm editiert werden. Hierfür muß, um zu korrigieren, die ESC-Taste gedrückt werden. Der Befehlszeilen-Editor kann auch durch Setzen der Variable **VISUAL=vi** eingeschaltet werden
ignoreeof	Mit der Tastenkombination <Strg+d> kann die Shell nicht mehr beendet werden (wird ignoriert)
noclobber	Bereits bestehende Dateien können über Umleitungszeichen > nicht mehr überschrieben werden

3.9 Besonderheiten der C-Shell

Wie in den beiden vorherigen Kapiteln schon daraufhin gewiesen, wird in diesem Buch die C-Shell nicht eigens behandelt. Da speziell im Umfeld der Softwareentwicklung die C-Shell oder TC-Shell oft eingesetzt ist, sollen hier wenigstens die wichtigsten Unterschiede zur Bourne-, Korn- und Posix-Shell sowie zur Bash aufgezeigt werden.

Die einzelnen Themen:

3.9.1 Eigenschaften der C-Shell

Ähnlich wie die Korn-Shell wurde die C-Shell als Alternative zur Bourne-Shell entwickelt, um wesentliche Erweiterungen aufzunehmen.

Hierzu gehören:

❑ Der History-Mechanismus mit der Möglichkeit, Befehlszeilen zu editieren

❑ Der Alias-Mechanismus

❑ Die Jobkontrolle (Stoppen eines Prozesses, Wiederstarten als Vorder- oder Hintergrundprozess)

❑ Weitere vordefinierte Variable

❑ Einfachere Behandlung von Variablen
(Integer-Variable mit Rechenoperationen)

❑ Optionen, mit denen z.B. wie in der Korn-Shell das Überschreiben von Dateien bei Standardausgabe-Umleitungen verhindert wird

Als Startroutinen liest die C-Shell, wenn sie durch das *login* über die Datei */etc/passwd* gestartet wurde, im jeweiligen Home-Directory des Benutzers statt *.profile* die Datei *.login*.

Die Datei *.cshrc* wird generell bei jedem Aufruf der C-Shell gelesen.

Der Prompt der C-Shell ist das Prozentzeichen **%**.

Er kann mit dem Kommando

set prompt = *"neuer Wert"*

neu zugewiesen werden.

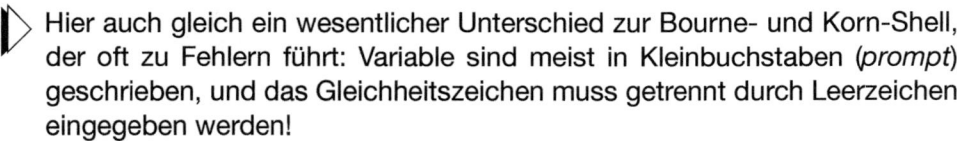 Hier auch gleich ein wesentlicher Unterschied zur Bourne- und Korn-Shell, der oft zu Fehlern führt: Variable sind meist in Kleinbuchstaben (*prompt*) geschrieben, und das Gleichheitszeichen muss getrennt durch Leerzeichen eingegeben werden!

Dateinamenexpansion, Ein-/Ausgabeumleitung außer Fehlerausgabe-Umleitung, Aufruf eines Hintergrundprozesses und die Positionsparameter werden genauso wie in der Bourne- oder Korn-Shell behandelt.

Doch während die *ksh* ohne Weiteres Shell-Prozeduren (Skripte) von der Bourne-Shell (*sh*) richtig interpretiert und ausführt, führen *sh*-Skripte, die mit *csh* gestartet werden, oft zu Fehlern und Abbruch. Deshalb auch an dieser Stelle nochmals der Hinweis, dass, wenn verschiedene Shells genutzt werden, in der ersten Zeile einer Shell-Prozedur der run-Befehl stehen sollte: z.B.

#!/bin/sh oder **#!/usr/bin/csh**

Nachstehend finden Sie eine Übersicht der wesentlichen Unterschiede, die, falls nicht explizit die C-Shell aufgerufen wurde, zu Fehlern führen könnten.

3.9.2 Unterschiede in der Fehlerumleitung

In Tab. 3.44 ist der Unterschied für die Fehlerumleitung zu sehen.

Tab. 3.44 Fehlerumleitung

Eingabe unter sh/ksh/bash	Eingabe unter csh
2>	>&

3.9.3 Unterschiede in der Ablaufsteuerung

In Tab. 3.45 wird gezeigt, welche Unterschiede es bei der Ablaufsteuerung gibt.

Tab. 3.45 Ablaufsteuerung

Eingabe unter sh/ksh/bash	Eingabe unter csh

If-Bedingung:
if *Befehl*
    then *Befehlsfolge*
    else *Befehlsfolge*
fi
 	
oder
if *Befehl*
    then *Befehlsfolge*
    elif *Befehl*
    then *Befehlsfolge*
fi
	if (*ausdruck*) *Befehl*
	oder
	if (*ausdruck*) **then**
	        Befehlsfolge
	endif
	oder
	if (*ausdruck*) **then**
	        Befehlsfolge
	    else if (*ausdruck*) **then**
	        Befehlsfolge
	    else *Befehlsfolge*
	endif

Schleifenverarbeitung:
for *Name* **in** *argumente*
    do *Befehlsfolge*
done
	foreach *Name* (*argumente*)
	        Befehlsfolge
	end

while *Befehl*
    do *Befehlsfolge*
done
	while (*ausdruck*)
	        Befehlsfolge
	end

Case-Verarbeitung
case *Textmuster* **in**
        muster_1) *Befehlsfolge* ;;
        muster_2) *Befehlsfolge* ;;
    ...
esac
	switch (*textmuster*)
	        case *Muster1*; *Befehlsfolge*; **breaksw**
	        ....
	        case *Mustern*; *Befehlsfolge*; **breaksw**
	        default: *Befehlsfolge* # *optional*
	endsw

Goto-Anweisung nicht möglich	**goto** *marke* ... *marke*: *Befehlsfolge*

Repeat-Anweisung nicht möglich	**repeat** *n Befehl*

3.9.4 Unterschiede in der Variablenzuweisung

In Tab. 3.46 ist die unterschiedliche Variablenzuweisung dargestellt:

Tab. 3.46 Zuweisung von Variablen

Eingabe unter sh/ksh/bash	Eingabe unter csh
Positionsparameter **$0, $1, ...**	**$argv[0], $argv[1], ...** und **$0, $1, ...**
Vordefinierte Variable **$HOME** ksh: zusätzlich **~[**/benutzer**]** **$PS1**	Statt Groß- in Kleinbuchstaben *(nur einige gleichlautend)* **$home** *oder* **~[**/benutzer**]** **$prompt**
Bereitzeichen mit aktuellem Pfadnamen zuweisen: **export PS1="` $PWD` >"**	Nur über Trick – Alias-Bildung (Quelle: Linux/Unix, J. Gulbins, K. Obermayr) **alias** *defpr* ` set prompt = "${cwd}%" ` *defpr* **alias cd 'chdir \!* && *defpr*'**
Setzen von Variablen **PATH=$PATH:**/home/bin **export PATH**	**set path = ($path** /home/bin **)**x oder **setenv** *Name Wert*
Rechnen mit Variablen *zahl=10* *zahl=*`expr $*zahl* + 1` ksh zusätzlich: **integer** *zahl=10* *zahl=$zahl+1*	**@** *zahl 10* **@** *zahl = ($zahl + 1)*

3.9.5 Unterschied in der Alias-Bildung

In Tab. 3.47 sehen Sie, welche Unterschied in der Aliasebildung in der C-Shell bestehen.

Tab. 3.47 Alias-Bildung/-Aufhebung

Eingabe unter sh/ksh/bash	Eingabe unter csh
alias [-x] *kürzel*=" *Befehl* " **alias ll="ls -l"** **unalias** *kürzel*	**alias** *kürzel Befehl* **unalias** *kürzel*

3.10 Noch ein paar Befehle

Mit der Korn- und Posix-Shell sowie der Bash können Sie nun Ihre Arbeitsumgebung und Arbeitsabläufe auf einem Linux/Unix-Rechner so gestalten, wie Sie sie benötigen. Hier finden Sie noch ein paar Befehle mit Beispielen aus der Praxis, die ganz nützlich sein können, um knifflige Aufgaben zu lösen.

Die einzelnen Themen:

3.10.1 Umleitung mit tee

Wir hatten in der Shell-Einführung gelernt, dass die Ausgabe eines Kommandos durch den Pipe-Mechanismus als Eingabe für das nächste Kommando umgeleitet wird, Sie durch das Kommando *tee* können Sie nun die Ausgabe zusätzlich in eine Datei umleiten (s. Abb. 3.210).

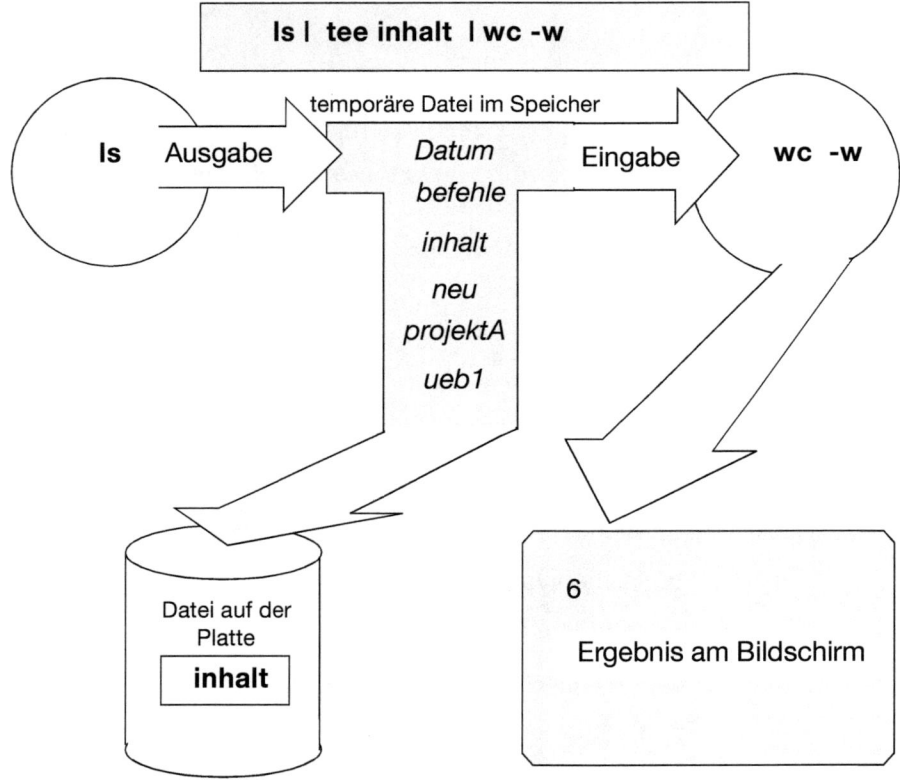

Abb. 3.210 tee – Kommando, um eine Pipe-Ausgabe zusätzlich in eine Datei abzuleiten

Diese parallele Umleitung lässt sich auch gut mit nachfolgenden Kommandos kombinieren, um einen veränderten Dateiinhalt sofort am Bildschirm kontrollieren zu können und zusätzlich in eine neue Datei zu speichern.

3.10.2 Dateien und Zeichenketten verändern

Unter Unix können Sie im großen Stil »Dateimanipulationen« vornehmen. Ein mächtiges Werkzeug hierfür ist sicher der *awk* (von den Programmierern *Aho*, *Weinberger*, *Kernigham* abgeleitet), das wir am Ende dieses Kapitels kurz vorstellen. Als freie und plattformunabhängige Programmiersprache sei natürlich hier auf auf Perl verwiesen, das auf der C-Programmiersprache und verschiedenen Unix-/Linux-Tools basiert, wie dem sed, awk und anderen Unix-Befehlen. Perl wird insbesondere bei System- und Netzwerkadministration und Webanwendungen eingesetzt.

Doch auch mit einfachen Kommandos können wir Dateien »manipulieren« (im positiven Sinn). Hier gibt es eine Reihe von Kommandos, die Dateiinhalte oder Zeichenketten verändern, z.B.

❏ Sortieren mit *sort*

❏ Zeichen oder Spalten herausschneiden mit *cut*

❏ Dateien oder Zeichenketten (Strings) vergleichen mit *diff* (oder *cmp*)

❏ Bestimmte Zeilen aus Dateien selektieren mit *grep.*
  (Das Kommando haben wir bereits im Kapitel 3.4, auf Seite 188 kennengelernt.)

Sehen wir uns hierzu ein paar Beispiele an.

3.10.3 Sortieren von Dateiinhalten oder Zeichenketten

Auch das *sort*-Kommando hatten wir schon einmal kurz besprochen (Kapitel 3.2, auf Seite 95), um eine Ausgabe alphabetisch zu sortieren. Doch mit *sort* können Sie auch nach unterschiedlichen Spalten innerhalb einer Datei oder Zeichenausgabe sortieren.

Oft wird in der Datei */etc/passwd* unter Kommentar der vollständige Name der Benutzer, evtl. sogar Abteilung und Telefonnummer eingetragen. In der Passwort-Datei sind die Benutzer aber nach der laufenden Benutzernummer sortiert. Wenn wir aus dieser Datei eine alphabetische Namensdatei unserer Benutzer erstellen wollen, müssen wir dem Kommando mitteilen, an welcher Stelle/Spalte es die Sortierung durchführen soll. Als Spalte interpretiert das *sort*-Programm zusammenhängende Zeichen, die durch ein oder mehrere Leerzeichen voneinander getrennt sind. Sehen wir uns die Syntax des Kommandos *sort* an:

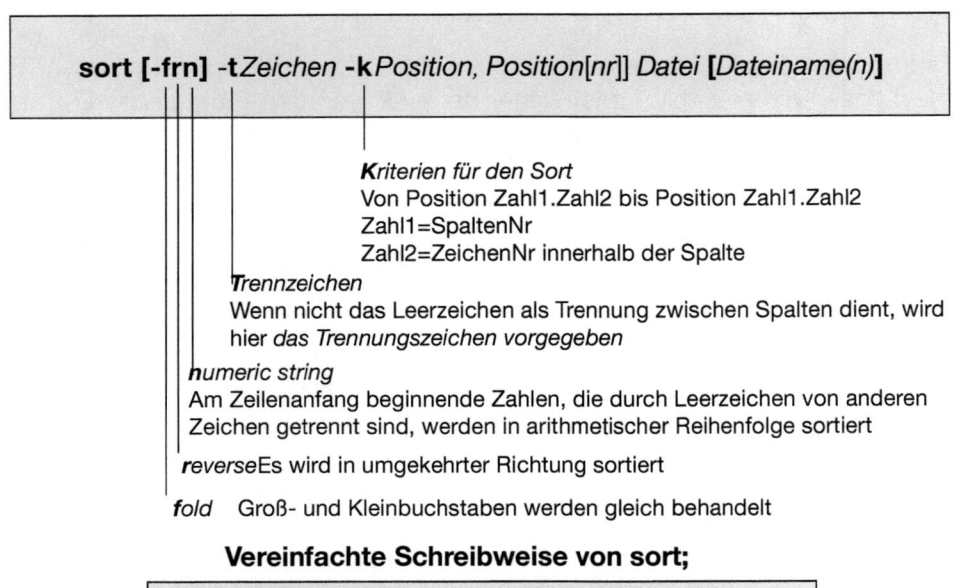

sort [-frn] -t*Zeichen* -k*Position, Position[nr]] Datei* **[*Dateiname(n)*]**

Kriterien für den Sort
Von Position Zahl1.Zahl2 bis Position Zahl1.Zahl2
Zahl1=SpaltenNr
Zahl2=ZeichenNr innerhalb der Spalte

*T*rennzeichen
Wenn nicht das Leerzeichen als Trennung zwischen Spalten dient, wird
hier *das Trennungszeichen vorgegeben*

*n*umeric string
Am Zeilenanfang beginnende Zahlen, die durch Leerzeichen von anderen
Zeichen getrennt sind, werden in arithmetischer Reihenfolge sortiert

reverse Es wird in umgekehrter Richtung sortiert

fold   Groß- und Kleinbuchstaben werden gleich behandelt

Vereinfachte Schreibweise von sort;

sort +*Spaltennr.* [-*Zeichenanzahl*] **[*Dateiname(n)*]**

sort – Kommando, um Dateiinhalte oder Zeichenketten zu sortieren

In unserem Beispiel wollen wir den Dateiinhalt nach der Spalte vier sortieren. Uns interessieren aber nur die Benutzer, die mit »*ben*« beginnen. Über eine Pipe können wir vorab mit **grep** diese Zeilen herausfiltern und geben die Ausgabe an das **sort**-Programm weiter. Da wir die Ausgabe sowohl am Bildschirm kontrollieren wollen als auch in einer Datei abspeichern möchten, verwenden wir hier gleich das Kommando **tee**. Um das Kommando *sort* besser kennenzulernen, sortieren wir nur nach den ersten sechs Buchstaben des Namens.

Um aus der Datei */etc/passwd* die gewünschten Spalten zu sortieren und in einer anderen Datei abzuspeichern, sehen wir uns kurz nochmal einen Ausschnitt von */etc/passwd* an (s. Abb. 3.211):

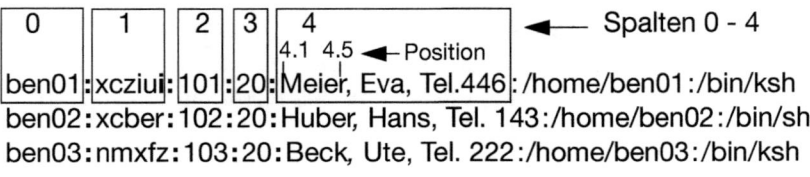

Abb. 3.211 *Ausschnitt aus /etc/passwd*

Die einzelnen Spalten sind durch einen »:« getrennt, den wir beim Aufruf als Trennungssymbol mit der Option **-t:** angeben (s. Abb. 3.212):

```
$ grep "^ben" /etc/passwd | sort -t: -k 4.1,4.5 | tee bensort
$ grep "^ben" /etc/passwd | sort -t: +4 -5  | tee bensort
                                           vereinfachte Schreibweise
...
ben03:nmxfz:103:20:Beck, Ute, Tel. 222:/home/ben03:/bin/ksh
ben02:xcber:102:20:Huber, Hans, Tel. 143:/home/ben02:/bin/sh
ben01:xcziui:101:20:Meier, Eva, Tel.446:/home/ben01:/bin/ksh
$
```

Abb. 3.212 Beispiel: sort als Filterprogramm (Sortierung nach Spalten)

3.10.4 Separieren (Ausschneiden) von Spalten

Der Inhalt unserer neuen Datei *bensort* entspricht den Zeilen am Bildschirm. Um nun eine Liste nur mit Benutzername (ben01 ..), dem vollständigen Namen mit Telefonnummer und das Home-Directory zu bekommen, benötigen wir nur die Spalten 0, 4 und 5. Alle anderen Spalten interessieren uns vorerst nicht. Um Spalten »herauszuschneiden«, gibt es das Kommando *cut*:

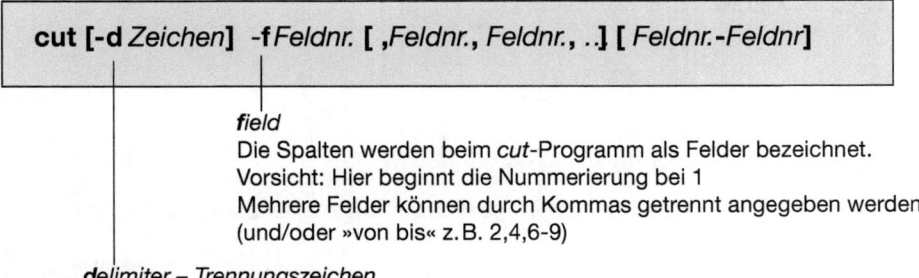

cut [-d *Zeichen***]**   **-f** *Feldnr.* **[,***Feldnr., Feldnr., ..***] [** *Feldnr.-Feldnr***]**

field
Die Spalten werden beim *cut*-Programm als Felder bezeichnet.
Vorsicht: Hier beginnt die Nummerierung bei 1
Mehrere Felder können durch Kommas getrennt angegeben werden
(und/oder »von bis« z.B. 2,4,6-9)

delimiter – Trennungszeichen

▷ Achtung! Als Standardeinstellung (Default) nimmt das *cut*-Programm das Tabulatorzeichen, nicht wie bei sort das Leerzeichen! Leider sind auch die Kennzeichen, um das Trennungszeichen anzugeben, verschieden.

cut – Kommando, um Felder auszuschneiden

Wie die Spalten 0, 4 und 5 bzw. die Felder 1, 3 und 4 zu erhalten sind, zeigt Abb. 3.213:

```
$ cut -d: -f1,3-4 bensort | tee benutzer
ben03:Beck, Ute, Tel. 222:/home/ben03:
ben02:Huber, Hans, Tel. 143:/home/ben02:
ben01::Meier, Eva, Tel.446:/home/ben01:
$
```

Abb. 3.213 Beispiel: cut, Separieren der Felder 1, 3 und 4 aus /etc/passwd

Wie müsste die Eingabe lauten, wenn wir mit einem Aufruf nur die drei Spalten von */etc/passwd* herausfiltern, sortieren, am Bildschirm anzeigen und gleichzeitig in eine Datei schreiben wollen? Kein Problem. Wir können ja beliebig lange Pipes schreiben. Versuchen Sie es einmal, benennen Sie die Ausgabedatei vorsichtshalber *benutzer1* und für weitere Versuche *benutzer2* usw. Um herauszufinden, ob die Dateien das gleiche Ergebnis gebracht haben, können Sie dies mit dem nachfolgenden Kommando *diff* prüfen.

3.10.5 Vergleichen von Dateien

Wie oft kommt es vor, dass zwei Dateien mit gleichem oder fast gleichem Inhalt vorhanden sind? Mit bloßem Auge ist es oft schwer erkennbar, wo und ob Unterschiede bestehen. Welche der beiden Dateien darf gelöscht werden? Mit *ls -l* können wir vorab Datum und Größe vergleichen, doch wir wissen dann noch nicht, welcher Dateiinhalt der richtige ist, wo die Unterschiede liegen. Da ist es sehr hilfreich, wenn diese Arbeit der Rechner übernimmt. Unter Linux/Unix gibt es hierfür verschiedene Kommandos. Ab System V.4 dürfte auf allen Systemen das Kommando **diff** zur Verfügung stehen. Es vergleicht Zeile für Zeile und gibt ein entsprechendes Protokoll aus.

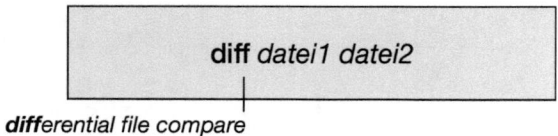

diff *datei1 datei2*

*diff*erential file compare

diff – Kommando, um Dateien miteinander zu vergleichen

Über verschiedene Optionen können noch eine Reihe von Voreinstellungen gesteuert werden, doch wir wollen uns hier nur den einfachen Vergleich ansehen. Nehmen wir als Beispiel zwei kleine Dateien (s. Abb. 3.214):

Datei1 *h1*:

```
hallo
dies ist die
erste Datei
```

Datei2 *h2*:

```
dies ist die
zweite Datei
```

```
$ diff h1 h2
1d0              Zeile 1 delete zu Zeile 0
<hallo           Inhaltsanzeige
3c2              Zeile 3 change zu Zeile 2
<erste Datei     Anzeige h1
---              ---
>zweite Datei    Anzeige h2
```

Abb. 3.214 *Beispiel: Vergleich von Dateien mit diff*

Die Hinweise im Protokoll basieren auf den Befehlen vom Editor *ed*. Hierbei werden die Befehle angezeigt, die notwendig sind, um die Dateien identisch zu machen. Die Reihenfolge der zu vergleichenden Dateien ist dabei maßgebend.

Die häufigsten Hinweise sind:

a   *append*, d.h., die Zeile müsste eingefügt werden,

d   *delete*, d.h., die Zeile müsste gelöscht werden,

c   *change,* d.h., die Zeile müsste geändert werden,

damit beide Dateien gleich sind.

Ein weiteres Kommando, um Dateien zu vergleichen, ist *cmp*. Sind die Dateien gleich, liefert das Kommando den Exit-Status 0. Sind die Dateien nicht gleich, zeigt es standardmäßig nur die erste Position des Unterschiedes an.

compare

cmp – Kommando, um Dateien zu vergleichen

In Abb. 3.215 sehen wir den Vergleich von Datei 1 und Datei 2 mit *cmp*:

Datei 1 *h1*:   Datei 2 *h2*:

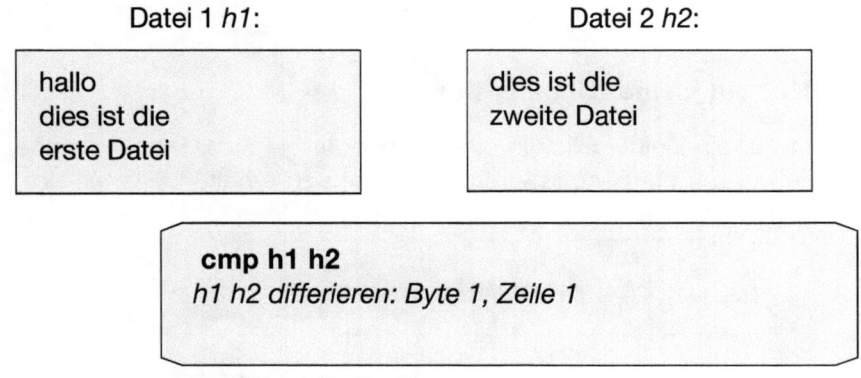

Abb. 3.215 *Beispiel: Vergleich von Dateien mit cmp*

3.10.6 read mit dem Pipe-Mechanismus

Eine Aufgabe, die in der Praxis oft benötigt wird, ist, festzustellen, welche Prozesse von einem Benutzer oder einem bestimmten Programm noch laufen, und diese Prozesse z.B. gleich abzubrechen.

Hierfür können die einzelnen Abfragen über die Pipe in einem Aufruf abgearbeitet werden (s. Abb. 3.216):

```
$ ps -ef | grep "ben01" | while read uid PID rest
>                          do kill -9 $PID
>    done
```

1234 killed   Solange von *ben01* Zeilen aus der Anzeige von
1356 killed   *ps -ef* gefunden werden, wird diese Zeile von *read*
                       gelesen und den Variablen *uid PID* und der Rest
...   der Zeile *rest* zugewiesen. Für das *kill*-Kommando
                       benötigen wir nur den 2. Wert, nämlich *$PID*.
                       ps -ef gibt folgende Werte aus:
                       UID   PID   PPID   STIME   TTY   TIME   COMMAND

Abb. 3.216 *Beispiel: read in Verbindung mit Pipe*

Falls Sie sich nochmal über das Kommando *read* informieren möchten, schlagen Sie nach bei Kapitel 3.7, auf Seite 267. Über das Kommando *ps* finden Sie im Kapitel 3.2 auf Seite 111 weitere Informationen.

Man kann zwar die Pipe direkt über das Terminal eintippen, doch es empfiehlt sich, hier ein kleines Kommando zu schreiben und je nachdem, was gesucht werden soll (z.B. Benutzer- oder Programmname), dies dann als Parameter mitzugeben. In der Prozedur wird dann nach dem Parameter abgefragt:

ps -ef | grep $1 ...

3.10.7 Nur ein kleiner Blick in Dateien

Oft reicht nur ein kleiner Blick in eine Datei oder bei einer Pipe-Ausgabe in die ersten Zeilen, um die benötigten Informationen zu erhalten. Hierfür gibt es die zwei Kommandos *head* und *tail*:

head [-n] datei(en)

Kopf   *number*
Anzahl der ersten Zeilen
ohne Angabe werden die ersten 10 Zeilen gezeigt

head – Kommando, um die ersten Zeilen einer Datei anzusehen

In Abb. 3.217 sehen Sie hierzu ein Beispiel:

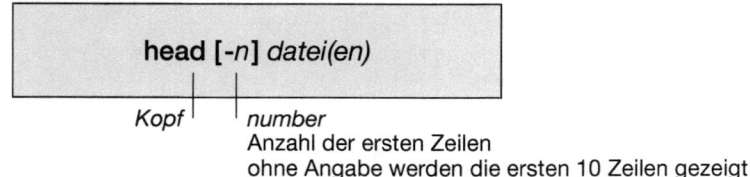

```
$ head -2 benutzer
ben03::Beck, Ute, Tel. 222:/home/ben03:
ben02::Huber, Hans, Tel. 143:/home/ben02:
$
```

Abb. 3.217 *Beispiel: Ausgabe von head*

Das Kommando, um die letzten Zeilen einer Datei angezeigt zu bekommen (also nicht den Kopf, sondern den Schwanz), lautet:

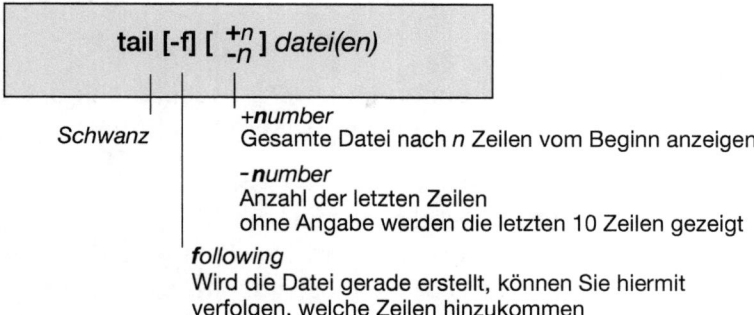

tail [-f] [$^{+n}_{-n}$] datei(en)

Schwanz

+*number*
Gesamte Datei nach *n* Zeilen vom Beginn anzeigen

-*number*
Anzahl der letzten Zeilen
ohne Angabe werden die letzten 10 Zeilen gezeigt

following
Wird die Datei gerade erstellt, können Sie hiermit
verfolgen, welche Zeilen hinzukommen

tail – Kommando, um die letzten Zeilen einer Datei anzusehen

Ein Beispiel zu *tail* sehen Sie in Abb. 3.218:

tail -2 benutzer

ben02::Huber, Hans, Tel. 143:/home/ben02:
ben01::Meier, Eva, Tel.446:/home/ben01:
$

Abb. 3.218 *Beispiel: Ausgabe von tail*

3.10.8 Programme starten, und Sie gehen schlafen

Ja, das wäre toll, nur dem Rechner kurz die Aufgaben übergeben und während wir schlafen – oder den Tag genießen –, erledigt der Rechner unsere Arbeit. Gut vorbereitet, ließe sich da sicher einiges bewerkstelligen. Doch ganz so weit wollen wir gar nicht gehen, uns hilft schon eine kleine Verbesserung.

Angenommen, Sie müssen dringend zu einem Termin, wollen aber gerade noch einen zeitaufwendigen Prozess starten. Damit jedoch in der Zwischenzeit niemand Unfug an Ihrem Rechner treibt, wäre es sicherer, sich vorher abzumelden. Dies bedeutet im Normalfall, dass alle von Ihnen an diesem Terminal gestarteten und noch laufenden Prozesse ebenfalls abgebrochen werden. Um dies zu vermeiden, können Sie einem Kommando beim Aufruf den Status mitgeben, dass es unabhängig von dem Vaterprozess weiterlaufen soll. Allerdings sollte das Kommando dann im Hintergrund und »ohne abzuhängen« gestartet werden. Dies geschieht mit foldendem Kommando:

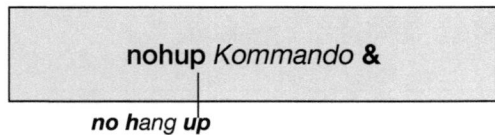

**nohup – Kommando, um Prozesse auch nach einem
logout weiterlaufen zu lassen**

Wenn Sie bereits auf einer grafischen Oberfläche arbeiten, gibt es auch hierfür einfachere Methoden. Sie können softwaremäßig Ihr Terminal einfach abschließen. Die Anzeige am Bildschirm verschwindet (oft werden dann über sog. Bildschirmschoner unterschiedliche Muster angezeigt) – wichtig aber ist, dass niemand, ohne Ihr Passwort zu kennen und einzugeben, an diesem Terminal arbeiten kann.

Überschlafen Sie ersteinmal das bisher über Linux/Unix Gelernte; ganz vergessen sollten Sie es allerdings nicht, denn trotz *Drag & Drop* und *Windowing* lässt sich nicht alles durch Mausklicken erreichen. Auch ist es wichtig, zu wissen, was im Hintergrund abläuft, und noch wichtiger, immer direkt mit gezielten Kommandos ins Geschehen eingreifen zu können. Zum Abschluss der Kommandos erhalten Sie im Kapitel 3.11 Informatioen über den *awk*, der eine eigene Skriptsprache darstellt, aber auch in Shell-Prozeduren mit aufgerufen werden kann.

3.10.9 Zusammenfassung der Kommandos

In Tab. 3.48 sind die in diesem Kapitel behandelten Kommandos alphabetisch sortiert:

Tab. 3.48 Kommandos dieses Kapitels (alphabetisch sortiert)

Kommandoeingabe	Funktion
cmp Beispiel: **cmp** *text1* *text2* **Unter Windows: comp, fc**	*comp*are, vergleichen Vergleicht Dateiinhalte Bei Ungleichheit werden die unterschiedlichen Zeilen angezeigt s.a. diff

cut [**-d***Zeichen*
   -f *Feldnr*
   -c *Zeichenposition*]
 	
Beispiel:
cut -d: -f1,5-6 \
/etc/passwd
	schneiden
	Schneidet/separiert Felder aus Dateien oder Zeichenketten
	-d *delimiter* – das Trennungszeichen (Default ist das Tabulatorzeichen)
	-f *field* – Feldnummer
	-c *character* – Zeichenposition
	Gibt über Bildschirm die Felder 1, 5 und 6 aus:
	Name, Kommentar und Home-Verzeichnis

diff *Datei1 Datei2* **diff** *h1 h2*	Vergleicht Dateien miteinander. Die Ausgabe zeigt die unterschiedlichen Zeilen an: *1d0* *<hallo* *3c2*
head [*-n*]*Dateiname(n)*	Zeigt die ersten 10 Zeilen einer Datei an **-n** *number* – Zeigt *n* Zeilen an
nohup *Kommando* & Beispiel: **nohup tar -cvzf** */tmp/sicherung.tar.gz /home* &	*no hang up* Der Prozess wird nicht abgebrochen, wenn der Vaterprozess beendet wird; nohup wird zusammen mit dem Befehl als Hintergrundprozess aufgerufen.

Kommandoeingabe	Funktion
sort [**-bfnr**]*-tZeichen* \ **+n**[**.y**] *Datei* **sort** [**-bfnr**]*-tZeichen* \ **+n -z** [*Datei*[	***sortieren*** Sortiert Dateiinhalte oder Zeichenketten nach verschiedenen Kriterien **-b** *blank* Ignoriert führende Leerzeichen **-f** *fold* Behandelt Groß- und Kleinbuchstaben gleich **-n** *number* Zahlen werden numerisch sortiert **-r** *reverse* Es wird in umgekehrter Richtung sortiert **-t** *Trennzeichen* Wenn nicht das Leer- oder Tabzeichen als Trennung zwischen Spalten dient, wird hiermit das Trennungszeichen vorgegeben Kriterien für den Sort:
Beispiel: Ausschnitt /etc/passwd: Spaltenzuordnung getrennt durch › :‹ 0 1 2 3 4 …* ben01:xxxxx:101:20:Meier:… ben02:xxxxx:102:20:Huber:… ben03:xxxxx:103:20:Beck:… **sort -t: +4 -4 /etc/passwd** ben03:xxxxx:103:20:Beck:… ben02:xxxxx:102:20:Huber:… ben01:xxxxx:101:20:Meier:…	Die Ausgabe erfolgt standardmäßig auf den Bildschirm; mit der Zusatzoption **-o** **Datei** kann die Ausgabe umgeleitet werden (auch in die Eingabedatei) **+n** Hiermit wird die zu sortierende Spaltennummer (beginnend ab 0) definiert **-n** Nur anzugeben, falls innerhalb der Spalte die Zeichen erst ab einer bestimmten Zeichenanzahl (beginnend ab 0) sortiert werden sollen. Die Datei /etc/passwd wird nach den ersten 4 Buchstaben im Kommentar (Name) in aufsteigender Reihenfolge sortiert und am Bildschirm angezeigt
tail [**-fn +n**] *Datei*	Zeigt die letzten Zeilen einer Datei an **-n** *number* Zeigt die letzten *n* Zeilen (ohne Angabe 10) einer Datei an **+n** Zeigt den Inhalt einer Datei ab Zeile *n* vom Beginn an **-f** *following* Bei laufender Verarbeitung werden hinzukommende Zeilen dieser Datei angezeigt
tee Beispiel: ls -l I tee *inhalt* I wc -l	T-Stück einer Pipeline Leitet bei Pipe-Mechanismus die Ausgabe zusätzlich in eine Datei um Die Liste aller Dateien wird in die Datei inhalt geschrieben, am Bildschirm wird nur die Anzahl der Dateien angezeigt

3.11 Der awk

Zwar haben wir im vorigen Kapitel recht nette Kommandos kennen gelernt, mit denen wir Dateien »manipulieren« können, doch der awk kann noch etwas mehr ...

Die einzelnen Themen:

3.11.1 Was kann der awk

(awk ist abgeleitet von den Programmierern: Aho, Weinberger, Kernighan.)

Die wesentlichen Eigenschaften vom *awk* sind:

❏ Mächtiges Werkzeug zum Manipulieren von Dateien oder Zeichenketten, man spricht hierbei auch von einem Reportgenerator

❏ Feldweise Bearbeitung von Dateien

❏ Suchen nach Text mit vorgebenen Mustern

❏ Aktionen für gefundene Muster

- Ausgabe (print oder printf)

- Ersetzen

- Arithmetische Operationen +, -, *, /
  Funktionen wie exp(), cos(), atan(), log(), sqrt()

- Funktionen für Zeichenketten
  length(), split(), subst(), index() ...

❏ Aktionen können Schleifen, bedingte Anweisungen, Variable und andere Operationen enthalten

3.11.2 Variable im awk

Der *awk* arbeitet eine Datei Zeile für Zeile ab und teilt dabei die Felder in Variable auf. Der *awk* setzt nun pro Zeile folgende Variable:

$0 gesamte Zeile

S1 1. Feld

$n n. Feld

FS Field Separator (wie Leerzeichen oder :)

NF Number Fields (Anzahl der Felder)

RS Record Separator (Satztrennzeichen)

Wollen wir eigene Variable bilden, ist die Syntax unterschiedlich zur Shell/Bash:

Variable = Wert

Die Ausgabe erfolgt **mit Leerzeichen** und wenn sie später verwendet wird, **nur den Namen** angeben, **nicht** mit $Name.

Bei Rechenoperationen werden die Integer-Variablen automatisch angelegt.

Beispiel:

anzahl ++

Für das erste Beispiel verwenden wir eine einfache Statistik.

Nehmen wir eine Statistik mit folgendem Aufbau (s. Tab. 3.49):

$1	$2	$3	$4	$5
Name	Ort	Telefon	Umsatz	Vorjahr
Albers	Hamburg	040-213344	30000	20000
Mayer	München	089-432678	60000	55000
Huber	München	089-915530	25000	22000

Tab. 3.49 Beispiel 1: Statistik

Wir suchen nach allen Namen, bei denen München als Ort angegeben ist. Wichtig ist hierbei die Syntax. Achten Sie auf die Hochkommas. In den Hochkommas stehen die Anweisungen für den *awk*. Die Suche ist eingeschlossen in Schrägstriche, wie wir sie bereits bei *more*, *sed* und *vi* kennengelernt haben. Die Anweisung, was mit den gefundenen Zeilen passieren soll, wird in geschweifte Klammern geschrieben: Hier sollen die gefundenen Namen ausgegeben werden (anzeigen, drucken). Der Name ist das erste Feld in der Zeile und entspricht der Variablen $1. In welcher Datei der *awk* suchen soll, wird als Parameter (Argument) mitgegeben (s. Abb 3.219) :

```
awk '/München/  { print $1 }'  statistik
Mayer
Huber
```

Abb. 3.219 *Beispiel 1: Suchen und Ausgeben*

3.11.3 Struktur des awk-Programms

Will man mehr als nur eine einfache Suche starten, muss man die Struktur vom *awk* kennen. Achten Sie auch hier auf die Hochkommas, die Anfang und Ende vom *awk* kennzeichnen. Es gibt drei Bereiche (s. Abb 3.220):

```
Begin {
}
```
Begin: Startroutinen

```
{

}
```
Hauptteil - Aktionen für jede Zeile

```
End {
}
```
End: Endroutinen

Abb. 3.220 Struktur vom awk

Start- und Endeanweisungen sind optional. Die einzelnen Bereiche sind durch geschweifte Klammern gekennzeichnet (s. Abb 3.221):

```
awk   'BEGIN { Startanweisungen ... }        kann entfallen
       [Muster] {  .. Aktionen ... }
       End  { abschließende Anweisungen ... }    kann entfallen
       ' [Eingabedatei(en)]
```

Abb. 3.221 Syntax vom awk

Unter BEGIN werden Startanweisungen gesetzt, wie z.B. eine Variable, die das Trennungszeichen setzt, wie wir sie ähnlich schon beim Kommando *sort* oder *cut* kennengelernt haben.

Im zweiten Beispiel wollen wir aus der */etc/passwd*, deren Felder durch »:« getrennt sind, nur die Namen, alphabetisch sortiert, und das Home-Verzeichnis angezeigt bekommen. Dazu könnte man das *sort*-Kommando über die Pipe an den *awk* weitergeben, wie Sie es in Abb 3.222 sehen:

```
tail /etc/passwd | sort -t: | awk '
BEGIN {

     FS=":"

}
# Haupteil
{
print $1, $6

}'
```

```
chr /home/chr
hans /home/hans
monika /home/monika
otto /home/otto
```

Abb. 3.222 Beispiel 2: Startroutine im awk

Es funktioniert, aber die Ausgabe ist schwer zu lesen. Besser ist hier, die Ausgabe vorab zu formatieren. Im *awk* wird die Druckausgabe formatiert über das *awk*-Kommando *printf*:

```
┌─────────── Formatangaben ───────────┐
printf (" %formatwert1 [%formatwert2] [%formatwertn]", wert1, wert2, wertn )
```

awk-Kommando printf, um die Ausgabe zu formatieren

Die gesamte Ausgabe wird in Klammern gesetzt, wobei die Formatangaben im ersten Teil zwischen Anführungszeichen " " mit dem Platzhalterzeichen **%** stehen, dann durch ein Komma getrennt, werden die dazugehörigen Werte angegeben, wobei zu jedem Wert zuvor die Formatangaben gesetzt sein müssen. Die Werte sind meist entsprechende Variable.

Welche Formate gesetzt werden können, sehen Sie in Tab. 3.50:

Formatwerte	Bedeutung
-	Formatierungskennzeichen (*optional*)
Anzahl	maximale Stellenanzahl
Anzahl.Anzahl	Stellanzahl.Nachkommastellen einer Gleitpunktzahl
s	String (*Zeichenfolge*)
f	Gleitkomma
d	Ganzzahliger Wert mit Vorzeichen (Dezimalwert)
\n	Zeilenumbruch
\t	Tabulator
\"	" im Text
\\	\ im Text

Tab. 3.50 Formatzeichen für printf

Das Beispiel in Abb 3.220 ergänzen wir nun mit einer formatierten Ausgabe:

```
  sort -t: /etc/passwd | awk '
BEGIN {

    FS=":"

}
# Haupteil
{
printf ("%-12s \t %-20s \n", $1, $6 )
} '
```

```
chr        /home/chr
hans       /home/hans
monika     /home/monika
otto        /home/otto
```

Abb. 3.223 *Beispiel 2: Formatierte Ausgabe mit printf*   353

Probieren Sie es am besten aus. Sie werden sehen, der *awk* ist sehr eigen – bei der kleinsten Nachlässigkeit (z. B. ein vergessenes Komma), kommt statt der gewünschten Ausgabe eine Fehlermeldung. Wollen wir zu unserer Ausgabe auch noch eine Überschriftszeile hinzufügen, kann dies ebenfalls in den Startroutinen erfolgen. Wichtig ist, dass Sie jeweils mit angeben, dass ein Zeilenumbruch (\n) nach jeder Zeile erfolgen soll. Konstanter Text wird mit Anführungszeichen geklammert. Im Bereich BEGIN fügen wir innerhalb der { } noch folgende Zeile mit an:

printf ("%.12s \t %-20s \n", "Benutzernamen", "Home-Directory")

Was können wir tun, wenn wir allerdings nur Benutzernamen, die eine Benutzernummer größer 1000 haben, ausgeben wollen? Vielleicht schaffen Sie es bereits mit den bisher gelernten Kommandos? Doch einfach zu lösen ist es nicht.

Auch mit dem *awk* müssen wir noch einiges dazu wissen. Wir benötigen als Variable die Benutzernummer (Feld 3 also $3) und eine Abfragetechnik – »wenn größer als«.

3.11.4 Kontrollstrukturen innerhalb des awk

Wie Tab. 3.51 zeigt, sind im Gegensatz zur Korn-/Posix-Shell und zur Bash die Kontrollstrukturen in etwa gleich wie in der Programmiersprache C.

Tab. 3.51 Kontrollstrukturen im *awk*:

Ausdruck	Syntax/Bedeutung
if	if (Bedingung) Anweisung 1
	bei mehreren Anweisungen geklammert:
	if (Bedingung) { Anweisung 1; Anweisung 2 }
while	while (Bedingung) Anweisung
for	for (Ausdruck1; Bedingung; Ausdruck2) Anweisung
for (var in feld)	for (Variable in Feld) Anweisung
break	beendet eine for- oder while-Schleife
continue	springt an das Ende einer Schleife
next	überspringt evtl. Aktionen für die aktuelle Zeile und geht zur nächsten
exit	springt aus dem aktuellen Bearbeitungsteil zum Ende-Teil
return	Rücksprung aus einer *awk*-Funktion
#	Kommentar

Zusätzlich gibt es Kommandos, die den Ablauf steuern (s. Tab. 3.52):

Tab. 3.52 Numerische und logische Ausdrücke im awk

Ausdruck	Bedeutung
+ - * / %	**Numerische Operatoren:** Plus, Minus, Multiplikation, Division, Modulo
"30" "Celsius"	Textausdruck – wird durch Leerzeichen verbunden
	Logische Ausdrücke
< <= == != >= >	**Vergleichsoperatoren** kleiner, kleiner gleich, gleich, nicht gleich, größer gleich, größer
	Logische Verknüpfungen
&&	UND (beide Operanten wahr)
||	ODER (einer der Operanten wahr)
!	Negation
	Operatoren
~ !~	enthalten, nicht enthalten

3.11.5 Ein kleines awk-Skript

Nun können wir versuchen, unsere Ausgabe auf jene Benutzernamen zu beschränken, deren Benutzernummer größer 1000 ist. Außerdem wollen wir zum Schluss wissen, wie viele Benutzer (ab 1000) registriert sind (s. Abb 3.224 und Abb 3.225):

```
sort -t: /etc/passwd | awk '
BEGIN {

FS=":"

printf ( "%-12s \t %-20s \n",  "Benutzernamen", "Home-Directory" )

}
# Hauptteil
{

if ( $3 > 1000 ) { count ++
printf ("%-12s \t %-20s \n", $1, $6 ) }

}
END {

printf ("%-8s %6d %20s \n" "es sind ", count , "Benutzer registriert" )

}
'
```

Abb. 3.224 Beispiel 3: awk-Skript

```
Benutzername        Ben-Nr      Home-Directory

chr         /       1001        home/chr
hans                1003        /home/hans
monika              1002        /home/monika
otto                1004        /home/otto

Es sind   4 Benutzer registriert
```

Abb. 3.225 *Beispiel 3: Ausgabe des awk-Skripts*

Besser ist es, solche Eingaben nicht direkt am Terminal einzugeben, sondern diese Zeilen gleich als Shell-Prozedur zu schreiben (*vi* oder *KWrite*). Dadurch ist es leichter, evtl. Fehler aufzuspüren und zu korrigieren.

3.11.6 Zusammenfasung vom awk

Tab. 3.53 enthält eine Kurzübersicht vom *awk*

Tab. 3.53 Kurzübersicht vom awk

Kommandoeingabe	Funktion

Aufruf:
awk
'[BEGIN { *Startanweisungen* ... }]
[/*Suchmuster*/] { ...
Aktionen ...
}
END [{
Abschlussanweisungen ...
}]
' [*Eingabedatei(en)*]
	Reportgenerator
	Dateien oder Zeichenstrings werden zeilenweise gelesen und feldbezogen bearbeitet. Startanweisungen, Suchmuster und abschließende Anweisungen sind optional [ ]. Neben Konstrukten, umfangreichen Suchfunktionen (mit regulären Ausdrücken) können Variable, arithmetische Operationen und Funktionen für Zeichenketten genutzt und formatiert ausgegeben werden.

/Muster mit regulären Ausdrücken/ Beispiel: /München/ { print $1 }	Suchanweisung → Beispiel 1, auf Seite 359

Kommandoeingabe	Funktion
Vordefinierte Variable:	**Variable:** → Beispiel 2, auf Seite 359
$0	gesamte Zeile
$1	1. Feld (Spalte)
$*n*	*n.* Feld (Spalte)
FS	*Field Separator (Default:blank/tab)*
NF	*Number of Fields* (Anzahl der Felder je Zeile)
NR	*Number of Record* (aktuelle Zeilen-numme)
RS	*Record Separator* (Trennzeichen)
FILENAME	Dateiname der bearbeiteten Datei
Zuweisung von Variablen:	
Name = "Wert"	Textzuweisung
Name = Befehl(...)	Zuweisung von Ergebnissen aus Befehlen
Name = *n*	Zuweisung einer Zahl
Name	Verwendung der Variablen (ohne $ nur Namen)
Syntax der Konstrukte im awk:→ Beispiel 3, auf Seite 359	
if (*Bedingung*) *Anweisung_1*	
if (*Bedingung*) { *Anweisung_1; [Anweisung_2; Anweisung_n*]}	
while (*Bedingung*) *Anweisung*	
for (*Ausdruck_1; Bedingung; Ausdruck_2*) *Anweisung*	
for (*Variable in Feld*) *Anweisung*	
Mehrere Anweisungen werden mit { ... } geklammert	
break	Beendet eine for- oder while-Schleife
continue	Springt an das Ende einer Schleife
next	Überspringt evtl. weitere Aktionen für die aktuelle Zeile und geht zur nächsten Zeile
exit	Springt zum Ende-Teil, führt ihn aus (falls vorhanden) und beendet den *awk*
#	Kommentarzeichen
Formatierte Ausgabe	
printf (%*Format1* ["%*Format2*] [%*Formatn*]", *Wert1,Wert2,* \ *Wertn*)	
Beispiel: **printf ("%-20s %10.2f\n", $7, $3/1000)**	
Bedeutung der Formatangaben:	

Kommandoeingabe	Funktion
- *Anzahl* *Anzahl.Anzahl* s f d	linksbündige Ausrichtung max. Stellenanzahl Anzahl mit Nachkommstellen einer Gleitpunktzahl String Gleitkomma (*decimal*) Ganzzahliger Wert

1.2, .3, 23e2
 	
" *Text ...* "
    \t
    \n
    \\
	Gleitpunktzahlen
	(Angabe von + oder - erlaubt)
	Textkonstante durch " ... " geklammert
	Tabulator
	Zeilenumbruch (*new line*)
	Das Zeichen \

gsub ("*ra*", "*neu*", "*text*")	(*global* **sub**stitution) Substitution "text" wird nach "ra" (*regulärer* *Ausdruck*) durchsucht und durch "neu" ersetzt.
sub ("*ra*", "*neu*", "*text*")	Wie oben – doch es wird nur beim 1. Vorkommen ersetzt
index ($0, "*t2*")	Sucht in jeder Zeile den String "t2" und liefert die Position zurück
length (*Ausdruck*) Beispiel: **length** ($0)	Liefert die Anzahl der Zeichen in Aus- druck (Zeichen/Zeile)
substr ("*Text*", "*m*", "*n*") **substr** ("*Text*", "*m*")	Schneidet einen *n*-Zeichen langen Text, beginnend beim *m*-ten Zeichen aus Ohne "*n*" wird von "*m*" bis Ende ausge- schnitten
split ("*Ausdr*", "*Name*", "*tr*") **split** ("*Ausdr*", "*Name*")	Der Text "*Ausdr*" wird entsprechend dem Trennzeichen "*tr*" in Feldelemente zerlegt und dem Array "*Name*" zugewie- sen. Die einzelnen Elemente können mit Name[1] bis Name[*n*] abgerufen werden
match ("*Text*"," *ra*")	Die Zeichenkette "*Text*" wird nach "ra" durchsucht und die Position des ersten Zeichens zurückgegeben
Zuweisung numerischer Werte *Variable* += *Ausdruck* *Variable* -= *Ausdruck* *Variable* *= *Ausdruck* *Variable* /= *Ausdruck*	Entspricht Neuzuweisung *Variable* = *Variable* + *Ausdruck* *Variable* = *Variable* - *Ausdruck* *Variable* = *Variable* * *Ausdruck* *Variable* = *Variable* / *Ausdruck*

Kommandoeingabe	Funktion
Logische Ausdrücke <, <=, ==, !=, >=, >> logische Verknüpfungen && || ! Operatoren ~ !~	Vergleichsoperatoren UND – beide Operanden wahr ODER – einer der Operanden wahr Negation "ist enthalten in" "ist nicht enthalten in"

Beispiel 1:
sort /etc/passwd | awk '
BEGIN {
FS=":"
}
# Aktionen je Zeile 	
{
print $1, $4, $5
}
'
	Sortierte Ausgabe der Felder 1, 4 und 5
	von /etc/passwd
	Beginn der Startanweisung
	Trennzeichen je Feld ist ":"
	Ende der Startanweisung
	Kommentar
	Anfang der Schleife für jede Zeile
	Aktionen (Ausgabe)
	Ende der Schleife
	Ende von *awk*

Beispiel 2: Suchfunktion auf eine Datei (statistik): *Albers Hamburg 040-213344 30000 20000* *Mayer München 089-432678 60000 55000* *Huber München 089-915530 25000 22000* awk '/München/ { print $1 }' statistik *Mayer* *Huber*	
Beispiel 3: awk ' /^$/ {print NR}' t.txt	Variable Sucht nach Leerzeilen in der Datei t.txt und gibt die Zeilennummern (Variable NR) aus
Beispiel 4: ls -l | awk '/^d/ {print $8, \ "\t" $1} '	Zeigt von der Ausgabe von ls -l nur den Namen der Unterverzeichnisse ($8) und mit einem Tabulatorzeichen getrennt den Dateityp mit Zugriffsrechten ($1)

Kommandoeingabe	Funktion

Beispiel 5:
 	
df -k I tail +2 I awk '
BEGIN {
freie_bytes = 0
summe = 0 }
{ freie_bytes = $4/1024
summe+= freie_bytes
if (freie_bytes < 100)
printf ("%-20s %10.2f \
*** Achtung \n", \ $6, freie_bytes)
else printf \
("%-20s %10.2f \n", $6, \
freie_bytes)
 	
}
END { printf("%-20s \ %10.2f\n",
"Summe:",\ summe)
}
'
	Beispiel mit If-Abfrage, Variable, arith-
	metische Funktionen und formatierte
	Ausgabe
	df ab Zeile 2 (ohne Überschrift)
	
	Definition der Variablen
	mit Zuweisung von 0
	Main:
	Arithmethische Funktionen
	if-Anweisung
	formatierte Ausgabe
	"mögliche Ausgabe:"
	/ 1045,57
	/boot 37,55 *** Achtung
	/home 3855,00
	Summe: 4938,12
	
	END-Anweisung
	Ausgabe der Summen
	Ende der END-Anweisung
	Ende von awk

Beispiel 6: awk ' BEGIN {N = 0} {if (length == 0) N++ } END { print "Es sind " \ N "Leerzeilen in " \ FILENAME " enthalten" } ' t.txt	Arithmetische Anweisungen Gibt die Anzahl der Leerzeilen in der Datei t.txt aus Wenn die Länge der Zeile "0" ist, dann addiere zu N 1 hinzu Zum Abschluss drucke das Ergebnis aus.

Beispiel 7:
awk '
/München/ { count ++ }
END {
print ("Es sind " count " Münch-
ner")
}
' statistik
	Zählt alle Adressen aus München
	(Musterdatei statistik Seite 359)

4 CDE – grafische Oberfläche unter Unix

Im Straßenverkehr helfen uns Verkehrszeichen mit Symbolen, wichtige Informationen, Hinweise und Regeln schnell zu erfassen. Genauso schnell und sicher werden wir im CDE (Common Desktop Environment – meist unter den gängigen Unix-Derivaten eingesetzt) oder KDE oder GNOME (die grafischen Oberflächen unter Linux) über Symbole geführt. Statt kryptischer Eingaben klicken wir auf vorgegebene Schaltflächen. Was dahintersteckt, wie Sie bequem mit Bildern arbeiten können und wie Sie die Schreibtischumgebung an Ihre Bedürfnisse anpassen, erfahren Sie in diesem Kapitel.

Die einzelnen Themen:

C. Wolfinger, *Keine Angst vor Linux/Unix*, Xpert.press,
DOI 10.1007/978-3-642-32079-8_4, © Springer-Verlag Berlin Heidelberg 2013

4.1 Wie melden Sie sich an?

Im Kapitel 3.1.3 haben Sie erfahren, wie Sie mit einer grafischen Oberfläche arbeiten. Sie wissen auch bereits, wie Sie sich unter dem CDE an- und abmelden können. In Abb. 4.1 sehen wir hierzu nochmal das Anmeldefenster mit Hinweisen auf zusätzliche Optionen:

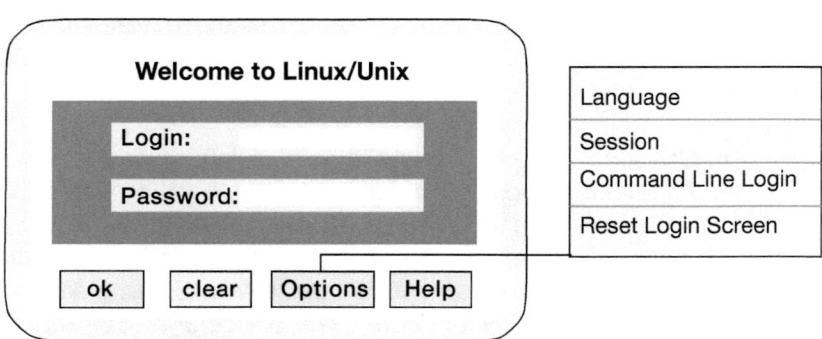

Abb. 4.1 *Anmeldefenster im CDE*

Unter **Options** können Sie auf den meisten Systemen die Sprache vorab einstellen und, falls Sie doch nicht mit CDE arbeiten wollen, können Sie hier auf eine ASCII-Terminal-Einstellung (*Command Line Login*) oder auf eine andere zur Verfügung gestellte X-Window-/Motif-Oberfläche umschalten.

Wenn auf Ihrem System die deutsche Sprache anwählbar ist, erhalten Sie Menüs, Dialogboxen und evtl. Fehlerhinweise in Deutsch, auch die Hilfe-Menüs werden zum größten Teil ebenfalls in der ausgewählten Sprache angezeigt. Leider sind dagegen die Linux/Unix-Manualseiten meistens nach wie vor in Englisch. Da auf vielen Systemen Englisch voreingestellt ist (bzw. nur verfügbar ist), werden im Folgenden die englischen Menüs beschrieben, die aber im Aufbau identisch mit den deutschen Menüs sind. In Abb. 4.2 sehen Sie nochmal den Desktop mit der Steuerleiste (front panel):

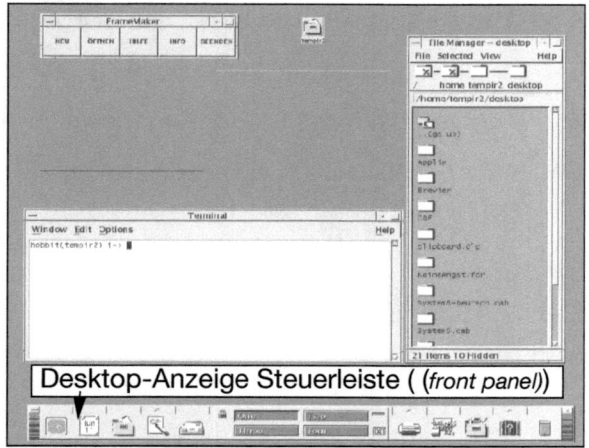

Abb. 4.2 *Desktop mit der Steuerleiste – Arbeitsfläche unter CDE*

4.2 Die Steuerleiste unter CDE

Unten am Bildrand sehen Sie die Steuerleiste, die auch Symbolleiste genannt oder – aus dem Englischen – auch als Front Panel bezeichnet wird. Was sich hinter den Symbolen verbirgt, sehen Sie in Abb. 4.3:

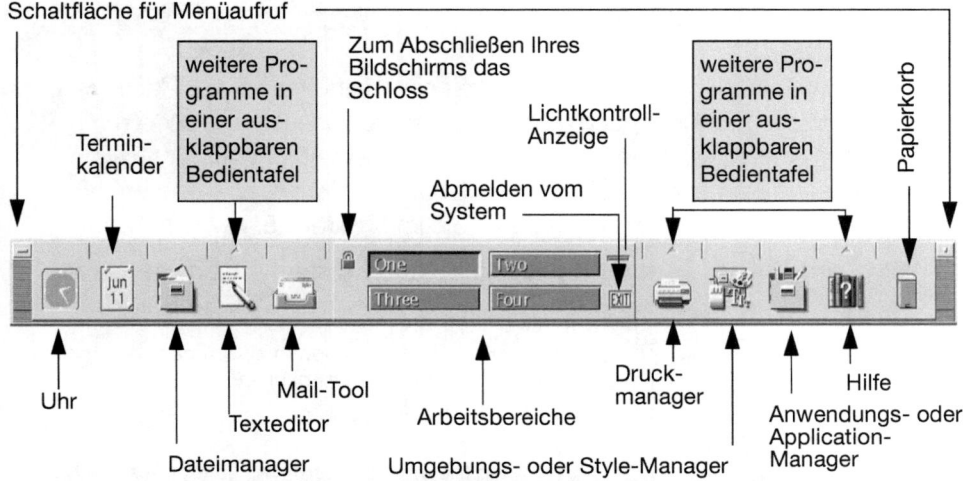

Abb. 4.3 Erläuterungen zum CDE-Desktop – die Symbolleiste

Zu den einzelnen Symbolen von links nach rechts:

❏ **Schaltfläche für Menüaufruf**
Nur an den markierten Stellen können Sie ein Menü aufrufen, um z.B. die Desktop-Anzeige zu verschieben oder zu verkleinern. Die Menüs werden mit der linken oder rechten Maustaste aufgerufen (s. Abb. 4.4):

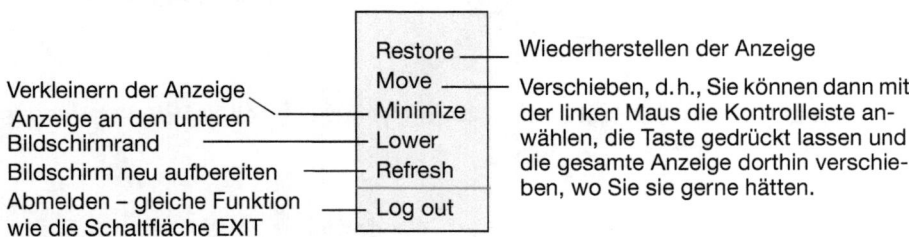

Abb. 4.4 Beispiel: Menüaufruf

❏ **Uhr**
Hier sehen Sie immer die aktuelle Uhrzeit

❏ **Terminkalender mit Datum**
Auf dem ersten Blatt steht jeweils das aktuelle Datum. Mit Doppelklick erhalten Sie einen Terminkalender, in dem Sie Ihre Termine eintragen können. Sie haben hier sogar mehrere Kalender-Darstellungen zur Verfügung, Übersichtskalender für das Jahr, den Monat, die Woche und den Tag – und alle werden über einmalige Einträge gesteuert.

❏ **Dateimanager**
Grafisch werden Directories und Dateien in Ordnern und kleinen
Kästchen dargestellt. Mit Hilfe von Maus und Dialogboxen werden
die Dateien verwaltet. So können Sie z.B. Dateien kopieren, verschieben oder löschen, ohne Kommandos einzugeben. Näheres
über den Dateimanager erfahren Sie im Kapitel 4.7.

❏ **Texteditor**
Mit dem Texteditor haben Sie jederzeit ein »Blatt Papier« zur Hand
und müssen nicht erst nach einem Kugelschreiber suchen, sondern
können schnell wichtige Gedanken notieren. Aber nicht nur für Notizen, sondern vor allem als Ersatz für den *vi*-Editor ist er einzusetzen. Mehr über den Texteditor lesen Sie im Kapitel 4.5.

❏ **Bedientafel über dem Texteditor** – auch diese kennen Sie bereits von
Kapitel 3.1, Abb 3.13 Neues Terminalfenster unter CDEauf Seite 36.

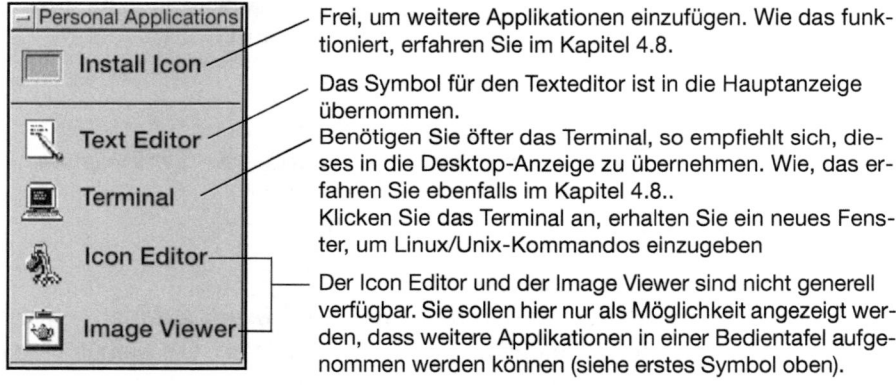

Abb. 4.5 *Bedientafel über Texteditor*

❏ **Mail-Tool**
Abhängig von der Installation Ihres Systems erscheint das voreingestellte
Mail-Programm.

❏ **Das Schloss**
Falls Sie bisher schon mit dem CDE gearbeitet haben, wissen Sie bereits,
wie Sie den Bildschirm abschließen: Einfach anklicken – doch wehe Sie haben Ihr Passwort vergessen. Nur mit einem gültigen Passwort kann der Bildschirm dann wieder benutzt werden. Andernfalls kann Ihnen nur Ihr Systemverwalter weiterhelfen (ein neues Passwort vergeben). Welches Muster als
Schutz auf dem Bildschirm erscheinen soll, wird im Umgebungs- oder Style-
Manager eingestellt (siehe Kapitel 4.8).

❏ **Arbeitsbereiche**
Wussten Sie schon, dass Sie nicht nur einen, sondern mindestens vier
Bildschirme zur Verfügung haben? Hinter jedem dieser kleinen Balken (One,
Two, Three, Four) verbirgt sich eine neue Schreibtischumgebung. Es ist eine

phantastische Einrichtung für all jene, die gleichzeitig mit mehreren Programmen arbeiten. Wenn Sie sich die Abb. 4.2 ansehen, ist ja jetzt schon kaum mehr Platz, um z.B. mit FrameMaker ein Dokument zu bearbeiten. Denn Programme wie z.B. FrameMaker haben ja wiederum eine Reihe von Dialogboxen, Menüs usw. Hier ist es durchaus sinnvoll, diese Verarbeitungen unter einem anderen Arbeitsbereich aufzurufen. Wie das funktioniert, erfahren Sie im Kapitel 4.3.

❑ **Lichtkontrollanzeige**
Wenn das Licht blinkt, zeigt es an, dass das System gerade Aktionen durchführt.

❑ **Exit**
Auch diese Schaltfläche haben Sie bereits kennengelernt. Einmal anklicken und Sie erhalten ein Menü, in dem Sie gefragt werden, ob Sie wirklich schon aufhören wollen zu arbeiten bzw. Ihre Sitzung am Bildschirm beenden möchten.

❑ **Druckmanager**
Der Pfeil darüber zeigt an, dass sich noch weitere Anwendungen dahinter verbergen (s. Abb. 4.6). Je nachdem, welche Drucker vom Systemverwalter für Ihren Rechner installiert wurden, erscheinen hier die möglichen Drucker. Unter Default verbirgt sich jener Drucker, der als Standard ausgewählt wurde. Im Dateimanager werden Sie kennenlernen, dass Sie lediglich eine Datei mit der Maus anzuwählen und auf das Drucksymbol zu ziehen brauchen, damit sie ausgedruckt wird. Klicken Sie den *Print-Manager* an, erhalten Sie eine Übersicht der noch abzuarbeitenden Druckaufträge.

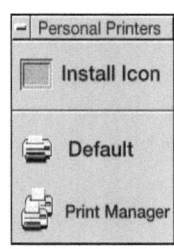

Abb. 4.6
Bedientafel für
Drucker

❑ **Umgebungs- oder Style-Manager**
Mit diesem Tool passen Sie Ihre Schreibtischumgebung so an, wie Sie es gerne hätten. Aus dem Symbol erkennen Sie schon, was Sie z.B. verändern können: die Mausfunktionen (ob schnell oder langsam), die Farben, Schriftarten oder den Bildschirmhintergrund. Außerdem wird hier eingestellt, ob und welcher Bildschirmschoner eingesetzt werden soll. Einige Tastaturfunktionen und noch einiges mehr kann geändert werden. Im Kapitel 4.8 werden die wesentlichen Anpassungen gezeigt.

❑ **Anwendungs- oder Application Manager**
Unter diesem Menü werden Ihnen u.a. mögliche Programme angeboten, die Sie mit *Drag & Drop* in Ihre Bedientafeln übernehmen  können. Auch hierüber erfahren Sie mehr im Kapitel 4.8.

❑ **Hilfe-Menü**
Unter dem Symbol »Bücher« finden Sie die für die CDE-Umgebung nötigen Informationen. Unter der Bedientafel sind oft noch komfortable Suchprogramme installiert, mit denen Sie Informationen über

Ihr System und über Unix-Kommandos abrufen können. Auch hier hängt es von der Installation des Systems ab, welche Hilfe-Kataloge Ihnen angeboten werden.

❏ **Papierkorb**
Wie Sie später beim Dateimanager erfahren, können Sie mit der Maus Dateien anklicken, »festhalten« und in den Papierkorb ziehen (wegwerfen – und beobachten Sie dabei, wie das kleine Bildchen darauf reagiert). Der große Vorteil, gegenüber dem *rm*-Kommando ist, dass notfalls die Dateien auch wieder aus dem Papierkorb herausgeholt werden können, solange Sie ihn nicht ausdrücklich »geleert« haben. Wie die »Müllabfuhr« funktioniert, erfahren Sie im Kapitel 4.7.

Doch bevor wir Dateien erstellen und wegwerfen, sehen wir uns kurz eine nette CDE-Anwendung an, die nützlich sein kann, wenn Sie immer Zugang zu Ihrem Rechner haben:

4.2.1 Der Terminkalender

Klicken Sie das Symbol einfach mal an. Die Eingaben sind selbsterklä-rend (*CDE-like*), so dass es reicht, hier nur kurz die Darstellung einer Kalenderart und die Dialogbox zum Editieren der Termine zu zeigen (s. Abb. 4.8):

Abb. 4.7 *Terminkalender*

Um einen Termin einzutragen, klicken Sie auf Edit und tragen die Termine in die Dialogbox ein (s. Abb. 4.8):

Um einen Termin zu setzen, wählen Sie das Menü *Edit* und erhalten nebenstehende Dialogbox, in der Sie die Termine eintragen, wobei Sie gleichzeitig einen »Weckdienst« einrichten können,

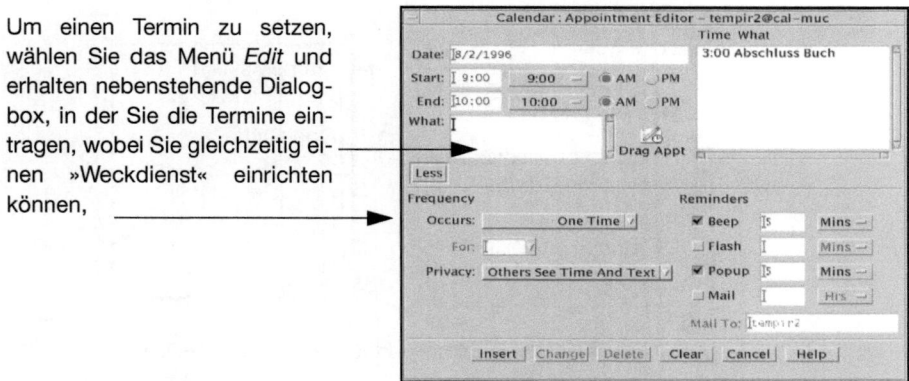

Abb. 4.8 Beispiel: Terminkalender editieren

4.3 Wie arbeiten Sie auf dem Desktop der Arbeitsfläche?

So wie bei der ersten kleinen Anwendung, die wir uns angesehen haben, sind die meisten Programme unter CDE selbsterklärend aufgebaut. Doch ein paar Hinweise sind recht hilfreich, um nicht zu lange Zeit beim Probieren (oder sollte man sagen Spielen) zu verlieren. Bei der Einführung in die grafische Oberfläche (Kapitel 3.1.3) haben Sie die wichtigsten Schritte bereits kennengelernt und wissen, wie Sie ein Terminalfenster erhalten und sich auf der Schreibtischoberfläche bewegen, wie Sie Fenster vergrößern, verkleinern, verschieben und wie Sie Texte von einem Fenster zum anderen kopieren. Dies hatte bisher ausgereicht, um Linux/Unix-Kommandos zu starten und Texte zu erstellen. Viele von Ihnen werden auf Ihrem Rechner Software einsetzen, die speziell für Ihren Arbeitsbereich die nötigen Werkzeuge bereitstellt. Wie werden diese Programme unter dem CDE gestartet? Hier gibt es mehrere Möglichkeiten:

1. So wie wir bisher unsere Kommandos aufgerufen haben, geben Sie über ein Terminalfenster den Programm- oder Kommandonamen ein. (Wie Sie ein Terminalfenster erhalten, ist auf Seite 36 beschrieben.) In der Regel hat Ihr Systemverwalter die Variable *PATH* für alle Benutzer um jene Directories ergänzt, unter denen die in Ihrem Betrieb benötigte Software aufgerufen wird. Wenn nicht, könnten Sie über *find* herausfinden, unter welchem Directory die Software gespeichert ist, und Ihre Variable *PATH* selbst ergänzen.

2. Auf der freien Arbeitsfläche drücken Sie die rechte Maustaste. Über ein Menü (s. Abb. 4.9), das vom Systemverwalter zusammengestellt wird, können Sie die für Sie wichtigen Programme auswählen. Beispiel eines Menüs:

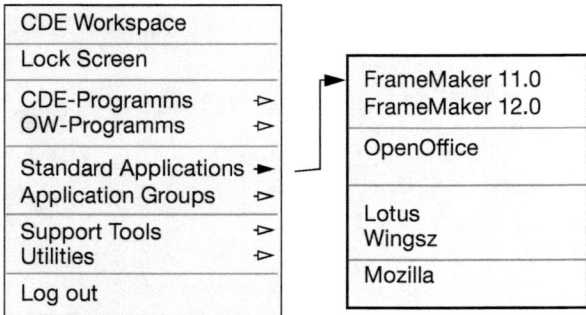

Abb. 4.9 Arbeitsfläche – Beispiel eines Menüs

3.   Über den Dateimanager wählen Sie die Programmdatei in dem entsprechenden Ordner und starten diese durch Doppelklick.

4.   Dateien, die von bestimmten Programmen erzeugt wurden (z.B. FrameMaker-, OpenOffice oder *tiff*-Dateien, wie wir sie später in unserem Muster sehen), können durch Doppelklick das dazugehörige Programm starten. Hierzu ist ebenfalls eine Voreinstellung durch den Systemverwalter notwendig.

Arbeiten Sie mit mehreren Programmen gleichzeitig, könnte es eng auf Ihrem virtuellen Schreibtisch werden. Durch Minimieren von gerade nicht benötigten Fenstern (Sie erinnern sich, die kleine Schaltfläche mit dem Punkt auf der rechten oberen Ecke eines Fensters) bleibt Ihre Arbeitsfläche zwar einigermaßen übersichtlich, doch einfacher ist es, auf weitere Schreibtische auszuweichen.

4.4   Wie aktivieren Sie weitere Arbeitsbereiche?

Um auf einen zweitem, dritten oder vierten virtuellen Schreibtisch zu arbeiten, brauchen Sie nichts weiter zu tun, als auf den Balken mit *Two*, *Three* oder *Four* zu klicken. Ein leere Arbeitsfläche erscheint auf dem Bildschirm mit der Desktop-Anzeige (s. Abb. 4.10).

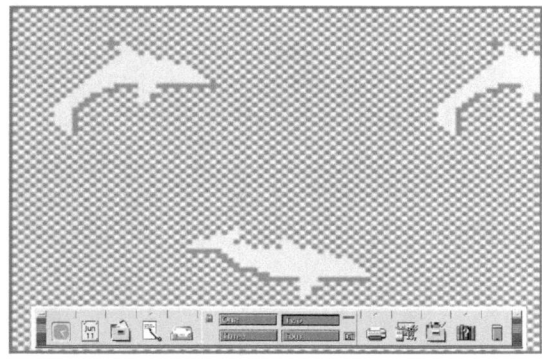

Abb. 4.10 Neuer Arbeitsbereich

Hier können Sie weitere Terminalfenster, Dateimanager oder entsprechende Programme starten. Um wieder zu Ihrem ursprünglichen Desktop zurückzukehren, klicken Sie auf den Balken mit *One*.

Im Kapitel 4.8 erfahren Sie, wie Sie den verschiedenen Arbeitsbereichen Namen, unterschiedliche Farben und Hintergründe geben können und, falls Ihnen die vier Schreibtische nicht ausreichen, auch noch weitere hinzufügen können.

Unter dem CDE sind Ihrem Arbeitsdrang keine Grenzen gesetzt – es sei denn, der Rechner ist nicht mit ausreichendem Speicher ausgerüstet, denn gleichzeitig mehrere Programme zu starten und verschiedene farbige Schreibtische zu steuern, kostet entsprechenden Speicherplatz. Sie merken es spätestens daran, dass dann neue Aktionen langsamer werden. Es kann dann auch mal unter Unix passieren, dass Ihr Rechner streikt. Doch meistens lässt sich noch ein Terminal öffnen und über *ps -ef* sehen Sie, welche Prozesse u. U. den Rechner blockieren. Diese können Sie dann über *kill* abbrechen.

Sie sehen, das bisher Gelernte ist auch bei der grafischen Oberfläche gut anzuwenden und war nicht vergebens.

4.5 Wie arbeiten Sie mit dem Texteditor?

Kein Vergleich zum vi – wie schön! Sie benötigen keine Befehle, Sie starten den Texteditor und können sofort intuitiv damit arbeiten (*Look & Feel*). Über Menüs wird Ihnen angezeigt, wie Sie korrigieren, sichern und neue Dateien öffnen können. Allerdings bietet *KWrite* unter Linux noch mehr Komfort.

4.5.1 Wie starten Sie den Texteditor?

❏   Die einfachste Art ist, das Bildchen mit dem Notizzettel anzuklicken. Es wird ein neues Fenster geöffnet, und Sie können in dieser neuen Datei bereits munter darauf losschreiben.

❏   Wenn Sie eine bestehende Datei verändern wollen, können Sie im Dateimanager die entsprechende Datei mit einem Doppelklick öffnen. Bei ASCII-Dateien wird der Texteditor automatisch gestartet.

❏   Eine andere Möglichkeit ist, im bereits gestarteten Texteditor aus der Menüzeile *File* → *Open* zu wählen (s. Abb. 4.11). Es öffnet sich dann eine Dialogbox, über die Sie die gewünschte Datei suchen und auswählen können.

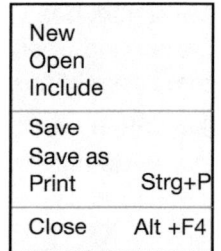

❏   Mit *Include* könnten Sie eine weitere Datei in die bestehende Datei an der Stelle einfügen, wo der Textcursor (siehe hierzu auf Seite 34) steht. Es erscheint die gleiche Dialogbox wie bei *Open*, um die Datei auszuwählen.

Abb. 4.11 *Texteditor – Menü File*

Sehen wir uns hierzu die Dialogbox in Abb. 4.12 an, um Dateien auszuwählen:

Das aktuelle Directory wird angezeigt, bzw. jenes, das Sie unter Folder mit Doppelklick auswählen. Sie können jedoch auch direkt das gewünschte Directory eintippen.

Hier wählen Sie das Directory aus (im CDE als Ordner bezeichnet). Klicken Sie die zwei Punkte an, wechseln Sie in das nächsthöhere Directory.

Über einen Filter (dahinter verbirgt sich die uns bekannte Dateinamenexpansion) können Sie die Auswahl der Dateien einschränken.

Die der Auswahl entsprechenden Dateien werden hier angezeigt. Mit der Maus wählen Sie hieraus eine Datei, und diese wird dann in dem unteren Feld eingesetzt. Sie können natürlich auch die Datei direkt angeben.

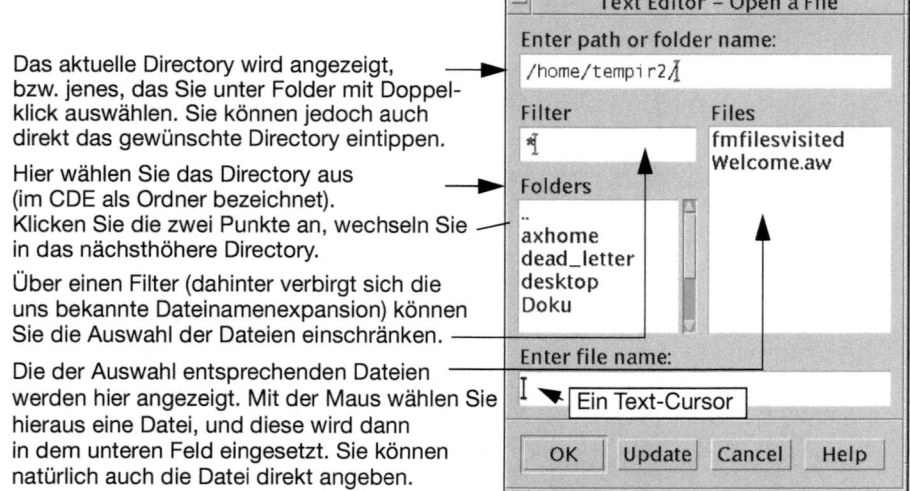

Abb. 4.12 *Texteditor – Dialogbox, um Dateien auszuwählen*

Wie Sie im obigen Beispiel sehen, ist es nicht einmal nötig, den Pfad- und Dateinamen einzugeben, sondern diese nur mit der Maus anzuklicken.

4.5.2 Wie können Sie Texte verändern?

Ganz einfach. Sie gehen mit dem Mauscursor an die Stelle, an der Sie etwas einfügen wollen, und geben den Text ein. Um zu löschen, markieren Sie den Text
(wie, wurde im Kapitel 3.1 auf Seite 37 beschrieben) und wählen aus der Menüzeile *Edit → Cut*. Hier sehen Sie dann auch, dass Sie mit der Tastenkombination
<Strg+x> (also die Strg-Taste gedrückt lassen und x eingeben) ebenfalls mar-
kierte Texte löschen können. Dies geht in der Regel schneller, als mit der Maus
über verschiedene Menüs die gewünschte Funktion auszuwählen. Durch die Anzeige der möglichen Tastatureingaben im Menü können Sie sich die von Ihnen
häufig genutzten Funktionen so nach und nach aneignen.

Sehen wir uns einen Ausschnitt einer Textseite in Abb. 4.13 an. Mit Doppelklick
wurde die Datei *Gestalten.html* mit dem Texteditor geöffnet. Es ist ganz interessant, was sich hinter HTML-Dateien für Formatieranweisungen[*] verbergen (besonders für Umlaute – doch uns interessiert hier nur, wie Sie mit dem Texteditor
arbeiten können.

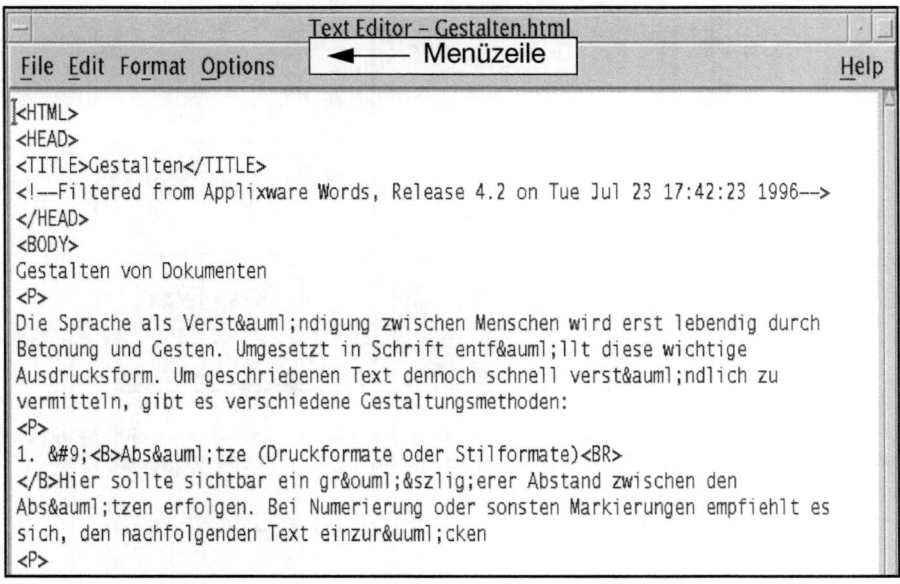

Abb. 4.13 *Ausschnitt einer Textseite*

---

[*] HTML-Dateien lassen sich natürlich mit hierfür eigens entwickelten Textprogrammen generieren, können aber auch über den Texteditor verändert werden.

Unter dem Menüpunkt *Edit* (s. Abb. 4.14) finden Sie alle Befehle, die Sie zum Verändern von Dateien benötigen. Hierzu ein paar Erläuterungen:

Die von Ihnen zuletzt durchgeführte Aktion (löschen, einfügen, Formatänderungen etc.) wird wieder rückgängig gemacht ———	Undo Strg+z
Schneidet den markierten Text aus ———————	Cut Strg+x
Kopiert den markierten Text ———————	Copy Strg+c
Fügt den zuletzt gelöschten oder kopierten Text ein ———	Paste Strg+v
Überschreibt den markierten Text mit Leerzeichen ———	Clear
Löscht den markierten Text ———————	Delete
Markiert den gesamten Text in Ihrer Datei ———	Select all
Öffnet eine Dialogbox, mit der Sie nach Wörtern oder Sätzen in der Datei suchen können ———————	Find/Change Strg+f
Startet ein Zusatzprogramm, das die Rechtschreibung überprüft —	Check Spelling

Abb. 4.14 *Texteditor – Menü Edit*

Wählen Sie **Edit → Find/Change** aus, öffnet sich eine Dialogbox (s. Abb. 4.15), in der Sie die Zeichen angeben, nach denen gesucht werden soll. Hierbei werden Groß- und Kleinbuchstaben beachtet. Unter **Change To** können Sie angeben, dass für den gefundenen Wert der hier eingegebene Text eingesetzt werden soll.

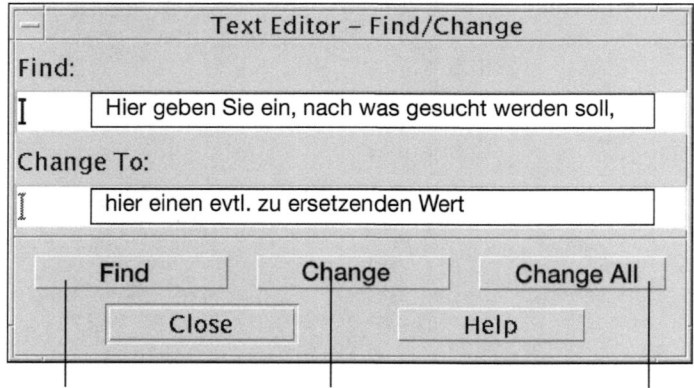

Sucht bis zum nächsten   Ändert den gefundenen Wert   Ändert alle gefundenen Werte
Vorkommen des Suchbegriffs   in den zu ersetzenden   in den zu ersetzenden

Abb. 4.15 *Texteditor – Find/Change-Dialogbox*

4.5.3 Wie können Sie Texte formatieren?

Der Texteditor bietet mehr als nur ein reiner Editor. Er erlaubt, dass einfache Textformatierungen durchgeführt werden können. Der Menüpunkt **Format** enthält folgende Unterpunkte (s. Abb. 4.16):

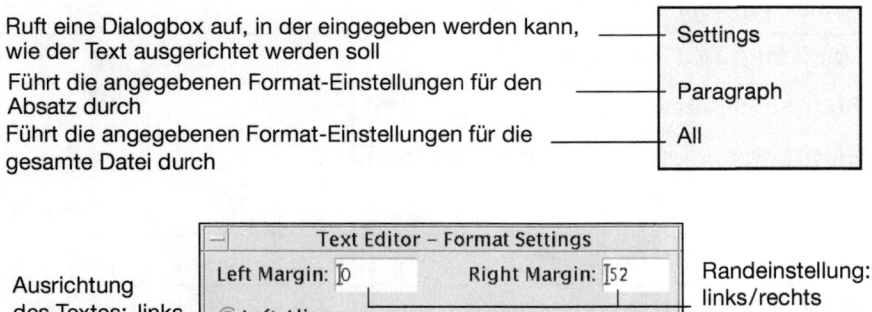

Ruft eine Dialogbox auf, in der eingegeben werden kann, ——— Settings
wie der Text ausgerichtet werden soll

Führt die angegebenen Format-Einstellungen für den ——— Paragraph
Absatz durch

Führt die angegebenen Format-Einstellungen für die ——— All
gesamte Datei durch

Ausrichtung
des Textes: links

rechts

als Blocksatz

mittig

Text Editor – Format Settings

Left Margin: 0   Right Margin: 52

Randeinstellung:
links/rechts
Anzahl der Zeichen

⦿ Left Align

◯ Right Align

◯ Justify

◯ Center

Paragraph   All   Close   Help

Durchführung nur für den Absatz   Durchführung für die gesamte Datei

Abb. 4.16 *Texteditor – Format*

Unter dem Menü **Options** (s. Abb. 4.17) können einige Voreinstellungen gesetzt werden:

Als Standard ist der Einfügemodus eingestellt. Mit *Overstrike Insert*
können Sie in den Überschreibmodus umstellen. ——— ☐ Overstrike Insert

Ist *Wrap to Fit* eingestellt, wird automatisch entsprechend
der Fenstergröße die Zeile umbrochen. Sonst müsste jeweils ——— ☑ Wrap to Fit
mit Return in die nächste Zeile geschaltet werden.

Wird *Statuslinie* angeklickt, erscheint in der Datei am ——— ☑ Statusline
unteren Rand eine Statuszeile, in der Informationen über
die Datei enthalten sind (Anzahl der Zeilen, welcher Modus
eingestellt ist, Einfüge- oder Überschreibmodus u.Ä.).

Abb. 4.17 *Texteditor – Menü Options*

Abschließend noch einige Tastaturbefehle in Tab. 4.1:

Tab. 4.1 Texteditor – Übersicht der Tastaturbefehle :

Texteditor **beenden**	[Alt] + [F4]
Markierten Text **kopieren**	[Strg] + [c]
Markierten Text **ausschneiden**	[Strg] + [x]
Markierten Text **löschen**	[BS] (Back-space)
Suchen und **Ersetzen**	[Strg] + [f]
Einfügen der letzten Löschung/Speicherung	[Strg] + [v]
Ausdrucken der Datei	[Strg] + [p]
Gesamten Text **auswählen**	[Strg] + [/]
Undo – Ungeschehen machen	[Strg] + [z]
Zeichen nach **links löschen**	[BS] (Back-space)
Zeichen nach **rechts löschen**	[Del] (Entfer-nen)
Zeichen bis zum Ende der Zeile löschen	[Strg] + [Del]
Zeichen zurück bis zum Anfang der Zeile löschen	(Re-turn) [↵] + [Del]
Umstellen auf **Überschreib-/Einfügemodus**	[Ins]
Den Textcursor nach oben, unten, rechts und links	[▲] [▼] [►] [◄]
Zum nächsten Absatz	[Strg] + [▼]
Zum vorherigen Absatz	[Strg] + [▲]
Zum Beginn der Zeile	[Home]
Zum Ende der Zeile	[End]
Zum Beginn der Datei	[Strg] + [Home]
Zum Ende der Datei	[Strg] + [End]

Falls auf Ihrem System die Tasten nicht so belegt sind wie angegeben, fragen Sie Ihren Systemverwalter.

Um vorwärts und rückwärts in einer Datei zu blättern, nutzen Sie am besten den Rollbalken am rechten Rand des Fensters.

Im Grunde ist der Texteditor so leicht zu bedienen, dass Sie alles selbst herausfinden werden. Falls dennoch eine Frage offenbleibt, rufen Sie einfach das Hilfe-Menü auf (s. Abb. 4.18).

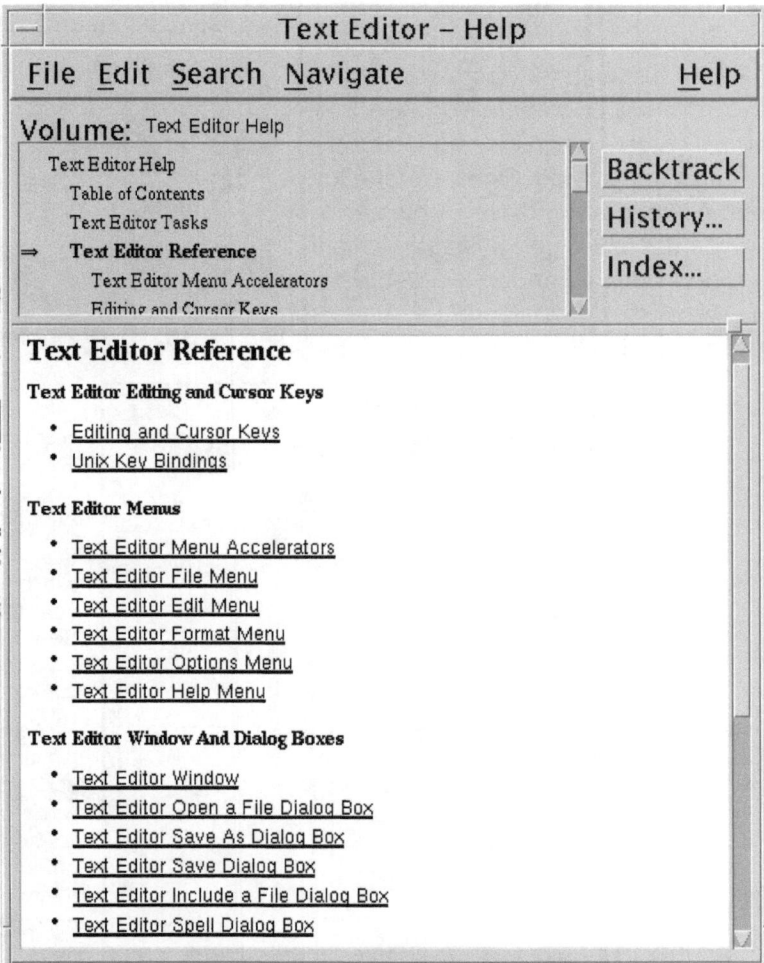

Abb. 4.18 Beispiel: Hilfe-Menü

4.6 Welche Hilfsfunktionen bietet das CDE?

Sie haben sicher schon bemerkt, dass in den meisten Menüs und Dialogboxen immer ein kleine Schaltfläche mit **Help** zu sehen ist. Klicken Sie diese Schaltfläche an, und Sie erhalten über das gerade angewählte Menü die entsprechenden Informationen (s. Abb. 4.19 und Abb. 4.20).

Außerdem haben Sie über die Desktop-Anzeige immer den Zugriff auf sämtliche Hilfe-Menüs. In der Bedientafel oberhalb des *Help Manager* sind meist noch detaillierte Beschreibungen anzuwählen wie in diesem Beispiel für Desktop Introduction und Front Panel (Desktop-Anzeige). Doch auch diese Bedientafel ist abhängig von der jeweiligen Systeminstallation und kann individuell verändert werden. Rufen wir als Beispiel den Help Manager für unser nächstes Thema, den File Manager, auf:

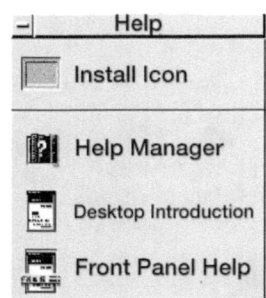

Abb. 4.19 *Bedientafel*

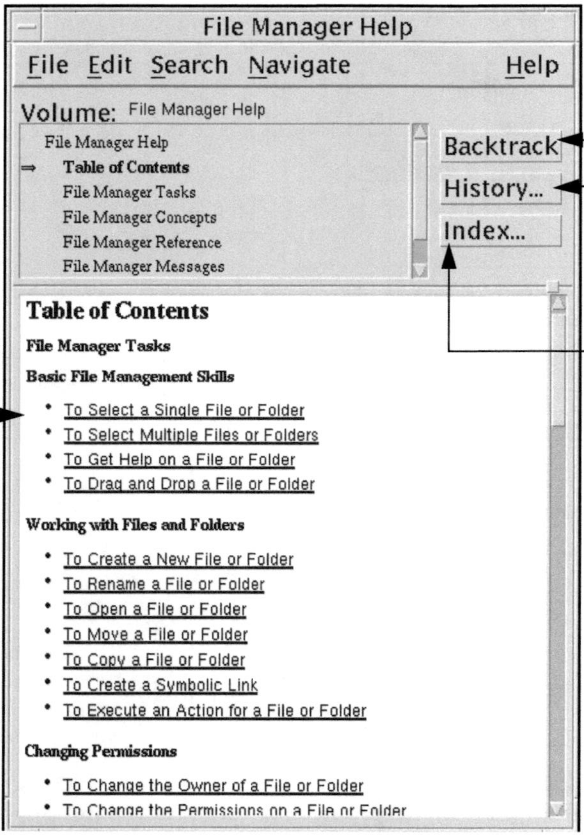

Durch Doppelklick wird das angewählte Thema angezeigt. Ist ein Text unterstrichen, können über Hypertext jeweils weiterführende Informationen aufgerufen werden.

Hiermit können Sie jeweils zurück zu Ihrer letzten Hilfe-Aktion gehen

In einer Liste sind alle Ihre Hilfe-Aktionen aufgeführt, und Sie können durch Anklicken darauf zurückgehen

Hier erhalten Sie ein alphabetisch sortiertes Stichwortverzeichnis aller möglichen Begriffe, über die Sie nähere Informationen abrufen können

Abb. 4.20 *Beispiel: Das Hilfe-Menü für den File Manager*

Über den Menüpunkt *Search* erhalten Sie eine Dialogbox, über die Sie nach bestimmten Begriffen suchen können (s. Abb. 4.21). Sie erhalten dann eine Liste mit der Anzahl der gefundenen Textstellen, unterteilt nach den Bereichen:

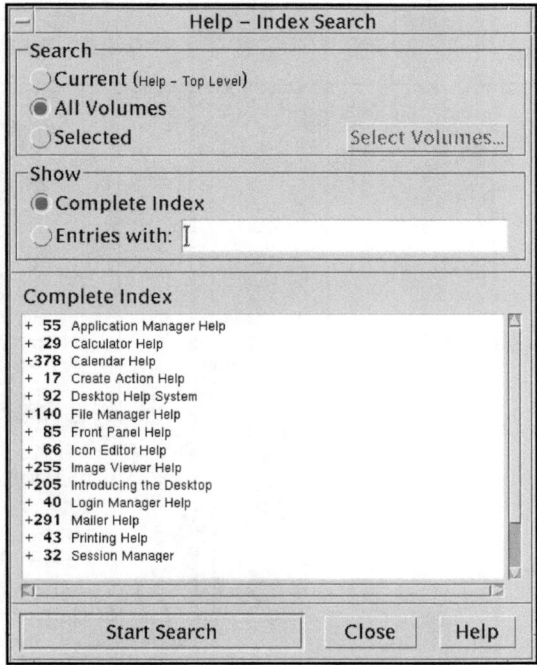

Abb. 4.21 *Help – Index Search*

Klicken Sie einen der Bereiche an, erhalten Sie die darin gefundenen Begriffe und wiederum mit weiterem Klicken die entsprechenden Beschreibungen hierzu.

Sie können die Suche auf das aktuelle Kapitel (*Current (Help – Top Level))*, auf sämtliche Hilfe-Menüs oder auf das gerade angewählte einschränken.

4.7 Der Dateimanager

Um Dateien zu verwalten, werden diese, wie wir in Kapitel 3.1 erfuhren, in Directories strukturiert. Man kann sich das wie eine Ablage mit lauter Schubladen und Ordnern vorstellen. Und dies ist auch das Symbol für den Dateimanager (File Manager).

Sehen wir uns den File Manager in Abb. 4.22 etwas genauer an:

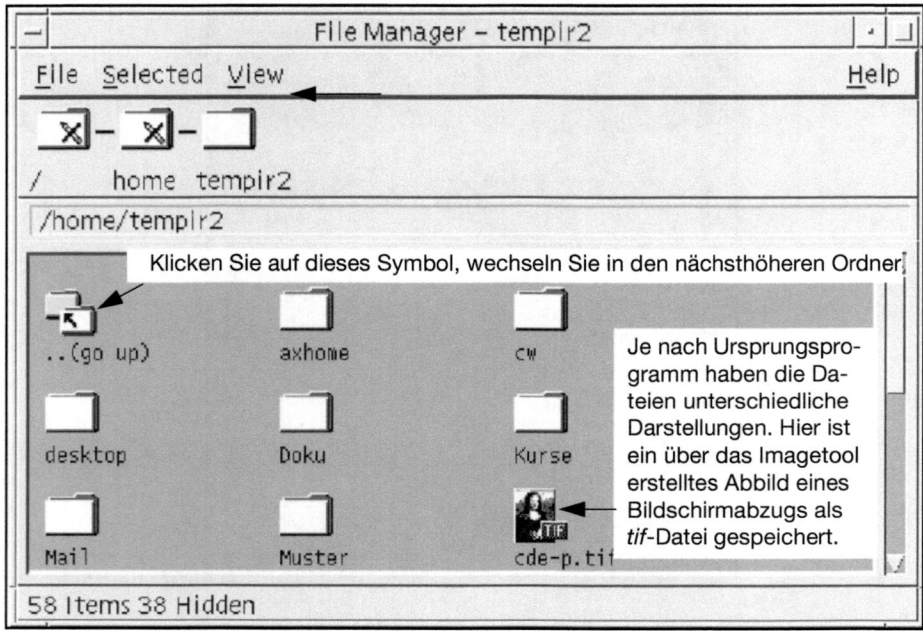

Es gibt noch weitere Symbole, die bestimmte Dateitypen darstellen:

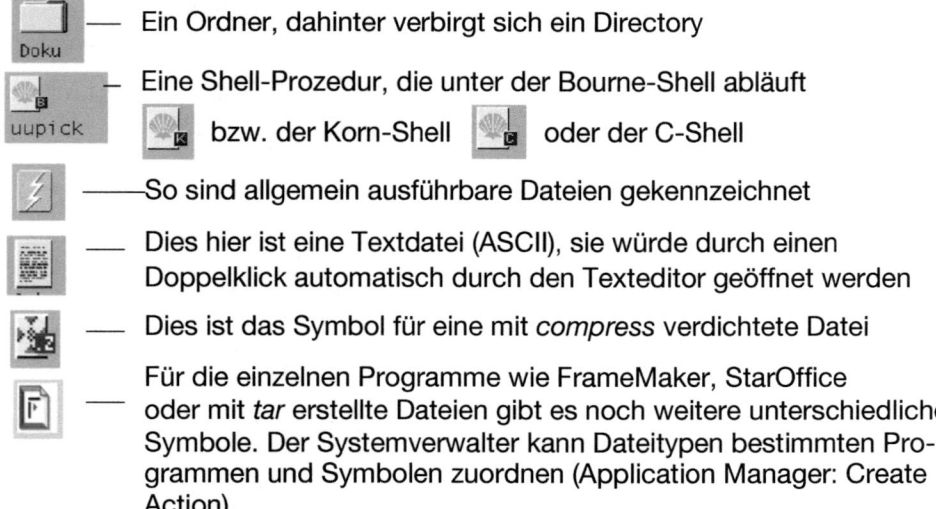

— Ein Ordner, dahinter verbirgt sich ein Directory

— Eine Shell-Prozedur, die unter der Bourne-Shell abläuft bzw. der Korn-Shell oder der C-Shell

—So sind allgemein ausführbare Dateien gekennzeichnet

— Dies hier ist eine Textdatei (ASCII), sie würde durch einen Doppelklick automatisch durch den Texteditor geöffnet werden

— Dies ist das Symbol für eine mit *compress* verdichtete Datei

Für die einzelnen Programme wie FrameMaker, StarOffice oder mit *tar* erstellte Dateien gibt es noch weitere unterschiedliche Symbole. Der Systemverwalter kann Dateitypen bestimmten Programmen und Symbolen zuordnen (Application Manager: Create Action).

Abb. 4.22 *Dateimanager – einige Dateitypen*

Viele Kommandos, die wir im Kapitel 3.4 kennengelernt haben, können wir unter dem Dateimanager mit links (falls Sie die Maus mit der linken Hand führen) bzw. rechts erledigen. Eine Auswahl möglicher Aktionen finden Sie in Tab. 4.2:

Unix-Kommando	Aktionen im Dateimanager
cd	Durch Anklicken des entsprechenden Ordners oder über das Menü *File → Go Home* oder *Go Up* oder *Go to*
ls	Entfällt eigentlich – Sie sehen generell die Dateien, Sie können allerdings über ein Auswahlmenü steuern, was in welcher Sortierung angezeigt werden soll (dies entspricht dann den verschiedenen Optionen von *ls*). Die Dialogbox hierfür erhalten Sie über das Menü *View → Set View Options* (Bild 4.26 auf Seite 382)
mkdir	Einen neuen Ordner erstellen Sie über das Menü *File → New Folder* (Abb. 4.24 auf Seite 381)
cp	Um Dateien zu kopieren, wählen Sie diese per Maus an (für die erste mit linker Maustaste), drücken dann die *Strg*-Taste und lassen sie so lange gedrückt, bis Sie alle weiteren Dateien mit der Maus angeklickt haben. Eine noch schnellere Methode ist, falls die Dateien zusammenhängend liegen, die linke Maustaste zu drücken, gedrückt zu lassen und sie über alle Dateien zu ziehen, die Sie auswählen möchten. Sind die Dateien ausgewählt, können Sie das Menü *Selected → Copy* (Bild 4.24 auf Seite 381) aufrufen und geben den Namen der neuen Datei an oder das Ziel-Directory. Schneller geht es, wenn Sie nach dem Auswählen der Datei(en) die **Strg-Taste drücken und gedrückt lassen** und mit der Maus dorthin ziehen, wohin sie kopiert werden soll(en). Auf diese Art können Sie auch ganze Dateibäume kopieren.
mv (umbenennen)	Um Dateien umzubenennen, wählen Sie die Datei an, gehen in das Textfeld und korrigieren einfach. Mit der Returntaste wird die neue Beschriftung übernommen.
mv (verschieben)	Um Dateien in einen anderen Ordner zu legen, müssen beide Ordner sichtbar sein. Am einfachsten, Sie starten ein zweites Fenster mit dem Ordner, in den Sie kopieren wollen. Wählen Sie dann die Datei, Dateien oder einen Ordner aus (Auswahl mehrerer Dateien siehe bei *cp*) und ziehen Sie sie in den gewünschten Zielordner.

Unix-Kommando	Aktionen im Dateimanager
chmod	Das Kommando unter Linux/Unix ist ja etwas aufwendig. Unter CDE brauchen Sie nur noch in einer Dialogbox anzuklicken, welche Rechte für wen gesetzt werden sollen. Das Menü hierzu kann mit der rechten Maustaste aufgerufen werden, sobald eine Datei oder ein Ordner angewählt ist. Darin klicken Sie **Change Permissions** an. Es öffnet sich dann die Dialogbox (Abb. 4.28). *Dateiname* Change Permissions Put in Workspace Put in Trash **Abb. 4.23** *Pop-up-Menü Datei*
rm	Sie wählen die Datei oder Dateien aus und ziehen sie einfach in den Papierkorb oder wählen mit der rechten Taste das Menü (siehe bei *chmod*) und klicken **Put in Trash** an. Ein Beispiel hierfür sehen Sie in Abb. 4.30.
find **find ..-exec** **grep**	Auch dieses Kommando ist unter Linux/Unix ja wirklich nicht einfach einzugeben – doch mit CDE kein Problem. Über das Menü **Find** erhalten Sie eine Dialogbox, in der Sie die entsprechenden Suchkriterien angeben, ja in der Sie sogar innerhalb der gefundenen Dateien noch nach Mustern suchen können (Abb. 4.29).
lp **lpstat** **cancel**	Dateien können einfach auf das Druckersymbol gezogen werden, um ausgedruckt zu werden (z.B. unsere Shell-Prozeduren). Für umfangreichere Texte verwenden Sie sicher spezielle Programme (wie z.B. FrameMaker). Diese Dateien müssen durch eigene Druckmenüs erst aufbereitet werden, bevor sie gedruckt werden können. Hier verwenden Sie die internen Druckmenüs der Programme.

Tab. 4.2 Vereinfachung von Unix-Kommandos durch Aktionen im CDE

Sehen wir uns nun die Menüs und Dialogboxen zu den oben aufgeführten Aktionen genauer an.

Die Menüs des Dateimanagers sehen Sie in Abb. 4.24:

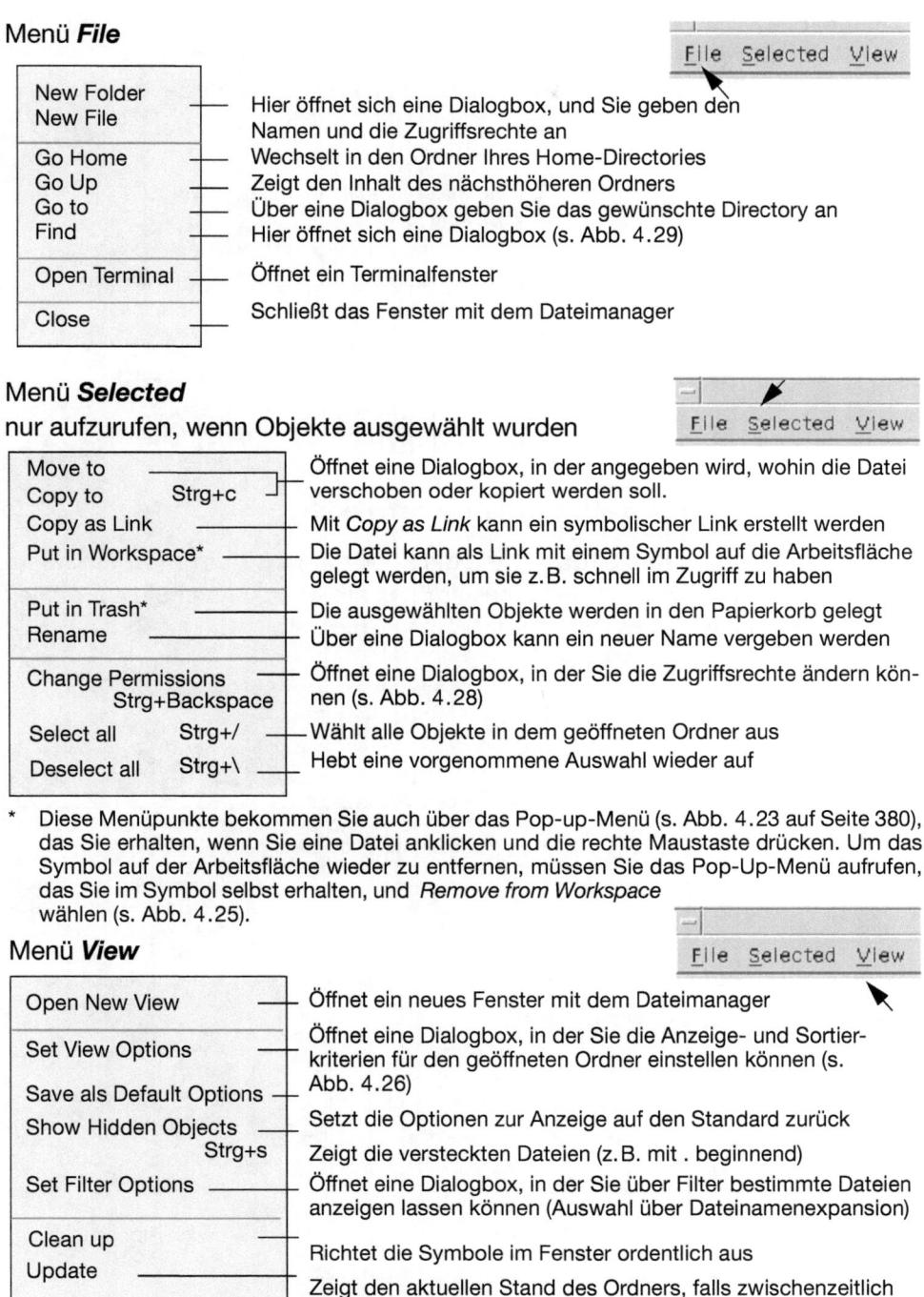

Menü *File*

File Selected View

New Folder New File	Hier öffnet sich eine Dialogbox, und Sie geben den Namen und die Zugriffsrechte an
Go Home	Wechselt in den Ordner Ihres Home-Directories
Go Up	Zeigt den Inhalt des nächsthöheren Ordners
Go to	Über eine Dialogbox geben Sie das gewünschte Directory an
Find	Hier öffnet sich eine Dialogbox (s. Abb. 4.29)
Open Terminal	Öffnet ein Terminalfenster
Close	Schließt das Fenster mit dem Dateimanager

Menü *Selected*

nur aufzurufen, wenn Objekte ausgewählt wurden

File Selected View

Move to		Öffnet eine Dialogbox, in der angegeben wird, wohin die Datei
Copy to	Strg+c	verschoben oder kopiert werden soll.
Copy as Link		Mit *Copy as Link* kann ein symbolischer Link erstellt werden
Put in Workspace*		Die Datei kann als Link mit einem Symbol auf die Arbeitsfläche gelegt werden, um sie z.B. schnell im Zugriff zu haben
Put in Trash*		Die ausgewählten Objekte werden in den Papierkorb gelegt
Rename		Über eine Dialogbox kann ein neuer Name vergeben werden
Change Permissions Strg+Backspace		Öffnet eine Dialogbox, in der Sie die Zugriffsrechte ändern kön- nen (s. Abb. 4.28)
Select all	Strg+/	Wählt alle Objekte in dem geöffneten Ordner aus
Deselect all	Strg+\	Hebt eine vorgenommene Auswahl wieder auf

* Diese Menüpunkte bekommen Sie auch über das Pop-up-Menü (s. Abb. 4.23 auf Seite 380),
das Sie erhalten, wenn Sie eine Datei anklicken und die rechte Maustaste drücken. Um das
Symbol auf der Arbeitsfläche wieder zu entfernen, müssen Sie das Pop-Up-Menü aufrufen,
das Sie im Symbol selbst erhalten, und *Remove from Workspace*
wählen (s. Abb. 4.25).

Menü *View*

File Selected View

Open New View	Öffnet ein neues Fenster mit dem Dateimanager
Set View Options	Öffnet eine Dialogbox, in der Sie die Anzeige- und Sortier- kriterien für den geöffneten Ordner einstellen können (s. Abb. 4.26)
Save als Default Options	Setzt die Optionen zur Anzeige auf den Standard zurück
Show Hidden Objects Strg+s	Zeigt die versteckten Dateien (z.B. mit . beginnend)
Set Filter Options	Öffnet eine Dialogbox, in der Sie über Filter bestimmte Dateien anzeigen lassen können (Auswahl über Dateinamenexpansion)
Clean up	Richtet die Symbole im Fenster ordentlich aus
Update	Zeigt den aktuellen Stand des Ordners, falls zwischenzeitlich Änderungen erfolgten

Abb. 4.24 Dateimanager – Menüs File, Selected und View

Dateien, die als Symbol auf die Arbeitsfläche gelegt wurden, können nur über das Menü **Remove from Workspace** zurückgelegt werden. Das Menü erscheint, wenn Sie das Symbol angewählt haben und die rechte Taste drücken (s. Abb. 4.25).

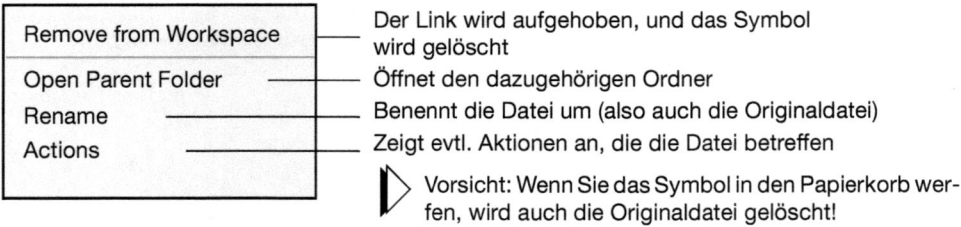

Abb. 4.25 gehörende Beschriftungen:

Remove from Workspace	Der Link wird aufgehoben, und das Symbol wird gelöscht
Open Parent Folder	Öffnet den dazugehörigen Ordner
Rename	Benennt die Datei um (also auch die Originaldatei)
Actions	Zeigt evtl. Aktionen an, die die Datei betreffen

▷ Vorsicht: Wenn Sie das Symbol in den Papierkorb werfen, wird auch die Originaldatei gelöscht!

Abb. 4.25 *Pop-up-Menü für auf die Arbeitsfläche gelegte Dateien*

4.7.1 Wie führen Sie die einzelnen Aktionen durch?

Um die **Darstellung des Ordners** und die Sortierung der Dateien zu verändern, rufen Sie das Menü **View → Set View Options** auf. Hier können Sie auswählen, was und wie angezeigt werden soll (s. Abb. 4.26):

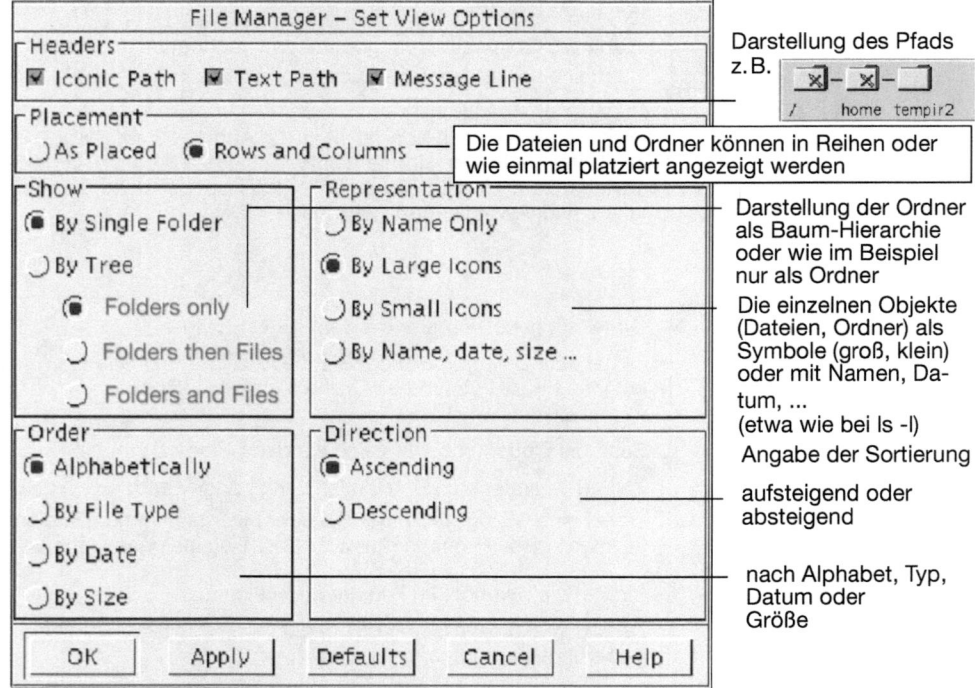

Abb. 4.26 *Dialogbox Set View Options*

Zusätzlich können über das Menü **View** → **Set Filter Options** bestimmte Dateien oder Dateiarten ausgewählt werden, die im Ordner angezeigt oder nicht angezeigt werden sollen (s. Abb. 4.27).

Hier wird eingestellt, ob die nachfolgend ausgewählten Dateien in dem Ordner nicht angezeigt (*Hidden*) oder angezeigt (*Shown*) werden sollen

Durch Anklicken der Dateitypen werden sie ausgewählt

Hiermit können alle Dateitypen, die im Ordner vorkommen, ausgewählt werden bzw. die Auswahl kann aufgelöst werden

Über Dateinamenexpansion können hier Auswahlkriterien angegeben werden, welche Dateien nicht angezeigt werden sollen (wie hier alle mit . beginnenden)

Abb. 4.27 Dialogbox Set Filter Options

Ändern der Zugriffsrechte

Um die Zugriffsrechte zu ändern, können Sie **Change Permissions** im Menü **Selected** oder im Pop-up-Menü der entsprechenden Datei (s. Abb. 4.23 auf Seite 380) anwählen. Sie erhalten dann nachfolgende Dialogbox (s. Abb. 4.28):

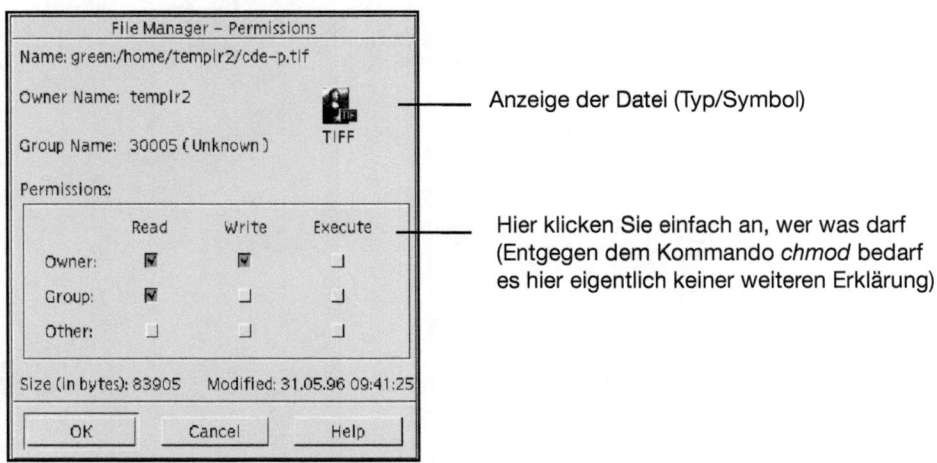

Anzeige der Datei (Typ/Symbol)

Hier klicken Sie einfach an, wer was darf (Entgegen dem Kommando *chmod* bedarf es hier eigentlich keiner weiteren Erklärung)

Abb. 4.28 Dialogbox Permissions – Ändern von Zugriffsrechten

Finden von Dateien oder Dateiinhalten

Um Dateien zu finden, kennen Sie unter Unix das Kommando find. Einfacher
geht es natürlich im CDE. Hier wählen Sie unter der Menüzeile **File** → **Find** und
erhalten nachstehende Dialogbox in Abb. 4.29:

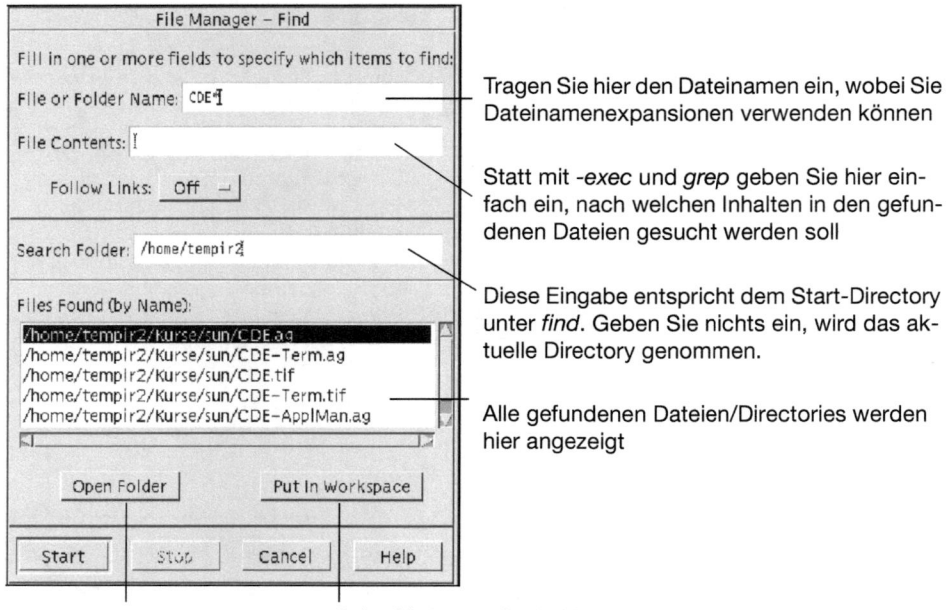

Tragen Sie hier den Dateinamen ein, wobei Sie
Dateinamenexpansionen verwenden können

Statt mit -*exec* und *grep* geben Sie hier einfach ein, nach welchen Inhalten in den gefundenen Dateien gesucht werden soll

Diese Eingabe entspricht dem Start-Directory
unter *find*. Geben Sie nichts ein, wird das aktuelle Directory genommen.

Alle gefundenen Dateien/Directories werden
hier angezeigt

Um weitere Informationen
über die Datei zu erhalten,
öffnen Sie den Ordner, in
dem sie gefunden wurde

Oder Sie legen sie als Link-
Symbol* auf Ihren Arbeitsbereich und können sie z.B.
durch Doppelklick öffnen

Abb. 4.29 *Beispiel: Dialogbox Find*

4.7.2 Löschen von Dateien und Leeren des Papierkorbs

Wenn Sie Dateien unter dem CDE löschen, werden sie zunächst in den Papierkorb gelegt und nicht wie beim *rm*-Kommando sofort gelöscht. Dies geschieht entweder dadurch, dass Sie ein Dateisymbol in den Papierkorb ziehen oder über das Pop-up-Menü der Datei **Put in Trash** anwählen (dies können Sie auch, wenn Sie z.B. mehrere Dateien markiert haben, über das Menü **Select** → **Put in Trash** erreichen). Die Dateien sind zwar dann aus dem Ordner entfernt, nehmen aber nach wie vor Platz auf der Platte ein. Um sie nun endgültig zu löschen, müssen Sie den Papierkorb ausleeren. Vorab sollten Sie vorsichtshalber einen Blick hineinwerfen (s. Abb. 4.30).

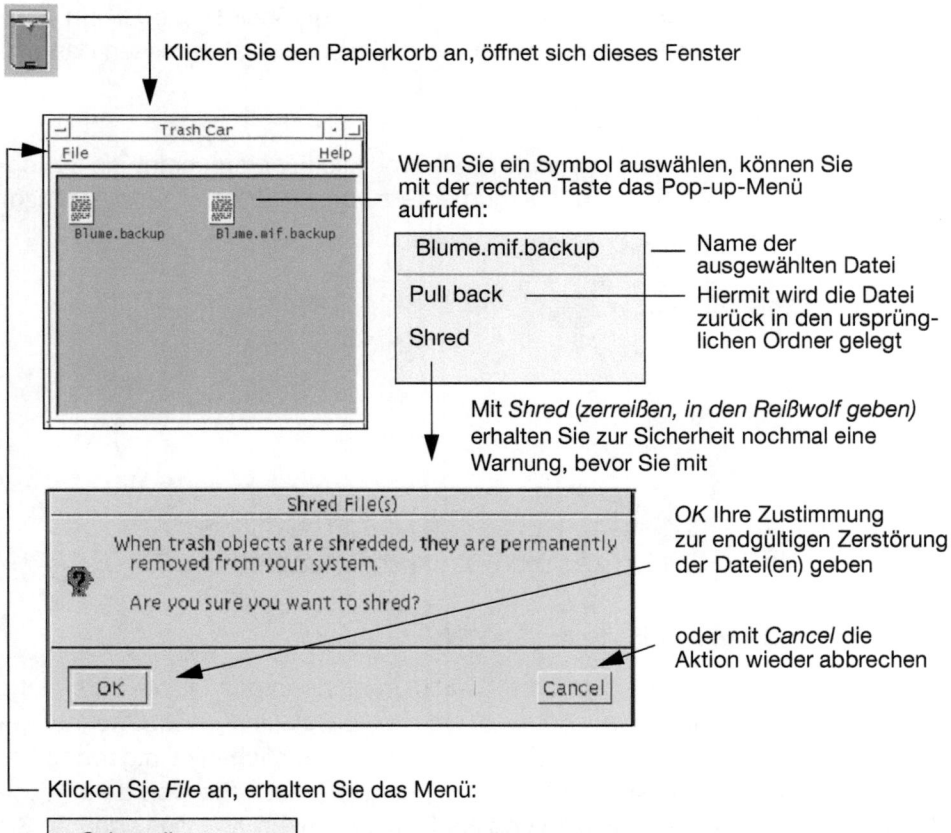

Abb. 4.30 Beispiel: Papierkorb leeren

4.7.3 Automatisches Starten von Kommandos

Wenn Sie eine Textdatei doppelt anklicken, wird automatisch der Texteditor aufgerufen. Je nach Systeminstallation können durch Doppelklick auf andere Dateien ebenfalls entsprechende Programme gestartet werden (wird z.B. bei einer Datei erkannt, dass sie von FrameMaker erstellt wurde, wird das Programm FrameMaker auch gleich gestartet).

Sehen Sie eine Datei mit diesem Symbol ⚡ , handelt es sich um eine ausführbare Datei (*chmod +x* bzw. bei den Zugriffsrechten wurde *executable* angewählt). Hierbei sollte es sich dann auch um ausführbare Programme bzw. Shell-Prozeduren handeln. Wenn in der ersten Zeile einer Shell-Prozedur ein Run-Kommando (z.B. #!/bin/ksh) eingegeben wurde, erscheint stattdessen das entsprechende Shell-Symbol 🐚 .

Klicken Sie das Symbol kurz zweimal an (Doppelklick), so erscheint die Dialogbox, in der Sie evtl. Optionen und Argumente zu diesem Kommando ergänzen können (s. Abb. 4.31):

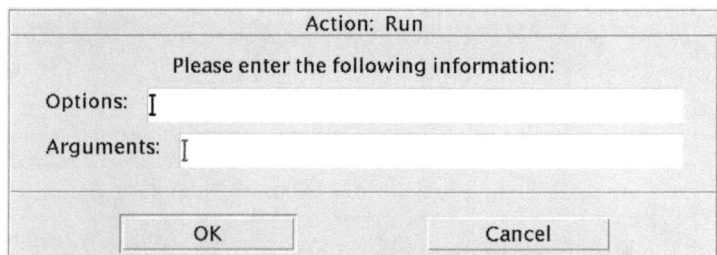

Abb. 4.31 *Dialogbox für Kommandoaufrufe*

Sie starten das Kommando, indem Sie **OK** drücken.

Es ist tatsächlich eine neue Ära unter Linux/Unix angebrochen, die verspricht, doch wesentlich benutzerfreundlicher zu sein, als wir sie im Kapitel 3 kennengelernt haben. Damit Sie sich auch wirklich in einer »freundlichen« Umgebung befinden, können Sie Ihren Arbeitsbereich so gestalten, dass Sie sich darin wohlfühlen, Ihre Lieblingsfarben wählen und noch einiges mehr. Wie, das erfahren Sie im nächsten Kapitel.

4.8 Wie passen Sie das CDE Ihren Wünschen an?

Kochen Sie gerne? Wenn ja, wissen Sie, dass es wichtig ist, sich alle Zutaten und möglichen Geräte bereitzulegen, um sich ganz dem Gelingen eines Gerichtes zu widmen. Dies gilt sicher nicht nur fürs Kochen. Auch auf unserem Schreibtisch sollten wir die Dinge, die wir oft benötigen, schnell im Zugriff haben. Im CDE bietet sich hierfür die Desktop-Anzeige an.

4.8.1 Ändern der Desktop-Anzeige

Wenn Sie z. B. ein neues Terminalfenster öfter benötigen als den Texteditor, können Sie die Anzeige entsprechend ändern. Öffnen Sie hierfür die Bedientafel (*Subpanel*) oberhalb des Notizblocks (s. Abb. 4.32).

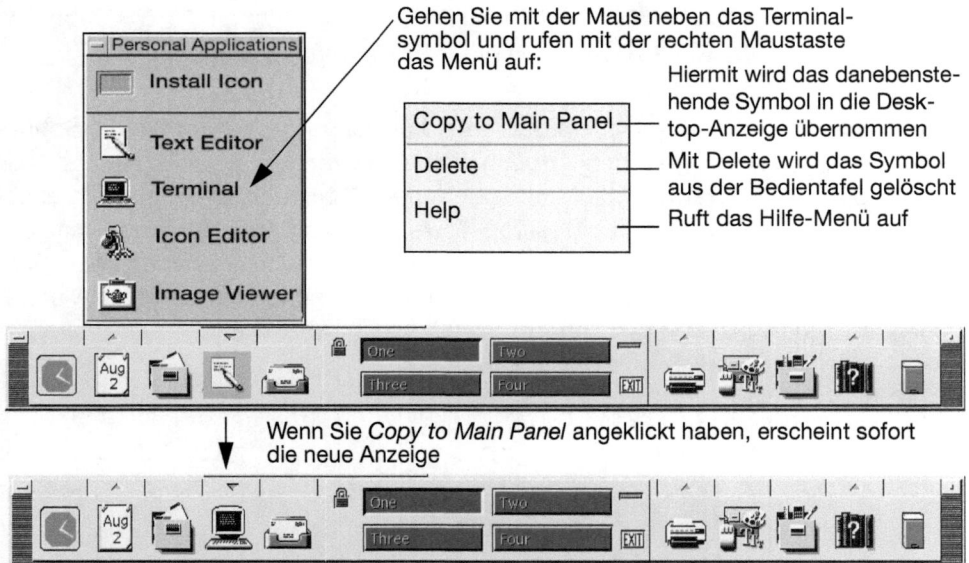

Abb. 4.32 *Beispiel: Übernahme von Symbolen aus der Bedientafel in die Desktop-Anzeige (Symbolleiste)*

Sollten Sie die angebotenen Programme in der Bedientafel nicht benötigen, können Sie diese mit **Delete** löschen. Wie Sie neue Programme hinzufügen, sehen Sie im nächsten Beispiel.

Hinzufügen einer Bedientafel und Ergänzen der Programmauswahl

Bei Symbolen, über denen bisher kein Pfeil ist, können Sie eine Bedientafel (*Subpanel*) hinzufügen. Hierfür klicken Sie mit der rechten Maustaste neben oder auf das Symbol, z.B. die Uhr, und wählen aus dem dann angezeigten Menü *Add Subpanel* (s. Abb. 4.33):

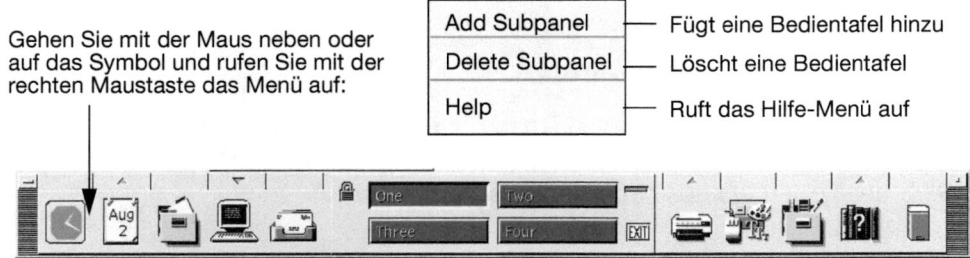

Gehen Sie mit der Maus neben oder auf das Symbol und rufen Sie mit der rechten Maustaste das Menü auf:

Add Subpanel	—— Fügt eine Bedientafel hinzu
Delete Subpanel	—— Löscht eine Bedientafel
Help	—— Ruft das Hilfe-Menü auf

Abb. 4.33 Hinzufügen einer Bedientafel (Subpanel)

Um ein weiteres Programm in ein Bedienfeld einzubinden, öffnen Sie die Schublade mit den Werkzeugen, den *Application Manager*. Sie erhalten ein Menü, in dem mögliche Programme nach verschiedenen Rubriken sortiert sind. In unserem Beispiel wählen wir unter Desktop-Tools das Programm für eine Digitaluhr. Das Programmsymbol ziehen wir einfach auf den hierfür vorgesehenen freien Rahmen zum Installieren von weiteren Programmen, und schon können Sie zwischen einer analogen oder digitalen Zeitanzeige wählen (s. Abb. 4.34).

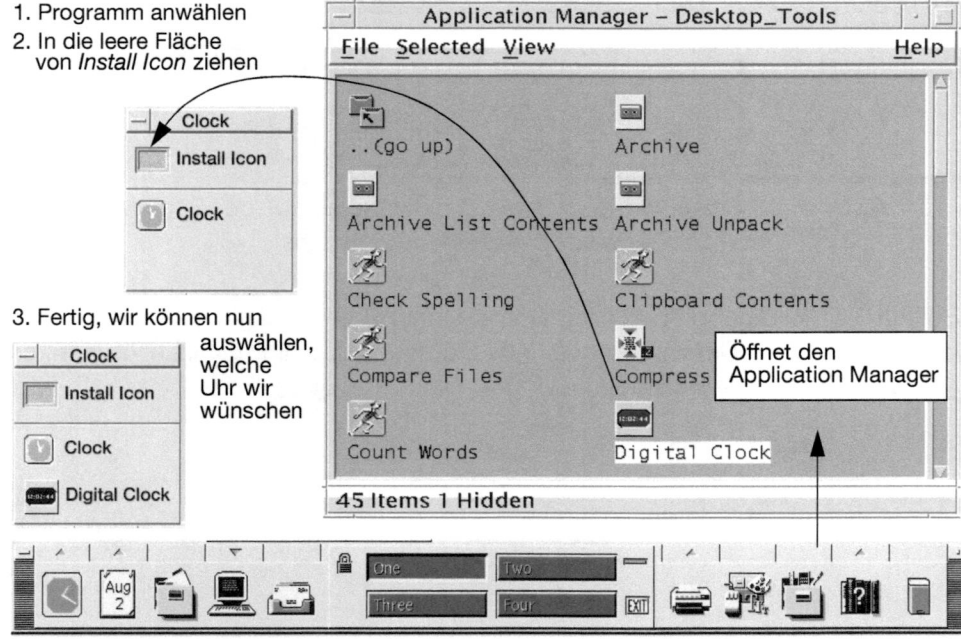

1. Programm anwählen
2. In die leere Fläche von *Install Icon* ziehen

3. Fertig, wir können nun auswählen, welche Uhr wir wünschen

Abb. 4.34 Hinzufügen von Programmen

Auf Weise können Sie natürlich auch weitere Programme in die anderen Bedientafeln übernehmen oder vorhandene löschen und Ihre Desktop-Anzeige so mit den von Ihnen benötigten Werkzeugen ergänzen.

In Abb. 4.10 auf Seite 368 hatten wir gesehen, wie Sie in verschiedene Arbeitsbereiche wechseln können. Nun wollen wir uns ansehen, wie Sie weitere Arbeitsbereiche anlegen und umbenennen können.

Anlegen von weiteren Arbeitsbereichen

Sollten Ihnen die vier Arbeitsbereiche (*Workspace*) nicht mehr ausreichen, können Sie über das Workspace-Menü mit *Add Workspace* weitere hinzufügen (s. Abb. 4.35):

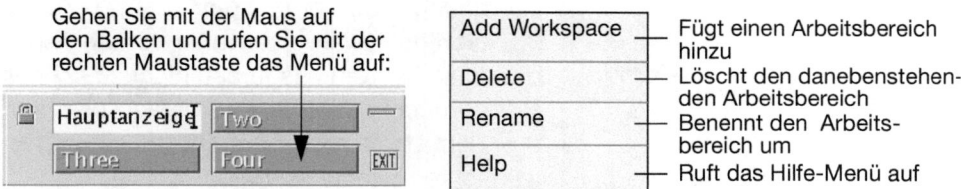

Abb. 4.35 Hinzufügen eines Arbeitsbereichs

Damit Sie wissen, welche Verarbeitung Sie in welchem Arbeitsbereich gestartet haben, gehen Sie mit der Maus einfach in die Textzeile des Balkens und geben einen neuen Namen ein, oder Sie können im oben gezeigten Menü *Rename* anklicken.

Was fehlt Ihnen noch, um sich wohlzufühlen? Richtig, das Ambiente. Wie wir das Äußere unserer Arbeitsumgebung verändern können, erfahren Sie im folgenden Kapitel.

4.8.2 Der Style-Manager

Über den Style-Manager können wir alles *stylen,* nicht nur den Arbeitsbereich. Wenn Sie das Symbol für den Style-Manager anklicken, erhalten Sie folgende Menüauswahl (s. Abb. 4.36):

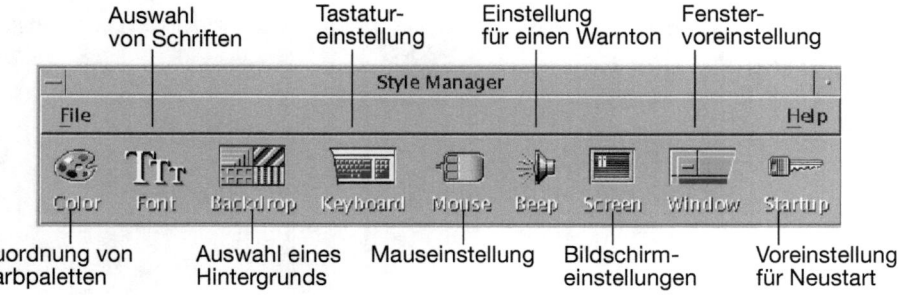

Abb. 4.36 Menü Style-Manager

Zu den einzelnen Menüpunkten:

❏ **Color – Zuordnung der Farbpaletten** (s. Abb. 4.37)

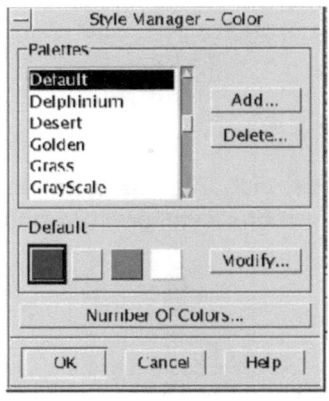

Wenn auf Ihrem System mehrere Farbpaletten gespeichert sind, können Sie hier eine Zuordnung treffen.
In den Farbpaletten sind bereits unterschiedliche Farben für den Schreibtischhintergrund, für Fensterumrandungen etc. zugewiesen.

Abb. 4.37 *Color – Auswahl der Farben*

Empfehlung: Lassen Sie die detaillierte Farbzuordnung (*Number of Colors ...* und *Modify ...*) durch den Systemverwalter vornehmen, damit die Systemressourcen nicht zu schnell aufgebraucht sind *(Farben kosten Speicher!)* und damit in Folgeprogrammen keine unerwünschten Effekte auftreten.

Es ist sicher einmal interessant, die Möglichkeiten durchzutesten, doch gerade bei Farben sollten Sie es nicht zu bunt treiben. Die voreingestellten Paletten sind meist schon auf harmonische und nicht zu grelle Farben abgestimmt. Wählen Sie also eine der so schön klingenden Palettennamen wie *Delphinum*. Aber auch hinter *Grass* oder *Desert* verbergen sich nette Farbspiele. Viel Spaß – aber vielleicht sollten Sie sich zuvor einen Termin setzen, damit Ihnen die Zeit nicht davonläuft.

❏ **Font – Auswahl der Schriften** (s. Abb. 4.38)

Hier können Sie die
Größe der Schrift voreinstellen. Beim nächsten Aufruf, z.B. eines Terminalfensters, wird die voreingestellte Schriftgröße verwendet.

Abb. 4.38 *Font – Auswahl der Schriften*

❏ **Backdrop – Auswahl eines Hintergrunds** (s. Abb. 4.39)

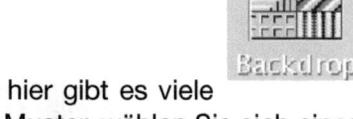

Auch hier gibt es viele nette Muster, wählen Sie sich eines für den Hintergrund des Arbeitsbereichs aus. Es empfiehlt sich, den Arbeitsbereichen unterschiedliche Hintergrundmuster und Farben zuzuweisen. Wechseln Sie hierfür jeweils zuvor in den betreffenden Arbeitsbereich.

Abb. 4.39 Backdrop –
Auswahl eines Hintergrunds

Probieren Sie einfach mal ein paar Muster aus.

Was verbirgt sich z.B. hinter *Southwest* oder *PinStripe*? (Es könnte natürlich sein, dass auf Ihrem System andere Muster vorgegeben sind – doch sicher ebenso schöne).

❏ **Keyboard – Tastatureinstellung** (s. Abb. 4.40)

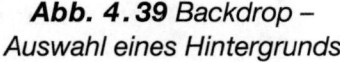

Die Defaulteinstellung erlaubt, dass Tasten, wenn Sie sie gedrückt lassen, automatisch wiederholt werden (*auto repeat*) und kein lästiges Klickgeräusch ertönt, wenn Sie auf den Tasten klimpern (*click volume*).

Je weiter Sie den Regler nach rechts schieben, umso lauter klicken Ihre Tasten.

Abb. 4.40 Keyboard –
Tastatureinstellung

Mouse – Mauseinstellung (s. Abb. 4.41)

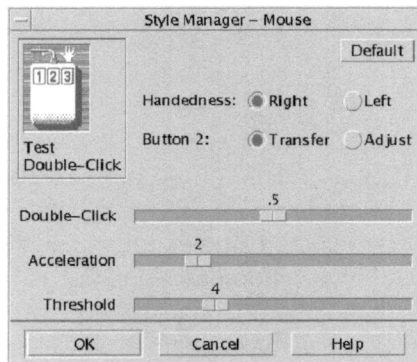

Abb. 4.41
Mouse –
Mauseinstellungen

Bei *Handedness* können für Linkshänder die Tasten links und rechts vertauscht werden. Außerdem können die Maustastenfunktionen umgestellt werden:

Transfer bedeutet, dass markierte Daten mit der 2. Maustaste (mitte) an der Cursorposition eingefügt werden.

Adjust bedeutet, dass stattdessen bei einer Auswahl von Texten weitere mit dieser Taste hinzugefügt werden.

Bei *Double-Click* wird mit dem Regler die Geschwindigkeit eingestellt, mit der die Funktion Doppelklick erkannt werden soll.

Mit *Acceleration* stellen Sie die Geschwindigkeit ein, mit der der Mauscursor über den Bildschirm flitzt.

Mit *Threshold* kann das Minimum an Pixeln eingestellt werden, um die sich eine Maus bewegt. Mit *Acceleration* und *Threshold* kann die Maus so eingestellt werden, dass sie ganz präzise bewegt werden kann, was bei einigen Zeichenprogrammen wichtig sein könnte.

❏ **Beep – Einstellung für den Warnton** (s. Abb. 4.42)

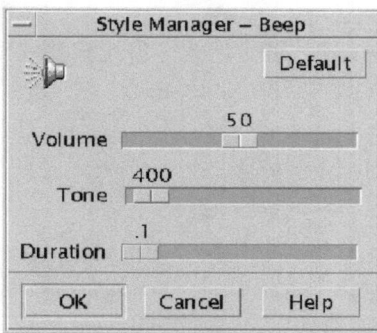

Wenn Sie bei manchen Fehlerhinweisen nur sanft vom System darauf aufmerksam gemacht werden wollen, sollten Sie den Regler für *Tone* und *Duration* (Dauer des Tons in Sekunden) weit links lassen.

Mit *Volume* = 0% wird der Ton ganz ausgestellt.

Abb. 4.42 *Beep –*
Einstellung für den Warnton

Unter *Tone* ist die Frequenz von 82 bis 9000 Hertz einzustellen.

❏ **Screen – Bildschirmeinstellungen** (s. Abb. 4.43)

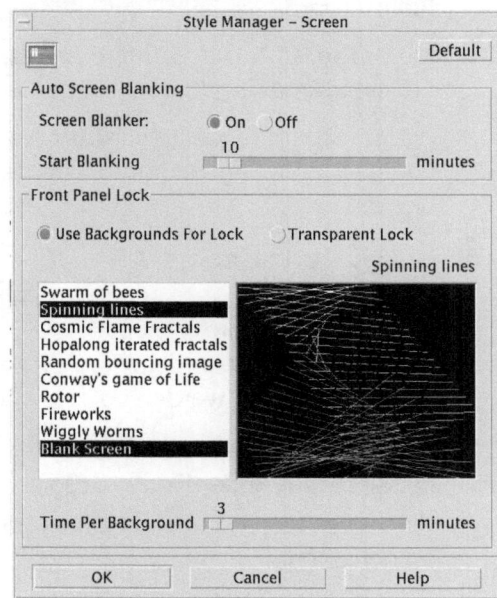

Abb. 4.43 *Screen – Bildschirmeinstellungen*

Bei *Auto Screen Blanking* **on** wird der Bildschirmschoner (Screen Blanker) eingestellt. Unter *Start Blanking* werden die Minuten festgelegt, nach denen automatisch der Bildschirm auf den Bildschirmschoner umgestellt wird.

Mit einem Klick auf *Use Backgrounds For Lock*, können Sie in der Auswahlliste ein oder mehrere Muster für den Bildschirmschoner anklicken, die gleich im Ausschnitt daneben angezeigt werden. Wählen Sie mehrere Muster aus, müssen Sie zusätzlich die Zeit angeben, nach wie viel Minuten gewechselt werden soll (*Time Per Background*).

❏ **Window – Fenstervoreinstellung** (s. Abb. 4.44)

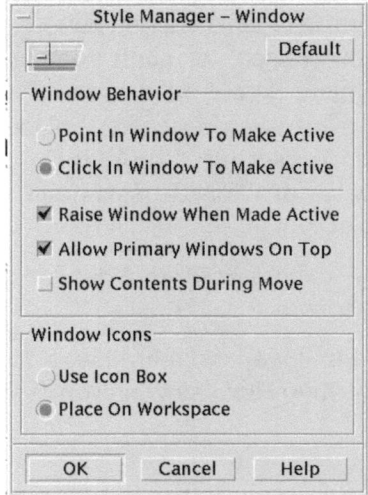

In dieser Dialogbox wird eingetragen, wie Ihre Fenster behandelt werden sollen.

Die wichtigste Einstellung ist, wie das Fenster auf den Mauscursor reagieren soll:

Wählen Sie *Point In Window ...*, wird das Fenster sofort aktiv, sobald der Mauscursor in dem Fenster ist.

Mit *Click in ...* wird es dagegen erst aktiv, wenn Sie das Fenster bewusst anklicken (was ich empfehlen würde, da die andere Methode zu leicht zu Fehlern führen kann).

Mit *Raise Window ...* steht das aktive Fenster immer im Vordergrund.

Abb. 4.44 *– Window Fenstervoreinstellung*

Allow Primary ... stellt ein, dass das zuerst geöffnete Fenster immer vollständig sichtbar ist.

❏ **Startup – Voreinstellung für einen Neustart** (s. Abb. 4.45)

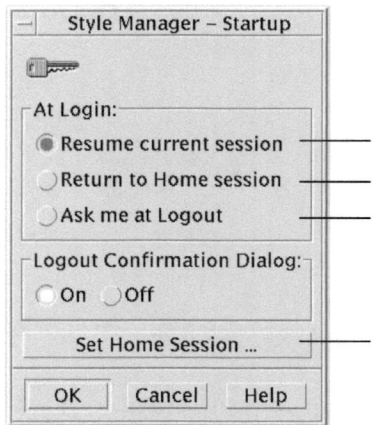

Hier geben Sie ein, wie Ihr Arbeitsbereich nach dem Login dargestellt werden soll:

so wie Sie ihn verlassen haben,

in der Default- oder Home-Session,

Sie wollen sich erst beim Abmelden entscheiden.

Hier können Sie ein zusätzliches Menü aufrufen, um die Home-Session zu definieren.

Abb. 4.45 *Startup – Voreinstellung für einen Neustart*

Nun, die Voreinstellungen sind zwar etwas zeitaufwendig, aber sie sollten ja auch nur einmal eingetragen werden. Es ist ja auch ganz nett, ab und zu einen neuen Tapetenwechsel für die Schreibtisch-Umgebung vorzunehmen, aber wichtig ist es nicht unbedingt.

Und überlassen Sie knifflige Einstellungen am besten Ihrem Systemverwalter.

4.9 Zum Abschluss noch ein paar Tipps zum CDE aus der Praxis

❏ Vermeiden Sie, zu viele Fenster geöffnet zu haben. Hier sollten Sie die Möglichkeit nutzen, sie als Symbol an den Rand des Bildschirms zu legen oder auf die verschiedenen Arbeitsbereiche auszuweichen.

❏ Um schnell mit Linux/Unix-Kommandos etwas überprüfen zu können, ist es sinnvoll, immer ein Terminalfenster geöffnet zu halten bzw. den Dateimanager mit einem Ordner, in dem die von Ihnen am häufigsten genutzten Befehle abgelegt sind. Bei Platzmangel legen Sie diesen Ordner am besten als Symbol an den Rand des Bildschirms.

❏ Da, wie Sie gesehen haben, zwar Linux/Unix-Kommandos durch Doppelklick gestartet werden können, ist es nun noch effektiver, sich eigene Kommandos zu schreiben, die gleich die von Ihnen benötigten Optionen beinhalten oder sie anzeigen und über Menü abfragen, da Sie sonst doch die Optionen auswendig wissen müssten. Diese Kommandos können dann in einem speziellen Ordner jederzeit abrufbereit sein.

❏ Durch das kleine Schloss am Bildschirm ist es leicht, Ihr System zu schützen, wenn Sie – auch nur für kurze Zeit – Ihren Arbeitsplatz verlassen.

❏ Zur Sicherheit und um den Bildschirm zu schonen, sollten Sie die Screen-Lock-Möglichkeiten nutzen.

War Linux/Unix bisher eher etwas für Tüftler, macht es jetzt mit dem CDE oder einer anderen grafischen Oberfläche (KDE) richtig Spaß, mit Linux/Unix zu arbeiten. In diesem Sinne:

Viel Freude und Erfolg bei Ihrer täglichen Arbeit mit CDE!

5 Linux – grafische Oberflächen

*Es gibt eine ganze Reihe grafische Oberflächen in Linux. Die am
meisten eingesetzten sind KDE und GNOME. Bei beiden ist aus
vielen Betriebssystemen Gutes übernommen worden. Sowohl
Windows-Benutzer als auch MacOS-Anhänger werden sich
schnell eingewöhnen und vieles, was einem dort liebgeworden
ist, wiederfinden und noch einiges mehr – allerdings: Fast bei
jeder neuen Version kommen neue Features hinzu und auch die
Darstellung ändert sich von Mal zu Mal. Die Anwendungen werden immer intuitiver – eigentlich benötigen Sie kaum eine Anleitung dazu. Deshalb werden in diesem Kapitel die Aktionen nicht
Schritt für Schritt erklärt, sondern nur noch Tipps und Hinweise
für einige Anwendungen gegeben.*

Die einzelnen Themen:

C. Wolfinger, *Keine Angst vor Linux/Unix*, Xpert.press,
DOI 10.1007/978-3-642-32079-8_5, © Springer-Verlag Berlin Heidelberg 2013

5.1 Allgemeine Hinweise

Bei unseren ersten Schritten haben wir die unterschiedlichen Anmeldebild-schirme für die grafische Oberfläche unter *KDE* und *GNOME* schon kennenge-lernt. Auch haben wir bereits über Terminalfenster Befehle eingegeben und über *KWrite* Shell-Prozeduren erstellt. Die grafische Oberfläche bietet also doch man-che Erleichterung gegenüber der reinen Kommandoeingabe – sie kostet aber Platz und Zeit. So sind bei einem Benutzer, der nur über ein ASCII-Terminal ar-beitet, zu Beginn etwa 10 Dateien und ca. 3 Directories eingerichtet. Zu den Da-teien gehören unter Linux: *.vimrc, .profile, .bashrc, .bash_history*; und zu den Di-rectories: *.mozilla, .fonts, bin* und *public_html*, letzteres könnte auch gelöscht werden.

Arbeiten Sie dagegen mit einer der grafischen Oberflächen vervielfachen sich die Dateien enorm. An Directories (nicht versteckt) sind beim ersten Anmelden bereits enthalten: *Bilder, bin, Desktop, Dokumente, Downloads, Musik, Öffent-lich, public_html, Video, Vorlagen* und etwa 20 versteckte Directories (also mit . beginnend) und insgesamt 63 Dateien, die etwa 5,1 MB umfassen gegenüber ca. 90 KB für Benutzer ohne grafische Oberfläche. Nun ist die Plattenkapazität kaum mehr beschränkt auf einige MB, hier rechnet man zwischenzeitlich meist nur noch in GB, dennoch, die Vielzahl der Dateien und Directories könnte etwas verwirren. Es ist gerade in der Server-Netzwerk-Umgebung zu überlegen, ob man die grafische Oberfläche wirklich benötigt.

Doch die grafische Oberfläche hat auch ihre Vorteile, besonders wenn man im Internet surft oder Dateien (Texte, Grafiken und Bilder) bearbeiten will. Auch die parallele Darstellung verschiedener Programme ist oft nützlich.

Die hier aufgezeigten Beispiele sind unter OpenSUSE 12.2, KDE getestet worden.

5.2 KDE oder GNOME

Ob Sie nun *GNOME* (etwas schlanker und schneller als *KDE*) oder *KDE* nutzen, ist mehr oder weniger eine Geschmackssache. Ich persönlich bevorzuge den *KDE*, da er mehr Zusatzprogramme enthält. Als Benutzer können Sie, wenn Sie sich über die grafische Oberfläche anmelden, über das »Werkzeugbild« (s. Abb. 5.1) auswählen, mit welcher Oberfläche Sie arbeiten möchten (allerdings müssen zuvor auch die entsprechenden Desktop-Varianten installiert worden sein):

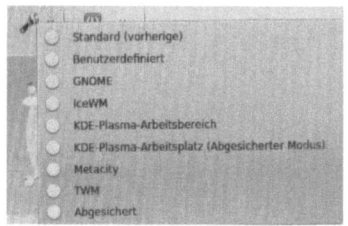

Abb. 5.1 *Auswahl der Desktop-Varianten*

In Abb. 5.2 sehen Sie die unterschiedlichen Desktop-Oberflächen:

Erst über linke obere Ecke (*Activities*) erhält man die Anzeige zur Programmauswahl:

Über den Programmstartknopf wird die Auswahl der Programme angezeigt. Über das Dashboard können die dort aufgeführten Programme direkt gestartet werden oder durch die Symbole in der Statusleiste.

Um weitere Programme angezeigt zu bekommen, wählt man *Application*:

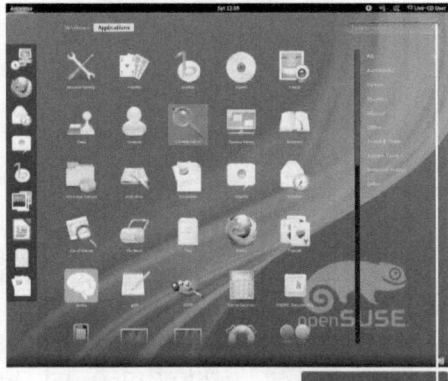

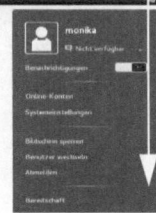

Voreingestellter Kickoff-Starter über den Programmstartknopf mit den meistgenutzten Programmen (Favoriten) und den weiteren Rubriken für

Anwendungen: unterteilt nach Büroprogrammen, Grafik, Internet usw.

Rechner: alle Programme, die den Rechner betreffen, u.a. YaST, My Computer, Netzwerk
Persönlicher Ordner

Verlauf: zuletzt aufgerufene Programme

Die Programme sind nach Rubriken sortiert

Abmelden über rechte obere Ecke:

Abb. 5.2 Desktop-Oberflächen von GNOME und KDE

Es gibt, wie Sie in Abb. 5.1 gesehen haben, eine ganze Reihe von verschiedenen Desktop-Varianten. Wir wollen uns in unseren Beispielen nur den *KDE* näher betrachten, zumal auch die *KDE*-Programme unter *GNOME* aufgerufen werden können, wenn beide Desktop-Varianten installiert sind.

GNOME und *KDE* erlauben umfangreiche Anpassungen. Sehen wir uns nun ein paar sinnvolle Änderungen für den *KDE* an.

5.3 Anpassungen unter KDE

Unter *KDE* steht schnelles Arbeiten im Vordergrund. Hierzu ist standardmäßig eingerichtet, dass man mit **nur einem Mausklick** Programme startet. Für die Symbolleiste oder das Dashboard ist es o.k. Doch bei Programmstarts aus dem Dateimanager heraus kann es ungewollte Effekte geben. Auch für all jene Benutzer, die sowohl unter Windows-Rechnern als auch unter Linux arbeiten, wäre es eine Umstellung. Deshalb sehen Sie unter Abb. 5.3 gleich die Änderung der Mausfunktion für Doppelklick unter *Systemeinstellungen → Hardware → Eingabegeräte → Maus* (s. Abb. 5.7):

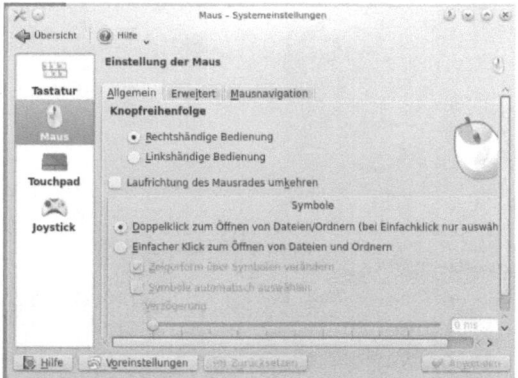

Abb. 5.3 *Änderung der Mausfunktion auf Doppelklick*

Die Programmauswahl über den sog. Kickoff-Programmstarter ist ziemlich aufwendig, da von einem Menü in das Untermenü »geklickt« werden muss. Hier ist der klassische Stil schneller zu bedienen. Das Symbol für das *Anwenderstartermenü* (grüner Leguankopf 🦎) nennen wir ab jetzt nur noch **Startknopf** und das darüberliegende Menü: **Startmenü**. Im klassischen Stil wandert man mit der Maus ohne zu klicken durch die Untermenüs bis zum gewünschten Programm und startet es mit der linken Maustaste. Um in den klassischen Menüstil zu wechseln, ruft man auf dem Startknopf das Rechtemausmenü auf und wählt hier *Zum klassischen Menüstil wechseln* (s. Abb. 5.4):

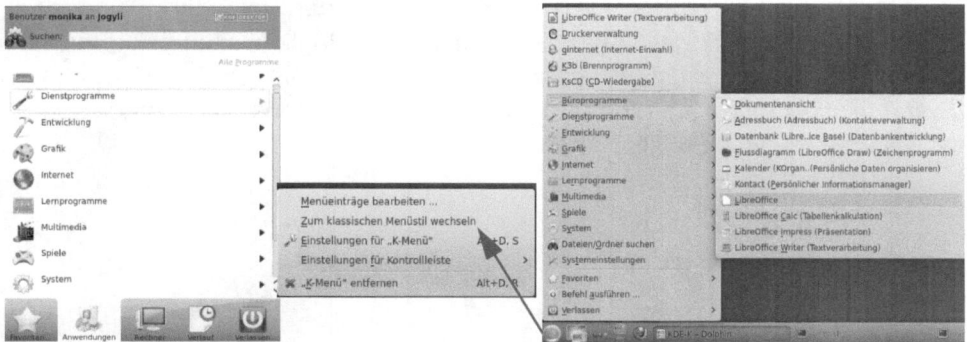

Abb. 5.4 *Änderung in das klassischen Startermenü*

Um jene Programme, die man immer wieder benötigt, sofort im Zugriff zu haben, ist es zweckmäßig, sie der Kontrollleiste hinzuzufügen (s. Abb. 5.5). Wählen Sie hierzu das gewünschte Programm aus, drücken Sie die rechte Maustaste und klicken Sie auf *Zur Kontrollleiste hinzufügen*:

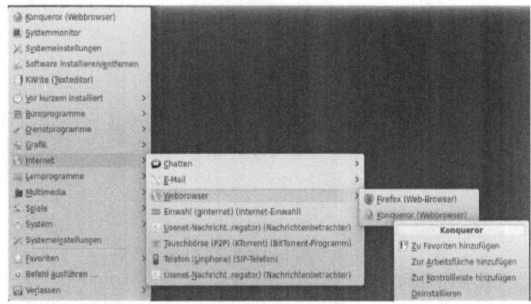

Abb. 5.5 *Programm zur Kontrollleiste hinzufügen*

Im klassischen Stil ist allerdings der Mülleimer verschwunden, der im Kickoff-Stil unter dem Menüabschnitt *Rechner* enthalten war. Um jederzeit den Mülleimer überprüfen zu können, sollte er auch in die Kontrollleiste/Symbolleiste eingefügt werden. Hierzu klicken Sie ganz rechts in der Symbolleiste auf das Werkzeug-kasten-Symbol [📦], wählen *Miniprogramme hinzufügen* aus. Suchen Sie unter den alphabetisch geordneten Symbolen den *Mülleimer* und übernehmen Sie ihn per Doppelklick in die Symbolleiste (s. Abb. 5.6):

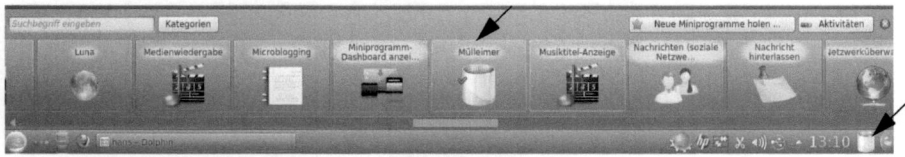

Abb. 5.6 *Ergänzen der Symbolleiste mit dem Miniprogramm Mülleimer*

Vorhin hatten wir unter Systemeinstellungen bereits den Doppelklick für das Eingabegerät Maus geändert. Allein der Umfang der Möglichkeiten zeigt, dass der Benutzer so ziemlich alles ändern könnte. Wenn Sie über das Startmenü *Systemeinstellungen* aufrufen und mit der Maus auf eines der Symbole gehen, wird angezeigt, was Sie alles ändern können (s. Abb. 5.7):

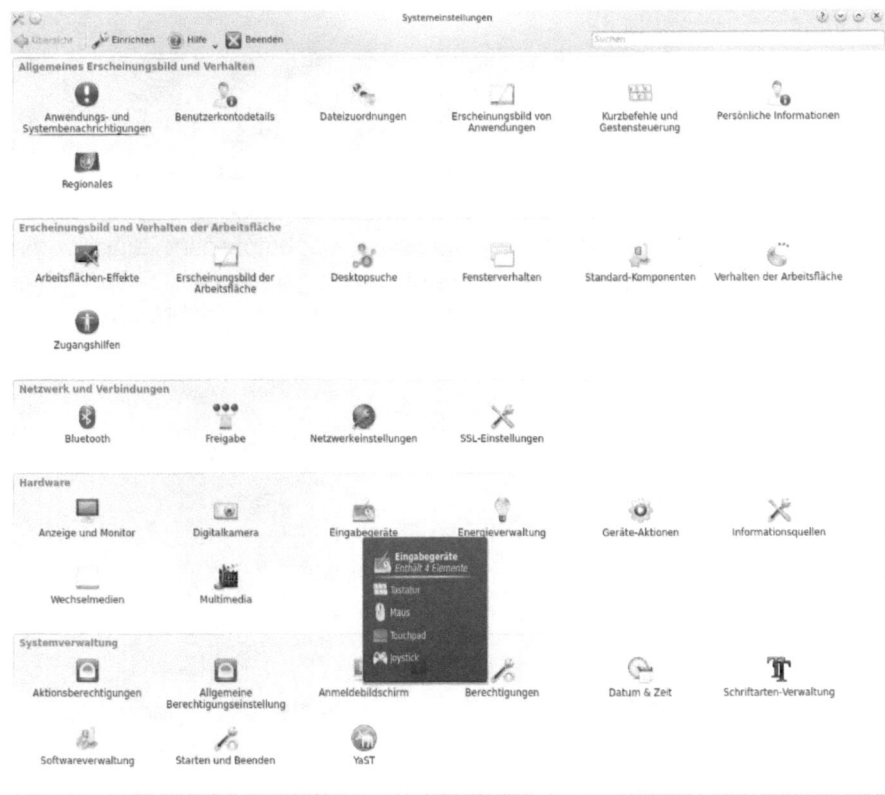

Abb. 5.7 *Umfangreiche Möglichkeiten der Systemeinstellungen*

Wir wollen uns nur noch ansehen, wie Sie sich Ihre Arbeitsfläche so einrichten können, dass Sie sich wohlfühlen. Hierzu kann auch ein Foto/Bild beitragen, das Sie als Hintergrund für Ihren Desktop verwenden möchten. In den Systemeinstellungen (s. Abb. 5.7) sucht man hiernach allerdings vergeblich. Die Einstellung für den Hintergrund erreicht man, wenn man das Rechtemausmenü auf der Arbeitsfläche auf einem freien Feld aufruft. Hier wählt man den Menüpunkt *Einstellungen für Arbeitsfläche* aus (s. Abb. 5.8).

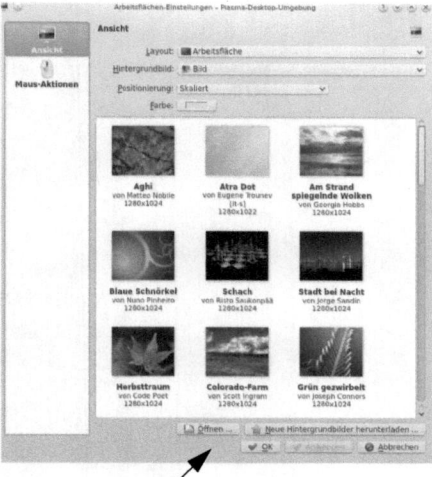

Abb. 5.8 *Hintergrundauswahl für die Arbeitsfläche*

Durch einen Doppelklick auf das gewünschte Bild wird dies Ihr neuer Hintergrund auf Ihrem Arbeitsbereich. Wollen Sie ein eigenes Bild/Foto übernehmen, wählen Sie **Öffnen** und suchen den entsprechenden Ordner aus, wo Sie das gewünschte Bild abgelegt haben, und übernehmen dann jene Datei.

Mehr Einstellungen sind vorerst nicht relevant. Sehen wir uns lieber ein paar interessante Programme an.

5.4 Auswahl einiger Programme

In der Einführung haben wir auf einige interessante Programme hingewiesen, die frei unter Linux verfügbar sind (s. Tab. 1.2 auf Seite 19). Die meisten dieser Programme sind bereits in der OpenSUSE-Distribution enthalten. Es würde den Rahmen dieses Buches sprengen, wenn wir all diese Programme beschreiben würden. Die meisten sind intuitiv bzw. ähnlich der Programme unter Windows zu bedienen. Wir wollen hier nur einige Tipps oder Hinweise geben.

5.5 Informationen über den Rechner

Wenn Sie auf **Arbeitsplatz** im sog. Dashboard (s. Abb. 5.2 auf Seite 399, KDE) auf das erste Symbol links klicken, öffnet sich ein Informationsfenster, das die wesentlichen Informationen von Ihrem Rechner zeigt (s. Abb. 5.9):

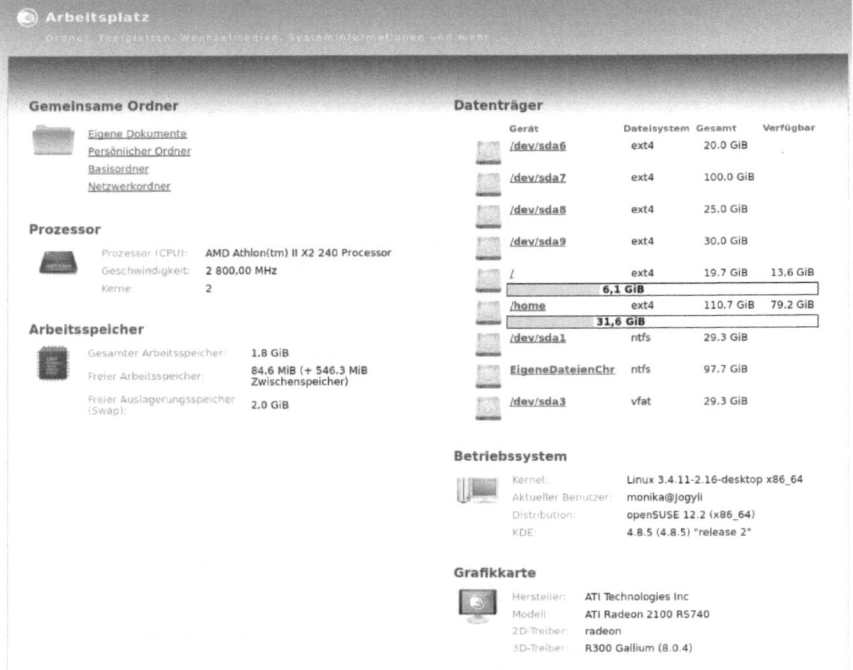

Abb. 5.9 *Informationen über den Arbeitsplatz*

5.6 Dateiverwaltung unter KDE

Ein kleiner Büroschrank symbolisiert die Dateiverwaltung. Dahinter verbirgt sich das Programm **Dolphin**. Wie in vielen Dateimanagern (auch unter Windows beim *Explorer*) können Sie die Darstellung der Dateien und Ordner als *Symbole* oder als Text mit *Details* auswählen. Dies ist auch beim *Dolphin* möglich. Zusätzlich lassen sich noch weitere nützliche Werkzeugleisten anbringen (s. Abb. 5.10).

Der *Dolphin* ist seit einiger Zeit unter OpenSUSE standardmäßig der Dateimanager. In früheren Versionen gab es nur den *Konqueror*. Heute wird der *Konqueror* als Webbrowser angeboten, er kann aber nach wie vor ebenfalls aus dem Dateimanager heraus eingesetzt werden. Besonders eignet sich der *Konqueror*, wenn man Dateien über *sftp* oder *ftp* von einem fremden Rechner herunter- und hinaufladen möchte. Doch auch hier empfiehlt es sich, vorab einige Einstellungen vorzunehmen. Wählen Sie im Startmenü *Internet → Webbrowser → Konqueror* aus (s. Abb. 5.11). Beispiele für Ansichten und Erweiterungen der Dateimanager finden Sie auf den nächsten Seiten.

Symbolansicht   Detailansicht   Über die rechte Maustaste: Auswahl der Elemente

»Werkzeug«
für weitere
Einstellungen

Abb. 5.10 *Dateimanager: Dolphin*

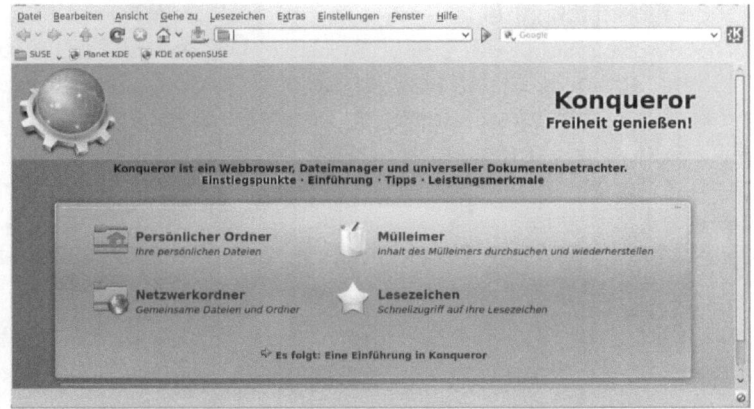

Abb. 5.11 *Der Konqueror – Startbildschirm*

Um den Konqueror als Dateimanager zu verwenden, wählt man *Persönlicher Ordner* aus. In Abb. 5.12 sehen wir den persönlichen Ordner von Monika:

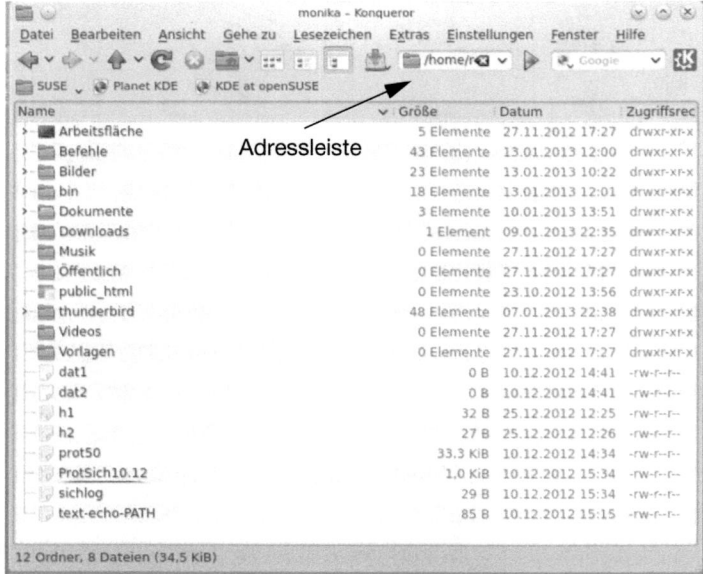

Abb. 5.12 *Der Konqueror als Dateimanager*

Bei beiden Dateimanagern können Sie (wie bei fast allen modernen Tabellen unter grafischen Oberflächen) eine Sortierung nach den einzelnen Rubriken vornehmen. Hier klicken Sie in die entsprechende Überschrift, z.B. Name, dann wird nach Name sortiert. Ebenso können Sie nach Größe oder Datum sortieren. Die Zugriffsrechte waren ursprünglich noch nicht vorhanden und wurden erst nachträglich eingefügt. Zu diesen gelangen Sie, wenn Sie in der Überschriftszeile die rechte Maustaste drücken und aus dem Rechtemausmenü auswählen, was alles angezeigt werden soll (dies gilt auch für den Dolphin, s. Abb. 5.10 auf Seite 405). Alle nachfolgenden Beschreibungen gelten ebenfalls für beide Dateimanager (Dolphin und Konqueror).

Da Directories als **Ordner** dargestellt werden, verwenden wir auch diesen Ausdruck in unseren nachfolgenden Beschreibungen.

Fast alle Kommandos zur Dateipflege können Sie über den Dateimanager vornehmen, teils über das Rechtemausmenü, teils über *Drag & Drop,* also z.B. eine Datei auswählen, die Maustaste gedrückt lassen und in einen anderen Ordner schieben. Räumen wir bei Monika doch gleich mal auf. Wir erstellen einen Ordner *Uebungen* neu und verschieben einige Dateien dorthin (s. Abb. 5.13):

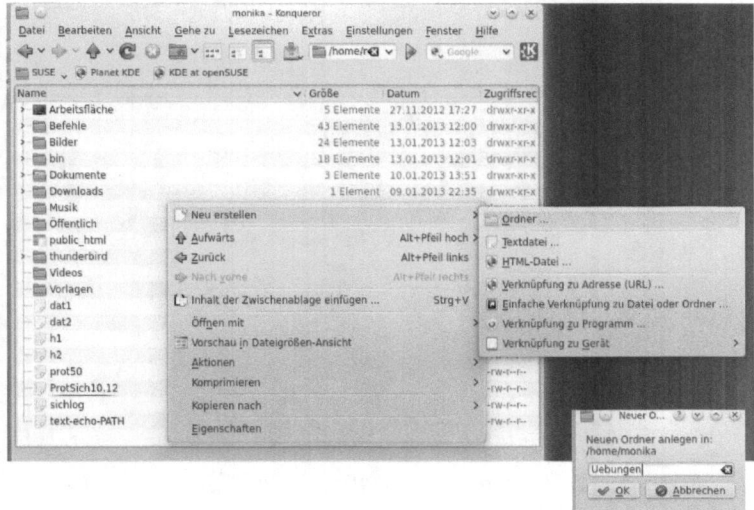

Abb. 5. 13 *Beispiel: Ordner erstellen*

Um einen Ordner neu anzulegen, haben wir die rechte Maustaste im Dateimanager gedrückt und im angezeigten Menü **Neu erstellen** ausgewählt. Über ein Textfenster geben wir dann den Namen des Ordners *Uebungen* ein. Wir wählen nun die Dateien *dat1, dat2, h1 und h2* (die Dateien werden mit dunklem Hintergrund markiert) und verschieben sie in den neu erstellten Ordner (s. Abb. 5.14);

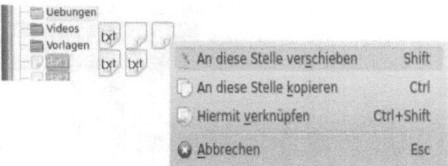

Abb. 5. 14 *Beispiel: Dateien verschieben, kopieren oder verknüpfen*

Zuerst werden uns die Dateien als Symbol angezeigt und über ein Auswahlmenü können wir dann wählen, ob wir diese Dateien verschieben, kopieren oder nur verknüpfen wollen. Diese Darstellung soll nur als Beispiel dienen. Wenn Sie schon mit grafischen Oberflächen vertraut sind, kennen Sie diese Art zu arbeiten. Statt über *Drag & Drop* hätte man auch das Rechtemausmenü aufrufen können und aus den angebotenen Aktionen auswählen können (s. Abb. 5.15):

Anzeige für Dateien   Anzeige für Ordner

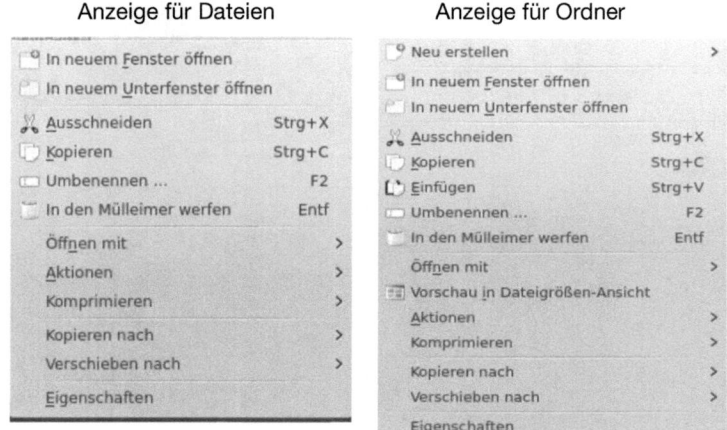

Abb. 5.15 Rechtemausmenüs für Dateien und Ordner

Die Rechtemausmenüs sind unterschiedlich, je nachdem, ob es sich um eine Datei oder um einen Ordner handelt. Die oben beschriebenen Aktionen sind hier ebenfalls aufgeführt. Statt das Kopieren oder Verschieben auszuwählen, können Sie auch ohne Aufruf eines Menüs entsprechend die Tastenkombinationen verwenden z. B. für Kopieren <Strg+c>, für Verschieben erst <Strg+x>, um die Datei auszuschneiden und anschließend im Zielordner mit <Strg+v> einzufügen.

Um eine Datei umzubenennen, wählen Sie den entsprechenden Eintrag im Rechtemausmenü (s. Abb. 5.15), oder Sie drücken die Funktionstaste *F2* und ändern den Namen in dem dann erscheinenden Textfeld (s. Abb. 5.16):

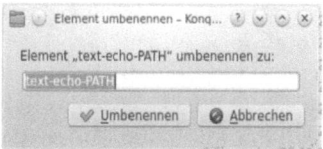

Abb. 5.16 Textfeld zur Umbenennung von Dateien/Ordnern

Um eine Datei zu löschen, gibt es wieder mehrere Möglichkeiten: über das Rechtemausmenü *In den Mülleimer werfen* oder, sobald die Datei ausgewählt ist, die *Entfernen-Taste* drücken. Haben Sie den Mülleimer bereits in die Symbolleiste eingefügt, können Sie auch die Datei mit der Maus direkt auf das Symbol Mülleimer schieben.

Wie zu Hause sollte auch auf dem Rechner hin und wieder der Mülleimer geleert werden. Gehen Sie auf das Symbol Mülleimer (s. Abb. 5.6) und rufen Sie das Rechtemausmenü auf und wählen hieraus *Mülleimer leeren*. Zur Sicherheit müssen Sie dies über ein Informationsfeld nochmals bestätigen. Haben Sie jedoch zuvor eine Datei entdeckt, die Sie doch nicht löschen wollen, so können Sie diese auswählen und über das Rechtemausmenü mit *Wiederherstellen* an den ursprünglichen Ort zurücklegen lassen.

Sogar die Zugriffsrechte lassen sich über das Rechtemausmenü von Dateien und Ordnern über *Eigenschaften* durch Anklicken der Zugriffsrechte unter *Berechtigungen → Erweiterte Berechtigungen* ändern, sofern man Eigentümer der Datei/des Ordners ist (s. Abb. 5.17):

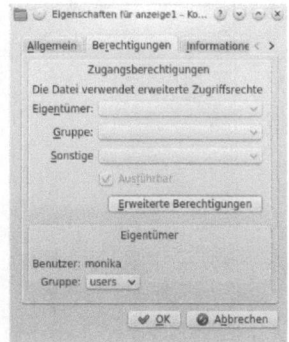 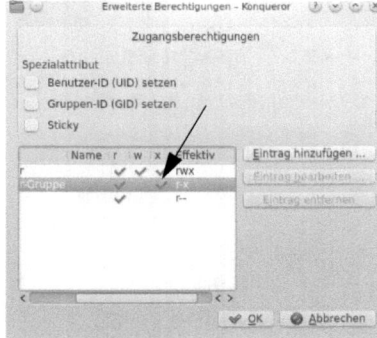

Abb. 5.17 *Ändern der Berechtigungen*

Wie in fast allen grafischen Menüs gibt es zusätzlich noch die Menüzeile am oberen Rand des Dateimanagers, ebenfalls die oben beschriebenen Aktionen unter *Bearbeiten* aufführt. Außerdem gibt es noch eine Reihe interessanter Anwendungen. Wir wollen uns hier nur ein paar herauspicken.

Oft ist es sehr nützlich, in einem Fenster gleich zwei oder sogar mehrere Ordner anzusehen, um z.B. von einem Ordner in einen anderen etwas zu kopieren oder zu verschieben. Hierfür können Sie unter *Fenster* die Ansicht in eine linke und rechte Hälfte oder/und in eine obere und untere Hälfte teilen.

An dieser Stelle wollen wir den Konqueror gleich als Verbindung zu anderen Rechnern nutzen. In meiner Rechnerumgebung arbeite ich z.B. immer parallel mit einem Windows- und einem Linux-Rechner. Über Samba, dessen Einrichtung im Kapitel 6 beschrieben wird, können wir im Konqueror auf den Windows-Rechner zugreifen. Sehen wir uns hierzu die Vorgehensweise an.

Im Startbildschirm von Konqueror wählen wir *Netzwerkordner* und erhalten die möglichen Netzwerkverbindungen (s. Abb. 5.18):

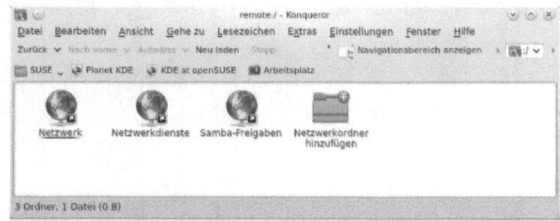

Abb. 5.18 *Konqueror als Netzwerkverbindung*

Wollen wir nun z. B. ein Foto, das wir auf dem Windows-Rechner gespeichert haben, auf unseren Linux-Rechner kopieren, wählen wir *Samba-Freigaben*. Die angezeigte Arbeitsgruppe (in unserem Beispiel Wolfinger) öffnen wir mit Doppelklick und erhalten die verbundenen Rechner. Durch Doppelklick auf den Windows-Rechner werden alle freigegeben Ordner angezeigt und wir können die gewünschten Dateien kopieren und in einen Ordner auf unserem Linux-Rechner einfügen (s. Abb. 5.19).

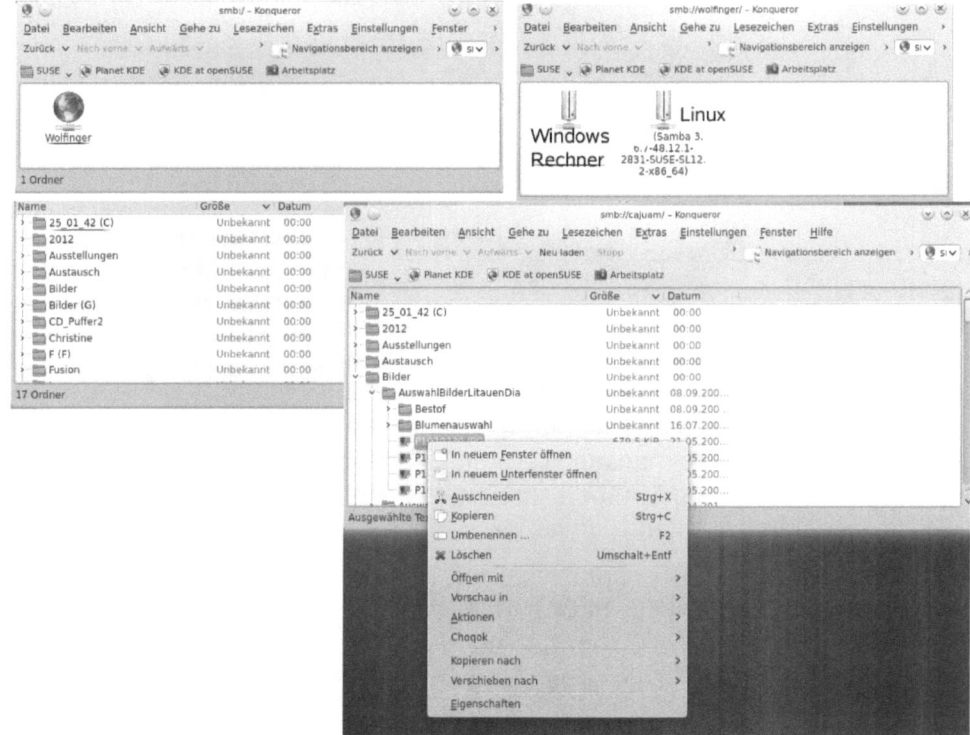

Abb. 5.19 *Zugriff über Samba auf Windows-Rechner*

Wenn wir den Ordner im Windows-Rechner öfters benötigen, sollten wir gleich ein **Lesezeichen** setzen, damit wir das nächste Mal über Lesezeichen direkt darauf zugreifen können. Um das Lesezeichen zu setzen, muss der betreffende Ordner per Doppelklick als direktes Ziel angesprochen werden. Über die Menüzeile *Lesezeichen* wählen wir *Lesezeichen hinzufügen* (s. Abb. 5.20):

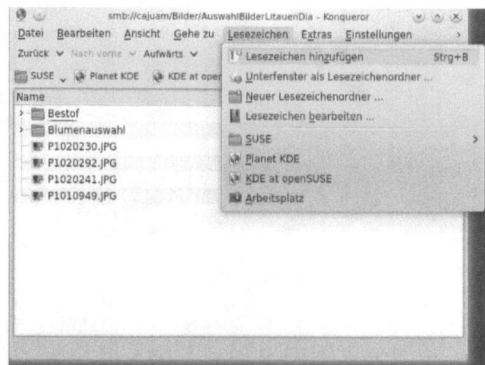

Abb. 5.20 Erstellen von Lesezeichen

Nun können wir durch Anklicken des Lesezeichens sofort auf die Dateien vom Windows-Rechner zugreifen. Im Beispiel (s. Abb. 5.21) haben wir das Fenster zusätzlich geteilt: Auf der linken Seite werden die Dateien des Windows-Rechners auf der rechten Seite das Home-Verzeichnis von Monika angezeigt.

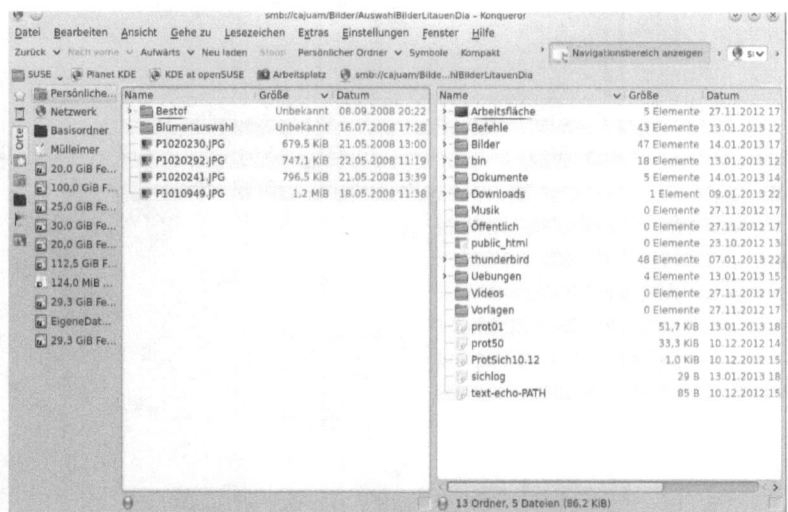

Abb. 5.21 Parallele Verarbeitung: Windows → Linux

Ich persönlich gehe nur über Linux ins Internet. Wenn ich z.B. ein Foto auf meine Websete vom Windows-Rechner hochlade, geschieht dies von meinem Linux-Rechner aus. Hierfür habe ich einen Netzwerkordner angelegt. Im Navigationsbereich wählt man Netzwerk und dort *Netzwerkordner hinzufügen* (s. Abb. 5.22):

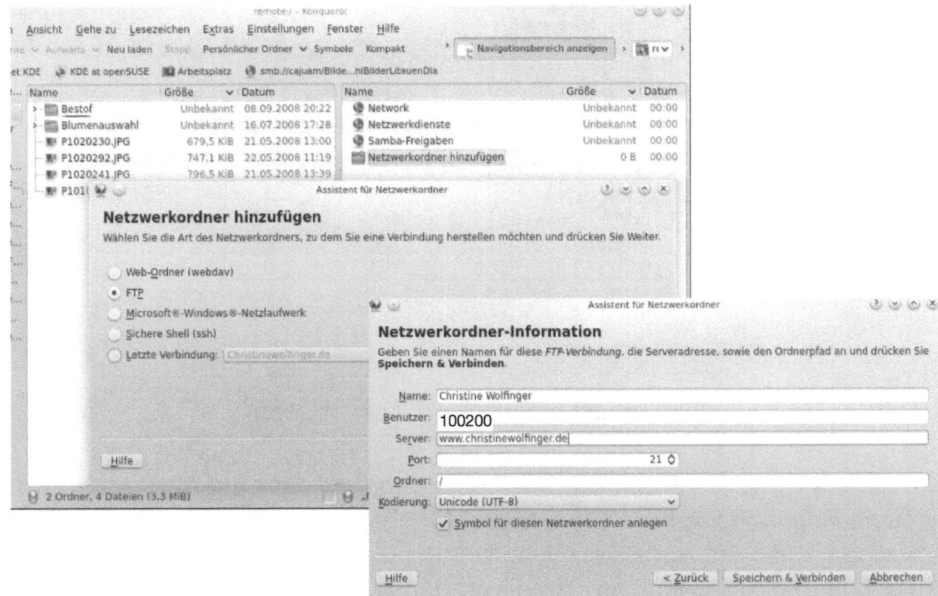

Abb. 5.22 *Netzwerkordner hinzufügen*

Wichtig ist, dass natürlich die Netzverbindung zu der ausgewählten Webseite bzw. dem FTP-Server aufgebaut werden kann. Sobald die Verbindung steht, wird meist noch nach einem Passwort gefragt, dann erst werden die dort vorhandenen Ordner und Dateien im Dateimanager angezeigt. In unserem Beispiel können nun Dateien vom Windows-Rechner auf den FTP-Server kopiert werden:

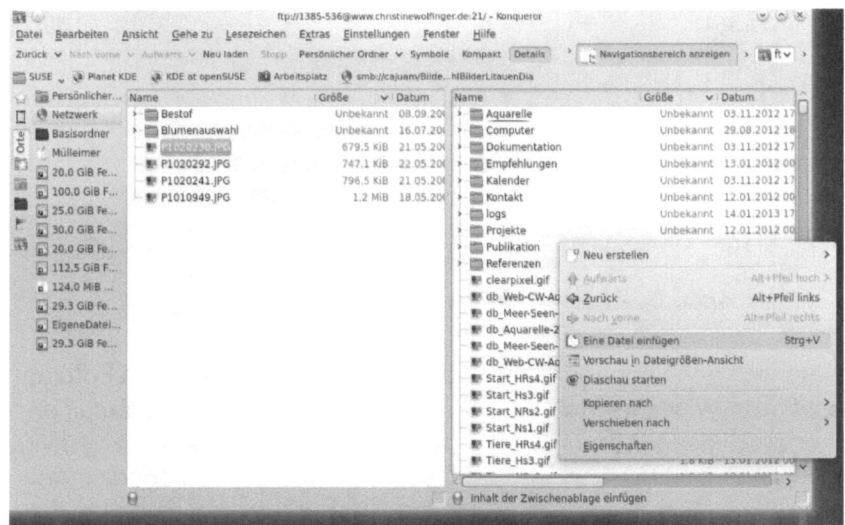

Abb. 5.23 *FTP vom Windows-Rechner auf einen Webserver über Linux*

Vom Windows-Rechner (z.B. über den Explorer) können Sie natürlich auch auf die Dateien des Linux-Rechners zugreifen. Sie finden die Verbindungen unter Netzwerkumgebung. Doch dazu mehr im Kapitel 6.

Sie sehen, unter Linux steht Ihnen die Welt offen. Doch was nützt es, wenn man auf dem eigenen Rechner eine bestimmte Datei nicht mehr finden kann?

5.7 Suchen und Finden von Dateien

Ein sehr schönes Tool ist das *kfind,* das allerdings bei der OpenSUSE 12.2 nachinstalliert werden muss (wie Software nachinstalliert wird, erfahren wir im Kapitel 6). Der Programmaufruf *Dateien/Ordner suchen* steht dann im Startermenü und im *Konqueror* unter *Extras → Dateien suchen.* Sie erinnern sich an das *find*-Kommando? Es ist teilweise kompliziert. Bei dem grafischen Tool ist es dagegen sehr einfach, die Suchkriterien in Verbindung mit *grep* einzugeben (s. Abb. 5.24):

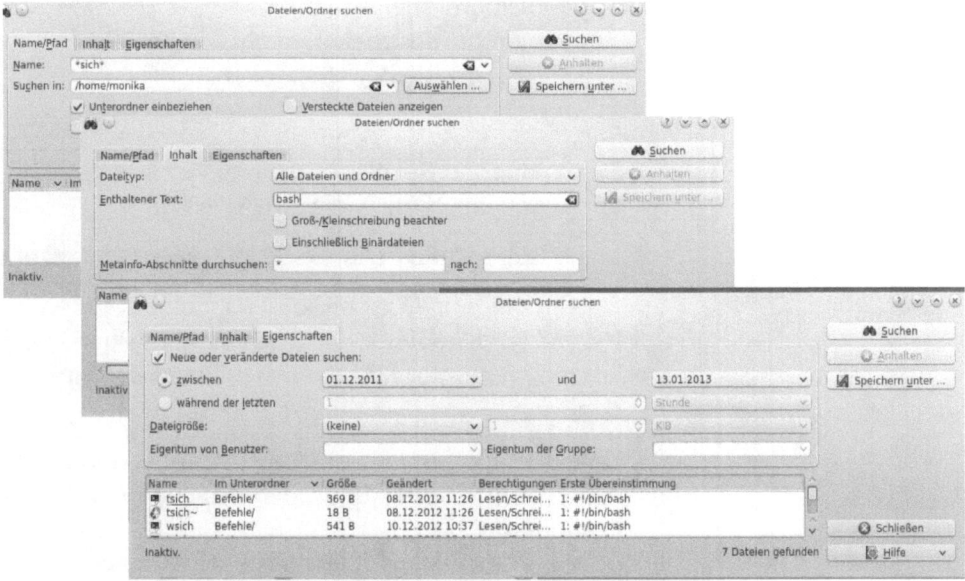

Abb. 5.24 *Dateien/Ordner suchen (kfind)*

Damit auch nur Teile des angegebenen Namens gefunden werden, sollte man die Voreinstellung mit * zu Beginn nicht entfernen, sondern sogar noch eins am Ende des Namens anbringen. Sucht man nur nach einem Wort, das im Inhalt von Textdateien vorkommt, oder nur nach Dateien, die zu einem bestimmten Datum geändert wurden, so wird als Suchname nur das * angegeben. Die Eingabe des *find*-Kommandos über Terminal bietet allerdings wesentlich mehr Kombinationen als das grafische Tool. Im Dolphin gibt es ein vereinfachtes *Dateien suchen* unter dem Menü *Extras.*

Um auf einen anderen Ordner als den *Persönlichen Ordner* zuzugreifen, empfiehlt es sich, in der Menüzeile unter *Einstellungen* den *Navigationsbereich* mit anzeigen zu lassen.

5.8 Grafisch aufbereitete Programme statt Kommandos?

In der Tab. 5.3 finden wir einige uns bereits bekannte Kommandos, deren Ergebnis wir auch durch eine Aktion unter der grafischen Oberfläche erhalten könnten. Die Kommandos sind alphabetisch sortiert.

Tab. 5.3 Statt Kommandos → Aktionen unter der grafischen Oberfläche

Kommando	Aktion im Dateimanager
bunzip2	Dateimanager: Rechtemausmenü für die *zip*-Datei: **Entpacken** → Archiv hier auspacken, Unterordner ermitteln → Archiv auspacken nach ... → Archiv hierher auspacken *gzip* oder *bzip2* wird automatisch erkannt
bzip2	Dateimanager: Rechtemausmenü für die *bzip2*-Datei: **Komprimieren** → als Zip-Archiv
cal	Mausklick auf die Zeitanzeige in der Symbolleiste
cat	Dateimanager: Doppelklick auf eine Textdatei, *KWrite* wird geöffnet. Zum Anhängen einer Datei könnte man unter *KWrite* »Datei einfügen« verwenden.
cd	Dateimanager: Anklicken des entsprechenden Ordners – am besten über den Navigationsbereich (Konqueror) oder bei Dolphin als Seitenleiste: Ordner
chmod	Dateimanager: Auswählen des Ordners oder der Datei und über Rechtemausmenü → **Eigenschaften** auswählen. Dort unter **Berechtigungen** → **Erweiterte Berechtigungen**: Die Rechte durch Anklicken je nach Vorhandensein entfernen oder hinzufügen
cp	Dateimanager: Durch *Drag & Drop* oder über Menüleiste: *Bearbeiten* → **Kopieren** oder über <Strg+c>

Kommando	Aktion im Dateimanager
**cpio -o[vB]> **	Dateimanager: Auswählen des Ordners oder der Datei und über Rechtemausmenü: **Mit Ark öffnen** → **Aktion** → **Entpacken**
date	Anzeige in der Symbolleiste
df	KDE: Dashboard → Arbeitsplatz oder Konqueror: Adressleiste: **sysinfo:/**
du	KDE: Dashboard → Arbeitsplatz
file	Im Dateimanager in der Tabellenüberschriftszeile *Typ* hinzufügen (rechte Maustaste)
find . [*Suchkriterien*]	Sofern *kfind* installiert wurde, kann sowohl unter dem Startermenü als auch unter dem Dateimanager *Extras* → *Dateien suchen* aufgerufen werden (weniger Suchkriterien)
ftp	Über Netzwerkordner Verbindung zu einem entfernten Rechner aufbauen und unter dem Dateimanager wie gewohnt kopieren
grep [hilnvw] *Muster*	über *kfind*
gunzip	Dateimanager: Rechtemausmenü für die *zip*-Datei: **Entpacken** → Archiv hier auspacken, → Archiv auspacken nach ... → Archiv hierher auspacken *gzip* oder *bzip2* werden automatisch erkannt
gzip	Dateimanager: Auswahl der Datei oder des Ordners, Rechtemausmenü: **Komprimieren** → als Zip-Archiv
ln	Dateimanager: Durch *Drag & Drop* und unter Auswahlmöglichkeiten → *Hiermit verknüpfen* auswählen
lp **lpr**	Bei Textdateien über **KWrite**: *Datei* → *Drucken* Bei *pdf*-Dateien über *Okular* oder *Acrobat Reader*: *Datei* → *Drucken*
lpq[*] **lprm**[*] **lpstat**[*] **lpstat**[*]	Startermenü → Dienstprogramme → Druckerverwaltung

415

Kommando	Aktion im Dateimanager
ls	Dateimanager: Sortierung durch die Tabellenkopfleiste
mkdir	Dateimanager: Rechtemausmenü: Neu erstellen → Ordner
mount	Bei USB-Geräten automatisch Sonst unter Arbeitsplatz: Entsprechendes Gerät (Textbezeichnung) auswählen, Rechtemausmenü: Laufwerk einbinden, sofern die Erlaubnis hierzu für den Benutzer vorhanden ist (*/etc/fstab*)
ps, top, kill	Startmenü → Überwachung → **Systemmonitor** Hier wird neben eine Prozesstabelle angezeigt, in der nach Prozessart ausgewählt werden kann. Ausgewählte Prozesse können gestoppt oder gekillt werden. Unter Systemlast werden zusätzlich die verschiedenen Belastungen des Systems angezeigt (s. Abb. 6.13.1 auf Seite 475).
rm	Hier verschieben Sie eine Datei erstmal in den Mülleimer. Dateimanager: Auswahl der Datei oder des Ordners, Rechtemausmenü: **In den Mülleimer werfen** oder die Entf-Taste Über <Umschalt+Entf-Taste> können Sie auch sofort löschen – ebenfalls durch nochmalige Bestätigung.
tar -c	Dateimanager: Auswahl der Datei oder des Ordner,s Rechtemausmenü: **Komprimieren** → als Zip/Tar-Archiv
tar -t	Dateimanager: Auswahl der Datei oder des Ordners, Rechtemausmenü: Mit Ark öffnen ...
tar -x	Dateimanager: Auswahl der Datei oder des Ordners, Rechtemausmenü: **Entpacken** → Archiv hier auspacken, Unterordner ermitteln → Archiv auspacken nach ... → Archiv hierher auspacken
umount */dev/Gerät* Bei einigen Rechnern nur für root erlaubt	Dashboard → Arbeitsplatz: Entsprechendes Gerät (Textbezeichnung) auswählen, Rechtemausmenü: Laufwerk-Einbindung lösen

Oft ist es schneller, über Terminal ein Kommando gezielt einzugeben, statt die grafisch aufbereiteten Programme aufzurufen. Doch jeder wird seine eigene Arbeitsweise finden. Sie haben die Wahl.

5.9 Der Texteditor KWrite

Wir haben *KWrite* ja bereits bei der Eingabe unserer Shell-Pozeduren eingesetzt (Abb. 3.172 auf Seite 255). Sobald ein Run-Kommando (in der 1. Zeile z.B. #:!/bin/bash) eingegeben ist, wird automatisch die Syntax für die entsprechende Skriptsprache erkannt und die unterschiedlichen Eingaben farblich hervorgehoben (Kommentare, Kommandos, Variable, Texteingaben, Kommandosubstitution, Klammerungen und Ähnliches).

Sie können *KWrite* natürlich auch für Texteingaben verwenden, wenn Sie keine spezielle Formatierung benötigen. Auch lassen sich noch eine Reihe Bearbeitungseinstellungen vornehmen (s. Abb. 5.25):

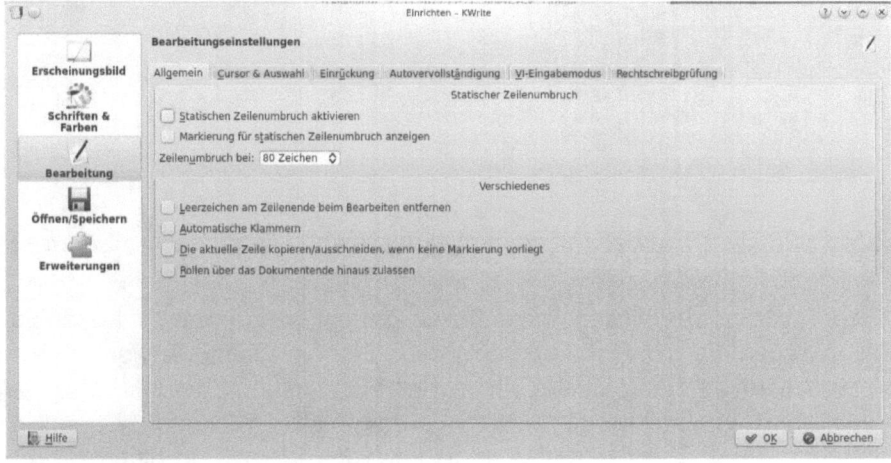

Abb. 5.25 *Einstellungen für KWrite*

Für größere Texte, Briefe oder gar Dokumente, die mit Tabellenkalkulation und Grafiken verknüpft sind, empfiehlt es sich, eine dafür ausgerichtete Software einzusetzen, z.B. *OpenOffice.org* oder *LibreOffice*. Da *LibreOffice* ab *Open-SUSE* 12.2 im Set enthalten ist, werden wir es kurz vorstellen. Zudem lassen sich sämtliche Dateien und auch Vorlagedokumente, die mit *OpenOffice.org* erstellt wurden, problemlos mit *LibreOffice* verwenden.

5.10 LibreOffice

LibreOffice ist das Pendent zu *MS Office*. Dateien, die mit *MS Office* erstellt wurden, können mit *LibreOffice* geöffnet und weiterbearbeitet werden (siehe auch Tab. 1.2 auf Seite 19). Bei einigen Textdokumenten (von *Word* nach *LibreOffice*

Writer) kann es vorkommen, dass das Layout nicht richtig dargestellt wird, doch im Großen und Ganzen funktioniert sowohl die Übernahme von *Word* als auch das Speichern einer *LibreOffice*-Datei in *MS-Office*-Format (*.doc*) recht gut. Wie der Name schon andeutet, ist *LibreOffice* eine freie Software, die auch für *MacOS* und *Windows* zum kostenlosen Download zur Verfügung steht. Ebenso gibt es eine ausführliche Dokumentation unter *http://de.libreoffice.org/hilfe-kontakt/handbuecher*. Doch oft reicht es schon, sich einfach mal alle Einträge in der Menüzeile anzusehen, um sich einen Überblick über ein Programm zu verschaffen, besonders dann, wenn man ähnliche Programme bereits kennt.

Wir wollen uns hier nur ein paar Beispiele ansehen. In Abb. 5.26 sehen Sie das Startfenster, das uns gleich zeigt, aus welchen Teilen LibreOffice besteht. Einige Programme sind auch einzeln aufrufbar unter dem Startmenü → Büroprogramme: *LibreOffice Calc* (Tabellenkalkulation), *LibreOffice Impress* (Präsentation) und *LibreOffice Writer* (Textverarbeitung).

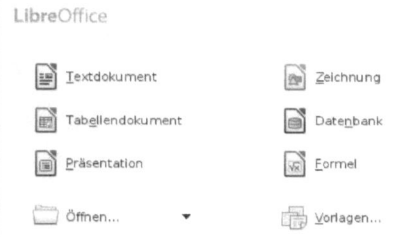

Abb. 5.26 *Die einzelnen Programme/Aufrufe von LibreOffice im Startfenster*

Im Gegensatz zu *MS Office* kann jedes Dokument vollkommen unabhängig formatiert werden. Es gibt Dokumentenvorlagen für bestimmte Anwendungen (bei Textverarbeitung z.B. für Briefe), die jedoch in ein neues Briefdokument kopiert werden, also dann unabhängig von der Vorlage verändert werden können. Wichtig ist auch, dass Dokumente kombiniert werden können. In einem Textdokument können Tabellenkalkulationen, Zeichnungen oder gar mathematische Formeln eingebunden werden. Auf meiner Webseite sehen Sie u.a. Kalender, die ebenfalls mit *LibreOffice* erstellt wurden. Auch Alben über Fotoreisen etc. lassen sich hervorragend mit *LibreOffice* erstellen. Wer mit *MS Office* zurechtkommt, hat keine Schwierigkeiten, auf die freie Software *LibreOffice* umzusteigen. Hier nur ein paar Beispiele zu den Hauptanwendungen:

❑   Textdokument (*LibreOffice Writer*)

❑   Tabellenkalkulation (*LibreOffice Calc*)

❑   Präsentation (*LibreOffiec Impress*)

❑   Zeichnung (*LibreOffice Draw*)

Die Textverarbeitung ist etwas mehr als nur ein Ersatz für eine Schreibmaschine. Über sog. **Dokumentenvorlagen** können Sie wählen, ob Sie nur Text auf einem leeren Blatt schreiben wollen (Defaulteinstellung beim Aufruf eines neuen Dokuments), einen Brief oder gar eine umfangreiche Dokumentation mit mehreren Kapiteln und unterschiedlichen Absätzen. Hierfür bietet *LibreOffice Writer* bereits verschiedene Absatz- und Zeichenformate an. Selbstverständlich können und sollten Sie damit beginnen, sich eigene Vorlagen zu erstellen oder bestehende anzupassen, wenn Sie professionell arbeiten wollen. Wenn Sie nur hin und wieder Texte eingeben und nur bestimmte Teile davon hervorheben wollen (durch Fett- oder Kursivschrift), reicht es, über die Symbole das Textformat auszuwählen (Schriftart, Größe, Fettschrift, Kursiv und Farbe).

Ein einfaches Textdokument mit unterschiedlichen Textformaten sehen Sie in Abb. 5.27:

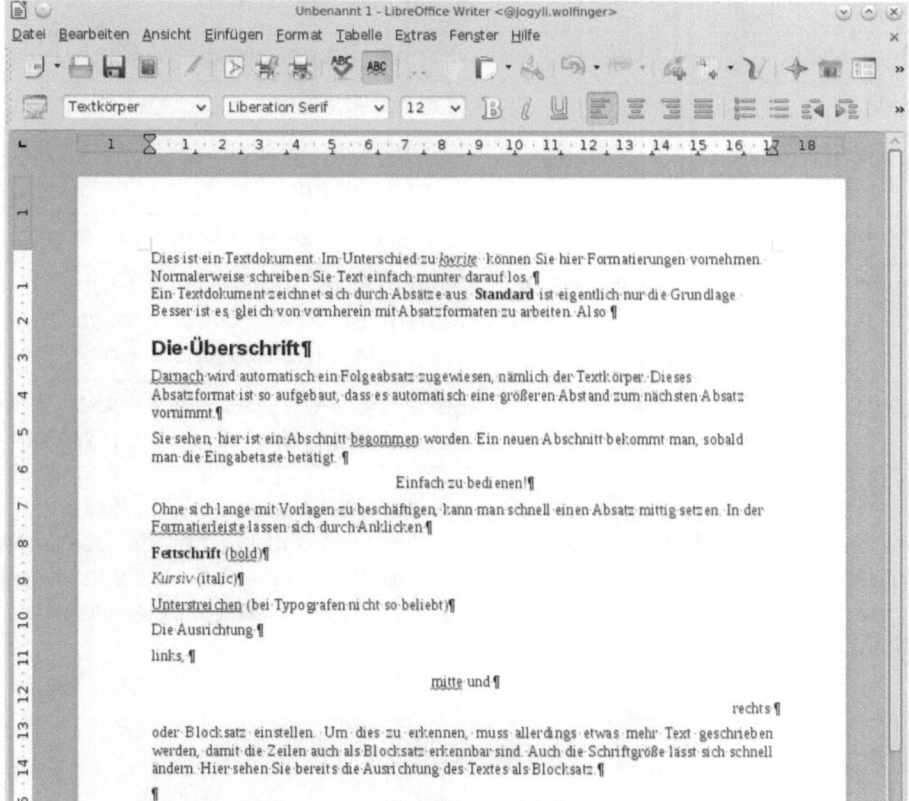

Abb. 5.27 *Beispiel: Textverarbeitung unter LibreOffice*

Die **Tabellenkalkulation** bietet mehr als nur ein Taschenrechner. Neben den Grundrechenarten können Sie mit ca. 400 Formeln Berechnungen durchführen. Die Formelsammlung ist unterteilt in 11 Kategorien (s. Tab. 5.4):

Tab. 5.4 Formelsammlung in der Tabellenkalkulation

Kategorie	Anzahl	Beispiele von Formeln
Datum & Zeit	ca. 30	Berechnung von Stunden, Minuten etc.
Datenbank	ca. 45	*DBAnzahl*, *DBMittelwert* etc.
Finanz	ca. 70	Zins, Disagio, Rendite
Information	ca. 20	Informationen über einen Zellinhalt, um evtl. Fehler abzufragen
Logik	ca. 6	Wahr, Unwahr, Wenn
Mathematik	ca. 60	Summe, Potenz, Tangens, Cosinus etc.
Matrix	ca. 10	Häufigkeit, Summenprodukt, Tendenz
Statistik	ca. 90	Anzahl, Mittelwert, *Max (größte Zahl aus Argumenten)*
Tabelle	ca. 20	Adresse, Bereich – Bezug zu Zellen
Text	ca. 30	Glätten (z. B. doppelte Leerzeichen entfernen), Ersetzen, Gross (Umwandeln von Klein- in Großbuchstaben)
Add in	ca. 45	Delta, *Hexindez*, *DezinOct* und andere-Formeln zum Umwandeln von Werten

Neben den umfangreichen Formeln können Berechnungen und Verknüpfungen über mehrere Tabellen innerhalb eines Dokuments und auf fremde Dokumente erfolgen. Um Zahlen bildlich dazustellen, bietet Ihnen eine Auswahl von Vorlagediagrammen gute Anregungen (s. Abb. 5.28 und ein Beispiel einer Umsatzstatistik mit Diagramm im Abb. 5.29):

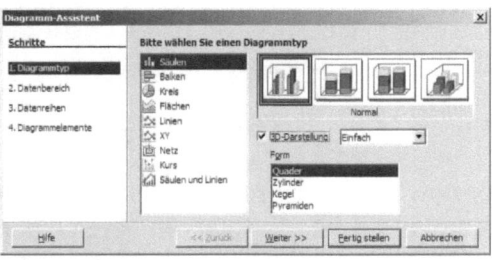

Abb. 5.28 *Auswahl der Diagramm-Darstellung*

Excel-Dateien können geöffnet und weiterbearbeitet werden. Lediglich bei vorhanden Diagrammen sind Unterschiede vorhanden. Die Formeln werden, soweit ich das bisher feststellen konnte, richtig übernommen. Wie bei *Excel* lassen sich auch Szenarien und Pivot-Tabellen (Datenpilot) erstellen.

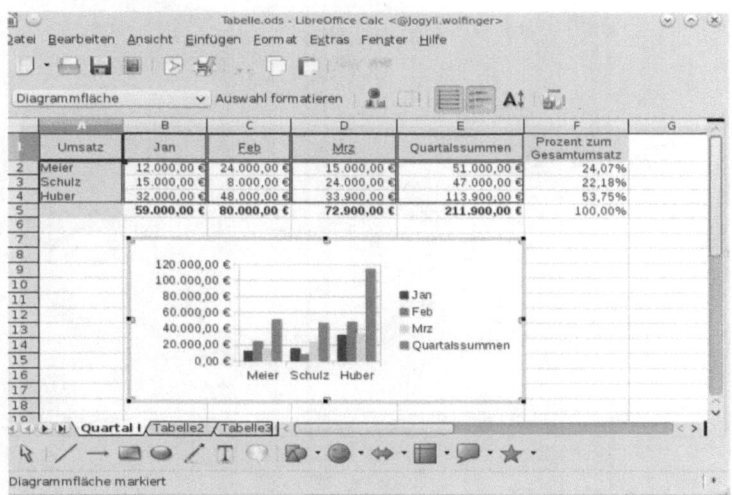

Abb. 5.29 *Umsatzstatistik über LibreOffice Tabellenkalkulation*

Um z.B. die Umsatzzahlen einer größeren Gruppe zu präsentieren, bietet Libre-Office auch ein entsprechendes Tool an. Für die Präsentation (*LibreOffice Impress*) können nach Auswahl einer Vorlage Diagramme übernommen oder neu erstellt werden. Andere Layoutvorlagen bieten an, Text in Stichpunkten aufzuführen und mit Grafiken und Bildern zu versehen. Mit *LibreOffice* lassen sich auch *PowerPoint*-Präsentationen von *Microsoft* öffnen und weiterverarbeiten. Hier gleich ein kleiner Tipp: Wenn Sie eine ausführbare Präsentation erhalten (Endung *.ppsx* oder *.pps*), ist normalerweise eine Bearbeitung nicht möglich, doch ändern Sie einfach die Endung ohne das »s« (selbststartend), dann lässt sich die Datei öffnen und, sofern die Zugriffsrechte entsprechend gesetzt sind, auch verändern oder Teile davon kopieren etc. Wer Animationen einsetzen möchte, hat auch unter LibreOffice in etwa die gleichen Möglichkeiten wie bei PowerPoint (doch übertreiben Sie es nicht – oft nerven die abwechselnden Übergänge von Folie zu Folie). Da Sie auch Bilder/Fotos und sogar Filme einfügen können, lässt sich die Präsentation auch zum Aufbereiten von Urlaubsbildern nutzen. In Abb. 5.30 ist nur ein kleines Beispiel zu sehen, das die Hauptprogramme von LibreOffice zeigt:

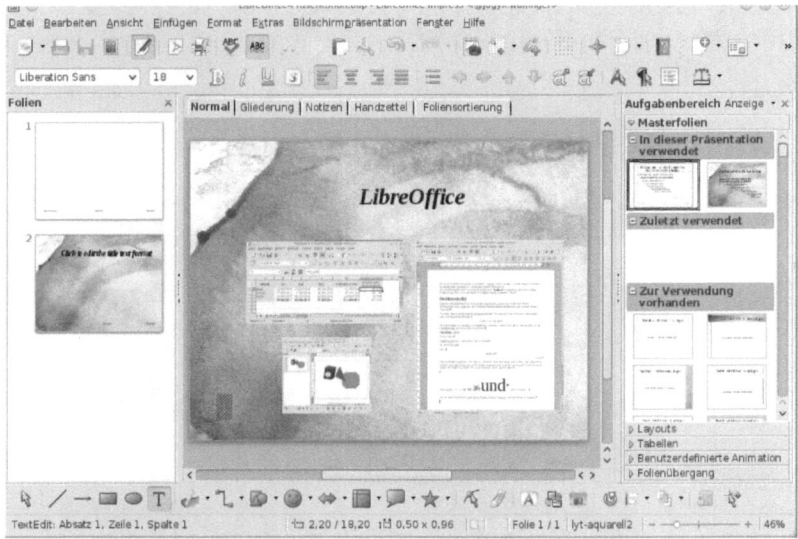

Abb. 5.30 Beispiel: Erstellung einer Präsentation

Sie sehen in Abb. 5.30 auch, dass außer den eigentlichen Folien noch Ansichten für die Gliederung, Notizen, Handzettel und eine Übersicht aller Folien für eine Sortierung aufgerufen werden können. Die Handzettel eignen sich entweder als Hilfe für den Vortragenden oder können auch als Handbuch für die Teilnehmer genutzt werden. Für die Gestaltung der Folien können vorhandene Masterfolien zugewiesen oder auch eigene Masterfolien erstellt werden. Hierfür sind wiederum Layoutbeispiele vorhanden. Statt Bilder einzufügen, können Sie mit Hilfe von Zeichenwerkzeugen eigene Grafiken erstellen. Diese Werkzeuge enthalten neben zweidimensionalen Grundformen auch dreidimensionale Figuren.

Die gleichen Zeichenwerkzeuge finden Sie auch in dem Zeichenprogramm (*LibreOffice Draw,* s. Abb. 5.31):

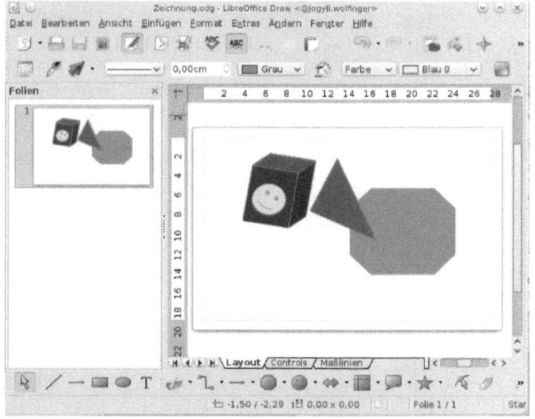

Abb. 5.31 Beispiel: Einfache Zeichnung

5.11 KMail oder Thunderbird

KMail läuft nur unter Linux. Außerdem wurde ab *OpenSUSE* 12.2 eine neue *KMail*-Version eingesetzt, die leider nicht automatisch die vorhandenen Einstellungen früherer Versionen übernimmt. Nur durch Exportieren und Importieren lassen sich Adressen und Nachrichten übernehmen. Doch sonst bietet *KMail* eine sehr komfortable elektronische Mail mit allen Raffinessen, wie Filter, Verteilerlisten etc. Doch die Voreinstellung ist fast zu professionell, z.B. mit Gruppenzusammenfassung von E-Mails – sicher für den Bürobetrieb gut geeignet –, aber für den normalen Anwender scheint mir Thunderbird übersichtlicher zu sein. Zumal *Thunderbird* von *Mozilla* auch für unterschiedliche Betriebssysteme (*Windows*, *MacOS* u.a.) verfügbar ist. Das Softwarepaket kann bequem über den *YaST* (*Software hinzufügen*) nachgeladen werden (s. Kapitel 6).

Wir wollen an dieser Stelle einen Blick in die Anwendung werfen, auch wenn die dafür erforderliche Netzwerkanbindung ebenfalls erst im Kapitel 6 behandelt wird.):

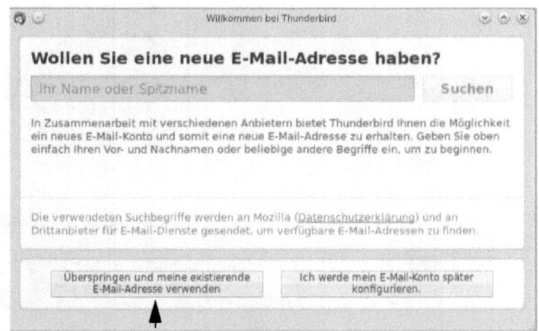

Abb. 5.32 *Einrichten von Thunderbird*

Verfügen Sie bereits über ein E-Mail-Konto, wählen Sie die Schaltfläche *Überspringen und ...* (s. Pfeil in Abb. 5.32) und tragen Sie Ihr Konto ein (s. Abb. 5.33). Wenn Sie mit dem Internet verbunden sind, wird dieses geprüft.

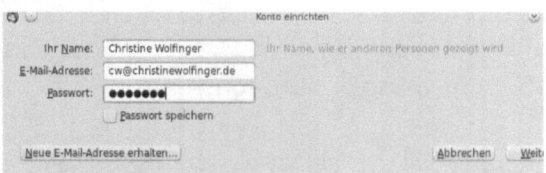

Abb. 5.33 *Thunderbird – Übernahme eines bestehenden Kontos*

Konnte die Adresse in der ISP-Datenbank zugeordnet werden, werden automatisch die Einstellungen des entsprechenden Providers übernommen (s. Abb. 5.34). Das war's schon. Jetzt können Sie bereits Ihre erste E-Mail schreiben oder neue Nachrichten empfangen.

In Abb. 5.35 sehen Sie die Begrüßung und evtl. neu eingegangene Mails.

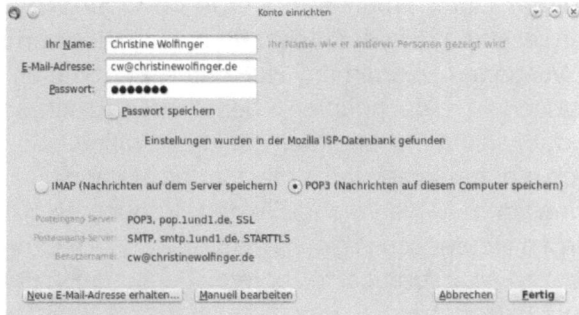

Abb. 5.34 *Beispiel: Übernahme der Server-Einstellungen bei Thunderbird*

Abb. 5.35 *Beispiel der Begrüßung von Thunderbird*

Zu Testzwecken können wir uns selbst gleich eine E-Mail senden (s. Abb. 5.36) und über das Symbol *Senden* verschicken.

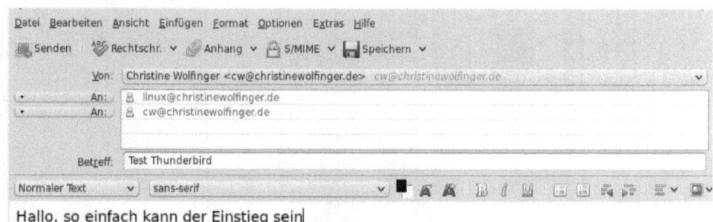

Abb. 5.36 Beispiel: Erstellen einer Nachricht mit Thunderbird

Wie bei vielen modernen Programmen hat auch Thunderbird ein minimalisiertes Design – vielleicht um den Entdeckergeist des Anwenders zu wecken. Um z.B. die Menüzeile oder weitere Symbole angezeigt zu bekommen, muss man dies erst über das Rechtemausmenü anfordern. In Abb. 5.37 sehen wir die nun angezeigte Menüzeile und wählen auf der linken Seite im Navigationsbereich *Gesendet* aus. Alle erfolgreich versendeten Nachrichten werden hier aufgeführt, falls nichts anderes voreingestellt wurde.

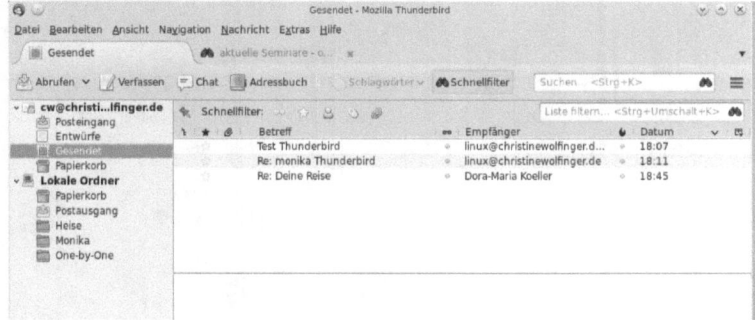

Abb. 5.37 Beispiel Thunderbird: Menüzeile und »Gesendete Nachrichten«

Wie können Sie für Thunderbird die Voreinstellungen verändern? Unter dem Punkt *Extras* in der Menüzeile wählen Sie *Konten-Einstellungen*. Sehen wir uns der Reihe nach an, was eingetragen ist.

Die Server-Einstellungen sehen Sie in Abb. 5.38:

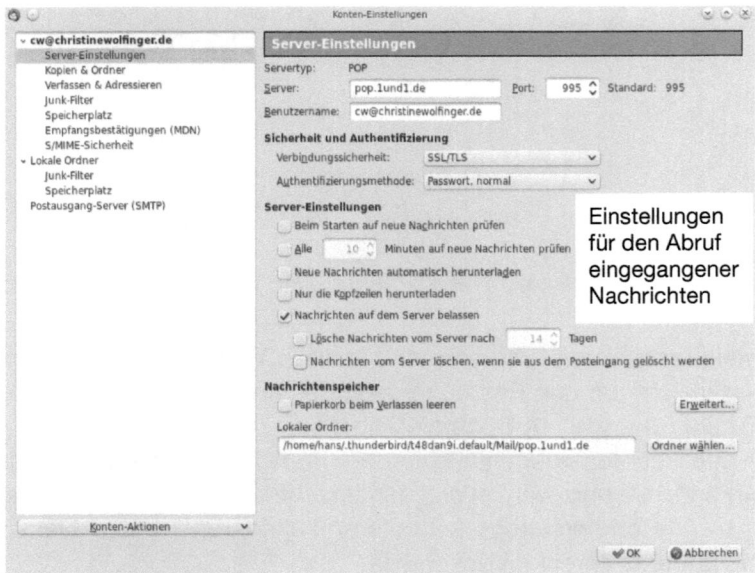

Abb. 5.38 Beispiel: Thunderbird – Server-Einstellungen

Wo die gesendeten Nachrichten abgelegt werden, ist unter *Kopien & Ordner* eingetragen (s. Abb. 5.38). Dort kann zusätzlich bestimmt werden, wo Entwürfe und Vorlagen zu finden sind.

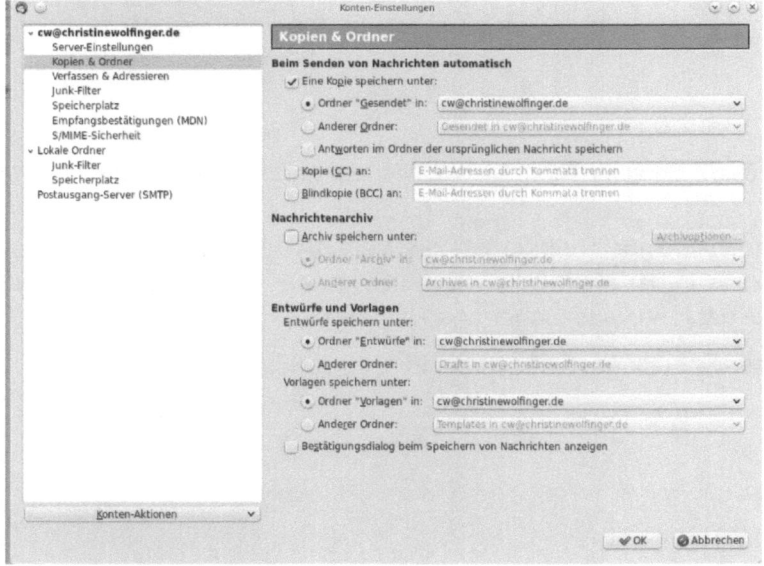

Abb. 5.39 Beispiel: Thunderbird – Kopien & Ordner

Falls Ihre Konten-Einstellungen nicht automatisch übernommen wurden, sehen Sie in Abb. 5.38 ein Beispiel für den Postausgang-Server. Bei den vielen Unterlagen, die man bekommt, kann es leicht Verwechslungen geben. So haben Sie evtl. einen Provider mit eigenen Zugangsdaten und Passwort, um ins Internet zu gelangen (den benötigen wir im Kapitel 6, wenn wir das Netz z. B. über DSL einrichten). Für Ihre Mail brauchen Sie die Daten von jenem Provider, bei dem Sie Ihr Mailkonto eingerichtet haben (z.B. *web.de* oder bei meinem Mailkonto 1und1, s. Abb. 5.38). Welche Server für Posteingang- (*IMAP* oder *POP3*) und Postausgang-Server (*SMTP*) verwendet werden sollen, haben Sie bei der Bestätigung von Ihrem Provider mitgeteilt bekommen. Sie finden diese jedoch auch jederzeit im Internet, wenn Sie über *Google* nach Ihrem Provider und Servereinstellungen suchen. Nur das Ihnen zugesandte Passwort müssen Sie natürlich noch wissen oder notfalls ein neues anfordern.

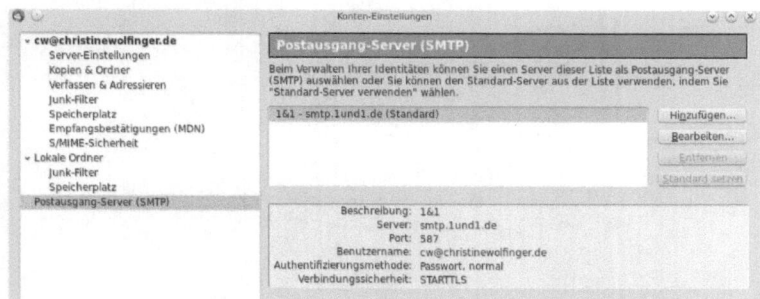

Abb. 5.40 *Beispiel Thunderbird: Postausgang-Server*

Unsere vorhin versendete Nachricht und noch einige mehr sind zwischenzeitlich eingegangen. Je nachdem, was wir voreingestellt haben (s. Abb. 5.38), erhalten wir diese automatisch oder müssen sie *Abrufen* (s. Symbolzeile in Abb. 5.41). Hier sehen wir auch, dass sobald wir eine Nachricht mit Doppelklick öffnen, diese unter einem eigenen Tab angezeigt wird. Achten Sie darauf, die geöffneten Mails auch wieder zu schließen (das kleine x rechts im Tab).

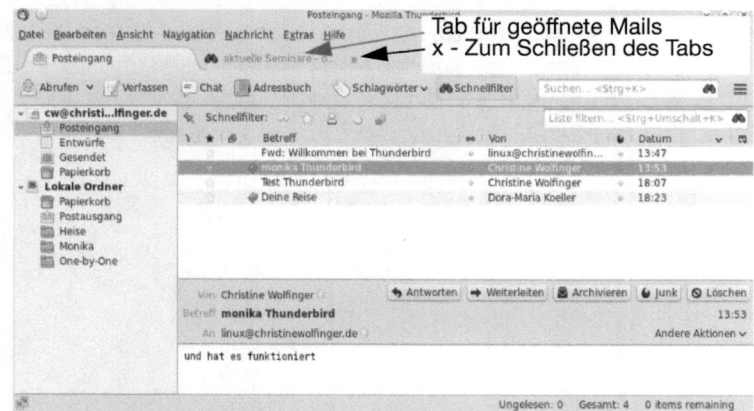

Abb. 5.41 *Beispiel Thunderbird: Posteingang*

Wenn Sie auf der Nachrichtenzeile das Rechtemausmenü aufrufen, erhalten Sie eine Auswahl dafür, was mit der Nachricht geschehen soll (s. rechts Abb. 5.42):

Lästig sind leider Nachrichten, die als Spam oder Junk bezeichnet werden. Nur wenige dieser Mails lassen sich durch entsprechende Antworten abbestellen, hier kann sogar das Gegenteil eintreten. Sicherer ist es hier, diese Mails zu markieren und Filter einzurichten, die diese ungewünschten Mails gleich in den Mülleimer weiterleiten. Ein Beispiel zur Erstellung eines Filters sehen Sie in Abb. 5.43:

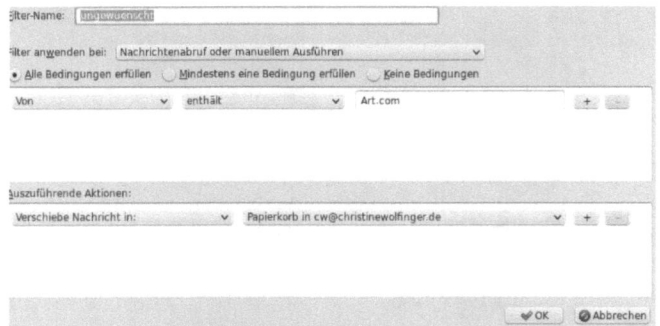

Abb. 5.42 Nachricht – Kontext

Abb. 5.43 Beispiel: Filter einrichten unter Thunderbird

5.12 Noch einige Anmerkungen zu Firefox

Wahrscheinlich kennen Sie Firefox bereits oder eine ähnliche Browser-Software. Firefox, ein freies Programm von Mozilla, lässt sich über YaST bei OpenSUSE nachladen, dies hat den Vorteil, dass auch Zusatzsoftware wie der richtige *Flash Player* integriert sind. Wie die Software nachgeladen wird, erfahren Sie im Kapitel 6. Hier nun ein paar Einstellungen, die geändert werden könnten. So setze ich als Startbildschirm stets eine Leerseite, damit kann ich auch offline arbeiten. Auch als Startseite ist es empfehlenswert, »about:blank« einzutragen und lieber über Lesezeichen die Webseite anzuklicken, die man besuchen möchte (s. Abb. 5.44). Voreingestellt ist bei OpenSUSE die entsprechende Homepage.

Noch einige Anmerkungen zu Firefox

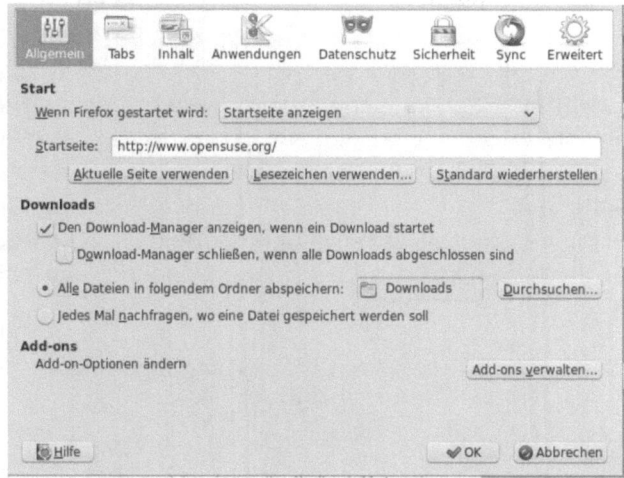

Abb. 5.44 Beispiel: Einstellungen »Allgemein« bei Firefox

Bei jedem Besuch einer Webseite werden Informationen, Cookies, oft auch aufwendige Bilder auf Ihrem Rechner gespeichert. So erhalten Sie z.B. die letzten aufgerufenen Seiten auch dann angezeigt, wenn Sie die Internetanbindung getrennt haben. Einerseits ganz angenehm, andererseits sammeln sich so unnötige Daten auf Ihrem Rechner. Es ist nicht auszuschließen, dass diese Daten, sobald Sie wieder online sind, auch von fremden Internetanwendern ausgewertet werden und Sie z.B. ungewünschte Werbemails bekommen. Es ist deshalb empfehlenswert, die sog. Chronik immer wieder zu löschen. Dies erreichen Sie unter dem Menüs **Extras → Neueste Chronik löschen** (s. Abb. 5.45):

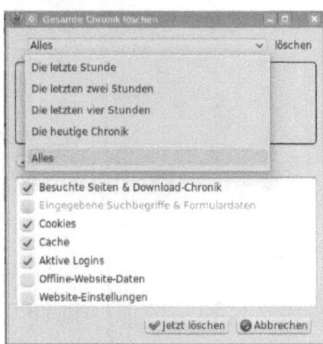

Abb. 5.45 Firefox: Neueste Chronik löschen

Sollten Sie in einem Internetcafé auf fremden Rechnern surfen, gar auf eigene wichtige Daten zugreifen, sollten Sie auf keinen Fall vergessen, danach die Chronik zu löschen – damit kein Unbefugter Ihre aufgerufenen Adressen sieht oder manipuliert.

Wie vorhin erwähnt, sind Lesezeichen recht hilfreich und erlauben schnellen Zugriff auf all jene Seiten, die Sie immer wieder aufrufen. Ein Lesezeichen zu setzen ist einfacher, als ein Lesezeichen in ein Buch zu legen. Wir haben beim Konqueror, der ja auch als Browser genutzt wird, bereits Lesezeichen gesetzt. Im Firefox rufen Sie Ihre gewünschte Seite auf, gehen auf den Menüpunkt *Lesezeichen → Lesezeichen hinzufügen*. In einem kleinem Auswahlfenster können Sie sich dann entscheiden, ob diese Adresse in Ihre Symbolleiste oder in einen Unterordner abgelegt werden soll. Unter dem Menüpunkt *Alle Lesezeichen* können Sie im Nachhinein die unsortierten Lesezeichen löschen oder neu zuordnen (s. Abb. 5.46):

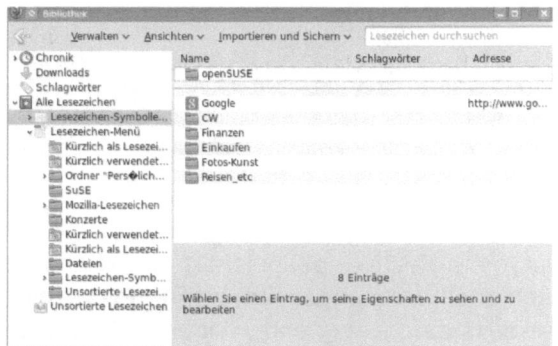

Abb. 5.46 *Bearbeitung von Lesezeichen im Firefox*

Sicher haben Sie schon oft *gegoogelt*. Hilfreich ist hierbei, im Suchfeld oben rechts vorab auszuwählen, welche Suchmaschine die eingegebenen Begriffe übernehmen soll. So ist die zu erhaltende Auswahl meist treffender, denn es ist manchmal schon mühsam, die vielen Treffer durchzuforsten (s. Abb. 5.47):

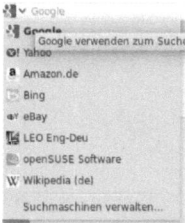

Abb. 5.47 *Firefox: Vorauswahl der Suchmaschinen*

Nun wünsche ich Ihnen viel Spaß mit der grafischen Oberfläche. Doch kein noch so schönes Hintergrundbild (Gebirge, Meer, Pflanzen) kann die echte Natur ersetzen. Durch das Internet können wir virtuell alle schönen Teile der Welt bereisen – doch ein Spaziergang, auch im kleinsten Park um die Ecke, bietet neben frischer Luft auch gute Erholung. Lösen Sie sich von dem spannenden Stöbern und erholen Sie sich etwas.

Noch einige Anmerkungen zu Firefox

Im nächsten Kapitel erfahren Sie noch etwas über Systemverwaltung und hierbei ist eine Grundvoraussetzung, nicht übermüdet zu sein, sondern konzentriert und sorgfältig zu arbeiten. In diesem Sinne, gute Erholung.

6   Etwas Linux-Systemverwaltung

Administration von Rechnern ist eine verantwortungsvolle Aufgabe und erfordert neben guten Kenntnissen des jeweiligen Betriebssystems und der eingesetzten Hardware gewissenhaftes Arbeiten und gute Nerven. Wenn Sie sich dazu entschlossen haben, Ihren/Ihre Rechner selbst zu installieren und zu warten, legen Sie sich am besten pro Rechner ein Logbuch an, in dem Sie alles protokollieren, was Sie ändern, löschen oder ergänzen, sowie notieren, wenn etwas nicht ordnungsgemäß verlief. Diese Kapitel soll Ihnen helfen, die Scheu vor der Systemverwaltung zu nehmen, und Ihnen ein paar Tipps geben.

Die einzelnen Themen:

C. Wolfinger, *Keine Angst vor Linux/Unix*, Xpert.press,
DOI 10.1007/978-3-642-32079-8_6, © Springer-Verlag Berlin Heidelberg 2013

6.1 Testen über Live-DVD

Um generell zu testen, ob die Hardware Ihres Rechners von der Systemsoftware erkannt wird, und um sich einen Eindruck zu verschaffen, wie Sie mit Linux arbeiten können, bieten die meisten Distributoren eine Live-DVD an. Dazu müssen Sie Ihren Rechner so einstellen, dass im BIOS (**B**asic **I**nput/**O**utput **S**ystem) das DVD/CD-Laufwerk als Erstes in der Boot-Reihenfolge steht. Meist erhalten Sie beim Hochfahren des Rechners einen Hinweis, dass eine bestimmte Taste zu drücken ist, um ins BIOS-Menü (Boot-Einstellungen) zu wechseln. Dort können Sie dann die entsprechende Reihenfolge ändern.

Bei der Live-DVD von OpenSUSE wählen Sie, sobald das Startmenü erscheint, über die Taste F2 die Sprache und die dazugehörige Tastatur (s. Abb. 6.1). Trotzdem sind viele Anwendungen in englischer Sprache angezeigt. Ändern Sie die Spracheinstellung nicht, müssen Sie u.U. auf evtl. Unterschiede zwischen englischer und deutscher Tastatur achten (s. Abb. 2.3 auf Seite 24). Bei einer Live-DVD dauert alles etwas länger, da die einzelnen Programme jeweils von der DVD geladen werden müssen und auch das Dateisystem temporär im Speicher gehalten wird.

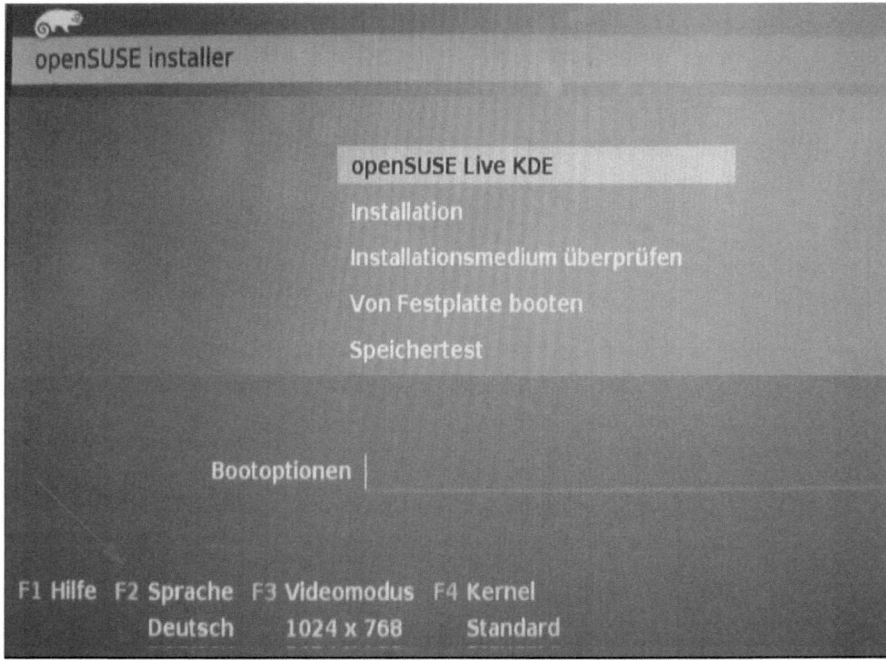

Abb. 6.1 *Startbildschirm der Live-DVD**

Eine andere Variante, die Hardware zu testen, besteht darin, gleich die Installations-DVD zu verwenden. Neben der Hardwareprüfung wird hier angezeigt, wie

---

*   Die meisten Abbildungen in diesem Kapitel wurden verändert, um die wesentlichen Details hervorzuheben und Leerflächen zu reduzieren.

die Aufteilung (Partitionierung) Ihres Rechners durchgeführt werden würde. Als Beispiel sehen Sie in Abb. 6.2, wie eine Partitionierung an einem Windows-Rechner erfolgen könnte. Solange Sie nicht die letzte Aufforderung zum Installieren betätigen (s. Abb. 6.22), bleibt Ihre ursprüngliche Installation auf dem Rechner erhalten.

● Vorschlag für Partitionierung

- Windows-Partittion /dev/sda3 auf 125.84 GB verkleinern
- Erweiterte Partition /dev/sda4 (160.44 GB) erstellen
- Auslagerungs-Volume /dev/sda5 (2.01 GB) erstellen
- Root-Partition /dev/sda6 (20.00 GB) mit ext4 erstellen
- Volume /dev/sda7 (138.43 GB) für /home mit ext4 erstellen

Abb. 6.2 *Beispiel: Mögliche Partitionierung eines Laptops mit Windows 7*

Für die eigentliche Installation würde ich Ihnen empfehlen, nicht die Live-DVD zu verwenden, sondern die umfangreichere OpenSUSE-Installations-DVD. Sie enthält mehr Programme, und die Auswahl für die deutsche Sprache hat zur Folge, dass auch die Menüs in Deutsch erscheinen. Auch sind in der Original-DVD z.B. für LibreOffice alle Programmteile enthalten (in der Live-DVD sind nur Textverarbeitung, Präsentation und Zeichnung enthalten, nicht dagegen z.B. die Tabellenkalkulation). Zusätzliche Programme können selbstverständlich auch nach einer Installation über das Internet (OpenSUSE) oder von der DVD nachgeladen werden.

6.2 Installation

Normalerweise ist die Installation eines Linux-Rechners gar nicht so aufwendig, wenn nicht irgendwelche Hardware enthalten ist, die von Linux nicht unterstützt wird – was sehr selten ist; es sei denn, sie verwenden einen brandneuen Rechner, der Hardwareteile enthält, die bei der letzten Linux-Version noch nicht bekannt waren. Wie schon erwähnt, sollten Sie die Installations-DVD testhalber starten. Lassen sich alle Einstellungen problemlos durchführen, können Sie es in der Regel wagen, das System auf Ihre Festplatte zu installieren.

Wollen Sie auf dem Rechner sowohl mit Windows als auch mit Linux arbeiten, ist es wichtig, **zuerst Windows** zu **installieren**. Lassen Sie bei der Partitionierung entsprechend Platz für Linux frei – etwa 20 GB. Sie benötigen unter Linux für den Swap-Bereich ca. 2 GB, für das root-System (nur mit KDE – ohne GNOME) 4,7 GB – also mit etwas Puffer für Systemdateien und nachträglicher Software sollten 8 GB ausreichen – und für Benutzerdaten unter /home ebenfalls 10 GB (abhängig von der Datenmenge, die Ihre Linux-Benutzer benötigen). Doch bei den heutigen Plattengrößen dürfen Sie auch gerne großzügiger planen.

Bis zur Version *Windows 7* ist eine parallele Installation kein Problem. Erst ab *Windows 8* wird es etwas knifflig, Linux gemeinsam mit Windows zu installieren, sowohl was die Partitionierung als auch den Start via **UEFI** *(Unified Extensible*

Firmware Interface) und **GPT** *(Global unique Identifier Partion Table)* betrifft, die ab Windows 8 eingesetzt werden und die Nachfolger von BIOS und MBR *(Master Boot Record)* sind. Da bei der Erstellung dieses Buches noch keine Ideallösung gefunden war, wird nur auf die parallele Installation bis Windows 7 eingegangen. Unter *www.heise.de* bzw. in der Zeitschrift *c't* sind immer wieder mal entsprechende Artikel zu finden. (Die Umstellung von BIOS auf GPT und UEFI wurde u. a. deshalb erforderlich, um auch größere Platten über zwei Terabyte zu »bändigen«, wie es in der *c't* 2012, *Heft* 11 so nett beschrieben wurde.)

6.2.1 Parallele Installation zu Windows

Ist auf Ihrem Rechner bereits *Windows* (bis Version 7) installiert und Sie haben wichtige Daten darauf gespeichert, dann versteht es sich von selbst, vorab alles zu sichern. Außerdem ist es wichtig, unter Windows eine Defragmentierung vorzunehmen, da sonst keine Verkleinerung der Plattenbereiche bei der Installation erfolgen kann. Öffnen Sie hierfür unter Windows *Computer (Windows XP – Arbeitsplatz),* wählen die entsprechende Partition (meist *C* oder *D*) aus und öffnen über die rechte Maustaste *Eigenschaften* und starten unter dem Tab *Tools (Windows XP – Extras)* die Defragmentierung (s. Abb. 6.3):

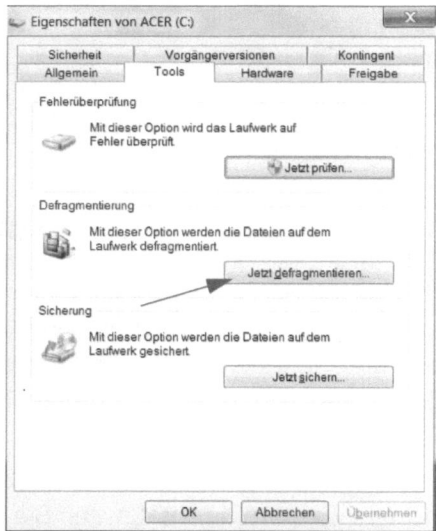

Abb. 6.3 *Beispiel: Aufruf der Defragmentierung unter Windows 7*

Die Defragmentierung kann je nach Datenbestand etwas länger dauern. Haben Sie von vornherein Plattenbereiche für Linux freigelassen, ist eine Defragmentierung nicht notwendig.

Da Linux den vorhandenen **MBR** überschreibt, wäre es nicht verkehrt, ihn zur Sicherheit mit *dd* auf einen Datenträger zu kopieren, z.B. auf einen externen USB-Stick oder eine -Platte. Kontrollieren Sie vorab, wie das externe Gerät angesprochen werden kann. Unter der Installations-DVD starten Sie hierfür das *Rescue System* bzw. *Rettungssystem (s. Abb. 6.4)*. Es wird nach einiger Zeit ein *Login* angezeigt. Melden Sie sich mit *root* an. Ein Passwort wird hier nicht abgefragt. Geben Sie den Befehl *ls -l /dev/sd* (bzw. ll /dev/sd*)* an, um zu sehen, welche Platten erkannt wurden (s. Abb. 6.5 – oberer Teil). Hängen Sie dann Ihre externe Platte oder Ihren USB-Stick ein und wiederholen Sie den Befehl. Sie sehen dann, welche Hardwarebezeichnung hinzugekommen ist (s. Abb. 6.5 – unterer Teil).

Wählen Sie auch hier mit F2 die Sprache/Tastatur aus

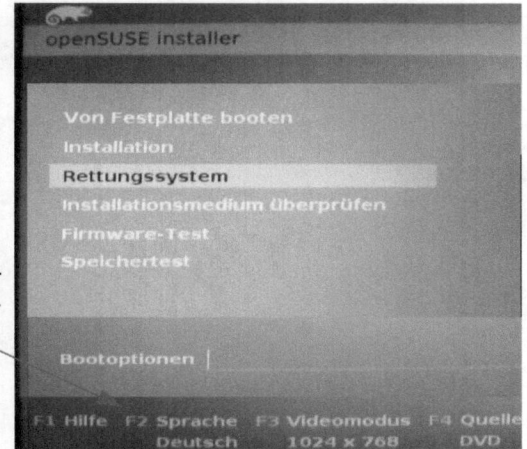

Abb. 6.4 *Startmenü der OpenSUSE-Installations-DVD – Rettungssystem*

```
Rescue login: root
Rescue:~ # ll /dev/sd*
brw-rw----  1 root disk 8,  0 Jan 26 09:46 /dev/sda
brw-rw----  1 root disk 8,  1 Jan 26 09:46 /dev/sda1
brw-rw----  1 root disk 8,  2 Jan 26 09:46 /dev/sda2
brw-rw----  1 root disk 8,  3 Jan 26 09:46 /dev/sda3
brw-rw----  1 root disk 8,  4 Jan 26 09:46 /dev/sda4
brw-rw----  1 root disk 8,  5 Jan 26 09:46 /dev/sda5
brw-rw----  1 root disk 8,  6 Jan 26 09:46 /dev/sda6
brw-rw----  1 root disk 8,  7 Jan 26 09:46 /dev/sda7
brw-rw----  1 root disk 8,  8 Jan 26 09:46 /dev/sda8
Rescue:~ # ll /dev/sd*
brw-rw----  1 root disk 8,  0 Jan 26 09:46 /dev/sda
brw-rw----  1 root disk 8,  1 Jan 26 09:46 /dev/sda1
brw-rw----  1 root disk 8,  2 Jan 26 09:46 /dev/sda2
brw-rw----  1 root disk 8,  3 Jan 26 09:46 /dev/sda3
brw-rw----  1 root disk 8,  4 Jan 26 09:46 /dev/sda4
brw-rw----  1 root disk 8,  5 Jan 26 09:46 /dev/sda5
brw-rw----  1 root disk 8,  6 Jan 26 09:46 /dev/sda6
brw-rw----  1 root disk 8,  7 Jan 26 09:46 /dev/sda7
brw-rw----  1 root disk 8,  8 Jan 26 09:46 /dev/sda8
brw-rw----  1 root disk 8, 16 Jan 26 09:46 /dev/sdb
brw-rw----  1 root disk 8, 17 Jan 26 09:46 /dev/sdb1
Rescue:~ #
```

Neu erkannte Hardware

Dateisystem der Hardware

Abb. 6.5 *Kontrolle der Platten*

Mounten Sie nun Ihr externes USB-Gerät (Dateisystem) nach /mnt und sichern Sie den *MBR,* wie in Abb. 6.6 als Beispiel gezeigt wird:

```
Rescue:~ # mount /dev/sdb1 /mnt
Rescue:~ # ll /mnt
total 6544
-rwxr-xr-x  1 root root 6439616 Jan 22 16:53 5-KDE-OberflLinux.pdf
drwxr-xr-x 17 root root   16384 Sep 13 11:40 AustauschWindows-Unix
drwxr-xr-x 10 root root   16384 Jan 24 17:36 Buch-r
drwxr-xr-x 10 root root   16384 Jan 22 17:03 Buch-r21-01-13
drwxr-xr-x  2 root root   16384 Oct 22 19:40 G?nczel-Buch-M-B-Pferd
drwxr-xr-x  2 root root   16384 Dec 11 10:34 Suse12.2
drwxr-xr-x  2 root root   16384 Jan 16 15:10 Windows7
-rwxr-xr-x  1 root root   60007 Sep 19 08:58 applications.png
-rwxr-xr-x  1 root root   64596 Sep 19 08:58 applications2.png
drwxr-xr-x  3 root root   16384 Dec  9 21:47 bin
Rescue:~ # dd if=/dev/sda of=/mnt/MBRAmilo2012 bs=512 count=1
1+0 records in                          Sicherung mit dd
1+0 records out
512 bytes (512 B) copied, 0.4308 s, 1.2 kB/s
Rescue:~ # ll /mnt/MB*
-rwxr-xr-x 1 root root 512 Jan 26 10:04 /mnt/MBRAmilo2012
Rescue:~ #
```

Abb. 6.6 Beispiel: Sicherung des MBR auf ein externes USB-Gerät

Das externe Gerät kann bereits andere Dateien und Directories enthalten. Kennzeichnen Sie den MBR am besten mit dem Hinweis, um welchen Rechner es sich hierbei handelt, und einer entsprechenden Datumsausgabe. Sollte sich wider Erwarten Windows nach der Installation nicht mehr starten lassen, können Sie von dem externen Gerät den MBR wieder zurückschreiben und Ihr Windows lässt sich wie zuvor starten. Linux könnten Sie dann allerdings nur über die Installations-DVD starten, falls es überhaupt installiert werden konnte.

Um den MBR zu restaurieren, starten Sie von der Linux-DVD wieder das Rescue/Rettungssystem. In Abb. 6.7 sehen Sie, wie der MBR wieder zurückkopieren werden kann:

```
login: root
# mount /dev/sdb1 /mnt
# dd if=/mnt/MBRAmilo2012 of=/dev/sda bs=512 count=1
# umount /dev/sdb1
# reboot
```

Abb. 6.7 Beispiel: Restaurierung des MBR von dem externen USB-Gerät

Ich selbst hatte zwar noch nie den Effekt, dass Windows sich über den durch die Installation überschriebenen MBR oder durch den GRUB *(Grand Unified Bootloader)* nicht starten ließ – doch sicher ist sicher.

Sollten auf Ihrem Windows-System keine freien Partitionen vorhanden sein, bietet Linux an, bestehende Partitionen zu verkleinern. Hierfür ist es notwendig, vorab die Defragmentierung vorzunehmen (s. Abb. 6.3).

Gut, nun ist alles vorbereitet. Die Installation kann beginnen. Als Beispiel folgt hier eine Installation von OpenSUSE 12.2.

6.2.2 Die einzelnen Schritte der Installation

Sie starten Linux über die Installations-DVD und wählen den Menüpunkt Installation (s. Abb. 6.8):

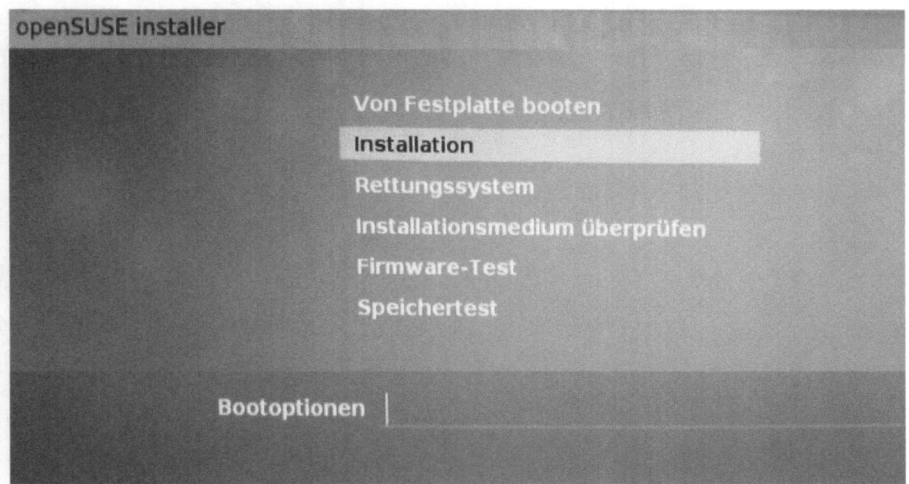

Abb. 6.8 *Installation starten*

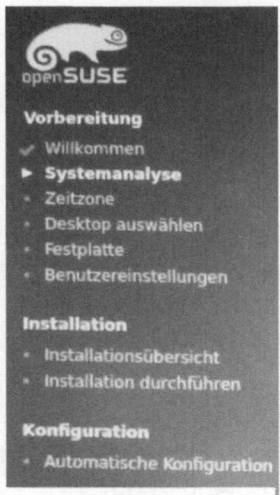

Abb. 6.9
Installations-Fahrplan

Schritt für Schritt werden Sie nun durch die Installation geführt. Auf der linken Seite sehen Sie den »Fahrplan« und den jeweiligen aktuellen Stand Ihrer Installation (s. links Abb. 6.9). In den Abbildungen ist dieser Fahrplan nicht mit abfotografiert, um die wesentlichen Punkte hervorzuheben.

Unter **Willkommen** (s. Abb. 6.10) kontrollieren Sie die Sprache (German – Deutsch), falls dies noch nicht über die Taste F2 beim Start erfolgte. Die ausgewählte Sprache wird für die Tastatur und für die Lizenzvereinbarung übernommen. Sie können hier auch unterschiedliche Einstellungen vornehmen, wenn Sie z.B. die englische Sprache bevorzugen, aber eine deutsche Tastatur verwenden. Mit **Weiter** stimmen Sie der Lizenzvereinbarung zu und Sie kommen zum nächsten Punkt (s. Abb. 6.11).

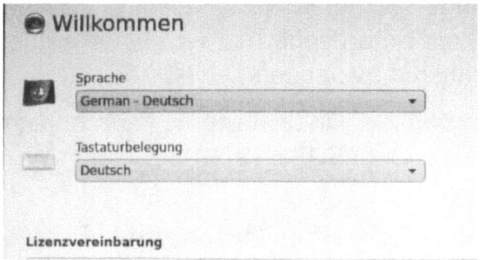

Abb. 6.10 *Willkommen, Einstellung der Sprache und Lizenzvereinbarung*

Bei der **Systemanalyse** wird die vorgefundene Hardware daraufhin geprüft, ob sie von Linux erkannt und passende Treiber vorhanden sind (s. Abb. 6.11):

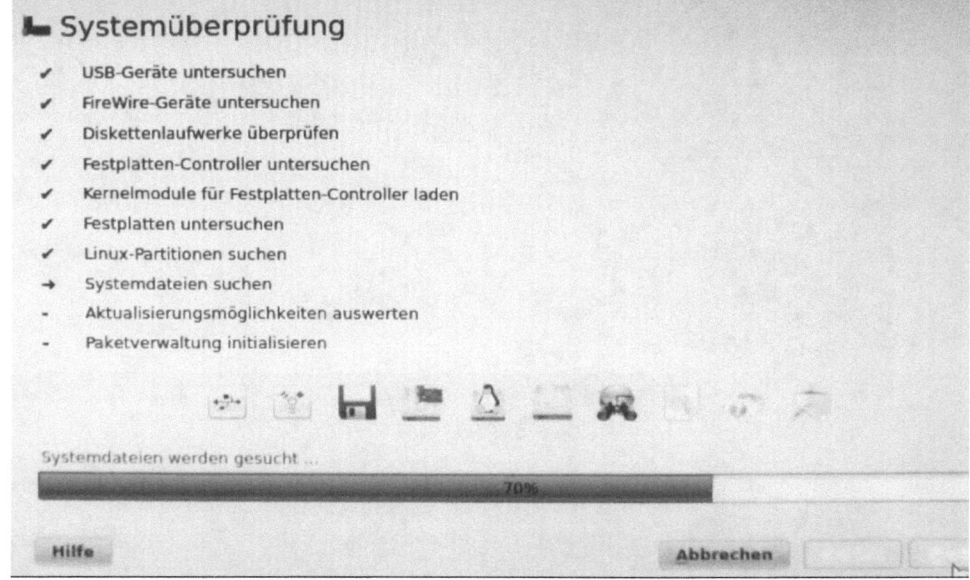

Abb. 6.11 *Systemüberprüfung*

Wenn Linux bei der Überprüfung Partitionen mit einem *root-Dateisystem* entdeckt hat, wird zusätzlich abgefragt, ob eine Neuinstallation oder ein Update des bestehenden Systems erfolgen soll. Wenn Sie das Häkchen bei *Automatische Konfiguration* entfernen, werden zusätzlich noch die Punkte *Hostname, Netzwerk* und *Online-Aktualisierung* mitkonfiguriert.

Wir verwenden die automatische Konfiguration und kommen zum nächsten Punkt. Unter **Zeitzone** wählen Sie aus den vorgegebenen Regionen und Ländern aus, was für Ihren Standort zutrifft. Sollte das Systemdatum und die Zeit nicht stimmen, können Sie diese hier auch gleich ändern (s. Abb. 6.12):

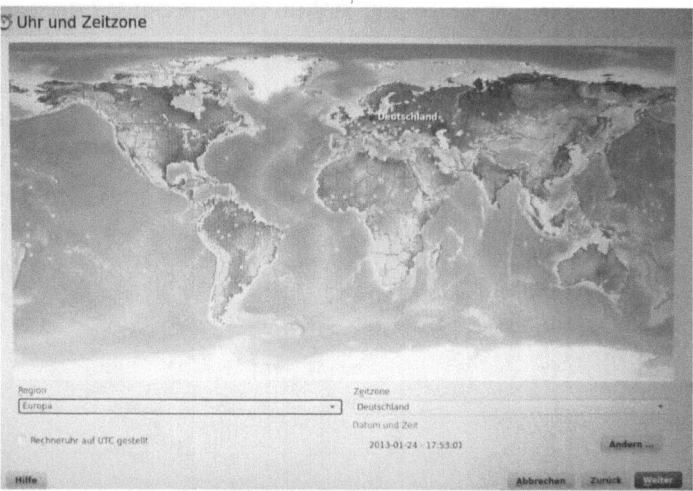

Abb. 6.12 *Uhr und Zeitzone*

Bei **Desktop/Arbeitsumgebung auswählen** entscheiden Sie sich für KDE oder GNOME (s. Abb. 6.13). Sie können später bei der Übersicht der Installationseinstellungen unter Software die jeweils andere Desktop-Umgebung mit auswählen und zusätzlich installieren, wenn auf Ihrem System genügend Platz hierfür vorhanden ist. Der einzelne Benutzer hat dann die Wahl, ob er mit KDE oder GNOME arbeiten möchte (s. im Kapitel 5, Abb. 5.1). Unter »Andere« sind einige Arbeitsumgebungen aufgeführt, bei denen der Benutzer erst entspre-

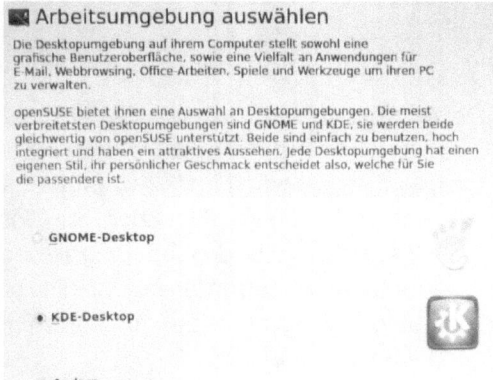

Abb. 6.13 *Arbeitsumgebung auswählen*

chende Einstellungen vornehmen muss (für unsere Einführung nicht relevant).

Unter **Festplatte** wird bei OpenSUSE als Default die bestmögliche Aufteilung Ihrer Festplatte für die Installation Ihres Linux-Systems vorgeschlagen (s. Beispiel in Abb. 6.14). Sie können allerdings auch einen **LVM** (Logical Volume Manager) auswählen. Doch in diesem Buch heißt es ja bewusst »Etwas Linux-Systemverwaltung« und LVM und **RAID** (Redundant Array of Independent Disks – mit denen man softwaremäßig gesamte Platten spiegeln könnte) würden diesen Rahmen sprengen. Hier sollten Sie deshalb den Vorschlag annehmen, wenn Sie noch kein Experte sind. Die Partitionierung von Platten kann bei falscher Anwendung bestehende Daten zerstören. Wir schauen uns später bei der Zusammenstellung noch Details dazu an.

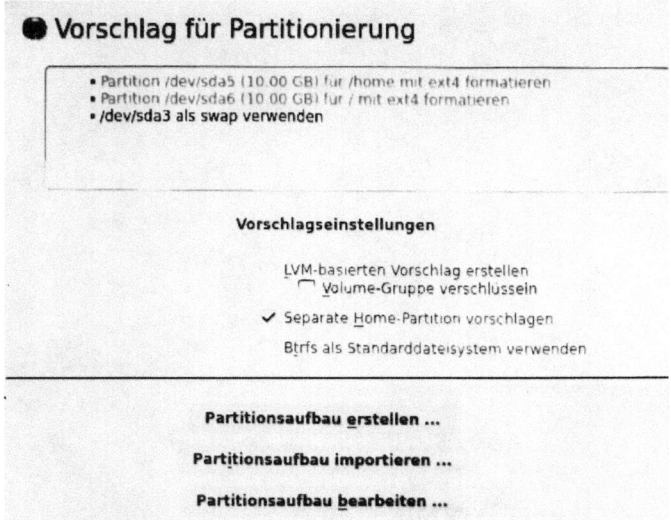

Abb. 6.14 Vorgeschlagene Plattenbelegung

Bei **Benutzereinstellungen** (s. Abb. 6.15) tragen Sie sich mit Ihrem Namen ein und vergeben ein Passwort. Sollte dieses zu einfach sein, werden Sie aufgefordert, ein besseres einzugeben (s. hierzu die Hinweise zum Passwort auf Seite 42). Entfernen Sie das Häkchen bei *Dieses Passwort für den Systemadministrator verwenden ...* und geben Sie lieber gleich ein zusätzliches Passwort nach entsprechender Aufforderung für die *root* an. Auch empfehle ich, die *Automatische Anmeldung* nicht zu aktivieren (also auch hier das Häkchen durch Anklicken wieder entfernen).

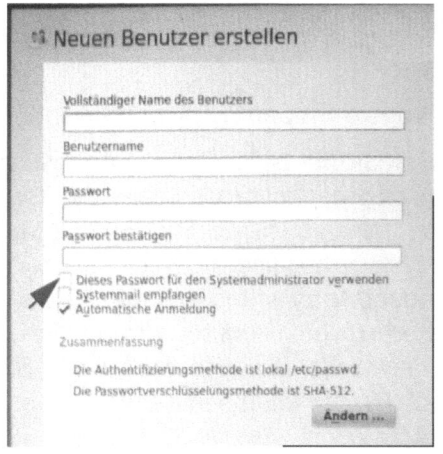
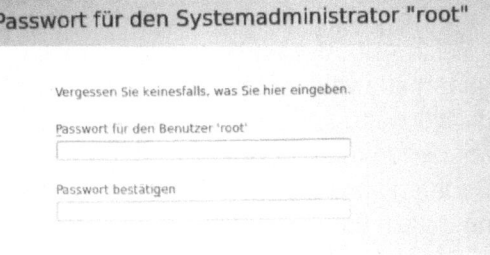

Abb. 6.15 Benutzer eintragen und Passwörter vergeben

Wir erhalten eine Übersicht aller vorgenommenen Einstellungen. Jeder der aufgeführten Punkte kann noch einmal kontrolliert und geändert werden.

Die Reihenfolge der Punkte ist etwas anders sortiert als bei unserer Eingabe. Die
Partitionierung steht gleich an erster Stelle.

1.   Partitionierung – Details

In Abb. 6.16 sehen wir, wie die Platte in unserem Beispiel mit 55 GB aufgeteilt
ist. Auf diesem Laptop war bereits Windows XP installiert und ein älteres Open-
SUSE vorhanden. Wir hätten hier auch ein Update vornehmen können, doch
auch bei einer Neuinstallation könnte die vorhandene Partition /home unforma-
tiert bleiben, und die bestehenden Daten unter /home eingehängt werden. Doch
in unserem Beispiel haben wir sowohl für die root-Partition (/dev/sda5/) als auch
für die Home-Partition (/dev/sda6) ausgewählt, dass sie neu formatiert wird –
also alle vorhandenen Dateien gelöscht werden (erkennbar durch das **F** – siehe
Pfeil in Abb. 6.16). Die bestehenden Windows-Partitionen (NTFS und FAT) bleiben unberührt.

Linux erkennt auch das Betriebssystem *Windows* und wird beim GRUB (Grand
Unified Bootloader) Windows als zusätzliche Auswahl beim Start mit aufführen.

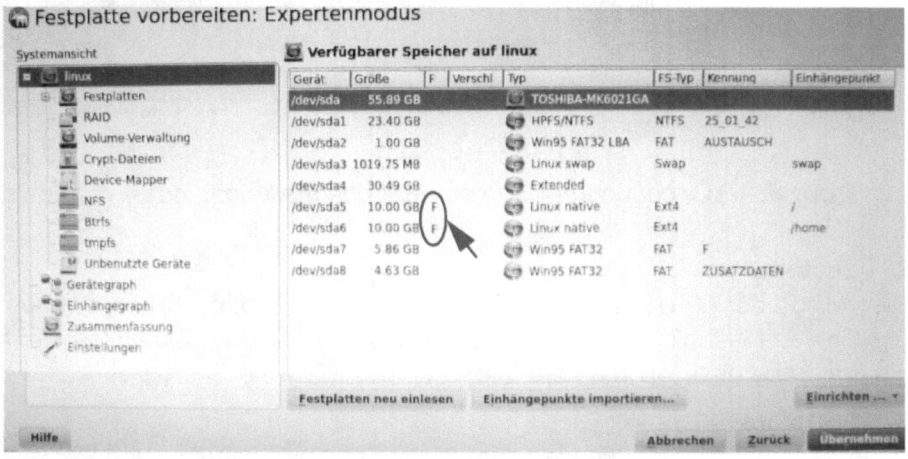

Abb. 6.16 *Details zur Plattenaufteilung*

Wenn Sie die Aufteilung gerne grafisch ansehen möchten, wählen Sie auf der linken Seite »Gerätegraph« aus (Abb. 6.17):

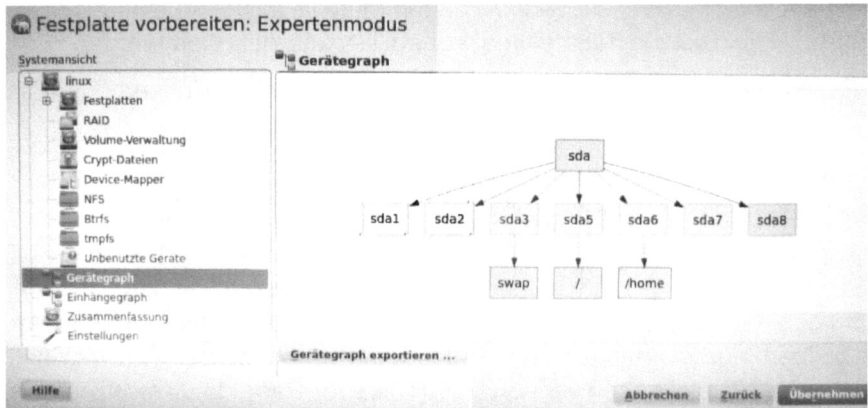

Abb. 6.17 Grafische Darstellung der Plattenaufteilung

In der Systemverwaltung unter Windows (XP) ist die gleiche Plattenaufteilung für die gesamte Platte (*sda*) wie in Abb. 6.18 dargestellt:

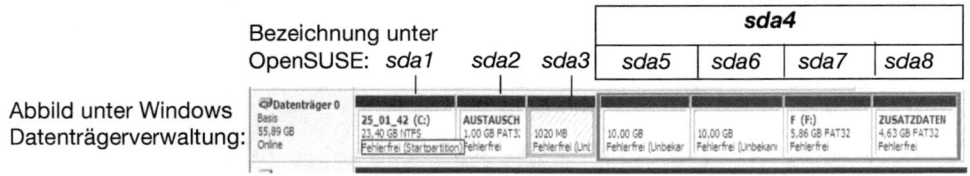

Abb. 6.18 Gegenüberstellung der Plattenaufteilung: Linux – Windows

2. Systemstart
Hier wurde der GRUB als Erweiterung in *sda4* (s. Abb. 6.18) eingetragen. Die Partition *sda4* ist nicht aufgeführt, da sie lediglich als sog. Extension dient und die Plattenbereiche ab *sda5* enthält.

3. Software
Unter diesem Punkt können wir noch zusätzliche Software auswählen, wie z. B. die Desktop-Umgebung *GNOME* (falls ausreichend Platz zur Verfügung steht). Da die angebotenen Softwarepakete ziemlich umfangreich sind, ist die nachstehende Zusammenstellung aus den Scroll-Bereichen zusammengesetzt, um Ihnen so eine bessere Übersicht zu bieten (s. Abb. 6.19). Wenn wir zu *KDE* auch GNOME mit installieren wollen, klicken wir es entsprechend an. (Generell können Softwarepakete auch nach der Installation noch hinzugefügt werden.)

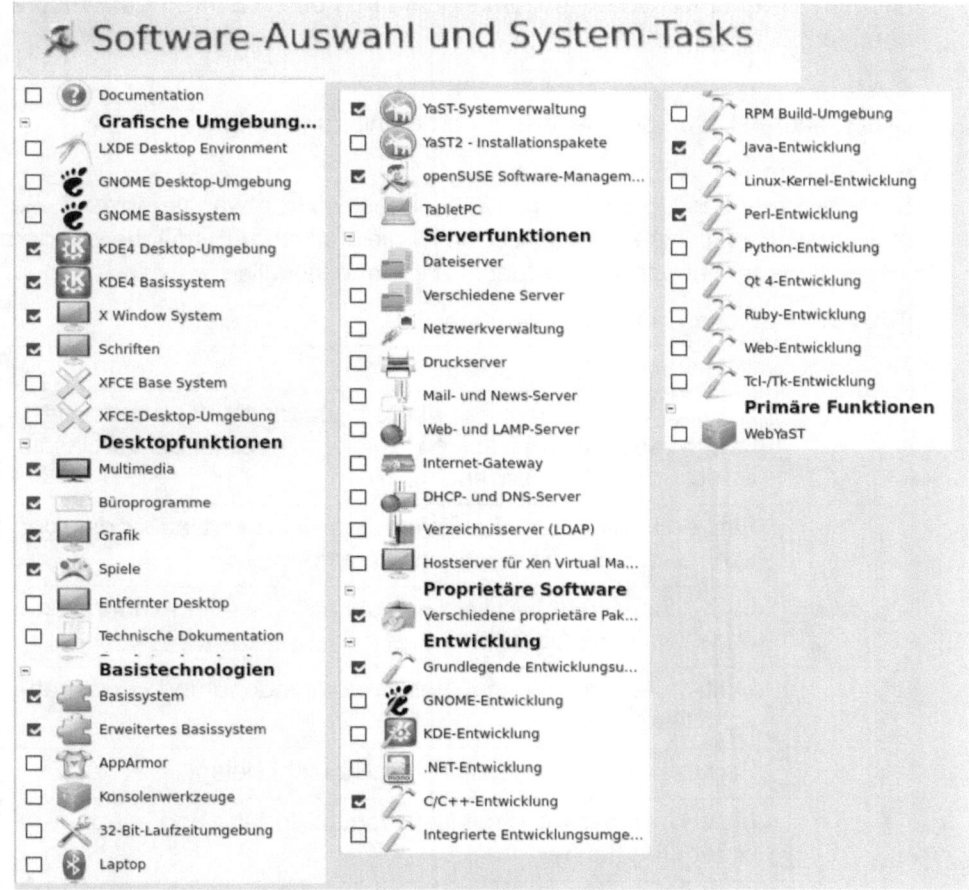

Abb. 6.19 *Softwareauswahl unter OpenSUSE*

4. **Länderspezifische Einstellungen**
   Hier hatten wir German – Deutsch eingestellt.

5. **Zeitzone**
   Sollte die Uhrzeit und Zeitzone nicht richtig angezeigt werden, können wir hier
   noch Korrekturen vornehmen (natürlich auch jederzeit nach der Installation).

6. **Benutzereinstellungen**
   Hier wird der Benutzername angezeigt und ein Hinweis, dass wir für root ein
   eigenes Passwort festgelegt haben.

7. **Standard-Runlevel**
   Unter Unix/Linux gibt es sieben Runlevel (von 0 bis 6 – s. Tab. 6.1 auf
   Seite 446). Hier wird festgelegt, ob die Anmeldung bei normalem Start des
   Rechners im Mehrbenutzerbetrieb mit (5) oder ohne grafische Oberfläche (3)
   erfolgen soll. Beim Start des Rechners können Sie im GRUB auch einen

anderen Level unter Optionen zum Hochfahren durch Eintrag der entsprechenden Ziffer vorgeben.

8. **System**
Die erkannten Daten des Rechners werden hier angezeigt.

9. **Installation von Abbildern**
Diese erzwungene Übersetzung von »Images« wirkt etwas verwirrend. Gemeint sind hier nicht die vielen Bildchen für die grafische Oberfläche, sondern Installationsdateien, die erst entpackt und dann installiert werden.

Tab. 6.1 Runlevel und ihre Bedeutung

Runlevel	Bedeutung
0	Shutdown – der Rechner wird ordnungsgemäß herunter gefahren (Level 0 und 6 sollten Sie deshalb nie für die Voreinstellungen im GRUB verwenden!)
1	Single-User-System/Administration. Das heißt, außer der *root* kann sich niemand zusätzlich anmelden
2	Multi-User-System – allerdings ohne Netzwerkanbindung und ohne grafische Oberfläche
3	Multi-User-System – mit Netzwerkanbindung und ohne grafische Oberfläche
4	Benutzerdefinierter Runlevel – also nicht belegt
5	Multi-User-System – mit Netzwerkanbindung und mit grafischer Oberfläche
6	Reboot – Der Rechner wird heruntergefahren und gleich wieder neu gestartet

10. Bei **Firewall und SSH**
Wenn Sie innerhalb eines Rechnernetzes mit anderen Rechnern über *sftp, ssh,* und *scp* kommunizieren wollen, sollten Sie entsprechend den SSH-Port öffnen (s. Abb. 6.20).

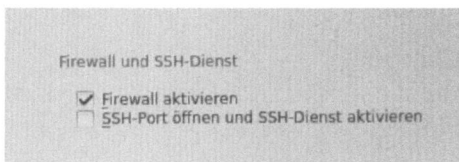

Abb. 6.20 SSH-Port öffnen

Alle vorgenommenen Einstellungen finden Sie in der Zusammenstellung, die bei jeder Änderung aktualisiert wird (s. Abb. 6.22). Solange Sie dort nicht auf **Installieren** drücken und dann die nochmalige Abfrage bestätigen, können Sie alle Punkte noch verändern oder jederzeit abbrechen, ohne dass irgendetwas auf Ihrem Rechner verändert werden würde. Entscheiden Sie sich für Abbruch, erschrecken Sie nicht, wenn Sie eine Fehlernachricht erhalten (s. Abb. 6.21):

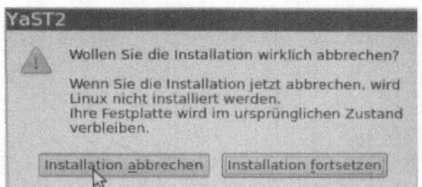 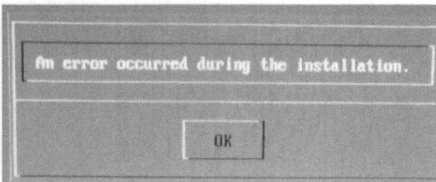

Abb. 6.21 *Abbruch der Installation*

Um den Rechner dann neu zu starten oder auszuschalten, müssen Sie noch weitere Abfragen bestätigen.

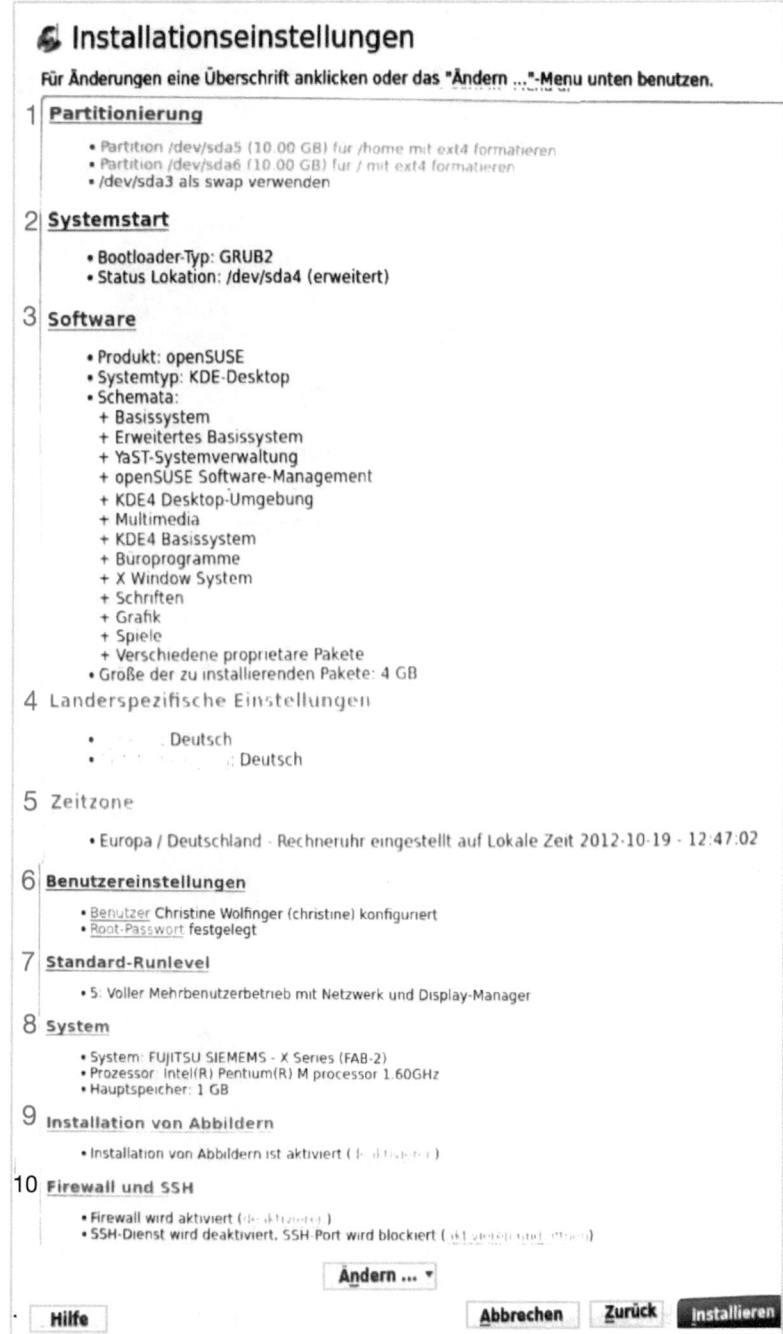

Abb. 6.22 Beispiel: Installationseinstellungen

Übernehmen Sie die Einstellungen, wird das System installiert (s. Abb. 6.23).

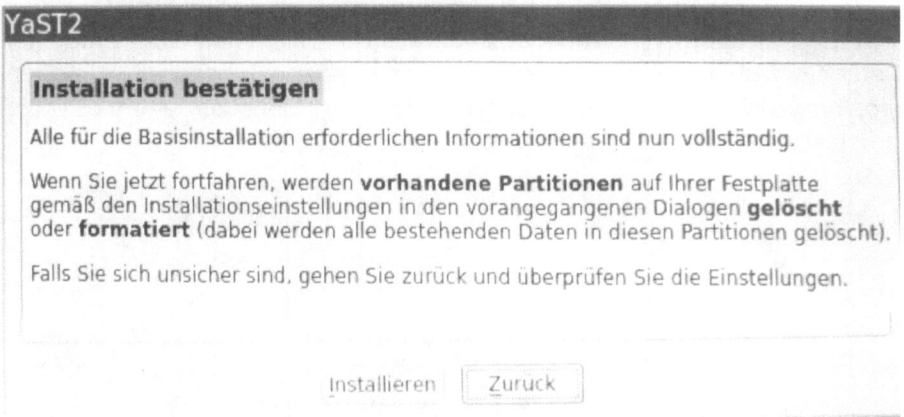

Abb. 6.23 *Installation bestätigen*

Je nach Auswahl der Software dauert dies etwa eine Stunde. Sie können den Fortschritt der Installation verfolgen, wenn Sie statt der angezeigten Diashow auf *Details* klicken (s. Abb. 6.24). Ich persönlich verfolge grundsätzlich bei allen Installationen, was passiert – so werden mir die einzelnen Namen der Pakete und Dateien vertrauter.

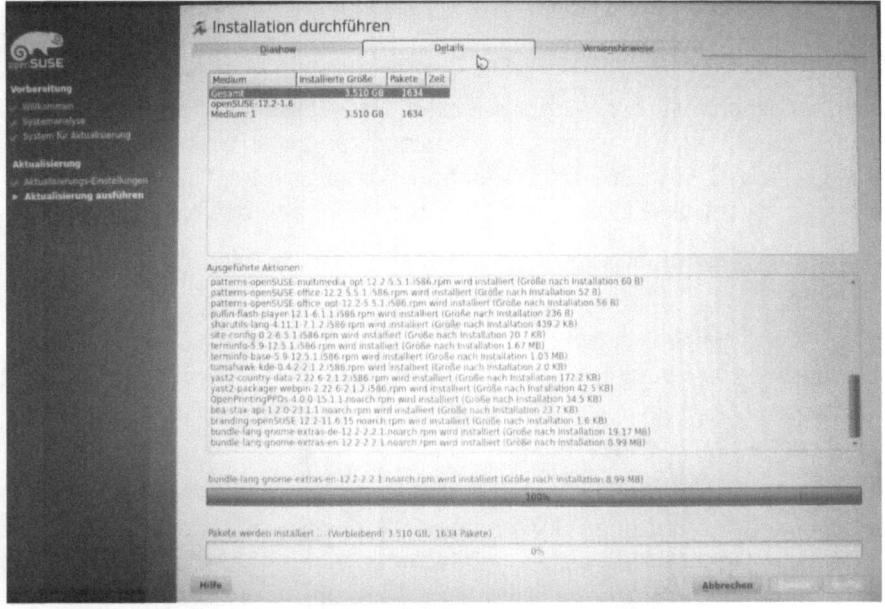

Abb. 6.24 *Durchführung der Installation*

Wenn Sie geduldig gewartet haben, werden Sie mit einem »umfassenden, einfachen, stabilen System« – wie es der Aufdruck auf der Installations-DVD von OpenSUSE Linux verspricht – belohnt.

Das System wird automatisch neu gestartet und die Konfiguration fortgesetzt. Etwa zwei Minuten später sehen Sie bereits den Bildschirm zum Anmelden am System (s. Abb. 6.25). (Den Rechnernamen werden wir bei der Netzwerkinstallation noch ändern.) Sie können sich nun mit Ihrem Benutzernamen oder als root anmelden.

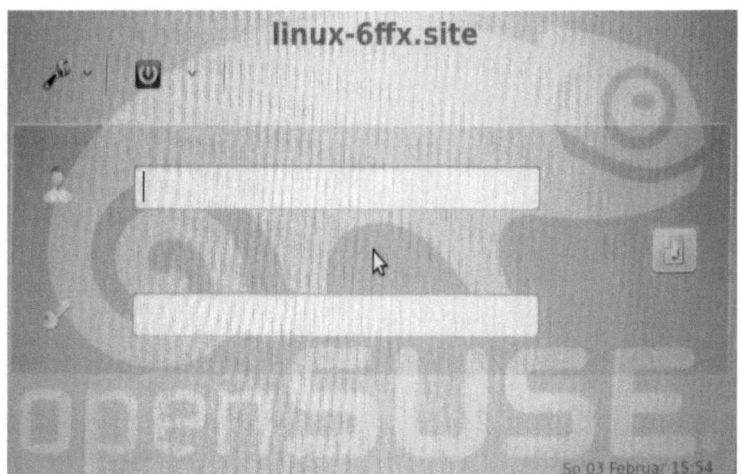

Abb. 6.25 *Anmeldebildschirm nach der Installation*

6.3 Generelles zur Anmeldung als root

Bei der Installation wurden wir aufgefordert, Passwörter für den Benutzer und für die root einzugeben. Das Kommando *su Benutzer* (*switch user*) hatten wir im Kapitel 3.5 in Abb. 3.154 auf Seite 216 schon einmal genutzt. Um temporär als *root* zu arbeiten, reicht die Eingabe von *su* und die Eingabe des root-Passworts.

Unter OpenSUSE hat die root auch ein eigenes Home-Directory: */root*. Mit dem Kommando

su -

werden neben der Identität auch alle Änderungen (*PATH*; *Home-Directory* etc.) übernommen und man wechselt in das Home-Directory der root, so als ob Sie sich mit root angemeldet hätten.

Die häufigste Art, als *root* zu arbeiten, ist temporär – also entweder mit *su* (*su -*) oder über eine Aufforderung bei grafischen Tools (wie z.B. dem YaST) das root-Passwort einzugeben. Ich selbst melde mich, wenn Fehler auftreten, oft unter dem Terminal *tty1* (<Strg+Alt+F1>) als *root* an, um die Rechte zu erhalten, bestimmte Befehle aufzurufen und Dateien, Prozesse evtl. zu verändern. Auch wenn ein Benutzer sein Passwort vergessen hat oder überhaupt erst neu angelegt werden muss, erspart es Zeit, gleich vom Anmeldebildschirm auf *tty1* zu wechseln.

Selten meldet man sich dagegen auf der grafischen Oberfläche als root an. Die Gefahr, Dateien im Dateimanager »versehentlich« zu löschen oder zu verschieben, ist einfach zu groß. (Bei früheren Versionen war der *root*-Desktop sogar knallrot und mit kleinen Bomben versehen – denn der ärgste Feind eines Rechnersystems ist der Systemverwalter, der zum Zerstören fast alle Rechte hat (*license to kill)*). Bei OpenSUSE wird, sobald Sie sich auf einem Terminal über *su* als root anmelden, der Text rot dargestellt (ein Hinweis, besonders aufzupassen). Was anderes ist es, wenn in Firmen spezielle Systemverwalter-Tools auf der grafischen Oberfläche genutzt werden, z. B. um mehrere Rechner gleichzeitig über Monitore zu kontrollieren. Da sitzen dann auch Experten, die wissen, was sie tun.

Unsere nächste Aufgabe ist es, den Anschluss an das Internet zu bekommen, um eine Online-Aktualisierung vornehmen zu können.

6.4 Mit dem Internet verbinden

Im privaten Bereich ist die meistgenutzte Verbindung, um ins Internet zu kommen, das Telefonnetz. Je nachdem, was Sie für einen Anschluss (Analog oder ISDN) und was für einen Vertrag Sie haben, benötigen Sie unterschiedliche Hardware. In der Regel wird die Hardware von Ihrem **Internet Service Provider (ISP)** bei Vertragsabschluss bereitgestellt.

6.4.1 Benötigte Hardware

Es handelt sich dabei um ein Modem *(**M**odulator **Dem**odulator — Umwandlung von digital auf analog und umgekehrt)* bzw. bei **DSL** (*D*igital *S*ubscriber *L*ine) um einen **Splitter** und einen entsprechenden **Router**, die entweder über Kabel oder Funk (WLAN) an Ihren/Ihre Rechner angeschlossen werden. Die meisten ISP bieten eine genaue Anleitung, wie die Geräte und Kabel angeschlossen werden.

In Ihrem Rechner müssen dafür die passenden Geräte enthalten sein. Für die Kabelverbindung ist das ein Ethernet (entweder auf dem Mainboard integriert oder als eigene Ethernet-Karte). Typisch hierfür ist die Buchse, die für den RJ-45-Stecker des Verbindungskabels passt (s. Abb. 6.26).

Abb. 6.26 *RJ45-Stecker und -Buchse*

Das WLAN kann bei den meisten Laptops über eine Tastenkombination ein- und ausgeschaltet werden. Auf dem in unserem Beispiel verwendeten *AMILO* von *FUJITSU* Computer erfolgt dies über die Tastenkombination <FN+F1>. Die Tasten sind meist zusätzlich mit dem Symbol Ψ gekennzeichnet. Ist das WLAN eingeschaltet, leuchtet in der Anzeige (s. Abb. 6.27) das entsprechende Symbol auf:

Abb. 6.27 *WLAN am Laptop aktiviert*

Ein gutes Beispiel für die Installation eines WLAN-Anschlusses ist die Anleitung der Deutschen Telekom z. B. für den *Speedport W723V* (s. Abb. 6.28):

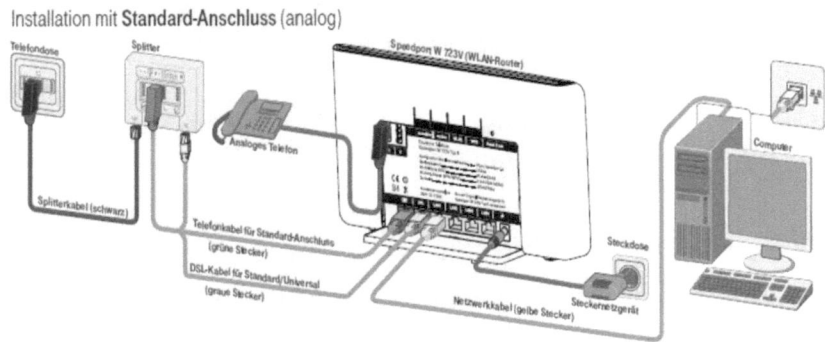

Abb. 6.28 *Installationsanleitung* für einen Speedport *der Deutschen Telekom*

6.4.2 Benötigte Software

Hier unterscheidet man zwischen der Protokollsoftware, die den Austausch von Informationen zwischen den Rechnern steuert, und den Diensten, die dem Benutzer angeboten werden.

❏   Als Protokoll wird unter Linux/Unix, MAC/Apple und unter Windows **TCP/IP** (*Transmission Control Protocol/Internet Protocol*) eingesetzt.

❏   Zu den Dienstprogrammen, die auf *TCP/IP* aufbauen, zählen u. a. *ping, ftp, sftp, ssh, scp*, die wir im Kapitel 3.6 bereits kennengelernt haben (s. Tab. 3.20 auf Seite 244).

Sowohl unter Linux als auch unter Windows ist TCP/IP bei der Systeminstallation enthalten.

6.5 Networkmanager oder ifup

Um nun eine Verbindung ins Internet zu bekommen, müssen die Netzwerkgeräte konfiguriert werden. Bei OpenSUSE entscheidet man, ob man dies mit Hilfe vom benutzergesteuerten Networkmanager bewerkstelligt oder die traditionelle Methode mit *ifup* (*bring network interface up*) verwendet. Letzteres wird meist für interne Netze genutzt, um statisch zugewiesene IP-Adressen einzutragen. Zuerst werden wir einen WLAN-Anschluss mit dem *knetworkmanager* erstellen.

Später richten wir ein kleines Netzwerk mit jeweils einem Windows- und Linux-Rechner mit der *ifup*-Methode ein.

6.5.1 Einrichten eines WLAN über knetworkmanager

Ein **WLAN** (**W**ireless **L**ocal **A**rea **N**etwork – drahtloses lokales Netzwerk) lässt sich schnell und einfach über den Networkmanager einrichten. Unter KDE ist hierfür der *knetworkmanager* installiert. Auf der Rückseite des WLAN-Routers befindet sich in der Regel ein Typenschild, das uns hierfür die nötigen Daten vermittelt. Ein Beispiel für den oben gezeigten Speedport sehen Sie in Abb. 6.29 (hier wurden aus Sicherheitsgründen die Zahlen etwas verändert):

Deutsche Telekom
Speedport W 723V Typ B

Telekom Deutschland GmbH
Landgrabenweg 151
53227 Bonn

Konfiguration über Internet-Browser: . . . . https://speedport.ip
Gerätepasswort: 7611134
WLAN-Name (SSID): WLAN632E69
WLAN-Schlüssel (WPA2): 6667813
Serien-Nummer: J239067789
Kundenservice-Hotline: 0800 330 1000

Nur mit Original Steckernetzgerät für Speedport W 723V Typ B verwenden!

Abb. 6.29 *Beispiel: Typenschild eines Speedports*

Die Nummern innerhalb des umrandeten Rechtecks benötigen wir für eine schnelle Installation. Sicherer wäre es, ein eigenes Passwort zu generieren. Für die private Nutzung genügt es aber in der Regel, diese Angaben auf dem Typenschild zu verwenden, da diese für jedes Gerät unterschiedlich sein sollten. Außerdem kann man einen eigenen WLAN-Namen (SSID) vergeben.

Kontrollieren Sie, ob das WLAN im Rechner aktiviert ist (s. Abb. 6.27). In der Symbolleiste auf Ihrem Desktop sollte dann ein entsprechendes Symbol* zu sehen sein (s. Abb. 6.30):

Abb. 6.30 *Anzeige für den Networkmanager in der Symbolleiste*

---

* Auch dieses Symbol hat sich von Version zu Version immer wieder mal geändert.

Bei einigen WLAN-Routern lässt sich die Konfiguration nur über Windows bewerkstelligen. Sie können aber danach von Linux aus auf das WLAN zugreifen. Die nachstehenden Schritte sind die gleichen, wenn Sie Ihren Laptop mit einem Hotel- oder einem freien WLAN verbinden möchten. Sie klicken das Symbol an und wählen *Verbindung hinzufügen*. Bevor Sie einen Verbindungsnamen vergeben, können Sie sich über das Suche-Symbol anzeigen lassen, welche WLAN-Netzwerke in Ihrem aktuellen Umkreis verfügbar sind. Übertragen Sie den angegebenen SSID-Namen in das Formular und, sofern ein Passwort eingetragen werden muss, aktivieren Sie das Tab »Drahtlos-Sicherheit« und geben das Passwort ein. Zur Kontrolle lässt sich auch das Passwort anzeigen.

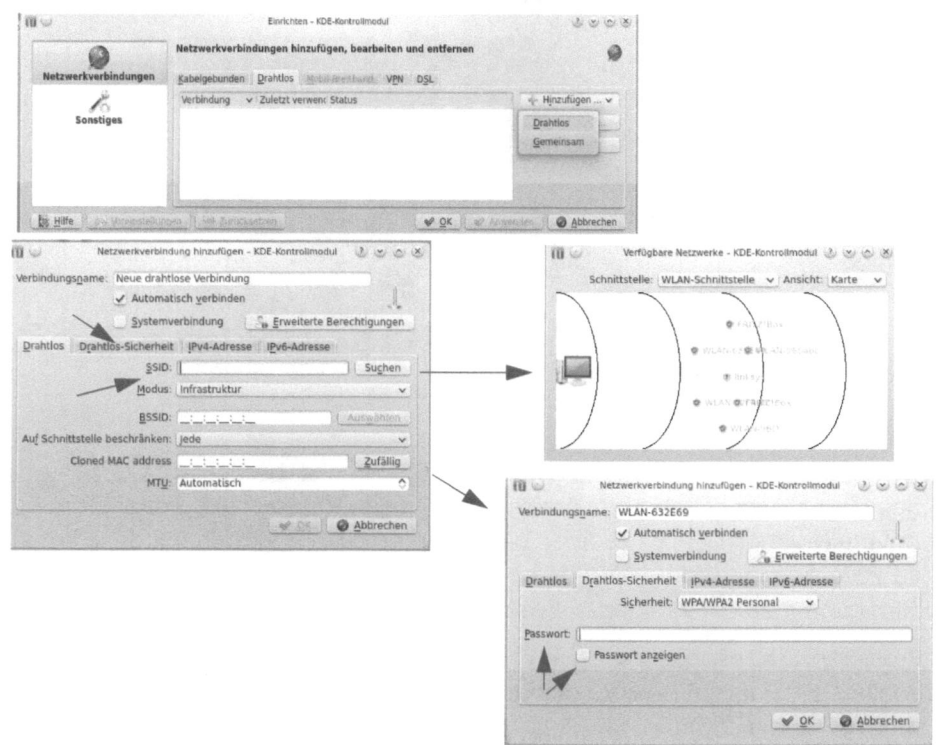

Abb. 6.31 *Beispiel: Neue WLAN-Verbindung hinzufügen*

Zwar gibt es verschiedene Verschlüsselungsmethoden für die Übertragung, doch meist handelt es sich um eine WPA2-Verschlüsselung. Die WAP-Verschlüsselung sollte man wegen gravierender Sicherheitsmängel meiden.

Mit OK wird die Verbindung gespeichert und aufgebaut. Wie in Abb. 6.30 zu sehen ist, erscheint ein kurzer Hinweis, dass die Verbindung aufgebaut wird (*WLAN-Schnittstelle wird bezogen – verbunden mit ...*). In der Symbolleiste erscheint nun dasentsprechende Zeichen (WLAN-Verbindung aktiv), d.h., Sie sind mit dem Internet verbunden.

6.5.2 Einrichten eines Netzwerks über ifup

Bevor wir unser Netzwerk mit *ifup* einrichten, müssen wir **smpppd** und **qinter-net** installieren (*YaST → Software → Software installieren oder löschen*). Wir suchen nach *smpppd* und kreuzen die gefundene Zeile an. Über *Akzeptieren* wird die Software heruntergeladen und installiert (s. Abb. 6.32). Ebenso verfahren wir mit *qinternet* (in früheren Versionen *kinternet*).

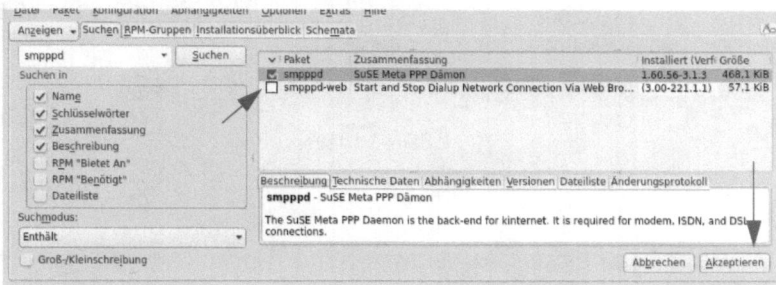

Abb. 6.32 *Nachinstallieren von smpppd*

Im Kapitel 6.8 (*Nachinstallieren von Software*) werden wir detaillierter auf die Auswahl und notwendige Voreinstellung eingehen.

Unser Netzwerk für die nachfolgenden Beispiele besteht aus einem PC (Name *Jogyli*, auf dem ebenfalls OpenSUSE installiert ist) und einem Laptop (Name unter Windows; *Cajuam*), auf dem neben OpenSUSE (*Cajuli*) Windows XP* läuft. In unserem Beispiel gibt es zusätzlich eine ISDN-Telefonverbindung und ein DSL-Speedmodem, das über Kabelverbindung die Leitung ins Internet ermöglicht. Das DSL-Speedmodem könnte auch mit einem WLAN-Router integriert sein. Um mehrere Rechner miteinander zu verbinden, ist ein **Switch** zwischengeschaltet, der Daten logisch an die verschiedenen IP-Adressen weiterleitet, also ein Gerät, das die Kommunikation zwischen Computern steuert. Durch die Anbindung an das Telefonnetz kann mit diesem Netzwerk auch ins Internet gegangen werden.

Viele Router/Modems erlauben auch den Anschluss mehrerer Rechner, so dass ein Switch bei kleinen Netzen entfallen könnte.

---

* Auch unter Windows 7 sind die beschriebenen Einstellungen ähnlich vorzunehmen.   455

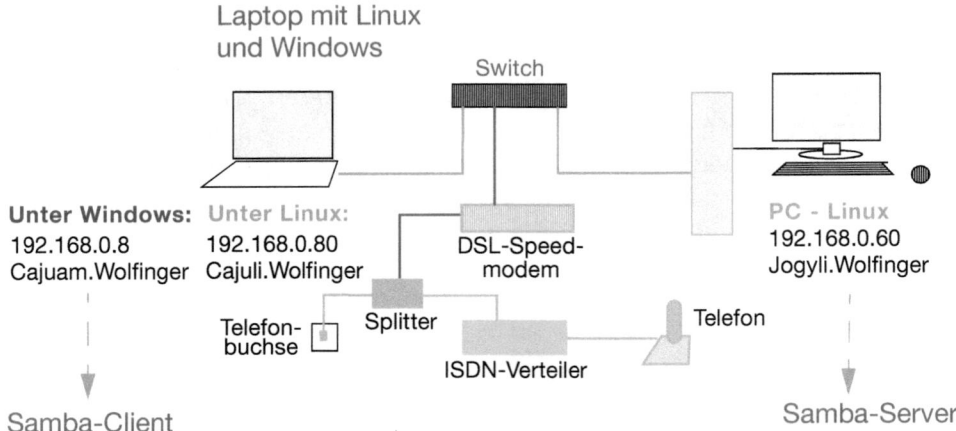

Abb. 6.33 *Beispiel eines kleines Netzwerks mit Windows- und Linux-Rechner*

Unter Windows wurde die IP-Nummer 192.168.0.8 vergeben. Sie erhalten die Einstellungen hierfür über Programm-Startknopf → *Netzwerkumgebung* → *Netzwerkverbindungen anzeigen* (auf der linken Seite), dann links *LAN-Verbindung* doppelklicken, hier auf *Eigenschaften* klicken; Internetverbindung TCP/IP auswählen und hier wieder *Eigenschaften* klicken – dann bekommen Sie die Maske für den Eintrag der IP-Nummer und der Subnetzmaske (s. Abb. 6.34):

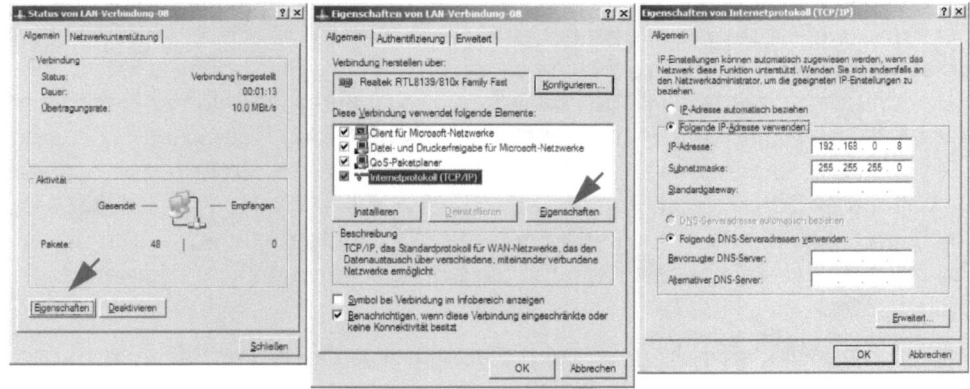

Abb. 6.34 *Einrichten der Netzwerkkarten unter Windows*

Um die Verbindungen in einem internen Netzwerk ohne Firewall zu ermöglichen, müssen die IP-Nummern im gleichen Nummernkreis liegen (wie im Kapitel 3.6.1 auf Seite 234 behandelt). Um den Namen und die Arbeitsgruppe unter Windows zu vergeben, wählen Sie unter *Systemsteuerung* → *System* aus und dort den Tab *Systemname* (s. Abb. 6.35).

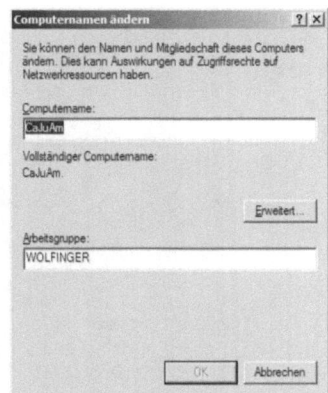

Abb. 6.35 *Zuweisung von Namen/Arbeitsgruppe unter Windows*

Um die Einstellungen unter Linux vorzunehmen, schalten wir unter *Netzwerkein-stellungen* auf *ifup* um, denn hier ist es einfacher, die Netzwerkgeräte zu konfi-gurieren (*YaST → Netzwerkgeräte → Netzwerkeinstellungen, s. Abb. 6.36*). In unserem Beispiel haben wir die IP-Nummer 192.168.0.60, als Subnetzmaske 255.255.255.0 und als Hostname ist *Jogyli* angegeben. Die Subnetzmaske wird dann in die modernere Schreibweise mit 24 umgewandelt.

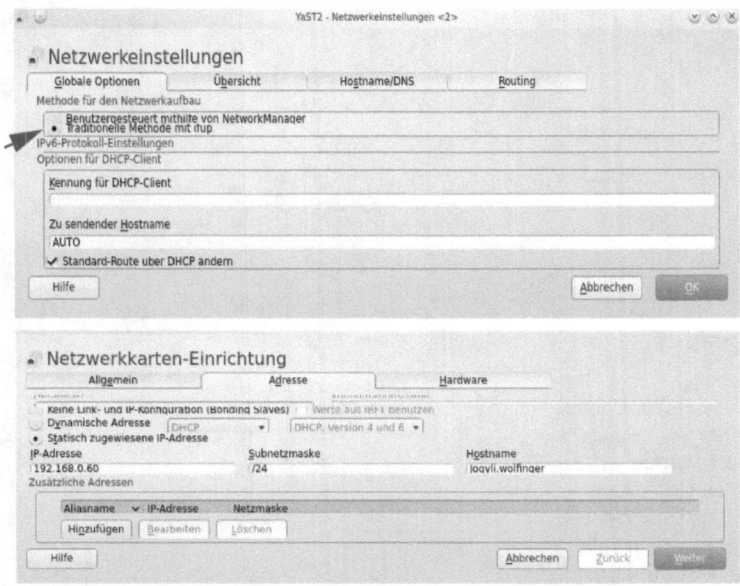

Abb. 6.36 *Einrichten der Netzwerkgeräte über ifup*

Unser Netzwerk ist somit eingerichtet. Sollte auf *Jogyli* kein WLAN vorhanden sein, würde man hier die Installation von DSL ebenfalls über *ifup* einrichten. Die einzelnen Schritte sehen Sie in Abb. 6.37:

YaST → *Netzwerkgeräte*
        → *DSL*
        → Hinzufügen

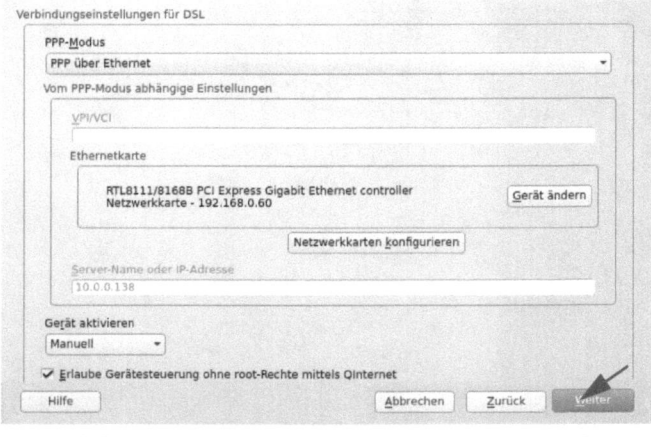

Default-Einstellung
übernehmen

Land und
Provider auswählen

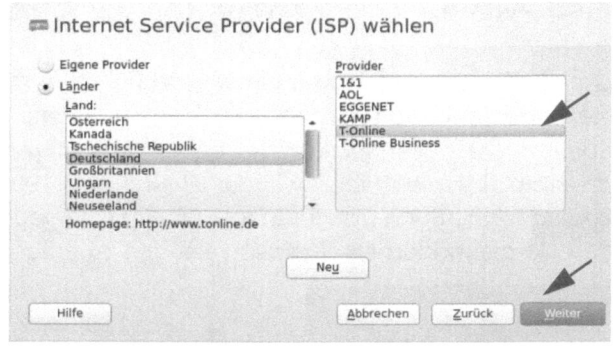

Eintrag der
persönlichen Daten

(Die Angaben sind
geändert)

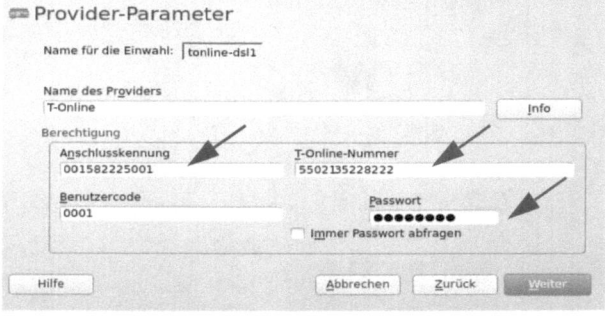

Über Verbindungsparameter
können die Voreinstellungen
übernommen werden
und zusätzlich eine max.
Sekundenanzahl eingestellt
werden, um bei Inaktivität die
Verbindung ins Internet zu
beenden

Mit *Weiter* wird die Konfiguration abgeschlossen

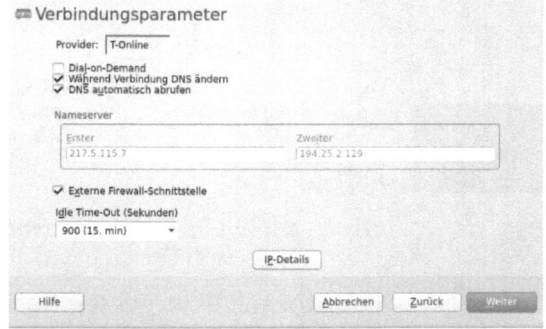

Abb. 6.37 *Einrichtung einer DSL-Verbindung mit ifup*

Um ins Internet zu kommen, Starten Sie *qinternet* mit *Programmstart → Internet → Einwahl (qinternet Internet-Einwahl)*. In der Symbolleiste erscheint nun ein kleiner Stecker, über den wir mit der rechten Maustaste die Einstellungen ansehen können. Mit der linken Maustaste starten wir *Einwählen* und die Verbindung ins Internet wird aufgebaut. Sobald die Verbindung steht, ändert sich das Symbol in einen geschlossenen Doppelstecker (s. Abb. 6.38):

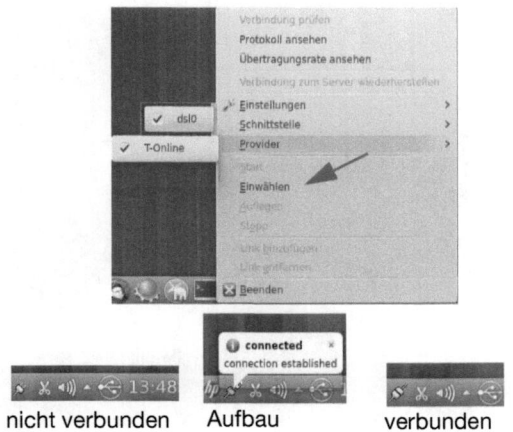

nicht verbunden   Aufbau   verbunden

***Abb. 6.38** qinternet – Symbol und Informationen*

Gut, unsere Verbindungen sowohl auf dem Laptop als auch am PC stehen. Auf dem Laptop, das mit WLAN und über *knetworkmanager* arbeitet, können wir die Online-Aktualisierung vornehmen. Hierzu starten wir wieder den YaST.

6.6 Der YaST

Wie bei der Einführung schon darauf hingewiesen, ist der YaST (*yet another setup tool*) eine Sammlung von benutzerfreundlichen, sicheren Tools, die dem Systemverwalter die Arbeit nicht nur erleichtern, sondern helfen, Fehler zu vermeiden. In Abb. 6.39 sehen Sie das Innenleben von dem »gut bestückten Werkzeugkasten«. Wir werden im Laufe dieses Kapitels immer wieder bestimmte Tools verwenden und diese dann eingehender ansehen. Schon im ersten Fach finden wir die Online-Aktualisierung.

Abb. 6.39 *YaST – ein gut bestückter Werkzeugkasten*

6.7 Online-Aktualisierung

Starten wir also: *YaST → Software → Online-Aktualisierung* (s. Abb. 6.39). Es dauert ein wenig, bis die Repositories (die Datenbank der auf dem Rechner installierten Software mit den Quellenangaben) abgestimmt sind (s. Abb. 6.40).

Wenn Sie die angezeigten Patches akzeptieren, werden sie heruntergeladen und aktualisiert. Manchmal muss der Rechner daraufhin neu gestartet werden.

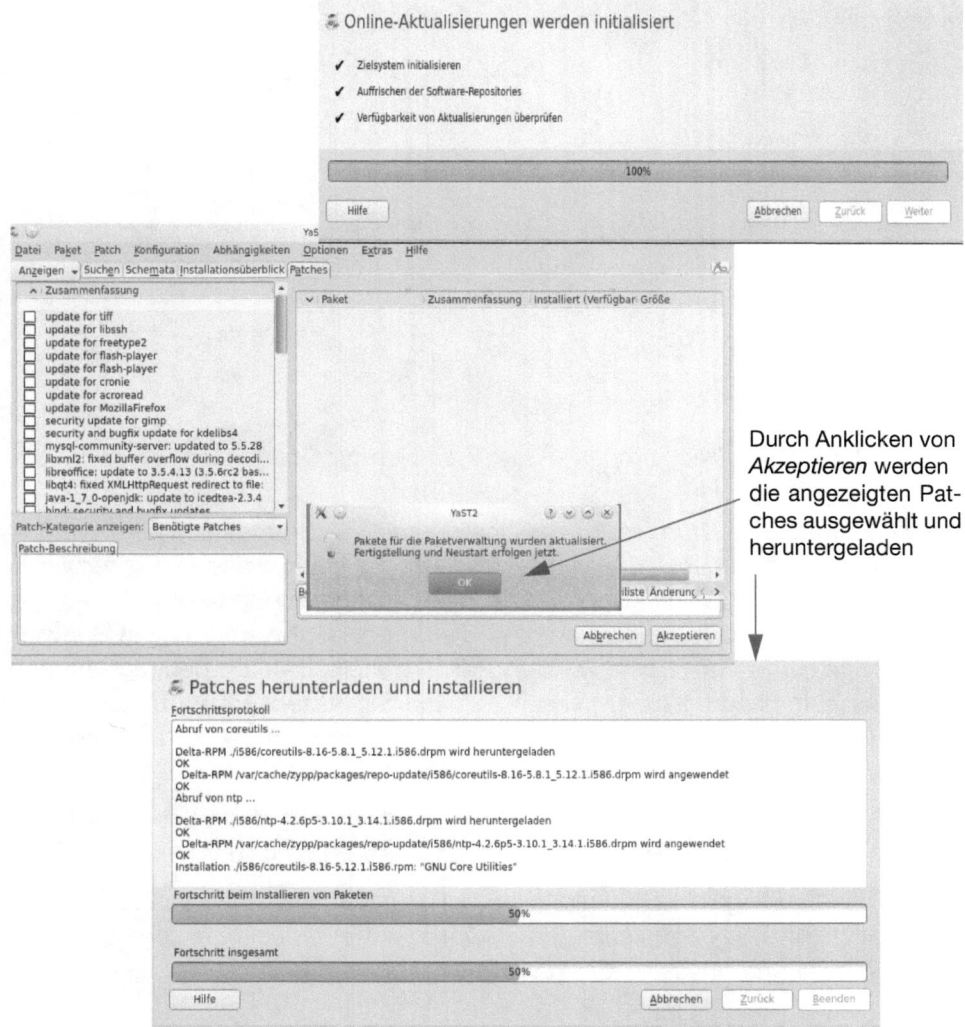

Durch Anklicken von *Akzeptieren* werden die angezeigten Patches ausgewählt und heruntergeladen

Abb. 6.40 *Online-Aktualisierung*

6.8 Nachinstallieren von Software

Um Software nachzuinstallieren, gibt es mehrere Möglichkeiten, wie z.B. über das Kommando *rpm* Pakete zu installieren, wir wollen uns aber die noch einfachere und sichere Methode über YaST ansehen, die wir bereits für *smpppd* und *qinternet* genutzt haben. Nach der Installation ist voreingestellt, dass Sie jeweils die aktuelle Software direkt von OpenSUSE herunterladen.

Um Software nachzuinstallieren oder zu löschen, werden die Repositories (Softwarenachweis und Quelle der Pakete) untersucht. Unter dem Punkt *Repositories* sollten Sie vorab kontrollieren, welche Quellen aktiviert sind (s. Abb. 6.41):

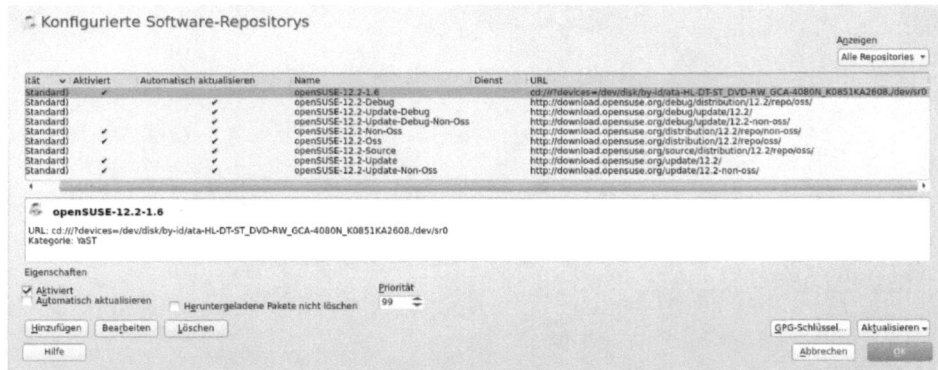

Abb. 6.41 *Repositories – Quelle aktiviert für Online-OpenSUSE*

Wenn Sie nun z.B. *Thunderbird* nachinstallieren möchten, starten Sie *YaST* → *Software* → *Software installieren oder löschen* und suchen nach *Thunderbird* (s. Abb. 6.42). Auf der rechten Seite werden alle gefundenen Softwarepakete angezeit, die *Thunderbird* betreffen. Wählen Sie nun die Software aus, die Sie wünschen. Sollten zu dem ausgewählten Paket weitere Dateien benötigt werden, wird dies automatisch mit angezeigt. Klicken Sie *Akzeptieren* an, werden alle ausgewählten Pakete auf Ihren Rechner heruntergeladen und ordnungsgemäß installiert.

Wie bei der Installation können Sie, statt nach einem Begriff zu suchen, Software auch nach Schemata auflisten lassen (z.B. GNOME-Desktop, s. Abb. 6.43).

Wollen Sie allerdings die Software nicht online nachinstallieren, sondern von Ihrer Installations-DVD, dann müssten Sie vorab unter *Repositories* jene Zeilen mit *http://download/opensuse...* deaktivieren (s. Abb. 6.44).

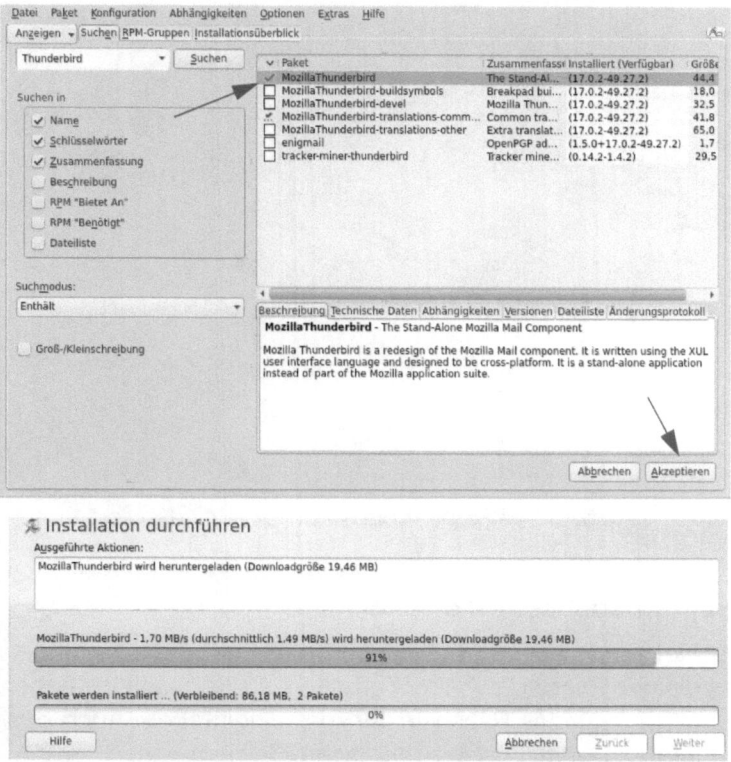

Abb. 6.42 *Beispiel – Nachinstallation von Thunderbird*

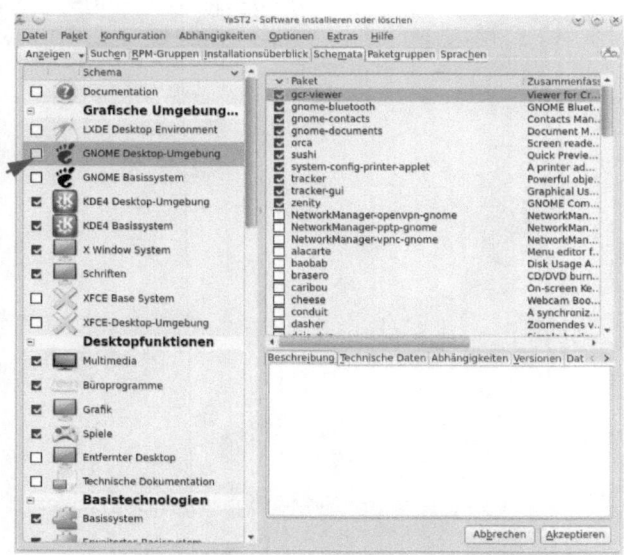

Abb. 6.43 *Softwareauswahl nach Schemata*

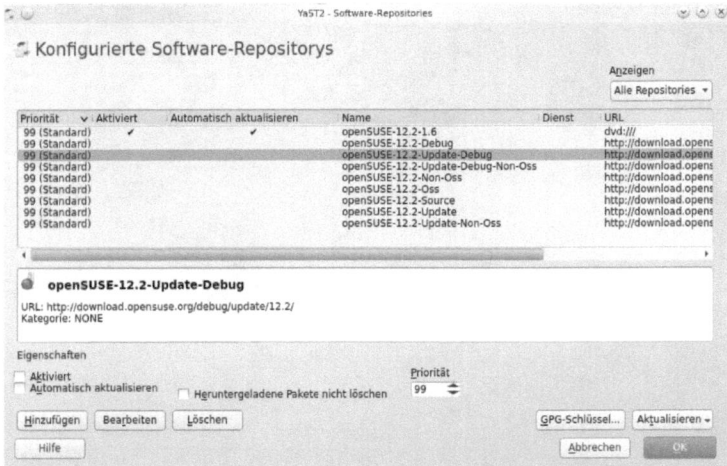

Abb. 6.44 *Repositories nur für DVD aktiviert*

6.9 Einrichten von Benutzern

Bei OpenSUSE wurde bei der Installation bereits ein Benutzer angelegt, der zu Beginn das gleiche Passwort wie root erhalten würde. Doch wir haben bei unserer Installation ein eigenes Passwort für *root* eingetragen. Auch das automatische Login für den Benutzer haben wir nicht übernommen.

Sollten Sie bei Ihrer Installation evtl. das automatische Login übernommen haben, können Sie es unter *Startmenü → Systemeinstellungen → Systemverwaltung → Anmeldebildschirm* entsprechend deaktivieren. (s. Abb. 6.45):

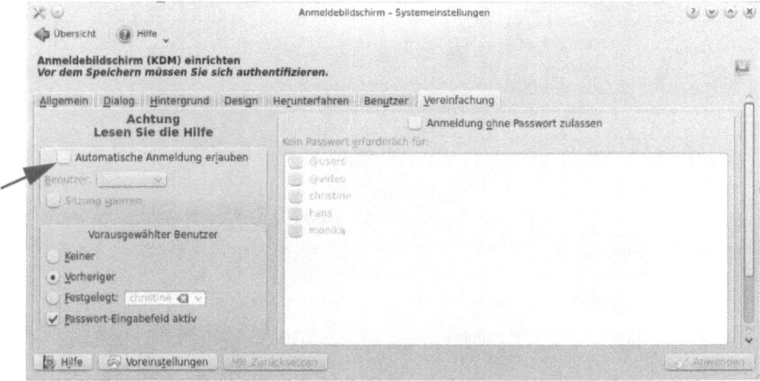

Abb. 6.45 *Automatisches Anmelden deaktivieren*

Um eventuell weitere Benutzer anzulegen, rufen Sie *YaST → Sicherheit und Benutzer → Benutzer- und Gruppenverwaltung* auf und wählen unter Benutzer *Hinzufügen* aus (s. Abb. 6.46):

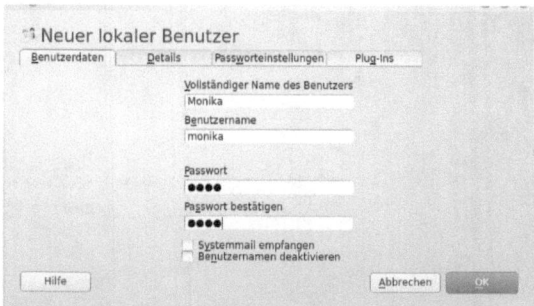

Abb. 6.46 Neuen Benutzer anlegen

Automatisch werden alle notwendigen Verzeichnisse und Dateien erstellt. Damit sich der Benutzer/die Benutzerin auch anmelden kann, müssen Sie ihm/ihr als *root* erstmals ein Passwort vergeben.

6.10 Bereitstellen und Verwalten von Druckern

Den Benutzern stehen nun jene Programme zur Verfügung, die wir installiert haben. Sie dürfen auch ins Internet, über Thunderbird E-Mails versenden oder über *LibreOffice* Testdateien oder Briefe erstellen. Doch Briefe haben nur dann einen Sinn, wenn man sie auch ausdrucken kann. Auch manche Informationen aus dem Internet will man ab und zu in gedruckter Form. Hier gleich ein Tipp: Wenn Sie bei Internetseiten nur das Wesentliche ausgedruckt haben möchten, markieren Sie den Bereich, kopieren ihn und übernehmen die gespeicherte Information in ein LibreOffice-Textdokument. Dieses drucken Sie dann aus und reduzieren so unnötigen Papierverbrauch. Bei Texten genügt es sogar, den Text mit der linken Maustaste zu markieren, die LibreOffice-Textverarbeitung aufzurufen und dort mit der rechten Maustaste den Text einzufügen.

Doch wie schließen Sie Ihre Drucker an und wie verwalten Sie die Druckaufträge?

6.10.1 Drucker einrichten

Viele Drucker sind über USB anzuschließen. Hängen Sie Ihren USB-Drucker auf einer freien USB-Schnittstelle ein und schalten Sie den Drucker an. Dann lässt sich die Konfiguration schnell durchführen. Linux bietet an, Drucker entweder über YaST oder über **CUPS** (**C**ommon **U**nix **P**rinting **S**ystem) einzurichten. Beides lässt sich gut bedienen. Wir kommen später auf *CUPS* zurück und richten nun die Drucker mit *YaST* ein.

Über *YaST* → *Hardware* → *Drucker* wählen Sie in dem Fenster *Hinzufügen* aus und es wird nach vorhandenen (angeschlossenen) Druckern gesucht (s. Abb. 6.47):

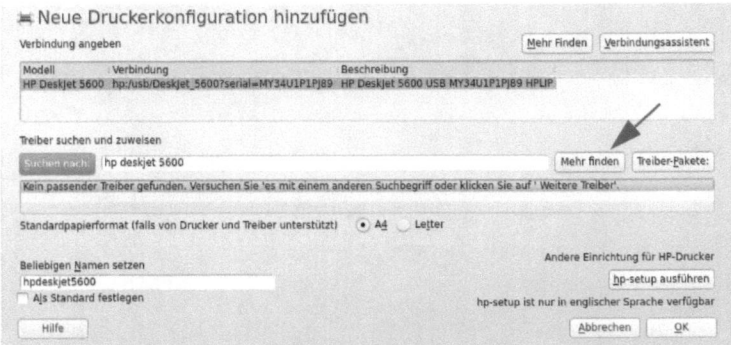

Abb. 6.47 *Neuen Drucker hinzufügen*

Sollte kein passender Treiber dazu gefunden werden, klicken Sie auf *Mehr finden* und wählen Sie zuerst die Herstellerfirma, danach können Sie in einer Liste nach Ihrem Durckermodell suchen (s. Abb. 6.48):

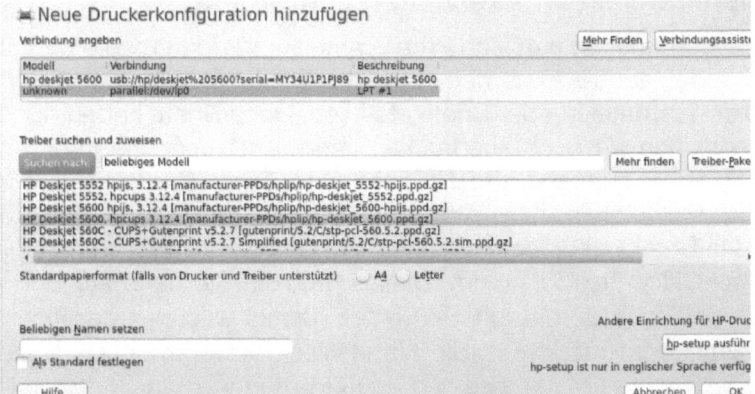

Abb. 6.48 *Auswahl der Druckertreiber nach Hersteller und Modell*

Vergeben Sie noch einen Namen, mit dem Sie den Drucker zuordnen (in diesem Namen dürfen nur Buchstaben und Ziffern enthalten sein, keine Leer- und Sonderzeichen). Um sicherzugehen, dass der Drucker funktioniert, sollten Sie eine Testseite ausdrucken. Bei HP-Druckern ist die bessere Methode, die Konfiguration über das *hp-setup* auszuführen, da hier alle Eigenschaften des Druckers berücksichtigt werden (s. Abb. 6.49).

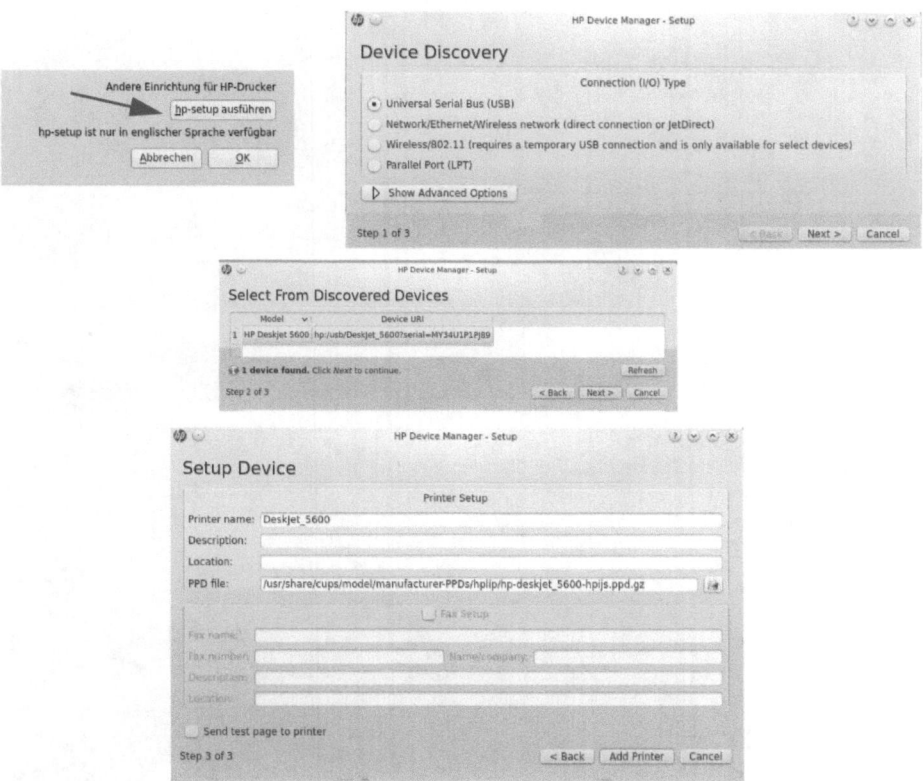

Abb. 6.49 *Einrichten eines USB-HP-Druckers über hp-setup*

Etwas schwieriger wird es, wenn Sie einen Drucker über Ethernet anschließen. Hier hilft der Verbindungsassistent. Der Drucker sollte als IP-Adresse eine Nummer innerhalb des internen Netzes haben (in unserem Beispiel von 192.168.0.1 – 192.168.0.254). Wir haben im Setup des Druckers die IP-Nummer 192.168.0.99 vergeben. Das Druckermodell wird über den Firmennamen (in unserem Beispiel Lexmark) ausgesucht. Über *Verbindung testen* sollte ein »Test OK« kommen. Mit OK geht es zur Auswahl des Modells. Danach werden die Konfigurationsdaten aktualisiert. Beim Ausdruck einer Testseite zeigt sich dann, ob der Drucker richtig funktioniert (s. Abb. 6.50).

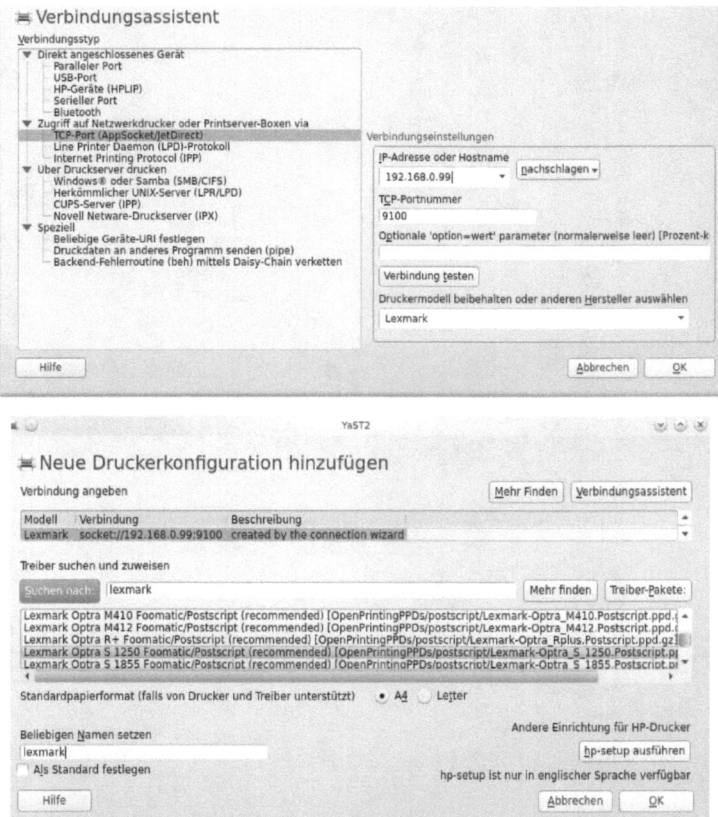

Abb. 6.50 *Beispiel: Druckereinrichtung über Ethernet-Anschluss (Lexmark)*

6.10.2 Verwalten von Druckern über CUPS

CUPS lässt sich auf zwei verschiedene Arten starten: über das *Startmenü* →
System → *Konfiguration* → *Druckerverwaltung* oder über einen Browser, z. B.
Firefox: *localhost:631*. In beiden Fällen bekommen Sie das Steuerungspro-
gramm webbasierend – also in einem Browser – angezeigt. Wenn Sie bei der
Startseite den Tab *Drucker* auswählen, finden Sie unsere beiden unter YaST in-
stallierten Drucker (s. Abb. 6.51):

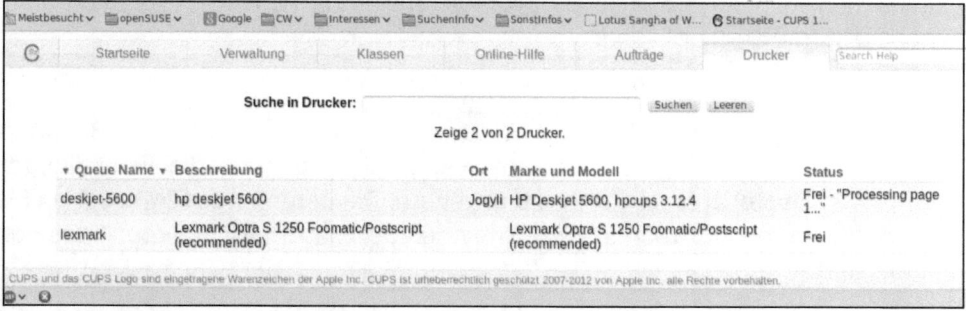

Abb. 6.51 *Druckerverwaltung unter CUPS*

Klicken Sie auf den Namen eines Druckers, erhalten Sie detaillierte Informationen. Unter dem Tab *Aufträge* werden die noch ausstehenden, nach Drucker sortierten Aufträge angezeigt. Hier können Aufträge entweder auf einen anderen Drucker verschoben oder gelöscht werden (s. Abb. 6.52):

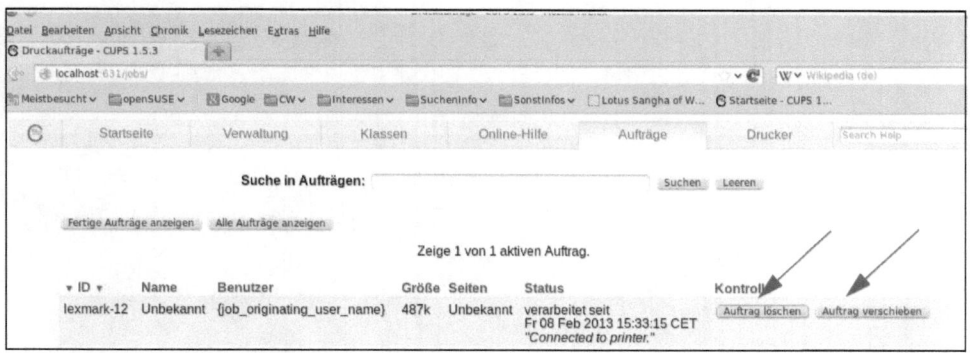

Abb. 6.52 *CUPS – Verwalten der Druckaufträge*

Wie im Kapitel 3.4.5 (*Ausdruck von Dateien*) schon erwähnt, müssen Sie autorisiert sein, um Arbeiten in *CUPS* auszuführen, auch für *root* muss zusätzlich mit dem Kommando *lppasswd -a* das Passwort für *CUPS* eingegeben werden.

Unter *Verwaltung* könnten Sie hier ebenfalls neue Drucker hinzufügen. Die Einrichtung wird über Menü geführt und bietet mehr Einstellungen als unter YaST.

6.11 Verbindung zu Windows

Wenn wir auf unserem Rechner sowohl Windows als auch Linux installiert haben, ist es von Linux aus sehr einfach, auf die Datenbestände von Windows zuzugreifen. Sie müssen lediglich die Partition mit den Windows-Daten in ein Mount-Verzeichnis einbinden.

Wenn wir mehrere Rechner (z. B. Windows- und Linux-Rechner) in einem hausinternen Netz betreiben möchten (s. Abb. 6.33 auf Seite 456), um z. B. Daten auszutauschen, gibt es das freie Softwarepaket *Samba* (*s.* 6.12), das auch unter OpenSUSE mit angeboten wird.

Zugriff auf Windows-Dateien im selben Rechner

Wenn Sie temporär von Linux auf Windows-Dateien Ihres aktuellen Rechners zugreifen wollen, genügt es, über die Geräteüberwachung die Einstellungen (rechte Maustaste) auf *Alle Geräte* zu erweitern. Die betreffende Platte öffnen Sie über das Symbol ganz rechts. Zum Einbinden der Platte wird das *root*-Passwort angefordert.

Danach können Sie bereits auf die Daten der eingebundenen Platte unter */media/Name_der_Platte** mit einem Dateimanager (z. B. *Dolphin*) zugreifen (s. Abb. 6.53):

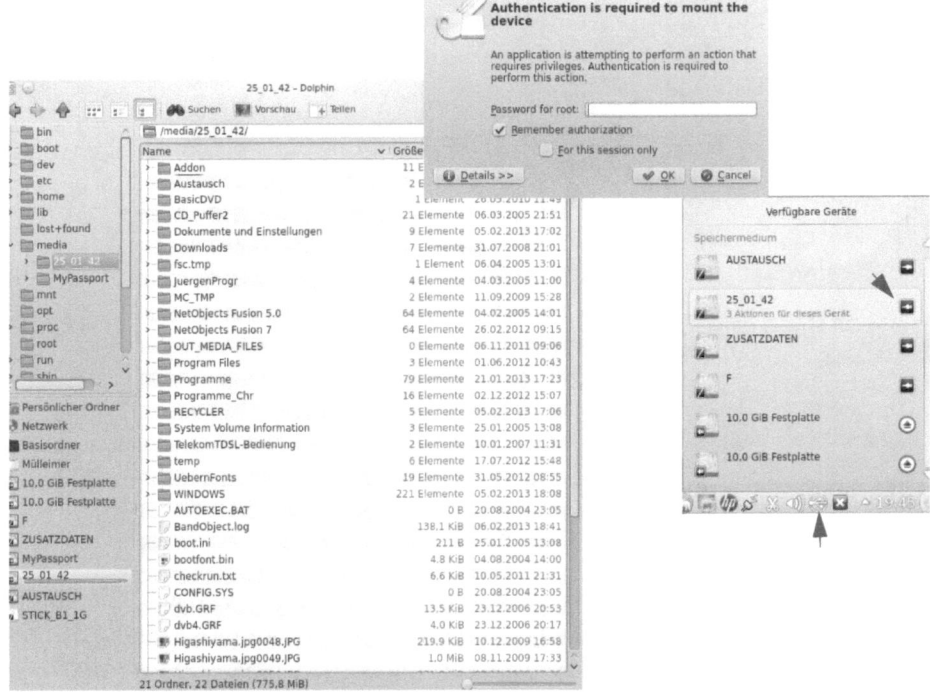

Abb. 6.53 *Temporäre Einbindung einer Windows-Partition*

Obwohl es möglich ist, Linux-Daten auf Windows-Partitionen (unter dem Dateisystem *FAT*32 und *NTFS*) zu schreiben, sei darauf hingewiesen, dass unter Umständen ein Plattencheck beim nächsten Start von Windows die Folge sein kann. Dateien auf Windows-Partitionen können Sie aber in Ihr Linux-System kopieren und/oder mit einem Linux-Programm (zum Lesen) öffnen.

---

* Ab OpenSUSE 12.3 unter /var/run/media/*Benutzername/Gerätenamen*

Von Windows ist es allerdings auf diese Weise nicht möglich, auf Partitionen von Linux zuzugreifen. (Siehe hierzu auch Abb. 6.18 auf Seite 444, wo bei der Gegenüberstellung der Partitionen unter Windows die Linux-Partitionen als *unbekannt* gekennzeichnet sind.) Im Kapitel 6.12 (Samba – Verbindung zu Windows) erfahren Sie, wie der Austausch zwischen Windows und Linux von beiden Seiten im Netz erfolgen kann.

Doch bleiben wir bei unserem Rechner, auf dem wir sowohl Windows als auch Linux installiert haben. Wenn Sie unter Linux stets auf die Windows-Partitionen zugreifen wollen, rufen Sie *YaST → System → Partitionierer* auf. Sie werden zwar gewarnt, dieses Programm nur dann zu nutzen, wenn Sie damit vertraut sind, doch solange Sie keine Formatierung starten, Größen ändern oder dergleichen, dürfen Sie natürlich damit arbeiten. Sie erhalten einen Überblick über alle auf dem Rechner vorhandenen Plattenbereiche. Per Doppelklick können Sie zusätzliche Informationen über jene Windows-Partition erhalten, die Sie einbinden möchten. Über *Bearbeiten* hängen Sie diese Partition auf ein von Ihnen frei zu vergebendes Directory ein. Hierzu geben Sie lediglich einen Pfadnamen an (in unserem Beispiel */windows*, s. Abb. 6.54 und Abb. 6.55). Sollte das Directory noch nicht vorhanden sein, wird es automatisch angelegt.

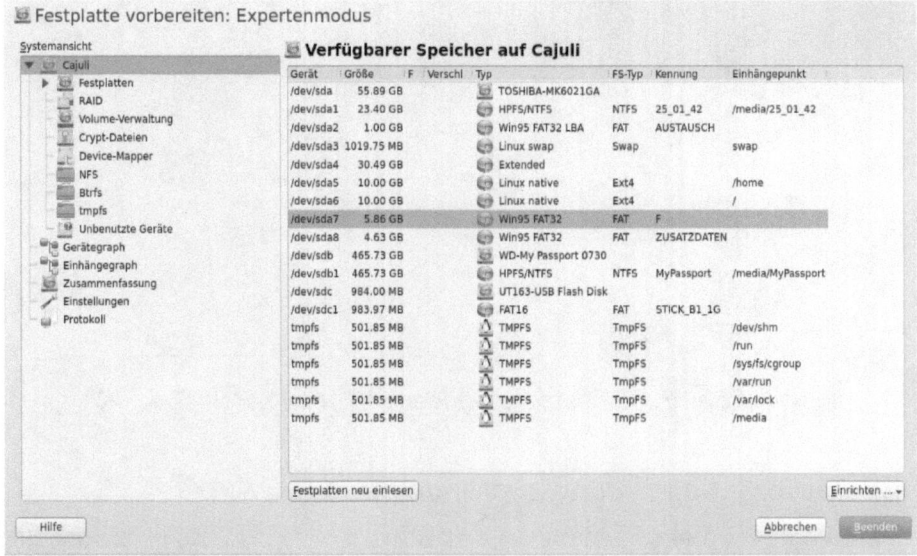

Per Doppelklick erhalten Sie Informationen über die ausgewählte Partition

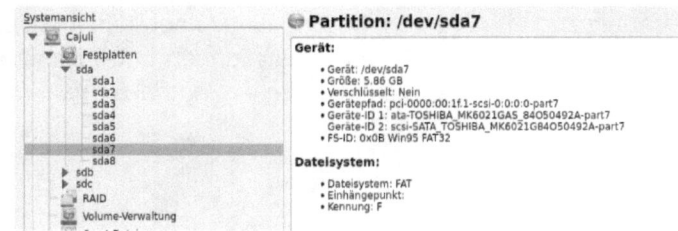

Abb. 6.54 *Anzeige der Partitionen über YaST → System → Partitionierer*

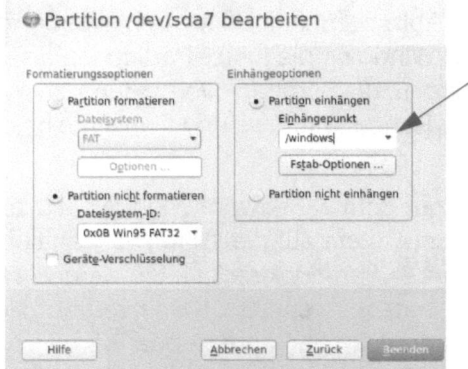

Über Bearbeiten können Sie nun die entsprechende Partition einhängen (hier als Beispiel /windows). Falls das Directory noch nicht existiert, wird es angelegt

Abb. 6.55 *Einbinden von Windows-Partitionen in den Linux-Dateibaum*

Mit *Beenden* bestätigen Sie die Aktion und wenn Sie nun einen Dateimanager (*Dolphin* oder *Konqueror*) aufrufen, werden Sie unter */windows* bereits die Daten der Windows-Partition angezeigt bekommen (s. Abb. 6.56).

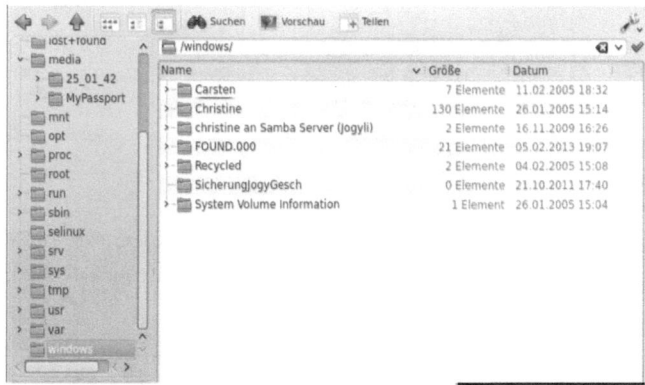

Abb. 6.56 *Festeingebundene Windows-Partition*

6.12 Samba – Verbindung zu Windows

Um mit Samba* arbeiten zu können, hatten wir uns ein kleines Netzwerk einge-richtet (s. Abb. 6.33 auf Seite 456). Um nun direkt auf Dateien des anderen Rechners zugreifen zu können (von Linux nach Windows und von Windows nach Linux), sind nur noch ein paar Einstellungen unter Samba vorzunehmen. Rufen Sie hierfür *YaST* → *Netzwerkdienste* → *Samba-Server auf* (s. Abb. 6.57):

---

* Samba stellt das Server-Message-Block-Protokoll (SMB) Unix-Systemen zur Verfügung

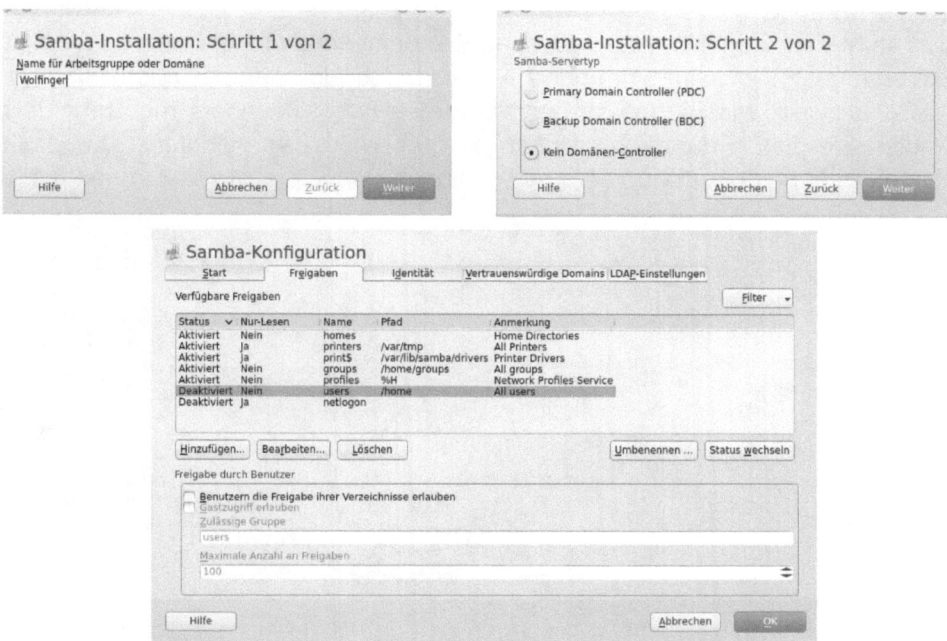

Abb. 6.57 *Einrichtung des Samba-Servers*

Diese Schnellinstallation sollte bereits ausreichen, um Windows- und Linux-Rechner miteinander zu verbinden*. Damit Benutzer sich von Windows aus anmelden können, muss lediglich das Passwort speziell für Samba noch eingerichtet werden. Dies erfolgt unter der *root* mit dem Kommando *smbpasswd -a* (s. Abb. 6.58):

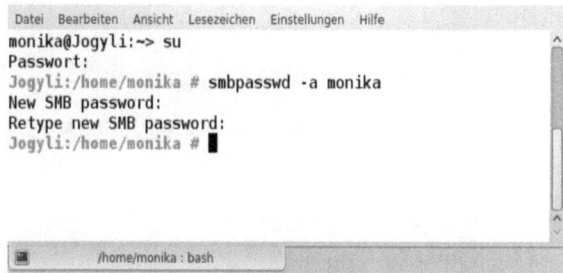

Abb. 6.58 *Passworteintrag für Samba-Benutzer unter Linux*

---

* Evtl. müssten in der Firewall sowohl auf Windows als auch auf Linux-Seite u. U. die interne Zone gekennzeichnet werden bzw. die betreffenden Rechner freigeschaltet werden.

6.12.1 Zugriff von Windows auf Linux-Dateien über Samba

Nun steht dem Zugriff von Windows auf Linux im Netz nichts mehr im Weg. Im Explorer unter *Netzwerkumgebung* → *Gesamtes Netzwerk* → *Microsoft Windows Netzwerk* wird nun auch der Name des Linux-Rechners mit aufgeführt. Wählen Sie diesen aus, kommt nach einiger Zeit ein Anmeldefenster und Sie können sich mit dem Benutzernamen (in unserem Beispiel *monika*) anmelden (s. Abb. 6.59):

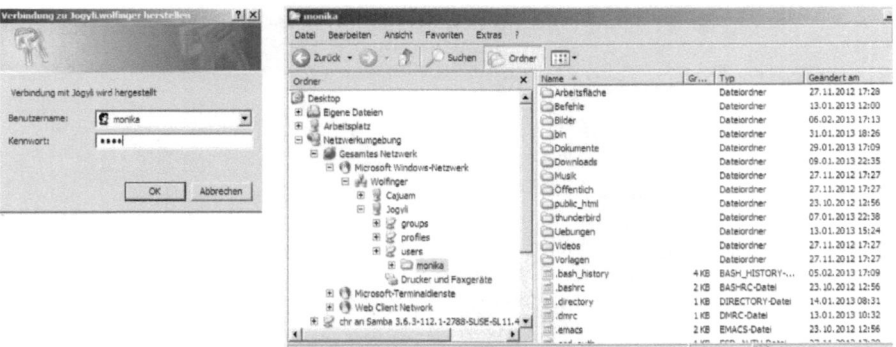

Abb. 6.59 *Anmeldung und Zugriff von Windows auf Linux*

Um vom Linux-Rechner auf den Windows-Rechner zuzugreifen, können Sie den Dateimanager (*Dolphin* oder *Konqueror*) nutzen (s. Abb. 6.60):

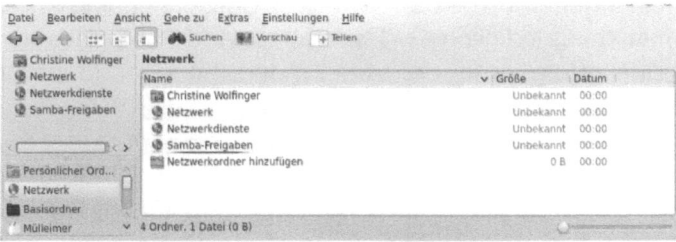

Abb. 6.60 *Zugriff vom Linux-Rechner auf einen Windows-Rechner*

6.13 Systemüberwachung

In diesem Unterkapitel sollen ein paar Tools vorgestellt werden, die es Ihnen ermöglichen, evtl. Fehler schnell aufzufinden. Einige Programme haben wir bereits kennengelernt, die uns Auskunft über das System geben, z. B. unter Konqueror den Arbeitsplatz mit Angaben der freien Plattenkapazität oder unter YaST den Partitionierer, der alle Plattenbereiche auflistet. Über das Kommando *ps* oder *top* konnten wir uns alle oder nur bestimmte Prozesse anzeigen lassen. In Abb. 6.61 sehen Sie hierzu ein grafisches Tool.

6.13.1 Der Systemmonitor

Unter KDE gibt es den Systemmonitor, um Prozesse zu verwalten und zu kontrollieren. Es können wahlweise *alle* Prozesse, *Benutzerprozesse, eigene Prozesse* oder alle *Systemprozesse* aufgelistet werden. Außerdem wird auch die Auslastung des Systems in einem weiteren Tab angezeigt (s. Abb. 6.61). Sie erhalten dieses Programm über das *Startmenü* → *System* → *Überwachung* → *Systemmonitor:*

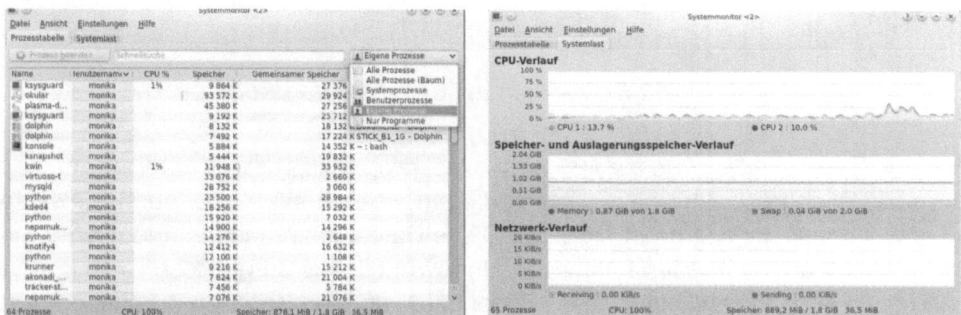

Abb. 6.61 *Prozesstabelle und Auslastung des Systems*

Die Auswahl der angezeigten Spalten können Sie über das Rechtemausmenü verändern, zusätzliche Spalten hinzufügen oder vorhandene entfernen. Klicken Sie auf eine der Spaltenüberschriften, werden die Prozesse danach sortiert. Wenn Sie eine Zeile auswählen, so können Sie diesen Prozess beenden (bzw. ein entsprechendes Signal senden), sofern Sie dazu berechtigt sind, oder sich weitere Details anzeigen lassen (s. Abb. 6.62):

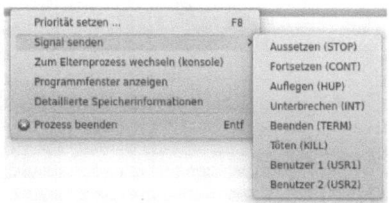

Abb. 6.62 *Auswahl für die Steuerung der Prozesse*

6.13.2 Die Systemprotokolle

Schon beim Starten eines Rechners könnten Fehler auftreten. Ich empfehle grundsätzlich den Start mitzuverfolgen. Statt auf den beruhigend wirkenden grünen Startbildschirm zu sehen, können Sie die ESC-Taste drücken und bekommen sämtliche Vorgänge am Bildschirm angezeigt. Aber auch in Nachhinein lässt sich über */var/log/boot.log* das Protokoll ansehen. In Abb. 6.63 sind mit *head* nur die ersten 10 Zeilen angezeigt.

```
Datei  Bearbeiten  Ansicht  Lesezeichen  Einstellungen  Hilfe
Cajuli:/var/log # head boot.log
Trying manual resume from /dev/disk/by-id/ata-TOSHIBA_MK6021GAS_84050492A-part3
Invoking userspace resume from /dev/disk/by-id/ata-TOSHIBA_MK6021GAS_84050492A-part3
resume: libgcrypt version: 1.5.0
Trying manual resume from /dev/disk/by-id/ata-TOSHIBA_MK6021GAS_84050492A-part3
Invoking in-kernel resume from /dev/disk/by-id/ata-TOSHIBA_MK6021GAS_84050492A-part3
Waiting for device /dev/root to appear:  ok
fsck from util-linux 2.21.2
[/sbin/fsck.ext4 (1) -- /] fsck.ext4 -a /dev/sda6
/dev/sda6: clean, 155851/655360 files, 1227552/2620595 blocks
fsck succeeded. Mounting root device read-write.
Cajuli:/var/log # 
                                       /var/log : bash
```

Abb. 6.63 *Boot-Protokoll unter /var/log/boot.log*

In der Datei */var/log/messages* wird alles protokolliert, was interessant sein könnte. Wichtig sind hier evtl. Fehler, die aufgetreten sind, aber auch Hinweise, wer wann als *root* (*su*) gearbeitet hat. Diese Datei sollte man hin und wieder mal durchzusehen – auf jeden Fall, wenn Ungewöhnliches aufgetreten ist. Mit *more* und *grep* oder mit *awk* kann diese Datei nach eigenen Kriterien durchsucht und neu aufbereitet werden. In Abb. 6.64 sind nur die letzten Zeilen mit *tail* aufgelistet.

```
Datei  Bearbeiten  Ansicht  Lesezeichen  Einstellungen  Hilfe
Cajuli:/var/log # tail messages
Feb  6 15:29:56 Cajuli udev-configure-printer: Failed to get parent
Feb  6 15:29:56 Cajuli kernel: [ 9097.430500] lp: driver loaded but no devices found
Feb  6 15:29:56 Cajuli kernel: [ 9097.487970] ppdev: user-space parallel port driver
Feb  6 15:31:42 Cajuli dhclient[9794]: send_packet6: Network is unreachable
Feb  6 15:31:43 Cajuli dhclient[9794]: dhc6: send_packet6() sent -1 of 58 bytes
Feb  6 15:33:37 Cajuli dhclient[9794]: send_packet6: Network is unreachable
Feb  6 15:33:37 Cajuli dhclient[9794]: dhc6: send_packet6() sent -1 of 58 bytes
Feb  6 15:34:21 Cajuli su: (to root) christine on /dev/pts/3
Feb  6 15:35:39 Cajuli dhclient[9794]: send_packet6: Network is unreachable
Feb  6 15:35:39 Cajuli dhclient[9794]: dhc6: send_packet6() sent -1 of 58 bytes
Cajuli:/var/log # 
                                       /var/log : bash
```

Abb. 6.64 *Protokollzeilen aus /var/log/messages*

6.14 CD oder DVD brennen

Im Kapitel 3.5 (Sicher ist sicher!) hatten wir verschiedene Möglichkeiten zum Sichern kennengelernt. Hier sei noch eine weitere aufgeführt: Die Dateien eines bestimmten Ordners oder mehrere Dateien, die aus verschiedenen Ordnern zusammengestellt werden können, auf eine CD oder DVD zu brennen. Eine Sicherung auf eine externe Platte bietet zwar mehr Möglichkeiten, aber zum Versenden von Dateien und zum Sichern von Musikdateien oder um eine Installations-DVD zu erstellen, ist das Brennen einer CD (700 MB) oder DVD (4,7 GB) sinnvoll. Sehen Sie in Abb. 6.65 ein Beispiel, um eine DVD zu brennen. Auf die DVD wird die Sicherung für die Text- und Bilddateien zu diesem Buch gebrannt. Gleichzeitig werden auch die Programmdateien von FrameMaker unter Windows mitgesichert, da die Windows-Partition unter Linux */windows* eingehängt ist und so direkt übernommen werden können.

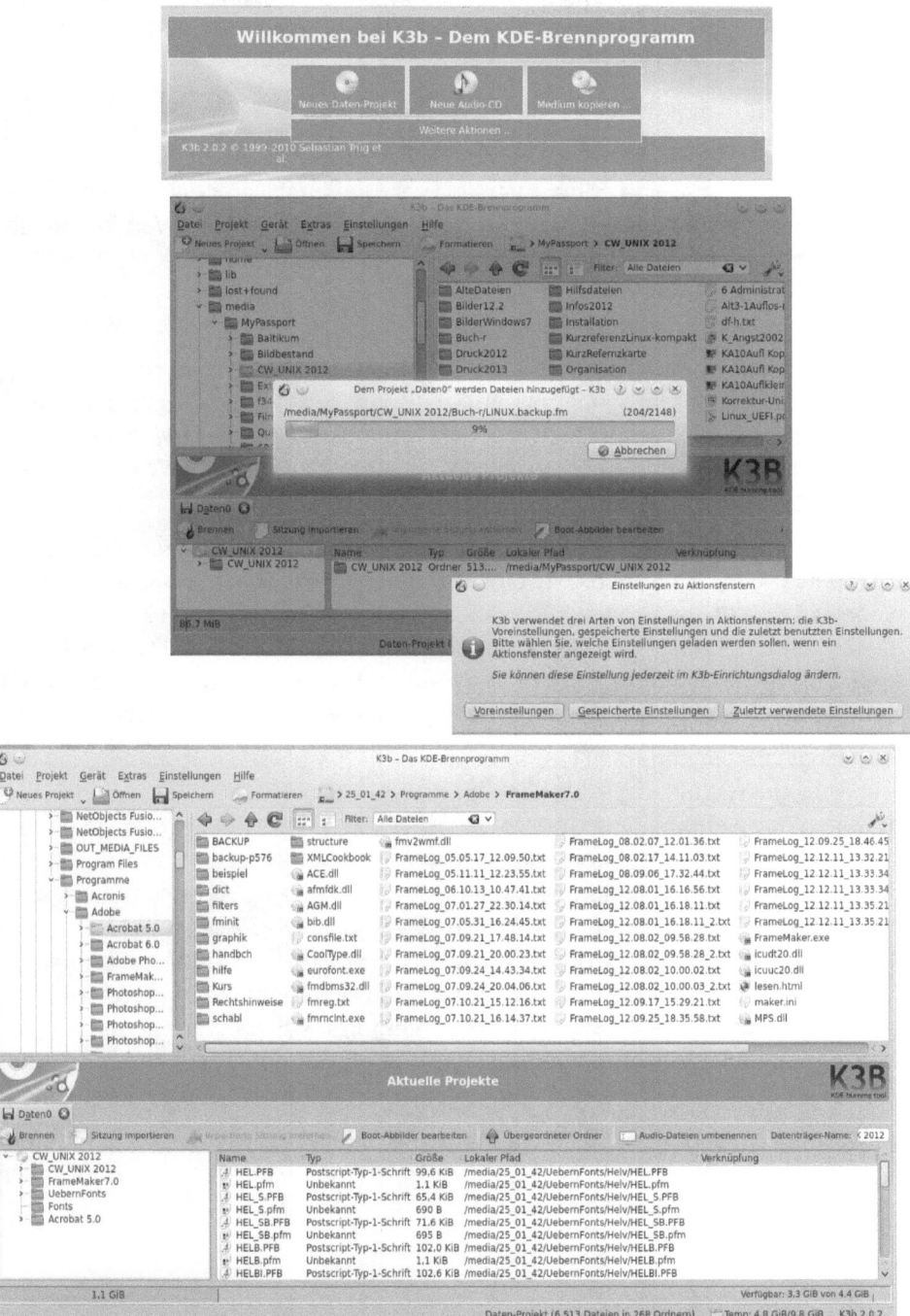

Abb. 6.65 *Beispiel eines DVD-Brennvorgangs mit K3b*

Wenn Sie eine Image-Datei brennen wollen, z. B. eine neue OpenSUSE-Version, dann wählen Sie vorab unter *Extra → ISO-Abbild brennen*. Über das Dialogfenster suchen Sie im Ordner *Downloads* die *.iso-Datei,* legen eine leere DVD ein und drücken auf Start. Im nächsten Unterkapitel geht es darum, von einer gebrannten DVD ein Update des bestehenden System durchzuführen.

6.15 Update auf die nächst höhere Version

Um ein Update auf eine höhere Version vorzunehmen, empfiehlt es sich, zuerst die Release-Notes zu lesen, bzw. sich zu informieren, was die Version an Neuerungen enthält. Hier finden Sie meist bei *Heise* (*c't*) sehr gute Artikel – wie auch für unser Beispiel »Die Neuerungen bei OpenSUSE 12.3«
(http://www.heise.de/open/artikel/Die-Neuerungen-in-Opensuse-12-3-1821658.html).

Sinnvoll ist ein Update, wenn Sie neueste Hardware einsetzen, denn hier sind in der Regel die dafür nötigen Treiber vorhanden. Ab 12.3 soll auch die UEFI-Unterstützung funktionieren, doch sie wird noch als *experimentell* bezeichnet. Sicherer ist es auf jeden Fall, vorerst Parallel-Installationen zu Windows nur bis Windows 7 vorzunehmen.

Um die neueste OpenSUSE-Version zu erhalten, können Sie sich die ISO-Datei von Heise (über einen Link zu OpenSUSE.org) herunterladen. Die Datei wird, wenn Sie Firefox als Browser verwenden, in Ihrem Home-Directory unter Downloads gespeichert. Diese Datei brennen Sie als Image auf eine DVD *(K3b → Extras)*. Von dieser DVD starten Sie das System und wählen **Installation** aus. Die Schritte sind etwa gleich wie bei einer Neuinstallation (s. Abb. 6.8 auf Seite 439).

Nachdem das System die Hardware überprüft hat und das vorhandene System erkannt wurde, wählen Sie **Update.** In Abb. 6.66 auf Seite 479 sehen Sie hierzu die einzelnen Schritte. Das Update dauert etwa ein bis zwei Stunden je nach Geschwindigkeit Ihres Rechners, da alle Pakete neu eingelesen und installiert werden. Die bereits angelegten Benutzer mit allen Daten bleiben erhalten ebenso alle anderen Einstellungen wie für Netzwerk und Mail-Konten. Das bedeutet, dass Sie sich nach dem Update wie bisher anmelden können – nein nicht ganz wie bisher. Denn mit jeder Version ändert sich das Erscheinungsbild (wie bei einem neuen Automodell). Sogar die Favoritenfarbe schwarz bei neuen Autos hat OpenSUSE für den Anmeldebildschirm übernommen, allerdings mit einem freundlichen Leguan auf geschwungenen Gräsern (s. Abb. 6.67).

Verwirrend ist dagegen, dass während der Sitzung eingehängte USB-Medien nun **nicht** mehr unter **/media** sondern unter **/var/run/media/***benutzername/Gerätenamen* zu finden sind.

OpenSUSE Installations-
DVD 12.3

Update von 12.2 auf 12.3

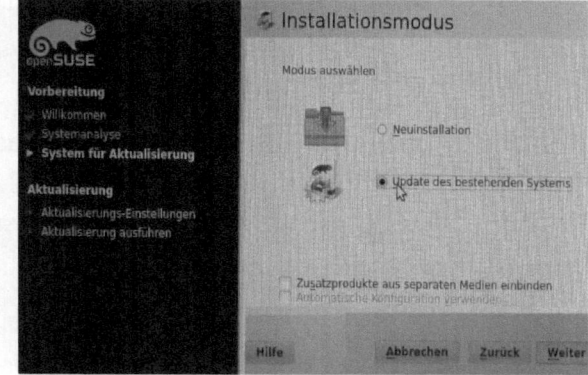

Auswahl der
Aktualisierung

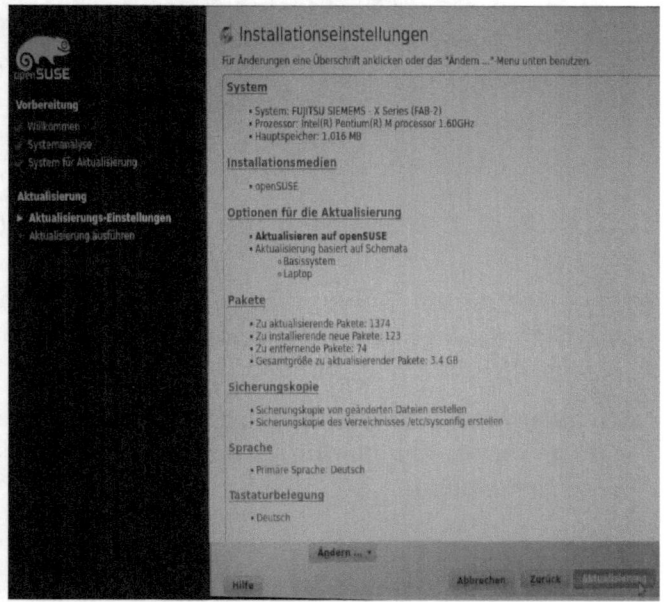

Abb. 6.66 Update eines bestehenden Linux-Systems auf eine höhere Version
Beispiel von OpenSUSE 12.2 auf OpenSUSE 12.3

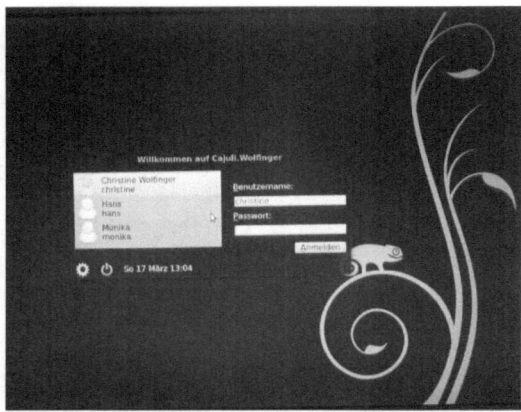

Abb. 6.67 *Anmeldebildschirm unter OpenSUSE 12.3*

Der Benutzerdesktop sieht ähnlich aus, doch wie bei der Beschreibung von KDE erwähnt, ändern sich von Mal zu Mal die Symbole für einige Programme (s. Abb. 6.68). Doch man gewöhnt sich schnell daran – Veränderungen sollen ja den Geist fit halten.

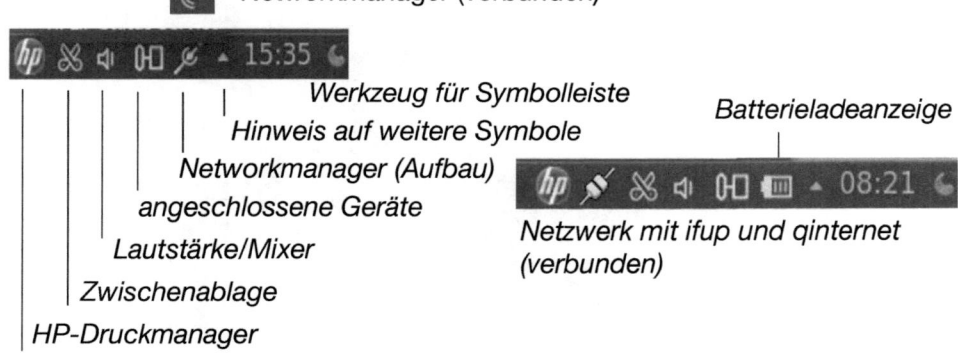

Abb. 6.68 *Symbole in der Statusleiste von OpenSUSE 12.3*

Mit welcher Version Sie auch arbeiten, um die Symbole zuordnen zu können, fahren Sie mit dem Mauszeiger langsam darüber, dann wird Ihnen über ein Info-fenster die Funktion angezeigt.

Nach jedem Update sollten Sie auch, wie bei einer Neuinstallation, die Online-Aktualiserung starten, da sich gerade bei neuen Versionen noch im Nachhinein Änderungen ergeben.

6.16 Abschlussbemerkung

Wie Sie sehen konnten, sind viele Aufgaben verhältnismäßig leicht zu lösen. Es hat mir Freude gemacht, Sie zu begleiten und alle Übungen nachzuvollziehen, damit Sie sich an den Beispielen orientieren können. Doch die Systemverwaltung ist ein sehr weites Feld. Wir haben nur ein bisschen an der Oberfläche »gekratzt«. Aber ich hoffe, Ihnen hat es auch Spaß gemacht und Sie haben Lust, sich tiefer in die Systemverwaltung einzuarbeiten. In der Systemverwalter-Praxis treten manchmal Situationen auf, wo man im ersten Moment nicht weiter weiß (auch mir geht es manchmal so). Solange Sie ins Internet kommen, gibt es dort viele Foren, über die Sie sich Rat holen können. Auch eine einfache Suche über Google mit dem Hinweis Linux bringt oft schon eine Lösung zu dem aufgetretenen Problem. Als Linux-Nutzer sind Sie nicht allein, sondern können auf eine große Linux-Familie zurückgreifen. Im Kapitel 7.3 auf Seite 513 finden Sie einige interessante Links, die Ihnen bei Bedarf weiterhelfen.

Ich wünsche Ihnen ein stressfreies Arbeiten als Systemadministrator.

7 Anhang

In diesem Kapitel finden Sie ergänzende Zusammenstellungen und einige Hinweise. Als zusätzliche Hilfe wurde eine Kurzreferenz als E-Book und Taschenbuch im Springer-Verlag eine Kurzreferenz herausgegeben, in der häufig verwendete Kommandos und Sonderzeichen für Anwender, Entwickler und Systemadministratoren zusammengestellt sind. Die Kommandos, die in diesem Buch verwendet wurden, sind pro Kapitel in einer alphabetischen Sortierung zusammengestellt. Über das Stichwortverzeichnis finden Sie, wo zu den Kommandos Details beschrieben sind.

Die einzelnen Themen des Anhangs:

C. Wolfinger, *Keine Angst vor Linux/Unix*, Xpert.press,
DOI 10.1007/978-3-642-32079-8, © Springer-Verlag Berlin Heidelberg 2013

7.1 Glossar

In diesem Anhang sind die in diesem Buch verwendeten Begriffe und teilweise allgemeine Begriffe aus der System-verwaltung zusammengestellt.

Sollten Sie den von Ihnen gesuchten Begriff nicht gefunden haben, könnten einige Suchmaschinen und Enzyklopädien im Internet vielleicht weiterhelfen:

http://de.wikipedia.org/wiki/Wikipedia:Portal
http://en.wikipedia.org/wiki/
http://wombat.doc.ic.ac.uk/foldoc/
www.kleines-lexikon.de/

A

Ablaufdiagramm oder Flussdiagramm – Grafische Darstellung eines Programmablaufs. Ein Ablauf- oder Flussdiagramm wird verwendet, um die Einzelschritte von komplexen Aufgaben für die Erstellung eines Programms übersichtlich darzustellen.

Ablaufsteuerung – In einer Shell-Prozedur können durch Abfragen wie › if .. then‹ , › for .. do‹ , › case .. in .. ‹ usw. unterschiedliche Kommandofolgen je nach Ergebnis der Abfrage durchgeführt werden.

Absoluter Pfadname – Er beginnt immer mit root (der Wurzel des Dateibaumes › /‹) und enthält alle Directories bis zu dem gewünschten Dateinamen (z. B. /home/monika/.profile).

account – Benutzerkennung

ACL (Access Control List) – Hiermit können unter Linux feiner detaillierte Zugriffsrechte vergeben werden.

ACPI (Advanced Configuration and Power Interface) – Bietet u. a. Stromsparfunktionen (passende Hardware und passendes BIOS vorausgesetzt).

Active Directory – Verzeichnisstruktur unter Windows-Netzen mit Domänen basierend auf LDAP. Es ist voll integriert mit DNS und TCP/IP.

Administrator – Systemadministrator (Systemverwalter, Super-User)

ADSL (Asymmetric Digital Subscriber Line) – Digitale Anbindung von Rechnern über Telefonleitung an das Internet. Geschwindigkeit bis 3 MBit/s (Megabit per second) zum Herunterladen (downstream) und 384 kBit/s zum ins Netz übertragen – Hochladen (upstream). Bei (symmetrischem) DSL ist die Geschwindigkeit in beiden Richtungen gleich schnell.

AFS (Apple File Sharing) – Netzwerkprotokoll unter Apple Macintosh

AIT (Advanced Intelligent Tape) – Ein von Sony entwickeltes Magnetband zum Speichern von großen Datenbeständen (über 50 GB bei 6 MB/s).

Analog-Modem (Modulator/Demodulator) – Verbindung von Rechnern analog über Telefonleitung. Es wandelt die digitalen Daten eines Rechners in analoge Form (Töne bestimmter Frequenzen) für die Datenübertragung um und umgekehrt.

append – anhängen

API (Application Program Interface) – Schnittstellenbeschreibung zur Programmierung von Anwendungen. Es enthält eine Reihe von Definitionen, mit denen Teile von Softwareprogrammen miteinander kommunizieren, speziell für die Ansteuerung eines Gerätes, eines Betriebssystems oder einer Anwendung.

APM (Advanced Power Management) → *ACPI*

Arbeitsfläche – Im KDE, GNOME oder CDE wird die Bildschirmfläche so benannt, auf der Objekte wie Ordner, Notizblätter oder ein symbolisierter Bildschirm (Terminalfenster) abgelegt werden können. Man spricht deshalb auch von einer Schreibtischumgebung.

ARP (Address Resolution Protocol) – Im LAN-Bereich Zuordnung zu den Hard-ware-Adressen (MAC) auf den Netzwerkkarten. Temporäre Speicherung im sog. ARP Cache. Ein auf → Broadcast basierendes Protokoll.

ARPA (Advanced Research Projects Agency) – Ursprüngliches Netzwerk des Verteidigungsministeriums der USA.

ARPANET (ARPA network) – Erste Netzwerkverbindungen amerikanischer Universitäten aufbauend auf dem Netzwerk des Verteidigungsministeriums (1969).

ASCII-Code (American Standard Code for Information Interchange/Amerikanischer Standard Code für Informationsaustausch) – Eine allgemeine Regelung für die rechnerinterne Darstellung von Zahlen und Zeichen basierend auf 7 bzw. 8 Bit.

ATAPI (Advanced Technology Attachment Packet Interface) – Eine Standardschnittstelle für Massenspeichergeräte wie Platten oder CD-ROMs.

Authentifizierung – Identitätsprüfung eines Benutzers beim Anmelden an einen Rechner oder innerhalb eines Netzwerks (z. B. mittels Passwort oder Chipkarte).

B

Backend → *Frontend*

backup – Sicherung

Bandmarke – Zeichen, das zur Trennung von Dateien auf ein Band geschrieben wird (z.B. um das Ende einer Datensicherung auf Band zu markieren).

Bash (Bourne again Shell) – wird unter Linux als komfortable Benutzerschnittstelle genutzt (einfachere Handhabung als die Korn-Shell).

BASIC (Beginner's All purpose Symbolic Instruction Code) – Einfache höhere Programmiersprache.

Baumstruktur – Struktur eines Dateisystems, das ähnlich eines Baumes von der Wurzel über den Stamm sich zu Ästen verzweigt mit Verzeichnissen und Unterverzeichnissen.

Bedientafel → *subpanel*

Befehl (Kommando) – Eine verständliche Anweisung an den Rechner.

Bell Laboratories – Einst ein großes Zentrum für Forschung und Entwicklung der AT&T.

Benutzerkennung – Name, auch account genannt, mit dem sich der Benutzer anmeldet. Benutzer unter Linux sind in der Datei /etc/passwd eingetragen.

Bereitzeichen oder Prompt – Die Shell zeigt durch folgende Symbole am Bildschirm an, ob sie weitere Aufträge annehmen kann:

$ Prompt für normale Benutzer in der Bourne- und Korn-Shell

%   Prompt für normale Benutzer in der C-Shell

Bereitzeichen für Systemverwalter

>   Hinweiszeichen, dass die Shell weitere Angaben erwartet

name@host:~> Default-Einstellung für den normalen Benutzer bei der Bash mit Anzeige des aktuellen Verzeichnisses.

Betriebssystem – Das Steuerungs- und Verwaltungsprogramm des Rechners, der damit alle Fähigkeiten und Möglichkeiten den Anwendungsprogrammen zur Verfügung stellt.

Bildschirmorientierter Editor – Der gesamte Bildschirm steht für Eingabe und Änderung zur Verfügung. Meist wird mit Cursortasten gearbeitet, um an eine bestimmte Stelle des Bildschirms zu gelangen.

Binär – Bedeutet aus 2 Einheiten bestehend. Zahlen werden nur z. B. aus den Werten 1 und 0 dargestellt: 1=00001, 2=00010, 3=00011, 4=00100.

BIND (Berkeley Internet Name Domain) – Ein Programm zur Namensauflösung von und nach IP-Nummern.

BIOS (Basic Input/Output System) – »Fest eingebautes« Programm, das beim Einschalten das System überprüft und nach einem ausführbaren Programm (Bootmanager, Betriebssystem) sucht *(→ MBR → Bootmanager)*.

Bit (Binary Digit) – Kleinste Informations- oder Speichereinheit, z. B. 0 oder 1.

Bluetooth – Industriestandard für die drahtlose Vernetzung von Geräten mit geringer Reichweite.

Bootmanager (Bootloader) – Unter Linux GRUB (Grand Unified Bootloader). Spezielle Software, die gewöhnlich vom BIOS aus von einem bootfähigen Medium geladen und anschließend ausgeführt wird. Der Bootloader lädt dann weitere Teile des Betriebssystems, gewöhnlich einen Kernel. Die Startsequenz des Bootmanagers befindet sich im ersten Block des bootfähigen Mediums *(→ MBR, Master Boot Record)*.

Bridge (Brücke) – Verbindung zwischen Netzwerken auf der Data-Link-Ebene (OSI-Schichtenmodell), Kontrolle und Weiterleitung der Daten.

Broadcast (»herausposaunen« bzw. Nachricht an alle senden, Radiomeldung) – IP-Adresse für eine Gruppe von Rechnern.

BSI (Bundesamt für Sicherheit in der Informationstechnik) – Versteht sich als Beratungs- und Unterstützungsinstanz für Behörden, Wirtschaft und private Nutzer mit dem Ziel der Förderung der IT-Sicherheit.

Bugs (amerikanisch: Ameise, Fliege, Spinne, Käfer) – Es handelt sich hierbei um Fehler in einem Programm.

Byte – Zusammenfassung von 8 Bit, in der ein Zeichen oder eine Ziffer z. B. im *ASCII-Code* binär dargestellt werden kann. Meistens kleinste adressierbare Einheit bei Speichermedien.

C

C – Programmiersprache, in der u. a. Unix und Linux geschrieben sind.

CAD (Computer Aided Design) – Rechnerunterstütztes Konstruieren, gemeinhin die Übertragung aller Arbeiten vom Zeichenbrett auf den grafischen Bildschirm eines CAD-Systems.

CD (Compact Disc, kompakte Scheibe) – Wird neben der Speicherung von Musik auch zur Speicherung von Daten für Computer eingesetzt (auch als *CD-ROM* bezeichnet).

CAM (Computer Aided Manufacturing) – Die rechnergestützte Produktion.

Carriage Return (CR) – Wagenrücklauf, entspricht auf dem Terminal der Eingabe- oder Entertaste.

CDE (Common Desktop Environment) – Eine grafische Oberfläche, die die bisher unterschiedlichen Desktop-Programme unter Unix-Derivaten ablöst bzw. erweitert. CDE wurde gemeinsam von den Firmen Hewlett-Packard, IBM, Novell und Sun Microsystems entwickelt. Unter Linux wird vorwiegend → *KDE* oder → *GNOME* eingesetzt.

CERTs (Computer Emergency Response Teams) – Beobachten die Gefahrenlage und informieren (angemeldete) Kunden von neu aufgetretenen Risiken.

Chip – Mikrobaustein der integrierten Schaltungstechnik, in dem elektronische Komponenten dicht gepackt sind (meist in Kunststoff oder Keramik verpackt).

CIFS (Common Internet File Sxstem) → *SMB*

CIM (Computer Integrated Manufacturing) – Gesamtunterstützung der Fertigung von Bestellung über Entwicklung und Konstruktion bis hin zur Auftragsabwicklung.

Client (Kunde) – Ein Computersystem oder -prozess, das/der einen Dienst von einem anderen Computersystem oder -prozess *(Server)* in Anspruch nimmt. Hierfür benötigen die Programme zum Austausch ein Protokoll. Ein Client ist ein Teil einer Client-Server-Software-Architektur.

Client-Server-Architektur – Verteilung von Diensten in Netzwerken zur effektiven Nutzung der einzelnen Rechnerkomponenten und Ressourcen.

COBOL (Commercial Business Oriented Language) – Programmiersprache für kommerzielle Problemlösungen.

Compiler – Übersetzungsprogramm, um Quelldateien einer Programmiersprache in ein ausführbares Programm zu übersetzen (Binärcode oder Maschinencode).

concatenate – zusammenhängen

CPU (Central Processing Unit) – Prozessor

CUPS (Common Unix Printing System) – Drucksystem unter Linux, das auch recht einfach die Einbindung von (freigegebenen) Druckern an im Netz befindlichen Windows- und MacOS-Systemen erlaubt. Es verwendet als Kommunikationsprotokoll IPP und besitzt damit ein gut ausgebautes API.

Cursor – Positionsanzeigesymbol (Schreibmarke) am Bildschirm, meist ein kleines blinkendes Rechteck.

D

Daemon-Programm (Disk and execution monitor) – ein im Hintergrund wachender Prozess.

DAT-Laufwerk (Digital Archiv Tape) – Laufwerk für Magnetbänder von 1,2 GB bis etwa 10 GB.

Data Link Layer – Auch *MAC Layer* genannt (→ *MAC-Nummer* der jeweiligen Netzwerkkarte)-

Datei – Logischer Datenbereich auf einem Speichermedium.

Dateinamenexpansion – Ersetzung von »Metazeichen« durch alle vorhandenen Dateinamen, die den vorgegebenen Auswahlkriterien der Metazeichen entsprechen.

Dateiset – Bei jeder Sicherung (Schreibvorgang) wird automatisch eine Bandmarke als Endemarkierung auf das Band geschrieben. Man nennt diesen Bereich auch Dateiset.

Dateitypen – Unter Linux/Unix gibt es verschiedene Dateitypen, die z. B. bei dem Kommando ls -l gekennzeichnet sind mit: d Verzeichnis, - normale Datei, l symbolischer Link, c (character) zeichenorientiertes Gerät, b blockorientiertes Gerät.

Defragmentieren – Fragmentierung

delete – löschen

Delete-Taste – Löschtaste

DENIC (Deutsches Network Information Center) – Gesellschaft, die Internet-Domänen in Deutschland verwaltet und vergibt: DENIC eG Domain Verwaltungs- und Betriebsgesellschaft, Sitz in Frankfurt am Main.

Desktop – Schreibtischumgebung oder Arbeitsfläche in einer grafischen Oberfläche.

device (Geräte-Zuordnung) – Unter Linux/Unix sind im Verzeichnis /dev die devices (Gerätedateien wie Drucker, Terminal, Platte etc.) eingetragen.

DHCP (Dynamic Host Configuration Protocol) – Dienst, der innerhalb eines Netzes dynamische IP-Adressen vergibt.

Dialogbox – Ein Menüfenster, in dem verschiedene Programmaktionen ausgewählt oder zusätzliche Angaben hierzu eingegeben werden können.

Directory – Auch Verzeichnis oder Ordner genannt, beinhaltet unter Linux/Unix eine Liste der enthaltenen Dateien und Unterverzeichnisse.

disk – Magnetplatte oder optische Platte zur Datenspeicherung

DISPLAY – Variable unter Unix/Linux, die benötigt wird, um auf einer grafischen Oberfläche (X-Window) zu arbeiten.

DMA (Direct Memory Access) – bedeutet, dass der Datentransfer direkt zwischen einem Gerät und dem Hauptspeicher erfolgt, ohne über die CPU zu gehen

DNS (Domain Name System) – Zuordnung eines Namens zu einer eindeutigen Internetadresse. Der Rechner, der diese Zuordnung durchführt, wird als DNS-Server oder Nameserver bezeichnet *(→ BIND → Nameserver)*.

Domain-Namen – Domain ist eine Gruppe von Computern in einem Netz, deren letzter Teil des Namens den Domain-Namen enthält. Die Syntax des Domain-Namens lautet:

[Rechnername.] [Abteilung.] [...] Domain.de

wobei ».de« die → *TLD* darstellt, die je Land unterschiedlich ist. Der Domain-Name (oft die Firmenbezeichnung) und die *TLD* wird meist über einen Provider zugewiesen, der sich wiederum an entsprechende Institutionen wendet, um die Domain genehmigen und registrieren zu lassen. Für deutsche Domains (.de) ist → *DENIC* zuständig.

Unter Windows wird beim → *Active Directory* ebenfalls von Domain-Namen gesprochen. Hier kann es auch nur eine Zusammenlegung von *Hosts* und *Router* zu Verwaltungseinheiten bedeuten. In der Regel wird jedoch auch hierfür der offiziell zugewiesene »DNS-Domain-Name« verwendet, der dann dem obersten Windows-Domain-Namen entspricht.

DOS (Disk Operating System) – Historisches PC-Betriebssystem von Microsoft (→ *FAT (FAT32)*).

Drag & Drop – Ausgewählte Objekte auf der grafischen Oberfläche können auf andere Objekte gezogen werden (die Maustaste gedrückt lassen und auf oder in ein anderes Objekt, z. B. in ein anderes Fenster, ziehen und dort loslassen). Hiermit können z. B. Dateien in ein anderes Verzeichnis kopiert oder verschoben werden.

DSL (Digital Subscriber Line) → ADSL

DVD (Digital Versatile Disc/Digital Video Disc) – Optischer Datenspeicher. Eine DVD hat den gleichen Durchmesser wie eine CD, ist aber etwas dicker. DVDs können doppelseitig beschrieben sein, außerdem können Daten auf zwei Schichten gespeichert werden.

E

EIDE (Enhanced Integrated Device Electronics) Interface – IDE

Elektronikkarten – Boards (Speicher, Prozessor, Steuereinheiten).

EOF (End of file) – Zeichen für Dateiende.

Ersetzungsmechanismus – Hierzu gehört die Dateinamenexpansion durch Metazeichen und die Einschränkung dieser Expansion durch doppelte und einfache Anführungszeichen.

EPROM (Erasable Programmable Read Only Memory) – Lösch- und programmierbarer Festwertspeicher.

Ethernet – Eine mögliche physikalische Art der Verbindung von Rechnern. Voraussetzung ist, dass beide Rechner über Ethernet-Karten verfügen. Heutzutage werden für Netzwerkverbindungen Twisted Pair mit RJ-45-Stecker eingesetzt.

execute – ausführen

Exitstatus – Jedes Kommando meldet der Shell zurück, ob es »erfolgreich« (0) oder »nicht erfolgreich« (ungleich 0) war.

Expansion von Dateinamen – Werden Metazeichen/Platzhalter (?, * , [ ]) in einem Kommandoaufruf angegeben, wird im betreffenden Directory/Verzeichnis nach passenden Dateien gesucht und diese werden hierfür eingesetzt. → Ersetzungsmechanismus.

expression – Ausdruck

ext3/ext4 – Dateisysteme unter Linux.

F

FAT (File Allocation Table) – Dateisystem unter Windows. Es wird oft zum Austausch zwischen verschiedenen Betriebssystemen (u. a. auf Disketten und Memory Sticks) verwendet. Hier gibt es mehrere Versionen:
VFAT   (virtuelles FAT, erlaubt längere Dateinamen)
FAT32   (mobile Speicher größer auch als 2 GB)

FAQs (Frequently Asked Questions) – Sammlung von häufig gestellten Fragen und ihren Antworten.

FDDI (Fiber Distributed Data Interface) – Glasfasernetz im LAN (100 Mbit/s ANSI Standard LAN).

FIFO-Datei (first in first out) – Eine Datei, die als Puffer dient, wobei das, was zuerst in die Datei geschrieben wurde, zuerst wieder gelesen wird, z. B. die named pipe, Kennzeichen »p«.

File Manager – Dateimanager auf der grafischen Oberfläche. Unter Linux KDE sind es der *Dolphin* und *Konqueror.*

Files – Dateien

File-Server – Rechner, der Dateien zentral in einem Netz hält, z. B. die Dateien der Benutzerverzeichnisse. Die Benutzerverzeichnisse sind dann beispielsweise per → *NFS* (*Network File System*) in den Arbeitsplatzrechner des Benutzers eingebunden (*mount -nfs*) oder über *smbfs* (→ *Samba*) zugänglich.

Firefox (Mozilla Firefox) – Ein weltweit genutzter freier Webbrowser von Mozilla.

Firewall (Brandschutzmauer) – Programm, um Rechner vor unerlaubtem Zugriff aus dem Internet zu schützen bzw. um Zugang zum Internet zu reglementieren (Blockierung bestimmter Ports, Zugang nur gezielt über einen bestimmten Rechner etc.).

Floppy Disk – Diskette (Kapazität 1,44 MB).

Fluchtsymbol (Aufhebungszeichen) – Unter der Shell wird mit dem nach hinten weisenden Schrägstrich (backslash) z. B. die Bedeutung der Sonderzeichen (wie *,?) aufgehoben.

Font – Damit wird ein kompletter Satz einer Schrift (mit Buchstaben, Zahlen und Zeichen) in einer Größe und Art (kursiv, fett) bezeichnet, wie z. B. Helvetica, 10 Punkt, Fettschrift.

Formatieren (Textformatierung) – Eine Textdatei wird für den Druck aufbereitet, wobei z. B. ein Randausgleich erfolgt, Kopfzeilen erstellt, Seiten automatisch umbrochen und Seitenzahlen vergeben werden.

Formatieren von Platten – Partitionen

FORTRAN (Formula Translation) – Eine Programmiersprache für technisch wissenschaftliche Anwendungen.

FQDN (Fully Qualified Domain Name) – Der vollständige Domainname besteht aus *Rechnername.Domain.TDL.*

Fragmentierung – Bedeutet, dass Dateien nicht zusammenhängend gespeichert sind, sondern dass einzelne Teile der Dateien über die Platte verstreut sind. Fragmentierung entsteht, wenn Dateien gelöscht und neue angelegt werden, die nicht genau in die freigewordenen Stellen passen. Die gängigen Linux-Dateisysteme fragmentieren nur sehr wenig, so dass Defragmentierung unter Linux kein Thema ist.

Frontend – Bedeutet im allgemeinen den Teil eines Softwaresystems, der direkt mit dem Benutzer zu tun hat. Backend ist der Teil, der die eigentliche Verarbeitung der Daten durchführt.

Front Panel – Im KDE/CDE die Steuerleiste (Kontrollleiste) meist am unteren Rand der Bildschirmanzeige.

ftp (File Transfer Protocol) – Programm, um Daten von/auf andere Rechner unverschlüsselt zu übertragen, basierend auf TCP/IP – *sftp (secure ftp)*.

Funktionstasten – Tasten, denen bestimmte Funktionen zugeordnet sind.

G

Gateway – Übergang von einem Netzwerk zum anderen bzw. ins Internet (s.a. Router u. Netzmaske). Allgemein ist ein Gateway die Schnittstelle zwischen zwei Kommunikationssystemen.

GB (Gigabyte) – 1 GB hat 1.073.741.824 Byte (1024 MB), bei Plattenkennzeichnungen oft nur 1.000.000.000 Byte.

GNOME (GNU Network Object Model Environment) – Grafische Oberfläche unter Linux. Es ist eine Desktop-Umgebung für Unix-Systeme, die unter der freien GPL veröffentlicht ist.

GNU (»GNU is not Unix«) – Das GNU-Projekt wurde von Richard Stallman (*MIT – Massachusetts Institute of Technology*) mit dem Ziel gegründet, ein vollständig freies Betriebssystem, das *GNU* System, zu entwickeln. Aus diesem Projekt entstammen eine Vielzahl freier Softwareprogramme.

GPL (General Public License) – Eine von der *FSF* (Free Software Foundation) herausgegebene Lizenz für die Lizenzierung freier Software.

GPT (GUID (Globol Unique Identifier) Partition Table) – Standardformat für Partitionstabellen auf Datenträgern und Festplatten (ersetzt zunehmend auf PCs das *BIOS* – bei *MS* ab *Windows 8*).

GRUB (Grand Unified Bootloader) – Bootmanager

GUI (Graphical User Interface) – Grafische Benutzeroberfläche wie u. a. *KDE* und *GNOME.*

GUUG (German Unix User Group) – Die *GUUG* ist ein Zusammenschluss von professionellen Computeranwendern aus dem Unix-Bereich. Aktivste Gruppe ist zurzeit die *sage@guug,* die sich den Belangen der Systemadministratoren widmet.

H

Hardware (harte Ware) – *Hardware* sieht man und kann sie anfassen. Zu ihr gehören z.B. Kabel, Platten, Gehäuse, Elektronikkarten.

Hierarchisches Dateisystem – Unter Linux/Unix ist das Dateisystem hierarchisch angelegt, d. h., es beginnt bei einer Wurzel (root = /), die sich über Directories/Verzeichnisse in die Tiefe und Breite verzweigt (auch → Baumstruktur genannt).

HFS – Standarddateisystem in der Apple-Macintosh-Welt.

Home-Directory – Für jeden Benutzer ist dieses Verzeichnis, in dem er nach dem Anmelden arbeitet, in der Datei /etc/passwd eingetragen.

Host – Der eindeutige Name eines Rechners in einem Netzwerk. Auch werden Rechner, die einen Dienst für andere bereitstellen, als Host bezeichnet, richtigerweise wäre aber → Server.

host – Kommando unter Linux/Unix, um Rechnername oder IP-Adresse eines Hosts zu erfragen, wenn ein DNS-Server/Nameserver aktiv ist.

Host-ID – Die eindeutige Kennnummer (IP) eines Rechners.

hostname – Kommando unter Unix, um den in der Datei /etc/host eingetragenen eigenen Rechnernamen zu erfahren.

HPFS – Dateisystem aus IBM OS/2.

HTML (Hypertext Markup Language) – Seitenformat der Seiten im WWW. HTML-Seiten werden mit einem HTML-Browser dargestellt (Netscape, Mozilla, Konqueror, ...).

HTTP (Hypertext Transmission Protocol) – Übertragunsprotokoll (Client-Server-Protokoll), das im WWW HTML-Dokumente austauscht (Port 80).

HTTPS (Hypertext Transmission Protocol Secure) – Eine Variante von HTTP, die sichere Transaktionen gewährt (Port 443).

Hubs – Repeater mit mehr als zwei Anschlüssen. Sie schicken alle Daten immer an alle angeschlossenen Geräte.

I

ICMP (Internet Control and Management Protocol) – Wird u. a. von dem Kommando ping verwendet, um die Erreichbarkeit anderer Rechner im Netz zu testen.

Icon – Kleines Bild, das auf einer grafischen Oberfläche Programme, Verzeichnisse, Geräte oder Ähnliches symbolisiert. Bei einer Aktivierung (meist Doppelklick) wird das damit verbundene Programm gestartet.

IDE (Integrated Drive Electronics) – Eine Hardware-Schnittstelle, die periphere Geräte mit dem PC verbindet (Plattenlaufwerke etc.).

IMAP (Internet Message Access Protocol) – Verbesserung zu → *POP3.* Es bietet dem Anwender die Möglichkeit, seine Post direkt auf dem entfernten IMAP-Server zu verwalten.

inetd (Internet Services Daemon) – Programm unter Linux, um Netzwerkdienste zu starten.

Inode – Dateikopf einer Datei mit den wichtigsten Informationen über die Datei.

INIT-Taste – Kommt von initialisieren, beginnen. Meist ist dies eine Taste oder ein Schalter, um einen Rechner zu starten.

input – Eingabe

Interface (oder Controller) – Steuereinheit, die dafür sorgt, dass die jeweiligen Geräte richtig betrieben und gesteuert werden.

Internet – Netzwerke, die über *TCP/IP* weltweit miteinander verbunden sind. Ursprünglich entstanden durch die Trennung des *ARPANET* in ein militärisches (*milnet*) und ein ziviles Netzwerk (*internet*).

IP (Internet Protocol) – Protokoll, um Datenpakete an die richtige Adresse weiterzuleiten (→ *Gateway* → *TCP/IP*).

IP-Adressen – Man unterscheidet zwischen Adressen von Rechnern im Internet (Netzwerkadressen) und lokalen/privaten Adressen. Für den Internetzugang sind nur bestimmte IP-Adressen erlaubt, die registriert und zugeteilt werden (in der Regel über einen Provider). Eine IP-Adresse wird sets zusammen mit der → *Netzwerkmaske* eingetragen (z.B. 192.168.0.2/255.255.255.0 oder in neuer Schreibweise 192.168.0.2/24) (→ *IPv4 / IPv6*).

IP-Nummernkreise für IPv4 (Internet Protocol Version 4) für private/lokale Netzwerkadressen:

10.0.0.0 – 10.255.255.255 (Klasse-A-Netz – max. 16.777.216 Adressen)

172.16.0.0 – 172.31.255.255 (Klasse-B-Netze – max. 1.048.576 Adressen)

192.168.0.0 – 192.168.254.254 (Klasse-C-Netze – max 65.536 Adressen)

IPP (Internet Printing Protocol) – Protokoll für Druckerbetrieb über IP-Verbindung.

IPv4 / IPv6 (Internet Protocol Version 4/Version 6) – Version 4 basiert auf 32-bit-Adressierung (4 x 8 Bit in *dotted decimal*), Version 6 auf 128-bit-Adressierung (acht Gruppen à 16 Bit in hexadezimaler Form dargestellt). Beide Versionen können sowohl im Internet als auch auf einem System koexistieren (→ *IP-Adressen*).

IrDA (Infrared Data Association) – Gesellschaft für Standards, um die Qualität und Kompatibilität von Infrarotgeräten sicherzustellen sowie Protokoll zum Datenaustausch auf Infrarotbasis.

ISCSI (SCSI over IP) → *SCSI*

ISDN (Integrated Services Digital Network) – Standard zur Übertragung von Sprache und Daten in einem gemeinsamen Netzwerk.

ISDN-Modem – Verbindung von Rechnern über Telefonleitung *(digital 64.000 bps (bit per second))* (→ Modem).

ISO (International Standards Organisation) – Sammlung von Standards für die Computer-Industrie.

ISP (Internet Service Provider) – Private Dienstleister für Netzwerkdienste, die für Firmen oder Privatpersonen einen Zugang ins Internet ermöglichen. Zugang zum Internet erfolgt meist per Telefonleitung und *Analog-* oder *DSL-Modem* oder *ISDN.*

J

JFS (Journaling File System) – Dateisystem, das von IBM als Server-Dateisystem für große Datendurchsätze entwickelt wurde.

Journaling-Dateisysteme – Dateisysteme, die über alle Änderungen ab dem letzten konsistenten Stand ein Journal führen und damit auch nach einem Systemabsturz ein konsistentes Dateisystem wiederherstellen können.

JPEG (Joint Pictures Expert Group) – Komprimierungsmethode für Bitmap-Grafik-Bilder.

K

Kabel-Modem – *Modem* zur IP-Anbindung über Fernsehkabel (→ *Modem).*

kB (Kilobyte) – 1 kB hat 1.024 Byte.

KDE – *KDE-Desktop Environment,* eine der grafischen Oberflächen unter Linux → Gnome

KMail – Eines der Mailprogramme unter Linux, basierend auf KDE

Knoppix – iVon Klaus Knopper zusammengestelltes Debian-Linux mit vielen hilfreichen Werkzeugen, das direkt von der CD gestartet werden kann.

Koaxial – Kabelart

Kommandomodus – Bei den Editoren ed und vi wird nach Eingabe- und Kommandomodus unterschieden. Im Kommandomodus können Befehle wie z. B. › lösche Zeile‹ oder »drucke von bis« erteilt werden.

Kommandos – Programmaufrufe. Kommandos können ausführbare Programme (ursprünglich in einer Programmiersprache geschrieben und in die Maschinensprache übersetzt), eigene Shell-Prozeduren (ausführbare Dateien mit Kommandos) oder Shell-interne Programme (Teil des Shellprogramms selbst) sein.

Kommentarzeichen – In Shell-Prozeduren und vielen Konfigurationsdateien können Zeilen oder der Rest einer Zeile durch die Zeichen »:« und »#« als Kommentar gekennzeichnet werden.

Konqueror – Dateiverwaltungsprogramm unter KDE, das zusätzlich als Browser genutzt werden kann (auf englisch: conqueror: Sieger, Eroberer).

Krypto-Dateisystem – Verschlüsseltes Dateisystem, bei der Installation wird die Verschlüsselungsart und ein Passwort angegeben. Auf die Platte wird hierbei über ein sog. Loopback-Device mit einem Verschlüsselungsalgorithmus zugegriffen.

L

LAN (Local Area Network) – Ein auf einem Gelände oder in einem Gebäude untergebrachtes lokales Netzwerk, das keine öffentlichen Leitungen benutzt.

LaTeX (Lamport TeX von Leslie Lamport) – Ein in der wissenschaftlichen Welt weitverbreitetes Textsatzsystem.

LDAP (Leightweight Directory Access Protocol) – Basierend auf *TCP/IP* ist es eine vereinfachte Form des X.500-Protokolls und bedeutet leichter Zugriff auf Verzeichnisse von anderen Rechnern.

LILO (Linux Loader) – Bootmanager

Live-DVD – Erlaubt das Starten eines Betriebssystems von der DVD und das Arbeiten mit einem im Speicher gehaltenen Dateisystem.

Login – Eine Terminal-Sitzung beginnen bzw. sich anmelden.

Local Master Browser (LMB) – *Lokale Namensauflösung in einem Windows-Netz, soweit diese nicht über DNS-Server vornommen wird.*

localhost – Rückverweis auf den eigenen Rechner. Der localhost hat die fest zugewiesene IP-Adresse 127.0.0.1.

loopback – Rückverweis (→ *localhost*).

Loopback-Device – Erlaubt ein virtuelles Dateisystem in einer großen Datei auf einem anderen Dateisystem zu simulieren oder ein Krypto-Dateisystem anzulegen.

LVM (Logical Volume Manager) – Dateisysteme, die Speicherbereiche logisch zuteilen, wobei der Bereich auch größer als eine physikalische Platte sein kann. Die Zuteilung kann während des laufenden Betriebes erfolgen, kann vergrößert oder verkleinert werden, ohne dass dazu die Partitionierung aufwendig geändert werden muss.

M

Main Memory – Hauptspeicher

MAC (Multiple Access Control) – Auf Netzwerkkarten vom Hersteller eingetragene Nummer.

magic number → *MBR*

major device number – Eine Zuordnungsnummer (Treiber-Nummer) für Gerätedateien, um die entsprechende Software (Treiber) zuzuordnen, damit das Gerät richtig gesteuert wird (→ *minor device number*).

Masquerading – Versteckt die Namen und IP-Adressen der internen Rechner hinter der IP-Adresse/dem Namen des Gateways gegenüber dem Internet.

MB (Megabyte) – 1MB hat 1024 KB.

MBR (Master Boot Record) – Erster Block/Record auf einer Platte, wird zum Starten des Systems genutzt. Er ist 512 Byte groß, 446 Byte enthalten den

Startcode, 64 Byte die Partitionstabelle der Platte, 2 Byte eine Endemarkierung, die sog. magische Zahl (magic number).

memory – Speicher

Metazeichen (Wildcards, Joker) – Die Zeichen können durch ein Zeichen oder eine Auswahl verschiedener Zeichen oder Zeichenfolgen ersetzt werden. Unter der Shell wird z. B. das »?« ersetzt durch ein beliebiges Zeichen, das »*« ersetzt durch eine beliebige Zeichenfolge, oder es wird ein Zeichen der in eckige Klammern »[...]« gesetzten Auswahl bestimmter Zeichen übernommen.

MIME (Multipurpose Internet Mail Extension) – Ein Hinweis (meist in der ersten Zeile einer Datei), um welche Anwendung es sich handelt und welcher Zeichensatz *(z.B. ISO 8859 ...)* verwendet wird.

minor device number – Zuordnungsnummer für Gerätedateien (z. B. 1. oder 2. Stecker der Terminalanschlüsse). Sie wird zusammen mit der → *major device number* angegeben.

modification date – Datum, an dem eine Datei zuletzt verändert (bzw. das erste Mal erstellt) wurde.

Modem (Modulator Demodulator) – Umwandlung z. B. von digital auf analog und umgekehrt oder z. B. von Zeichen in Töne.

Modulo – Restwert einer Division von ganzen Zahlen.

mount – montieren, einhängen

Mountpoints – Unter Linux die Verzeichnisse, in die Dateisysteme eingehängt werden.

Mozilla – Der OpenSource-Nachfolger des Netscape Browsers.

MPEG (Motion Pictures Expert Group) – Eine Komprimierungsmethode für Videodateien.

Multicast – Versenden von Datenpaketen an mehrere Rechner gleichzeitig.

Multi-Tasking – Mehrere Programme können parallel ablaufen.

Multi-User-Systeme – Mehrbenutzerbetrieb. Mehrere Benutzer können gleichzeitig am System arbeiten.

N

Nameserver – Programm, das die Umwandlung von einem Rechnernamen zu einer bestimmten IP-Adresse durchführt. Ebenfalls wird ein Rechner, auf dem dieses Programm läuft, als Nameserver bezeichnet (→ *DNS-Server* → *BIND).*

NAT (Network Address Translation) – Umwandlung der internen IP-Adresse in die internetfähige IP-Adresse für das Internet.

NetBIOS (Network Basic Input Output System) – Eine unter Windows eingesetzte Netzwerkanwendung, die mit »NetBIOS over TCP/IP« einen Zugang zu den Protokollen der unteren Schichten des TCP/IP-Schichtenmodells ermöglicht.

Netzwerkmaske – Bestimmt, welcher Teil der IP-Adresse zu einem Subnetz gehört, und bestimmt damit auch, wie viele Rechner zu diesem Subnetz gehören können. Die Netzwerkmaske wird in Verbindung mit IP-Adresse angegeben: IP-Adresse/Netzwerkmaske 192.168.0.0/255.255.255.0 oder andere Schreibweise: 192.168.0.0/24 (→ *IP-Adressen*).

NFS (Network File System) – Entwickelt von Sun Microsystem zur Verwaltung und Verbindungskontrolle von Dateisystemen im Netz (meist im Local Area Network).

Newsgroups – Kommunikation zwischen Teilnehmern im Internet zu bestimmten Themen (ähnlich eines schwarzen Brettes) über einen Internet-Provider bzw. einen bereitgestellten News-Server.

NIS (Network Information Service) – Verwaltung von Benutzerinformationen im LAN. Er stellt sicher, dass Benutzer- und Gruppennummern innerhalb eines Linux/Unix-Netzes einheitlich vergeben werden.

NTFS (New Technology File System) – Standarddateisystem unter Microsoft ab Windows NT. Es ersetzt das ältere FAT-Dateisystem von MS-DOS und bietet somit bessere Performance und Sicherheit sowie ACLs und ein → *Journaling-File-System.*

O

Objectcode – Ein übersetztes Quellcodeprogramm in dem für den betreffenden Prozessor lesbaren Code (Maschinensprache Binär-Format).

Oktalzahl – Eine Ziffer (Zahl) wird mit 8 Zeichen dargestellt, wobei die Zahlenwerte ganzen Zahlen (0,1,2...) eindeutig zugeordnet sind.

Online-Aktualisierung – Um aktuelle Patches und geänderte Programme von bereitgestellten Servern des Distributors herunterzuladen und zu installieren wird meist ein entsprechends Tool bereitgestellt. Bei OpenSUSE über YaST/Online-Aktualisierung.

Optionen – Wahlweises Angeben z. B. von bestimmten Parametern, die eine unterschiedliche Ausführung des Programms bewirken.

Opera – Ein Fast Web Browser, also ein schneller bedienerfreundlicher Browser.

P

Parameter – Zusätzliche Angaben bei einem Programmaufruf.

Partitionen – Aufteilung einer physikalischen Platte in logische Einheiten. In früheren Versionen wurde ein IDE-Controller in vier sogenannte primäre Partitionen aufgeteilt werden (Bezeichnung unter Linux: hda mit hda1, hda2, hda3 und hda4) oder in drei primäre und eine sogenannte erweiterte Partition. Eine erweiterte Partition konnte in maximal 59 logische Partitionen unterteilt werden. Seit einiger Zeit werden alle Controller über SCSI gesteuert,. Hier gibt es ebenfalls vier primäre Partitionen (Bezeichnung unter Linux: sda1–sda4) und für die Aufteilung einer Extension-Partition in maximal 11 logische Partitionen möglich. Die logischen Partitionen werden durchnumeriert ab 5 (also z. B. sda5, sda6 usw. auf einer 2. Platte sdb5 sdb6 usw.), gleichgültig wie viele primäre Partitionen es gibt. Neue Aufteilungen werden mit → GPT- und → UEFI-System möglich sein.

Patch (Stück) – Eine Ergänzung zu einem Softwareprogramm, um damit z. B. Fehler oder vorhandene Lücken temporär zu beheben.

PATH (Suchpfad) – Die Shell sucht der Reihe nach in all jenen Directories nach einem Kommando, die als Wert der Variablen PATH zugewiesen wurden.

PCMCIA (Personal Computer Memory Card International Association) – Mit diesem Begriff wird ein Standard für Erweiterungskarten (in Scheckkartengröße) für mobile Computer bezeichnet. Diese Erweiterungskarten arbeiten stromsparend und unterstützen Plug and Play, können also im laufenden Betrieb ausgewechselt werden. Es gibt verschiedene Typen, die sich in der Dicke unterscheiden. Zu ihnen gehören 3,3 mm (z. B. für Speicherkarten mit SRAM) und 5,0 mm (für Modems, Netzwerkkarten etc.).

PCL (Printer Command Language) – Höhere Druckersprache (→ *PostScript).*

PDC (Primary Domain Controller) – Anmeldeservice unter Windows, der die Passwortkontrolle für Benutzer durchführt.

PDF (Portable Document Format) – Ein von Adobe entwickeltes Dateiformat, das Dokumente aus unterschiedlichen Anwendungen plattformunabhängig darstellen kann und gleichzeitig als höhere Druckersprache verwendet wird. Dokumente werden mit Hilfe von dem Programm Acrobat in dieses Format übertragen.

PDL (Print Description Language) – Druckersprache

PGP (Pretty Good Privacy, Gnu Privacy Guard) – Verschlüsselungssoftware, die auf dem RSA public-key basiert.

PID (Process IDentification Number) – Nummer des Prozesses (→ *PPID).*

Pipe (Rohr) – Mehrere Kommandos können über den Pipe-Mechanismus zusammen verarbeitet werden, wobei jeweils die Ausgabe des vorhergehenden Kommandos die Eingabe des nachfolgenden Kommandos wird. Das Pipe-Zeichen ist »|« .

Plattenkapazität – Der zur Verfügung stehende Platz zum Anlegen von Dateien (meist in Gigabytes ausgewiesen).

POP3 (Post Office Protocol) – Protokoll, um die Mail von einem Provider abzuholen.

Pop-up-Menü → *Pull-down-Menü*

Ports (Portal) – Zuordnung von Nummern, die als Zugang bestimmer Software-pakete dienen (z. B. 80 für http (www)). Die Zuordnung selbst ist in /etc/services eingetragen. Über Firewall werden bestimmte Ports blockiert.

Positionsparameter – Beim Aufruf eines Kommandos werden die einzelnen Parameter den Variablen $1, $2 ..$9 je nach Position (1. Parameter, 2. Parameter usw.) zugewiesen. $0 gibt den Namen des Kommandos wieder.

PostScript – Eine Seitenbeschreibungssprache für Drucker von Adobe entwickelt.

PPID (Parent Process IDentification Number) – Eltern/Vater-Prozessnummer (→ PID).

PPP (Point-to-Point Protocol) – Oft verwendet, wenn man sich per Modem über Telefonleitung ins Internet einwählt.

primäre Partitionen – Auf der i386-Plattform (d. h. fast alle PCs) können Festplatten nur in vier sog. primäre Partitionen unterteilt werden (→ *Partitionen*).

Print-Spooler – Daemon, der die Verwaltung und Steuerung von Druckaufträgen durchführt.

Programmiersprachen – Unter Linux u. a. verfügbar: *COBOL, BASIC, FORTRAN, C, Java, Perl, PASCAL, MODULA-2, LISP, ADA, APL, PROLOG.*

Programmverzweigungen – Unterschiedliche Fortführung eines Programms, je nach erfüllter Bedingung (if ... then ...).

Provider – Privater Dienstleister, der einen Zugang ins Internet ermöglicht (→ *ISP*).

Proxy – Stellvertreterprozess zum Internet, der Pakete entgegennimmt, sie puffert und an den internen Client (eventuell nach einer Prüfung) weiterleitet.

Public-Key-Verfahren – Verfahren, bei dem ein privater und ein öffentlicher Schlüssel zur Authentifikation (oder zum Signieren) verwendet wird.

Pull-down-Menü – Auf der grafischen Oberfläche werden Menüs so benannt, die aufgrund von einer Schaltfläche herausklappen. In den Menüs kann dann eine Funktion ausgewählt werden .

Q

Quellcode – In einer Programmiersprache erstelltes Programm. Bei höheren Programmiersprachen meist der englischen Sprache angeglichen. Der Quellcode wird in ein Maschinenprogramm übersetzt (kompiliert) und ergibt dann den Objektcode.

R

Raid-System – Hierbei werden die Dateien auf mehreren Platten redundant gespeichert.

RARP (Reverse Address Resolution Protocol) – Ein Protokoll, das zur Auflösung von IP-Adressen benötigt wird.

Realzeitsystem – Die Priorität für Programme kann direkt zugewiesen werden. Wichtige Aufgaben werden somit vorrangig durchgeführt.

Reboot (wieder booten) – Einen Rechner nach dem Herunterfahren gleich wieder hochfahren.

ReiserFS (nach dem ursprünglichen Entwickler Hans Reiser) – Ein früheres Journaling-Dateisystem unter Linux zur effizienten Datenhaltung insbesondere bei vielen kleinen Dateien.

Relativer Pfadname – Die Datei wird vom jeweiligen Standpunkt (Arbeits-Directory) relativ angesprochen. Liegt die Datei in einem Verzeichnis über dem aktuellen Directory, wird das »Hinaufgehen« mit zwei Punkten (. . /) gekennzeichnet. Die einzelnen Verzeichnisse werden jeweils durch einen Schrägstrich voneinander getrennt.

Remote Login – Anmelden (*Login*) an einem entfernten Rechner.

Repeater – Verbindungen im Netz als Verlängerung von Netzkabeln (Zwischenverstärker). Beide angeschlossenen Geräte müssen die gleiche Geschwindigkeit haben.

Repositories (Quelle, Archiv) – Unter dieser Bezeichnung sind die Quellenangabe zu den auf dem Rechner installierten Softwarepaketen von Linux zu finden, sie werden bei einer Nachinstallierung oder Aktualisierung benötigt.

Rescue-System (Rettungssystem) – Mit Hilfe eines Rescue-Systems kann das System von der CD geladen werden und so ein bestehendes System überprüft und eventuelle Fehler korrigiert werden.

RJ45 – Anschlussstecker für Modem und Ethernet.

root (wurzel) – Unter Linux/Unix meldet sich der Systemverwalter als Benutzer »root« an und hat damit uneingeschränkte Zugriffsrechte auf Dateien und Verzeichnisse. Auch bestimmte Systemkommandos sind nur von root ausführbar.

Root-Terminal – Auf der grafischen Oberfläche ein Terminalfenster, das für den Benutzer *root* voreingestellt ist.

root-Verzeichnis – Die Wurzel des gesamten Linux-Dateibaums (»/«). Darunter sind die weiteren Dateien und Verzeichnisse angeordnet. Unter OpenSUSE gibt es zusätzlich ein eigenes Home-Directory für *root*: /root.

Router – Ein Router entscheidet anhand der IP-Adresse und der ihm mitgeteilten Netztopologie über den weiteren Weg eines Paketes. Diese Aufgabe kann von einem Linux-Rechner übernommen werden oder von einem eigenständigen Gerät ($\rightarrow$ *Gateway*).

RPM (Redhat Packet Manager) – Archive, die ein Softwarepaket enthalten. Auch unter OpenSUSE-YaST-Paketverwaltung verbirgt sich letztlich RPM. RPM-Pakete haben die Dateinamenerweiterung *.rpm*.

Runlevel – Durch Runlevel wird bestimmt, ob der Rechner in den Single-User- oder Multi-User-Modus, ob mit oder ohne Netzwerk, ob mit oder ohne grafischer Oberfläche hochgefahren werden soll. Die Runlevel unter OpenSUSE bedeuten:

0	halt (shutdown)
1	Single-User-Modus
2	Multi-User-Modus
3	Multi-User-Modus mit Netzwerk
4	frei für Benutzerdefinition
5	Multi-User-Modus mit Netzwerk und grafischer Oberfläche
6	reboot

S

Samba – Frei verfügbare Netzsoftware, mit deren Hilfe beliebige Unix-Rechner zu einem File- und Printserver für DOS-, Windows-, OS2-Rechner und MacIntosh benutzt werden können, basierend auf TCP/IP und SMB (Server Message Block). Auf der Windows-Seite ist der Unix-Rechner dann in der Netzwerkumgebung mit aufgeführt und kann die Net-BIOS-Dienste mitbenutzen.

Schaltfläche (push button) – Auf einer grafischen Oberfläche eine Markierung (oft der Name in einer Menüzeile oder ein Icon in Form eines Schalters oder eines Knopfes). Wird mit der Maus die Schaltfläche angeklickt, wird eine Aktion gestartet (z. B. ein Menü ausgeklappt).

Schleifen – Eine oder mehrere Anweisungen sollen mehrmals wiederholt werden. Unter der Shell werden Schleifen eingeleitet durch die Kommandos: *for, while oder until* .

SCSI (Small Computer System Interface) – Standardisierte Schnittstelle zur Datenübertragung zwischen Geräten und einem Computer-Bus, wobei eine Verkettung von Geräten wie Plattenlaufwerke, CD-ROM, Scanner und anderen Geräten möglich ist. Über Jumper wird die Reihenfolge festgelegt,

Sector – Kleinste Gruppierung von Daten, die zur Speicherung von Daten auf einem Plattenmedium zugewiesen werden (512 Byte).

Segmentierung – Aufteilung einer Platte in (→ *Partitionen*).

Server (Diener, Dienstleister) – Rechner, der zentral Daten, Ressourcen oder Dienste in einem Netzwerk zur Verfügung stellt (File-Server, Druck-Server, Webserver, FTP-Server etc.).

sequentielle Verarbeitung – Daten können nur nacheinander gelesen oder geschrieben werden (z. B. bei einem Magnetband), im Gegensatz zu einer direkten Verarbeitung (*direct access* – z. B. beim Zugriff auf die Platte).

Shares (share, mit jemandem etwas teilen) – Freigaben, Verzeichnisse, auf die andere Benutzer zugreifen dürfen.

Shell-Prozedur – Datei mit einem oder mehreren Kommandos bzw. Kommando-folgen. Um eine Shell-Prozedur selbstständig ablaufen zu lassen, muss die Datei ausführbar sein (chmod +x).

Shell-Variable – Unter einem Namen wird ein Wert zugewiesen, den Sie später mit $Name wieder abrufen können. Unter Linux werden beim Hochfahren bereits eine Reihe von Systemvariablen (wie $HOME, $PATH ...) gesetzt.

shutdown – Das System herunterfahren.

Single-User-Modus – Einbenutzerbetrieb, um z. B. als Systemverwalter alleine an dem System bestimmte Arbeiten durchführen, wie z. B. Sicherung von ge-samten Plattenbereichen oder Zuordnungen von Partitionen.

SMB (Server Message Blocks) – Netzwerkprotokoll unter Windows (→ *CIFS).*

SMTP (Simple Mail Transfer Protocol) – Einfaches Mail-Protokoll.

SNMP (Simple Network Management Protocol) – Das Internet-Standardprotokoll um die Netzelemente wie Router, Server, Switches innerhalb eines Netzwer-kes zu verwalten und zu überwachen.

sparse files – Große, dünn besetzte Dateien.

Speichermedien – Datenträger, auf denen Daten geschrieben werden können. Hierzu gehören Platten, Floppies, Magnetbänder usw.

Splitter – Bei der Nutzung von → *DSL* wird der Splitter zur Trennung der Daten-signale (Telefon und Datenübertragung) benötigt.

SSID (Service Set Indentifier) – Ein frei wählbarer Name bei der Einrichtung von einem →*WLAN.*

Spooler (Spool simultaneous peripheral operation online) – Ein Programm, das Druckaufträge sammelt und sie der Reihe nach abarbeitet (→ *Print-Spooler).*

Sprunganweisung – In Übereinstimmung mit einem vorgegebenen Muster wird ein Programm unterschiedlich fortgesetzt.

standalone – Als *standalone* werden Programme bezeichnet, die ohne Hilfe des Betriebssystems auf Hardware ablaufen können, z. B. das Betriebssystem Linux beim Laden von einer CD (es bleibt speicherresident – andauernd geladen).

Standardeingabe, Standardausgabe – Unter der Shell ist die Standardeingabe und die Standardausgabe das Terminal. Die Ein- und Ausgabe kann durch entsprechende Zeichen (<, >, >>, 2>) umgeleitet werden.

Statement (Aussage) – Anweisung

Steuereinheiten (Controler) – Sie sorgen dafür, dass die einzelnen Geräte (Termi-nal, Drucker usw.) richtig betrieben, gesteuert werden.

sticky bit (klebrig, haftend) – Die Rechte des Dateibesitzers haften an der Datei oder einem Unterverzeichnis. Solche Dateien/Verzeichnisse können nur vom Besitzer (und root) gelöscht werden, auch wenn das Schreibrecht (und damit auch da Recht zu löschen) in dem dazugehörigen Verzeichnis für alle gesetzt sein sollte.

Strings – Zeichenketten, wie sie z. B. bei einer Pipe von dem vorherigen Kommando an das nachfolgende Kommando übergeben werden.

Stromversorgung – Rechner werden intern nicht mit 220 Volt betrieben und benötigen deshalb eine eigene Stromversorgung *(Akku) (→ ACPI).*

Subdomains – Unternetzwerke im → *LAN (Local Area Network).*

Subnets – Unternetzwerke, z. B. die weitere Unterteilung der früheren offiziellen IP-Adressen-Klassen (A-C).

Super-User – Systemadministrator, Systemverwalter

SWAT (Samba Webbased Administration Tool) – Webbasierendes Verwaltungstool für Samba.

Switch – Verbindung zwischen Netzwerkleitungen (hiermit können auch unterschiedliche Netzwerke miteinander verbunden werden).

Synopsis – Knappe Zusammenfassung.

Syntax error – Regelfehler (z. B. formaler Fehler in einem Programm).

Systemadministrator – Ein mit besonderen Rechten (keine Einschränkung der Zugriffsrechte) versehener Benutzer (Benutzer root hat in der /etc/passwd die Benutzernummer 0).

T

Tape-Library – Bandroboter

TCP/IP (Transmission Control Protocol / Internet Protocol) – Ist die Grundlage des Internets und die bedeutendste Protokollfamilie, mit der die meisten Anbindungen zwischen Linux/Unix-Rechnern und zahlreichen anderen Systemen in einem LAN verbunden sind.

TCP/IP-Schichtenmodell – Aufteilung der Netzwerkdienste in unabhängige Schichten:

1 Link *(Hardware, Gerätetreiber)* – *Kabel, Ethernet, FDDI, ISDN*

2 Network *(Paketzustellung, Routing)* – *IP, ICMP*

3 Transport *(Paketsicherung)* – *TCP, UDP*

4 Application *(Benutzerprozesse)* – *ftp, telnet, sftp, ssh, HTTP, NFS, telnet (terminal emulation for network)* – Arbeiten an einem entfernten Rechner über → Remote-Login

temporärer Puffer – Viele Editoren, wie z. B. der ed und der vi, arbeiten nicht auf der Originaldatei, sondern legen während des Editierens einen temporären Puffer an (Bereich im Speicher), der durch ein Schreibkommando erst in die Originaldatei auf der Platte zurückgeschrieben wird.

Terminal – Dialogstation (Bildschirm und Tastatur). Im Buch bezieht sich der Begriff meist auf ein Terminalfenster auf der grafischen Oberfläche.

Time Sharing – Mehrere Programme erhalten quasi gleichzeitig Rechnerzeit. In Wirklichkeit wird die Rechnerzeit in etwa gerecht aufgeteilt, und jeder Prozess erhält immer wieder kurzfristig Rechnerzeit zugeteilt.

TLD (Top Level Domain) – Ergänzung des Domain-Namens wie z. B.

CC-TLD für country code und – GENERIC TLD

.de – Deutschland , .at – Österreich, .edu – Education

.uk – Großbritannien, .net – Netzwerkmanagement

.fr – Frankreich., org – Organisation

Tools (Werkzeuge) – Als Werkzeuge werden Kommandos bezeichnet, die bestimmte Aufgaben erledigen. Hierzu gehören Tools, die die Softwareentwicklung unterstützen, wie Programme zur Versionspflege, Programmgenerierung, als auch Tools zur Systemverwaltung etc.

Trojanisches Pferd (abgeleitet aus der griechischen Mytohologie, Odyssee) – In der Computerwelt im weitesten Sinne ein Programm, das etwas anderes tut, als es vorgibt, beispielsweise in einem System unbemerkt Schadsoftware (Malware) oder Ähnliches einschleust.

TTL (time to live) – Begriff in Netzwerkverbindungen, die aussagt, wie lange eine Zuordnung existieren soll (Tage, Wochen, Monate).

Twisted Pair – Kabelart, die für Netzwerkverbindungen im LAN verwendet werden kann *(z. B. Switch* zu *Ethernet-Karte).*

U

UDP (Universal Datagram Protocol) – Übertragung von Daten ohne Fehlerprotokoll und Prüfzifferkontrolle wie bei TCP.

UEFI (Unified Extensible Firmware Interface) – Nachfolger vom → *BIOS*

UFS – Dateisystem UFS aus den OpenSource-Betriebssystemen (OpenBSD, netBSD, FreeBSD) sowie üblich unter BSD-Unix und OpenSolaris.

Umleitungszeichen – Unter der Shell können Standardausgabe (> und >>), Standardeingabe (<), und Fehler (2>) mit den in Klammern angegebenen Zeichen umgeleitet werden.

unmount – demontieren, aushängen

USB (Universal Serial Bus) – Verbindung über ein Bussystem mit relativ hohen Datenraten von einem Computer zu einem externen Gerät (z. B. Maus, Tastaturen, Drucker, Scanner, Kamera).

USENET – Nachrichtendienst (newsgroups), wobei Informationen nach verschiedenen Rubriken abrufbar sind.

user – Benutzer

UTF8 (Unicode Transformation Format) – Zeichensatz unter OpenSUSE Linux.

uucp (unix unix copy) – Einfachste Form einer Netzverbindung von Rechnern im Unix/Linux-Netz über Kabel ohne Netzwerkkarte.

V

Vordefinierte Variable – In der Shell sind für jeden Benutzer bestimmte Werte von Variablen vordefiniert (z. B. $HOME mit dem Directory, das in der Datei /etc/passwd als »Home-Directory« eingetragen wurde).

VFAT → FAT

Viren (übernommen aus der Medizin) – In der Fachsprache ist ein Computervirus eine nichtselbstständige Programmroutine, die sich selbst reproduziert. Meist hängt sie sich an andere Programme oder Bereiche des Betriebssystems an. Wird ein Virus aktiviert, kann er erheblichen Schaden anrichten. Es gibt Bootviren, die sich in den Bootsektor bei Zugriff auf einen Datenträger einnisten und von dort aus agieren. Linkviren schleusen sich in Programmdateien ein, so dass sie von dort aus mitgestartet werden. Sie verbleiben oft im Speicher und infizieren andere gestartete Programme, die unter Umständen dadurch unbrauchbar gemacht werden können. Makroviren sind in Text- oder Tabellenkalkulationsdateien versteckt und werden durch die Makrofunktion des entsprechenden Programms ausgeführt (→*Trojanische Pferde).*

W

WAN (Wide Area Network) – Verbindung von Rechnersystemen über ein überregionales Netzwerk.

WLAN (wireless LAN) – Drahtlose Technik in einem → LAN (z. B. über Funk)

Workgroup – Arbeitsgruppe unter Windows entspricht in etwa der Domain unter WindowsXP oder dem unter Linux verwendeten Domain-Namen.

working directory – Arbeits-Directory. Hierbei handelt es sich jeweils um jenes Verzeichnis, unter dem gerade gearbeitet wird. Mit dem Kommando pwd (print working directory) wird es angezeigt (bzw. ist im Prompt bei der Bash enthalten).

workspace – Arbeitsfläche

WORM-Medien (Write-Once Read-Many) – Ein Datenspeicher, der einmal beschrieben wird, aber immer wieder gelesen werden kann (CD, Magnetical Optical Disk).

WPA2 *(Wi-Fi Protected Access 2)* – Ist ein Sicherheitsstandard für die Verschlüsselung des Passworts im → WLAN. Es stellt den Nachfolger des als unsicher geltenden WPA/WEP *(Wired Equivalent Privacy)* dar.

WPLAN (Wireless Personal Area Network) → WLAN

Wurzel (root) – Kennzeichen »/«, Beginn des Dateisystems (→ *root*).

WWW (World Wide Web) – Weltweite Vernetzung von Informationen über das Internet. Hierfür werden Informationen über HTML-Seiten aufbereitet, die es erlauben, weitere Anfragen über Hyperlink zu verknüpfen. Mit Hyperlinks können wiederum weltweit Rechner angesprochen werden. Alle größeren Firmen bieten über das Internet einen Informations- oder Servicedienst an.

Wysiwyg (What you see is what you get) – Damit werden Programme (in der Regel Textverarbeitungsprogramme) bezeichnet, die am Bildschirm die Ausgabe so anzeigen, wie sie später auch ausgedruckt werden.

X

X11 – *X-Window-System* ist die Basis für die grafische Oberfläche unter Linux/Unix.

XFS (Extended File System) – Dateisystem, das von Silicon Graphics (SGI) abstammt. Es ist für die effiziente Behandlung von besonders großen Dateien entwickelt worden.

Y

YaST (Yet another Setup Tool) – Systemverwalter-Tool unter OpenSUSE Linux, mit dem zahlreiche Verwaltungsaufgaben über eine grafische Oberfläche ausgeführt werden können (analog gibt es noch yast2 als textbasierendes Tool).

YOU (YaST Online Update) – Unter Linux OpenSUSE ein Dienst, um die aktuelle Software und Software-Patches übers Internet herunterzuladen.

Z

Zugriffsrechte – Für jede Datei sind Lese-, Schreib- und Ausführerlaubnis (read, write, execute) für den Besitzer einer Datei, Benutzer der gleichen Gruppe und die restlichen Benutzer (user, group, others) als Dateimerkmal eingetragen. Mit dem Kommando ls -l werden sie angezeigt, mit dem Kommando chmod können sie verändert werden.

7.2 Unix-Dokumentation

Diese Übersicht gibt Ihnen Informationen über den Inhalt der Unix-Referenz-Manuale. Die Unterteilung in Sections (1 – 7) entsprechen den Ziffern, die beim Aufruf von »man« mit angegeben werden können.

Referenz-Manuale

Die in den Referenzbüchern beschriebenen Kommandos sind unterteilt in Sektionen (Sections), die von 1 bis 7 und D1 bis D5 (für *Device Drivers*) nummeriert sind (z.T. noch unternummeriert mit Buchstaben).

Diese Handbücher sind als Nachschlagewerk zu verstehen. Sie finden in diesen Büchern alle Kommandos alphabetisch sortiert. Die Kommandos sind zum größten Teil im Dateisystem unter den Directories /bin, /usr/bin und /sbin *(bin – für binary programs)* abgelegt. Über das Kommando *man* können einzelne Seiten abgerufen werden (s. Kommando *man* auf Seite 60).

Command Reference *(Commands a-l)*
Command Reference *(Commands m-z)*

1	**General-Purpose User Commands**
	Kommandos für den "normalen" Anwender, wie z.B. *date, ls*
1C	Basic Networking Commands
1F	Form and Menu Language Interpreter

Operating Systems API

2	System calls
3	BSD System Compatibility Library
3C	Standard C Library
3	curses (ETI-curses Library)
3E	Executable and Linking Format Library
3G	General-Purpose Library
3I	Identification an Authentication Library
3M	Math Library
3N	Networking Library
3S	Standard I/O Library
3W	Multibyte/Wide Character Conversion Library
3X	Specialized Libraries

Windowing System API

3Dt	Desktop Metaphor
3DnD	Drag & Drop
3 OLIT	MoOLIT
3curses	ETI-curses Library

System Files and Devices

4	System File Format
5	Miscellaneous Facilities
7	Special Files
D1-D5	Device Driver

7.3 Interessante Links

Zu den hier im Buch genannten Links sind in Tab. 7.1 weitere Links aufgeführt, die für einen Linux/Unix-Anwender interessant sein könnten.

Tab. 7.1: Links für Linux-Anwender, -Entwickler und -Administratoren

Informationen über	finden Sie unter
AIX	*www.ibm.de*
Artikel und Informationen	*www.heise.de*
BSD/OS	*www.bsd.com*
CDE	*www.cde-ev.de*
Computerschulungen, Betriebssysteme, CAD, BWL, Grafik und DTP und viele andere Themen	*www.one-by-one.de*
Consulting für Linux/OpenSource, Support und Training	*www.b1-systems.de*
CUPS, Common Unix Printing System	*www.cups.org*
Debian	*www.debian.de*
Deutsches Linux HOWTO Projekt	*www.linuxhaven.de*
Distributorenübersicht von Linux	*de.wikipedia.org/wiki/LinuxDistribution* *upload.wikimedia.org/wikipedia/commons/8/8c/Gldt.swg*
Dokumentation: Das (große) Dokumentationsprojekt zu Linux mit zahlreichen Linux-HOWTOs	*www.tkdp.org*
Downloads allgemein	*www.heise.de*
Free Software Foundation	*www.fsf.org*
FreeBSD	*www.hp.com*
Freiform-Text-Informationsdatenbank rund um Linux	*www.linuxwiki.de*
GNOME	*www.gnome.org*
GNU General Public	*www.gnu.org/copyleft/gpl.html*
Hardware-Kompatibilitätsliste	*de.opensuse.org/Portal:Hardware* *de.opensuse.org/Kategrorie:SDB*
HP-UX	*www.sgi.com*
Informationsseite über Linux	*www.linux.org*
KDE	*www.kde.de, www.kde.org*
LibreOffice	*de.libreoffice.org*
Linux-Foren	*www.linuxforen.de*

Informationen über	finden Sie unter
Linux-Hypertext-Tutorial	*www.selflinux.org*
Linux-Kernel-Organisation	*www.kernel.org*
Linux-Magazin	*www.linuz-magazin.de,* *www.linux-user.de*
Linux-Portal - Links	*www.linuxlinks.com*
Linux-Programme für Windows	*www.cygwin.com*
Linux User, Magazin	*www.linux-user.de*
Novell	*www.novell.com*
OpenOffice.org	*www.openoffice.org*
OpenSolaris	*hub.opensolaris.org*
OpenSSH für Windows	*sshwindows.sourceforge.net*
RedHat	*www.redhat.com*
Reparaturtools für Linux- und Windows-Systeme von Klaus Knopper (kostenlose Distribution)	*www.knopper.net/knoppix*
Samba (Verbindung zu Windows)	*www.samba.org*
Silicon Graphics (SGI) (Irix)	*www.sgi.com*
SUSE/Novell	*www.OpenSuse.de*
Ubuntu-Anwender	*www.ubuntuusers.de*
Übungsbeispiele zu Linux	*www.ChristineWolfinger.de*
Umrechnung der Zahlensysteme	*www.arndt-bruenner.de/mathe/scripts/* *Zahlensysteme*
VMWare	*www.vmware.com*
X Window	*www.xfree86.org*

Nachwort

Dieses Nachwort ist an all jene gerichtet, denen dieses Buch ein Begleiter war beim Erlernen von Linux/Unix im Selbststudium. In Seminaren würden Sie, dessen bin ich sicher, für alle Teilbereiche (Einführung, Aufbau, Shell-Programmierung, AWK und Einführung in die Systemverwaltung) jeweils ein Zertifikat erhalten, dass Sie erfolgreich teilgenommen haben.

Nun, ich hoffe, Ihnen hat es Spaß gemacht, mit Linux/Unix zu experimentieren.

Ich habe mich bemüht, die einzelnen Themen ausführlich zu behandeln und deutlich darzustellen. An dieser Stelle möchte ich mich ganz herzlich bei Frau Ursula Zimpfer bedanken, die das Buch akribisch korrigierte und an die aktuellen Richtlinien für Sachbücher anpasste.

Alle Übungen sind »live« nachvollzogen, doch trotzdem könnte es vorkommen, dass eventuelle Unstimmigkeiten auf anderen Linux/Unix-Rechnern auftreten. Sollten Sie beim Lernen oder Nachvollziehen der Übungen auf Unklarheiten oder Unvollständigkeiten stoßen, wäre es super, wenn Sie mir diese mitteilen, damit sie in der nächsten Auflage besser dargestellt oder berichtigt werden. Auch wenn Sie Anregungen, Verbesserungsvorschläge oder selbst interessante Beispiele zu den Themen dieses Buches haben, würde ich mich freuen, diese in einer der nächsten Auflagen mit zu berücksichtigen. Schicken Sie mir einfach eine E-Mail: linux@ChristineWolfinger.de. Sie finden außerdem auf meiner Webseite www.christinewolfinger.de Übungsbeispiele zu Linux/Unix.

Vielen Dank im Voraus für Ihre Mühe.

Januar 2013   Christine Wolfinger

Noch ein Hinweis:

Eine ausführliche Kurzreferenz, die sowohl für Anwender, für Entwickler als auch für Administratoren das Wichtigste übersichtlich und kompakt enthält, ist im Springer-Verlag als E-Book und als Taschenbuch erhältlich: ISBN 978-3-642-34723-8